P9-ASB-834

Nous et les autres

Tzvetan Todorov

Nous
et les autres

La réflexion française
sur la diversité humaine

Éditions du Seuil

La première édition de cet ouvrage a paru
dans la collection « La couleur des idées » en 1989.

ISBN 2-02-018217-3
(ISBN 2-02-010407-5, 1re publication)

© ÉDITIONS DU SEUIL, 1989

Le Code de la propriété intellectuelle interdit les copies ou reproductions destinées à une
utilisation collective. Toute représentation ou reproduction intégrale ou partielle faite par quelque
procédé que ce soit, sans le consentement de l'auteur ou de ses ayants cause, est illicite et constitue une
contrefaçon sanctionnée par les articles L. 335-2 et suivants du Code de la propriété intellectuelle.

Avant-propos

J'ai fait connaissance avec le mal pendant la première partie de ma vie, alors que j'habitais dans un pays soumis au régime stalinien. Une connaissance progressive : dans les premières années après la guerre j'étais trop jeune pour bien comprendre la nouvelle de la soudaine disparition de tel parent ou ami de la famille, de son installation forcée dans quelque petite ville de province ou de la diminution rapide de ses ressources. Et puis ma famille immédiate approuvait les débuts de ce régime, et faisait partie de ses bénéficiaires. Les choses se brouillèrent fin 1948, quand d'autres amis de mes parents, appartenant au même milieu qu'eux, se trouvèrent en prison, ou qu'on en disait du mal dans les journaux (que j'étais alors en mesure de lire), ou quand mon père commença à avoir des ennuis à son travail. Néanmoins, je restais fervent pionnier jusqu'en 1952. Il y eut ensuite la mort de Staline et la découverte progressive, que je faisais en même temps que j'avançais dans l'adolescence, de la vacuité du discours officiel auquel je me frottais quotidiennement.

Je n'ai jamais été une victime directe du régime, puisque ma réaction, comme du reste celle de beaucoup de mes compatriotes, a été, non de protester ou d'entrer en conflit, mais de me doter de deux personnalités : l'une publique et soumise, l'autre privée, qui n'en faisait qu'à sa tête. Et pourtant, en un autre sens du mot, j'étais bien une victime malgré tout, au même titre que n'importe quel autre habitant de mon pays ; et ma personnalité privée n'était pas, comme je me l'imaginais, le pur fruit de ma volonté puisqu'elle se formait en réaction à ce qui m'entourait. C'est là que j'ai acquis ma connaissance du mal. Il résidait

dans la disparité criante entre les phrases dont s'entou-
raient les représentants du pouvoir et la vie qu'ils menaient
et qu'ils nous faisaient mener, qui semblait s'inspirer, elle,
de principes tout autres ; dans l'obligation de proclamer
publiquement son adhésion à ces doctrines officielles, et
dans la perte subséquente du sens des mots les plus nobles,
liberté, égalité ou justice, qui servaient à couvrir la
répression, le favoritisme, les disparités criantes dans la
manière de traiter les individus ; dans l'affirmation selon
laquelle il existait, sur chaque sujet, une bonne position et
une seule, et dans le constat qu'on faisait que cette position
était déterminée par et pour les puissants du moment, la
« vérité » n'étant plus qu'un effet de la force ; dans le
pouvoir illimité et arbitraire qu'on sentait déposé entre les
mains de la police et des services de sécurité, des fonctionnaires du parti et des responsables, des cadres, qui pouvaient à tout instant vous priver de votre travail, de votre
maison, de vos amis ou de votre liberté ; dans l'incitation à
la soumission et à la médiocrité, dans le système de
délation, institué à tous les échelons, qui était devenu en
même temps le moyen le plus rapide de faire carrière ; dans
la peur d'avoir peur. Les inconvénients matériels, le
manque de produits de consommation ou les queues
n'étaient pas un mal en eux-mêmes (plutôt un malheur),
mais le devenaient dans la mesure où ils découlaient
clairement des autres caractéristiques du régime, et en
étaient comme des emblèmes. Bien sûr, ce mal n'était pas
homogène, sans cela la vie n'eût pas été possible : je
continuais de rencontrer des gens merveilleux, ou de
profiter de gestes merveilleux de gens qui ne l'étaient pas
toujours. Et en l'absence d'une vie publique décente, la vie
privée battait son plein (même si je ne m'en rendais pas
compte à l'époque) : les amours, les amitiés, les passions
intellectuelles ou artistiques étaient intenses.

Quand je suis venu en France et qu'a commencé une
deuxième partie de ma vie, mon expérience du mal a reçu
un double complément. D'un côté, comme on pouvait s'y
attendre, bien que devenue moins directe, elle s'est étendue en surface. Les livres et les rencontres m'ont rendu
plus familiers le génocide perpétré par les nazis ou les effets

des bombes atomiques sur le Japon; d'autres lectures m'ont appris les horreurs de la guerre ordinaire comme, plus loin dans le passé, celles des guerres et des régimes coloniaux. Je n'ai pas vu ces maux-là de mes yeux; mais je sens leur parenté avec ceux dont j'ai fait l'expérience personnelle, et je n'ai pas d'hésitation à reconnaître un mal comme un mal (j'en ai davantage pour ce qui concerne le bien). J'ai le sentiment de tenir là une sorte d'absolu, qui ne me quittera jamais; mon attachement à l'idéal démocratique n'est pas seulement rationnel : le sang me monte à la tête quand on le met en question, et je sens que je me hérisse contre mon interlocuteur.

Le second complément est d'une tout autre nature. J'ai découvert en effet, peu à peu, qu'à de très rares exceptions près les personnes dont je faisais désormais connaissance étaient dépourvues d'un sens éthique comparable à celui dont je me trouvais encombré. Il y avait, naturellement, des personnes aux convictions bien arrêtées; mais c'étaient des convictions politiques, non éthiques, constituées de projets sur l'avenir plutôt que de réactions devant le présent dans toute sa variété; sans parler du fait que les objectifs qui les inspiraient étaient la plupart du temps des variantes de ces mêmes principes dont j'avais appris à tant me méfier dans mon pays d'origine...

Mais pourquoi me raconte-t-il tout cela? se demande mon lecteur, perplexe. J'y viens; mais il faut que j'évoque d'abord un autre aspect de cette expérience.

En même temps que je m'apercevais de l'absence de réaction éthique chez la plupart de mes nouveaux compagnons, j'en relevais aussi un autre trait, qui en était peut-être la conséquence — ou la cause. C'est que les convictions qu'ils professaient n'influençaient pas de manière significative leur comportement — ni l'inverse. En gros, ils menaient une vie de « petits-bourgeois » et se réclamaient d'un idéal révolutionnaire — qui, s'il avait été réalisé, aurait rendu impossibles certaines formes de leur existence, auxquelles ils semblaient pourtant très attachés. Je ne m'attendais pas à ce que leur vie soit l'illustration parfaite de leur foi : moi-même n'étant pas un saint, je ne pouvais exiger qu'ils le fussent (du reste, qui a envie de vivre avec des saints?) ; mais j'étais choqué d'observer ce divorce complet entre vivre et dire, cet affrontement — ignoré par eux-mêmes — de deux tendances autonomes, voire opposées ; chose toute différente de la tension entre une volonté et sa réalisation, forcément imparfaite. De nouveau, c'est sans doute mon expérience antérieure, mon aversion pour les mots que n'appuient pas les actes, qui m'a fait réagir ainsi. Je me suis rendu compte que je voulais à la fois nourrir, autant que possible, ma pensée de mon expérience, et être prêt à vivre selon les conclusions auxquelles je pouvais être amené par le raisonnement.

Or, quelque chose dans ma vie d'alors ne correspondait pas bien à cet idéal : c'était le rapport entre le travail professionnel et le reste de la vie, ou plutôt l'absence de ce rapport. Intéressé par les problèmes de la littérature et du langage, je m'étais alors initié à ce qui s'appelle les sciences humaines (et sociales). Mais rien de ce que j'arrivais à penser sur le langage ou la littérature n'avait de relation avec mes convictions ou sympathies, telles que je les éprouvais dans les heures qui n'étaient pas consacrées au travail. Plus même : la logique de ces sciences semblait exclure *a priori* toute interférence de ce genre, puisque le travail était réputé d'autant mieux fait qu'il était plus « objectif », c'est-à-dire qu'il avait permis d'effacer toute trace du sujet que j'étais, ou des jugements de valeur que je pouvais porter. Dans une partie, certes limitée, de mon existence, je répétais donc l'incohérence, ou tout au moins l'isolement, que j'étais prêt à reprocher aux personnes autour de moi.

Quand je suis devenu conscient de cette séparation, j'ai commencé à éprouver une insatisfaction — grandissante — desdites sciences humaines et sociales (dont fait partie, dans mon esprit, l'histoire), telles qu'on les pratique en général aujourd'hui. La rupture entre vivre et dire, entre faits et valeurs me semble, pour elles spécifiquement, néfaste (la rupture, non la distinction : on peut aussi distinguer et relier). C'est là, en effet, que je situe la différence la plus intéressante entre les sciences humaines et les autres (celles de la nature). On les oppose souvent selon d'autres critères : par le degré de précision dans les résultats ici et là, ou par la nature des opérations mentales qu'elles impliquent, ou par les conditions d'observation. Pour moi, la différence dans la matière étudiée (humain/ non-humain) en entraîne une autre, capitale, dans le rapport qui s'établit entre le savant et son objet. Il y a beaucoup de choses qui séparent le géologue et les minéraux qu'il étudie ; il y en a, en revanche, très peu qui distinguent l'historien ou le psychologue de son objet, les autres êtres humains. Cela implique non qu'on aspire en ces matières à moins de précision, ni qu'on refuse le principe de la raison, mais qu'on renonce à éliminer ce qui en fait la spécificité, à savoir la communauté du sujet et de l'objet, et l'inséparabilité des faits et des valeurs. Ici, une pensée qui ne se nourrit pas de l'expérience personnelle du savant dégénère vite en scolastique, et n'apporte de satisfaction qu'au savant lui-même ou aux institutions bureaucratiques, qui adorent les données quantitatives. Comment s'occuper de l'humain sans prendre parti ? J'adhère pleinement à cette réflexion de Simone Weil : « L'acquisition des connaissances fait approcher de la vérité quand il s'agit de la connaissance de ce qu'on aime, et en aucun autre cas » (*l'Enracinement*, p. 319). Et c'est ainsi que, aux sciences humaines et sociales, j'en suis venu à préférer l'essai moral et politique.

Il est vrai que le rapport en question n'est pas toujours évident : certains segments de l'être humain qu'on étudie sont plus proches du sujet et des valeurs que d'autres. Comment savoir où est le bien et où le mal quand un philosophe vous dit qu'il préfère l'être à l'étant ou la pensée à la raison ? Comment relier à mon intimité subjective les hypothèses des linguistes sur la structure syntaxique des phrases ? Il est certain que l'observation des formes peut se passer pendant longtemps de valeurs et de subjectivité. Mais, pour prendre les choses par l'autre bout, les abstractions philosophiques peuvent se rapprocher de nous à l'aide de cette médiation qu'est justement la pensée morale et politique, qui entre en rapport aussi bien avec la métaphysique la plus abstraite qu'avec la vie de tous les jours. Il peut être difficile de savoir si l'on est pour ou contre la rationalité ; les choses se précisent un peu quand on comprend que ce choix est aussi celui pour ou contre la démocratie. Les doctrines philosophiques, disait Tocqueville, ont des conséquences pratiques ; et c'est par là aussi qu'elles m'affectent.

On comprendra maintenant que, si le sujet de ce livre est la relation entre « nous » (mon groupe culturel et social) et « les autres » (ceux qui n'en font pas partie), le rapport entre la diversité des peuples et l'unité humaine, ce choix n'est étranger ni à la situation présente du pays dans lequel je vis, la France, ni à la mienne propre. Et on ne s'étonnera pas de ce que je cherche à savoir, non seulement comment les choses ont été, mais aussi comment elles doivent être. Non l'un *ou* l'autre, mais l'un *et* l'autre.

Le cheminement que je viens de décrire m'avait conduit à un livre paru en 1982, *la Conquête de l'Amérique,* qui traitait déjà de ce thème et où j'assumais la même attitude. C'est un livre auquel je tiens toujours ; pourtant, après l'avoir achevé, je n'éprouvais pas seulement de la satisfaction. J'aimais les récits que je faisais revivre, ceux de Colomb et de Cortés, de Moctezuma et de Las Casas, mais j'avais l'impression que l'analyse conceptuelle que j'en avais faite n'allait pas au fond des choses. Je ne voulais donc pas quitter le sujet, et pourtant je ne voyais pas d'intérêt à répéter l'exercice sur une nouvelle matière, puisque j'y aurais rencontré les mêmes difficultés. C'est alors que je décidai de chercher l'aide des penseurs du passé. Après tout, des auteurs sûrement plus intelligents que moi, des philosophes et des politiciens, des savants et des écrivains, n'avaient-ils pas, depuis des temps immémoriaux, débattu de la même question ? Et, si j'analysais leur pensée, n'allais-je pas pouvoir profiter de cette intelligence ? C'est ainsi que je passai du plan des événements à celui de la réflexion.

Mais, du coup, n'étant plus limité par un récit particulier, le domaine s'élargissait beaucoup trop. Allais-je lire tous les penseurs de tous les temps ? Aussi grandes que fussent mes ambitions, elles ne pouvaient aller jusque-là ! Ma première restriction fut territoriale : je choisis de m'en tenir à la France. Plusieurs raisons m'ont semblé justifier cette décision. D'abord le fait que, étranger d'origine, je vis maintenant depuis assez longtemps dans ce pays ; mieux le connaître m'est apparu un peu comme mon devoir. De plus, la réflexion française sur la question qui m'intéresse est longue et riche : centrale pour l'histoire européenne, elle a absorbé les contributions des autres traditions et les a influencées à son tour. A prendre connaissance de la seule tradition française — tâche tout de même à échelle humaine —, on disposerait d'un échantillon significatif de l'histoire européenne (la nôtre, la mienne), prise dans son ensemble.

Ensuite je me suis limité dans le temps. La question centrale que je voulais mieux comprendre avait trait au présent ; mon enquête historique est devenue pour cette raison, inévitablement, une recherche sur les origines de ce présent. De ce fait, une période de l'histoire a reçu une attention accrue : les deux siècles allant du début du XVIIIe au début du XXe (mais je ne me suis pas privé d'enfreindre cette règle à l'occasion, puisque je parle également de Montaigne et de Lévi-Strauss). Enfin, au sein de cette période, j'ai choisi mes auteurs en fonction d'un double critère, subjectif et objectif : ma capacité de m'introduire dans leur pensée, donc une certaine affinité ; et leur notoriété, à l'époque ou aujourd'hui. Après beaucoup de tâtonnements, je me suis retrouvé en fin de compte avec une quinzaine d'auteurs que j'ai pu étudier un peu plus en détail, dont quelques-uns recevaient plus d'attention que d'autres : Montesquieu, Rousseau, Chateaubriand, Renan, Lévi-Strauss.

Le genre choisi n'est pas l'histoire mais la réflexion sur l'histoire, ce qui explique pourquoi on ne trouvera pas dans ce qui suit la description exhaustive (ou même suivie) d'une période donnée, mais l'analyse de quelques penseurs représentatifs ; et aussi pourquoi le plan général est thématique, plutôt que chronologique. Cependant, l'histoire n'est pas loin : même si je suis parti de quelques catégories très générales (nous et les autres, unité et diversité, êtres et valeurs, positif et négatif), mes thèmes se sont imposés à moi à cause du rôle qu'ils ont tenu dans ce passé récent. Je me suis aperçu que, pendant les deux siècles en question, en France, la réflexion sur la diversité des peuples s'était concentrée autour de quelques grandes questions, et ce sont elles que j'ai choisi d'étudier. A savoir : l'opposition entre jugements universels et jugements relatifs ; les races ; la nation ; et la nostalgie exotique. Ces concepts forment le thème de chacune des parties du livre ; à l'intérieur des parties je retrouve un ordre approximativement chronologique. La cinquième, et dernière, partie est différente : j'étudie en conclusion (et avant de conclure moi-même) deux œuvres de l'auteur dont la réflexion m'est apparue comme la plus instructive de toute la tradition : Montesquieu.

L'objet de ce livre, c'est donc les idéologies, et ce choix mérite peut-être un mot d'explication. Je parle non des races elles-mêmes, ni des comportements racistes, mais des doctrines sur la race ; non des conquêtes coloniales, mais des justifications qui leur ont été données ; et ainsi de suite. N'y a-t-il pas là quelque complaisance scolastique, les discours étant plus agréables à manier que les événements ? J'espère que non. Deux convictions me motivent dans ce choix. La première est que je ne tiens pas les doctrines du passé pour la pure expression des *intérêts* de leurs auteurs : je leur reconnais aussi une certaine dimension de vérité ; passer par les discours pour accéder au monde, c'est peut-être une voie détournée, mais elle n'y conduit pas moins (et entraîne en outre d'autres avantages). La seconde est que les discours sont, eux aussi, des événements, des moteurs de l'histoire, et non seulement ses représentations. Il faut éviter ici l'alternative du tout et du rien. Les idées ne font pas seules l'histoire, les forces sociales et économiques agissent elles aussi ; mais les idées ne sont pas non plus un pur effet passif. D'abord elles rendent les actes possibles ; ensuite elles permettent de les faire accepter : ce sont là, après tout, des actes décisifs. Si je ne le croyais pas, pourquoi aurais-je écrit ce texte même, dont le but est aussi d'agir sur les comportements ?

Le livre que voici se présente donc comme un hybride, moitié histoire de la pensée, moitié essai de philosophie morale et politique — ce qui peut évidemment décevoir les amateurs inconditionnels d'un genre comme de l'autre. Mais tous les genres ne sont-ils pas, au vu de la tradition, des hybrides ? Je ne peux écrire un pur ouvrage d'opinion ; mais je ne veux pas non plus m'en tenir à la seule reconstruction du passé. Au risque de cumuler les inconvénients des deux — être aussi prétentieux qu'un essayiste et aussi ennuyeux qu'un historien (dans le pire des cas !) —, je m'engage, je ne suis pas le seul, à suivre ce chemin intermédiaire. Je ne suis à l'aise ni dans le général ni dans le particulier : seule me satisfait leur rencontre. Mais je peux préciser un peu comment je vois chacun de ces deux versants de mon travail.

Histoire de la pensée : dans mon esprit ce terme se distingue à la fois de l'histoire des idées et de l'histoire (ou l'étude) des œuvres. Le propre de la pensée est de procéder d'un sujet individuel. L'histoire des idées, elle, examine des idées anonymes en les situant, non dans le contexte synchronique où elles ont été conçues par quelqu'un, mais dans la série diachronique, composée d'autres formulations de la même idée. L'histoire des œuvres, à son tour, s'attache à la description et à l'interprétation de textes particuliers, non de la pensée d'ensemble d'un auteur. Ces distinctions indiquent toutefois une tendance plutôt qu'un choix exclusif. Avant de pouvoir analyser un auteur, j'ai été amené à évoquer le contexte intellectuel général qui était le sien ; dans le chapitre introductif de chaque partie, je fais donc de l'histoire des idées plutôt que de l'histoire de la pensée. De même, certaines œuvres particulièrement importantes dans ma perspective (*De l'Esprit des lois*, le *Supplément au voyage de Bougainville*, les *Natchez*, l'*Essai sur l'inégalité des races humaines*) m'ont contraint à m'interroger sur leur structure même. L'histoire de la pensée est simplement la forme dominante qu'a prise mon analyse.

Ce choix a entraîné aussi une autre conséquence. Face à un texte, on peut chercher avant tout à l'expliquer (par des causes sociales ou des configurations psychiques, par exemple) ou bien à le comprendre ; j'ai opté pour cette seconde voie. Du coup, je vais peu « en amont » des textes, vers ce qui les a fait naître, et beaucoup plus « en aval », puisque je m'interroge non seulement sur leur sens, mais aussi sur leurs implications politiques, éthiques, philosophiques. Je postule, en somme, que si quelqu'un a dit quelque chose, c'est (aussi) parce qu'il a voulu le faire ; quelles que soient les forces qui aient agi à travers lui, je le tiens pour responsable de ses propos. En cela, ma manière de lire n'est que l'illustration d'une des thèses que je défends.

Quant à l'autre versant de ce travail, je trouve que le mot qui caractérise le mieux mon projet (sinon sa réalisation) est celui de « dialogue ». Cela veut dire, avant tout, que je ne m'intéresse pas au seul sens des textes de mes auteurs (mon analyse n'est pas un « méta-langage », radicalement différent d'un « langage-objet », l'un parlant du texte, l'autre du monde), mais aussi à leur vérité ; il ne me suffit pas d'avoir reconnu leurs arguments (cela, c'est le premier pas — obligé — du travail), je cherche aussi à savoir si je peux les accepter : je parle aussi du monde. Dans la mesure du possible, je situe ces dialogues dans l'histoire, ou je les y projette. D'abord, je cherche à confronter entre elles les différentes idées d'un même auteur ; ensuite, je reconstruis des dialogues entre les auteurs : au début, en particulier, c'est Rousseau qui donne la réplique à mes autres personnages, Montaigne, La Bruyère ou Diderot ; plus tard, c'est Tocqueville qui répond à Gobineau, et John Stuart Mill à Tocqueville ; à la fin, Montesquieu est interpellé par ses critiques, Helvétius, Condorcet ou Bonald. Montesquieu et Rousseau se critiquent aussi mutuellement. A d'autres moments, ne trouvant pas ce dialogue dans l'histoire, ou pas sous une forme qui me satisfasse, je m'avance — téméraire — dans le rôle d'interlocuteur, et je pratique à mon propre compte la critique interpellative.

Choisir le dialogue, cela veut dire aussi éviter les deux extrêmes que sont le monologue et la guerre. Que le monologue soit celui du critique ou celui de l'auteur, peu importe : il s'agit à chaque fois d'une vérité déjà trouvée, qui n'a plus qu'à être exposée ; or, fidèle en cela à Lessing, je préfère chercher la vérité que d'en disposer. La guerre dans les textes, cela existe aussi, et du reste je ne l'ai pas toujours évitée : quand on n'a rien de commun avec l'auteur d'en face, et quand on n'éprouve que de l'hostilité pour ses idées, le dialogue devient impossible et se trouve remplacé par la satire ou l'ironie ; la compréhension des textes en souffre (cela m'est peut-être arrivé avec les auteurs représentatifs de ce que j'appelle le « racialisme vulgaire »).

Enfin la pratique du dialogue s'oppose aussi, pour moi, au discours de la séduction et de la suggestion, en ce qu'elle en appelle aux facultés rationnelles du lecteur, plutôt que de chercher à capter son imagination ou que de le plonger dans un état de stupeur admirative. L'envers de ce choix est que mes arguments paraîtront parfois un peu trop terre à terre ; mais c'est encore une conséquence de mon désir de ne pas séparer vivre et dire, de ne pas annoncer ce que je ne peux pas assumer. C'est pour la même raison que j'ai truffé mon texte de tant de citations : je veux que le lecteur puisse juger de tout par lui-même, j'essaie donc, autant que possible, de mettre entre ses mains l'ensemble du dossier (car je n'imagine pas ce lecteur comme ayant toujours à ses côtés tous les livres dont je parle).

C'est enfin le souci du lecteur qui m'a fait adopter un système de références que j'ai voulu le plus simple possible : un titre et un numéro de page, dans le texte, renvoient à la bibliographie finale, où figurent aussi quelques informations supplémentaires (dates, autres références). J'ai profité largement, cela va sans dire, du savoir accumulé dans les éditions et les commentaires des textes que j'analyse ; parmi les historiens de la pensée sur lesquels je me suis appuyé, je voudrais mentionner plus particulièrement Victor Goldschmidt (pour le XVIIIe siècle) et Paul Bénichou (pour le XIXe). Pour ce qui concerne les auteurs que je n'étudie pas mais dont la pensée m'a influencé, je ne les mentionne pas dans le texte : si j'y affirme quelque chose, c'est que je suis prêt à l'assumer. Je me contenterai donc d'énumérer ici les influences possibles, et souvent contradictoires, d'auteurs morts et vivants, comme Max Weber et Jurgen Habermas, Leo Strauss et Hannah Arendt, Karl Popper et Isaiah Berlin, Raymond Aron et Louis Dumont, sans oublier mon ami Luc Ferry.

Et maintenant, les choses sérieuses peuvent commencer.

1

L'universel et le relatif

Ethnocentrisme

L'esprit classique

La diversité humaine est infinie ; si je veux l'observer, par où commencer ? Disons, comme entrée en matière, qu'il faut distinguer entre deux perspectives (qui ont des connexions entre elles). Dans la première, la diversité est celle des êtres humains mêmes ; on veut savoir alors si nous formons une seule espèce ou plusieurs (au XVIIIᵉ siècle, le débat se formulait en termes de « monogenèse » et de « polygenèse ») ; et, à supposer que l'espèce soit une, quelle est la portée des différences entre groupes humains. C'est, en d'autres termes, le problème de l'unité et de la diversité humaines. Quant à la seconde perspective, elle déplace le centre d'attention sur la question des valeurs : existe-t-il des valeurs universelles et donc une possibilité de porter des jugements par-delà les frontières, ou bien toutes les valeurs sont-elles relatives (à un lieu, à un moment de l'histoire, voire à l'identité des individus) ? Et, dans le cas où l'on admettrait l'existence d'une échelle de valeurs universelle, quelle en est l'extension, qu'englobe-t-elle, qu'exclut-elle ? Le problème de l'unité et de la diversité devient dans ce cas celui de l'universel et du relatif ; et c'est par lui que je commencerai cette exploration.

L'option universaliste peut s'incarner dans plusieurs figures. L'*ethnocentrisme* mérite d'être mis en tête, car il est la plus commune d'entre elles. Dans l'acception ici donnée à ce terme, il consiste à ériger, de manière indue, les valeurs propres à la société à laquelle j'appartiens en valeurs universelles. L'ethnocentriste est pour ainsi dire la caricature naturelle de l'universaliste : celui-ci, dans son aspiration à l'universel, part bien d'un particulier, qu'il s'emploie ensuite à généraliser ; et ce particulier doit forcément lui être familier, c'est-à-dire, en pratique, se trouver dans sa culture. La seule différence — mais elle est évidemment décisive — est que l'ethnocentriste suit la pente du moindre effort, et procède de manière non critique : il croit que ses valeurs sont *les* valeurs, et cela lui suffit ; il ne cherche jamais véritablement à le prouver. L'universaliste non ethnocentrique (qu'on pourrait au moins tenter d'imaginer) essaierait, lui, de fonder en raison la préférence qu'il ressent pour certaines valeurs, au détriment d'autres ; il serait même particulièrement vigilant à l'égard de ce qui, tout en lui apparaissant comme universel, se trouve figurer dans sa propre tradition ; et il serait prêt à abandonner ce qui lui est familier et à embrasser une solution qu'il a observée dans un pays étranger, ou qu'il a trouvée par déduction.

L'ethnocentrisme a donc deux facettes : la prétention universelle, d'une part ; le contenu particulier (le plus souvent national), de l'autre. Les exemples d'ethnocentrisme, dans l'histoire de la pensée en France comme dans celle des autres pays, sont innombrables ; néanmoins, si l'on cherche l'illustration la plus appropriée — et pour l'instant il ne s'agit de rien d'autre que d'une illustration, permettant simplement de fixer les idées —, le choix semble tout indiqué : ce serait ce qu'Hippolyte Taine appelait, dans *les Origines de la France contemporaine,* « l'esprit classique », celui des XVIIᵉ-XVIIIᵉ siècles, et qu'on identifie parfois (à l'étranger) avec l'esprit français tout court. Il faut dire d'abord que le grand courant de la pensée à cette époque s'attache à représenter l'homme « en général », par-delà ses variantes ; la langue même se veut universelle, car langue de la raison ; et elle est, de fait, pratiquée en dehors des frontières françaises. Lorsque Pascal annonce le projet de son œuvre, il écrit : « *Première partie :* Misère de l'homme sans Dieu. *Seconde partie :* Félicité de l'homme avec Dieu » (*Pensées,* 60). L'homme est au singulier, accompagné de l'article défini. Ce que dit Pascal doit pouvoir s'appliquer à tous les hommes, à l'homme en général. La Rochefoucauld met en tête à l' « Avis au Lecteur » introduisant ses *Maximes* : « Voici un portrait du cœur de l'homme que je donne au public. » La question ne se pose même pas de savoir si ce cœur reste toujours le même, sous tous les climats.

La Bruyère, quant à lui, serait prêt à se poser la question — mais seulement afin de mieux l'écarter. Dans le « Discours sur Théophraste », qui introduit sa traduction des *Caractères* de l'auteur grec, laquelle à son tour précède ses propres *Caractères*, il justifie ainsi son projet : « En effet, les hommes n'ont point changé selon le cœur et selon les passions ; ils sont encore tels qu'ils étaient alors et qu'ils sont marqués par Théophraste » (p. 13). La toute première partie de son ouvrage revient sur le sujet : rien n'a changé dans le monde, et les auteurs anciens restent parfaitement actuels. Son travail à lui aspire moins à l'originalité qu'à la pérennité et à l'universalité : « Qu'on me permette ici une vanité sur mon ouvrage : je suis presque disposé à croire qu'il faut que mes peintures expriment bien l'homme en général, puisqu'elles ressemblent à tant de particuliers » (« Préface » au *Discours de l'académie*, p. 488).

La Bruyère n'ignore pas les changements dans le temps, qui lui écrit : « Nous, qui sommes si modernes, serons anciens dans quelques siècles » (« Discours sur Théophraste », p. 11) ; et aussi : « Les hommes n'ont point d'usages ni de coutumes qui soient de tous les siècles, [les coutumes changent avec le temps » (p. 12). Mais ces changements ne touchent qu'à la surface des choses : « Dans cent ans, le monde subsistera encore en son entier : ce sera le même théâtre et les mêmes décorations, ce ne seront plus les mêmes acteurs » (« De la Cour », 99, p. 246) : différence apparemment sans importance. La Bruyère peut donc observer son temps et étendre ses conclusions sur toute la durée de l'histoire ; tout comme il déclare en toutes lettres ne connaître que la France, et, au sein de celle-ci, la vie de la cour seulement, sans que cela l'empêche d'espérer que ses remarques aient une portée universelle : « Bien que je les tire [les caractères] souvent de la cour de France et des hommes de ma nation, on ne peut pas néanmoins les restreindre à une seule cour, ni les renfermer en un seul pays, sans que mon livre ne perde beaucoup de son étendue et de son utilité, ne s'écarte du plan que je me suis fait d'y peindre les hommes en général » (préambule aux *Caractères*, p. 62).

Le but est de peindre les hommes en général, et le moyen, de décrire les hommes qu'on connaît le mieux, en l'occurrence les représentants de la cour. Cet agencement contient déjà en germe un danger d'ethnocentrisme (et de « sociocentrisme », l'identification de toute la société à un seul des groupes sociaux). Le projet universaliste est bien présent chez les représentants de l' « esprit classique » en France, et ce n'est pas ce qu'on leur reprochera ; il n'est toutefois pas certain que les moyens mis en œuvre soient à la hauteur de la tâche.

L'origine des valeurs

En principe, les moralistes du XVIIᵉ siècle n'ignorent pas la diversité humaine ; à certains égards ils sont même relativistes — à la manière de Montaigne. Ils reconnaissent volontiers l'emprise sur nous de la coutume ; or la coutume n'est-elle pas, la plupart du temps, nationale ? On se souvient des formules célèbres de Pascal : « La coutume est notre nature » (89). « Qu'est-ce que nos principes naturels, sinon nos principes accoutumés ? » (92). « Que chacun suive les mœurs de son pays » (294). Mais, si les coutumes sont à la fois puissantes et diverses, comment pourrait-on connaître l'homme sans tenir compte de ses coutumes ? Pascal ne pose pas la question, il faut dire que décrire les mœurs des différents peuples ne fait pas vraiment partie de son projet. Il rencontre pourtant le problème une fois, lorsqu'il évoque les diverses religions existant de par le monde. Pascal n'ignore pas le danger qui le guette, à aborder ce sujet. « Il faut avouer que la religion chrétienne a quelque chose d'étonnant. — " C'est parce que vous y êtes né ", dira-t-on. — Tant s'en faut ; je me roidis contre, pour cette raison-là même, de peur que cette prévention ne me suborne ; mais, quoique j'y sois né, je ne laisse pas de le trouver ainsi » (615). Curieusement, la seule fois où il doit aborder la diversité concrète des coutumes, Pascal assume immédiatement une position absolue : la nature des autres n'est peut-être qu'une première coutume, mais pas la sienne ; s'il défend une religion, c'est au nom de critères absolus, non parce qu'elle est celle de son pays. Mais c'est, bien sûr, que la religion n'est pas, pour lui, une coutume. Et il en ira toujours ainsi : les autres sont esclaves de la coutume parce qu'ils ignorent la vraie foi ; celui qui la connaît vit dans l'absolu, hors coutume.

La pratique de Pascal n'illustre donc pas les principes relativistes qu'il énonce. Cette pratique pourrait cependant être défendue en elle-même : ce n'est pas parce que le pays auquel j'appartiens possède telles valeurs que je dois nécessairement les condamner : ce serait là un ethnocentrisme à l'envers, guère plus convaincant que sa version à l'endroit, si je puis dire. Je peux bien appartenir à une religion, la comparer aux autres, et la trouver la meilleure de toutes. Mais cette coïncidence entre l'idéal et ce qui m'est personnel doit évidemment me rendre particulièrement précautionneux dans le choix de mes arguments, « de peur que cette prévention ne me suborne ».

Quels sont les arguments de Pascal ? Il dit : « Il y a trois moyens de croire : la raison, la coutume, l'inspiration. La religion chrétienne, qui seule a la raison... » (245) : mais cela n'est rien de plus qu'une pétition de principe. Ou encore : « *Fausseté des autres religions.* — Ils n'ont point de témoins » (592). « Mahomet, non prédit ; Jésus-Christ, prédit » (599). La religion chrétienne « est la seule qui ait toujours été » (605) : mais ces raisons dépendent si fortement du choix, apparemment fort subjectif, qu'on fait parmi les données historiques ! Pour maintenir sa dernière proposition (que la religion chrétienne est de tous les temps), Pascal se trouve obligé d'être « contre l'histoire de la Chine » (594) ; mais ce n'est pas en refusant les faits qu'on sort de la coutume. Le raisonnement de Pascal est circulaire, et en cela exemplaire de l'esprit ethnocentrique : on définit d'abord les valeurs absolues à partir de ses valeurs personnelles, et on fait semblant ensuite de juger son propre monde à l'aide de ce faux absolu. « Nulle religion que la nôtre n'a enseigné que l'homme naît en péché, nulle secte de philosophes ne l'a dit : nulle n'a donc dit vrai » (606). Le « vrai » est défini par le « nôtre », ce qui n'empêche pas ce « vrai » de venir ensuite rehausser le prestige du « nôtre », en le parant de ses belles couleurs ! L'universalisme de Pascal est de l'espèce la plus banale : celle qui consiste à identifier, de façon non critique, *ses* valeurs avec *les* valeurs ; autrement dit l'ethnocentrisme.

La Bruyère, à son tour, est conscient de la diversité des coutumes, et il suit Montaigne dans l'accueil bienveillant réservé aux différences. Tous ceux qui ne nous ressemblent pas, nous les déclarons barbares, ce qui est une grande erreur ; or rien ne serait plus souhaitable que de voir les gens « se défaire de cette prévention pour leurs coutumes et leurs manières, qui, sans autre discussion, non seulement les leur fait trouver les meilleures de toutes, mais leur fait presque décider que tout ce qui n'y est pas conforme est méprisable » (« Discours sur Théophraste », p. 11). Et il est prompt à condamner l'ethnocentrisme étroit des autres : « La prévention du pays, jointe à l'orgueil de la nation, nous fait oublier que la raison est de tous les climats, et que l'on pense juste partout où il y a des hommes : nous n'aimerions pas à être traités ainsi de ceux que nous appelons barbares ; et s'il y a en nous quelque barbarie, elle consiste à être épouvantés de voir d'autres peuples raisonner comme nous » (« Des Jugements », 22, p. 351).

Les barbares sont ceux qui croient que les autres, autour d'eux, sont barbares. Tous les hommes sont égaux, mais tous ne le savent pas ; certains se croient supérieurs aux autres, et c'est en cela précisément qu'ils sont inférieurs ; donc tous les hommes ne sont pas égaux. On le voit, cette définition ne va pas sans poser quelques problèmes logiques, puisque le fait d'observer que certains peuples se croient supérieurs et sont en réalité inférieurs m'amène à énoncer un jugement du genre de ceux que je condamne : que les autres sont inférieurs ; il faudrait que le constat de ce type d'infériorité soit explicitement écarté des comportements visés par ce même constat. A partir de là, il n'y aurait rien à redire à ce programme, s'il n'y avait cette formule finale, « raisonner comme nous ». Faut-il croire qu'il n'y a qu'une bonne rationalité, et que c'est la nôtre ? Ces étrangers ne sont-ils loués que parce qu'ils savent raisonner comme nous ? Et s'ils raisonnaient autrement ? Car, de deux choses l'une : ou bien la raison est vraiment « de tous les climats », trait universel et distinctif de l'espèce humaine, et alors le « raisonner comme nous » est superflu ; ou bien elle ne l'est pas, et notre façon à nous de raisonner est la seule bonne.

La Bruyère penche en fait pour la seconde solution, qui est, une fois de plus, la version ethnocentrique (ou égocentrique) de l'universalisme. A peine a-t-il défini le barbare à l'aide d'un critère indépendant des pays d'origine, qu'il y renonce, pour retrouver une vision plus familière : « Tous les étrangers ne sont pas barbares, et tous nos compatriotes ne sont pas civilisés » *(ibid.)*. L'universalisme de La Bruyère s'avère n'être qu'une tolérance, au demeurant bien limitée : il y a *aussi* de bons étrangers, ceux qui savent raisonner comme nous. Et le fragment suivant, qui est censé apporter la preuve de ce que La Bruyère sait se mettre à la place des autres, de sa bonne volonté à reconnaître ce qui est dû au point de vue de chacun, accomplit un pas de plus dans le sens de l'ethnocentrisme : « Avec un langage si pur, une si grande recherche dans nos habits, des mœurs si cultivées, de si belles lois et un visage blanc, nous sommes barbares pour quelques peuples » (« Des Jugements », 23, p. 351-352). Non seulement La Bruyère est convaincu que nos lois sont belles, nos mœurs cultivées et notre langage pur (qu'est-ce que tout cela pourrait bien vouloir dire ?), mais il croit en plus que la blancheur du visage est une preuve de non-barbarie. Voilà une idée bien barbare ! A supposer même que la phrase de La Bruyère soit ironique, l'enchaînement des arguments ne cesse d'être troublant.

La Bruyère ne s'aperçoit pas de son ethnocentrisme. C'est en passant qu'il qualifie la France de « pays qui est le centre du bon goût et de la politesse » (« De la Société », 71, p. 170), alors que peut-être seule l'idée que toute chose a un centre est une caractéristique de la tradition française. Et s'il a la bonne grâce d'imaginer les Siamois essayant de convertir les chrétiens à leur propre religion, il n'en trouve pas moins l'explication du succès des missionnaires chrétiens au Siam dans la qualité particulière de la religion chrétienne — qui est, par aventure, la sienne. « Ne serait-ce point la force de la vérité ? » (« Des Esprits forts », 29, p. 459). Comme Pascal donc, il croit vrai dans l'absolu ce qui est une caractéristique de sa culture. De ce faux universalisme, il n'y a qu'un pas à faire pour passer à un vrai relativisme : « Quand l'on parcourt, sans la prévention de son pays, toutes les formes de gouvernement, l'on ne sait à laquelle se tenir : il y a dans toutes le moins bon et le moins mauvais. Ce qu'il y a de plus raisonnable et de plus sûr, c'est d'estimer celle où l'on est né la meilleure de toutes, et de s'y soumettre » (« Du Souverain », 1, p. 269). Il s'agit ici de la variante nationaliste du relativisme (puisqu'il n'y a pas d'universel, autant préférer ce qu'on trouve chez soi), même si elle a l'avantage de se présenter comme un choix plutôt que comme une nécessité.

L'intérêt pour les autres nations est du reste bien passager chez La Bruyère. A l'encontre de Montaigne, il condamnera ouvertement les voyages : « Quelques-uns achèvent de se corrompre par de longs voyages, et perdent le peu de religion qui leur restait ; ils voient de jour à autre un nouveau culte, diverses mœurs, diverses cérémonies (...) : le grand nombre de celles qu'on leur montre les rend plus indifférents » (« Des Esprits forts », 4, p. 450). Ce qui l'attire davantage semble être la diversité à l'intérieur de la société, comme en témoignent les titres de ses chapitres : « De la Ville », « De la Cour », « Des Grands », « Du Souverain », « Des Femmes »... Mais les apparences sont trompeuses : il ne quitte en fait jamais sa vision unitaire. Les groupes sociaux lui apparaissent comme des cercles concentriques, dont chacun reflète ou tempère le précédent, n'apportant rien de radicalement neuf : le peuple imite la ville, qui imite la cour, qui imite le prince ; décidément, on n'échappe pas à la centralisation. « La ville dégoûte de la province ; la cour détrompe de la ville... » (« De la Cour », 101, p. 247) : on sent que cette série pourrait se poursuivre indéfiniment. Comme le dira Rica dans les *Lettres persanes* : « Le prince imprime le caractère de son esprit à la cour, la cour à la ville, la ville aux provinces. L'âme du souverain est un moule qui donne la forme à tous les autres » (1. 99).

Les groupes ethniques n'intéressent pas les moralistes du XVIIᵉ siècle car ils ne comptent pas vraiment : il n'existe pas de relais indispensable entre l'homme individuel, avec sa configuration psychique, et l'humanité ; du reste, c'est ce qui permet de déduire si facilement les traits de celle-ci à partir de celui-là. Lorsque La Bruyère se demande pourquoi tous les pays du monde ne forment pas une seule et même nation (« De l'Homme », 16), il remarque que vivre sous le même toit avec plus d'une personne n'est pas non plus facile. La seule différence qui importe est celle qui existe entre individus ; celle des cultures ne trouve pas de place ici.

L'ethnocentrisme scientifique

On observera un autre exemple de l'ethnocentrisme propre à l'« esprit classique » chez un des Idéologues, Joseph-Marie de Gérando. L'intérêt de son texte vient de ce qu'il représente un document historique important : une brochure publiée en 1800 par la *Société des observateurs de l'homme* dont de Gérando est membre, destinée à faciliter et à rendre plus scientifiques les futures enquêtes conduites par les voyageurs dans les pays lointains. Même si l'existence de cette société est éphémère (1799-1805), il s'agit là, pourrait-on dire, du premier document proprement ethnologique dans la tradition française.

Dès l'ouverture de ses *Considérations sur les diverses méthodes à suivre dans l'observation des peuples sauvages*, de Gérando s'attaque au grand travers des observations antérieures : ce que Rousseau avait appelé, on le verra, « le préjugé national ». « Rien n'est plus ordinaire, par exemple, que de juger les mœurs des sauvages par des analogies tirées de nos propres mœurs, qui ont cependant si peu de rapport avec elles. (...) Ils font raisonner le sauvage à notre manière, lorsque le sauvage ne leur explique pas lui-même ses raisonnements » (p. 135). Il faut se méfier de cette projection inconsciente de soi sur les autres. Et, pas plus qu'il ne faut les assimiler à nous, il ne faut assimiler les sauvages les uns aux autres. « Nous n'avons pas l'idée de parler du sauvage *en général,* ni de rappeler tous les peuples sauvages à un même type commun, ce qui serait absurde » (p. 146). Voilà pour les intentions ; observons maintenant leur réalisation.

On ne s'attardera pas longuement sur le fait que de Gérando semble connaître d'avance la réponse à beaucoup de questions qu'il demande pourtant aux futurs voyageurs de poser. Il écrit facilement : « Les sauvages ne peuvent *sans doute* posséder un grand nombre d'idées abstraites » (p. 141), « les notions dont les sauvages *doivent être* le moins occupés, sont celles qui appartiennent à la réflexion » (p. 141), « comme les idiomes des sauvages sont *probablement* très pauvres » (p. 143), « cette variété, quoique bien moins sensible, *sans doute,* que celle qui se présente dans les sociétés civilisées » (p. 154 ; je souligne), etc. Ce ne sont pas ces expressions qui décident du projet d'ensemble de De Gérando.

Ce qui est plus grave, c'est que la méthode concrète de collecte d'information vient, elle, directement des « raisonnements de nos philosophes », en l'occurrence de Condillac. Il s'agit en fait d'une description systématique de l'être humain, dans laquelle l'originalité de De Gérando consiste à convertir en interrogations les affirmations du maître. En voici un échantillon : « Remonte-t-il [le sauvage] de la connaissance des effets à la supposition de certaines causes, et comment imagine-t-il ces causes ? Admet-il une cause première ? Lui attribue-t-il l'intelligence, la puissance, la sagesse et la bonté ? La croit-il immatérielle ? », etc. (p. 151).

De Gérando part d'un cadre universaliste et rationaliste ; il sait comment est l'homme en général et il cherche à savoir comment se situent les hommes particuliers par rapport au type idéal. Une fois de plus, on ne peut lui reprocher le projet comme tel; là où celui-ci devient contestable, cependant, c'est lorsque de Gérando considère comme catégories universelles celles que lui offre une philosophie contemporaine, sans chercher à les contrôler par les données disponibles sur la vie physique et mentale des autres. Ainsi, lorsqu'il divise son enquête selon « deux titres principaux : l'état de l'individu et celui de la société » (p. 145), ou lorsqu'il affirme que « la société générale (...) se présente à nous sous quatre espèces différentes de rapports : les rapports politiques, civils, religieux et économiques » (p. 158), de Gérando élève au rang d'instruments conceptuels universels des notions qui s'appliquaient difficilement même à sa propre société seulement cent ans auparavant. Si ce n'est pas directement à partir de ses propres mœurs qu'il se propose de juger les mœurs des sauvages, c'est bel et bien à partir de ses catégories mentales — qui, après tout, ne sont pas si éloignées de ses mœurs.

Les mises en garde proférées par de Gérando contre l'ethnocentrisme des autres ne suffisent donc pas pour empêcher sa propre pensée d'être ethnocentrique, pas plus qu'elles n'empêchaient La Bruyère de méconnaître les autres : l'universaliste est, trop souvent, un ethnocentriste qui s'ignore. La raison de cet aveuglement se trouvait peut-être déjà dans l'Avertissement de la même brochure (dû probablement à Jauffret et non à de Gérando) : on y réserve l'étude préconisée par le mémoire de De Gérando aux seules « nations qui diffèrent (...) des nations de l'Europe » (p. 128). L'écrit de De Gérando illustrerait donc cette banale vérité qu'à s'ignorer soi-même on ne parvient jamais à connaître les autres; que connaître l'autre et soi est une seule et même chose.

Le général par le particulier

La critique de l'ethnocentrisme est pourtant une chose bien courante au XVIIIe siècle; Fontenelle, Montesquieu y ont habitué les lecteurs. A en croire Helvétius, il s'agit d'un travers dont aucun pays ne peut se dire libre. « Que je parcoure toutes les nations, je trouverai partout des usages différents, et chaque peuple, en particulier, se croira nécessairement en possession du *meilleur usage* » (*De l'esprit*, II, 9, t. I, p. 245). Ce qu'on appelle sagesse dans chaque pays n'est que la folie qui lui est propre. Par conséquent les jugements que portent les nations les unes sur les autres nous informent sur ceux qui parlent, non sur ceux dont on parle : dans les autres peuples, les membres d'une nation n'estiment que ce qui leur est proche. « Chaque nation, convaincue qu'elle seule possède la sagesse, prend toutes les autres pour folles et ressemble assez au Marianais qui, persuadé que sa langue est la seule de l'univers, en conclut que les autres hommes ne savent pas parler » (II, 21, t. I, p. 374).

Mais une telle critique risque finalement de tourner au pur relativisme. Le premier, peut-être, à critiquer systématiquement l'ethnocentrisme de la philosophie classique — sans pour autant, cela est essentiel, renoncer à son universalisme — est Rousseau (ce qui n'a pas empêché Taine de l'inclure parmi les représentants de ce même « esprit classique »). Rousseau engage le débat, en particulier, dans la célèbre longue note X du *Discours sur l'origine de l'inégalité,* qui est une dissertation consacrée à la connaissance des autres cultures. Il critique d'abord les descriptions des voyageurs sur lesquelles est fondée cette connaissance, descriptions à la fois incompétentes et intéressées ; au lieu de l'autre, on trouve la plupart du temps une image déformée de soi. « Depuis trois ou quatre cents ans que les habitants de l'Europe inondent les autres parties du monde et publient sans cesse de nouveaux recueils de voyages et de relations, je suis persuadé que nous ne connaissons d'hommes que les seuls Européens » (p. 212). Mais il n'est pas beaucoup plus tendre pour les « philosophes », qui croient pouvoir généraliser à peu de frais : « De là est venu ce bel adage de morale, si rebattu par la tourbe philosophesque, que les hommes sont partout les mêmes, qu'ayant partout les mêmes passions et les mêmes vices, il est assez inutile de chercher à caractériser les différents peuples ; ce qui est à peu près aussi bien raisonné que si l'on disait qu'on ne saurait distinguer Pierre d'avec Jacques, parce qu'ils ont tous deux un nez, une bouche et des yeux » (p. 212-213).

A la place de cette connaissance contestable, Rousseau en imagine une autre, dont il formule le programme en ces termes : il faut « secouer le joug des préjugés nationaux, apprendre à connaître les hommes par leurs conformités et leurs différences, et acquérir ces connaissances universelles qui ne sont point celles d'un siècle ou d'un pays exclusivement, mais qui, étant de tous les temps et de tous les lieux, sont pour ainsi dire la science commune des sages » (p. 213).

Rousseau distingue donc deux aspects de cette étude. D'une part, il faut découvrir la spécificité de chaque peuple, et ses différences éventuelles par rapport à nous. Pour cela, il faut être instruit, désintéressé (plutôt que chargé d'une mission de conversion ou de conquête) et savoir se débarrasser des « préjugés nationaux », c'est-à-dire de l'ethnocentrisme. Mais cela n'est que la moitié du travail. Il faut, d'autre part, une fois ces différences constatées, en revenir à l'idée universelle de l'homme, une idée qui ne serait pas le résultat de la pure spéculation métaphysique mais qui absorberait l'ensemble de ces connaissances empiriques. Une formulation à peu près contemporaine dans l'*Essai sur l'origine des langues* confirme le caractère nécessaire de cette relation entre ethnologie et philosophie, entre particulier et général : « Quand on veut étudier les hommes, il faut regarder près de soi ; mais, pour étudier l'homme, il faut apprendre à porter sa vue au loin ; il faut d'abord observer les différences pour découvrir les propriétés » (p. 89).

« Je tiens pour maxime incontestable que quiconque n'a vu qu'un peuple, au lieu de connaître les hommes, ne connaît que les gens avec lesquels il a vécu » (*Émile*, V, p. 827). Rousseau veut que la connaissance, dépassant les apparences, s'élève jusqu'à saisir la nature — des choses comme des êtres. Mais si l'on ne connaît que son pays, que ses proches, on prend pour naturel ce qui n'est qu'habituel. La première impulsion pour chercher véritablement cette

« nature » vient de la découverte que deux formes peuvent correspondre à la même essence, et que notre forme n'est donc pas (nécessairement) l'essence. Cette démarche paradoxale — découvrir le propre par le différent — est constamment revendiquée par Rousseau. « C'est peu de chose d'apprendre les langues pour elles-mêmes, leur usage n'est pas si important qu'on croit ; mais l'étude des langues mène à la grammaire générale. Il faut apprendre le latin pour savoir le français ; il faut étudier et comparer l'un et l'autre pour entendre les règles de l'art de parler » (IV, p. 675).

Il est assez surprenant de constater que Rousseau, à qui on pense toujours comme à un esprit purement déductif, recommande en fait ici une méthode toute différente. Le « bon » universalisme est donc d'abord celui qui ne déduit pas l'identité humaine d'un principe, quel qu'il soit, mais qui part d'une connaissance approfondie du particulier, et qui avance par tâtonnements (c'est une autre question que de savoir si Rousseau a toujours suivi ses propres préceptes). Il est de plus celui qui repose sur au moins *deux* particuliers (comme pour les langues — le français et le latin), et donc sur l'établissement d'un dialogue entre eux ; Rousseau détruit ici la fausse évidence dont part l'ethnocentriste, la déduction de l'universel à partir d'*un* particulier. L'universel est l'horizon d'entente entre *deux* particuliers ; on ne l'atteindra peut-être jamais, mais on a néanmoins besoin de le postuler pour rendre intelligibles les particuliers existants.

Scientisme

Nature contre morale

On n'en a jamais tout à fait fini avec l'ethnocentrisme ; mais je le laisserai provisoirement de côté pour me tourner vers une seconde figure de l'universalisme, à laquelle je donnerai le nom de *scientisme ;* figure non moins perverse, et probablement plus dangereuse, car on n'est pas souvent fier d'être ethnocentriste, alors qu'on peut s'enorgueillir de professer une philosophie « scientifique ». J'emprunterai la première illustration de cette attitude à un contemporain de Rousseau : Denis Diderot.

Diderot aborde la question de l'universel et du relatif dans son *Supplément au voyage de Bougainville,* où, sous couvert de discussions exotiques, de dialogues un peu badins, il s'attaque à un problème grave : celui du fondement de l'éthique face à la pluralité des civilisations et donc, en fin de compte, celui des normes morales. Les différentes sociétés ne partageant pas les mêmes valeurs, comment pouvons-nous les apprécier et les juger ? On a vu, déjà, la réponse de l'ethnocentriste, qui semble aussi avoir été celle d'un des interlocuteurs dans le dialogue de Diderot, avant de lire l'ouvrage de Bougainville. « Jusqu'à cette lecture j'avais pensé qu'on n'était nulle part aussi bien que chez soi ; résultat que je croyais le même pour chaque habitant de la terre ; effet naturel de l'attrait du sol ; attrait qui tient aux commodités dont on jouit, et qu'on n'a pas la même certitude de retrouver ailleurs » (p. 463). A la fin de l'entretien, cette conclusion reparaît dans l'esprit des interlocuteurs, bien qu'on ait reconnu entre-temps l'exis-

tence de plusieurs « centres » possibles. « B. Imitons le
bon aumônier, moine en France, sauvage dans Tahiti.
A. Prendre le froc du pays où l'on va, et garder celui du
pays où l'on est » (p. 515).

Si le fondement de la morale se trouvait effectivement
dans la soumission aux mœurs existantes et dans l'admiration béate qu'on leur voue, le débat s'arrêterait là. Mais ce
n'est pas du tout l'avis de Diderot. Cette autre phrase
formule mieux le problème : « Tu n'accuseras pas les
mœurs de l'Europe par celles de Tahiti, ni par conséquent
celles de Tahiti par celles de ton pays : il nous faut une
règle plus sûre ; et quelle sera cette règle ? » (p. 495). Il ne
faut pas, comme le veut le relativiste, s'interdire de juger
les mœurs d'un pays étranger, mais il ne faut pas non plus
se contenter de lui appliquer les normes du sien propre,
comme le ferait l'ethnocentriste ; on doit trouver un idéal
universel. Par ailleurs, les termes dont se sert Diderot pour
décrire les deux sociétés, pour louer « Tahiti » et condamner l'Europe, sont tous porteurs de jugement et impliquent
donc l'existence de valeurs. Le discours d'Orou, son héros
tahitien, montre bien l'absurdité de la position relativiste et
fonde la nécessité d'une transcendance morale. Orou
interroge la confiance qu'on pourrait avoir en tel ou tel
détenteur concret du pouvoir moral, magistrat ou prêtre :
« Sont-ils maîtres du bien et du mal ? Peuvent-ils faire que
ce qui est juste soit injuste, et que ce qui est injuste soit
juste ? Dépend-il d'eux d'attacher le bien à des actions
nuisibles, et le mal à des actions innocentes ou utiles ? Tu
ne saurais le penser, car, à ce compte, il n'y aurait ni vrai ni
faux, ni bon ni mauvais, ni beau ni laid ; du moins, que ce
qui plairait à ton grand ouvrier, à tes magistrats, à tes
prêtres, de prononcer tel ; et, d'un moment à l'autre, tu
serais obligé de changer d'idées et de conduite » (p. 481).

Si seul existe le droit positif (qui possède sa source dans
la coutume), il ne mérite pas le nom de droit. Mais
comment trouver l'étalon absolu ? Diderot répond : « En
fondant la morale sur les rapports éternels, qui subsistent
entre les hommes » ; « ce qui constitue l'homme ce qu'il
est, (...) doit fonder la morale qui lui convient » (p. 505). A
première vue, une telle réponse constitue un simple retour

en arrière. La philosophie antique érigeait en effet la nature en critère ultime des valeurs (d'où l'expression « droit naturel ») ; la morale elle-même était censée se fonder dans la nature et l'ordre cosmique. Mais, depuis la Renaissance au moins, la certitude d'une référence à la nature a été ébranlée : le relativisme et l'empirisme de Montaigne, comme de bien d'autres, ont fait douter de l'existence d'une norme dépassant les coutumes particulières. Le « naturalisme » des anciens a été à peu près évincé par l' « artificialisme » des modernes. L'intervention de Diderot, pourrait-on croire, consiste à renouer avec la vue traditionnelle. En fait, il n'en est rien, car les relations entre nature et morale sont chez lui tout autres qu'elles ne l'étaient chez ses prédécesseurs, ce qui n'est que la conséquence d'un changement brutal survenu dans le sens du mot « nature ».

En réalité, Diderot ne cherche nullement à fonder la morale ; il chercherait même plutôt à la détruire. En fondant la morale dans la nature — ce qui veut dire aussi le droit dans le fait —, en réglant donc le devoir-être sur l'être, il parvient à éliminer tout besoin de morale. Seulement, à la différence du credo relativiste (ou empiriste, ou positiviste), celui de Diderot se réfère à des faits qui sont censés être universels (la nature humaine), et non plus à telle ou telle société. Ce que cherche Diderot, c'est à fonder le comportement humain ; et il décide de s'appuyer sur la « nature », à savoir ce qui constitue l'homme comme tel. Nature et morale sont donc devenues deux prétendantes au même trône, celui de guide du comportement ; et Diderot préfère la première à la seconde. Il faut choisir entre « l'homme naturel » et « l'homme moral et artificiel », appelé parfois aussi « l'homme moral » tout court (p. 511). Dire que la nature est ou n'est pas morale n'a pas de sens — « Vices et vertus, tout est également dans la nature » (p. 507) : ces notions sont fondées, justement, en morale et non en nature. Telle est déjà l'idée qu'exprime le sous-titre du *Supplément*, bon résumé de l'intention globale de Diderot : « Sur l'inconvénient d'attacher des idées morales à certaines actions physiques qui n'en comportent pas » (p. 455).

Si on veut savoir par quoi laisser guider son comportement, la réponse est donc : « Attache-toi à la nature des
choses et des actions ; à tes rapports avec ton semblable ; à
l'influence de ta conduite sur ton utilité particulière et le
bien général » (p. 482). Le terme le plus significatif ici est,
paradoxalement, « attache-toi », qui implique la connaissance, et ensuite la soumission à cette connaissance ; et
cela, qu'il s'agisse des choses ou de l'action, donc des êtres
humains. Chaque chose a sa « nature », et il suffit de la
connaître pour savoir comment se conduire à son égard.
Comme les anciens, Diderot se veut « naturaliste » ; mais,
comme les modernes, il commence par « dénaturer » la
morale. Du coup, sa réponse est beaucoup plus ambitieuse
que celle de ses contemporains empiristes : il existe bien un
guide universel du comportement, et ce guide, c'est la
vérité de notre nature, non la morale, forcément « artificielle ».

Le grand exemple du *Supplément* concerne la vie
sexuelle. Sa « nature » est le libre échange : aucune
obligation de fidélité au-delà d'un mois, aucune contrainte.
Mais on ne peut manquer de se poser la question : et si les
deux partenaires n'étaient pas d'accord entre eux ? On ne
les maintiendra pas ensemble de force, admettons ; mais
qu'en est-il de leur réunion même ? Si l'un souhaite le
contact sexuel et que l'autre le refuse, l'un des deux n'aura
pas agi en accord avec la « nature » ; comment déterminer
lequel ? La réponse de Diderot est : il est de la nature des
mâles, donc d'une moitié de la population, d'être violents,
et de vouloir imposer leur volonté aux autres, c'est-à-dire
aux femmes. Or, puisque la violence est dans la nature, il
faut l'accepter. « On a consacré la résistance de la femme ;
on a attaché l'ignominie à la violence de l'homme ; violence
qui ne serait qu'une injure légère dans Tahiti, et qui
devient un crime dans nos cités » (p. 509). Dit en langage
clair cela signifie que le viol n'est pas un crime, et que les
femmes doivent se soumettre aux hommes. Mais n'est-ce
pas renoncer à tout fondement du comportement autre que
la force, n'est-ce pas identifier purement et simplement la
force et le droit ?

La règle une fois établie, on peut l'appliquer en dehors

du domaine de la sexualité. Diderot pense, par exemple (suivant en cela la doctrine d'Helvétius), qu'il est dans la nature de l'être humain (ou de l'homme?) d'obéir à son seul *intérêt*. « L'homme (...) ne te donnera jamais que ce qui ne lui est bon à rien, et te demandera toujours ce qui lui est utile » (p. 501). Diderot ajoute cet argument : « Dis-moi si, dans quelque contrée que ce soit, il y a un père qui, sans la honte qui le retient, n'aimât mieux perdre son enfant, un mari qui n'aimât mieux perdre sa femme, que sa fortune et l'aisance de toute sa vie » (p. 499). Peut-être que de tels pères et maris généreux existent, après tout ; mais admettons pour un instant l'affirmation de Diderot. La Rochefoucauld partageait cette vue pessimiste sur la nature des hommes ; mais il se réjouissait de l'existence de ce que Diderot appelle ici la honte, puisque, sous le nom d' « honnêteté », elle était érigée en idéal social et pouvait refréner les mauvais penchants des hommes, les conduire à une vie plus douce et plus agréable. Diderot, au contraire, souhaiterait éliminer la honte, et soumettre la vie sociale directement à l'intérêt (puisque telle est, selon lui, sa vérité — ou sa « nature »).

Plus que tel ou tel exemple, c'est le principe qui importe. Diderot dit : « L'inceste ne blesse en rien la nature » (p. 496), et peut-être qu'il ne devrait pas non plus blesser la morale. Cet exemple avait déjà été longuement débattu par les philosophes de la tradition empiriste et artificialiste, tel Locke, qui, d'accord sur l'absence d'un fondement naturel à la prohibition de l'inceste, en tiraient argument pour louer la sagesse des institutions. Diderot pousse la logique artificialiste à l'extrême, et du coup il l'inverse : si une chose n'est pas naturelle, elle ne mérite pas d'être respectée ; donc l'inceste n'est pas condamnable. Mais comment savoir où s'arrêter : il se peut que demain (demain ?) un biologiste nous démontre que l'agressivité est dans la nature de l'homme, et que *donc* il faut l'admettre ; ou le meurtre, ou la torture, ou le désir d'humilier autrui : rien ne nous permettra de nous y opposer. C'est bien la conclusion qu'en tireront, à l'époque même de Diderot, les personnages de Sade, dont *la Philosophie dans le boudoir* n'est que la reprise et amplification des arguments présentés dans le *Supplément*. « La destruction étant une des premières lois de la nature, rien de ce qui détruit ne saurait être un crime » (III, p. 97). « La cruauté, bien loin d'être un vice, est le premier sentiment qu'imprime en nous la nature » (p. 124). La justification par la nature est l'argument préféré de Sade : « Toute loi humaine qui contrarierait celles de la nature ne serait faite que pour le mépris » (p. 77). « N'ayez plus d'autre frein que celui de vos penchants, d'autres lois que vos seuls désirs, d'autre morale que celle de la nature » (V, p. 243).

Comment procédera-t-on pour découvrir cette « nature » ? Diderot répond : par l'étude scrupuleuse des faits, autrement dit par la science. « Commençons par le commencement. Interrogeons bonnement la nature, et voyons sans partialité ce qu'elle nous répondra sur ce point » (*Supplément*, p. 506). La réalisation de ce beau programme est instructive : pour découvrir la vérité sur une institution humaine, le mariage, Diderot se tourne vers l'observation, plus facile ou plus révélatrice, du monde animal : « Cette préférence se remarque non seulement dans l'espèce humaine, mais encore dans les autres espèces d'animaux » *(ibid.)*. Le chemin avait été préparé par l'emploi des termes « mâle » et « femelle », à la place d' « homme » et de « femme », qui impliquait déjà qu'on ne s'intéresse qu'à la nature animale des humains. La vérité de la société serait-elle détenue par la zoologie ? La société humaine et ses rites sont-ils réductibles aux instincts ? Après avoir mis la nature à la place de la morale, Diderot charge les spécialistes des animaux de la connaissance des êtres humains.

Or une telle assimilation comporte toujours le danger que, après avoir comparé les êtres humains aux objets, on se mette à les traiter comme tels. De façon similaire, de Gérando, en bon disciple des Encyclopédistes, déclarait : « Las de s'être en vain agité, pendant des siècles, dans de vaines théories, le génie du savoir s'est enfin fixé sur la route de l'observation. (...) La science de l'homme aussi est une science naturelle, une science d'observation, la plus noble de toutes » (*Considérations*, p. 130). Mais les termes « science d'observation » et « science naturelle » sont-ils

vraiment synonymes ? De Gérando pousse son rêve naturaliste jusqu'à imaginer des conditions de laboratoire pour
l'étude des sauvages : plutôt que de souffrir des incommo-
dités sur place (chaleur et insectes), ne serait-il pas plus
judicieux de *transplanter* le sauvage à Paris ? On empor-
tera, pour réunir les meilleures conditions, son environnement naturel, c'est-à-dire sa famille. « Nous posséderions
en petit l'image de cette société, à laquelle ils auraient été
enlevés. Ainsi le naturaliste ne se contente pas de rapporter
une branche, une fleur bientôt desséchée ; il cherche à
transplanter la plante, l'arbre tout entier, pour lui rendre
sur notre sol une seconde vie » (p. 166-167). A peine
formulée, l'ethnologie de De Gérando glisse dans la
botanique. Évidemment, il n'est jamais question de
demander à ces sauvages, et encore moins à leurs familles,
si telle est aussi leur volonté ; l'important, c'est que le
savant puisse les étudier à loisir. L'inclusion de la science
de l'homme parmi les sciences de la nature entraîne
aussitôt la réduction de l'être humain au statut d'objet.

Cette connaissance deviendra chez Diderot la mineure
d'un syllogisme, dont la majeure est : on ne parviendra
jamais à résister à la nature. « Tu es en délire si tu crois
qu'il y ait rien, soit en haut, soit en bas, dans l'univers, qui
puisse ajouter ou retrancher aux lois de la nature. (...) Tu
ordonneras le contraire, mais tu ne seras pas obéi »
(*Supplément,* p. 482). L'homme est entièrement déterminé
par sa nature ; il ne dispose d'aucune liberté personnelle,
d'aucune capacité d'échapper à son sort, fixé une fois pour
toutes.

La conclusion du syllogisme de Diderot, ce sont les
règles particulières de conduite, toutes en accord avec tel
ou tel aspect de notre « nature ». Il s'ensuit qu'il est
parfaitement aisé de reconnaître les bonnes et les mauvaises lois ; c'est la science qui en détient le secret : il suffit
de connaître la nature pour le savoir. La bonne loi est celle
qui suit la nature (en d'autres termes, le bon droit est celui
qui suit le fait) : si tel est le cas, « la loi religieuse devient
peut-être superflue ; et (...) la loi civile ne doit être que
l'énonciation de la loi de la nature. (...) Ou, si l'on juge
nécessaire de les conserver toutes trois, il faut que les deux

dernières ne soient que des calques rigoureux de la première [celle de la nature], que nous apportons gravée au fond de nos cœurs, et qui sera toujours la plus forte » (p. 505). C'est cet idéal qu'incarne, pour les besoins de la cause, Tahiti. Une autre façon de dire la même chose serait : la meilleure société est celle où il y a le moins de lois (car on y suit en tout la nature). « Que le code des nations serait court, si on le conformait rigoureusement à celui de la nature ! » (p. 510).

La mauvaise loi, évidemment, est celle qui s'oppose à la nature humaine : telles sont la plupart des lois des Européens, qui apparaissent comme autant d'entraves aux yeux du Tahitien. Toute loi qui contredit la nature est tyrannique : il n'y a pas de différence entre le despote et le prince éclairé, entre la loi inique et la loi utile à la société. « Si vous vous proposez d'en être le tyran [de l'homme], civilisez-le ; emprisonnez-le de votre mieux d'une morale contraire à la nature ; faites-lui des entraves de toute espèce » (p. 511-512). « Méfiez-vous de celui qui veut mettre de l'ordre » (p. 512).

Quel est le sort de l'homme lorsque les lois de la nature, les lois civiles et les lois religieuses ne coïncident pas ? Il se voit contraint d'obéir à plusieurs maîtres à la fois, sans pouvoir se soumettre à aucun intégralement ; or, rien n'est plus abject aux yeux de Diderot qu'un être mixte. « Sais-tu ce qui arrivera ? c'est que tu les mépriseras tous les trois, et que tu ne seras ni homme, ni citoyen, ni pieux ; que tu ne seras rien » (p. 481-482). Dès qu'on n'est pas une seule chose, on n'est plus rien. On a le choix entre l'hypocrisie, le malheur, la bêtise et l'anormalité ; mais il n'est pas de façon heureuse de vivre l'hétérogénéité. Diderot ira jusqu'à préférer l'asservissement total à la mixité. « Je vous avertis seulement que vous ne trouverez la condition de l'homme heureuse que dans Tahiti, et supportable que dans un coin de l'Europe [il s'agit de Venise, qui a alors cette réputation de despotisme absolu]. Là, des maîtres orageux et jaloux de leur sécurité se sont occupés à le tenir dans ce que vous appelez l'abrutissement » (p. 514). Le mal absolu vaut mieux que le mal mitigé, aux yeux de Diderot : au moins maintient-il l'unité.

En fin de compte, non seulement la morale n'est pas nécessaire à la société, elle est franchement nuisible. « Ces préceptes singuliers, je les trouve opposés à la nature, contraires à la raison ; faits pour multiplier les crimes » (p. 480) : ce qu'on croyait remède est en réalité cause de la maladie. En cela encore Diderot suit l'opinion d'Helvétius, qui a pu inspirer les réflexions du *Supplément :* « Le libertinage n'est politiquement dangereux dans un État, que lorsqu'il est en opposition avec les lois du pays » (*De l'esprit*, II, 14, t. I, p. 298). C'est que Diderot attribue une importance extrême à l'action des lois, partageant en cela l'opinion d'Helvétius ou de Condorcet : « Si les lois sont bonnes, les mœurs sont bonnes ; si les lois sont mauvaises, les mœurs sont mauvaises » (p. 504). Mais là s'arrête la ressemblance : Helvétius est un relativiste, aucune loi n'est selon lui fondée dans la nature ; les lois peuvent être plus ou moins appropriées, non plus ou moins naturelles. Condorcet, de son côté, veut corriger les lois pour améliorer la société : il faut que la justice soit universelle (dans son cas, rationnelle plutôt que « naturelle »). Diderot, lui, croit à la nature universelle de l'homme, mais reconnaît que la plupart des lois sont de pures conventions ; elles agissent, certes, mais en mal.

Les positions exprimées dans le *Supplément* sont radicales. Mais Diderot lui-même n'en tire aucune conclusion extrême. Il n'a pas le tempérament d'un révolutionnaire, et se contente de souhaiter l'amendement des lois dans le sens d'un rapprochement avec la nature. « Crions incessamment qu'on a attaché la honte, le châtiment et l'ignominie à des actions innocentes en elles-mêmes » (p. 515). Mais il n'y a là aucun appel à la révolte : « Nous parlerons contre les lois insensées jusqu'à ce qu'on les réforme ; et, en attendant, nous nous y soumettrons » *(ibid.).* Du reste, est-ce bien à l'opinion de Diderot que nous avons affaire dans le *Supplément,* ou à celles, proches et pourtant divergentes, de ses personnages : Orou, l'aumônier, le vieillard, A, B ? Le texte se termine sur une pirouette : A et B se demandent ce que penseraient leurs femmes des sujets dont ils viennent de débattre ; et A suggère : « Peut-être le contraire de ce qu'elles en diraient » (p. 516). Cette phrase

vise en premier lieu l'hypocrisie sociale, l'habitude de
réprimer la « nature » ; mais ne peut-on imaginer aussi que
le dialogue de Diderot soit énoncé sur le même mode ?
Diderot écrivait néanmoins, dans ses *Tablettes :* « Il faut
être heureux par la pente de sa nature, voilà toute ma
morale. »

La liberté

Que la nature humaine soit partout la même ; qu'elle
décide de tout ce qui compte dans un comportement ; que
la science soit le meilleur moyen pour la connaître ; que la
science doive donc se soumettre l'éthique et la politique :
ces idées s'attacheront à l'esprit encyclopédiste dont Diderot est ici le représentant ; elles se répandront partout, sans
qu'on tienne compte d'éventuelles réserves de Diderot là-
dessus. Mais on aurait tort de mettre un signe d'égalité
entre cette doctrine scientiste, présente dans l'*Encyclopédie,* et l'esprit des Lumières dans son ensemble. La preuve
nous en est donnée par la position de cet autre illustre
représentant des Lumières qu'est Rousseau.

Rousseau critiquera, on le verra, le relativisme. Mais
tout universalisme ne lui convient pas pour autant ; et il
n'admettra en aucun cas qu'on confonde sa position avec
celle des « philosophes » et de Diderot. Il condamnera sans
réserves les conclusions que croyait pouvoir tirer ce dernier, « savoir, que l'unique devoir de l'homme est de suivre
en tout les penchants de son cœur » (*Confessions,* IX,
p. 468).

La première opposition entre les deux est de caractère
scientifique. Pour Diderot, on l'a vu, la nature humaine
relevait de la seule biologie, ou même de la zoologie. Une
telle démarche est inacceptable aux yeux de Rousseau, car
elle implique qu'on puisse faire abstraction de la société, de
la raison et de la morale, et préserver néanmoins l'identité
humaine ; ce qui n'est pas vrai Ainsi, il écrit dans la *Lettre
à d'Alembert :* « L'argument tiré de l'exemple des bêtes ne
conclut point et n'est pas vrai. L'homme n'est point un

chien ni un loup. Il ne faut qu'établir dans son espèce les premiers rapports de la société pour donner à ses sentiments une moralité toujours inconnue aux bêtes » (p. 174). Ce n'est pas le zoologue qui détient la vérité de l'espèce humaine, c'est, dirait Rousseau, le philosophe.

Mais c'est ensuite que se fait jour la divergence la plus importante. Car il ne s'agit pas, dans l'esprit de Rousseau, de substituer le spécialiste des cultures humaines au spécialiste de la nature, l'historien au biologiste ; ce qu'il entend contester, c'est l'existence d'un déterminisme rigide, qui ne laisserait aucune place à la liberté humaine. Ce qui distingue l'homme des animaux, en effet, c'est que ceux-ci obéissent intégralement aux lois de leur nature, alors que le comportement de celui-là ne peut être prévu jusqu'au bout par aucune loi, ni biologique, ni historique ; la liberté, ou possibilité d'exercer sa volonté, est le trait distinctif de l'espèce humaine. Montesquieu affirmait déjà (on y reviendra) que la possibilité de se soustraire aux lois était le trait distinctif de l'humanité. L'animal, renchérit Rousseau, obéit à la nature ; l'homme, lui, peut gérer son destin « en qualité d'agent libre » (*Discours sur l'origine de l'inégalité*, I, p. 141). La différence entre animaux et hommes est dans l'absence ou la présence, non de raison, mais de liberté, donc dans la non-intégralité du déterminisme qui régit le comportement humain. C'est pour cette raison que, selon Rousseau, sa principale caractéristique est la *perfectibilité*, c'est-à-dire quelque chose qui n'a aucun contenu positif mais qui permet à l'être humain d'acquérir tous les contenus. Voilà qui donne aux concepts de « nature humaine » et d'« universalité » un tour inattendu : ce qui est commun aux hommes n'est pas tel ou tel trait particulier (il est vain, en ce sens, de se demander si l'homme *est* bon ou méchant, moral ou immoral), mais sa liberté, sa capacité de se transformer (éventuellement en bien). De cette manière, Rousseau prend acte de la carence qui caractérise la pensée moderne (l'absence d'un fondement *naturel* aux préceptes qui gouvernent le comportement), et propose de chercher un nouveau type de fondement, dans la liberté et dans la volonté plutôt que dans la nature.

Ici encore, donc, le débat sur le plan de la connaissance se prolonge sur celui de l'éthique. A vrai dire, Rousseau tient surtout à briser l'illusion d'une continuité entre les deux plans, d'une déduction du devoir-être à partir de l'être, de l'éthique à partir de la science : il faut d'abord affirmer l'autonomie de chacune, même si l'on peut se demander, dans un deuxième temps, si elles n'ont pas aussi des racines communes. Diderot voulait constituer un code de comportement fondé sur la seule nature biologique de l'homme. Cela est scientifiquement absurde. Mais c'est aussi moralement inadmissible : Benjamin Constant, secondant ici Rousseau, fait la remarque : « Le pouvoir n'est que trop disposé à représenter ses propres excès, ses excès capricieux et volontaires, comme une suite des lois de la nature. De l'infériorité reconnue de telle race et de la supériorité de telle autre à l'asservissement de la première, la distance est trop facile à franchir » (« De M. Dunoyer et de quelques-uns de ses ouvrages » (p. 554-555). Les lecteurs d'aujourd'hui savent, encore mieux que les contemporains de Constant, jusqu'où on peut aller en voulant agir en accord avec la « nature ».

Mais Diderot eût-il pris comme point de départ l'histoire et l'anthropologie, que ce code n'aurait pas été mieux fondé. Que les faits soient comme ils le sont ne prouve qu'une chose : que telle a été la volonté du plus fort. « Fonder » le droit dans le fait, c'est nécessairement le « fonder » dans la force (il suffit d'avoir été le plus puissant pour placer les autres devant le fait accompli), c'est-à-dire en réalité le vider de toute substance. C'est pourquoi Rousseau s'en prend, non aux zoologues, mais à ses compagnons les philosophes, lorsqu'ils pratiquent, à la manière de Diderot, la déduction de la morale à partir de la nature : « Sa plus constante manière de raisonner, dit Rousseau de Grotius dans le *Contrat social*, est d'établir toujours le droit par le fait. On pourrait employer une méthode plus conséquente, mais non pas plus favorable aux tyrans » (I, 2, p. 353). La justification d'un acte inique par les « lois de l'histoire » n'est pas plus probante que celle par les « lois » de la supériorité raciale. Rousseau précisera : « Il faut savoir ce qui doit être pour bien juger

de ce qui est » (*Émile*, V, p. 836-837). Loin de devoir se
soumettre à la science, l'éthique aura pour tâche d'évaluer
le travail du savant.

On assiste ici à la formulation d'une opposition décisive,
qui préfigure maint conflit dans les deux siècles à venir.
Diderot et Rousseau sont tous deux résolument du côté de
la modernité, pour une connaissance rationnelle libérée de
la tutelle de la religion. Mais Diderot croit au déterminisme
intégral, et ne laisse pratiquement aucune place à la liberté
humaine ; du coup la science, qui est la plus apte à nous
révéler le fonctionnement de ce déterminisme, se substitue
à l'éthique et se charge de formuler les buts de l'homme et
de la société. Rousseau, lui, sans nier l'existence d'un
déterminisme, physique ou social, reconnaît à ses côtés la
liberté ; plus même, à la suite de Montesquieu, il en fait le
trait distinctif de l'humanité. Or, si je dispose d'une
certaine liberté, je peux agir en fonction de ma volonté, et
choisir mes actes : j'en assume la responsabilité et par là
même j'accepte qu'on les juge bons ou mauvais. Du coup,
l'éthique est reconnue dans son autonomie, irréductible à
la science, et exerçant sur celle-ci, non une tutelle, à la
manière de la religion, mais un droit de regard, qui permet
de juger que les résultats obtenus sont utiles ou bien
menaçants. Il s'ensuit que, si Diderot et Rousseau appartiennent l'un comme l'autre à la philosophie des Lumières,
au sens large, Rousseau seul est un représentant de
l'*humanisme*. Dans les pages qui suivent, j'aurai constamment recours à cette distinction terminologique : des
expressions comme « la philosophie des Lumières » ou
« les Encyclopédistes » désigneront les mouvements
d'idées, dans leur complexité idéologique, tels qu'ils ont
existé au XVIIIe siècle ; des termes comme « scientisme » et
« humanisme » se référeront à des systèmes de pensée
cohérents, qui n'appartiennent pas à une époque particulière. C'est pourquoi, même s'ils s'opposent entre eux,
humanisme et scientisme peuvent cohabiter dans la philosophie des Lumières.

L'État universel

Quelle que soit son importance pour l'histoire des
idéologies au cours des deux derniers siècles, la doctrine
scientiste ne nous intéresse pas ici en elle-même, mais
seulement dans la mesure où elle entraîne des conséquences pour notre sujet, la diversité des peuples et la
pluralité des jugements. Or, à cet égard, le scientisme va
rapidement s'enrichir d'une nouvelle conclusion. C'est
Condorcet, le dernier Encyclopédiste, qui se chargera de la
tirer : elle concerne la transformation du monde d'un
aggloméra de pays en un État unique — une transformation selon lui à la fois souhaitable et inévitable.

Condorcet part d'un double postulat. Premièrement, la
nature humaine est partout la même, or notre capacité
rationnelle en fait partie, elle est donc également universelle. Deuxièmement, la raison est seule en état de
distinguer le juste de l'injuste ; c'est par conséquent à la
raison universelle qu'il incombe de formuler les principes
de justice, valables partout et pour tous. Ainsi le droit
naturel devient pour Condorcet le droit rationnel, tout en
restant aussi universel que son prédécesseur. A partir de
cette base, Condorcet fait un nouveau pas : puisque les
principes de la justice sont partout les mêmes, il faut que
les lois le soient aussi. En d'autres termes, les lois ne
doivent pas être une résultante du droit naturel *et* des
conditions physiques, sociales et historiques d'une nation,
comme le voulait Montesquieu ; elles doivent découler des
seuls principes de justice. Ce n'est donc pas un hasard si
Condorcet formule pour la première fois ses opinions à ce
sujet dans un commentaire de l'*Esprit des lois,* qui est en
même temps sa première incursion dans le domaine de la
philosophie politique. « Comme la vérité, la raison, la
justice, les droits des hommes, l'intérêt de la propriété, de
la liberté, de la sûreté sont les mêmes partout, on ne voit
pas pourquoi toutes les provinces d'un État, ou même tous
les États, n'auraient pas les mêmes lois criminelles, les

mêmes lois civiles, les mêmes lois de commerce, etc. Une
bonne loi doit être bonne pour tous les hommes, comme
une proposition vraie est vraie pour tous » (« Observations
de Condorcet sur le vingt-neuvième livre de l'*Esprit des
lois* », p. 378). Voici comment la raison et sa meilleure
incarnation, la science, commencent à dicter les décisions
politiques.

Tous les hommes sont égaux en droits car ils participent
de la même nature ; les droits de l'homme sont partout les
mêmes ; or les lois en sont les « conséquences évidentes »,
comme le dit encore Condorcet (« Fragment de justification », p. 575), et ne doivent pas s'embarrasser de considérations de climat, de mœurs ou d'évolution historique. Car
de deux choses l'une : ou bien les lois en question
concernent des règles d'étiquette, des habitudes commer-
ciales, ou encore des comportements privés ; on peut dans
ce cas les laisser différentes, mais de tels règlements ne
méritent pas le nom de lois ; ou bien elles touchent à
l'essentiel du comportement public des hommes, et dans ce
cas leur enracinement dans la coutume ne peut leur servir
de justification : il faut que la raison démonte les préjugés,
sans se laisser influencer par des informations concernant la
température du pays ou son caractère national.

Mais, une fois que tous les peuples seront pourvus des
mêmes lois, il n'y a pas de raison de s'arrêter en si bon
chemin. La diffusion progressive des lumières poussera les
peuples à se rapprocher : les préjugés sont multiples, la
vérité est une ; en s'y conformant les peuples se ressemble-
ront de plus en plus. Ils intensifieront les échanges de
toutes sortes : commerciaux, mais aussi spirituels, soit en
adoptant la langue des peuples les plus éclairés (Anglais et
Français), soit en créant, sur des bases purement logiques,
une langue universelle : on sait que, dans ses derniers
jours, alors qu'il se cache dans une cave de la rue
Servandoni, Condorcet travaille à l'invention d'une telle
langue. C'est par ces moyens que pourra se réaliser, pense-
t-il, son idéal, celui de voir les hommes « ne former qu'un
seul tout, et tendre à un but unique » (*Esquisse d'un
tableau historique des progrès de l'esprit humain*, p. 248.).

Condorcet a péri dans sa prison avant d'avoir eu le temps

de mener son projet à terme. Mais son héritage sera transmis intact par les bons soins des Idéologues (c'est Destutt de Tracy qui publiera pour la première fois son commentaire de Montesquieu) et s'épanouira chez celui qui devait donner à la doctrine scientiste sa forme achevée, l'utopiste Henri de Saint-Simon. Chez ce dernier, en effet, on ne trouve pas seulement le postulat du déterminisme intégral régissant le monde, ou la conclusion selon laquelle la connaissance (la science) doit orienter le comportement (l'éthique). On y découvre aussi un autre trait spécifique du scientisme, sur lequel nous aurons à revenir et qui était absent chez Condorcet : Saint-Simon transforme la science en religion. Le rêve d'un État universel, enfin, prend chez lui une forme plus précise, en particulier dans une brochure rédigée en 1814 en collaboration avec le jeune Augustin Thierry, et intitulée *De la réorganisation de la société européenne*. A l'Europe déchirée par les guerres napoléoniennes, Saint-Simon propose une solution : l'unification.

Son point de départ, bien entendu, consiste à se réclamer de la science. Depuis ses débuts lointains jusqu'en 1814, l'art politique s'est fondé sur les intérêts particuliers et les préjugés ; il est temps d'y introduire de l'ordre, en important les grands principes des sciences physiques, « le raisonnement et l'observation » (I, 4, p. 275). Muni de ces deux outils puissants, Saint-Simon commence à chercher quelle serait « la meilleure constitution possible » (I, 7, p. 285), celle qui pourrait, par conséquent, convenir à tous les peuples de la terre. « Je veux chercher s'il n'y a point une forme de gouvernement bonne par sa seule nature, fondée sur des principes sûrs, absolus, universels, indépendants des temps et des lieux » (I, 4, p. 275). Cette constitution serait universelle et éternelle car elle découlerait de la nature des choses et de la rigueur des syllogismes.

Saint-Simon et son disciple balaient sans hésiter toutes les objections qui se présentent à l'esprit. Fidèles à l'enseignement de Condorcet, ils négligent les variations nationales : « Il n'est pas vrai de dire, ainsi que l'a cru Montesquieu, qu'il faille à chaque nation une forme de gouvernement qui lui soit propre (puisqu'il ne peut y avoir qu'une bonne, par cela seul qu'il n'y a qu'une méthode de bien raisonner) » (I, 6, p. 285). Il serait du reste inutile de lutter contre la force des choses et la logique du raisonnement. Les divergences actuelles, à l'intérieur des États ou entre les États, ne proviennent que de ce que chacun défend ses intérêts et refuse de s'élever à la position de la vérité ; car la vérité est une.

Ainsi, tous les États européens, s'ils veulent suivre les conseils de Saint-Simon, doivent adopter la même constitution, fondée sur l'observation et la logique — constitution qui, au demeurant, se trouve déjà exister : c'est celle de l'Angleterre. En effet, à la différence des autres peuples, les Anglais ont eu la sagesse de se doter de lois assurant « la liberté et le bonheur du peuple » (« Dédicace », p. 261), c'est-à-dire les valeurs éternelles. A la suite de quoi les peuples européens se réuniront facilement en une confédération, qui se dotera d'institutions communes, d'une éducation uniforme et d'un code de morale unique (car le seul bon). Ainsi se réaliserait le rêve catholique d'une Europe unie, qui ne pouvait réussir au Moyen Age, faute de lumières suffisantes ; ainsi la paix régnerait-elle, à la place de la guerre.

Saint-Simon passe rapidement sur les rapports entre cet État européen et le reste du monde ; mais il est clair que l'unification ultime ne lui pose pas de problèmes de conscience. « Peupler le globe de la race européenne, qui est supérieure à toutes les autres races d'hommes ; le rendre voyageable et habitable comme l'Europe, voilà l'entreprise par laquelle le parlement européen devra continuellement exercer l'activité de l'Europe, et la tenir toujours en haleine » (II, 5, p. 293). On ne saura rien sur la manière dont les races inférieures « dépeupleront » le reste du monde ; on devine cependant que cet État universel sera modelé à l'image de l'Europe.

Le jeune Auguste Comte sera, comme Augustin Thierry, un membre de l'entourage de Saint-Simon pendant les premières années de la Restauration. Il en gardera cependant un très mauvais souvenir, et parlera vers la fin de sa vie de « la funeste liaison de ma première jeunesse avec un jongleur dépravé » (*Système de politique positive*, t. III, p. xv). Saint-Simon est, pour Comte, une filiation compromettante : il se réclame de la science, mais en réalité n'y connaît rien ; il dégrade donc le projet scientiste lui-même. Par-delà Saint-Simon, Comte se reconnaîtra en Condorcet, un vrai savant celui-là ; il l'appellera toujours « mon éminent précurseur » ou même « mon père spirituel ». Mais ce qu'il emprunte à Condorcet n'est pas vraiment différent de l'héritage saint-simonien (la réalisation est, chez ce dernier, imparfaite ; mais l'idéal demeure le même) : c'est qu'il faut « subordonner la politique à l'histoire » *(ibid.)*, et par conséquent la morale à la science : en d'autres termes, Condorcet, Saint-Simon et Comte participent de la même doctrine scientiste.

Comme Condorcet et Saint-Simon, Comte croit qu'il est possible d'établir — à l'aide de la science — *la* bonne constitution, qui ne tardera pas à s'imposer à tous les peuples, en surmontant les différences nationales. « Les lois fondamentales de l'évolution humaine, qui posent la base philosophique du régime final, conviennent nécessairement à tous les climats et à toutes les races, sauf de simples inégalités de vitesse » (t. I, « Discours préliminaire », p. 390). A terme, l'humanité constituera donc une société unique. C'est la tâche du positivisme, seule doctrine véritablement universelle, que d'aider les hommes à avancer dans cette voie ; c'est pourquoi Comte consacre de nombreuses pages à la description du processus d'unification. Pourquoi cette unification ? Non seulement parce qu'elle est souhaitable, mais — aussi et surtout — parce que telle est la direction dans laquelle évolue déjà l'humanité.

Il faut dire ici que, à la différence de Saint-Simon et même de Condorcet, Comte part d'observations réelles, dont la force est parfois telle qu'on est obligé de lui reconnaître une clairvoyance prophétique. Il décèle dans la société qui lui est contemporaine plusieurs caractéristiques, promises selon lui à l'extension universelle. Il s'agit, premièrement, de la vie industrielle et donc d'une certaine organisation du travail ; deuxièmement, d'une homogénéisation des goûts esthétiques ; troisièmement, de l'accord international sur le contenu et les méthodes de la science. A cela s'ajoute, quatrièmement, la préférence pour une forme politique, la république démocratique ; et, cinquièmement, une morale qui n'est plus fondée dans une quelconque théologie, mais dans la « religion de l'humanité », recommandée par Comte. Cent cinquante ans après la formulation de ces prophéties, nous sommes bien placés pour reconnaître que Comte a vu juste : même si les domaines ainsi distingués n'évoluent pas tous à la même vitesse, l'humanité est aujourd'hui incontestablement plus homogène, à tous ces égards, qu'à l'époque où il écrivait.

Comte relève un second facteur d'unification : c'est le rôle joué par le passé, ou plutôt par sa meilleure mémorisation. La présence du souvenir diminue les possibilités qui s'ouvrent devant nous à tout instant : le passé « régularise silencieusement l'avenir » (t. II, p. 465). Néanmoins, il ne faut pas trop se fier à la marche naturelle de l'histoire ; on doit aider celle-ci à aller droit vers le but qui est le sien. Les observations de Comte se doublent donc d'un programme d'action, destiné en somme à faciliter et accélérer la marche de l'histoire.

Ce programme se divise en plusieurs phases, d'abord de mûrissement qualitatif, ensuite d'extension quantitative. L'action débutera en France, le « noyau de l'Humanité », le pays du « peuple central » (comme bien d'autres, Comte, pour être universaliste, n'en est pas moins chauvin). On distinguera d'abord soigneusement le pouvoir temporel du pouvoir spirituel, et l'on ne se préoccupera que de ce dernier ; ce n'est qu'une fois établie l'unité spirituelle qu'on pourra s'intéresser aux institutions politiques ; la procédure inverse risquerait de produire des résultats entièrement négatifs. Or le perfectionnement spirituel passe par l'éducation patiente, non par les lois ou les décrets. Comte insiste beaucoup là-dessus : pendant la longue « période de transition », il faut que toutes les opinions puissent s'exprimer. Le « monologue didactique » doit céder la place à la « vraie discussion » (t. I, p. 122). L'éducation elle-même sera soustraite à l'État, qui pourrait, autrement, l'orienter trop fortement dans le sens de ses propres intérêts. Les cœurs et les esprits doivent adhérer à la nouvelle doctrine non sous la contrainte, mais librement, parce qu'ils en observent la supériorité.

Cependant, une fois que s'est fait l'accord sur les

principes spirituels, il faut s'attendre que ces derniers influent sur les pouvoirs temporels : la séparation des deux est nette mais elle est provisoire. Les institutions se mettront alors en accord avec les principes, et les mœurs elles-mêmes suivront le même mouvement. Au cours de cette phase ultime, écrit Comte, « le gouvernement, sans altérer la liberté, marche ouvertement vers l'universel ascendant de la religion de l'Humanité, qui dès lors tend à faire autant prévaloir son régime que son dogme et son culte » (t. IV, p. 445). On peut se demander si un gouvernement est capable de s'imposer aussi totalement sans « altérer », un tant soit peu, la liberté des individus. La vérité une fois établie, la discussion semble devoir s'arrêter.

L'accord obtenu dans ce centre du monde qu'est la France est destiné à être exporté au-dehors. Ici encore, Comte définit plusieurs phases. Au cours de la première, la solution française sera étendue à ce qu'il appelle l'Occident, c'est-à-dire l'Italie, l'Espagne, l'Angleterre et l'Allemagne. On respectera alors le même ordre d'évolution qu'en France et on évitera de mettre la charrue devant les bœufs : l'unification sera spirituelle, et seulement après temporelle ; l'éducation précédera à nouveau les institutions. Mais celles-ci ne sauraient attendre éternellement. Comte indique donc la forme exacte qu'elles auront à prendre : l'Occident sera dirigé par un Comité positif, composé de trente hommes représentant les cinq pays, auxquels il faut joindre « six dames d'élite, deux françaises et une de chaque autre branche occidentale » (t. I, p. 385). Ce comité organisera une marine commune, établira une monnaie, etc.

Comte prend toujours la précaution d'affirmer que, malgré cette unification, les spécificités nationales seront respectées ; ses formules maintiennent, symétriquement, la légitimité des deux termes, l'unité et la variété. « Il faut que les différences locales secondent la destination universelle » (t. IV, p. 481), il faut que « cette juste diversité [n']altère nullement l'unité fondamentale de la grande république positiviste » (t. I, p. 82). Mais on voit mal, en pratique, quelle serait la place des spécificités nationales, puisque l'Occident entier doit avoir l'éducation, la morale et les mœurs établies en France ! Un détail illustre bien le rôle subordonné que jouent ces spécificités : tous les pays membres de l'Occident auront le même drapeau avec toutefois « une simple bordure aux couleurs actuelles de la population correspondante » (t. I, p. 388).

Au cours de la troisième et dernière période, le modèle occidental se répandra sur le reste du monde. Là encore, plusieurs phases seront nécessaires : on s'associera d'abord l'Amérique du Nord et celle du Sud, par l'intermédiaire de l'Angleterre et de l'Espagne ; on s'assurera de la collaboration des Polonais et des Grecs, qui pourront jouer le rôle d'intermédiaires vers les peuples de l'Est. On s'attaquera alors au reste de la race blanche ; puis à la race jaune ; enfin aux Noirs. Le Comité positif, enrichi des représentants de ces nouvelles populations, finira par être composé de soixante membres. Ce que la France aura été à l'Occident, l'Occident le deviendra à l'univers : « La présidence humaine fut irrévocablement conférée à l'Occident » (t. IV, p. 365) ; mais l'objectif n'en est pas moins universel : « L'occidentalité constitue seulement une dernière préparation à la véritable humanité » (t. I, p. 390). Par ailleurs, cet État universel n'ignore pas les subdivisions intérieures : Comte pense que la taille idéale est quelque chose comme une région, telle la Toscane, ou encore un État comme la Belgique ; il est par conséquent contre l'unification de l'Italie : rien ne doit s'interposer entre la région et l'univers. Il voit finalement la population du globe répartie en 70 républiques de 300 000 familles, lesquelles comportent 7 membres chacune...

Le moyen le plus approprié pour cette expansion universelle de l'Occident est, une fois de plus, l'éducation des élites : elle a le double avantage d'être rapide et douce. Comte juge sévèrement les conquêtes militaires et coloniales du passé. L'histoire montre « le peu d'efficacité des incorporations qui ne sont point spontanées » (t. II, p. 463). C'est ce qu'illustrent, pour la France, les exemples de l'Algérie, de la Corse, et même de l'Alsace. L'occupation militaire ne règle rien, il faut que se produisent des « convergences spontanées vers l'état normal de l'humanité » (t. IV, p. 502). On doit donc, dans un premier temps, procéder à « une digne restitution de l'Algérie aux Arabes » (t. IV, p. 419) et contribuer à la « décomposition nécessaire du système colonial » (t. IV, p. 519). On pourra espérer ensuite que les peuples non occidentaux ne nous en tiendront pas trop longtemps rigueur, et oublieront ces premiers contacts imposés et désastreux, pour accepter avec bienveillance les nouvelles relations devant conduire à l'unification progressive. On peut se demander si Comte ne donne pas, à cet égard, une nouvelle preuve de sa clairvoyance : c'est depuis le démantèlement de l'ancien système colonial que l'occidentalisation du monde se poursuit à un rythme accéléré.

Bien que la diversité des « races » humaines ne pose pas de problème particulier au projet unificateur, Comte lui apporte deux solutions différentes, voire incompatibles. La première s'inscrit dans la grande tradition des Lumières : les différences entre les populations du globe ne sont que des retards ou des avances pris sur une seule et même voie, elles tendent donc à disparaître. Il y a peut-être des races arriérées, mais non des races (définitivement) inférieures. C'est pourquoi Comte pense que la notion même de race est déroutante, puisqu'elle substantifie ce qui n'est qu'un retard provisoire. « Les simples différences d'intensité et de vitesse se trouvent vicieusement érigées en diversités radicales, ayant chacune ses lois propres, de manière à repousser toute conception vraiment générale, et par suite toute saine explication » (t. II, p. 405). C'est le devoir des Blancs que de participer à cette élévation des autres races à leur propre niveau.

Mais Comte propose aussi une autre solution au même problème, qui lui permet toujours de préserver l'idée d'un État universel. Elle consiste à penser les races non plus comme (en fin de parcours) identiques, mais comme complémentaires dans leur différence. Comte postule l'existence de trois grandes facultés humaines, l'intelligence, l'action et le sentiment, et déclare que les trois grandes « races », blanche, jaune et noire, détiennent chacune une supériorité incontestée pour l'une de ces facultés. Les Blancs sont les plus intelligents, les Jaunes travaillent le mieux, les Noirs sont les champions du sentiment. Or, ces trois facultés sont également nécessaires et précieuses ; sans être égales entre elles, les races sont donc « équivalentes ». De plus, le bonheur suprême implique leur accord : « L'harmonie totale du Grand-Être exige donc l'intime concours de ses trois races, spéculative, active et affective » (t. II, p. 462). On peut imaginer le futur État universel avec ses usines à Hong Kong et à Tokyo, ses universités à Paris et à Londres, et ses fêtes dans les campagnes africaines...

Auguste Comte raconte qu'il ne relisait jamais ses manuscrits avant de les envoyer à l'imprimeur, de peur que la vie ne s'avère trop courte pour lui permettre d'exprimer tout ce qu'il avait à dire. L'un des effets de cette décision est que ses livres sont verbeux et inélégants. Son imagination arithmétique et son culte de la femme prennent aussi parfois des formes qui peuvent faire sourire — ou bâiller. Le noyau de sa doctrine reste pourtant fort : non seulement sa « religion de l'humanité » est généreuse, mais ses intuitions sur l'histoire mondiale se révèlent profondes. Cependant, ses principes éthiques comme ses observations historiques sont masqués et, en fin de compte, compromis par la forme scientiste qu'a prise sa pensée. Comte croit au déterminisme intégral régnant sur le monde, à la nécessité de soumettre l'éthique et la politique à la science, et finalement de faire de celle-ci une religion. C'est pourquoi, au lieu de se contenter de décrire avec pénétration l'avènement d'une société universelle, ou tout au moins sa préparation, il se pose en guide d'un mouvement et s'adonne à des rêveries puériles. Son œuvre démontre, de façon encore plus abondante que celles de Condorcet et de Saint-Simon, que l'idée de l'État universel découle naturellement du projet scientiste. Et il faut se livrer à un travail véritablement acrobatique pour libérer Comte de son positivisme, autre nom du scientisme.

Montaigne

La coutume

L'ethnocentrisme et le scientisme constituent deux figures — perverses — de l'universalisme. Tournons-nous maintenant vers le rival de celui-ci, à savoir le relativisme. Une réflexion sur les doctrines relativistes en France se doit de commencer par Montaigne. On pourra aborder sa pensée sur l'universel et le relatif par l'analyse à laquelle il soumet la notion de coutume.

Montaigne a quelques difficultés à décider jusqu'où va la puissance de la coutume : tout est-il coutume, y compris les fondements de la morale, les règles de la raison, les principes du comportement humain ? Ou bien existe-t-il un fond universel, une nature de l'homme que les coutumes cachent, éventuellement, mais n'altèrent pas ? Une phrase de l'essai « De la coustume et de ne changer aisément une loy receüe » (*Essais*, I, 23) illustre bien ces hésitations. « Qui voudra se desfaire de ce violent prejudice de la coustume, il trouvera plusieurs choses receues d'une resolution indubitable, qui n'ont appuy qu'en la barbe chenue et rides de l'usage qui les accompaigne ; mais, ce masque arraché, rapportant les choses à la verité et à la raison, il sentira son jugement comme tout bouleversé et remis pourtant en bien plus seur estat » (p. 116). La première partie de la phrase décrit le cours du monde de façon apparemment neutre : bien des choses qui nous paraissent indubitables ne sont fondées que sur l'habitude ; ce ne sont que préjugés, seraient-ils puissants ou masqués, qu'il nous est loisible d'arracher. Mais il y a un « mais » : alors qu'on se rapporte aux valeurs universelles, à la vérité et à la raison, on est ébranlé au lieu d'être rasséréné. La raison plongerait-elle ses racines dans l'usage de façon si profonde qu'elle ne soit plus capable de s'en détacher sans péril pour elle-même ? En fait non, car une opposition surgit dans l'opposition, et le « mais » est suivi d'un « pourtant » : l'état final (la référence à la seule vérité) sera tout de même préférable aux rassurantes habitudes antérieures.

Malgré ses réticences, la phrase semble donc indiquer que Montaigne pencherait plutôt pour la position universaliste. Telle n'est cependant pas la leçon qu'on peut tirer de la majorité de ses textes, ni de ce qui se présente comme son programme explicite. Toute interprétation de la pensée de Montaigne se heurte à cette difficulté : les *Essais* n'exposent pas un système philosophique homogène, et à toute affirmation allant dans un sens on peut en opposer d'autres qui la contredisent. Il y a pourtant des convergences et des recoupements significatifs, qui laissent entrevoir une hiérarchie entre les différentes thèses. Le même essai montre en fait une gradation significative. Le point de départ serait exprimé par la phrase précitée et quelques autres du même genre, servant à illustrer cette idée : « C'est à la verité une violente et traistresse maistresse d'escole que la coustume. Elle establit en nous, peu à peu, à la desrobée, le pied de son authorité ; mais par ce doux et humble commencement, l'ayant rassis et planté avec l'ayde du temps, elle nous descouvre tantost un furieux et tyrannique visage, contre lequel nous n'avons plus la liberté de hausser seulement les yeux » (p. 106).

Voici que le retour à la vérité et à la raison s'avère plus problématique qu'on ne le croyait. Où trouver le point d'appui permettant de soulever le joug, si nos yeux nous rapportent comme étant de la vérité ce qui n'est que préjugé ? si notre esprit ne parvient pas à isoler la coutume comme objet de sa réflexion, puisque les règles mêmes de sa démarche lui sont dictées par cette même coutume ? La raison, dans ces conditions, n'est que la servante de la violente maîtresse qu'on a vue ; loin d'être capable de séparer ce qui est coutume de ce qui ne l'est pas, elle a pour fonction de trouver des justifications plausibles aux coutumes les plus variées, de travestir *ma* culture en nature. « J'estime qu'il ne tombe en l'imagination humaine aucune fantaisie si forcenée qui ne rencontre l'exemple de quelque usage public, et par consequent que nostre discours n'estaie et ne fonde » (p. 109). « Par où il advient que ce qui est hors des gonds de la coustume, on le croid hors des gonds de raison ; Dieu sait combien desraisonnablement, le plus souvent » (p. 114). Nous avons franchi ici un pas nouveau : l'existence d'une raison indépendante de la coutume est mise en doute.

L'apparition, pourtant, du mot « déraisonnablement » nous fait trébucher. S'il est possible de qualifier les actes de raisonnables et de déraisonnables, c'est que la raison existe encore, indépendamment des coutumes. En somme, Montaigne continue de se servir de l'instrument qu'il a pourtant déclaré inutilisable. Il semble difficile d'imaginer qu'il n'en soit pas conscient ; mais alors, comment faut-il comprendre son insistance sur l'inexistence de la raison ? Dans son sens le plus littéral, si l'on en juge par cette phrase voisine : « Les loix de la conscience, que nous disons naistre de nature, naissent de la coustume ; chacun ayant en veneration interne les opinions et mœurs approuvées et receües autour de luy, ne s'en peut desprendre sans remors, ny s'y appliquer sans applaudissement » (p. 114). La raison naturelle ne peut émerger de la raison coutumière car la nature, en la matière, n'existe pas ; on ne peut émanciper ce qui n'est pas. L'homme est entièrement gouverné par l'habitude et par l'intérêt, et il est incapable de s'élever au-dessus de sa condition.

L'argument sur lequel s'appuie Montaigne est celui de tous les empiristes : la diversité du vécu. Mais ce que cet argument réfute est une version très extrême de l'idée de « nature humaine », celle qui consisterait à affirmer que cette « nature » est directement observable, que les essences coïncident avec les phénomènes. Une telle théorie — dont, du reste, on ne connaît guère de partisans — reviendrait à nier purement et simplement les données des sens (la diversité des individus, des mœurs, des objets). Il est cependant possible de prendre en considération cette diversité phénoménale et d'affirmer néanmoins l'existence de règles communes, d'une identité abstraite. Montaigne lui-même, en continuant de se servir de la raison dans son combat contre elle, illustre malgré lui cette possibilité : pour pouvoir argumenter et se faire comprendre, il a besoin de se référer à un étalon, qui transcende les déterminations spatio-temporelles du sujet parlant ; cette « raison »-là est commune, au moins, à Montaigne et à son lecteur.

On retrouvera les mêmes apories chez Pascal, très proche à cet égard de Montaigne. Nous croyons que nos idées nous viennent de la raison naturelle, affirme-t-il, alors qu'en réalité elles sont le produit de la coutume. « La coutume fait nos preuves les plus fortes et les plus crues ; elle incline l'automate, qui entraîne l'esprit sans qu'il y pense. Qui a démontré qu'il sera demain jour, et que nous mourrons ? Et qu'y a-t-il de plus cru ? C'est donc la coutume qui nous en persuade » (252). Il y a évidemment bien d'autres raisons que l'habitude qui nous font croire au retour du jour et à la mortalité humaine : ce sont là des idées reçues, certes, mais il se trouve qu'elles sont, de plus, vraies. Or, pour Pascal, nous n'avons d'autre nature que celle qui nous vient de la coutume : « Mais qu'est-ce que nature ? Pourquoi la coutume n'est-elle pas naturelle ? J'ai grand-peur que cette nature ne soit elle-même qu'une première coutume, comme la coutume est une seconde nature » (93). Pourtant, si tout est nature (ou coutume), quel sens y a-t-il à dire que la coutume est naturelle ?

Pour revenir à Montaigne : fort de ce renoncement à la recherche de la nature des choses sur le plan de la connaissance, il le transpose aussi sur celui de l'éthique et du jugement ; il n'y aura pas, pour lui, de morale ou de politique qui puisse se réclamer de principes plus « naturels » (ou absolus) que d'autres. Les jugements proférés par les hommes diffèrent du tout au tout, mais ce fait n'inquiète nullement Montaigne. « J'excuserais volontiers en nostre peuple de n'avoir autre patron et regle de perfection que ses propres meurs et usances ; car c'est un commun vice, non du vulgaire seulement, mais quasi de tous hommes, d'avoir leur visée et leur arrest sur le train auquel ils sont nais », écrit-il dans un autre essai (« Des coustumes anciennes », I, 49, p. 284-285). Montaigne serait donc, à cet égard, un partisan du déterminisme intégral, qui n'accorde aux êtres humains aucune liberté, aucun choix ; en cela les thèses par ailleurs contradictoires de Montaigne et de Diderot, le « tout est culture » et le « tout est nature », se rejoignent : l'une et l'autre refusent de laisser une place à la volonté, et donc à la morale. Par conséquent, une action, une situation, une institution ne saurait être qualifiée de supérieure à une autre. « Les peuples nourris à la liberté et à se commander eux mesmes, estiment toute autre forme de police monstrueuse et contre nature. Ceux qui sont duicts [= formés] à la monarchie en font de même » (I, 23, p. 114). Montaigne rapporte le fait sans chercher à le juger : sa longue expérience lui a appris que tout jugement est l'expression de la seule habitude ; par conséquent, rien ne lui permet d'affirmer que la liberté est un bien, et son absence un mal ; y tenir serait faire preuve d'ethnocentrisme et travestir l'habitude en raison universelle. Tous les dangers du relativisme sont déjà présents en germe ici.

La chose serait plus évidente encore pour les jugements de beauté : qui ne pourrait aussitôt citer une foule d'exemples illustrant l'instabilité de l'idéal humain ? « Il est vray-semblable que nous ne sçavons guiere que c'est beauté en nature et en general, puisque à l'humaine et nostre beauté nous donnons tant de formes diverses » (« Apologie de Raymond Sebon », II, 12, p. 461-462). Certes ; mais est-il licite de passer de l'esthétique à l'éthique ?

Dans la même « Apologie », Montaigne s'en prend directement aux tenants du droit naturel : celui-ci, à l'en croire, est inexistant. Il semble se fonder sur le syllogisme suivant, qu'il puise dans la tradition sceptique. *Majeure :* Ce que nature nous auroit veritablement ordonné, nous l'ensuivrions sans doubte d'un commun consentement » (p. 564). *Mineure :* « Il n'est chose en quoy le monde soit si divers qu'en coustumes et loix » (p. 564). *Conclusion :* Les lois sont fondées non sur la nature et la vérité mais sur la tradition et l'arbitraire. « Les loix de nostre pays ? c'est-à-dire cette mer flottante des opinions d'un peuple ou d'un Prince... ? » (p. 563). Le droit naturel a peut-être existé autrefois, mais il n'en reste plus rien aujourd'hui : « Il est croyable qu'il y a des loix naturelles ; comme il se voit és autres creatures ; mais en nous elles sont perdues » (p. 564).

Une telle déduction est peut-être moins rigoureuse qu'il n'y paraît. D'abord Montaigne semble ne pas vouloir reconnaître les deux sens du mot « loi » : la loi-régularité et la loi-commandement. « Tu ne tueras point » n'est évidemment pas une loi dans le premier sens du mot, puisque les meurtres abondent ; mais elle pourrait l'être dans le deuxième (relever du droit naturel), et permettre de juger un acte en tout lieu et à tout instant. Surtout, l'argument sceptique selon lequel si une chose n'est pas universellement présente elle ne peut être vraie (juste) n'est pas probant : l'injustice existe, elle aussi ; ce qui est universel n'est pas la présence d'actes (ou de lois) justes, mais notre capacité même de distinguer justice et injustice. Une fois de plus, le corollaire de ce refus est un empirisme radical qui n'admet pas l'existence de ce qui ne se voit pas. Dans les mêmes pages Montaigne affirme : la preuve que les religions sont arbitraires (et en ce sens non vraies), c'est qu'il en existe plusieurs. Mais cette preuve n'en est pas une : non seulement parce que les formes de rite différentes peuvent cacher un sentiment religieux identique, mais aussi parce que cette pluralité ne prouve pas que toutes les religions se valent entre elles.

Montaigne écrit : « La droiture et la justice, si l'homme en connoissoit qui eust corps et veritable essence, il ne l'attacheroit pas à la condition des coustumes de cette contrée ou de celle là ; ce ne serait pas de la fantaisie des Perses ou des Indes que la vertu prendroit sa forme » (p. 562-563). On a l'impression qu'il est prisonnier d'un radicalisme qu'il a contribué lui-même à mettre en place, et qui l'enferme dans l'alternative du tout ou rien : puisque, visiblement, les traditions d'un pays influencent ses lois, la notion même d'une justice abstraite et universelle doit être rejetée ! Mais pourquoi ces deux facteurs, le droit naturel et l'esprit d'une nation, pour employer le vocabulaire de Montesquieu, seraient-ils mutuellement exclusifs ? N'est-il pas possible de les voir en interaction plutôt qu'en substitu-

tion? Non : pour Montaigne, puisque tout n'est pas
« naturel », rien ne l'est. Dans son attachement aveugle à
la « coutume », Montaigne renonce non seulement aux
jugements absolus mais même à l'unité du genre humain :
la différence culturelle l'emporte sur l'identité naturelle.
« Il y a plus de distance de tel à tel homme qu'il n'y a de tel
homme à telle beste » (I, 42, p. 250). On imagine facilement toutes les conséquences qu'on pourrait tirer d'une
telle maxime : certains hommes ne méritent-ils pas d'être
traités pis que les bêtes ?

C'est sur ce relativisme radical que se fondent les deux
grandes options politico-éthiques de Montaigne : conservatisme chez soi, tolérance pour les autres. On aurait pu
imaginer que l'absence de tout fondement « naturel » aux
lois l'incite à accepter facilement les changements. Mais
l'absence de légitimité « naturelle » est compensée chez
Montaigne par une justification historique : toute loi déjà
existante est, *ipso facto*, supérieure à une loi à venir.
« Selon mon humeur, és affaires publiques, il n'est aucun si
mauvais train, pourveu qu'il aye de l'aage et de la
constance, qui ne vaille mieux que le changement et le
remuement. (...) Le pis que je trouve en nostre estat, c'est
l'instabilité, et que nos loix non plus que nos vestemens ne
peuvent prendre aucune forme arrestée » (« De la prae-
sumption », II, 17, p. 639). C'est que, d'une part, le
changement implique la violence (à preuve, les guerres
religieuses en France), alors que ses bénéfices sont incertains ; d'autre part, le changement implique la violence (à
preuve, les guerres religieuses en France), alors que ses
bénéfices sont incertains ; d'autre part, le changement va
forcément contre le consensus, et donc privilégie la raison
individuelle au détriment de celle de la communauté, ce
que Montaigne considère comme indésirable (en cela il
n'est pas moderne) : « Me semblant très-inique de vouloir
soumettre les constitutions et observances publiques et
immobiles à l'instabilité d'une privée fantaisie (la raison
privée n'a qu'une jurisdiction privée) » (I, 23, p. 120).

L'autre face, externe, de ce conservatisme est la tolérance à l'égard d'autrui : puisqu'il n'y a aucune raison de
préférer une loi ou une coutume à une autre, il n'y a pas

non plus de raison de les mépriser. Montaigne se fait même une règle de chérir la diversité en toute chose : « Comme c'est la plus generale façon que nature aye suivy que la varieté », « je ne hay point les fantaisies contraires aux miennes » (« De la ressemblance des enfans aux peres », II, 37, p. 766). Ce qui est vrai pour les relations entre individus le devient encore plus pour celles entre nations. « La diversité des façons d'une nation à autre ne me touche que par le plaisir de la varieté. Chaque usage a sa raison » (« De la vanité », III, 9, p. 964) : voici que la raison est toujours au service de l'usage. Cela lui permet de renoncer sans peine aux plaisirs de l'ethnocentrisme — « Il me semble que je n'ay rencontré guere de manieres qui ne vaillent les nostres » *(ibid)* — et il ne manque pas de se moquer de ceux qui, par esprit de clocher, ne savent apprécier que ce qui leur est familier : « Tout ce qui n'est pas comme nous sommes, n'est rien qui vaille » (II, 12, p. 465). Le voyage serait même la meilleure éducation : « Il se tire une merveilleuse clarté, pour le jugement humain, de la frequentation du monde » (« De l'institution des enfans », I, 26, p. 156). « L'ame y a une continuelle exercitation à remarquer les choses incogneuës et nou-velles ; et je ne sache point meilleure escolle, comme j'ay dict souvent, à former la vie que de lui proposer incessam-ment la diversité de tant d'autres vies, fantaisies et usances, et luy faire gouster une si perpetuelle varieté de formes de nostre nature » (III, 9, p. 951).

Ainsi, n'étant gêné par aucun jugement négatif, Mon-taigne peut aspirer à une sorte de nouvel universalisme : non parce que les hommes sont partout les mêmes (ils ne le sont pas), mais parce que leurs différences mêmes sont, si l'on peut dire, in-différentes : il se voit devenir citoyen du monde précisément grâce à sa tolérance pour les autres. « Non parce que Socrate l'a dict, mais parce que en verité c'est mon humeur, et à l'avanture non sans quelque excez, j'estime tous les hommes mes compatriotes, et j'embrasse un Polonois comme un François, postposant cette lyaison nationale à l'universelle et commune. Je ne suis guere feru de la douceur d'un air naturel » (p. 950). Il irait même, dans cette voie, plus loin que son illustre prédécesseur :

« Ce que Socrate feit sur sa fin, d'estimer une sentence d'exil pire qu'une sentence de mort contre soy, je ne seray, à mon advis, jamais ny si cassé, ni si estroitement habitué en mon païs que je le feisse » (p. 951). Montaigne se croit indifférent aux valeurs de son propre pays — comme à celles des autres ; mais y a-t-il alors un grand mérite à être impartial ?

Il ne peut que condamner ceux qui ne font pas comme lui (oubliant que toute condamnation implique l'adhésion à certaines valeurs éthiques), et persistent à tenir aux coutumes et usages du pays où ils sont nés. « J'ay honte de voir nos hommes enyvrez de cette sotte humeur, de s'effaroucher des formes contraires aux leurs : il leur semble estre hors de leur element quand ils sont hors de leur village. Où qu'ils aillent, ils se tiennent à leurs façons et abominent les estrangeres. Retrouvent ils un compatriote en Hongrie, ils festoyent cette aventure : les voylà à se ralier et à se recoudre ensemble, à condamner tant de meurs barbares qu'ils voient. Pourquoy non barbares, puis qu'elles ne sont françaises ? » (p. 964). Le mot « barbare », semble-t-il ici, ne doit avoir qu'un sens purement relatif : puisque toutes les mœurs se valent, les différences ne peuvent provenir que du point de vue, plus ou moins rapproché ; le barbare, c'est l'autre, puisque nous, nous sommes civilisés, et que l'autre ne nous ressemble pas. C'est ce que dit aussi une célèbre phrase dans l'essai « Des cannibales » (I, 31) : « Il n'y a rien de barbare et de sauvage en cette nation, à ce qu'on m'en a rapporté, sinon que chacun appelle barbarie ce qui n'est pas de son usage ; comme de vray, il semble que nous n'avons d'autre mire de la vérité et de la raison que l'exemple et idée des opinions et usances du païs où nous sommes » (p. 203). La raison et la vérité, évoquées en creux ici, semblent fonder le relativisme culturel, le règne absolu de la coutume, et ceci... au détriment de la coutume ! Montaigne défend ici, contre l'ethnocentrisme, un relativisme rationnel. Mais faut-il croire à ce qu'il nous dit ?

Le barbare

Cet essai, « Des cannibales », est précisément consacré à
des peuples aux mœurs très différentes des nôtres, les
Indiens d'Amérique, et pourrait illustrer la manière dont
Montaigne exerce sa tolérance à l'égard des autres, nous
permettant de vérifier dans quelle mesure sa pratique
correspond à ses théories.

Le portrait que dresse Montaigne de ces hommes n'est
pas très riche (si l'on écarte, comme on doit le faire, toutes
les qualités qu'il leur attribue par simple inversion de nos
défauts). Ils n'estiment que deux choses, dit-il, « la vail-
lance contre les ennemis et l'amitié à leurs femmes » (I, 31,
p. 206) ; et, à l'en croire, ces deux vertus sont bien
représentées chez eux. Pour cette raison, les « cannibales »
sont admirables. Mais alors, y aurait-il quelques vertus
universelles qui échappent au relativisme radical ? « C'est
chose esmerveillable que de la fermeté de leurs combats »
(p. 207) : sous tous cieux, en n'importe quelles circonstances, la bravoure serait donc une vertu ? Car quelque
chose doit bien permettre à Montaigne de porter un
jugement positif sur leur système de valeurs même. Quant
à leur « vertu proprement matrimoniale » (p. 211), il a
quelque mal à l'établir, confronté comme il est à la
polygamie des « cannibales » ; mais il se rattrape en
rappelant les exemples bibliques et antiques. La polygamie
n'est pas un mal, et la preuve en est que de grands
personnages de notre tradition en ont fait l'éloge. Mais est-
ce là une manière de considérer que toutes les valeurs sont
relatives ? Ou ne serait-ce une manière de juger de la
qualité de leur société avec des critères dérivés de la nôtre ?

Il en va de même du cannibalisme, qui fournit à l'essai
son titre. Cette pratique n'est que l'aboutissement de
l'esprit guerrier des Indiens, lequel est donc incontestablement une qualité. Manger son prochain n'est certes pas une
activité méritoire, mais elle n'est pas non plus sans excuse :
loin d'être une preuve de bestialité, elle fait partie de leurs

rites. De plus, « Chrysippus et Zenon, chefs de la secte Stoïcque, ont bien pensé qu'il n'y avoit aucun mal de se servir de nostre charoigne à quoy que ce fut pour nostre besoin, et d'en tirer de la nourriture » (p. 208). Ce sont encore nos sages à nous qui viennent justifier leurs pratiques à eux. Si les grands stoïciens n'avaient pas excusé le cannibalisme, celui-ci demeurerait-il malgré tout excusable ?

Tout l'essai de Montaigne est en fait un éloge des « cannibales » et une condamnation de notre société : s'il y a des sauvages quelque part, laisse-t-il entendre, ce n'est peut-être pas là où on le croit. On peut à la limite excuser le cannibalisme, mais non « la trahison, la desloyauté, la tyrannie, la cruauté, qui sont nos fautes ordinaires » *(ibid.).* Et Montaigne de conclure : « Je pense qu'il y a plus de barbarie à manger un homme vivant qu'à le manger mort, à deschirer par tourmens et par geénes un corps encore plein de sentiment, le faire rostir par le menu, le faire mordre et meurtrir aux chiens et aux pourceaux (comme nous l'avons non seulement leu, mais veu de fresche memoire) » (p. 207).

Montaigne ne se cache pas, en fait, de disposer d'un schéma unique, permettant de saisir l'évolution de l'humanité, et en même temps d'en apprécier les différentes étapes. Mais alors, les barbares existent peut-être autrement que dans le préjugé du voisin ? A y regarder de plus près, on s'aperçoit que tel est bien le cas. Montaigne emploie le mot « barbare » dans un sens non relatif — et même dans deux sens, aussi absolus l'un que l'autre, mais porteurs d'appréciations contraires.

Le premier est un sens historique et positif : est barbare ce qui est proche des origines ; or, les origines sont meilleures que ce qui les a suivies. « Ces nations me semblent donq ainsi barbares, pour avoir receu fort peu de façon de l'esprit humain, et estre encore fort voisines de leur naifveté originelle. Les loix naturelles leur commandent encores, fort peu abastardies par les nostres » (p. 204). Le second sens est éthique et négatif : est barbare ce qui est dégradant et cruel ; c'est ce qui permet de qualifier notre société, cette fois-ci, de plus barbare que l'autre. « Nous les pouvons donq bien appeler barbares, eu esgard aux regles de la raison, mais non pas eu esgard à nous, qui les surpassons en toute sorte de barbarie » (p. 208). Il arrive à Montaigne de jouer sur ces deux sens, historique et éthique, positif et négatif, à l'intérieur d'une seule et même phrase ; ainsi pour le mot « sauvages » : « Ils sont sauvages, de mesme que nous appellons sauvages les fruicts que nature, de soy et de son progrez ordinaire, a produicts [premier sens] : là où, à la verité, ce sont ceux que nous avons alterez par nostre artifice et detournez de l'ordre commun, que nous devrions appeler plutost sauvages [deuxième sens] » (p. 203).

C'est dans ce dernier sens, éthique et négatif, que nous retrouvons encore le mot « barbare » dans le jugement que porte Montaigne sur la poésie des « cannibales ». « Or j'ay assez de commerce avec la poësie, écrit-il oubliant sa modestie habituelle, pour juger cecy, que non seulement il n'y a rien de barbarie en cette imagination, mais qu'elle est tout à fait Anacreontique. Leur langage, au demeurant, c'est un doux langage et qui a le son aggreable, retirant aux terminaisons Grecques » (p. 212). Cette poésie n'est pas barbare car elle ressemble à la poésie grecque, et de même pour la langue ; le critère de barbarie n'a ici plus rien de relatif, mais il n'est pas non plus universel : il est en fait, simplement, ethnocentrique. Au tout début des « Cannibales », Montaigne décidait que, pour ce qui concerne les opinions, il « les faut juger par la voye de la raison, non par la voix commune » (p. 200), mais il n'a pas suivi son propre précepte. Si cette poésie populaire n'avait pas eu l'heur de ressembler au style anacréontique, elle eût été... barbare.

Devant l'Autre, Montaigne est incontestablement mû par un élan généreux : plutôt que de le mépriser, il l'admire ; et il ne se lasse pas de critiquer sa propre société. Mais l'autre trouve-t-il son compte dans ce manège ? On peut en douter. Le jugement de valeur positif est fondé sur le malentendu, la projection sur l'autre d'une image de soi — ou, plus exactement, d'un idéal du moi, incarné pour Montaigne par la civilisation classique. L'autre n'est en fait jamais perçu ni connu. Ce dont Montaigne fait l'éloge, ce ne sont pas des « cannibales » mais de ses propres valeurs.

Comme il le dit lui-même à une autre occasion : « Je ne dis les autres sinon pour d'autant plus me dire » (I, 26, p. 146). Or, pour que l'éloge vaille quelque chose, il faudrait que l'être à qui il s'adresse soit d'abord reconnu en lui-même. Si, demain, Montaigne découvrait que les « cannibales » ne ressemblent pas aux Grecs, il devrait en toute logique les condamner. Il voudrait être relativiste, sans doute croit-il l'être ; il n'a en réalité jamais cessé d'être universaliste.

Il est universaliste, mais sans le savoir ; or, cette ignorance-là est décisive. L'universaliste conscient doit expliciter les critères de jugement qu'il croit universels, et chercher à les justifier. Il ne peut pas se permettre de déclarer universelles, sans plus, ses propres valeurs à lui : il doit au moins essayer de prévenir l'objection. Il n'en va pas de même de l'universaliste inconscient : son attention est dirigée vers la défense des principes relativistes ; il y a alors tout lieu de craindre que ses préjugés, ses habitudes, ses usages n'occupent la place non revendiquée de l'éthique universelle. La bravoure guerrière et la polygamie, le cannibalisme et la poésie seront excusés ou donnés en exemple, non en fonction d'une éthique universelle explicitement assumée, encore moins en fonction de l'éthique des autres, mais simplement parce que ces traits se retrouvent chez les Grecs, qui incarnent l'idéal personnel de Montaigne.

Le relativiste ne porte pas de jugement sur les autres. L'universaliste conscient peut les condamner ; mais il le fait au nom d'une morale ouvertement assumée, qui du coup peut être mise en question. L'universaliste inconscient est inattaquable, puisqu'il prétend être relativiste ; mais cela ne l'empêche pas de porter des jugements sur les autres et de leur imposer son idéal. Il a l'agressivité du second et la bonne conscience du premier : il est assimilateur en toute innocence, parce qu'il ne s'est pas aperçu de la différence des autres.

La position de tolérance généralisée est intenable, et le texte de Montaigne illustre bien ses pièges. D'abord, c'est une position intérieurement contradictoire, puisqu'elle consiste à la fois à déclarer toutes les attitudes équivalentes, et à préférer à toutes les autres l'une d'entre elles :

la tolérance elle-même. A peine a-t-il dit que chaque usage a sa raison, que Montaigne en condamne un, qui est de s'enfermer entre compatriotes lorsqu'on est à l'étranger, et de dénigrer les autochtones ; mais, pour seulement formuler ce reproche, Montaigne est obligé de juger les usages à l'aune de quelque chose qui n'en est pas un. Ensuite — et cela est davantage spécifique de Montaigne —, une telle position est incompatible avec ses autres convictions, et notamment avec le mythe du bon sauvage, dont il est, on le verra, l'un des promoteurs, ou avec l'idéal de l'Antiquité qui lui est cher : si le sauvage est bon (non seulement pour lui-même, mais aussi à nos yeux à nous), c'est que la bonté est une qualité transculturelle ; on ne saurait être simultanément primitiviste et relativiste. La barbarie cesse alors d'être une pure illusion d'optique : parlant des mêmes « cannibales » qui lui donnaient le prétexte de sa définition relativiste du terme, il déclare maintenant que nous les surpassons en barbarie ; mais qui dit « surpasser » compare et juge.

Du reste, si Montaigne n'a jamais perçu les autres, que vaut sa tolérance ? Suis-je encore tolérant si je ne reconnais même pas l'existence de l'autre et me contente de lui offrir une image de mon propre idéal, dont l'autre n'a que faire ? Peut-être que ce que nous prenions pour de la tolérance n'était que de l'indifférence. Faut-il vraiment voyager ? « La mutation d'air et de climat ne me touche point ; tout Ciel m'est un », écrivait Montaigne dans ces mêmes pages (III, 9, p. 951), et aussi : « Je sens la mort qui me pince continuellement la gorge ou les reins. Mais je suis autrement faict : elle m'est une partout » (p. 956). Ce n'est plus une acceptation de valeurs différentes, mais une indifférence aux valeurs, un refus d'entrer dans leur monde : les autres ne me gênent pas parce qu'ils ne comptent pas.

Déduction de l'universel

Rousseau est souvent d'accord avec Montaigne. Mais sur la question particulière de l'omniprésence des coutumes (et

donc de l'absence pure et simple de toute « nature »
humaine), il s'en sépare explicitement. Ce qu'il lui
reproche, c'est en somme les procédés peu rigoureux par
lesquels Montaigne parvient à ses conclusions : il lui suffit
de trouver une exception pour déclarer que la nature, ou la
loi, ou l'essence, n'existent pas ; au lieu de s'interroger,
d'une part, sur les circonstances particulières responsables
de cette exception ; d'autre part, sur les raisons structurelles qui font que telle situation, tel comportement semblent plus « naturels » que d'autres. Les généralisations
qu'envisage Montaigne sont de simples inductions, ou
plutôt des additions d'exemples, d'où leur fragilité. Rousseau classe donc ce prédécesseur parmi les « prétendus
sages » : ceux-ci osent rejeter « cet accord évident et
universel de toutes les nations, (...) et contre l'éclatante
uniformité du jugement des hommes, ils vont chercher
dans les ténèbres quelque exemple obscur et connu d'eux
seuls ; comme si tous les penchants de la nature étaient
anéantis par la dépravation d'un peuple, et que sitôt qu'il
est des monstres l'espèce ne fût plus rien. Mais que servent
au sceptique Montaigne les tourments qu'il se donne pour
déterrer en un coin du monde une coutume opposée aux
notions de justice ? » (*Émile*, IV, p. 598).

Il s'agit ici d'un débat sur le statut du fait particulier dans
la connaissance scientifique, débat auquel Rousseau s'était
montré sensible dès l'époque de son premier *Discours sur
les sciences et les arts*. « Quand il est question d'objets aussi
généraux que les mœurs et les manières d'un peuple, il faut
prendre garde de ne pas toujours rétrécir ses vues, sur des
exemples particuliers », écrit-il dans sa réponse aux commentaires du roi Stanislas. « Examiner tout cela en petit et
sur quelques individus, ce n'est pas philosopher, c'est
perdre son temps et ses réflexions ; car on peut connaître à
fond Pierre ou Jacques, et avoir fait très peu de progrès
dans la connaissance des hommes » (p. 53). Et il ajoute
dans un commentaire du *Discours sur l'origine de l'inégalité*
(« Lettre à Philopolis ») : « L'homme, dites-vous, est tel
que l'exigeait la place qu'il devait occuper dans l'univers.
Mais les hommes diffèrent tellement selon les temps et les
lieux, qu'avec une pareille logique on serait sujet à tirer du

particulier à l'universel des conséquences fort contradictoires et fort peu concluantes. Il ne faut qu'une erreur de
géographie pour bouleverser toute cette prétendue doctrine qui déduit ce qui doit être de ce qu'on voit. (...)
Quand il est question de raisonner sur la nature humaine,
le vrai philosophe n'est ni Indien, ni Tartare, ni de Genève,
ni de Paris, mais il est homme » (p. 234).

La nature humaine existe ; mais elle n'est pas accessible à
l'induction, et il n'y a pas à s'étonner des maigres résultats
obtenus par Montaigne à l'aide de cette méthode. Ce n'est
pas en additionnant des connaissances particulières qu'on
atteint au général : c'est en formulant des hypothèses sur la
structure de chaque phénomène ; la nature de l'homme
n'est pas donnée objectivement mais doit être déduite par
la raison. C'est bien ainsi que procédera Rousseau lui-
même dans l'ensemble de ses écrits philosophiques et
politiques, et c'est ce qui assure leur intérêt jusqu'à nos
jours. De là vient la célèbre formule, paradoxale mais
parfaitement justifiée, qu'on trouve dans le préambule au
Discours sur l'origine de l'inégalité : « Commençons donc
par écarter tous les faits » (p. 132). Ce qui ne signifie pas,
est-il besoin de l'ajouter, qu'on doive ignorer les faits :
Rousseau est, à vrai dire, plus « réaliste » qu'aucun de ses
contemporains.

Muni de cette méthode de recherche supérieure, Rousseau parviendra à un résultat opposé à celui de Montaigne
et de Pascal. « La nature, nous dit-on, n'est que l'habitude.
Que signifie cela ? N'y a-t-il pas des habitudes qu'on ne
contracte que par force et qui n'étouffent jamais la
nature ? » (*Émile*, I, p. 247). L'exemple cité par Rousseau
est celui des plantes, dont on force les branches à pousser
horizontalement. Ce n'est pas parce que le fait est avéré
que cette manière de pousser est aussi naturelle que
l'autre ! Si je crois que les plantes poussent naturellement
vers le haut, cela n'a rien à voir avec l'observation de
branches horizontales et verticales. La nature n'est pas
seulement une première coutume.

On a vu Montaigne passer sans transition des problèmes
de la connaissance à ceux de morale ; et Rousseau le suit
dans cette voie, mais c'est encore pour le contredire. Cette

fois-ci la divergence n'est pas dans la méthode, mais dans le fond même de la doctrine : à la différence de Montaigne, il croit que « les règles de la morale ne dépendent point des usages des peuples » (*la Nouvelle Héloïse*, II, XVI, p. 243), que « les lois éternelles de la nature et de l'ordre existent » (*Émile*, V, p. 857). L'argument que donne Rousseau pour justifier ce credo est de type introspectif : c'est en se consultant intérieurement, en s'examinant soigneusement soi-même que chacun peut constater, comme l'a fait Rousseau, qu'il sait distinguer entre intérêt et justice, entre habitude et raison ; par conséquent, la morale naturelle existe. « Il est donc au fond des âmes un principe inné de justice et de vertu, sur lequel, malgré nos propres maximes, nous jugeons nos actions et celles d'autrui comme bonnes ou mauvaises » (IV, p. 598). Telles sont les raisons qui permettent de réfuter le relativisme.

Évolution du relativisme

Helvétius

Mais le relativisme n'est pas mort pour autant, loin de là. Au XVIIIᵉ siècle encore, Claude-Adrien Helvétius divise les philosophes moralistes, ceux qui se sont interrogés sur la nature du bien et du mal, en deux grands camps. Les premiers, à la tête desquels se trouve Platon, soutiennent « que la vertu est toujours une et toujours la même » ; les seconds, dont le chef de file est Montaigne, affirment au contraire « que chaque nation s'en forme une idée différente » (*De l'esprit*, II, 13, t. I, p. 27). Or, les uns et les autres se sont trompés, et Helvétius se présente comme occupant lui-même une position tierce, intermédiaire. Mais les reproches qu'il adresse à ces deux armées de philosophes sont très différents. Les premiers baignent dans l'illusion complète, ils ont pris leurs rêves pour des réalités ; les seconds ont, au contraire, vu juste, et Helvétius pense, comme eux, que chaque siècle et chaque pays se fait une idée différente du bien et du mal ; il rappelle aussi la formule de Pascal, selon laquelle la nature « n'est rien autre chose que notre première habitude » (II, 24, t. I, p. 401). Leur unique faute, au fond, est de n'avoir pas su expliquer les faits qu'ils avaient correctement observés, et d'avoir vu un caprice là où règne en vérité une logique rigoureuse. Ce que présentera Helvétius n'est donc pas, en fait, une position intermédiaire entre universalisme et relativisme, mais un relativisme fondé en raison, à la différence de celui de Montaigne qui impliquerait que les jugements sont simplement arbitraires.

Helvétius se décrit lui-même en disciple de Locke, pour qui rien n'existe en dehors de la matière et des sensations que nous pouvons éprouver à son contact. Par conséquent, il répugne à se servir de fictions comme Dieu, mais aussi d'abstractions comme l'humanité : selon lui, nous n'avons jamais affaire qu'à des êtres humains particuliers. A l'intérieur même de chaque être n'existent que des sensations physiques de plaisir et de déplaisir, à partir desquelles nous extrapolons les idées du bien et du mal. Le principe de la morale d'Helvétius, tel qu'on le trouve exposé dans le *Traité de l'esprit,* c'est qu'il n'y a pas de différence entre l'agréable et le bon, entre ce qui me fait plaisir et ce que je crois être juste, car le second terme de cette relation n'est qu'une construction de l'esprit, destinée à cacher la présence du premier. Les êtres humains ne peuvent jamais se transcender eux-mêmes, s'élever au-dessus de leurs intérêts, pour la simple raison que la transcendance n'existe pas dans une optique rigoureuse matérialiste. La chose est vraie aussi bien pour les individus que pour les collectivités : « Chaque particulier juge des choses et des personnes par l'impression agréable ou désagréable qu'il en reçoit ; le public n'est que l'assemblage de tous les particuliers ; il ne peut donc jamais prendre que son utilité pour règle de ses jugements » (II, 1, t. I, p. 169).

Ainsi, Helvétius adhère à une philosophie utilitariste : le maître mot du comportement humain, c'est l'intérêt, entendu au sens de « tout ce qui peut nous procurer des plaisirs ou nous soustraire à des peines » *(ibid.).* Et il accumule les exemples des actions déclarées probes ou méritoires simplement parce qu'elles ont satisfait notre intérêt. La seule différence à cet égard est d'extension : il peut s'agir soit d'individus, soit de petits groupes (de « sociétés »), soit enfin de nations entières. Or, d'un individu à l'autre, d'un groupe à l'autre, d'une nation à l'autre, les intérêts ne restent pas les mêmes, ni, par conséquent, les jugements sur ce qui est bon et ce qui est mauvais. C'est donc la différence des intérêts qui fonde et explique le relativisme.

Comment, en pratique, juge-t-on les autres ? Naturellement, c'est pour soi qu'on a toujours la plus haute estime :

tout être particulier est spontanément égocentrique, tout peuple — on l'a vu —, ethnocentrique. Nos jugements sur les autres, qui se parent des couleurs de l'objectivité ou de l'impartialité, ne décrivent en réalité que la distance qui nous en sépare : plus ils nous sont proches, plus nous les estimons. « Il est certain que chacun a de soi la plus haute idée ; et qu'en conséquence on n'estime jamais dans autrui que son image et sa ressemblance » (II, 4, t. I, p. 202). Au contraire, ce que nous jugeons ridicule chez les autres n'est que ce qui nous est étranger. « L'esprit est une corde qui ne frémit qu'à l'unisson » (II, 4, t. I, p. 194).

Il en découle qu'on ne peut que se leurrer si on essaie de juger une société avec des critères autres que les siens : là où nous verrions des crimes, il peut bien s'agir d'actions contribuant au bien public. Il est en revanche possible de juger de la valeur d'une coutume ou d'une action en contexte ; on se demandera alors si son utilité est bien réelle ou seulement apparente ; car il est aussi des coutumes qui ne se maintiennent que par la force du préjugé ou de l'habitude, et celles-là méritent d'être condamnées. Aucune loi ne peut être dite bonne indépendamment de son contexte ; la même loi sera bonne ici, mauvaise là, utile aujourd'hui et nocive demain.

La vraie différence n'est donc pas entre relatif et absolu (puisque tout est relatif), mais dans la taille des entités auxquelles se rapporte notre jugement. L'intérêt particulier, ou privé, s'oppose ici à l'intérêt public, c'est-à-dire celui du pays que nous habitons. Tel est le sens que prennent pour Helvétius les termes de justice et de vertu. « Un homme est juste lorsque toutes ses actions tendent au bien public » (II, 6, t. I, p. 208). « Par ce mot de vertu, l'on ne peut entendre que le désir du bonheur général » (II, 13, t. I, p. 277). En pratique, comme tous les individus risquent de ne pas être d'accord, l'intérêt public est celui de la majorité, « du plus grand nombre d'hommes soumis à la même forme de gouvernement » (II, 17, t. I, p. 330). Ce qui, chez le particulier, s'appelle égoïsme ou aveuglement devient vertu, probité et justice dès qu'il s'agit du pays entier.

Du coup, toute contradiction, voire séparation entre le

droit et la force, disparaît ; il n'est pas possible que le droit
soit d'un côté et la force de l'autre, puisque le droit n'est
que l'intérêt de la majorité, laquelle est, par définition, ce
qu'il y a de plus puissant à l'intérieur d'une société. « Si
c'est dans le plus grand nombre que réside essentiellement
la force, et dans la pratique des actions utiles au plus grand
nombre que consiste la justice, il est évident que la justice
est, par sa nature, toujours armée du pouvoir nécessaire
pour réprimer le vice et nécessiter les hommes à la vertu »
(II, 24, t. I, p. 398-399). Et puisque aucune transcendance
ne peut exister, le devoir-être ne peut être distinct de
l'être : « L'homme d'esprit sait que les hommes sont ce
qu'ils doivent être » (II, 10, t. I, p. 255). Le rôle du
moraliste, dès lors, n'est pas de formuler un idéal illusoire,
mais de chercher à mettre les intérêts particuliers, qui
règnent et régneront toujours sur le comportement individuel, au service de l'intérêt général ; en cela il se confond
avec celui du politicien, et plus particulièrement du législateur : Helvétius croit, en effet, à l'efficacité des lois pour
transformer une société. C'est pourquoi, du reste, il
considère que les inégalités entre les peuples ne proviennent pas de la nature mais seulement de la différence entre
constitutions politiques : « Le mépris pour une nation est
toujours un mépris injuste, (...) c'est de la forme plus ou
moins heureuse des gouvernements que dépend la supériorité d'un peuple sur un autre » (II, 22, t. I, p. 383).

Il y a quelque chose d'effrayant dans ce projet social, où
la vérité et la justice sortent invariablement de la bouche de
la majorité, et où le crime cesse d'en être un s'il se révèle
utile à l'État. Mais on peut se rassurer, car le portrait de
l'homme qu'esquisse Helvétius ne correspond pas à la
réalité. Il n'est pas vrai que je ne puisse distinguer entre
l'utile et le bon, entre ce que je juge comme m'étant
profitable et ce que je considère comme juste ; les hommes
de tout temps ont pratiqué cette distinction, même s'ils ne
se sont pas privés de faire passer la défense de leurs intérêts
pour un attachement au bien commun. Helvétius prévoit
cette objection, mais sa manière de s'en défendre est telle
qu'elle prive ses thèses de leur valeur empirique. Si on lui
cite en contre-exemple des individus qui n'agissent pas au

nom de leur intérêt particulier, ou qui ne jugent pas les autres en fonction de soi, il a une réponse toute prête : ils agissent alors contre leur conviction intime, pour se conformer à l'opinion publique (cf. II, 4, t. I, p. 198-199). Mais on voit que le raisonnement est circulaire : Helvétius détecte l'insincérité parce qu'il sait d'avance que personne ne *peut* penser autrement que ne le dit son hypothèse. On voit mal, dans ces conditions, quel genre de fait pourrait jamais falsifier cette affirmation : les exceptions sont disqualifiées d'avance comme étant des mensonges.

Au-delà des jugements moraux et des vérifications empiriques auxquels on pourrait soumettre la doctrine d'Helvétius, on doit se demander si, en tant qu'acte particulier, elle se conforme elle-même à la théorie générale d'explication qu'elle contient. En quoi consiste l'intérêt pour Helvétius d'avoir écrit ce livre ? Dans sa préface, il se déclare un pur serviteur du bien public, et accepte de considérer ses thèses comme fausses si elles s'avèrent nocives (il se fait donc une conception toute pragmatique de la vérité) : « Si, contre mon attente, quelques-uns de mes principes n'étaient pas conformes à l'intérêt général, ce serait une erreur de mon esprit » (t. I, p. 98). Mais il n'est pas sûr que le livre lui-même obéisse à ces exigences de pur relativisme. Tantôt, en effet, c'est la raison qui semble en faire exception — mais elle entraîne la vérité avec soi (« Pour constater cette vérité, il faut l'appuyer sur des preuves de pur raisonnement », II, 3, t. I, p. 189 ; « cet usage est aussi différent du vrai *usage du monde,* toujours fondé sur la raison, que la civilité l'est de la vraie politesse », II, 9, t. I, p. 247, etc.). Tantôt, c'est l'esprit lui-même qui se subdivise en deux espèces, d'un côté celui qui dépend des changements survenant dans le monde, de l'autre, celui « dont l'utilité éternelle, inaltérable, indépendante des mœurs et des gouvernements divers, tient à la nature même de l'homme » (II, 19, t. I, p. 351) ; illustré par des philosophes comme Locke ou, pourquoi pas, Helvétius lui-même, cet esprit-là s'occupe non des Français ou des Anglais, mais « de l'homme en général » (*ibid.*, p. 353).

Helvétius divise en fait l'humanité en deux parties inégales. L'une, constituée par l'immense majorité de la population, n'a de souci que pour ses intérêts particuliers, et juge de tout par l'utilité qu'elle y trouve. L'autre, faite de quelques individus seulement, réunit les amis du vrai, qui n'aspirent qu'à la vertu et à la justice (cf. II, 2 et 3, t. I, p. 174-175, 179-180). C'est au nombre de ces derniers qu'il se compte lui-même : sa propre théorie, échappant au relativisme général, est universellement vraie ; autrement elle serait de peu d'intérêt... « Un philosophe, qui dans ses écrits est toujours censé parler à l'univers, doit donner à la vertu des fondements sur lesquels toutes les nations puissent également bâtir, et par conséquent l'édifier sur la base de l'intérêt personnel » (II, 24, t. I, p. 403), c'est-à-dire d'un fait universel. Le relativiste est ainsi amené, inévitablement, à soutenir une vision élitiste de l'humanité, puisque tout y est relatif, hormis sa propre théorie (et éventuellement celle de ses prédécesseurs). Tout le livre d'Helvétius, en fait, à travers son vocabulaire évaluatif, est imprégné de jugements de valeur qui n'ont de sens qu'absolu — tant il est vrai qu'un relativiste conséquent se verrait vite condamné au silence.

On peut cependant observer, à l'intérieur même du livre d'Helvétius, une solution à l'aporie dans laquelle il s'enferme la plupart du temps. Elle consiste à adopter la position de Montesquieu et, sans renoncer aux jugements absolus, s'obliger néanmoins à considérer chaque action et chaque coutume dans leur contexte. Tenir compte des corrélations historiques et géographiques n'implique *pas*, en effet, qu'on doive renoncer à l'idée d'une justice et d'une morale universelles. Il faut regarder, écrit Helvétius, « les différents vices des nations comme des dépendances nécessaires de la différente forme de leur gouvernement » (II, 15, t. I, p. 305). Les vices ne cessent pas d'être vices en passant d'un pays à l'autre : cela est vrai, mais il faut ajouter qu'ils ne peuvent être compris hors des configurations dont ils font partie. L'avantage d'une telle approche est double : d'abord, elle n'entraîne plus le renoncement à tout jugement transculturel, et, deuxièmement, elle nous permet de voir les sociétés comme des ensembles composés d'éléments interdépendants, et non comme de simples collections de curiosités. Les vices comme les vertus sont pris dans un système complexe de causes, de motifs et d'effets, où tout se tient. Seulement, à la différence de Montesquieu, Helvétius croit qu'il est possible, pour peu qu'on dispose de bonnes lois, de transformer sans trop de mal les mœurs ; il est réformiste plutôt que conservateur.

Renan

Montaigne était relativiste par esprit de tolérance : celui qui croit à la vérité absolue est dur à l'égard des autres ; un esprit non prévenu ne dispose pas de certitudes. Helvétius l'était par empirisme : il n'existe pas d'au-delà des sens, le bien et le mal ne sont que des extrapolations à partir des sensations individuelles de plaisir et de déplaisir. Un siècle plus tard, Renan sera relativiste de par son sens historique : ses études scientifiques lui ayant appris que les jugements des hommes varient dans le temps et dans l'espace, autrement dit en fonction du contexte, il décide de s'accommoder de cet état des choses. La science, qui a affaire au vrai et au faux, ignore la catégorie du relatif ; les jugements en revanche, qui relèvent de l'éthique ou de l'esthétique, ne connaissent pas l'absolu.

Le point de départ de Renan est très proche de celui de la philosophie des Lumières. Comme Helvétius, il aime présenter sa position comme le rejet de deux points de vue contradictoires — et également insatisfaisants. « La grande majorité des hommes (...) se divise en deux catégories, à égale distance desquelles il nous semble qu'est la vérité. " Ce que vous cherchez est trouvé depuis longtemps ", disent les orthodoxes de toutes les nuances. " Ce que vous cherchez n'est pas trouvable ", disent les positivistes pratiques (les seuls dangereux), les politiques railleurs, les athées » (« Préface » aux *Dialogues et Fragments philosophiques,* p. 554). Les orthodoxes s'opposent donc aux positivistes ; ou bien encore, les dogmatiques aux sceptiques. « Le dogmatisme, qui croit posséder la formule éternelle du vrai, le scepticisme qui nie le vrai » sont deux guides également trompeurs (« L'avenir religieux des sociétés modernes », p. 278). Les critiques qu'adresse Renan aux dogmatiques auraient pu être formulées par Voltaire : au nom de la vérité, le christianisme s'est livré aux pires persécutions de tous les dissidents ; sa réprobation des « athées » est également celle d'un déiste : on ne peut pas vivre sans idéal.

Renan choisit donc de récuser ces deux extrêmes, en surmontant leur antinomie ; mais comment y parvient-il ? « Nous rejetons également le scepticisme frivole et le dogmatisme scolastique : nous sommes dogmatiques critiques. Nous croyons à la vérité, bien que nous ne prétendions pas posséder la vérité absolue », écrit-il dans *l'Avenir de la science* (p. 1084). Mais en quoi consiste cette philosophie critique et à quoi ressemble la vérité non absolue ? En réponse, Renan nous propose une image. « Sans rêver de perfection absolue, qui, à prendre rigoureusement les choses, serait le néant, on peut croire qu'une carrière immense est ouverte à la raison et à la liberté. Le problème du vrai et du juste est comme celui de la quadrature du cercle, dont on approche tant que l'on veut, mais où l'on n'arrive jamais » (« L'avenir religieux... », p. 279).

Mais il ne peut se contenter de cette évocation d'une vérité toujours approximative ; il veut préciser davantage, et ce désir le conduit à un nouveau mot clé, celui de *relatif*, entendu au sens d'« historique » ou de « culturel » : les vérités que parvient à établir la science sont toujours *relatives* à une situation particulière (ce qui ne les rend pas moins *absolues* pour autant). « Le grand progrès de la réflexion moderne a été de substituer la conception du relatif à la conception de l'absolu », dit Renan dans *l'Avenir de la science* (p. 873-874) ; et, dans sa leçon inaugurale au Collège de France : « En tout nous poursuivons (...) le relatif au lieu de l'absolu. Voilà, suivant moi, l'avenir, si l'avenir est au progrès » (« De la part des peuples sémitiques dans l'histoire de la civilisation », p. 334). Il a donc fait sienne cette formule du jeune Auguste Comte (mais qui avait, chez celui-ci, un autre sens) : « Tout est relatif, voilà le seul principe absolu » (cf.

Système de politique positive, t. IV, « Appendice général »,
p. 11). Du coup, et malgré les déclarations de principe, on
ne voit plus de différence majeure entre le relativisme de
Renan et le scepticisme, ou le positivisme, dont il voulait se
démarquer.

On peut observer un exemple de ce glissement du
« criticisme » au « relativisme » dans les justifications qu'il
donne au genre littéraire par lui choisi pour exposer ses
conceptions philosophiques : le dialogue, ou encore le
drame. « La forme du dialogue me parut bonne pour cela,
parce qu'elle n'a rien de dogmatique et qu'elle permet de
présenter successivement les diverses faces du problème,
sans que l'on soit obligé de conclure », écrit-il dans la
« Préface » aux *Dialogues philosophiques* (p. 551) ; et dans
celle des *Drames philosophiques :* « La forme du dialogue
est, en l'état actuel de l'esprit humain, la seule qui, selon
moi, puisse convenir à l'exposition des idées philosophiques. Les vérités de cet ordre ne doivent être ni directement niées, ni directement affirmées ; elles ne sauraient
être l'objet de démonstrations. Ce qu'on peut, c'est de les
présenter par leurs faces diverses, d'en montrer le fort, le
faible, la nécessité, les équivalences » (t. III, p. 371).

Le dialogue n'est certes pas dogmatique — à moins qu'il
ne soit un monologue camouflé, comme le sont certains
dialogues platoniciens. Mais ce qu'évoque Renan ressemble, plus qu'au dialogue, à la conversation. C'est dans celle-
ci, en effet, qu'on se contente d'écouter les opinions des
interlocuteurs, en attendant de pouvoir énoncer les siennes
propres, sans se soucier de rapprocher les points de vue :
on entend des affirmations successives, et aucune conclusion n'est possible ; rien n'est nié, rien affirmé, tout est
présenté : les positions sont comme citées, sans que l'on ait
besoin d'adhérer à l'une d'entre elles et d'argumenter cette
adhésion. Le dialogue, en revanche, est animé par l'idée
d'une progression possible dans le débat, il n'est pas fait de
la juxtaposition de plusieurs voix, mais de leur interaction.
(Et le projet de ce livre lui-même est de faire entendre des
dialogues, non des conversations.) Or c'est bien à une
juxtaposition, et à une indifférence, que déclare aboutir
Renan : « Autrefois, chacun avait un système ; il en vivait,

il en mourait ; maintenant, nous traversons successivement tous les systèmes, ou, ce qui est bien mieux encore, nous les comprenons tous à la fois » (*Dialogues,* p. 552). « La philosophie, au point de raffinement où elle est arrivée, s'accommode à merveille d'un mode d'exposition où rien ne s'affirme, où tout s'induit, se fond, s'oppose, se nuance » (*Drames,* p. 372). Notre raffinement consisterait donc à être indifférents à tous les systèmes, à voir le bien-fondé de chaque point de vue, et donc à n'en assumer aucun.

Au cours de son premier voyage en Grèce, en 1865, Renan découvre ce qu'il croit être l'incarnation tant de la beauté que de la vérité ; et, errant un jour sur l'Acropole, il formule une prière, ou plutôt une profession de foi, où il dit entre autres : « Une philosophie, perverse sans doute, m'a porté à croire que le bien et le mal, le plaisir et la douleur, le beau et le laid, la raison et la folie se transforment les uns dans les autres par des nuances aussi indiscernables que celles du cou de la colombe. Ne rien aimer, ne rien haïr absolument, devient alors une sagesse. Si une société, si une philosophie, si une religion eût possédé la vérité absolue, cette société, cette philosophie, cette religion aurait vaincu les autres et vivrait seule à l'heure qu'il est. Tous ceux qui, jusqu'ici, ont cru avoir raison se sont trompés, nous le voyons clairement. Pouvons-nous, sans folle outrecuidance, croire que l'avenir ne nous jugera pas comme nous jugeons le passé ? » (*Souvenirs d'enfance et de jeunesse,* p. 758-759). Le relativisme le plus conséquent est la sagesse de Renan ; l'histoire montre que la vérité absolue, que la justice parfaite n'ont pas existé ; *donc* (et c'est cette transition qui porte ici le poids de l'affirmation), bien et mal, raison et folie ne sont plus que des catégories relatives. Ce qui le conduit à envisager avec sérénité le monde tel qu'il se présente à lui. « A vrai dire, dans l'état d'esprit où je suis, il n'y a rien ni personne dont je sois l'adversaire » (p. 877).

Une vie de savant a convaincu Renan que la science seule a trait à la vérité, et donc à l'absolu ; les valeurs, elles, sont forcément relatives. « Le mot morale est-il applicable à la forme que revêtait l'idée du bien dans les vieilles civilisations arabe, hébraïque, chinoise, qu'il revêt encore chez les peuples sauvages ? » (*l'Avenir de la science*, p. 869). Assurément non, et Renan ne manque pas de le rappeler : « La moralité elle-même a toujours été entendue par cette race [il s'agit ici des Sémites] d'une manière fort différente de celle que nous imaginons » (« Le désert et le Soudan », p. 542). Mais il ne voudrait pas qu'on confonde son relativisme avec celui des auteurs plus anciens : « Je ne fais pas ici une de ces objections banales, tant de fois répétées depuis Montaigne et Bayle, et où l'on cherche à établir par quelques divergences ou quelques équivoques que certains peuples ont manqué de sens moral » (*ibid.*). La différence, c'est que Renan ne nie pas l'existence d'un sens moral — celui-ci est bien le trait distinctif de l'humanité —, il se « contente » d'observer, de manière positive et scientifique, que les différentes morales ne possèdent aucun contenu en commun ; et ce n'est pas lui qui s'emploiera à leur en chercher un.

Ce qui distingue aussi Renan de Montaigne est la conséquence qu'il tirera, pour sa propre gouverne, de ce constat. « Je conçois de même pour l'avenir que le mot morale devienne impropre et soit remplacé par un autre. Pour mon usage particulier, j'y substitue de préférence le nom d'esthétique. En face d'une action, je me demande plutôt si elle est belle ou laide, que bonne ou mauvaise » (*ibid.*) « " Sois beau, et alors fais à chaque instant ce que t'inspirera ton cœur ", voilà toute la morale. Toutes les autres règles sont fautives et mensongères dans leur forme absolue » (p. 871). Dans un esprit très proche de Baudelaire qui, à la même époque, cherche à subordonner l'éthique à l'esthétique, Renan veut mettre l'exigence du beau à la place de celle du bien. Peut-on lui accorder qu'il ne s'agit que d'un changement de nom ? Difficilement, à moins que le sens n'en ait été modifié au préalable : il existe une beauté du mal, et on peut avoir à choisir entre l'élégance du geste et sa vertu. Renan ne l'ignore pas vraiment ; mais il préfère la « moralité » de l'artiste à celle de l'être vertueux : « L'immoralité transcendante de l'artiste est à sa façon moralité suprême » (*Dialogues philosophiques*, t. I, p. 625). Et, pour ce qui le concerne, il

a décidé de régler sa vie sur ce principe : « Pour moi, je
déclare que, quand je fais bien, (...) je fais un acte aussi
indépendant et aussi spontané que celui de l'artiste qui tire
du fond de son âme la beauté pour la réaliser au-dehors
(...). L'homme vertueux est un artiste qui réalise le beau
dans une vie humaine comme le statuaire le réalise sur le
marbre, comme le musicien par des sons » (*l'Avenir de la
science*, p. 1011). C'est là son destin personnel aujour-
d'hui ; ce sera, Renan en est convaincu, celui de tous
demain.

   L'artiste est devenu le modèle de l'homme vertueux.
Mais l'idée de beauté est-elle, à son tour, absolue ou
relative ? Renan, historien, connaît la réponse mieux que
personne : « La beauté d'une œuvre ne doit jamais être
envisagée abstraitement et indépendamment du milieu où
elle est née » (p. 880). Les chefs-d'œuvre du passé ne
provoquent l'admiration que si notre regard a été éduqué
par l'apport de l'histoire ; sinon règne le malentendu. Le
jugement esthétique n'est du reste pas seulement « historique », en ce sens du mot ; il est de plus individuel, puisque
l'artiste tire la beauté « du fond de son âme ». Mais ce qui
peut être justifié en matière d'esthétique — un relativisme
historique, voire individuel — ne conduit-il pas à l'absurde
dans le champ de l'éthique ? Telle est pourtant l'analogie
sur laquelle s'appuie Renan. Barrès lui en saura gré : c'est
Renan, dira-t-il un jour, « qui a tant fait pour donner à
notre nation le sens du relatif » (*Scènes et Doctrines du
nationalisme*, t. I, p. 84).

Relativisme et politique

   Observons un instant l'épanouissement du relativisme
dans les écrits de ces deux épigones que sont, à la fin du
XIXᵉ siècle, Gustave Le Bon et Maurice Barrès. Le
fondement du relativisme chez Le Bon est d'abord cognitif : les membres des différentes cultures n'habitent pas
dans le même monde, et tout est pour eux différent. Le

Bon ne peut que constater « la profondeur de l'abîme qui sépare la pensée des divers peuples », et il pose en axiome : « Les races différentes ne sauraient ni sentir, ni penser, ni agir de la même façon, ni par conséquent se comprendre » (*Lois psychologiques de l'évolution des peuples*, p. 32). Ainsi, tout comme Montaigne à ses pires moments, Le Bon pousse le relativisme des valeurs jusqu'à établir une discontinuité entre les sous-espèces de l'humanité.

Sur ce relativisme cognitif se fonde un relativisme moral. En effet, pour Le Bon, la morale n'est rien d'autre que la coutume. « Ce dernier terme [moralité], nous le prenons dans le sens de respect héréditaire des règles sur lesquelles l'existence d'une société repose. Avoir de la moralité, pour un peuple, c'est avoir certaines règles fixes de conduite et ne pas s'en écarter. Ces règles variant avec les temps et les pays, la morale semble par cela même chose très variable, et elle l'est en effet » (p. 29).

La relativité des valeurs, à son tour, conduit à une politique coupée de toute référence à des idéaux transculturels. « Tout ce qu'on peut demander à un gouvernement, c'est d'être l'expression des sentiments et des idées du peuple qu'il est appelé à régir (...). Il n'y a pas de gouvernements ni d'institutions dont on puisse dire qu'ils sont absolument bons ou absolument mauvais. Le gouvernement du roi de Dahomey était probablement un gouvernement excellent pour le peuple qu'il était appelé à gouverner ; et la plus savante constitution européenne eût été inférieure pour ce même peuple » (p. 104). C'est pourquoi Le Bon est fortement opposé à la politique coloniale de la France, fondée sur l'idée d'identité profonde des peuples et donc aboutissant à l'*assimilation* : c'est elle qui « conduit toutes les colonies françaises à un état de lamentable décadence » (p. 3). L'un de ses disciples, Léopold de Saussure, écrira un ouvrage entier, *Psychologie de la colonisation française*, pour plaider en faveur, non de la décolonisation, bien sûr, mais d'une autre politique coloniale, respectueuse des différences, et conduisant à un état d'*association* (on y reviendra). Les raisons qui poussent Le Bon à refuser cette unité d'idéaux sont encore « scientifiques » : « Autant vaudrait tâcher de

persuader aux poissons de vivre dans l'air, sous prétexte
que la respiration aérienne est pratiquée par tous les
animaux supérieurs » (p. 104). Mais les « races » humaines
sont-elles vraiment assimilables aux espèces animales ?

Le jugement que porte Le Bon sur la relativité des
valeurs est ambigu. D'une part, il ne peut que se réjouir de
ce qui lui apparaît comme un triomphe de la science, et il
admire « la très juste réflexion d'un écrivain moderne que
" le sens du relatif domine la pensée contemporaine " » ou
la déclaration d'un ministre de l'Instruction publique selon
laquelle « la substitution des idées relatives aux notions
abstraites (...) est la plus grande conquête de la science »
(p. 163). Mais, d'autre part, une civilisation qui ne croit
plus que ses valeurs sont absolues (qui a rompu avec
l'ethnocentrisme — seule forme de l'universalisme conce-
vable pour Le Bon) est une civilisation affaiblie. « Le vrai
danger pour les sociétés modernes tient précisément à ce
que les hommes ont perdu toute confiance dans la valeur
des principes sur lesquels elles reposent » (*ibid.*). Ce qui
amène Le Bon à reconnaître un mérite à la doctrine
politique pour laquelle il a, par ailleurs, le plus grand
mépris : le socialisme. « Si l'avenir semble appartenir à ces
doctrines socialistes que condamne la raison, c'est justement parce que ce sont les seules dont les apôtres parlent
au nom de vérités qu'ils proclament absolues » (p. 163-
164). Le drame du relativisme, c'est qu'il représente à la
fois un degré supérieur de civilisation, celui auquel on
accède par l'épanouissement de la raison, et son degré
inférieur, dans la mesure où une telle forme de civilisation
est plus faible que celles qui croient à l'absolu ; c'est la force
même qui engendre la faiblesse.

C'est sur le relativisme, enfin, que Le Bon fonde son
refus de l'idéal égalitaire. Les classes, les sexes, les peuples
sont tous différents ; à quoi bon leur imposer un but
identique, comme le veulent les socialistes ? « L'idée
égalitaire continue à grandir encore. C'est en son nom que
le socialisme, qui semble devoir asservir bientôt la plupart
des peuples de l'Occident, prétend assurer leur bonheur
C'est en son nom que la femme moderne, oubliant les
différences mentales profondes qui la séparent de

l'homme, réclame les mêmes droits, la même instruction que lui et finira, si elle triomphe, par faire de l'Européen un nomade sans foyer ni famille » (p. 3).

Pour Maurice Barrès, enfin, aucune question ne peut recevoir de réponse dans l'absolu. « L'assertion qu'une chose est bonne et vraie a toujours besoin d'être précisée par une réponse à cette question : par rapport à quoi cette chose est-elle bonne ou vraie ? » (*Scènes,* t. I, p. 64). La réponse qu'apporte à cette question tout nationaliste conséquent sera, évidemment : par rapport à ma nation. « Le nationalisme ordonne de juger tout par rapport à la France » (t. II, p. 177). La vérité, la justice, la raison n'existent pas en dehors des nations. « L'ensemble de ces rapports justes et vrais entre des objets donnés et un homme déterminé, le Français, c'est la vérité et la justice françaises ; trouver ces rapports, c'est la raison française » (t. I, p. 13). A chaque nation, sa vérité. « La vérité allemande et l'anglaise ne sont point la vérité française, et peuvent nous empoisonner » (t. I, p. 96). A chaque nation, sa conception de la justice. « Le relativiste cherche à distinguer les conceptions [de justice] propres à chaque type humain » (t. I, p. 68). Cela est une exigence à la fois éthique et scientifique. « La société ne serait point intelligible si l'on méconnaissait le relativisme universel. Pour nous, qui comprenons le rôle des lois dans un pays, nous attendons des tribunaux non la *vérité absolue,* mais la *vérité judiciaire* » (t. I, p. 38). Tout est donc relatif... hormis le relativisme qui, lui, est « universel » !

C'est dans ses commentaires de l'affaire Dreyfus que Barrès fera le plus grand usage de la référence relativiste. « Jamais mieux on n'a senti la nécessité du relativisme qu'au cours de cette affaire Dreyfus, qui est profondément une orgie de métaphysiciens » (t. I, p. 84). Entendons que l'affaire ne saurait être jugée au nom d'une justice abstraite, mais seulement en fonction des intérêts de la France. Si on prouve que Dreyfus est coupable, l'armée française en sort renforcée : cela est bon pour la France. S'il s'avère au contraire qu'il est innocent, cela discrédite l'armée et nuit à la nation. Conclusion : quelle que soit la vérité « absolue », la justice *française* exige que Dreyfus soit condamné.

Même si Dreyfus est innocent, les dreyfusards sont forcément coupables. « Leur complot divise et désarme la France, et ils s'en réjouissent. Quand bien même leur client serait un innocent, ils demeureraient des criminels » (t. I, p. 138). Et l'acquittement final de Dreyfus n'est pour Barrès qu'une nouvelle leçon de relativisme : le 12 juillet 1906, au lendemain de la cassation du procès de Rennes qui condamnait Dreyfus, Barrès déclare à l'Assemblée nationale : « Dreyfus a été le traître pendant douze ans par une vérité judiciaire. (...) Depuis vingt-quatre heures, par une nouvelle vérité judiciaire, il est l'innocent. C'est une grande leçon, Messieurs, je ne dis pas de scepticisme mais de relativisme, qui nous invite à modérer nos passions » (« Intervention à la Chambre », p. 572-573).

Mais le relativisme intervient encore d'une autre manière dans l'affaire Dreyfus. L'individu, selon Barrès, ne peut rien, il ne fait que traduire au-dehors les instincts de la race. Ainsi de Dreyfus : « Voilà des manières de penser et de dire propres à choquer des Français, mais les plus naturelles pour lui, sincères et qu'on peut dire innées » (*Scènes*, t. I, p. 160). Puisque les valeurs éthiques elles-mêmes sont le produit du caractère national, ce qui est odieux pour un Français ne l'est pas pour un juif, et réciproquement. A la limite, Barrès trouve plus d'excuses à Dreyfus que ne le ferait un universaliste ; il va jusqu'à se demander s'il est légitime de juger quelqu'un qu'on ne peut tenir responsable de ses actes, puisqu'ils lui sont dictés par sa race. « Nous exigeons de cet enfant de Sem les beaux traits de la race indo-européenne » (t. I. p. 153). « Si nous étions des intelligences désintéressées, au lieu de juger Dreyfus selon la moralité française et selon notre justice, comme un pair, nous reconnaîtrions en lui le représentant d'une espèce différente » (t. I, p. 167). Plutôt que de la justice, Dreyfus relève de l'ethnologie, sinon de la zoologie : il illustre le comportement d'une autre espèce humaine, les juifs, sur lesquels nous n'avons pas vraiment le droit de porter un jugement. « Nous ne l'attacherions point au pilori expiatoire de l'île au Diable, mais comme un témoignage vivant, comme une leçon de choses, nous le placerions près d'une chaire d'ethnologie comparée » (t. I,

p. 167). Le relativisme devient ainsi l'aboutissement logique du déterminisme.

Les ennemis, ici, ce sont les intellectuels imbus de l'esprit des Lumières ; ce qui est en cause, c'est leur foi dans l'unité du genre humain. Ce qu'il faut combattre, c'est « l'esprit humanitaire » (t. I, p. 281), qui a la « prétention insensée d'imposer l'unité et l'immobilité au monde » (t. II, p. 253). Ces intellectuels « croient nous civiliser », en se servant d'une notion abstraite de civilisation ; ce faisant, ils ignorent les traditions nationales, et ils « contredisent notre civilisation propre » (t. I, p. 102) : ce mot de « civilisation » n'a de sens pour Barrès qu'au pluriel.

Pour combattre efficacement les promoteurs de l'universalisme, il faut s'attaquer à leur caution philosophique, qui est la conception kantienne de la morale. « Les théoriciens de l'Université ivres d'un kantisme malsain (...) répètent (...) : " Je dois *toujours* agir de telle sorte que je puisse vouloir que mon action serve de *règle universelle.* " Nullement, Messieurs, laissez ces grands mots de *toujours* et d'*universelle* et puisque vous ètes Français, préoccupez-vous d'agir selon l'intérêt français à cette date » (t. I, p. 37). Toute valeur est spatialement et temporellement déterminée ; il faut donc renoncer à l'universalisme illusoire et maintenir, au contraire, les traditions régionales et nationales ; il faut combattre « ce kantisme de nos classes [qui] prétend régler l'homme universel, l'homme abstrait, sans tenir compte des différences individuelles » (t. I, p. 60).

Si Barrès condescend parfois à soutenir le principe d'égalité, ce n'est nullement au nom de l'universalisme, de l'unité du genre humain, mais, bien au contraire, au nom de la différence : les peuples sont égaux dans leur incompatibilité, chacun est en droit de s'estimer le meilleur, se jugeant à l'aide d'instruments dérivés de ses traditions, et en cela — mais en cela seulement — chacun est semblable à tous les autres. Telle devrait être la position relativiste conséquente. Mais, bien entendu, cette perspective égalitaire n'est qu'une concession provisoire aux adversaires, puisqu'il est en fait impossible de s'élever à une vue comparative qui soit au-dessus de toute détermination nationale. Ayant parlé des valeurs françaises, Barrès conclut : « Excité par de telles vérités, je hausse la voix et je m'écrie qu'elles valent pour les étrangers aussi bien que pour mes compatriotes et qu'ainsi je ne méprise aucune nationalité, mais que mon devoir est envers mes pareils » (t. I, p. 136). Que tous soient semblables dans l'abstrait ne m'empêche pas de choisir mon camp. Le relativisme de Montaigne permettait à son auteur de jeter un regard désabusé sur sa propre société. Celui de Barrès — mais il faut dire que c'est un relativisme de l'espèce nationaliste — lui sert à mieux rejeter les autres.

On peut donc être contre l'égalité entre soi et les autres de deux manières très différentes. La Bruyère croit en l'unité du genre humain, et voit par conséquent tous les hommes à l'image des Français ; seulement, les autres ne s'approchent pas de l'idéal (des Français) autant que les Français eux-mêmes : il s'agit donc d'une inégalité de fait, qui découle de la manière même de poser le problème. Le Bon ou Barrès, quant à eux, pensent que les hommes sont différents entre eux : l'égalité est écartée de droit, en tant qu'idéal. Cela n'empêche pas les uns et les autres de rester ethnocentristes, et de préférer les Français, ou les Européens, aux Dahoméens, Siamois ou Japonais.

On peut dire que, de nos jours, nous risquons davantage de nous égarer en suivant Barrès que La Bruyère. Le relativisme des valeurs, culturel ou historique, est devenu le lieu commun de notre société ; il s'accompagne souvent de l'affirmation, sinon de notre appartenance à des espèces ou à des sous-espèces différentes, tout au moins de l'impossibilité principielle de la communication entre cultures. Et la xénophobie contemporaine s'accommode parfaitement de l'appel au « droit à la différence » : un relativiste bien conséquent peut demander que tous les étrangers rentrent chez eux, pour vivre au milieu des valeurs qui leur sont propres.

Lévi-Strauss

L'horizon relativiste

L'ethnologie est une discipline moderne dont on peut dire que la différence entre cultures est constitutive de son objet même. Le choix d'une attitude par rapport à l'opposition universel-relatif est inévitable. Mais est-il simple pour autant ? Je partirai, pour illustrer les difficultés inhérentes à toute démarche dans ce domaine, de l'œuvre de l'ethnologue français le plus influent, Claude Lévi-Strauss.

On peut d'abord constater que, dans ses énoncés les plus généraux et les plus programmatiques, telle la leçon inaugurale au Collège de France, Lévi-Strauss affirme la vocation universaliste de l'ethnologie. Il rappelle à ce propos l'existence d'une tradition dans l'ethnologie française dont l'ancêtre est Marcel Mauss : c'est en se réclamant de celui-ci que Lévi-Strauss définit le « but dernier » de l'ethnologie, à savoir d' « atteindre certaines formes universelles de pensée et de moralité » (*Anthropologie structurale deux,* p. 36), et formule la « question qu'elle s'est toujours posée : celle de l'universalité de la nature humaine » (p. 35). On reconnaît ici le vocabulaire et les aspirations de la philosophie des Lumières : il existe une « nature humaine », constante et universelle, qui se manifeste aussi bien dans les formes de pensée et de connaissance (l'établissement du vrai et du faux) que dans celles du jugement (la recherche du bien et du mal). Dans un esprit toujours bien classique, Lévi-Strauss semble attribuer une place dominante à l'universel : « Les différences superficielles entre les hommes recouvrent une profonde unité »

(p. 75), la profondeur étant traditionnellement estimée davantage que les surfaces. Une description à peine moins valorisée, mais plus concrète, présente ainsi la relation entre les deux : « Notre position revient à dire que les hommes ont toujours et partout entrepris la même tâche en s'assignant le même objet et qu'au cours de leur devenir les moyens seuls ont différé » (*Tristes Tropiques*, p. 354). Si on combine cette formule avec la précédente, il apparaît que les buts correspondent à la profondeur, les moyens à la surface, ce qui est un argument en faveur de l'unité ; on pourrait remarquer aussi que cet objet et cette tâche sont, plutôt que des éléments du réel observable, des constructions de l'esprit, des hypothèses nécessaires à sa compréhension.

Pourtant, cette hiérarchie entre l'universel et le particulier à pein esquissée, elle semble s'inverser, et cela de façon d'autant plus déconcertante que nous avons affaire au porte-parole, non de n'importe quelle science humaine, mais précisément de l'ethnologie, c'est-à-dire de la discipline ayant comme objet les sociétés particulières, « une discipline, dit Lévi-Strauss, dont le but premier, sinon le seul, est d'analyser et d'interpréter les différences » (*Anthropologie structurale*, p. 19). Il ne s'agit pas ici de nier l'existence de traits communs au-delà des différences, mais de procéder à une sorte de répartition des tâches : aux uns le semblable, aux autres le différent. « Parce qu'ils sont universels, affirme-t-il de certains traits humains, ces caractères relèvent du biologiste et du psychologue ; le rôle de l'ethnographe est de décrire et d'analyser les différences qui apparaissent dans la manière dont ils se manifestent dans les diverses sociétés, celui de l'ethnologue, d'en rendre compte » (p. 18). L'universel est refusé ici à l'ethnologie *par définition* : dès qu'un trait est universel, il devient, de ce fait même, un trait psychique ou biologique, et non plus un trait social. Un tel choix a l'avantage de la simplicité ; mais n'indique-t-il pas qu'on a décidé *a priori* de la nature de ce qu'il s'agit d'étudier ?

Le but dernier de l'ethnologie, nous disait Lévi-Strauss, est d'atteindre les formes universelles de l'esprit humain ; mais son but premier (oublions « le seul », car sinon on ne pourrait pas aller plus loin) est, ici, de connaître les différences. N'est-ce pas une manière un peu singulière que d'aller vers un objectif en passant d'abord par son contraire ? Rousseau avait pourtant déjà formulé cette recommandation, et Lévi-Strauss est prêt à s'y conformer, tout comme il semble faire sienne une conception de l'universel d'inspiration leibnizienne : de l'observation des faits particuliers, on déduira les propriétés générales, à partir desquelles on édifiera un immense répertoire, de sorte que chaque fait y apparaisse comme une combinaison, parmi d'autres possibles, de ces traits généraux et élémentaires. Tel est en effet le projet structural : « L'anthropologie s'efforce de constituer, écrit Lévi-Strauss, un inventaire général des sociétés », et les données observables ne sont plus alors que « l'équivalent d'autant de choix que chaque société semble faire » (*Anthropologie structurale deux*, p. 20). On n'observe que le particulier ; mais on ne comprend qu'en faisant le détour par le général.

Ici on n'en est plus tout à fait à l'opposition entre but et moyens ; mais, malgré quelques flottements et hésitations, on peut dire qu'on a bien affaire à un projet à dominante universaliste. Il n'est pas sûr cependant que Lévi-Strauss souhaite s'y tenir. Quoi qu'il en soit des buts derniers et des structures profondes, ce à quoi les ethnologues ont affaire, ce sont les différences entre sociétés ; inévitablement, ce fait influence leur position dans le sens du relativisme. La première universalité à laquelle renonce Lévi-Strauss est celle du jugement moral. S'il y avait vraiment des « formes universelles de la moralité », on devrait pouvoir porter des jugements comparatifs sur chacune des cultures que l'on rencontre ; or, même quand il préserve l'image de l'inventaire de propriétés abstraites, commun à toutes les cultures, Lévi-Strauss dénie à l'ethnologie tout droit au jugement. « Il faudra admettre que, dans la gamme des possibilités ouvertes aux sociétés humaines, chacune a fait un certain choix, et que ces choix sont incomparables entre eux : ils se valent » (*Tristes Tropiques*, p. 346). Nous sommes donc dans « l'impossibilité d'atteindre un critère philosophique et moral pour décider de la valeur respective des choix qui ont amené chacune d'elles à retenir certaines formes de vie

et de pensée en renonçant à d'autres » (*l'Homme nu*,
p. 569). La sagesse veut que nous les acceptions sans
juger : « Aucune société n'est foncièrement bonne ; mais
aucune n'est absolument mauvaise ; toutes offrent certains
avantages à leurs membres, compte tenu d'une iniquité
dont l'importance paraît approximativement constante »
(*Tristes Tropiques*, p. 347). Ceux qui ne pensent pas ainsi
versent dans « l'absurdité qu'il y a à déclarer une culture
supérieure à une autre » (*Anthropologie structurale deux*,
p. 413).

Voici que le programme universaliste général s'avère
porteur d'un relativisme éthique radical : toute société est
imparfaite, aucune n'est meilleure qu'une autre, donc le
totalitarisme — pour prendre un exemple extrême — vaut
autant que la démocratie. C'est ce que suggère également
la célèbre comparaison des cultures avec des trains en
mouvement : il n'existe pas de point fixe — c'est-à-dire hors
culture — à partir duquel nous puissions juger les autres.
Nous avons l'impression qu'une culture *se développe*,
croyant porter par là un jugement objectif la concernant ;
en réalité, tout ce dont nous témoignons est qu'elle se meut
dans la même direction que nous. Ou bien, au contraire,
nous croyons que telle autre culture *stagne* : là encore,
illusion d'optique, nous ne désignons en fait que la
différence de direction entre notre mouvement et le sien.
C'est à ce point de l'argumentation que Lévi-Strauss
recourt à l'image « qu'on emploie pour expliquer les
premiers rudiments de la théorie de la relativité. Afin de
montrer que la dimension et la vitesse de déplacement des
corps ne sont pas des valeurs absolues, mais des fonctions
de la position de l'observateur, on rappelle que, pour un
voyageur assis à la fenêtre d'un train, la vitesse et la
longueur des autres trains varient selon que ceux-ci se
déplacent dans le même sens ou dans un sens opposé. Or,
tout membre d'une culture en est aussi étroitement solidaire que ce voyageur idéal l'est de son train » (*Anthropologie structurale deux*, p. 396-397). Tout est affaire de point
de vue : si nous portons des jugements, c'est parce que
nous sommes intéressés. « La richesse d'une culture, ou du
déroulement d'une de ses phases, n'existe pas à titre de

propriété intrinsèque : elle est fonction de la situation où se trouve l'observateur par rapport à elle, du nombre et de la diversité des intérêts qu'il y investit » (*le Regard éloigné*, p. 30). Nous voici revenus à Helvétius.

L'image des trains en mouvement est peut-être bonne pour visualiser quelques éléments de la théorie de la relativité en physique ; mais suffit-elle pour justifier le relativisme éthique ? En un sens, il est en effet absurde de hiérarchiser les cultures, puisque chacune d'elles est un modèle du monde (tout comme il serait absurde, en un sens, de hiérarchiser les langues). Mais il faudrait ajouter aussitôt que cela ne nous empêche nullement d'identifier le bien et le mal, et donc, éventuellement, de constater que telle société est, à un moment de son histoire, globalement condamnable (ainsi des sociétés totalitaires). D'un autre côté, l'individu est-il vraiment prisonnier du train de la culture dans laquelle il a grandi, sans aucune possibilité de prendre du recul (voire de sauter du train) ? Lévi-Strauss fait preuve ici d'un déterminisme culturel dont la rigidité n'a rien à envier à celle du déterminisme racial cher à Gobineau, que nous aurons l'occasion d'observer plus tard. Il est essentiel de reconnaître qu'on peut comprendre des cultures autres que la nôtre et donc communiquer avec leurs ressortissants. Cette expérience de *détachement* par rapport aux coutumes et aux valeurs propres à sa société ne caractérise-t-elle pas l'ethnologue lui-même ? Mais n'anticipons pas.

Oublions un instant le « but dernier » de l'ethnologie, établi auparavant par Lévi-Strauss, et demandons-nous plutôt dans quelle mesure sa pratique nous apporte la preuve de la viabilité de son système. S'abstient-il, comme il nous le recommande, de tout jugement transculturel ? Les choix opérés par les sociétés sont incomparables, disait-il. Pourtant, l'ethnologue généraliste qu'il est ne peut s'empêcher tout à fait de faire des comparaisons et d'établir des typologies. Mais peut-être que, tout en comparant, il parvient à éviter les jugements, à rester moralement neutre ? Prenons en exemple son opposition entre sociétés traditionnelles et sociétés modernes. L'absence d'écriture là, sa présence ici, l'amènent à observer une différence dans la nature même des relations humaines. Ce qu'il appelle « la plus importante contribution de l'anthropologie aux sciences sociales », c'est qu'elle a introduit « cette distinction capitale entre deux modalités d'existence sociale : un genre de vie perçu à l'origine comme traditionnel et archaïque, qui est avant tout celui des sociétés authentiques ; et des formes d'apparition plus récente, dont le premier type n'est certainement pas absent, mais où des groupes imparfaitement et incomplètement authentiques se trouvent organisés au sein d'un système plus vaste, lui-même frappé d'inauthenticité » (*Anthropologie structurale*, p. 402-403). Mais opposer ainsi les deux formes de société, est-ce autre chose que de les comparer ? Et qualifier l'une d'authentique, l'autre d'inauthentique, est-ce encore ne pas juger ?

Un autre exemple à propos duquel « l'anthropologie structurale trouverait sa plus haute justification » est celui de la distinction entre sociétés « chaudes » et sociétés « froides » ; le rôle de l'ethnologie serait maintenant d'identifier et de préserver les formes sociales, propres aux unes mais non aux autres, formes qui « correspondent à une chance permanente de l'homme, sur quoi l'anthropologie structurale, surtout aux heures les plus sombres, aurait pour mission de veiller » (*Anthropologie structurale deux*, p. 42). Mais peut-on dire d'une telle mission qu'elle n'implique aucun jugement transculturel, aucun choix moral ? Lévi-Strauss a-t-il vraiment réussi à se soustraire à l'absurdité contre laquelle il voulait nous mettre en garde ? Force est de constater que son relativisme éthique n'est qu'une autre déclaration de principe, qui n'est pas suivie de sa mise en pratique : pas plus qu'un autre, Lévi-Strauss ne peut s'empêcher de porter des jugements. Plus exactement, et en cela il ressemble à Montaigne plus qu'à aucun de ses grands prédécesseurs, il part d'un relativisme qui, pour radical qu'il soit, ne l'empêche pas de faire l'éloge des sociétés primitives et de critiquer la nôtre ; il professe le relativisme mais pratique le primitivisme — c'est-à-dire une hiérarchie absolue des valeurs, même si ce n'est pas celle qui est le plus communément adoptée par notre société.

Critique de l'humanisme

Lévi-Strauss soumet en effet le monde occidental moderne, tel qu'il s'est constitué depuis la Renaissance, à une critique discrète mais ferme. Le noyau critiquable de la tradition occidentale pourrait être désigné par le terme d' « humanisme ».

Il est vrai que Lévi-Strauss n'emploie pas toujours ce mot de manière péjorative. Parfois, il n'en retient que le sens spécifique des « humanités » scolaires, c'est-à-dire de l'étude du grec et du latin ; cet « humanisme »-là est alors une première forme d'étude des cultures différentes de la nôtre, et l'ethnologie n'est rien d'autre que l'expansion universelle, l'aboutissement logique de cet ancien humanisme. Mais, même dans ce sens assez particulier du mot, l'élément critique reste chez Lévi-Strauss sensible. « L'anthropologie a pu s'affirmer pour ce qu'elle est : une entreprise, renouvelant et expiant la Renaissance, pour étendre l'humanisme à la mesure de l'humanité » (*Anthropologie structurale deux*, p. 44). Renouvelant et expiant : curieusement, si le premier terme indique la continuité et présuppose le maintien du projet ancien, seulement étendu au-delà des « limites de notre humanisme étriqué » (p. 65), le second témoigne au contraire de ce que le projet lui-même était un péché plutôt qu'une bénédiction.

Ce que Lévi-Strauss reproche à l'humanisme de la Renaissance, qui n'est du reste rien d'autre que l'aboutissement de l'humanisme chrétien, n'est donc pas simplement d'avoir restreint l'échantillon de l'humain aux seules cultures européennes, ignoré ou méprisé les cultures des autres continents : un tel reproche demeurerait compatible avec le projet de l'humanisme lui-même, car il montrerait simplement que les réalisations de celui-ci n'ont pas été à la hauteur de ses ambitions initiales. Les humanistes de la Renaissance ou du XVIIIᵉ siècle se croyaient universalistes, alors qu'en réalité leur horizon s'arrêtait aux confins de l'Europe ; mais on peut repousser ces limites sans changer de projet fondamental. Ce que nous avons à expier n'est pas ce manque d'extension universelle, qui ne demanderait en somme qu'une correction quantitative ; c'est un autre type de rétrécissement, « vertical », si l'on peut dire, et non plus « horizontal » : c'est que ce sont les êtres humains, à l'exclusion de toutes les autres espèces vivantes, qui servent de mesure à toute chose, de raison d'être et de but à toute activité humaine. L'humanisme — et en cela son nom n'est pas usurpé — a voulu organiser le monde autour de l'homme : c'est là son péché, ou plus simplement son erreur.

Dans un esprit proche de celui d'autres critiques de la modernité (rappelant parfois Heidegger et parfois les manifestes des écologistes), Lévi-Strauss critique en effet, avant tout, la séparation entre l'homme et la nature, et la soumission de celle-ci à celui-là. « En isolant l'homme du reste de la création, en définissant trop étroitement les limites qui l'en séparent, l'humanisme occidental hérité de l'Antiquité et de la Renaissance l'a privé d'un glacis protecteur » (*le Regard éloigné*, p. 46). La civilisation occidentale n'a favorisé que le perfectionnement de la maîtrise purement technique sur les forces de la nature, elle « s'est entièrement vouée, depuis deux ou trois siècles, à mettre à la disposition de l'homme des moyens mécaniques de plus en plus puissants » (*Anthropologie structurale deux*, p. 398). C'est cet état de choses que Lévi-Strauss nous invite à mettre en cause.

Il n'est donc pas abusif de dire que Lévi-Strauss se réclame d'une idéologie antihumaniste. Lui-même n'aime sans doute pas les connotations un peu agressives de cette étiquette, mais il n'en confirme pas moins le sens de son engagement. « On m'a souvent reproché d'être antihumaniste, dit-il dans un entretien avec Jean-Marie Benoist. Je ne crois pas que ce soit vrai. Ce contre quoi je me suis insurgé, et dont je ressens profondément la nocivité, c'est cette espèce d'humanisme dévergondé issu, d'une part, de la tradition judéo-chrétienne, et, d'autre part, plus près de nous, de la Renaissance et du cartésianisme, qui fait de l'homme un maître, un seigneur absolu de la création » (« Entretien », p. 4). Dévergondé ou pas, c'est le seul humanisme dont on dispose dans la tradition occidentale ; être contre cette « espèce » d'humanisme, c'est être contre la seule doctrine qui, en Europe, se soit jamais dotée, et à juste titre, de ce nom.

Lévi-Strauss — et c'est le côté heideggérien de sa critique — tient Descartes pour responsable de cette révolution anthropocentrique. C'est banal ; ce qui l'est moins, c'est qu'il voudrait mettre la tradition contraire, antihumaniste, sous la bannière de Rousseau. « Exposant les tares d'un humanisme décidément incapable de fonder chez l'homme l'exercice de la vertu, la pensée de Rousseau peut nous aider à rejeter une illusion dont nous sommes, hélas, en mesure d'observer en nous-mêmes et sur nous-mêmes les funestes effets » (*Anthropologie structurale deux*, p. 53). « C'est bien la fin du Cogito que Rousseau proclame ainsi » (p. 50). Le rapprochement avec Rousseau (essentiellement, le Rousseau naturaliste et autobiographe) permet peut-être à Lévi-Strauss d'exprimer mieux sa pensée ; mais il faut bien dire qu'il frôle le contresens dans l'interprétation de la pensée de Rousseau, laquelle est inséparable de la tradition humaniste (plus même : celle-ci est, aujourd'hui, inconcevable sans l'apport de Rousseau). C'est bien en l'homme, en l'universalité humaine que le Vicaire savoyard, porte-parole de Rousseau, fonde l'exercice de la vertu (et le Vicaire, comme on l'a écrit, doit beaucoup à Descartes) ; mais en fait, pour faire de Rousseau le père de l'antihumanisme, il faut ignorer non seulement l'*Émile* et le *Contrat social*, mais aussi *les Confessions* et les *Dialogues*.

C'est cet humanisme occidental étriqué, amalgame malheureux du christianisme (l'unité du genre humain) et du cartésianisme (l'homme au sommet de la nature), qui est coupable de tous les malheurs qui se sont abattus sur le monde depuis cent cinquante ans. « Toutes les tragédies que nous avons vécues, d'abord avec le colonialisme, puis avec le fascisme, enfin les camps d'extermination, cela s'inscrit non en opposition ou en contradiction avec le prétendu humanisme sous la forme où nous le pratiquons depuis plusieurs siècles, mais, dirais-je, presque dans son prolongement naturel » (« Entretien », p. 4). Cette continuité secrète s'explique ainsi : une fois qu'on a établi une

frontière tranchée entre les êtres humains et les autres
espèces vivantes, et admis que celles-ci pouvaient, à la
limite, être sacrifiées à celles-là, il n'y a qu'un pas à faire
pour partager l'espèce humaine elle-même en plusieurs
catégories, et admettre que la catégorie inférieure puisse
être sacrifiée au bénéfice des supérieures. Voilà en quoi le
colonialisme du xixᵉ siècle et le fascisme du xxᵉ sont les
enfants naturels de l'humanisme. Le totalitarisme communiste n'échappe pas à la même explication : « L'idéologie
marxiste communiste et totalitaire n'est qu'une ruse de
l'histoire pour promouvoir l'occidentalisation accélérée de
peuples restés en dehors jusqu'à une époque récente »
(ibid.).

Ces considérations sont sans doute marginales dans
l'œuvre de Lévi-Strauss, et ce n'est probablement pas par
hasard qu'elles figurent dans un entretien, plutôt que dans
un ouvrage écrit par lui. Elles restent néanmoins parfaitement cohérentes avec les principes antihumanistes, qui
sont, eux, présents ailleurs également ; et elles donnent un
sens concret aux propositions plus générales. C'est pourquoi leur mise en question peut, en retour, jeter un doute
sur les principes eux-mêmes.

Ignorer l'opposition entre totalitarisme et démocratie, au
nom des effets communs d'industrialisation ou d'urbanisa-
tion (comme le fait aussi Heidegger), est justifié à une
échelle temporelle géologique ; mais non si la mesure est
une vie humaine. Les pierres et les plantes souffrent peut-
être autant en tyrannie qu'en démocratie, et, de ce point de
vue, l'une n'est que la ruse de l'histoire de l'autre ; mais il
n'en va pas de même du point de vue des êtres humains,
obligés, eux, de vivre à l'intérieur ou à l'extérieur d'un État
totalitaire. Dire que le fascisme hitlérien, et l'extermination massive des juifs qu'il a mise en œuvre, est une
conséquence « presque naturelle » de l'humanisme n'implique pas seulement qu'on ignore ou refoule les origines
idéologiques du fascisme dans l'*antihumanisme* au xixᵉ
siècle (en France, le racisme de Gobineau, de Renan ou de
Vacher de Lapouge — on y reviendra), mais aussi qu'on
cultive volontairement le paradoxe logique, puisqu'on se
plaît à déduire la thèse de l'*inégalité* des hommes à partir de

celle de leur *égalité*. Enfin, attribuer l'expansion coloniale ou le « partage de l'Afrique » au programme humaniste d'exportation des Lumières, c'est prendre pour argent comptant ce qui n'était que propagande : une tentative, la plupart du temps maladroite, pour ravaler la façade d'un bâtiment construit dans de tout autres intentions. Les raisons de la conquête coloniale sont politiques et économiques, plutôt qu'humanitaires ; s'il faut lui chercher un principe général unique, ce serait le nationalisme — lequel, comme l'avait bien vu Rousseau, est incompatible avec l'humanisme (on y reviendra aussi).

« Antihumanisme » ne désigne cependant que le versant critique de la doctrine ; si on voulait l'identifier positivement, on devrait peut-être parler de « naturalisme ». Lévi-Strauss veut, en effet, que l'« homme » rentre dans le rang, qu'il trouve une place — plus modeste que celle qu'il a voulu occuper depuis la Renaissance — au milieu des autres espèces vivantes, dans un ordre naturel général (ici, on est plus près des écologistes que de Heidegger). On peut à la limite garder le nom d'« humanisme » pourvu que le sens en ait été changé : il faut aspirer, dit Lévi-Strauss, à « un humanisme sagement conçu qui ne commence pas par soi-même, mais fait à l'homme une place raisonnable dans la nature au lieu qu'il s'en institue le maître et la saccage » (*le Regard éloigné*, p. 35). L'homme respectera alors toutes les formes de vie, et non seulement la sienne. Mais on peut se demander si cette appellation — humanisme — est encore utilisable. « A la définition de l'homme comme être moral, écrit Lévi-Strauss, on substitue — puisque c'est son caractère le plus manifeste — celle de l'homme comme être vivant » (p. 374). Mais le « vivant » n'est évidemment pas suffisant pour caractériser l'homme, puisque c'est un trait qu'il partage avec les fourmis ; ce n'est donc pas d'une nouvelle définition de l'humain qu'il s'agit, mais du remplacement de l'être humain par l'être vivant. Or, pourrait-on se demander, le brouillage de la frontière entre humain et inhumain ne risque-t-il pas de favoriser la séparation entre groupes humains ? « Où s'arrêter ? » se demandait Renan au cours d'une réflexion similaire. « L'animal aussi a ses droits. Le sauvage d'Aristote a-t-il les droits de l'homme ou ceux de l'animal ? » (*Dialogues philosophiques*, p. 607).

Aussi peut-on trouver un peu surprenante la tentative de Lévi-Strauss pour trouver un nouveau fondement aux droits de l'homme, permettant de faire l'économie du concept d'« homme », et qui serait le droit à la vie. « Une occasion unique se présente pour la France, écrit-il en réponse à une enquête parlementaire, d'asseoir les droits de l'homme sur des bases qui, sauf pendant quelques siècles par l'Occident, furent explicitement ou implicitement admises en tous lieux et en tous temps » (*le Regard éloigné*, p. 377). Mais ce n'est que pendant ces quelques siècles, et par l'Occident, que la question des droits de l'homme, au sens strict, a pu être soulevée ; et pour cause : elle est solidaire de l'idéologie humaniste. La nouvelle « base » aux droits de l'homme, imaginée par Lévi-Strauss, consiste à nier leur pertinence, et à les diluer dans un droit général des êtres vivants — mais qui aurait ceci de singulier qu'il serait institué par une infime partie d'entre eux, à savoir ceux qui parlent (on ne s'attend pas que les fourmis participent aux délibérations qui doivent conduire à l'établissement de leurs droits).

Les effets de l'humanisme

Ayant rejeté le principe humaniste (la place exceptionnelle de l'homme dans la nature et l'unité du genre humain), Lévi-Strauss critique aussi, en bonne logique, ses conséquences politiques les plus voyantes, à savoir les conceptions modernes de la liberté et de l'égalité. Ce qui ne va pas dans notre idée de liberté, c'est précisément sa relation avec l'universalisme humaniste. « On ne peut pas adopter une définition rationaliste de la liberté — prétendant donc à l'universalité — et faire en même temps d'une société pluraliste le lieu de son épanouissement et de son exercice. Une doctrine universaliste évolue inéluctablement vers des formules équivalentes à celle du parti unique » (*le Regard éloigné*, p. 378). De même, l'affirma-

tion de « l'égalité naturelle entre tous les hommes »
(remarquons aussitôt qu'il s'agit d'un faux débat : l'humanisme exige l'égalité devant la loi, et laisse ouverte la
question de l'égalité ou de l'inégalité naturelles) a, dit Lévi-
Strauss, « quelque chose de décevant pour l'esprit » (*Anthropologie structurale deux*, p. 385) ; mais, visiblement,
l'égalité devant la loi n'est pas plus justifiée : pour que la
société fonctionne mieux, il faut maintenir « ces infimes
privilèges, ces inégalités peut-être dérisoires qui, sans
contrevenir à l'égalité générale, permettent aux individus
de trouver des points d'ancrage au plus près » (*le Regard
éloigné*, p. 380).

C'est dans la ligne du même refus des valeurs humanistes
que Lévi-Strauss semble situer sa condamnation du croisement des cultures. Il faut préciser ici qu'il n'est pas contre
toute communication interculturelle. Une communication
modérée, maintenue à l'intérieur de certaines limites,
constitue même un avantage incontestable : celui, par
exemple, qu'avaient les Européens, et singulièrement les
Espagnols, par rapport aux populations qu'ils rencon-
traient sur le continent américain, au XVIᵉ siècle. Leur
familiarité avec d'autres cultures européennes, avec les
cultures du passé, grecque et romaine, avec celles de
l'Afrique et de l'Asie, entr'aperçues au cours des voyages,
avait certainement aidé Cortés et ses compagnons ; inversement, l'ignorance de cultures assez différentes de la leur
avait été un handicap, tout au moins au début, pour les
Aztèques. Cet état de communication tempérée est ce que
Lévi-Strauss appelle la *coalition des cultures*.

Mais si la communication s'accélère, alors les différences
s'estompent et l'on s'avance vers l'universalisation de la
culture — c'est-à-dire d'une culture au détriment des
autres. Or, cette disparition des différences serait mortelle
pour toutes les cultures, et non seulement pour les plus
influençables d'entre elles. « Il n'y a pas, il ne peut y avoir
une civilisation mondiale au sens absolu que l'on donne
souvent à ce terme, puisque la civilisation implique la
coexistence de cultures offrant entre elles le maximum de
diversité, et consiste même en cette coexistence » (*Anthropologie structurale deux*, p. 417). Passé un certain seuil, la

communication est donc néfaste, car elle conduit à l'homogénéisation, laquelle équivaut à son tour à un arrêt de mort
pour l'humanité ; et on a vu que toute universalisation
suscite en Lévi-Strauss l'idée d'un régime à parti unique.
Le rêve utopiste d'Auguste Comte est pour Lévi-Strauss un
cauchemar.

Gobineau, autre pourfendeur des croisements et de
l'homogénéisation, évoqué par Lévi-Strauss dans ces
mêmes pages, avait déjà rencontré ce paradoxe : la force
d'une culture s'exprime par sa capacité d'en influencer
d'autres ; mais chaque influence est une rencontre, et
chaque rencontre un affaiblissement. Une fatalité pèse sur
le genre humain : la force d'une société la conduit à sa
perte. Lévi-Strauss formule explicitement ce qui restait
chez Gobineau plutôt la source d'une tension intérieure au
texte : « Pour progresser, il faut que les hommes collabo-
rent ; et au cours de cette collaboration, ils voient graduellement s'identifier les rapports dont la diversité initiale
était précisément ce qui rendait leur collaboration féconde
et nécessaire » (p. 420).

Face à cette situation « à double contrainte » (si vous ne
communiquez pas, vous ne pouvez pas gagner ; et si vous
communiquez vous allez perdre), Lévi-Strauss choisit,
dans le texte intitulé « Race et culture » qui ouvre son
dernier recueil, *le Regard éloigné,* des deux maux le
moindre : il opte contre la communication entre cultures.
On ne peut pas, dit en substance Lévi-Strauss, vouloir à la
fois la diversité des cultures et la familiarité avec des
cultures autres que la nôtre ; car la familiarité est le premier
pas vers la disparition de cette diversité. Mieux vaut rester
chez soi et ignorer les autres que de les connaître trop bien ;
mieux vaut refouler les étrangers hors de nos frontières que
de les voir nous submerger et nous priver de notre identité
culturelle. Mieux vaut l'enracinement que le déracinement.
Lévi-Strauss rejoint ainsi la tradition des penseurs français
antihumanistes, de Bonald à Barrès, en passant par Gobineau, tous violemment opposés aux croisements entre
cultures.

On pourrait s'interroger sur l'opportunité politique de
cette doctrine, à une époque où les États d'Europe

occidentale cherchent à se protéger des invasions humaines en provenance du tiers monde. On pourrait aussi questionner sa justesse morale — quoique, Lévi-Strauss ayant renoncé à fonder l'exercice de la vertu en l'homme, il ne soit pas sûr qu'une « morale naturelle » trouve la doctrine défendable (mais comment découvre-t-on ce qui est bon à l'ensemble des êtres vivants ? est-ce aux savants de nous le révéler ?). Mon propos ici est un peu différent : je voudrais avant tout interroger sa vérité et sa cohérence.

Est-il vrai que la communication entraîne l'homogénéité et que l'homogénéité entraîne la mort ? En clair, de telles affirmations ne seront jamais vérifiées, ni même falsifiées, tant est grande la distance entre les faits observables et le théorème abstrait qui prétend en rendre compte. Il est certain que, comme l'avait déjà vu Comte, il y a une plus grande homogénéité dans le monde d'aujourd'hui que dans celui d'hier ; la société industrielle se répand progressivement, la science occidentale devient la science tout court, l'idéal démocratique et les droits de l'homme peuvent être invoqués aux quatre coins de la planète. Mais faut-il voir là un processus inexorable, irréversible, avec l'indifférenciation totale au bout ? Je ne le crois pas. Une humanité qui a découvert la communication universelle sera plus homogène qu'une humanité qui l'ignorait ; cela ne veut pas dire que toutes les différences y seront supprimées. Le supposer implique qu'elles soient le fruit de la seule ignorance mutuelle : c'est embrasser, sans le vouloir, la thèse même des scientistes qu'on voulait combattre. Si les contacts actuels agissent dans le sens du rapprochement, le poids de l'histoire, qui ne disparaît jamais, produit (quoi qu'en dise Comte) un effet en sens contraire. De plus, la constitution d'un État universel n'est pas pour demain, et les populations humaines ont *besoin* de se penser différentes pour seulement concevoir leur identité (l'exemple des Canadiens vient facilement à l'esprit). Les différences se déplacent et transforment ; elles ne disparaissent pas.

Ajoutons à cela une autre remarque : ce n'est pas la familiarité avec une culture étrangère qui est la grande cause de la disparition des cultures autochtones. La destruction des traditions se passe aisément de la soumission

aux traditions étrangères. Le « déracinement » est bien
plus grand quand on passe du village à la cité ouvrière de
banlieue, en restant à l'intérieur d'un même pays, que
lorsqu'on prend le chemin de l'exil : on n'est jamais aussi
conscient de sa culture qu'à l'étranger. Si danger il y a, il ne
se cache pas derrière l'arbuste sur lequel tire Lévi-Strauss.

Son raisonnement bute aussi contre une autre difficulté.
Ce qu'il redoute, c'est l'établissement d'un ordre universel
unique. Ce qu'il fait, cependant, c'est émettre des recommandations sur le fonctionnement de la société universelle.
Les migrations des populations, les contacts entre groupes
ethniques différents ne sont pas décidés par les gouvernements, encore moins par la Société des nations. Si les idées
de Lévi-Strauss devaient être mises en pratique, si l'humanité voulait lutter contre l'accélération des contacts, cela
n'impliquerait-il pas une concertation internationale, premier pas vers cet État universel si peu désiré ? L'interventionnisme, choisi par Lévi-Strauss de préférence à l'attitude
libérale du laissez-faire, n'est-il pas la meilleure illustration
de ces mêmes décisions universelles qu'il redoute ?

Il faut se demander, enfin, si Lévi-Strauss a raison de
penser que l'uniformité universelle est une conséquence
inévitable de l'humanisme (qui dit « doctrine universaliste » penserait « parti unique »). On trouve chez Lévi-
Strauss la trace de deux types d'universalisme différents.
L'un, qu'il accepte sans hésiter, est celui de l'identité bio-
psychologique de l'espèce : c'est, en quelque sorte, un
universalisme « de départ », incontestable mais ne compor-
tant aucun choix. « Ce que l'hérédité détermine chez
l'homme, c'est l'aptitude générale à acquérir une culture
quelconque, mais celle qui sera la sienne dépendra des
hasards de sa naissance et de la société dont il recevra son
éducation » (*le Regard éloigné*, p. 40). C'est ce que Lévi-
Strauss appelle aussi — tout au moins dans certains textes —
l'inconscient : des lois structurelles intemporelles et universelles ; ou encore, la fonction symbolique « qui, chez tous
les hommes, s'exerce selon les mêmes lois » ; mais ce sont
là pures formes sans contenus. « L'inconscient est toujours
vide ; ou, plus exactement, il est aussi étranger aux images
que l'estomac aux aliments qui le traversent » (*Anthropolo-*

gie structurale, p. 224). De l'autre côté, on trouve le mauvais universalisme, ou plutôt le faux, celui qui ne veut pas reconnaître les différences, celui qui consiste en un projet volontariste — et, inévitablement, unificateur.

Or, à y regarder de plus près, il n'y a pas deux universalismes mais trois (au moins!). A côté du premier, déjà évoqué, il y a un universalisme qu'on pourrait dire « d'arrivée » : c'est le projet d'un État universel, à population homogène, qu'on a pu observer dans les écrits de certains Encyclopédistes (tel Condorcet) et de leur postérité scientiste. Mais, en plus de ces deux espèces, il existe un troisième universalisme, qu'on pourrait dire, non plus « de départ » ou « d'arrivée », mais « de parcours » (de méthode). Si je réussis à communiquer de façon réussie avec autrui, il faut imaginer un cadre de référence qui englobe son univers *et* le mien. Aspirant à établir le dialogue avec des « autres » de plus en plus éloignés, on doit bien postuler un horizon universel à notre recherche d'entente, même s'il est clair qu'en pratique je n'aurai jamais affaire à des catégories universelles — mais seulement à des catégories *plus universelles* que d'autres.

Lévi-Strauss ne prend jamais soin de distinguer explicitement entre universalisme « d'arrivée » et « de parcours ». Du coup, les reproches — parfois justifiés — qu'il adresse à l'universalisme « d'arrivée » semblent s'appliquer également à l'universalisme « de parcours », alors qu'il n'en est rien, comme en témoigne en fait l'ensemble du travail de Lévi-Strauss lui-même. L'image des trains engagés chacun dans une direction différente, que les passagers ne peuvent modifier, décrit mal la condition humaine : l'homme n'est pas une île, dit le poète, mais un fragment du continent ; les cultures ne sont pas des trains lancés dans le chaos par un aiguilleur fou : les interactions, les confluences même sont possibles, voire inévitables.

L'élimination du sujet

L'anthropologie structurale, comme aime à le dire Lévi-Strauss, est aux antipodes de la philosophie humaniste. S'intéressant aux différences entre sociétés, l'ethnologue refuse d'instinct le cadre universel issu des Lumières. Pour que naisse l'ethnologie, il a fallu « que la notion de civilisation, connotant un ensemble d'aptitudes générales universelles et transmissibles, cédât la place à celle de culture, prise dans une nouvelle acception, car elle dénote alors autant de styles de vie particuliers, non transmissibles » (*le Regard éloigné,* p. 50). La culture ne se transmet pas, pas plus qu'elle ne supporte les mélanges avec les autres. Les deux sources intellectuelles de l'ethnologie sont, à en croire Lévi-Strauss, aussi hostiles l'une que l'autre à l'humanisme : ce sont, d'une part, la philosophie nationaliste, élaborée en Allemagne par Herder et Fichte ; et, de l'autre, l'empirisme conservateur de Burke et de Bonald ; autant de doctrines sensibles aux différences (de nation, de classe, de rang) entre les hommes, plutôt qu'à leur unité.

Il y a aussi une autre opposition avec l'humanisme, qui concerne non plus la discipline comme telle, mais sa version structuraliste, en laquelle se reconnaît Lévi-Strauss. L'humanisme glorifie l'homme, et, en l'homme, ce qui le rend tel : sa subjectivité. Au contraire, « le structuralisme réintègre l'homme dans la nature et (...) permet de faire abstraction du sujet — insupportable enfant gâté qui a trop longtemps occupé la scène philosophique, et empêché tout travail sérieux en réclamant une attention exclusive » (*l'Homme nu,* p. 614-615). Si l'on veut que les hommes se rangent au milieu des autres espèces, il faut en effet commencer par les priver de leur spécificité, autrement dit de leur subjectivité. Ce n'est pas la subjectivité du savant que veut éliminer ici Lévi-Strauss (sinon il ne parlerait pas de « réintégrer la nature ») mais la subjectivité des êtres que ce savant étudie. Le structuralisme, dans son acception lévi-straussienne, est une étude des êtres humains qui ne veut pas tenir compte de leur subjectivité.

Lévi-Strauss n'ignore évidemment pas que la subjectivité est une caractéristique constitutive des êtres humains. « La situation particulière des sciences sociales est d'une autre nature, qui tient au caractère intrinsèque de son objet d'être à la fois objet et sujet » (« Introduction à l'œuvre de Marcel Mauss », p. XXVII). Entendons par là : les êtres humains sont des sujets, sur le plan ontologique ; mais, dans les sciences sociales, ils deviennent objet de la connaissance (sur le plan épistémologique, donc). Or, il n'y a aucune raison de confondre ces deux plans : le sujet et l'objet épistémologiques sont des notions purement relatives, synonymes d'observateur-observé ; le sujet et l'objet ontologiques sont des substances différentes, êtres humains ou choses. Lévi-Strauss sait aussi fort bien que, de cette spécificité des sciences sociales (que leur objet soit formé de « sujets »), découle un précepte moral qui ne s'applique pas aux spécialistes des sciences naturelles : « Notre science est arrivée à la maturité le jour où l'homme occidental a commencé à comprendre qu'il ne se comprendrait jamais lui-même, tant qu'à la surface de la terre une seule race, ou un seul peuple, serait traité par lui comme objet » (*Anthropologie structurale deux*, p. 44).

Si l'on veut cependant rompre radicalement avec l'humanisme, il faut écarter de l'objet étudié toute trace de subjectivité ; telle est la conclusion à laquelle se trouve amené Lévi-Strauss. Lorsque Sartre appelle « esthètes » ceux qui essaient d'« étudier les hommes comme si c'étaient des fourmis », Lévi-Strauss réplique : « Nous acceptons donc ce qualificatif d'esthète, pour autant que nous croyons que le but dernier des sciences humaines n'est pas de constituer l'homme mais de le dissoudre » (*la Pensée sauvage*, p. 326). Il faut choisir entre deux sens de cette formule un peu énigmatique. Ou bien Lévi-Strauss veut dire que la science doit analyser plutôt que d'accepter des entités insécables ; mais, outre que c'est une évidence, on voit mal en quoi elle nous obligerait à traiter les hommes comme si c'étaient des fourmis. Ou bien — et c'est le plus probable — il suggère que la pratique des sciences humaines implique qu'on broie les êtres humains, les dissolvant comme des substances chimiques. La seconde interprétation de la phrase de Lévi-Strauss se trouve confirmée quand on le voit définir ainsi la tâche des sciences humaines : « Réintégrer la culture dans la nature, et finalement, la vie dans l'ensemble de ses conditions physico-chimiques » (p. 327).

Dans son étude des mythes, Lévi-Strauss nous met constamment en garde contre toute tentative pour y introduire la notion de sujet. « L'effacement du sujet représente une nécessité d'ordre, pourrait-on dire, méthodologique » (*l'Homme nu*, p. 561) : il faut que les mythes soient expliqués à partir d'eux-mêmes, sans référence à la volonté des sujets qui les transmettent. La psychanalyse même n'est pas assez vigilante à cet égard, car elle laisserait reconstruire le sujet à partir du concept de l'« autre » et d'une métaphysique du désir ; or, « il ne peut s'agir, sous ces nouvelles couleurs, de réintroduire subrepticement le sujet » (p. 563). Mais il n'est pas nécessaire de voir dans cette exclusion une question de méthode, et donc de principe. L'étude des mythes n'a que faire de la notion de sujet individuel, producteur de discours, pour la bonne raison que les mythes sont précisément des discours pris en charge par la collectivité : ce qui est individuel n'est par définition pas un mythe. Lévi-Strauss le sait parfaitement, puisqu'il le dit dans ces mêmes pages : « Pour passer à l'état de mythe, il faut précisément qu'une création ne reste pas individuelle » (p. 560) ; c'est en ce sens que garde sa raison d'être la formule selon laquelle les hommes ne pensent pas dans les mythes, mais « les mythes se pensent dans les hommes, et à leur insu », ou même que « les mythes se pensent *entre eux* » (*le Cru et le Cuit*, p. 20). Mais quand nous avons affaire à un auteur individuel, c'est le contraire qui est vrai : on ne peut rendre compte de la pensée de Rousseau sans s'interroger sur ses intentions en tant que sujet (et c'est peut-être pour l'avoir oublié que Lévi-Strauss produit, dans son étude consacrée à Rousseau, une image si peu ressemblante à l'original). L'exclusion du sujet ne découle pas de la méthode, et n'impose pas un choix philosophique particulier ; elle est l'effet de la matière étudiée : les mythes n'ont pas de sujet ; les œuvres, si.

Parfois Lévi-Strauss est encore plus radical et voit dans cette nécessité d'éliminer l'humain la conséquence, non de la méthode structurale, mais du projet scientifique lui-même. « Pour autant que les sciences humaines réussissent à faire œuvre véritablement scientifique, chez elles la distinction entre l'humain et le matériel s'estompe, écrit-il. Si jamais elles deviennent des sciences de plein droit, elles cesseront de se distinguer des autres » (*Anthropologie structurale deux*, p. 345). Écartons d'abord un malentendu possible : l'« humain » ne s'oppose évidemment pas au « matériel » mais seulement au non-humain : on peut être matérialiste, et néanmoins reconnaître la différence entre humain et non-humain — non dans la composition physico-chimique des corps, mais dans les comportements et dans les structures. Cela étant posé, on a du mal à sympathiser avec cette œuvre « véritablement scientifique » qui aura pour résultat d'ignorer le trait distinctif de son objet. La tâche des sciences humaines, quelle que soit l'orientation particulière du savant, ne peut être que l'explication de ce qui est spécifiquement humain ; prouver qu'une telle chose n'existe pas les fera peut-être ressembler à des « sciences de plein droit », mais ne nous éclairera pas beaucoup sur les êtres humains qui, eux, s'obstinent toujours à se comporter différemment des minéraux.

Contre toute logique, l'élimination de la subjectivité humaine est aux yeux de Lévi-Strauss une nécessité imposée par le fait même qu'on pratique une science. Mais il est, on l'a vu, conscient du danger moral ou politique qu'il y aurait à traiter les autres comme des objets ; et il y voit comme une contradiction tragique. « Si elle [l'ethnologie] s'est rendue capable de prendre des phénomènes humains une vue plus objective qu'on ne le faisait auparavant, elle doit cet avantage épistémologique à un état de fait dans lequel une partie de l'humanité s'est arrogé le droit de traiter l'autre comme un objet. » Sa discipline devrait son existence à ce que « des cultures exotiques que nous traitons comme de simples choses pouvaient en conséquence aussi être étudiées comme des choses » (p. 69).

L'ethnologie serait donc, de ce point de vue, un mal, et mériterait de disparaître.

Il me semble qu'on peut rassurer Lévi-Strauss et ceux qui partagent ses appréhensions : la malédiction en question est illusoire. Ce n'est pas parce que l'être humain devient objet de connaissance qu'il devient objet tout court : aucune nécessité interne des sciences humaines et sociales ne l'exige. Si le programme de l'anthropologie structurale consiste à réduire les sujets en objets, donc à éliminer l'humain (mais j'ai du mal à le croire), c'est le « structural » qui est à blâmer, non l'« anthropologie ». Cette discipline a reçu, il est vrai, une puissante impulsion de la politique coloniale des pays européens au XIXe siècle, et on ne saurait nier que « l'anthropologie est fille d'une ère de violence » *(ibid.)* ; mais les tares des parents ne se retrouvent pas nécessairement chez les enfants ; genèse n'est pas synonyme de structure. Il n'y a rien d'immoral dans la tentative faite pour comprendre l'être humain ; ce qui peut être immoral c'est l'utilisation de cette connaissance — par exemple, la réduction de la personne au statut de chose.

Le savant aspire, au cours de son travail de connaissance, à mettre entre parenthèses sa propre subjectivité ; il fait appel, dans sa recherche, « à la capacité du sujet de s'objectiver indéfiniment, c'est-à-dire (sans jamais parvenir à s'abolir comme sujet) de projeter au-dehors des fractions toujours décroissantes de soi » (« Introduction à l'œuvre de Marcel Mauss », p. XXIX). Mais il ne cesse donc pas pour autant d'être sujet ; et c'est le même individu qui, une fois qu'il a constaté comment les choses *sont,* exprime son opinion sur l'état dans lequel elles *devraient être* (Lévi-Strauss, on l'a vu, ne s'abstient pas de le faire). Ainsi de l'ethnologue : il pourra, « sans rien retenir d'aucune société, les utiliser toutes pour dégager ces principes de la vie sociale qu'il nous sera possible d'appliquer à la réforme de nos propres mœurs, et non de celles des sociétés étrangères » (*Tristes Tropiques,* p. 353). Laissons de côté cette dernière restriction (il est certes louable d'exiger des ethnologues une certaine discrétion lorsqu'ils sont sur le terrain ; mais doivent-ils vraiment, par principe, priver leur pays d'adoption des lumières qu'ils ont acquises au cours de leur vie professionnelle ?) ; le propos de Lévi-Strauss ici semble être d'affirmer la connexion indispensable entre connaissance et jugement, entre structures et sujet. Mais comment réconcilier ce propos avec le programme anti-humaniste énoncé par ailleurs ?

Distanciation ou détachement ?

S'interrogeant sur la place spécifique de l'ethnologie au sein des sciences sociales, Lévi-Strauss semble tenté par cette définition : l'ethnologie est l'étude d'une société, conduite par quelqu'un qui ne lui appartient pas. La spéci-ficité ethnologique ne serait ni dans l'objet (les sociétés primitives, à supposer même qu'elles soient qualitative-ment différentes des autres, ne sont pas les seules à pouvoir être étudiées par cette science) ; ni dans les techniques qu'elle met en œuvre, qui sont celles de toutes les autres sciences sociales et humaines ; mais dans la relation singu-lière qui s'établit entre observateur et objet observé. C'est à maintes reprises, en effet, que Lévi-Strauss définit ainsi le propre de l'ethnologie — « L'anthropologie est la science de la culture vue du dehors », écrit-il lapidairement (*Anthropologie structurale deux*, p. 70) —, mais par la suite il ne manque pas de s'expliquer là-dessus. Ce qui est constitutif, selon lui, de la démarche ethnologique, c'est moins la différence en elle-même (entre observateur et observé) que la *distance* entre eux, d'où le titre de son recueil *le Regard éloigné* : « Un titre (...) qui exprime ce qui fait à mes yeux l'essence et l'originalité de l'approche ethnographique » (*le Regard éloigné*, p. 12). D'où aussi la fréquente comparaison avec l'astronomie : « mission d'astronome des constellations humaines » (« Introduction à l'œuvre de Marcel Mauss », p. LI) ; « l'anthropologue est l'astronome des sciences sociales » (*Anthropologie structu-rale*, p. 415) ; « une position assez comparable à celle de l'astronome » (*Anthropologie structurale deux*, p. 80).

Cette position de l'ethnologue, que caractérisent aussi

des mots comme « distanciation » (*Anthropologie structurale*, p. 415) ou « dépaysement » (*Anthropologie structurale deux*, p. 320), est aux yeux de Lévi-Strauss un privilège. « Cette observation privilégiée parce que distante » (p. 39), « ce caractère de cas privilégié » (p. 80) ; l'avantage tient à ce que l'écart entre les deux sociétés est si grand. « Ce caractère privilégié de la connaissance ethnographique (…) s'explique (…) par la simplification relative qui affecte tout mode de connaissance, quand il s'applique à un objet très lointain » (p. 60-61).

L'éloquence de Lévi-Strauss confère une allure d'évidence à ses affirmations. Mais, si l'on essaie de surmonter cet effet, on ne peut manquer d'éprouver une certaine perplexité. En quoi consiste exactement le privilège du regard éloigné ? L'étranger ne partage pas forcément les préjugés de ceux qu'il observe, mais il n'est pas pour autant débarrassé des siens propres, qui valent souvent les autres. Apprendrai-je plus sur un pays lointain en écoutant le récit du visiteur occasionnel, qui n'y a passé que le temps de ses congés payés (il y aura pourtant écart considérable, éloignement maximal), ou en interrogeant un habitant de ce pays même, qui le connaît de fond en comble ? Les récits des anciens voyageurs européens sont assurément plaisants, mais ce qu'ils rapportent ne relève-t-il pas la plupart du temps du malentendu ? N'y a-t-il pas risque, en privilégiant la « simplification relative », de laisser échapper le complexe, de se cantonner dans le superficiel ? A la différence de Lévi-Strauss, un Leo Strauss a toujours insisté sur la nécessité de comprendre d'abord une culture comme elle s'est elle-même comprise (c'est ce qu'il appelle, au sens strict, l'« interprétation », premier pas obligé de toute connaissance) ; et le simple bon sens semble lui donner raison.

A côté de cette première objection (la connaissance lointaine est superficielle, sinon erronée) vient se dresser une seconde. Si ce qui définit la connaissance ethnologique est l'extériorité de l'observateur, il y aura autant de descriptions d'une société que d'observateurs différents. On peut donc imaginer qu'une tribu australienne recevra une description chinoise, une description indienne et une description européenne, entièrement différentes les unes des autres ; et il n'y a pas de raison de s'arrêter en si bon chemin : il y aura la description du Chinois du Nord et du Chinois du Sud, du Français et de l'Allemand, et puis, pourquoi pas, du disciple de Dumont et de celui de Lévi-Strauss, et ainsi de suite à l'infini. Un relativisme cognitif vient doubler ici le relativisme éthique précédemment observé. Un tel éparpillement, poussé à l'extrême, a évidemment quelque chose d'absurde, et pourtant il n'est pas absent d'une définition de l'ethnologie par la seule différence du point de vue de l'observateur, comme Lévi-Strauss ne manque pas de le remarquer lui-même : « En choisissant un sujet et un objet radicalement distants l'un de l'autre, l'anthropologie court pourtant un danger : que la connaissance prise de l'objet n'atteigne pas ses propriétés intrinsèques, mais se borne à exprimer la position relative et toujours changeante du sujet par rapport à lui » (p. 38).

Et cependant ce « danger » que constitue le relativisme cognitif, l'anthropologie l'a plus que couru : elle l'a fièrement revendiqué comme une qualité, et ce, sous la plume de Lévi-Strauss lui-même, qui écrit à deux reprises presque les mêmes phrases : « Il suffit d'admettre que le but dernier n'est pas de savoir ce que sont, chacune pour son compte propre, les sociétés que nous étudions, mais de découvrir en quoi elles diffèrent les unes des autres. Comme en linguistique, la recherche des *écarts différentiels* constitue l'objet de l'anthropologie » (p. 81 ; cf. *Anthropologie structurale*, p. 358). Lévi-Strauss embrasse donc ici un dogme moderne, d'inspiration paradoxalement antidogmatique : il n'y a pas de vérité (d'identité, d'essence, de « propriétés intrinsèques »), mais seulement des interprétations : tout est interprétation, tout dépend du « point de vue » ; c'est encore une variante du relativisme. La référence à la linguistique est significative : c'est Saussure qui a voulu définir le signe comme pur écart différentiel. Mais, premièrement, la formule de Saussure ne rend pas forcément bien compte du fonctionnement réel du langage (c'est pourquoi, sans doute, Saussure change d'avis à la page suivante du *Cours*) : si on voit en quoi elle correspond à la relation du signe aux autres signes, elle est en revanche impropre à décrire le rapport qui lie le signe au référent. Et surtout, l'extrapolation elle-même fait problème : à supposer qu'il n'y ait dans le langage que des différences, on voit mal pourquoi les descriptions savantes, qui pourtant ne constituent pas un système à la manière du langage et n'ont pas du tout les mêmes buts, devraient se plier à ce modèle-là précisément. « Il suffit d'admettre », dit Lévi-Strauss : mais une telle attitude ruine toute l'ambition scientifique de l'ethnologie, et conduit à l'absurde.

Il y a, enfin, une troisième objection à adresser à l'identification de l'ethnologie à un « regard éloigné » ; elle saute aux yeux dès qu'on pense à la pratique même des membres de la profession. Si c'était en cela que résidait l'unique privilège de l'ethnologue, on pourrait s'attendre qu'il le cultive avec soin, qu'il fasse tout pour maintenir cette distance aussi grande que possible : qu'il se garde de tout contact prolongé, physique ou livresque, avec cette autre société, car le contact risquerait de réduire la distance. Bien entendu, c'est le contraire qui constitue la règle professionnelle : avant de produire sa description d'une société étrangère, l'ethnologue est censé s'y immerger complètement, pendant une période relativement longue, en partageant la vie des indigènes (c'est le « travail sur le terrain ») ; et on ne lui demande pas d'ignorer à tout prix la littérature déjà existante sur le sujet. Plutôt que de cultiver la distance, l'ethnologue tend vers une position exactement opposée : il cherche à la réduire autant que possible, jusqu'à ce qu'il puisse voir, sentir et penser comme les autres ; il tente de *s'identifier* aux autres. Ce n'est pas Lévi-Strauss qui dira le contraire, lui qui voit dans l'identification à l'autre « le vrai principe des sciences humaines » (*Anthropologie structurale deux,* p. 55) et qui parle volontiers de « l'identification de l'ethnologue au groupe dont il partage l'existence » (p. 321). « Ce que tout ethnologue essaye de faire pour des cultures différentes : se mettre à la place des hommes qui y vivent, comprendre leur intention dans son principe et dans son rythme » (*la Pensée sauvage,* p. 331). Plutôt que regard éloigné, l'ethnologie serait donc regard très proche : « L'anthropologie (...) vise à atteindre, dans sa description de sociétés étrangères et lointaines, le point de vue de l'indigène lui-même » (*Anthropologie structurale,* p. 397). Nous voici revenus à Leo Strauss.

On pourrait en conclure que Lévi-Strauss se contredit. Identification et distanciation, termes antinomiques, sont affirmées simultanément ; le relativisme cognitif est à la fois assumé et condamné ; l'ethnologue doit être à la fois superficiel et profond. On pourrait ajouter que cette impression ne s'explique pas par une évolution de la pensée, car elle se produit à l'intérieur des mêmes textes. Mais une telle démonstration risque de rester un pur exercice rhétorique et de passer à côté de la véritable question. C'est pourquoi j'ai opté, ici comme précédemment, pour une explication un peu différente : le problème dont il s'agit — la part de l'universel et du relatif — est en lui-même complexe et exige une solution nuancée. Dans ses multiples réflexions sur le sujet, Lévi-Strauss envisage des facettes différentes du phénomène ; ainsi chacune de ses affirmations peut être, ponctuellement, vraie. C'est la complexité des faits décrits que signalent, de manière certes détournée, les énoncés discordants de Lévi-Strauss. Ce qu'on peut lui reprocher n'est pas le manque de vérité de chacun d'entre eux, mais l'absence d'un effort pour les articuler de façon explicite (et donc pour éliminer l'impression de contradiction), due peut-être à un goût pour les formules tranchantes.

Pour surmonter la difficulté, on pourrait partir du portrait de l'ethnologue type, tel qu'on le trouve dans *Tristes Tropiques.* Ce sur quoi insiste ici Lévi-Strauss, ce n'est ni la distanciation, ni l'identification (attitudes à l'égard de la société observée), mais le détachement — par rapport à la société de l'observateur lui-même. Pour éprouver la vocation ethnologique, il faut déjà connaître « un état initial de détachement » (p. 344) ; et la familiarité avec une société différente, qu'on acquiert au cours de ce travail, devient à son tour « un moyen de nous détacher de la nôtre » (p. 353). Le détachement de l'ethnologue intervient donc à deux reprises, il est à la fois inné et acquis. Mais le rapport à la société étrangère n'est pas simple, lui non plus ; Lévi-Strauss écrit ailleurs : « Pour parvenir à s'accepter dans les autres, but que l'ethnologue assigne à la connaissance de l'homme, il faut d'abord se refuser en soi » (*Anthropologie structurale deux*, p. 48) ; ou encore : il faut admettre que « je est un autre » avant de pouvoir découvrir que l'autre est un je (cf. p. 49). Entendons par là que le but de la description ethnologique est de trouver l'universellement humain, jusque chez les représentants de l'humanité les plus éloignés de nous, mais qu'on ne peut accéder à ce but qu'en subissant un détachement par rapport à sa propre culture. L'ethnologue est donc ce médiateur entre cultures que Lévi-Strauss semblait pourfendre ailleurs ; et ce n'est plus la fidélité aux valeurs traditionnelles qui se trouve louée, mais, au contraire, le détachement. Détachement dont on a vu qu'il exigeait, au préalable, une familiarité avec l'autre...

Il ne s'agit pas ici d'une régression à l'infini, ni d'un cercle vicieux. On pourrait peut-être éclairer ce qui précède en disant que chacun des deux mouvements, d'éloignement par rapport à sa propre société et de rapprochement à l'égard de la société étrangère, doit se dédoubler. Éloignement *un :* pour sentir l'attrait pour les autres, sans lequel il n'est pas d'ethnologue heureux, il faut déjà éprouver un léger décalage entre sa propre société et soi-même ; voilà ce qui me pousse à partir ; mais cela ne signifie pas encore que je sois lucide à l'égard de ma société, car il me manque un élément essentiel : un point de comparaison extérieur. Rapprochement *un :* je me plonge dans une société étrangère, avec le désir de la comprendre de l'intérieur, comme ses propres membres, auxquels j'aspire à m'identifier. Mais sans jamais réussir (si je le faisais, j'aurais abandonné le projet ethnologique) : même vivant parmi les autres, ayant adopté leur langue et leurs mœurs, je reste différent (je garde mon accent), car je ne puis effacer ce que j'ai été, je continue de penser *aussi* dans les catégories qui ont été les miennes. Éloignement *deux :* je reviens chez moi (ce retour peut être seulement mental ou aussi physique), mais ce « chez moi » m'est encore moins proche qu'il ne l'était auparavant ; je peux maintenant jeter sur lui un regard d'étranger, comparable à celui que je tournais vers la société étrangère. Est-ce à dire que je suis devenu un être scindé, moitié persan à Paris, moitié parisien en Perse? Non, à moins de succomber à la schizophrénie : mes deux moitiés communiquent entre elles, elles cherchent un terrain d'entente, elles traduisent l'une pour l'autre jusqu'à ce qu'elles se comprennent. L'ethnologue ne sombre pas dans le délire schizoïde parce qu'il reste à la recherche d'un sens *commun*, et, à la limite, universel.

Vient alors la dernière phase, rapprochement *deux* : n'identifiant plus les catégories universelles de l'esprit ni avec mes propres catégories mentales, ni avec celles que j'observe chez les autres, mais ne perdant pas pour autant de vue l'horizon de l'universalité, je peux étudier la société étrangère — mais, aussi bien, ma propre société, puisque, selon la belle formule de Hugues de Saint-Victor, le monde entier sera devenu pour moi comme une terre d'exil. Les expériences acquises au cours du travail ethnologique, dira Lévi-Strauss, « dépouillent nos usages de cette évidence que le fait de n'en point connaître d'autres — ou d'en avoir une connaissance partielle et tendancieuse — suffit à leur prêter » (*Tristes Tropiques*, p. 349). La connaissance des autres n'est pas simplement une voie possible vers la connaissance de soi : elle est la seule. « Aucune civilisation ne peut se penser elle-même si elle ne dispose pas de quelques autres pour servir de terme de comparaison » (*Anthropologie structurale deux*, p. 319-320) ; aucun individu non plus.

Le moment fort de cette éducation ethnologique n'est donc pas la distanciation (par rapport aux autres) mais le détachement (par rapport à soi). La fréquentation des autres, la grande familiarité avec leurs mœurs est un bon moyen pour y parvenir ; une fois ce point atteint (mais bien entendu il s'agit d'un mouvement toujours à recommencer), il n'est pas si important de savoir si le regard se portera sur les autres, auquel cas la distance est une donnée qu'on cherchera à réduire, ou sur les siens (la distanciation, cette fois-ci à acquérir, devient synonyme de détachement). Là est le paradoxe apparent, responsable des formules contradictoires de Lévi-Strauss : l'extériorité n'est un avantage que si l'on est en même temps parfaitement intérieur...

L'horizon de l'universalité

Mais si telle est, selon Lévi-Strauss, la vérité de l'expérience ethnologique, nous ne sommes plus très loin de cet universalisme « de parcours », dont on pouvait auparavant regretter l'absence. Car l'horizon de ce dialogue entre cultures, de ce va-et-vient entre les autres et soi, c'est l'entente, dont la limite est, à son tour, l'universalité ; une universalité obtenue non par déduction, à partir d'un principe érigé en dogme, mais par comparaison et compromis, à l'aide de tâtonnements successifs ; autrement dit un universel qui quitte le concret aussi peu souvent que possible. Contrairement à ce que pouvaient laisser croire les déclarations relativistes de Lévi-Strauss, la description d'une société ne doit être un reflet servile ni de sa culture, ni de la nôtre ; ou comme il le dit ailleurs lui-même : « Nous souhaitons introduire dans nos disciplines une exigence supplémentaire : derrière l'idée que les hommes se font de leur société, découvrir les ressorts du système " vrai " » (*Anthropologie structurale deux*, p. 85) ; la règle ultime de la connaissance reste la « recherche intransigeante de la vérité » (*l'Homme nu*, p. 572). On pourrait exprimer cette ambition négativement, en disant que le système produit ne coïncidera ni avec l'un ni avec l'autre ; ou, positivement, qu'il doit emporter l'adhésion, non seulement de l'observateur individuel, mais de « tous les observateurs possibles » (*Anthropologie structurale*, p. 398) ; non seulement de tous les observateurs mais aussi « du plus lointain indigène » (p. 397). Lorsqu'il entend reprocher aux ethnologues que leurs descriptions menacent de réduire la spécificité de l'autre, Lévi-Strauss retrouve un ton indigné que pourrait lui envier tout universaliste « de parcours » : « Ceux qui prétendent que l'expérience de l'autre — individuel ou collectif — est par essence incommunicable, et qu'il est à jamais impossible, coupable même de vouloir élaborer un langage dans lequel les expériences humaines les plus éloignées dans le temps et dans l'espace deviendraient, au moins pour partie, mutuellement intelligibles, ceux-là ne font rien d'autre que se réfugier dans un nouvel obscurantisme » (*l'Identité*, p. 10). Et il faut bien dire que, quelles que soient par ailleurs les déclarations de principe, ces mots expriment ce qui est la seule base possible du travail ethnologique — et donc de celui de Lévi-Strauss lui-même. On devrait peut-être ajouter : surtout de celui de Lévi-Strauss lui-même, à qui les autres ethnologues reprochent habituellement de ne s'intéresser qu'aux structures universelles de l'esprit humain, et de négliger les différences !

L'horizon universaliste de la recherche ethnologique a une conséquence importante, que d'aucuns pourraient juger indésirable : parmi les nombreuses sociétés existantes, l'une a déjà ménagé la place pour un tel discours à vocation universelle, et c'est la société occidentale, au sein de laquelle, précisément, s'est développée la *science*. Cela ne signifie pas, bien sûr, que dans les autres sociétés toute pensée de ce type soit absente ou prohibée : simplement, elle n'est pas institutionnalisée de la même manière. Par ailleurs, il ne faut pas croire que les catégories de la science occidentale, telles qu'on peut les trouver à un moment donné, soient d'une efficacité vraiment universelle ; c'est probablement le contraire qui est le plus souvent vrai. Cela veut seulement dire que la forme de la pensée scientifique, telle qu'elle s'est établie dans la tradition occidentale, permet l'amélioration de ses propres contenus, grâce à sa soumission aux règles de la discussion critique, dont les critères — la cohérence logique et la vérification empirique — sont les mêmes pour tous. Il n'y a donc pas seulement une différence entre les deux sociétés, celle de l'observateur et celle de l'observé, mais aussi une asymétrie : la description qui cherche à « découvrir les ressorts du système vrai » prendra nécessairement une forme apparentée à celle de la science moderne.

Lévi-Strauss perçoit bien cette asymétrie, même s'il ne la met pas tout à fait en évidence. « Il faut, écrit-il, que l'appréhension interne (celle de l'indigène, ou tout au moins celle de l'observateur revivant l'expérience indigène) soit transposée dans les termes de l'appréhension externe », et il précise : « fournissant certains éléments d'un ensemble qui, pour être valable, doit se présenter de façon systématique et coordonnée » (« Introduction à l'œuvre de Marcel Mauss », p. xxviii). Ces termes, « systématique et coordonnée », signifient-ils autre chose que la nécessité de se plier aux exigences du discours scientifique, telles que les a mises en place la culture occidentale ? La science, ou ce que Lévi-Strauss appelle « l'interprétation structurale », a une propriété qui la distingue tout de même des autres discours : « Elle seule sait rendre compte à la fois d'elle-même et des autres. (...) Elle consiste à expliciter un système de rapports que les autres variantes ne faisaient qu'incarner » (l'Homme nu, p. 561). Il se sent donc en droit de défendre « le savoir scientifique qui, quels que soient les maux qu'ont entraînés ses applications et ceux plus accablants encore qui s'annoncent, n'en constitue pas moins un mode de connaissance dont on ne saurait contester l'absolue supériorité » (p. 569). Affirmer cette supériorité ne signifie pas qu'on s'enferme dans des catégories dérivées d'une culture particulière, en excluant les autres, car les catégories de la science ne sont jamais définitives, et peuvent être modifiées au contact de celles qui proviennent d'autres cultures.

Mais Lévi-Strauss s'abstient, la plupart du temps, de prendre position aussi clairement, et pour cause : cela risquerait de mettre en question tout son antihumanisme. Dans l'ouverture du Cru et le Cuit, en particulier, il affirme à plusieurs reprises qu'il n'existe pas de différence qualitative entre son analyse des mythes et les mythes eux-mêmes, donc entre logos et mythos. « En voulant imiter le mouvement spontané de la pensée mythique, notre entreprise (...) a dû se plier à ses exigences et respecter son rythme. Ainsi ce livre sur les mythes est-il, à sa façon, un mythe » (p. 14). L'objet a-t-il influencé le discours qui le décrit au point de se confondre avec lui ? Oui, à en croire Lévi-Strauss : « Si le but dernier de l'anthropologie est de contribuer à une meilleure connaissance de la pensée objectivée et de ses mécanismes, cela revient finalement au même que, dans ce livre, la pensée des indigènes sud-américains prenne forme sous l'opération de la mienne, ou la mienne sous l'opération de la leur. Ce qui importe, c'est que l'esprit humain, sans égards pour l'identité de ses messagers occasionnels, y manifeste une structure de mieux en mieux intelligible à mesure que progresse la démarche doublement réflexive de deux pensées agissant l'une sur l'autre et dont, ici l'une, là l'autre, peut être la mèche ou l'étincelle du rapprochement desquelles jaillira leur commune illumination » (p. 21). Si on fait abstraction du style wagnérien de cette période, il reste l'idée que l'ethnologie ne dispose d'aucun privilège sur son objet, ce qui est une manière de nier la spécificité, et *a fortiori* la supériorité du discours scientifique, affirmées par ailleurs.

Le rapprochement opéré par Lévi-Strauss semble à la fois périlleux et suggestif. Périlleux, d'abord, car il fait fi de différences évidentes. Le discours de Lévi-Strauss porte sur les mythes des Indiens ; ces mythes parlent, on s'en doute, non des analyses de Lévi-Strauss, mais du monde dans lequel vivent ces Indiens et des catégories qui permettent de l'appréhender. Les analyses de Lévi-Strauss sous-entendent certaines règles — cohérence logique, déductions et inductions, implications et analogies — qui caractérisent le discours des sciences humaines et permettent de le falsifier (d'où sa supériorité cognitive) ; les récits des Indiens, eux, obéissent à d'autres règles narratives et figuratives ; tout un chacun sent intuitivement la différence des deux *genres*. L'objet comme la « méthode » de ces discours sont donc différents. Et pourtant, il y a aussi quelque chose de juste dans la formule de Lévi-Strauss. Par-delà la différence d'objet immédiat, les deux discours visent une seule et même réalité : l'univers mental des Indiens ; bien que régis par des contraintes différentes, ces deux discours ont aussi un trait commun : ils aspirent à rendre le monde plus intelligible ; et on ne sait pas d'avance lequel réussit le mieux. On préfère toujours lire Balzac plutôt que ses exégètes ; de même, peut-être, la lecture des mythes indiens est-elle finalement plus enrichissante que celle de leurs analyses. Ce qui est affirmé ici en fin de compte, c'est l'unité entre les arts et les sciences, au nom de leur recherche commune de la vérité du monde.

On trouvera une ultime illustration des hésitations de Lévi-Strauss dans les pages où il examine l'attitude des peuples récemment décolonisés à l'égard des enquêtes ethnographiques. Il remarque avec quelque amertume que « ces peuples tolèrent de moins en moins qu'on les soumette à l'enquête ethnographique » (*Anthropologie structurale deux*, p. 67), avant d'analyser lucidement les raisons de ce refus. Ce que ces peuples rejettent n'est pas l'ethnologie en tant que telle, mais l'idéologie relativiste qui l'a fréquemment accompagnée (alors que, paradoxalement, cette idéologie était nourrie, chez les ethnologues, par le souci de respecter la spécificité des autres cultures, et qu'elle avait incontestablement contribué à mieux les connaître ; mais il n'est pas rare qu'un effet se retourne ainsi contre ses propres causes). « Le dogme du relativisme culturel est ainsi mis en cause par ceux-là mêmes au bénéfice moral desquels les ethnologues avaient cru l'édicter » (*le Regard éloigné*, p. 52). « Bien plus : ces peuples se rallient aux thèses d'un vieil évolutionnisme unilinéaire comme si, pour participer plus vite aux bénéfices de l'industrialisation, ils préféraient se considérer eux-mêmes comme provisoirement arriérés plutôt que différents, mais alors à titre permanent » (*Anthropologie structurale deux*, p. 68).

Ce que Lévi-Strauss ne dit pas c'est que, à tout prendre, et s'il fallait absolument choisir entre ces deux maux, relativisme culturel et évolutionnisme unilinéaire, le second serait encore préférable, tant sur le plan cognitif que sur le plan éthique. On ne peut ignorer au XXᵉ siècle jusqu'à quelles extrémités — qui ont pour nom, entre autres, « apartheid » et « solution finale » — peut conduire le renoncement à l'idée de l'unité du genre humain. Mais ce qu'il faut surtout refuser, c'est la condamnation à cette alternative stérile : relativisme ou évolutionnisme. Mis à part le domaine strict de la technologie, l'évolution comme processus irréversible et commun à toute l'humanité est évidemment un leurre, même si la « foi dans le progrès » ne s'est pas partout éteinte. Il existe cependant une idée de l'universel qui ne conduit pas plus aux apories de l'évolutionnisme qu'au régime du parti unique.

La connaissance ethnologique elle-même est inconcevable sans une référence à l'universalité, du type de celle pratiquée dans les sciences modernes. Évoquant la possibilité d'une « ethnologie à l'envers », accomplie par les membres des sociétés traditionnelles sur les sociétés occidentales, Lévi-Strauss se contente de dire de cette idée qu'elle est « difficile » à « mettre en pratique de façon systématique » (p. 69); mais la difficulté première est d'ordre théorique : il n'y a pas autant d'ethnologies que de types d'observateurs. Les anciens « indigènes » peuvent, bien entendu, « ethnographier » les Européens, mais le résultat n'en sera pas très différent de celui auquel pourraient parvenir lesdits Européens, après s'être *détachés* de leur propre société. L'ethnologie n'est pas une discipline à part, opposée à toutes les autres sciences humaines ou sociales comme le regard éloigné s'oppose au regard proche, et c'est pourquoi le débat sur les méthodes de l'ethnologie tourne inévitablement à une description de l'expérience des ethnologues. La connaissance de cultures autres que la nôtre apparaît alors, à côté de la recherche historique, comme l'une des deux grandes modalités de la comparaison, laquelle à son tour n'est pas une méthode parmi d'autres, mais la seule voie conduisant au nécessaire détachement de soi et à la juste connaissance des faits sociaux, quelle qu'en soit la nature.

2

Races

La race et le racisme

Racisme, racialisme

Je voudrais maintenant, délaissant provisoirement la problématique des jugements universels et relatifs, me tourner vers la seconde série de problèmes annoncés au début de cette exploration, ceux qui concernent l'unité et la diversité au sein de l'espèce humaine. Les êtres humains à la fois se ressemblent et diffèrent : telle est l'observation triviale que chacun peut faire pour lui-même, puisque les formes de vie divergent partout et que l'espèce (biologique) reste une. Le tout est de savoir jusqu'où s'étend le territoire de l'identité et où commence celui de la différence ; quelles relations exactement entretiennent ces deux territoires. La réflexion sur ces questions a pris, au cours des siècles passés, la forme d'une doctrine des *races*.

Il faut commencer ici par introduire une distinction terminologique. Le mot « racisme », dans son acception courante, désigne deux domaines très différents de la réalité : il s'agit d'une part d'un *comportement*, fait le plus souvent de haine et de mépris à l'égard de personnes ayant des caractéristiques physiques bien définies, et différentes des nôtres ; et d'autre part d'une *idéologie*, d'une doctrine concernant les races humaines. Les deux ne se trouvent pas nécessairement présents en même temps. Le raciste ordinaire n'est pas un théoricien, il n'est pas capable de justifier son comportement par des arguments « scientifiques » ; et, réciproquement, l'idéologue des races n'est pas nécessairement un « raciste », au sens courant du mot, ses vues théoriques peuvent demeurer sans la moindre influence sur ses actes ; ou sa théorie peut ne pas impliquer qu'il y ait des races intrinsèquement mauvaises. Pour séparer ces deux sens, on adoptera ici la distinction opérée parfois entre *racisme,* terme qui désigne le comportement, et *racialisme,* réservé, lui, aux doctrines. Il faut ajouter que le racisme qui s'appuie sur un racialisme produit des résultats particulièrement catastrophiques : tel est précisément le cas du nazisme. Le racisme est un comportement ancien, et d'extension probablement universelle ; le racialisme est un mouvement d'idées né en Europe occidentale, dont la grande période va du milieu du XVIIIe au milieu du XXe siècle.

La doctrine racialiste, qui nous préoccupera ici au premier chef, peut être présentée comme un ensemble cohérent de propositions, qui se retrouvent toutes dans le « type idéal », ou version classique de la doctrine, mais dont certaines peuvent être absentes dans telle ou telle version marginale ou « révisionniste ». Ces propositions peuvent être ramenées au nombre de cinq.

1. *L'existence des races.* La première thèse consiste évidemment à affirmer la réalité des races, c'est-à-dire des groupements humains dont les membres possèdent des caractéristiques physiques communes ; ou plutôt — car les différences mêmes relèvent de l'évidence — à affirmer la pertinence et l'importance de cette notion. Les races sont ici assimilées aux espèces animales, et l'on pose qu'il y a entre deux races la même distance qu'entre le cheval et l'âne : pas assez pour empêcher la fécondation mutuelle, mais suffisamment pour établir une frontière qui saute aux yeux de tous. Les racialistes ne se contentent pas habituellement de constater cet état de choses, mais souhaitent de plus qu'il se maintienne ; ils sont donc contre les croisements entre races.

Les adversaires de la théorie des races ont souvent attaqué ce point de la doctrine. D'une part, ils attirent l'attention sur le fait que, depuis des temps immémoriaux, les groupements humains se sont mélangés entre eux ; leurs caractéristiques physiques, par conséquent, ne sauraient être aussi différentes qu'on le dit. A cet argument historique s'est ajouté, d'autre part, une double constatation biologique. Premièrement, les êtres humains diffèrent bien entre eux dans leurs caractéristiques physiques ; mais ces variations, afin de donner naissance à des groupements clairement délimités, devraient coïncider entre elles ; or tel n'est pas le cas. On obtiendra une première carte des « races » si l'on mesure les caractéristiques génétiques, une deuxième si l'on prend pour critère l'analyse du sang, une troisième à partir du système osseux, une quatrième en se fondant sur l'épiderme. Deuxièmement, à l'intérieur même de chacun des groupes ainsi constitués, on observe une plus grande distance entre individus qu'il n'y a de distance entre les groupes. Pour ces raisons, la biologie contemporaine, alors qu'elle ne cesse d'étudier les variations entre les êtres humains sur la surface du globe, ne fait plus appel à la notion de race.

Mais cet argument scientifique n'est pas vraiment pertinent pour combattre les doctrines racialistes : on répond ici par des données biologiques à une question qui, elle, relève de la psychologie sociale. Que les « races » existent ou non pour les savants n'influence en rien la perception de n'importe quel individu, qui constate bien que les différences sont là. De ce dernier point de vue, seules comptent les propriétés immédiatement visibles : couleur de la peau, système pileux, configuration du visage. De plus, l'existence d'individus ou même de populations issus du croisement de deux races, loin de rendre la notion de race caduque, ne fait que la confirmer : on identifie le métis précisément parce qu'on sait reconnaître les représentants typiques de chaque race.

2. *La continuité entre physique et moral.* Mais les races ne sont pas simplement des regroupements d'individus ayant des apparences semblables (si tel avait été le cas, l'enjeu n'aurait été que bien faible). Le racialiste postule, en deuxième lieu, la solidarité des caractéristiques physiques et des caractéristiques morales ; en d'autres termes, à la division du monde en races correspond une division par cultures, tout aussi tranchée. Il peut y avoir, certes, plusieurs cultures par race ; mais dès qu'il y a variation raciale, il y a aussi changement de culture. La solidarité entre race et culture expliquerait pourquoi les races ont tendance à se faire la guerre les unes aux autres.

Ce qui est affirmé la plupart du temps n'est pas la seule coexistence des deux répartitions, mais la relation causale entre elles : les différences physiques *déterminent* les différences culturelles. Nous pouvons tous observer autour de nous ces deux séries de variables, physiques et mentales ; chacune d'elles peut recevoir une explication particulière, sans que ces explications entrent ensuite en rapport l'une avec l'autre ; ou encore, elles peuvent être observées, sans requérir pour autant une explication. Or, le racialiste fait comme si ces deux séries n'étaient que les causes et les effets d'une seule et même série. Cette première affirmation implique à son tour la transmission héréditaire du mental et l'impossibilité de modifier le mental par l'éducation. Cette recherche d'unification, cette mise en ordre dans la variété du vécu, apparente évidemment l'attitude racialiste à celle du savant en général, qui cherche à introduire de l'ordre dans le chaos et dont les constructions affirment la parenté de ce qui reste séparé dans le monde phénoménal. Il faut ajouter que, jusqu'à présent, aucune preuve n'a pu être apportée de ce déterminisme, voire de cette solidarité ; cela ne signifie pas, il est vrai, qu'on ne pourra la trouver un jour, ou que sa recherche soit, en elle-même, nocive ; il faut simplement constater que, pour l'instant, l'hypothèse s'est avérée stérile.

On peut ajouter ici qu'on a proposé, plus récemment, d'inverser la relation causale, tout en la maintenant : ce ne serait plus le physique qui détermine le mental, mais la culture qui agit sur la nature. Si, à l'intérieur d'une population donnée, on favorise les grands au détriment des petits, ou bien les blonds par rapport aux bruns, la population elle-même évoluera vers le but souhaité : le système de valeurs agira à la manière d'un filtre génétique. On peut aussi imaginer qu'on y préfère la force physique à l'astuce, ou inversement ; de nouveau, l'extension des qualités appréciées sera favorisée. Une telle inversion de perspective ouvre de nouvelles possibilités pour l'étude de l'interaction entre physique et mental.

3. *L'action du groupe sur l'individu.* Le même principe déterministe joue aussi dans un autre sens : le comportement de l'individu dépend, dans une très large mesure, du

groupe racio-culturel (ou « ethnique ») auquel il appartient. Cette proposition n'est pas toujours explicitée car elle va de soi : à quoi bon distinguer les races et les cultures, si l'on croit en même temps que les individus sont moralement indéterminés, qu'ils agissent en fonction de leur volonté librement exercée, et non de leur appartenance — sur laquelle ils n'ont aucune prise ? Le racialisme est donc une doctrine de psychologie collective, et il est par nature hostile à l'idéologie individualiste.

4. *Hiérarchie unique des valeurs.* Le racialiste ne se contente pas d'affirmer que les races sont différentes ; il les croit aussi supérieures ou inférieures les unes aux autres, ce qui implique qu'il dispose d'une hiérarchie unique des valeurs, d'un cadre évaluatif par rapport auquel il peut porter des jugements universels. La chose mérite étonnement, car le racialiste qui dispose de ce cadre unique est celui-là même qui a renoncé à l'unité du genre humain. Cette échelle des valeurs est, dans la plupart des cas, d'origine ethnocentrique : il est très rare que l'ethnie à laquelle appartient l'auteur racialiste ne se trouve pas au sommet de sa hiérarchie. Sur le plan des qualités physiques, le jugement de préférence prend facilement la forme d'une appréciation esthétique : ma race est belle, les autres sont plus ou moins laides. Sur celui de l'esprit, le jugement concerne des qualités tant intellectuelles (les uns sont bêtes, les autres intelligents) que morales (les uns sont nobles, les autres bestiaux).

5. *Politique fondée sur le savoir.* Les propositions 1 à 4, énumérées jusqu'ici, se présentent comme une description du monde, comme des constats de fait. Là-dessus se fonde une conclusion, qui forme la cinquième et dernière proposition doctrinale, à savoir qu'une politique doit être engagée, qui mette le monde en harmonie avec la description précédente. Ayant établi les « faits », le racialiste en tire un jugement moral et un idéal politique. Ainsi, la soumission des races inférieures, voire leur élimination, peut être justifiée par le savoir accumulé au sujet des races. C'est ici que le racialisme rejoint le racisme : la théorie donne lieu à une pratique.

La réfutation de cette dernière inférence n'est plus du

ressort du savant, mais de celui du philosophe. La science peut infirmer des propositions comme celles qui portent ici les numéros allant de 1 à 3, mais il se peut aussi, après tout, que ce qui apparaît comme une évidence aux yeux des biologistes d'aujourd'hui soit considéré demain comme une erreur. Le serait-il, cependant, qu'il ne pourrait légitimer un comportement qu'on aurait de bonnes raisons de condamner par ailleurs. Les généticiens ne sont pas particulièrement qualifiés pour combattre le racisme. Soumettre la politique à la science, et donc aussi le droit au fait, est une mauvaise philosophie, non une mauvaise science ; l'idéal humaniste peut être défendu face à l'idéal raciste non parce qu'il est plus vrai (un idéal ne saurait l'être), mais parce qu'il lui est éthiquement supérieur, étant fondé dans l'universalité du genre humain.

C'est l'ensemble de ces traits qui constitue la doctrine racialiste ; chacun d'eux pris isolément se retrouve également en dehors du racialisme. Ils sont tous nécessaires ; l'absence d'une des thèses donne naissance à une doctrine apparentée mais néanmoins distincte. On verra ainsi que, dès le XIXe siècle, on renonce à la première proposition, ce qui conduit vers un « culturalisme », par ailleurs très semblable au racialisme. Au XXe siècle, on renonce souvent aussi à la quatrième proposition, préférant la neutralité relativiste à l'obligation de juger (alors que cette proposition était le seul point commun entre le racialisme et l'humanisme universaliste). Il existe également des racialistes qui ne s'intéressent nullement à une politique qu'on pourrait fonder sur leurs doctrines (c'est le cas du plus célèbre parmi eux, Gobineau). Il reste que la conjonction des cinq traits est ce qui doit être tenu pour le modèle classique du racialisme. En revanche, d'autres éléments de la doctrine, mentionnés ici, sont facultatifs : ainsi de la peur des croisements, ou de l'hérédité du mental, ou de la guerre des races.

Plusieurs traits communs indiquent que la famille spirituelle du racialisme est le scientisme. En effet, on a vu celui-ci se caractériser par l'affirmation d'un déterminisme intégral (incluant aussi bien la relation du moral au physique que celle de l'individu au groupe) ; et par la demande adressée à la science de formuler les buts de la société et d'indiquer les moyens légitimes pour les atteindre. Le scientisme, pourrait-on dire, est l'iceberg dont le racialisme est la pointe émergée. Aujourd'hui les théories racialistes ne font plus recette ; mais la doctrine scientiste est aussi prospère que jamais. C'est pourquoi je serai amené à analyser de façon parallèle les idées racialistes à proprement parler et leur contexte scientiste général.

Il ne peut être question ici de retracer, fût-ce schématiquement, l'histoire des relations entre les races humaines. Qu'il suffise de dire que la classification la plus populaire opère avec trois races, la blanche, la jaune et la noire ; mais que le racialiste commun simplifie encore ce schéma déjà très pauvre : il n'y a pour lui que deux vraies races, ou plutôt deux pôles, entre lesquels se disposent toutes les races : le blanc et le noir (les Jaunes étant une race intermédiaire). Il se peut que l'attention se soit fixée sur cette opposition pour des raisons ayant trait au symbolisme universel : le couple blanc-noir, clair-obscur, jour-nuit semble présent et actif dans toutes les cultures, la préférence allant en général au premier terme. L'histoire de l'humanité étant ce qu'elle est, le racisme exemplaire, le racisme par excellence est donc celui des Blancs à l'égard des Noirs.

Comme dans les pages qui suivent je me tournerai vers l'étude du racialisme, il faudrait peut-être dire ici un mot de plus sur le racisme lui-même. Est-il condamné à disparaître dans les années qui viennent — comme tous, ou presque, s'accordent à le souhaiter ? Il est permis d'en douter. Toute société possède ses stratifications, se compose de groupes hétérogènes qui occupent des places inégalement valorisées dans la hiérarchie sociale. Mais ces places, dans les sociétés modernes, ne sont pas immuables : le vendeur de cacahuètes peut devenir président. Les seules différences pratiquement ineffaçables sont les différences physiques : celles dites de « race » et celles de sexe. Si les différences sociales se superposent pendant suffisamment longtemps aux différences physiques, naissent alors ces attitudes qui reposent sur le syncrétisme du social et du physique, le racisme et le sexisme. Le parallèle s'arrête vite du reste, la

situation des femmes par rapport aux hommes étant
infiniment plus complexe. Pour ce qui est des « races »,
c'est-à-dire des groupements humains dont les différences
physiques sont visibles à l'œil nu, force est de constater que
la cohabitation d'une majorité et d'une minorité aux
caractéristiques physiques distinctes pose de graves problèmes : les exemples autrement si dissemblables des
États-Unis et de l'Afrique du Sud l'illustrent bien, et ils ne
sont que les plus connus d'une liste beaucoup plus longue.
Alors que la pluralité des cultures à l'intérieur d'un État ne
conduit pas nécessairement au conflit, contrairement à ce
qu'on affirme parfois (quel État n'est pas déjà pluricultu-
rel ?), la pluralité des races en pose un, grave, dès qu'elle se
superpose — et c'est habituellement le cas — à une
stratification sociale bien réelle. Sa solution passe par le
métissage, c'est-à-dire par la disparition des différences
physiques.

L'antisémitisme soulève un problème particulier. D'un
côté, les « Sémites », à la différence des Noirs, ne possèdent pas des caractéristiques communes voyantes (d'où la
nécessité, sous le régime nazi, de leur faire porter l'étoile
jaune : autrement, comment les reconnaître ?) ; c'est donc
une discrimination purement culturelle (de religion, de
mœurs, etc.), qu'on aurait tort d'inclure dans le racisme
classique. Mais, d'un autre côté, les racistes ont constitué la
catégorie « Sémites » en race, ils se sont voulus antisémites
(plutôt que judéophobes, par exemple), et le cas « sémite »
est l'un des plus importants dans l'histoire du racialisme ;
nous sommes donc obligés d'en tenir compte dans l'examen
des théories raciales.

Mise en place du racialisme

Grâce aux travaux des historiens modernes, l'histoire du
racialisme est aujourd'hui bien connue. François Bernier,
en 1684, emploie pour la première fois le mot « race » dans
son sens moderne, mais ne s'y attarde pas. En dehors de la

France, Linné spécule longuement sur les espèces humaines. En France, on se querelle sur la différence raciale entre Francs et Gaulois, ancêtres, respectivement, des aristocrates et du peuple (Augustin Thierry, au début du XIXe siècle, reprendra ces théories). Mais, pour nous, le point de départ le plus approprié s'avère être le début de l'*Histoire naturelle* de Buffon, consacré à l'homme : à la fois parce que c'est une synthèse de très nombreux récits de voyage du XVIIe et du XVIIIe siècle, et parce que l'ouvrage exercera, à son tour, une influence décisive sur la littérature postérieure, influence due tant à ses qualités de style qu'à son autorité scientifique.

L'unité du genre humain est à la base de la construction ; Buffon n'ignore pas la variété, et sa conclusion pèse d'autant plus lourd : « Tout concourt donc à prouver que le genre humain n'est pas composé d'espèces essentiellement différentes entre elles ; qu'au contraire il n'y a eu originairement qu'une seule espèce d'hommes » (*De l'homme*, p. 320). Ce n'est pas pour des raisons théologiques que Buffon se fait le défenseur de la monogenèse mais justement parce que, assumant la position d'un naturaliste qui s'appuie sur des faits, il sait que Blancs et Noirs peuvent procréer ensemble : cela prouve déjà leur appartenance à une seule et même espèce.

L'unité du genre humain a comme corollaire la différence radicale entre l'homme et les animaux. Buffon, dont toute l'histoire naturelle est un éloge de l'homme, ne se lasse jamais d'insister sur cette différence, qui est aussi une supériorité. « Il y a une distance infinie entre les facultés de l'homme et celles du plus parfait animal, preuve évidente que l'homme est d'une différente nature, que seul il fait une classe à part, de laquelle il faut descendre en parcourant un espace infini avant que d'arriver à celle des animaux » (p. 47). S'il fallait condenser en un mot cette différence, ce serait la présence ou l'absence de raison. « L'homme est un être raisonnable, l'animal est un être sans raison ; et comme il n'y a point de milieu entre le positif et le négatif, comme il n'y a point d'êtres intermédiaires entre l'être raisonnable et l'être sans raison, il est évident que l'homme est d'une nature entièrement différente de celle de l'animal » *(ibid.)*. A son tour, la présence ou l'absence de raison se reconnaît à l'usage des signes intentionnels. « L'homme rend par un signe extérieur ce qui se passe au-dedans de lui ; il communique sa pensée par la parole : ce signe est commun à toute l'espèce humaine ; l'homme sauvage parle comme l'homme policé, et tous deux parlent naturellement, et parlent pour se faire entendre. Aucun des animaux n'a ce signe de la pensée (...) : ils n'ont donc pas la pensée, même au plus petit degré » (p. 44-45).

On voit que cette affirmation de l'unité s'accompagne d'un sens aigu des hiérarchies, ce qui ne manque pas de provoquer une tension à l'intérieur du texte. Voici qu'à l'occasion Buffon serait prêt à admettre une exception à sa séparation tranchée, précisément pour ceux d'entre les hommes qui ignoreraient la hiérarchie en question : l'homme est d'une nature « si supérieure à celle des bêtes qu'il faudrait être aussi peu éclairé qu'elles le sont pour pouvoir les confondre » (p. 43). En effet, l'absence de hiérarchie est, à côté de l'absence de raison et de parole, un trait distinctif du monde animal. « Nous ne voyons pas que les animaux qui sont plus forts et plus adroits commandent aux autres et les fassent servir à leur usage. (...) Il n'y a parmi tous les animaux aucune marque de cette subordination, aucune apparence que quelqu'un d'entre eux connaisse ou sente la supériorité de sa nature sur celle des autres » (p. 44).

On ne sera donc pas surpris de voir que, à côté de l'unité du genre humain, Buffon affirme aussi sa hiérarchisation interne — dont la reconnaissance même de la hiérarchie est un premier indice. Puisque les hommes appartiennent à une seule espèce, on pourra les juger tous à l'aide des mêmes critères, et du coup les trouver différents, certains d'entre eux étant supérieurs aux autres : il y a pour Buffon solidarité entre unité de l'espèce et absolutisme des jugements de valeur. L'unité est prouvée par la fécondation mutuelle ; la hiérarchie, elle, repose sur l'observation d'une autre caractéristique humaine. C'est qu'en effet, à côté de la rationalité, les hommes ont un autre trait commun qu'ils possèdent à des degrés plus ou moins élevés, un trait dont la reconnaissance des hiérarchies n'est en fait qu'une conséquence, à savoir leur sociabilité. « L'homme (...) n'est fort, il n'est grand, il ne commande à l'univers que parce qu'il a su se commander à lui-même, se dompter, se soumettre et s'imposer des lois ; l'homme en un mot n'est homme que parce qu'il a su se réunir à l'homme » (*Histoire naturelle*, t. X, p. 179-180). « Toute nation, où il n'y a ni règle, ni loi, ni maître, ni société habituelle, est moins une nation qu'un assemblage tumultueux d'hommes barbares et indépendants qui n'obéissent qu'à leurs passions particulières » (*De l'homme*, p. 296) : on voit que pour Buffon « barbares » se coordonne avec « indépendants », c'est-à-dire asociaux.

La sociabilité implique donc la capacité de soumission, tout comme elle présuppose l'existence de lois, d'un ordre établi, d'usages constants, de mœurs fixes. En même temps, la sociabilité (ou en tous les cas l'une de ses formes) est la condition indispensable à la multiplication de l'espèce, et du seul nombre des habitants on peut conclure à leur haut degré de sociabilité, donc à leur supériorité : la quantité implique la qualité. « L'homme, en tout état, dans toutes les situations et sous tous les climats, tend également à la société ; c'est un effet constant d'une cause nécessaire, puisqu'elle tient à l'essence même de l'espèce, c'est-à-dire à sa propagation » (*Histoire naturelle*, t. XI, p. 93). Mais c'est aussi à la présence de la société que l'homme doit le progrès des techniques et des outils, y compris de ces instruments intellectuels que sont la langue et l'écriture (on rejoint par là la rationalité).

Rationalité et sociabilité, communes à tous les hommes et solidaires entre elles, sont donc plus ou moins présentes, ce qui permet à Buffon d'opposer la « civilisation », ou la « police », à la « barbarie » et à la « sauvagerie ». Plus exactement, toute une série d'états intermédiaires conduisent du sommet à la base. « On descend par degrés assez insensibles des nations les plus éclairées, les plus polies, à des peuples moins industrieux, de ceux-ci à d'autres plus grossiers, mais encore soumis à des rois, à des lois ; de ces hommes grossiers aux sauvages » (p. 91). Tout l'exposé de Buffon sur les « Variétés dans l'espèce humaine » (tel est le

titre de son chapitre) s'articule sur cette hiérarchisation :
au sommet se trouvent les nations d'Europe septentrionale,
juste au-dessous, les autres Européens, après viennent les
populations d'Asie et d'Afrique, et, tout en bas de
l'échelle, les sauvages américains.

Toute différence sociale (de mœurs, de technique),
comme toute différence dans l'usage de la raison, conduit
aussitôt Buffon à formuler des jugements de valeur sur les
peuples. Par exemple, une population faible est un indice
de développement social insuffisant : c'est le grand argument de Buffon contre les Américains. « Il est donc à
présumer que, comme l'on n'a trouvé dans toute cette
partie de l'Amérique aucune nation civilisée, le nombre des
hommes y était encore trop petit, et leur établissement
dans ces contrées trop nouveau, pour qu'ils aient pu sentir
la nécessité ou même les avantages de se réunir en société »
(*De l'homme*, p. 296). On remarquera qu'ici Buffon part
du manque de civilisation (pour nous problématique)
comme d'une évidence qui lui permet de déduire la faible
population, fait qui relève de l'observation plutôt que de la
déduction.

De même pour l'existence d'« usages constants » : « Les
Persans, les Turcs, les Maures se sont policés jusqu'à un
certain point : mais les Arabes (...) vivent, comme les
Tartares, sans règle, sans police et presque sans société »
(p. 256). Ou pour les progrès technologiques : « Leurs
maisons sont basses et mal bâties ; leurs terres sont fort mal
cultivées » (p. 272). Ou la langue : « Leur langue même
[est] si simple, qu'elle leur est presque commune à tous.
Comme ils n'ont qu'un très petit nombre d'idées, ils n'ont
aussi qu'une très petite quantité d'expressions » (p. 297).
Ou pour leurs idées religieuses : « Ils sont tous également
grossiers, superstitieux, stupides » (p. 225). Et, derechef,
Buffon nous fait voir qu'il s'agit de déductions plutôt que
d'observations : « Tous ces sauvages ont l'air rêveur quoiqu'ils ne pensent à rien » (p. 299).

De proche en proche, tous les éléments d'une civilisation
se trouvent qualifiés par des jugements de valeur : chez
Buffon, la part du relativisme est quasiment nulle. Lisons
cette description d'un peuple habitant le nord du Japon

(p. 236) : « Ils vivent comme des sauvages, et se nourrissent de lard de baleine et d'huile de poisson » (le premier « et » suggère une corrélation entre les deux assertions ; mais la chair des espèces marines rend-elle ses consommateurs plus sauvages que les mangeurs de viande ?). « Les femmes n'ont trouvé, pour se parer, d'autres moyens que de se peindre de bleu les sourcils et les lèvres » (on remarque encore la tournure péjorative ; faut-il croire que le noir sur les sourcils et le rouge aux lèvres soient intrinsèquement supérieurs au bleu ?). « Les hommes n'ont d'autres plaisirs que d'aller à la chasse des loups marins, des ours, des élans, des rennes et à la pêche de la baleine » (si c'est d'un plaisir qu'il s'agit, est-il vraiment beaucoup plus noble de chasser le faisan et la perdrix ?) ; « il y en a cependant qui ont quelques coutumes japonaises, comme celle de chanter d'une voix tremblante » (le timbre de la voix devient, lui aussi, un indice de civilisation).

Au degré le plus bas de la civilisation, les hommes s'approchent, selon Buffon — et malgré ses déclarations de principe —, des animaux. Les Australiens sont « ceux de tous les humains qui approchent les plus des brutes » (p. 247-248), place qui leur est parfois contestée par l'Indien d'Amérique, qui « n'était en lui-même qu'un animal du premier rang » (*Histoire naturelle*, t. XI, p. 370). Les Asiatiques ont de « petits yeux de cochons » (*De l'homme*, p. 262), alors que les Hottentots les ont, simplement, « comme ceux des animaux » (*Histoire naturelle*, t. XIV, p. 30) et que leur absence d'organisation sociale les rapproche des brutes. Ainsi, à force d'accuser la hiérarchie, Buffon finit par atténuer la rupture initiale entre hommes et animaux, et donc par mettre en question l'unité du genre humain dont il était parti. Si seulement il n'y avait pas pour le Blanc et le Noir la possibilité de « produire ensemble, (...) il y aurait deux espèces bien distinctes ; le Nègre serait à l'homme ce que l'âne est au cheval ; ou plutôt, si le Blanc était l'homme, le Nègre ne serait plus un homme, ce serait un animal à part comme le singe » (t. X, p. 271). Mais Buffon se rend aux évidences biologiques.

Il peut être intéressant de comparer sur ce point Buffon et Voltaire. Ce dernier partage les convictions de Buffon concernant la nature quasi animale des races inférieures. Parlant des Nègres, il ne manque jamais de dire que leur tête est couverte de laine (comme celle des moutons), plutôt que de cheveux, et il écrit sans sourciller : « Des Nègres et des Négresses, transportés dans les pays les plus froids, y produisent toujours des animaux de leur espèce » (*Essai sur les mœurs*, p. 6). Il a du reste une explication toute prête pour cette animalité des Africains : « Il n'est pas improbable que dans les pays chauds des singes aient subjugué des filles » (p. 8). Mais, à la différence de Buffon, Voltaire est polygéniste, même s'il admet que la rationalité et la sociabilité sont des caractéristiques communes à toute l'humanité : puisque les différences entre races sont si profondes, n'est-il pas plus logique de supposer que l'humanité a surgi spontanément en plusieurs endroits du globe et que donc, à la limite, tous les humains n'appartiennent pas à la même espèce ? Libéré des « préjugés » religieux, Voltaire ne craint pas de tirer cette conclusion. « Il n'est permis qu'à un aveugle de douter que les Blancs, les Nègres, les Albinos, les Hottentots, les Lapons, les Chinois, les Américains soient des races entièrement différentes » (p. 6). Seul un aveugle pourrait douter que le soleil *se lève* et *se couche*, et pourtant la chose n'est pas vraie ; en irait-il de même des races ? Mais, pour Voltaire, les races humaines sont aussi différentes entre elles que les espèces animales ou végétales ; plus simplement, les races *sont* des espèces. « Je suis bien fondé à croire qu'il en est des hommes comme des arbres : que les poiriers, les sapins, les chênes et les abricotiers ne viennent point d'un même arbre, et que les Blancs barbus, les Nègres portant laine, les Jaunes portant crins, et les hommes sans barbe, ne viennent pas du même homme » (*Traité de métaphysique*, I, p. 192-193). Voltaire garde intacte l'échelle unique des valeurs, mais renonce à l'unité de l'humanité. Et il se trouve que son polygénisme est en meilleur accord avec la description des races qu'il partage avec Buffon ; pour cette raison, peut-être, il sera adopté par les racialistes du XIXe siècle.

La foi dans une hiérarchie rigide des valeurs, au sommet de laquelle se situe la civilisation européenne, est commune

à beaucoup d'Encyclopédistes ; pourtant, il n'y a pas
encore lieu de parler de racialisme : nous restons dans une
classification des cultures, non des corps. Il est vrai que
Buffon se caractérise en plus par un scepticisme à l'égard
des effets de l'éducation : les êtres humains sont certes
susceptibles d'être modifiés, mais ce processus prend de
longues années. On peut voir les conséquences de cette
doctrine déjà dans les réflexions de Buffon sur l'esclavage.
Les Noirs sont selon lui des êtres inférieurs, il est après tout
normal qu'ils soient soumis et réduits en esclavage. Buffon
commence son exposé là-dessus en reprenant une typologie
des esclaves, selon leur capacité au travail, ainsi que selon
l'odeur plus ou moins forte qu'ils dégagent en transpirant ;
aucun jugement de valeur ne l'accompagne. Puis, comme il
le dit lui-même, il s'attendrit sur leur sort : non parce qu'ils
sont esclaves, mais parce que, de plus, leurs maîtres ne les
traitent pas bien, les privent de nourriture ou les frappent ;
ces excès pourraient être évités. Il n'est jamais question de
supprimer l'esclavage lui-même.

C'est à ce point du raisonnement que la doctrine
proprement racialiste reçoit un complément nécessaire,
sous l'effet de l'attitude « savante » de Buffon. Lorsqu'il
s'interroge sur ce qui constitue la variété dans l'espèce
humaine, Buffon énumère trois paramètres : la couleur de
la peau, la forme et la grandeur du corps, et ce qu'il appelle
le « naturel » (*De l'homme*, p. 223), c'est-à-dire les mœurs.
Or il décide d'unifier l'explication de ces trois variables.
Notons ici un trait frappant de la rhétorique du discours
scientifique chez Buffon : avant de nous *dire* qu'il existe
une continuité entre physique et moral, il nous le *suggère*
de manière indirecte. La figure majeure du déterminisme
moniste, tel que le pratique Buffon, est précisément ce
genre de *coordination :* par la force d'une virgule, d'une
conjonction, d'une énumération, l'auteur suggère sans
affirmer ; or, le lecteur absorbe ce qui est « présupposé »
avec beaucoup moins de méfiance que ce qui est « posé ».
En s'engageant à traiter dans les mêmes pages des différences physiques *et* culturelles, Buffon fait comme si la
corrélation des deux était établie ; lorsqu'il en viendra à
l'affirmer sous forme de thèse, son lecteur ne pourra plus

qu'acquiescer. Nous aurons en effet été préparés à cette assimilation par l'usage fréquent de la « coordination » dans les descriptions précédentes de Buffon. « Une race d'hommes dont la physionomie est aussi sauvage que les mœurs », écrit-il en passant (p. 223). Ou encore : « Ces peuples sont fort noirs, sauvages et brutaux » (p. 246). Qui se serait aperçu que la principale affirmation est portée ici par une virgule ? Ou ailleurs par un « aussi » : « On les distingue des autres par leur couleur, qui est beaucoup plus noire ; ils sont aussi plus stupides et plus grossiers » (p. 253). Inversement, dans une autre contrée, « les hommes sont aussi fort beaux ; ils ont naturellement de l'esprit » (p. 262) : voici que la relation entre esprit et matière est devenue naturelle.

Mais Buffon ne se contente pas de suggérer, il affirme explicitement la relation entre la couleur de la peau et les manières de vivre, donc le niveau de civilisation. Il écrit que « la couleur dépend beaucoup du climat » mais aussi d'autres causes : « L'une des principales est la nourriture (...) ; une autre, qui ne laisse pas de produire son effet, sont les mœurs ou la manière de vivre. » En quoi consiste la relation entre couleur de la peau et mœurs ? Les peuples civilisés échappent à la misère, alors que le membre des nations sauvages subit la famine et les intempéries ; il est de ce fait amené, conclut Buffon, à vivre « plus souvent comme animal que comme homme » (p. 270) ; voilà encore la hiérarchie qui met l'unité à l'épreuve. Les mœurs agissent donc par l'intermédiaire du climat et de la nourriture, en accusant ou en diminuant leurs effets ; mais la relation, pour être indirecte, n'en est pas moins sûre : le manque de civilisation produit la noirceur de la peau. « Ils vivent d'une manière dure et sauvage ; cela suffit pour qu'ils soient moins blancs que les peuples de l'Europe, auxquels il ne manque rien de ce qui peut rendre la vie douce » (p. 318). Noirceur du visage, rigueur du climat et absence de civilisation se trouvent ici parfaitement amalgamées.

Mais si elles trouvent leur explication dans le climat et dans la nourriture, les différences de mœurs n'agissent pas moins ensuite de manière autonome. Buffon imagine deux

peuples, l'un civilisé, l'autre barbare, placés artificielle-
ment dans les mêmes conditions ; la différence ne disparaît
pas, en tout cas pas dans l'immédiat. « En supposant ces
deux différents peuples sous un même climat, on peut
croire que les hommes de la nation sauvage seraient plus
basanés, plus laids, plus petits, plus ridés que ceux de la
nation policée » (p. 270). Physique et moral sont indéfecti-
blement liés. Or, si la relation entre couleur de la peau,
d'une part, et climat ou nourriture, d'autre part, est une
relation incertaine mais vraisemblable, dans la mesure où
elle met en contact deux faits physiques, il n'en va pas du
tout de même de celle entre couleur et mœurs : les faits se
présentent d'emblée comme hétérogènes, et c'est le savant
qui unifie. On peut constater maintenant que l'ensemble de
la théorie racialiste se trouve contenu dans les écrits de
Buffon : il considère l'existence des races comme une
évidence, il affirme la solidarité du physique et du moral, il
sous-entend la détermination de l'individu par le groupe, il
proclame tout haut un système unique de valeurs, enfin il
tire de sa doctrine des conséquences pratiques et politiques
(l'esclavage n'est pas illégitime).

Si cette solidarité est établie, l'esthétique ne peut plus
être séparée de l'éthique ; plus même, les jugements
esthétiques doivent jouer un rôle capital. On aurait pu
croire pourtant que le domaine des jugements esthétiques
échapperait à l'esprit unificateur et hiérarchique de Buffon : comme tout un chacun à son époque, il sait que les
goûts varient selon les temps et les lieux ; il le dit même
dans son ouvrage : « Les idées que les différents peuples
ont de la beauté sont si singulières et si opposées qu'il y a
tout lieu de croire que les femmes ont plus gagné par l'art
de se faire désirer que par ce don même de la nature, dont
les hommes jugent si différemment. (...) Les anciens
avaient des goûts de beauté différents des nôtres » (p. 133).
« Chaque nation a des préjugés différents sur la beauté,
chaque homme a même sur cela ses idées et son goût
particulier » (p. 134).

Voilà, pourrait-on penser, une évidence de bon sens.
Mais Buffon ne peut en fait admettre qu'une si grande
partie du jugement humain relève du relativisme culturel

ou même de l'arbitraire de l'individu. On peut voir
comment il glisse en pratique de ses connaissances relativistes à ses convictions universalistes lorsqu'il décrit une
population africaine : « Ils ont aussi les mêmes idées que
nous de la beauté » (jusqu'ici la beauté n'est qu'une idée,
proche ou éloignée de la nôtre, selon les peuples) ; « car ils
veulent des beaux yeux, une petite bouche, des lèvres
proportionnées et un nez bien fait » (p. 227) : mais peut-on
mettre sur le même plan « petite » et « beaux » ? Notre
idée de beauté a ceci de particulier qu'elle est *la* beauté...

En réalité, le mot « laid », dont Buffon est censé savoir
qu'il ne correspond pas au même contenu d'un peuple à
l'autre, est l'un des plus fréquents dans ces pages. Et la
laideur comme la beauté se définissent, plus encore que par
la forme du visage, par sa couleur. Qu'on en juge par ce
relevé de « coordinations ». Tantôt positives : « moins
laids et plus blancs » (p. 231), « les hommes les plus beaux,
les plus blancs » (p. 262), « fort belles et fort blanches »
(p. 263), « les femmes (...) sont blanches, belles » (p. 266),
« les femmes sont un peu plus blanches, bien faites et assez
belles » (p. 271). Tantôt négatives : « plus basanés et plus
laids » (p. 237), « plus laids, plus jaunes » (p. 251), « noirs
et mal formés » (p. 252), « ne sont pas même si bien faits,
et sont plus noirs » (p. 252). Tantôt adversatives, sur le
mode de l'étonnement (ou de l'exception) : « bien faites,
quoique noires » (p. 250), « des hommes beaux et bien
faits, quoiqu'ils aient le teint de couleur olivâtre » (p. 250),
« les hommes en général y sont bruns et basanés ; mais ils
sont en même temps assez beaux » (p. 262), « ils ont (...) la
tête belle (...) mais ils ont le teint jaune et basané »
(p. 267)...

L'idéal esthétique de Buffon est donc aussi étroitement
ethnocentrique que son idéal éthique et culturel ; mais avec
encore moins de raisons à l'appui. Les Européens lui
servent de point de comparaison fixe pour établir la
distance qui sépare les autres peuples de la perfection.
L'homme primitif a été blanc, et tout changement de
couleur est une dégénérescence ; contrairement à la civilisation, qui s'acquiert, la beauté physique est donnée à
l'origine. « Pour peu qu'on descende au-dessous du cercle

polaire en Europe, on trouve la plus belle race de l'humanité » (p. 340). « La nature, aussi parfaite qu'elle peut l'être, a fait les hommes blancs » (p. 303-304).

Si le discours de Buffon, malgré son absurdité, a pu exercer une telle influence, c'est qu'il est venu à ses lecteurs paré du prestige de la science. D'une part, par un nouvel effet de contiguïté, la renommée de Buffon-naturaliste a servi de caution aux assertions de Buffon-anthropologue ; et lui-même ne s'est pas privé de tirer argument de sa compétence dans un domaine pour mieux asseoir ses idées dans l'autre : « Si on veut un exemple, on peut en donner un, tiré des animaux » (p. 290), « un exemple pris des animaux pourra confirmer encore tout ce que je viens de dire » (p. 315), etc. Reconnaissant son autorité ici, le lecteur est tout prêt à le suivre, là ; mais une observation sur les animaux confirme-t-elle vraiment une affirmation portant sur les êtres humains ? D'autre part, Buffon renforce son autorité en soumettant d'autres auteurs à un examen critique ; il souligne ainsi sa probité de savant, son souci de la vérité, et son texte devient d'autant plus crédible. En réalité, chaque fois que les récits des voyageurs le contredisent, il les écarte comme peu dignes de confiance, non pas au nom d'autres faits, mais au nom de sa doctrine même. Les Américains doivent être peu nombreux, les voyageurs affirment le contraire : « Il est aisé de voir que ces faits sont fort exagérés » (p. 309) ; il voudrait qu'ils ne connaissent ni lois ni coutumes, or les auteurs prétendent le contraire : « Tous les auteurs qui en ont parlé n'ont pas fait attention... » (p. 296), « mais tout cela est assez apocryphe » (p. 299), etc. C'est ainsi que, son autorité bien assise sur son prestige de naturaliste et d'esprit critique, Buffon peut faire passer sa théorie raciste, qui repose sur la seule « coordination », pour une théorie scientifique éprouvée.

Il importe ici d'observer que ce ne sont pas les grands principes qui sont responsables des aberrations racialistes ; mais seulement leur extension abusive. On peut aspirer à une échelle unique, donc universelle, des valeurs, et distinguer entre civilisation et barbarie, sans pour autant étendre la notion de civilisation de manière à englober les habitudes alimentaires, vestimentaires ou hygiéniques : toute différence n'entraîne pas un jugement de valeur. On peut aspirer à rendre le monde phénoménal plus intelligible et chercher l'ordre derrière le chaos, sans pour autant croire que toutes les variations ont une origine commune, et, notamment, que les différences physiques sont responsables des différences morales et culturelles (ou inversement). Il est légitime d'observer des différences entre des cultures séparées dans l'espace et dans le temps ; mais inadmissible d'en conclure à une discontinuité dans le genre humain (et c'est ce qu'admettent implicitement Buffon et explicitement Voltaire) : à la fois parce que cette conclusion contredit les résultats de la connaissance impartiale, et parce qu'elle contient en puissance la transgression des valeurs éthiques les plus élevées de l'humanité, celles dont l'établissement participe de la définition même de ce qui est humain.

Le racialisme vulgaire

La doctrine racialiste mise en place par Buffon va subir, sous l'impulsion de penseurs plus ou moins originaux, bien des modifications au cours des deux cents années suivantes. Mais, avant d'examiner quelques-unes de ces contributions originales, il serait utile de prendre connaissance de l'opinion commune, telle qu'on peut l'observer dans la seconde moitié du XIXᵉ siècle, de cent à cent cinquante ans après Buffon. Je choisis ici, en raison de leur représentativité, deux auteurs, Renan et Le Bon : le premier, parce qu'il est un des grands maîtres à penser du XIXᵉ siècle ; le second, parce que c'est un vulgarisateur de talent, dont les ouvrages, traduits dans une dizaine de langues, ont été diffusés à des centaines de milliers d'exemplaires ; c'est le cas, en particulier, de ses *Lois psychologiques de l'évolution des peuples*. En fait Renan et Le Bon ont aussi, au sujet des races, des idées plus originales, qui leur sont propres ; mais je les laisserai dans un premier temps de côté, pour ne relever dans leurs œuvres que les sédimentations d'une idéologie racialiste commune et anonyme de l'époque, une sorte de bon sens racial ; ce qui aurait pu figurer dans le *Dictionnaire des idées reçues* du temps.

La contribution originale de Renan concerne, on le verra, l'opposition des « races » aryenne et sémite. Ce qui n'est pas original, ce sur quoi il ne s'arrête pas, ce qu'il se contente de transmettre, c'est la division de l'humanité en quelques grandes races — blanche, jaune et noire — et la mise en hiérarchie de celles-ci. Ces trois races ont des origines séparées : en cela, Renan se situe du côté de Voltaire plutôt que de Buffon. La philologie, croit-il, a pu établir l'origine commune de tous les Blancs (« dans l'Imaüs ou le Beloürtag ») ; mais il n'est pas question d'en faire sortir les autres variétés de l'espèce humaine : « Elle répugne à en faire autant pour la race chinoise, et surtout pour les races inférieures », c'est-à-dire noires (*Histoire générale*, p. 587).

Comme Renan, comme Gobineau, comme Taine, qu'il se contente la plupart du temps de résumer et de systématiser, Le Bon est partisan du polygénisme, et il assimile les races humaines aux espèces animales (ce que Buffon refusait — à juste titre). « En se basant sur des critères anatomiques bien nets, tels que la couleur de la peau, la forme et la capacité du crâne, il a été possible d'établir que le genre humain comprend plusieurs espèces nettement séparées et probablement d'origines très différentes » (*Lois*, p. 8). Si on emploie le mot « race » de préférence à celui d'« espèce », c'est, suggère Le Bon, pour ne pas froisser la sensibilité chrétienne qui veut que tous les hommes appartiennent à la même espèce : la science s'oppose ici au préjugé religieux !

Passons rapidement en revue les caractéristiques attribuées aux trois races.

Chez Renan, la race inférieure est constituée des Noirs d'Afrique, des indigènes d'Australie et des Indiens d'Amérique (réunis donc au nom de leur infériorité culturelle, et non des traits physiques communs). Renan suppose qu'à l'origine toute la terre était couverte des ressortissants de ces races ; ils ont été progressivement éliminés par les membres d'autres races. « Partout, en effet, les Aryens et les Sémites trouvent sur leurs pas, en venant s'établir dans un pays, des races à demi sauvages, qu'ils exterminent » (*Histoire générale,* p. 585). On remarquera que cette extermination est rapportée sans être accompagnée d'aucun jugement de valeur. Le propre des races inférieures est non seulement d'être primitives ou non civilisées (ces trois termes sont synonymes) mais aussi d'être non civilisables, non susceptibles de progrès : c'est ce qui permet de justifier la thèse polygéniste. « Une incapacité absolue d'organisation et de progrès » (p. 586). « On n'a pas d'ailleurs un seul exemple d'une peuplade sauvage qui se soit élevée à la civilisation » (p. 581). Ailleurs, Renan parle de « l'éternelle enfance de ces races non perfectibles » (*l'Avenir de la science,* p. 859), des « peuples voués à l'immobilité » (p. 861). La rupture avec l'idéal humaniste est ici très claire : ce qui était présenté par Rousseau comme le trait distinctif de l'espèce humaine, à savoir sa perfectibilité, est refusé à une partie de l'humanité ; il n'y a plus d'unité dans l'espèce, plus de foi dans la capacité de la volonté à atteindre des buts toujours nouveaux ; à la place du volontarisme (de l'artificialisme) des Lumières vient une certaine soumission à la Providence (« voués »).

La classification des grandes races que propose Le Bon (je laisse pour l'instant de côté ses innovations concernant les « races historiques ») est, comme celle de Renan, une adaptation des vues de Buffon. Le Bon distingue quatre (et non plus trois) degrés. Tout en bas de l'échelle, on trouve « les races primitives », exemplifiées par les indigènes d'Australie : « aucune trace de culture » chez ces sauvages qui en sont restés à un état « voisin de l'animalité » (*Lois,* p. 25) ; leur destin est celui qu'avait déjà évoqué Renan : « L'expérience prouve que tout peuple inférieur mis en présence d'un peuple supérieur est fatalement condamné à bientôt disparaître » (p. 44). Il s'agit apparemment d'un processus naturel qu'on n'aurait pas tort d'accélérer un peu : Le Bon ne précise pas les moyens par lesquels s'opère cette « disparition ».

Au palier au-dessus, on trouve « les races inférieures », dont les Noirs sont le principal exemple. Ce sont, comme l'avait déjà énoncé Renan, des races non perfectibles. Elles sont « capables de rudiments de civilisation, mais de rudiments seulement » (p. 25) ; ce sont « des barbares que leur infériorité cérébrale condamnait à ne jamais sortir de la barbarie » (p. 82). Le Bon se contente parfois de réécrire les phrases de Renan : « Il n'y a pas d'exemple dans l'histoire ancienne ou moderne qu'une peuplade nègre se soit élevée à un certain niveau de civilisation » *(ibid.).*

La race suivante, pour Renan, est la race « intermédiaire », c'est-à-dire jaune : Chinois et Japonais, Tartares et Mongols. Une fois de plus, ses caractéristiques sont dérivées de son nom : elle est susceptible d'être civilisée, mais jusqu'à un certain degré seulement ; elle est constitutivement incomplète, a connu le stade de l'enfance comme elle vit maintenant celui de la vieillesse, mais elle n'a jamais eu de véritable maturité : « La Chine, ce vieil enfant ratatiné » (*Histoire du peuple d'Israël,* p. 33). A son tour, la Chine rejoint la partie inhumaine de l'humanité : « La Chine est en quelque sorte une Europe non perfectible » (« Histoire de l'instruction publique en Chine », p. 577). La langue chinoise même a une « structure inorganique et incomplète » (*l'Origine du langage,* p. 99), et « nous trouvons la civilisation chinoise incomplète et défectueuse » (*Histoire générale,* p. 588). Le jugement de valeur ne fait pas de doute : « La Chine (...) a toujours été inférieure à notre Occident, même à ses plus mauvais jours » (« L'avenir religieux... », p. 233). Une langue et une culture sont évidemment jugées ici à l'aune d'une autre langue et d'une autre culture : du coup, toute différence est ressentie comme un manque. Mais qu'est-ce qui justifie le choix de l'une d'entre elles comme norme ? Renan ne s'attarde pas là-dessus, il se meut dans l'évidence et ne cherche pas d'arguments. Ces races intermédiaires ne sont pas seulement peu productives ; elles recèlent aussi un danger potentiel pour les races supérieures : « Les races tartares (...) n'ont agi que comme des fléaux naturels pour détruire l'œuvre des autres » (« De la part des peuples sémitiques dans l'histoire de la civilisation », p. 322).

Celles que Le Bon appelle « les races moyennes » occupent chez lui le troisième degré : ce sont « les Chinois,

les Japonais, les Mongols et les peuples sémitiques » (*Lois,*
p. 25). De nouveau, les Japonais et les Arabes ne sont
regroupés qu'au nom de critères de civilisation : Le Bon a
tiré les conséquences de la subdivision, proposée par
Renan, de la race blanche en Aryens et Sémites, et de
l'infériorité évidente de ces derniers ; il les a donc adjoints
aux représentants de la race jaune.

Au sommet, chez Renan, on trouve la race « supérieure », ou blanche, qui a pour elle la beauté, soumise,
comme c'était déjà le cas pour Buffon, aux jugements
absolus : « Elles [ces deux races, aryenne et sémite]
possèdent en commun et à elles seules le souverain
caractère de la *beauté* » (*Histoire générale,* p. 576). Ces
races n'ont jamais connu d'état sauvage et elles trouvent la
civilisation dans leur sang. « Ces deux races nous apparaissent partout avec un certain degré de culture. (...) Il faut
donc supposer que les races civilisées n'ont pas traversé
l'état sauvage et ont porté en elles-mêmes, dès le commencement, le germe des progrès futurs » (p. 581). La civilisation est innée dans certaines races, inassimilable pour
d'autres : on ne saurait plus clairement renoncer à l'unité
de l'espèce et se soumettre au verdict de la Providence. La
preuve, pour Renan, est historique : seuls les divers
représentants de la race blanche ont contribué à l'édifica-
tion de la civilisation mondiale. « Tour à tour les juifs, les
Syriens, les Arabes sont entrés dans l'œuvre de la civilisation générale et y ont joué leur rôle comme partie
intégrante de la grande race perfectible ; ce qu'on ne peut
dire de la race nègre, ni de la race tartare, ni même de la
race chinoise, qui s'est créé une civilisation à part »
(p. 577). Les races inférieures sont donc rejetées dans une
sous-humanité.

Chez Le Bon, on ne trouve au sommet qu'un seul groupe
humain : « Parmi les races supérieures, on ne peut faire
figurer que les peuples indo-européens » (p. 26). Le critère
qui permet d'établir ce classement est, comme chez Buffon,
la raison et ses conséquences, les inventions techniques.
« Chez les races primitives et inférieures (...), on constate
toujours une incapacité plus ou moins grande de raisonner » (p. 26-27) ; chez les races supérieures, au contraire,

« grandes inventions dans les arts, les sciences et l'industrie (...), la vapeur et l'électricité sont sorties de leurs mains » (p. 26). La différence entre le haut et le bas de l'échelle est immense. Renan disait déjà : « Quant aux races inférieures (...), un abîme les sépare des grandes familles dont nous venons de parler » (*Histoire générale*, p. 580-581), et Le Bon répète : « L'abîme mental qui les sépare est évident » (*Lois*, p. 26).

L'idée de l'inégalité des races humaines est une constante dans la pensée de Renan, même s'il ne lui accorde pas toujours une grande attention. C'est que c'est là pour lui une évidence. « Les hommes ne sont pas égaux, les races ne sont pas égales. Le nègre, par exemple, est fait pour servir aux grandes choses voulues et conçues par le blanc » (*Dialogues philosophiques*, p. 556). Et il pense avec effroi à ce qui découlerait d'une prise de position contraire : « L'absence de saines idées sur l'inégalité des races peut amener un total abaissement. (...) Qu'on se figure le spectacle qu'eût offert la Terre si elle eût été uniquement peuplée de nègres, bornant tout à la jouissance individuelle au sein d'une médiocrité générale » (p. 591).

C'est ce qui explique la réaction de Renan au livre de Gobineau : malgré d'importantes réserves sur lesquelles on reviendra, et même si l'on tient compte, par ailleurs, des règles de politesse, il lui adresse quand même une lettre remplie d'éloges révélateurs : « Vous avez fait là un livre des plus remarquables, plein de vigueur et d'originalité d'esprit » (« Lettre à Gobineau », p. 203), « une force, une hauteur, une logique, que je n'hésite pas à qualifier d'admirables ! Vos dernières pages sont vraiment étonnantes de vigueur et d'entrain : je les citerai » (p. 204-205). Cette dernière promesse, qui devait être aux yeux de Renan un compliment suprême, n'a jamais été tenue, et Renan a évité en public toute référence à l'œuvre de Gobineau, peut-être pour ne pas nuire à sa propre gloire (ce qui ne veut pas dire qu'il ait pillé Gobineau : leurs écrits sont contemporains, et les deux puisent en fait dans un même « bon sens » ambiant ; Gobineau est, pour Renan, un rival — peut-être un peu compromettant, car mauvais philologue — plutôt qu'une source).

Lorsque Renan écrit, en 1890, une préface pour *l'Avenir de la science*, rédigé en 1848, l'un des principaux reproches qu'il adresse à cet écrit de jeunesse est de ne pas avoir assez insisté sur la hiérarchie formée par les sociétés humaines. « Je ne me faisais pas une idée suffisamment claire de l'inégalité des races » (p. 723). Il n'en va plus de même au moment où il écrit cette préface : « Le processus de la civilisation est reconnu dans ses lois générales. L'inégalité des races est constatée » (p. 724). Pourtant, à nos yeux, cette idée d'inégalité n'était pas vraiment absente des textes écrits autour de 1848, *l'Avenir de la science, l'Origine du langage* et l'*Histoire générale des langues sémitiques*... Qu'y aurait-on trouvé si Renan avait été éclairé à temps ? Entre ces deux dates, Renan n'avait pas non plus oublié ses principes : « Nous repoussons comme une erreur de fait fondamentale l'égalité des individus humains et l'égalité des races ; les parties élevées de l'humanité doivent déterminer les parties basses » (« Nouvelle lettre à M. Strauss », p. 455). Après cela, peut-on encore se dire relativiste, comme le fait Renan, et affirmer que toutes les valeurs sont socialement et historiquement déterminées ? La façade relativiste cache une construction simplement ethnocentriste.

De cette vision des races découlent tout naturellement quelques conséquences pratiques. Dans *l'Avenir de la science,* Renan envisage un projet d'éducation, qui garde encore les traces de l'esprit des Lumières (d'Helvétius ou de Condorcet) : « L'étude scientifique et expérimentale de l'*éducation des races sauvages* deviendra un des plus beaux problèmes proposés à l'esprit européen » (p. 1033) ; mais à la même époque, dans *l'Origine du langage,* se fait jour un projet différent, qu'il faut bien reconnaître comme le projet impérialiste : « La race aryenne et la race sémitique (...) étant destinées à conquérir le monde et à ramener l'espèce humaine à l'unité, le reste ne compte vis-à-vis d'elles qu'à titre d'essai, d'obstacle ou d'auxiliaire » (p. 115). Visiblement, c'est encore la Providence qui décide du rôle dévolu aux différentes populations du globe ; la race blanche est seule pourvue de la dignité du sujet humain, les autres races devant s'en tenir à des fonctions instrumentales : elles n'existent pas en elles-mêmes mais seulement dans l'optique du projet impérial auquel est prédestinée la race blanche.

Renan explicite un peu plus cette vision dans « La réforme intellectuelle et morale de la France » : « La nature a fait une race d'ouvriers, c'est la race chinoise (...) ; — une race de travailleurs de la terre, c'est le nègre (...) ; — une race de maîtres et de soldats, c'est la race européenne » (p. 390). Il envisage un État mondial (« ramener l'espèce humaine à l'unité »), où les races se substitueraient aux classes ; mais sa vision est moins généreuse que celle d'Auguste Comte, dont il s'inspire peut-être. Le tout est l'œuvre de la nature ; inutile donc de protester. Il n'y a pas d'idéal commun à l'humanité, mais autant de modèles de bonheur que de races. « La vie qui révolte nos travailleurs rendrait heureux un Chinois, un *fellah*, êtres qui ne sont nullement militaires. Que chacun fasse ce pour quoi il est fait, et tout ira bien » (p. 391). On pourrait se demander comment un peuple entier peut n'être destiné qu'à une seule fonction. Renan ne s'embarrasse pas de preuves ; quand il y pense, il n'hésite pas à imaginer ce dont il a besoin : « L'homme du peuple est presque toujours chez nous un noble déclassé » (p. 390) : apparemment, à l'origine la France, ou même l'Europe, était composée exclusivement de nobles ; les uns le sont restés, les autres, appauvris, ont donné naissance au peuple !

Si la fonction de maîtrise, militaire et conquérante, est dans la nature, alors les guerres d'expansion sont parfaitement légitimes, pourvu qu'elles ne se déclenchent pas entre « maîtres », mais permettent la conquête des peuples ouvriers et paysans ; autrement dit, la guerre parfaite, c'est la guerre coloniale. Elle a d'ailleurs un avantage supplémentaire, et particulièrement précieux pour Renan : elle permet la connaissance tranquille des peuples soumis. « L'exploration scientifique de l'Algérie sera l'un des titres de gloire de la France du XIXe siècle, et la meilleure justification d'une conquête » (« La société berbère », p. 550).

Et pas plus que ne le choquait l'extermination des races inférieures dans le passé, ne le fait sourciller leur soumis-

sion dans l'avenir : « La conquête d'un pays de race
inférieure par une race supérieure qui s'y établit pour le
gouverner n'a rien de choquant » (« La réforme », p. 390).
Renan aime dire, on le verra, que les résultats de la science
ne doivent pas conduire à des décisions politiques ; or, ici,
c'est bien la science — philologie ou ethnologie — qui
décide de la supériorité ou de l'infériorité des races ; c'est
donc elle qui permet de qualifier un acte de choquant ou,
au contraire, d'acceptable, voire de souhaitable (allant
dans le sens de la nature ou du progrès). On aura remarqué
que « lois de la nature » ou « science » sont devenues les
synonymes modernes de « providence » ou « destin ». Il y
a d'un côté les races et les pays supérieurs, dont le destin
est de se répandre au-dehors ; et, de l'autre, les races et les
pays inférieurs, ceux des ouvriers et des paysans, prédes-
tinés à un rôle complémentaire : celui de recevoir les
guerriers victorieux. Renan vise donc à une harmonie
universelle, et il a raison d'invoquer la Providence.
« Autant les conquêtes entre races égales doivent être
blâmées [l'Allemagne a eu tort de vaincre la France],
autant la régénération des races inférieures ou abâtardies
par des races supérieures est dans l'ordre providentiel de
l'humanité » *(ibid.).*

A d'autres moments, Renan ne se contente pas d'envisager la transformation de la vie sociale des autres races, mais
suggère aussi leur transformation physique, par l'apport
d'un sang de qualité supérieure : un projet eugénique
double donc le projet impérialiste. Renan écrit à Gobineau, prenant le contre-pied du pessimisme de ce dernier :
« Une très petite quantité de sang noble mise dans la
circulation d'un peuple suffit pour l'ennoblir » (p. 204) ; ses
affirmations sur la nécessité de régénérer des races inférieures, dans « La réforme intellectuelle et morale », sont
contemporaines des premières formulations de l'eugénisme
par le cousin de Darwin, Galton. Renan précise, dans la
lettre à Gobineau, qu'il a en vue non les races les plus
basses (Noirs, etc.), dont la situation est désespérée et qui
sont, nous le savons par ailleurs, destinées à l'extermination ; mais plutôt les races intermédiaires ou les strates
inférieures de la race blanche elle-même. Mais tant

d'importance accordée à la Providence laisse-t-elle encore une place à la volonté humaine, dont Renan aime tant à faire l'éloge par ailleurs ?

La position de Le Bon se caractérise par sa tendance à assimiler la hiérarchie des races à celle des sexes et des classes (quoiqu'on ait vu cette dernière assimilation poindre chez Renan). Inutile d'aller en Afrique pour observer les races inférieures : il suffit de se pencher sur les ouvriers de chez nous. « Les couches les plus basses des sociétés européennes sont homologues des êtres primitifs » (*Lois*, p. 27). « Il suffirait (...) de faire intervenir le temps, pour voir les couches supérieures d'une population séparées intellectuellement des couches inférieures par une distance aussi grande que celle qui sépare le blanc du nègre, ou même le nègre du singe » (p. 37). Il y a, à l'intérieur de chaque pays, une partie de la population qui ne se prête pas à la civilisation ; c'est la menace que Le Bon voit planer sur l'avenir des États-Unis, qui ont absorbé, à titre de main-d'œuvre, trop de ressortissants de races inférieures.

Et il n'est même pas nécessaire de se rendre à l'usine ou à la ferme pour observer le fonctionnement des mentalités primitives : il suffit d'aller à la cuisine, et d'arrêter un instant le regard sur cet être inférieur qu'est votre propre épouse (le lecteur de Le Bon est forcément un mâle). Il y aura alors, entre observateur et observé, une « grande séparation mentale ». « Ils peuvent avoir des intérêts communs, des sentiments communs, mais jamais des enchaînements de pensée semblables. (...) La différence de leur logique suffirait à elle seule pour créer entre eux un infranchissable abîme » (p. 32) : on voit que, aux yeux de Le Bon, l'homme blanc et civilisé mène une vie dangereuse, entouré comme il est de nombreux abîmes. La preuve de l'infériorité féminine, et de la proximité entre femmes et nègres, est apportée par la craniologie, autre spécialité du docteur Le Bon. Les crânes blancs sont plus grands que les crânes noirs — mais seulement chez les hommes ; les crânes mâles sont plus grands que les crânes femelles — mais seulement chez les Blancs. « La moyenne des crânes parisiens féminins les classe parmi les plus petits crânes observés, à peu près au niveau de ceux des Chinoises, à peine au-dessus des crânes féminins de la Nouvelle-Calédonie » (p. 42) : c'est tout dire !

Le déterminisme scientifique

La doctrine racialiste, on l'a vu, est liée dès ses débuts à l'avènement des sciences, ou plus exactement au scientisme, c'est-à-dire l'utilisation de la science pour fonder une idéologie. La coprésence de Buffon et de Diderot dans l'*Encyclopédie* n'est pas un hasard. Nous retrouverons les deux doctrines encore plus étroitement enchevêtrées au cours de la seconde période, culminante, de la pensée racialiste, pendant la seconde moitié du xixe siècle. Il est donc nécessaire d'examiner les prémisses scientistes de la doctrine des races chez ceux-là mêmes qui en seront les propagateurs les plus zélés : Taine, Renan, Gobineau.

Le scientisme repose essentiellement, on l'a vu, sur deux postulats : le déterminisme intégral et la soumission de l'éthique à la science. Le grand prophète du déterminisme, dans la seconde moitié du xixe siècle, est aussi l'un des racialistes les plus influents : Hippolyte Taine. A l'en croire, aucun événement ne survient sans cause ; nos manières de penser et de sentir même, sans parler de nos actes, nous sont dictées par des causes parfaitement identifiables et extraordinairement stables. Ce déterminisme est intégral, d'abord en ce sens qu'il touche aux moindres éléments de chaque phénomène : « Il n'y a ici comme partout qu'un problème de mécanique : l'effet total est un composé déterminé tout entier par la grandeur et la direction des forces qui le produisent » (*Histoire de la littérature anglaise*, p. xxix). Mais il est également intégral en ce qu'il concerne toute forme d'activité : « Il en est ainsi pour chaque espèce de production humaine, pour la littérature, la musique, les arts du dessin, la philosophie, les sciences, l'État, l'industrie et le reste. Chacune d'elles a pour cause une disposition morale, ou un concours de dispositions morales : cette cause donnée, elle apparaît ; cette cause retirée, elle disparaît » (p. XXXVIII).

C'est à la science qu'incombe de nous révéler le fonctionnement exact de ce déterminisme. « Ici [en psychologie] comme ailleurs, la recherche des causes doit venir après la collection des faits. Que les faits soient physiques ou moraux, il n'importe, ils ont toujours des causes ; il y en a pour l'ambition, pour le courage, pour la véracité, comme pour la digestion, pour le mouvement musculaire, pour la chaleur animale. Le vice et la vertu sont des produits comme le vitriol et le sucre, et toute donnée complexe naît par la rencontre d'autres données plus simples dont elle dépend » (p. XV). La science n'est rien d'autre que la connaissance de ces causes et on s'aperçoit que la morale ne constitue pas un domaine séparé du reste. On est ramené ici à une formule d'Helvétius : « J'ai cru qu'on devait traiter la morale comme toutes les autres sciences, et faire une morale comme une physique expérimentale » (*De l'esprit*, « Préface », t. I, p. 97).

Dans un monde aussi prédéterminé, reste-t-il une place quelconque pour l'exercice de la liberté ? Taine voudrait le croire : « Une découverte analogue [à celle des lois dans les sciences de la nature] doit fournir aux hommes le moyen de prévoir et de modifier jusqu'à un certain degré les événements de l'histoire » (*Histoire*, p. XXIII). Mais quel est ce degré ? Taine semble se tirer d'embarras en faisant intervenir les « dispositions morales » ou les « forces historiques » à deux moments distincts, comme sources de l'activité de l'individu (et alors elles ne souffrent pas d'exception) ; et comme résultante de l'action de nombreux individus, auquel cas elles peuvent être influencées.

Il n'en reste pas moins que l'individu comme tel ne décide de rien, et qu'il n'y a aucune place pour une éthique autonome : la connaissance des causes une fois achevée, on n'a que faire des choix personnels. « Le droit de régler les croyances humaines est passé tout entier du côté de l'expérience, et (...) les préceptes ou doctrines, au lieu d'autoriser l'observation, reçoivent d'elles tout leur crédit » (« Préface » à la deuxième édition, *Essais de critique et d'histoire*, p. XXI). On voit bien ici que la relation entre connaissance et morale est, pour Taine, une inversion pure et simple de celle qui avait dominé avant les Lumières : jadis, c'était aux doctrines d'autoriser l'observation de l'expérience ; maintenant, c'est cette observation qui va parer de son prestige les préceptes moraux, ou, au contraire, leur refuser toute validité. Et, commentant *l'Hérédité* de Théodule Ribot, ouvrage se situant dans la lignée du darwinisme social (la survie du plus apte), Taine conclut : « La science aboutit à la morale, en ne cherchant que la vérité » (*Derniers Essais de critique et d'histoire*, p. 110). La morale n'est qu'un produit supplémentaire, livré gratis aux patients chercheurs de la vérité.

On aura déjà remarqué qu'il n'y a pas de différence pour Taine entre le monde de la nature et le monde humain : la même causalité est à l'œuvre ici et là, produisant, selon les cas, du vitriol ou du vice. Pour décrire le monde des hommes, les métaphores préférées de Taine sont tirées du règne végétal : les œuvres d'art ont des graines qui tombent sur un certain sol, que le vent balaie, que les gelées figent ; ensuite elles poussent, se ramifient, fleurissent. « Il y a des couples dans le monde moral, comme il y en a dans le monde physique, aussi rigoureusement enchaînés et aussi universellement répandus dans l'un que dans l'autre. Tout ce qui, dans un de ces couples, produit, altère ou supprime le premier terme, produit, altère ou supprime le second par contrecoup » (*Histoire*, p. XXXVIII-XXXIX).

Il n'y a pas de différence notable, par conséquent, entre les sciences de la nature et celles de l'homme, comme en témoignent les nombreuses formules où la psychologie est mise en parallèle avec la chimie, ou l'histoire avec la physiologie. On ne doit pas s'en étonner : « Une carrière semblable à celle des sciences naturelles est ouverte aux sciences morales ; (...) l'histoire, la dernière venue, peut découvrir des lois comme ses aînées ; (...) elle peut, comme elles et dans sa province, gouverner les conceptions et guider les efforts des hommes » (*Essais*, p. XXVIII). Voici que la science ne se contente pas de découvrir les buts de l'humanité en tant que produit secondaire de son activité ; elle assure directement le rôle de guide social. Si différence il y a, entre sciences naturelles et humaines, elle n'est pas dans le caractère ou le fonctionnement de leurs matières respectives, mais dans la facilité et la précision d'observation ici et là.

La raison de cette unité des disciplines scientifiques se trouve, évidemment, dans l'unité du monde ; Taine professe un matérialisme aussi intégral que son déterminisme. « On pourrait énumérer entre l'histoire naturelle et l'histoire humaine beaucoup d'autres analogies. C'est que leurs deux matières sont semblables » (*Essais,* p. XXVII). Ce postulat sera détaillé en plusieurs exemples — qui pourtant n'emportent pas l'adhésion. Ici et là, les faits se répartissent naturellement en individus, espèces et genres (!). Ici et là, l'objet se transforme constamment. Ici et là, la molécule se transmet par hérédité, et ne se modifie que lentement sous l'action du milieu. Ce qui est commun aux deux, on le voit, n'est que le *vocabulaire* dont Taine a décidé de se servir. Il est donc tout heureux de constater que d'autres, autour de lui, établissent des corrélations semblables entre monde physique et monde moral. Nos ancêtres avaient le crâne d'un quarantième plus petit que nous, et leurs idées n'étaient pas aussi claires que les nôtres : « Ce quarantième de capacité ajouté au vase indique le perfectionnement du contenu » (*Derniers Essais,* p. 108).

En tout cela, Taine apparaît comme un disciple fidèle, quoique hyperbolique, du matérialisme et du scientisme des Encyclopédistes, d'Helvétius et de Diderot comme de Sade. Et pourtant, c'est un adversaire résolu des Lumières, puisqu'il n'y voit que l'épanouissement de cet « esprit classique », qu'il a fustigé dans *les Origines de la France contemporaine* et qui a conduit à la Révolution française. Comment se l'expliquer ? C'est que Taine a procédé, implicitement, à une séparation : ce qu'il accepte des Lumières, c'est la foi dans le déterminisme et tout ce qui s'ensuit ; ce qu'il récuse, c'est l'universalisme, la foi dans l'unité essentielle de l'espèce humaine, et dans l'égalité en tant qu'idéal. Taine retient le matérialisme et refuse l'humanisme. Voici donc comment, dans ces mêmes pages, il rejette le credo universaliste :

« Au siècle dernier, on se représentait les hommes de toute race et de tout siècle comme à peu près semblables, le

Grec, le barbare, l'Hindou, l'homme de la Renaissance et l'homme du dix-huitième siècle comme coulés dans le même moule, et cela d'après une certaine conception abstraite, qui servait pour tout le genre humain. On connaissait l'homme, on ne connaissait pas les hommes ; (...) on ne savait pas que la structure morale d'un peuple et d'un âge est aussi particulière et aussi distincte que la structure physique d'une famille de plantes ou d'un ordre d'animaux » (*Histoire*, p. XII-XIII).

Rousseau voulait qu'on connaisse les hommes dans leur diversité, pour mieux connaître l'homme ; il est vrai que lui-même ne consacrait pas beaucoup de temps à la première étape. Taine renonce, de son côté, à la seconde : l'homme n'existe pas, mais seulement *des* hommes, dans leur diversité historique et géographique ; les groupes humains sont aussi différents entre eux que les espèces animales ou végétales. Il se sépare donc ici, non seulement de Rousseau, mais aussi de Diderot, qui croyait encore à une nature humaine universelle, pour rejoindre Voltaire, partisan de la polygenèse. Nous avons bien quitté l'universalisme, dans le cadre duquel s'était formée la philosophie scientiste ; il en était donc, non pas une condition nécessaire, mais seulement une circonstance contingente, puisque ce scientisme (foi dans le déterminisme, soumission de l'éthique) peut se combiner, se combinera même préférentiellement au XIXᵉ siècle, avec le relativisme et le renoncement à l'unité du genre humain, avec les doctrines racialistes et nationalistes, qui trouveront en Taine leur source d'inspiration.

Le règne de la science

Si Taine adhère avant tout au déterminisme intégral de Diderot, Renan, autre influence décisive dans l'histoire du racialisme, devient le grand prêtre du culte de la science, alors même qu'il aime reconnaître l'action de la libre volonté à côté de celle des causes transindividuelles. Sa carrière s'ouvre par un hymne à la science : c'est *l'Avenir de la science,* rédigé en 1848. Le livre ne paraîtra qu'en 1890, mais Renan ne renoncera jamais aux grandes lignes de la doctrine qu'il y professe, et les écrits publiés entre ces deux dates y puisent souvent exemples et arguments. La science est le trait le plus élevé de l'humanité, son plus grand titre de gloire. « Le progrès de la recherche positive est la plus claire acquisition de l'humanité. (...) Un monde sans science, c'est l'esclavage, c'est l'homme tournant la meule, assujetti à la matière, assimilé à la bête de somme » (« L'instruction supérieure en France », p. 70). Sans la science, l'humanité ne mériterait pas notre respect. « Nous aimons l'humanité parce qu'elle produit la science ; nous tenons à la moralité, parce que des races honnêtes peuvent seules être des races scientifiques » (« Examen de conscience philosophique », p. 1179). La science mérite cette place car elle seule nous conduit vers la solution des énigmes de l'humanité ; son rôle, « c'est de dire définitivement à l'homme le mot des choses, c'est de l'expliquer à lui-même » (*l'Avenir de la science,* p. 746). En d'autres termes, c'est la science, et la science seule, qui peut nous révéler la vérité. C'est la présence de la science en Europe, son absence en Orient ou en Amérique qui sont à la fois l'indice et la cause de la supériorité de l'une, de l'infériorité des autres. « La base d'une nation civilisée, c'est la science » (« Discours prononcé au Collège de France », p. 876).

Si la science est hissée à cette place d'honneur, que devient la morale ? Comment situer le bien par rapport au vrai ? A première vue, Renan appartient à la lignée de Rousseau plutôt qu'à celle de Diderot. Certes, il pense, comme ce dernier, que la nature est immorale. « Le soleil a vu sans se voiler les plus criantes iniquités, il a souri aux plus grands crimes. » Mais Renan n'y trouve pas une raison pour déduire de la nature une autre morale (une « amorale ») ; au contraire, c'est ce qui l'amène à affirmer l'autonomie de l'idéal par rapport au réel, du devoir-être envers l'être. « Mais dans la conscience s'élève une voix sainte qui parle à l'homme d'un tout autre monde, le monde de l'idéal, le monde de la vérité, de la bonté, de la justice » (« Lettre à M. Guéroult », p. 677).

En conséquence, science et éthique doivent rester autonomes. Reprenant une phrase d'Alexandre von Humboldt (qui elle-même renvoie à une tradition philosophique déjà longue), Renan écrit dans un de ses premiers livres, *Histoire générale et Système comparé des langues sémitiques* : « La science, pour être indépendante, a besoin de n'être gênée par aucun dogme, comme il est essentiel que les croyances morales et religieuses se sentent à l'abri des résultats auxquels la science peut être conduite par ses déductions » (p. 563). Renan ne s'interroge pas ici pour savoir si, au-delà de l'autonomie nécessaire, science et morale ne pourraient trouver un fondement commun ; il se contente de dénoncer les dangers du contact rapproché : « La plus grande faute que puissent commettre la philosophie et la religion est de faire dépendre leurs vérités de telle ou telle théorie scientifique et historique » (« Discours de réception à l'Académie française », p. 747). L'autonomie est également dans l'intérêt de la science : « Pour ne pas fausser la science, dispensons-la de donner un avis dans ces problèmes, où sont engagés tant d'intérêts. Soyez sûrs que, si on la charge de fournir des éléments à la diplomatie, on la surprendra bien des fois en flagrant délit de complaisance. Elle a mieux à faire : demandons-lui tout simplement la vérité » (« Qu'est-ce qu'une nation ? », p. 899). La vérité et le bien restent ici rigoureusement séparés.

Mais une telle situation a quelque chose de paradoxal. Comment affirmer, simultanément, que la science se trouve au sommet des valeurs humaines, et, en même temps, que le comportement des individus comme des communautés doit lui échapper, pour ne se soumettre qu'à une morale ou une politique entièrement indépendantes de la science ? Dans un deuxième temps, donc, tout en reconnaissant la séparation de principe entre les deux domaines et même leur complémentarité, Renan *constate* un fait établi (en s'abstenant de porter un jugement là-dessus) : de nos jours, la science triomphe, alors que la religion ou la philosophie, censées régner sur le domaine de la morale, dépérissent. « Je vois l'avenir des sciences historiques, il est immense (...). Je vois l'avenir des sciences naturelles, il est incalculable (...) ; mais je ne vois pas l'avenir de la philosophie, dans le sens ancien de ce mot » (« La métaphysique et son avenir », p. 682-683). D'où une tentation de glisser à un sens nouveau de ce mot. « Les vrais philosophes se sont faits philologues, chimistes, physiologistes (...). Aux vieilles tentatives d'explication universelle se sont substituées des séries de patientes investigations sur la nature et l'histoire » (p. 683-684). Et, s'agissant d'affaires humaines, ce sont plus particulière-ment les sciences de l'homme qui prennent la place de la philosophie. « Les sciences historiques surtout me parais-sent appelées à remplacer la philosophie abstraite de l'école dans la solution des problèmes qui de nos jours préoccupent le plus vivement l'esprit humain. (...) L'his-toire, je veux dire l'histoire de l'esprit humain, est en ce sens la vraie philosophie de notre temps » (« M. Cousin », p. 73-74 ; cf. *l'Avenir de la science*, p. 944).

Si la science a, de fait, remplacé la philosophie, ne doit-on pas se tourner vers elle, plutôt que vers l'ancien occupant des lieux, pour lui demander conseil en vue des affaires humaines ? C'est en effet le pas suivant, que Renan n'hésite pas à franchir. « La seule question intéressante pour la philosophie, écrit-il, est de savoir de quel côté va le monde, ou, en d'autres termes, de voir clairement les conséquences qu'impliquent les faits accomplis » (« L'ave-nir religieux des sociétés modernes », p. 273). Si les conséquences découlent inexorablement des faits, si tout ce que le philosophe peut faire est de constater vers où va le monde, on voit mal en effet pourquoi il ne céderait pas sa place au savant, infiniment mieux armé que lui pour cette tâche d'observation du monde. L'éthique n'est plus alors qu'une province régie par la science. C'est ainsi que Renan embrasse le postulat le plus important du scientisme (alors même qu'il prend publiquement ses distances avec Auguste Comte et sa doctrine).

Au terme de son enquête, Renan se trouve confronté à un problème : la philosophie, la morale et la religion auxquelles il adhère postulent l'unité du genre humain et l'égalité de droit de tous les êtres humains. Or la science (sa

science) lui a « démontré » l'inégalité des races. Que faire ?
« Il est évident que cette foi à l'unité religieuse et morale de
l'espèce humaine, cette croyance que tous les hommes sont
enfants de Dieu et frères, n'a rien à faire avec la question
scientifique qui nous occupe ici » (*Histoire générale*
p. 563). Ayant ainsi rendu hommage à la morale, Renan-
le-scientifique considère qu'il a les mains libres pour
constater l'absence d'unité et l'impossibilité de l'égalité :
tant, nous l'avons vu, entre les trois grandes races (Blancs,
Jaunes, Noirs), qu'à l'intérieur de la race blanche. « Ce
serait pousser outre mesure le panthéisme en histoire que
de mettre toutes les races sur un pied d'égalité, et, sous
prétexte que la nature humaine est toujours belle, de
chercher dans ses diverses combinaisons la même plénitude
et la même richesse. Je suis donc le premier à reconnaître
que la race sémitique, comparée à la race indo-européenne, représente réellement une combinaison inférieure
de la nature humaine » (p. 145-146).

La séparation entre science et éthique, prônée par
Renan, ne va en fait que dans un seul sens : il ne faut pas
que les dogmes moraux (en l'occurrence celui de l'égalité
entre les humains) empêchent la science de faire correctement son travail. Mais il ne suffit pas de déclarer que la
science et l'éthique « n'ont rien à faire » : si l'une dit que
les races sont inégales, et l'autre qu'elles sont égales, peut-
on encore prétendre que cette juxtaposition ne fait nullement problème ? En réalité, Renan ne se prive pas de
rétablir le pont entre les deux, mais en ne l'empruntant que
dans la direction opposée : la science, elle, peut conduire
les hommes ou justifier leur comportement, en occupant
ainsi la place de l'éthique. Qu'est-ce qui légitimerait, sans
cela, son souhait de voir la « destruction de la chose
sémitique » (« De la part des peuples sémitiques... »,
p. 333) ? Qu'est-ce qui lui permettrait d'affirmer simultanément que la race aryenne se distingue depuis la plus haute
antiquité par « sa profonde moralité » (*Histoire générale*,
p. 584) et que ces mêmes Aryens exterminent les races à
demi sauvages qu'elles trouvent sur leurs pas (p. 585) ?
Qu'est-ce qui l'amène à constater que la conquête d'une
race inférieure par une race supérieure n'a rien de cho-

quant, sinon le postulat selon lequel là où la science se prononce l'éthique n'a plus qu'à plier bagage ? Ne nous disait-il pas que tout le prix de la moralité lui vient de ce que seules les races honnêtes peuvent produire des œuvres de science ? Les hommages rendus à la vertu dissimulent à peine la soumission du bien au vrai (ou à ce qu'on croit tel), et donc de l'éthique à la science ; la prétendue autonomie est en fait le camouflage d'une nouvelle subordination, inverse de celle dont la science a souffert sous la tutelle de la religion.

Ce n'est pas seulement tel ou tel jugement de l'individu qui trouvera son appui dans la science ; c'est la politique tout entière. Là encore, Renan part de ce qui peut paraître un principe rousseauiste : il faut se soumettre à la volonté générale et non à la volonté de tous ; autrement dit à ce qui convient selon la raison et non selon les vœux d'une majorité malléable. « Le plus grand bien de l'humanité devant être le but de tout gouvernement, il s'ensuit que l'opinion de la majorité n'a réellement droit de s'imposer que quand cette majorité représente la raison et l'opinion la plus éclairée. (...) Le seul souverain de droit divin, c'est la raison ; la majorité n'a de pouvoir qu'en tant qu'elle est censée représenter la raison » (*l'Avenir de la science*, p. 1001). C'est bien ce qui s'est passé en 1789, pense-t-il : « Condorcet, Mirabeau, Robespierre offrent le premier exemple de théoriciens s'ingérant dans la direction des choses et cherchant à gouverner l'humanité d'une façon raisonnable et scientifique. (...) Le principe est incontestable ; l'esprit seul doit régner ; l'esprit seul, c'est-à-dire la raison, doit gouverner le monde » (p. 748). C'est à la raison qu'il incombe de choisir la direction du mouvement, donc les buts de la société : « Le dogme qu'il faut maintenir à tout prix, c'est que la raison a pour mission de réformer la société d'après ses principes » (p. 752).

Mais nous savons maintenant que, pour Renan, la raison s'incarne à son mieux dans la science : les deux termes sont interchangeables dans ce contexte. « Je crois toujours que la raison, c'est-à-dire la science, réussira de nouveau à créer la force, c'est-à-dire le gouvernement, dans l'humanité » (« L'eau de jouvence », Préface, p. 441). Cela ne veut pas seulement dire que la raison deviendra forte, mais aussi que le gouvernement doit s'appuyer sur la science. Renan précise cette pensée un peu plus, à une autre occasion : « La science est l'âme d'une société ; car la science, c'est la raison. Elle crée la supériorité militaire et la supériorité industrielle. Elle créera un jour la supériorité sociale, je veux dire un état de société où la quantité de justice qui est compatible avec l'essence de l'univers sera procurée. La science met la force au service de la raison » (« L'Islamisme et la science », p. 960).

Et si c'était l'inverse qui était vrai, la science pouvant mettre la raison au service de la force ? Émancipée de toute tutelle philosophique ou religieuse, découvrant à elle seule « l'essence de l'univers » et décidant souverainement de la dose de justice qu'il convient d'y injecter, préoccupée d'une efficacité dont elle seule détient les critères (supériorité militaire, industrielle et sociale), la science est-elle vraiment un guide digne de confiance ? N'est-ce pas le propre même de la science, dans la mesure où elle cherche la vérité, de se tromper parfois, souvent ? Est-il sage de fonder une politique sur l'inégalité des races, « prouvée » par la science de Renan ? La « science » de Robespierre s'est-elle toujours avérée bonne conseillère ? Allons plus loin : est-il légitime de voir en la science l'unique maîtresse de la vérité ? Et est-il juste de réduire la raison à la science, et de rejeter la philosophie du côté de la religion, et la sagesse dans les poubelles de la déraison ? La raison ne serait-elle pas plutôt l'élément commun tant à l'esprit scientifique qu'à l'éthique universelle, et qui aurait à ce titre le droit de porter un jugement sur les résultats de la science, plutôt que de les laisser régner sur nous, quels qu'ils soient ?

L'expérience de l'humanité pendant le siècle qui s'est écoulé depuis Renan jette des doutes sur les réponses fournies par lui à ces questions. Mais Renan lui-même, on le verra plus tard, avait déjà imaginé que le règne de la science pouvait avoir des conséquences désastreuses.

La moralité supérieure

A bien des égards, le cheminement de Gobineau est parallèle à celui de ses contemporains Taine et Renan : ennemi comme Taine de l'humanisme des Lumières, des idéaux de la Révolution française et des formes de démocratie qui en sont issues (en cela proche aussi de Renan), pourfendeur de la modernité, il adhère néanmoins pleinement au déterminisme et au matérialisme issus de ces mêmes Lumières, et accorde une complète foi à la science (ou à ce qu'il croit être tel) — partie constitutive, pourtant, de cette même modernité.

Le comportement des hommes, selon Gobineau, est entièrement déterminé par la race à laquelle ils appartiennent, et qui se transmet par le sang ; la volonté de l'individu n'y peut rien. Les sociétés « imposent aux populations leurs modes d'existence. Elles les circonscrivent entre les limites dont ces esclaves aveugles n'éprouvent même pas la velléité de sortir, et n'en auraient pas la puissance. Elles leur dictent les éléments de leurs lois, elles inspirent leurs volontés, elles désignent leurs amours, elles attisent leurs haines, elles conduisent leur mépris » (*Essai sur l'inégalité des races humaines*, p. 1151). L'individu croit agir, il est en réalité agi par des forces qui le transcendent. « Ainsi se déploient, au-dessus de toute action transitoire et volontaire émanant soit de l'individu, soit de la multitude, des principes générateurs qui produisent leurs effets avec une indépendance et une impassibilité que rien ne peut troubler » (p. 1149).

Dans ces circonstances, que peut l'individu ? Fort peu de chose. « Ce n'est pas la volonté d'un monarque, ou de ses sujets, qui modifie l'essence d'une société ; c'est, en vertu des mêmes lois, un mélange ethnique subséquent » (p. 1151). « Qu'on imagine le plus puissant des hommes, le plus éclairé, le plus énergique : la longueur de son bras reste toujours peu de chose. (...) Aux yeux des contemporains, c'est beaucoup ; mais, pour l'histoire, il n'en résulte le plus souvent que d'imperceptibles effets » (p. 1145). Le mieux qu'on puisse faire, c'est observer le cours de l'histoire, le comprendre et s'y résigner. Si l'on observe la carrière des grands hommes, on s'aperçoit qu'elle « est faite non d'invention, mais de compréhension. Là s'arrête la puissance historique de l'homme agissant dans les plus favorables conditions de développement » (p. 1146).

A cet égard il n'y a pas de différence, pour Gobineau pas plus que pour Taine, entre le monde de la nature et le monde humain. Tout au long du livre de Gobineau, cette idée nous est suggérée par la présence de métaphores organiques : les civilisations sont mâles ou femelles, elles ont une naissance, une vie, une mort, elles ont des germes, des racines, et elles peuvent être greffées. « Pour faire comprendre ma pensée d'une manière plus claire et plus saisissable, je commence par comparer une nation, toute nation, au corps humain » (p. 163). Du coup, il n'y a pas (il ne faut pas qu'il y ait) de différences qualitatives entre sciences de la nature et sciences de l'homme. « Il s'agit de faire entrer l'histoire dans la famille des sciences naturelles » (p. 1152). « Il en est de l'ethnologie comme de l'algèbre et de la science des Cuvier et des Beaumont » (p. 1153), c'est-à-dire la biologie.

Les qualités morales de l'individu sont entièrement déterminées par ses dispositions physiques ; tout espoir en les effets de l'éducation est donc vain. En cela encore Gobineau sera suivi par Taine. Celui-ci se plaît à raconter l'anecdote suivante : un petit Noir philippin, âgé de trois ans, est adopté aux États-Unis, éduqué dans les meilleures écoles ; en apparence, rien ne le distingue des autres Américains. Mais un jour les hasards du voyage le conduisent à Manille ; il y disparaît alors mystérieusement, jusqu'à ce que, quelques années plus tard, un naturaliste le découvre, redevenu petit Noir de la campagne. « L'instinct primitif, en vain recouvert par notre vernis, fait irruption » (*Derniers Essais*, p. 106). Les Européens, eux, sont civilisés d'avance, et la raison relève chez eux de l'inné, et non plus de l'acquis. Taine comme Gobineau s'opposent ici aux Encyclopédistes, qui croient aux vertus de l'éducation, aux progrès possibles de l'individu comme de l'espèce.

Gobineau est, en effet, violemment opposé aux théories du progrès (comme celle de Condorcet) ; « l'humanité n'est pas perfectible à l'infini » dit le titre du chapitre XIII (de la première partie, p. 287). La race blanche, pourtant supérieure, ne fait pas exception à cet égard : pas plus que les autres, elle n'a connu le progrès continu, ni en sciences, ni en philosophie, ni en poésie ; il y a certes eu des succès, mais il y a eu aussi oublis et pertes. « En somme, nous faisons autrement. Nous appliquons notre esprit à d'autres buts, à d'autres recherches que les autres groupes civilisés de l'humanité ; mais, en changeant de terrain, nous n'avons pu conserver dans toute leur fertilité les terres qu'ils cultivaient déjà » (p. 290). Il en va de même de l'évolution sociale : l'esclavage est aboli, il est vrai, mais les prolétaires, ces esclaves modernes, sont bien là. D'habitude, Gobineau se réfère à une échelle de valeurs unique ; devant la nécessité de combattre l'idée d'une possibilité du progrès, il opte pour le relativisme. Et c'est, pense-t-il, l'une des principales raisons pour lesquelles son ouvrage a été refusé et combattu, en ce siècle qui a fait de l'idée du progrès continu son évangile.

Une vision aussi déterministe de l'histoire ne laisse évidemment pas grande place à la morale. Gobineau a surtout soin, dans un premier temps, de distinguer sa recherche d'une réflexion morale quelconque. Mais la séparation n'est pas seulement dans son livre : elle est le propre du monde qu'il étudie. « L'existence d'une société étant, en premier ressort, un effet qu'il ne dépend de l'homme de produire ni d'empêcher, n'entraîne pour lui aucun résultat dont il soit responsable. Elle ne comporte donc pas de moralité. Une société n'est, en elle-même, ni vertueuse, ni vicieuse ; elle n'est ni sage ni folle ; elle est » (p. 1150). Gobineau retrouve ici la position de Diderot : face à l'histoire, les jugements éthiques sont sans pertinence.

Cependant une rupture aussi radicale gêne un peu Gobineau, qui se veut défenseur de certaines valeurs incarnées par le christianisme ou par les institutions de l'Ancien Régime ; il décide alors qu'un petit espace libre, et donc moral, doit être préservé. Les sociétés laissent aux individus, dit-il, « et sans nulle réserve, ce point est de toute importance, les mérites d'une moralité dont néanmoins elles règlent les formes » (p. 1151). Qu'est-ce à dire ? Une fois fondée sur l'ethnologie, c'est-à-dire la connaissance des races, l'histoire « distinguera ce que la science ne peut que constater de ce que la justice doit saisir. De son trône superbe tomberont dès lors des jugements sans appel et des leçons salutaires pour les bonnes consciences. (...) Ses arrêts (...) rendront le libre arbitre de chacun sévèrement responsable de la valeur de tous ses actes » (p. 1152-1153). Le ton est solennel, mais le contenu toujours aussi vague ; tout ce qu'il faut à Gobineau, c'est de pouvoir dire, avec une apparence de légitimité, que Robespierre est un « immense scélérat » (p. 1153), ce qui n'aurait pas de sens dans un monde sans jugements éthiques.

Critiqué par Tocqueville sur ce point précis, Gobineau assume, dans leur correspondance, une position plus extrême, mais qu'on avait déjà rencontrée chez Taine et qui n'était pas étrangère à Renan : la société est peut-être amorale, mais sa connaissance ne l'est pas ; le bien découle du vrai, et la science est porteuse d'une éthique à laquelle tous doivent se soumettre. « Si la vérité n'a pas une moralité supérieure en elle-même, je suis le premier à convenir que mon livre en manque tout à fait, mais il n'a pas non plus le contraire, pas plus que la géologie, pas plus que la médecine, pas plus que l'archéologie. C'est une recherche, une exposition, une extraction de faits. Ils sont ou ils ne sont pas. Il n'y a rien à dire de plus » (« Lettres à Tocqueville », p. 261). Encore une fois, l'ethnologie est assimilée à la géologie, Gobineau oubliant que les pierres sont indifférentes aux résultats de la science, mais non les hommes. C'est qu'il croit, en définitive, qu'il y a dans l'œuvre de la science une moralité supérieure — tout comme, à la même époque, Renan croyait la trouver dans les œuvres d'art.

C'est là une raison supplémentaire, pense Gobineau, du mauvais accueil réservé à son livre : ses détracteurs sont ceux qui n'osent pas regarder en face la vérité toute nue — celle de la science ; ceux qui « ont toujours été, de tous temps, les plus grands lâches du monde en matière scientifique » (p. 263). Car, il ne faut pas l'oublier, le statut que réclame Gobineau pour son œuvre est celui de la science : « Si j'ai tort, de mes quatre volumes il ne reste rien. Si j'ai raison, les faits échappent à tout désir de les voir autrement que les lois matérielles ne les ont faits » (p. 260). Ce en quoi Gobineau se trompe de nouveau, car il a bien tort dans ses quatre volumes, et pourtant quelque chose en reste — la preuve que ce qu'il faisait n'était pas de la science. Toujours est-il que Gobineau oppose science et éthique, et choisit la première, à la différence d'un de ses antagonistes qu'il décrit ainsi : « Il se proposa non pas de savoir et de dire la vérité des choses, mais de rassurer la philanthropie » (*Essai*, p. 1169). Gobineau croit faire le contraire ; en réalité il fait la même chose, sauf qu'il a mis une autre idéologie à la place de la philanthropie.

Dans ses lettres à Gobineau, Tocqueville l'attaquera sur ces deux plans, celui de la science et celui de la morale, comme Rousseau l'avait fait pour Diderot : ces doctrines, lui écrit-il, « je les crois très vraisemblablement fausses et très certainement pernicieuses » (« Lettres à Gobineau », p. 202). On verra plus tard ce qu'il en est du détail des arguments de Tocqueville ; retenons ici que, selon lui, la position résolument matérialiste et déterministe de Gobineau aboutit « à un très grand resserrement, sinon à une abolition complète de la liberté humaine » (p. 202). Les convictions de Tocqueville sont à l'opposé : lui affirme l'existence de la liberté, et donc la possibilité de l'éducation. « Je crois comme vous nos contemporains assez mal élevés, ce qui est la première cause de leurs misères et de leur faiblesse ; mais je crois qu'une éducation meilleure pourrait redresser le mal qu'une mauvaise éducation a fait ; je crois qu'il n'est pas permis de renoncer à une telle entreprise. (...) A mes yeux, les sociétés humaines comme les individus ne sont quelque chose que par l'usage de la liberté » (p. 280). La position de Tocqueville est donc très exactement calquée sur celle de Rousseau.

Mais, même à supposer que Gobineau ait vu juste, le spécialiste des sociétés humaines ne peut que se leurrer en prétendant se conformer au seul souci de vérité : en rendant publique ses « découvertes », il accomplit un *acte*, et cet acte peut être jugé, comme n'importe quel autre, à l'aune du bien et du mal. La science ne doit pas se confondre avec la philanthropie, son seul guide sera la recherche du vrai ; mais ses résultats ne sont pas miraculeusement exempts des exigences que nous adressons aux autres actions humaines. Or, les conclusions de Gobineau ne pouvaient être que « pernicieuses ». Tocqueville poursuit : « Quel intérêt peut-il y avoir à persuader à des peuples lâches qui vivent dans la barbarie, dans la mollesse ou dans la servitude, qu'étant tels de par la nature de leur race, il n'y a rien à faire pour améliorer leur condition, changer leurs mœurs ou modifier leur gouvernement ? » (p. 203). « Un ouvrage qui cherche à nous prouver que l'homme ici-bas obéit à sa *constitution* et ne peut presque rien sur sa destinée par sa volonté, c'est de l'opium donné à un malade, dont le sang s'arrête de lui-même » (p. 245). Après avoir parlé de connaissance, Tocqueville interroge ici l'intérêt : si les résultats auxquels est parvenu le savant nuisent à la société, il ferait mieux de les cacher.

A vrai dire, il n'est pas nécessaire de suivre Tocqueville sur ce dernier point, même si l'on accepte le reste de son argumentation. Décider que l'éthique peut nous dicter de cacher les résultats de la science comporte des inconvénients certains. Nous savons bien aujourd'hui que certaines découvertes scientifiques — réactions nucléaires, manipulations génétiques — sont potentiellement dangereuses, mais dissimuler ces découvertes n'est ni possible ni nécessaire. Il suffit de se rappeler ce que savait Tocqueville, à savoir la fausseté du postulat scientiste, selon lequel le devoir-être découle de l'être. A supposer que les races soient inégalement douées, il ne s'ensuit pas qu'elles n'aient pas les mêmes droits (c'est bien ainsi qu'on réagit aux différences de force physique qui, elles, sont incontestables). Même si le déterminisme gouvernant le comportement humain était bien plus étendu qu'on ne le pense aujourd'hui, il ne devient pas pour autant licite de réduire les hommes en esclavage. D'un autre côté, Tocqueville ne distingue pas ici entre deux phases de la science : la connaissance de la nature et sa transformation. C'est la seconde phase qui est génératrice de dangers (armes apocalyptiques, mutation de l'espèce) ; or, elle n'est plus dirigée par la recherche de la vérité, mais par celle de l'efficacité, dont la définition dépend entièrement de nos jugements de valeur. C'est à cette partie du travail scientifique que doivent s'appliquer les restrictions formulées par Tocqueville, et non à la phase initiale de connaissance du déjà existant.

Tocqueville ne se sera pas trompé, en tous les cas, pour ce qui concerne le destin de Gobineau. De son vivant même, son ouvrage rencontre un certain succès lorsqu'il est traduit aux États-Unis, ce qui ne laisse pas de surprendre son auteur, qui se fait une piètre opinion du pays de la démocratie et des mélanges ethniques, et ne comprend pas en quoi lui, Gobineau, peut lui convenir. Tocqueville l'éclaire là-dessus : « Les Américains dont vous me parlez et qui vous ont traduit me sont très connus comme des chefs très ardents du parti antiabolitionniste. Ils ont traduit la portion de votre ouvrage dont s'accommodaient leurs passions, celle qui tendait à prouver que les noirs appartenaient à une race différente et inférieure » (p. 267-268). Au siècle suivant (le nôtre), l'ouvrage de Gobineau trouvera auprès des nazis le succès que l'on sait ; Tocqueville, clairvoyant une fois de plus, le lui avait prédit : « La chance de votre livre est de revenir en France par l'étranger, surtout par l'Allemagne. Les Allemands (...) ont seuls en Europe la particularité de se passionner pour ce qu'ils regardent comme la vérité abstraite, sans s'occuper de ses conséquences pratiques » (p. 267). C'est ainsi que Gobineau qui ne défend pas l'esclavage, pas plus qu'il ne recommande l'extermination des races inférieures, aura contribué, par son ouvrage, au renforcement de ces causes — parce qu'il a eu la naïveté de croire qu'on pouvait se passionner pour ce qu'il regardait comme la vérité, sans se soucier des effets politiques et moraux de cette passion. En cela encore, Tocqueville est son contraire, puisqu'il a choisi, comme il le dit, de se placer au point de vue « de la conséquence pratique des différentes doctrines philosophiques » (p. 202), c'est-à-dire, aussi, de s'interroger sur la morale de la science.

Gobineau

Racialisme vulgaire

Il faut se tourner maintenant vers la contribution originale de Gobineau à la théorie des races. On peut remarquer d'abord qu'il fait preuve d'une certaine largeur d'esprit, qui tranche avec la réputation du racialiste. On ne peut pas l'accuser de chauvinisme étroit, ni d'incitation aux guerres coloniales, encore moins à l'extermination des races inférieures. Peut-être à cause de son métier de diplomate, Gobineau sait apprécier les cultures étrangères ; et sa critique de l'ethnocentrisme aveugle se situe dans la lignée d'Helvétius. Il écrit avec ironie : « L'homme le plus noblement développé sera, pour chacun, celui-là qui pensera comme lui sur les devoirs respectifs des gouvernants et des sujets, tandis que les malheureux doués de visées différentes seront les barbares et les sauvages » (*Essai*, p. 216). La xénophobie ne trouve pas de grâce à ses yeux : « De ce que l'extérieur de leur civilisation ne ressemble pas à la partie correspondante de la nôtre, nous sommes souvent portés à conclure hâtivement, ou qu'ils sont barbares, ou qu'ils sont nos inférieurs en mérite. Rien n'est plus superficiel, et partant ne doit être plus suspect » (p. 224).

D'un autre côté cependant on trouve chez Gobineau un racialisme fidèle au grand courant de la pensée sur les races, celui qui va de Buffon et Voltaire à Renan et Le Bon. Comme Buffon, Gobineau voit une différence qualitative entre hommes et animaux, qui consiste en la présence ou absence de raison (« d'un rayon intellectuel »,

p. 288). Mais une fois formulée cette déclaration de principe, il ne voit pas moins de différences radicales entre les divers groupes d'êtres humains, et refuse d'accorder à la notion d'« homme » un contenu autre que biologique ; il reprend ainsi à son compte la célèbre formule de De Maistre, mais en en modifiant le sens : « Il n'y a pas d'homme idéal, l'*homme* n'existe pas (...). Sur le terrain, je connais le possesseur de la langue finnoise, celui du système arian ou des combinaisons sémitiques ; mais l'*homme* absolu, je ne le connais pas » (p. 316-317). Cette conscience des disparités le conduit à affirmer que certaines races sont perfectibles, d'autres non. « Tous les hommes ont-ils, à un degré égal, le pouvoir illimité de progresser dans leur développement intellectuel ? (...) Je réponds non » (p. 288-289). Par exemple, « parce que certains Tahitiens auront contribué au radoubage d'un baleinier, leur nation n'est pas pour cela civilisable. Parce que tel homme de Tonga-Tabou aura montré de la bienveillance à des étrangers, il n'est pas nécessairement accessible à tous les progrès » (p. 288). Il n'y a donc pas de véritable unité du genre humain, et Gobineau adhère de fait au polygénisme de Voltaire, même s'il se veut respectueux du dogme chrétien de la monogenèse : il est trop conscient de l'« éternelle séparation des racces » (p. 274).

Les races ne sont pas seulement différentes ; elles sont de plus hiérarchisées, selon une échelle unique : là non plus Gobineau n'invente rien, il se contente de faire défiler le sempiternel cortège de classifications et de caractéristiques. Les trois grandes races, noire (ou mélanienne), jaune (ou finnoise) et blanche, identifiées par des marques physiques comme la carnation, le système pileux, la forme du crâne et du faciès, sont évaluées selon les trois critères de beauté, de force physique et de capacités intellectuelles, avec toujours le même résultat. *La beauté :* par opposition aux « relativistes » du XVIIIe siècle, tels Montesquieu ou Helvétius (mais en accord, là aussi, avec Buffon), Gobineau croit que « le beau est une idée absolue et nécessaire, qui ne saurait avoir une application facultative » (p. 286) ; et le beau humain est incarné par la race blanche. Un autre auteur, Meiners, s'était contenté de diviser toutes les races en deux : « La *belle,* c'est-à-dire la race blanche, et la *laide,* qui renfermerait toutes les autres » (p. 242). Gobineau trouve cette thèse simpliste, mais en fait la sienne n'en est pas très éloignée ; elle pose sans la discuter l'équivalence entre « beauté » et « type européen », et se contente de mesurer la plus ou moins grande distance qui sépare les autres races de cet idéal : « J'ai déjà constaté que, de tous les groupes humains, ceux qui appartiennent aux nations européennes et à leur descendance sont les plus beaux » (p. 285) ; mais sur quoi se fonde ce « constat », si ce n'est l'habitude ? Quant aux autres races, elles « diffèrent encore dans la mesure où elles se rapprochent ou s'éloignent du modèle qui leur est offert » (p. 286).

La force physique : la race jaune est tout à fait faible, « évidemment, le Créateur n'a voulu faire qu'une ébauche » (p. 559). Chose tout aussi surprenante, « les Nègres ont également moins de vigueur musculaire » que les Blancs ; donc, « la palme revient à nos peuples de race blanche » (p. 286). Enfin les *capacités intellectuelles* (le moral va donc de pair avec le physique) : chez les Noirs, les « facultés pensantes sont médiocres ou même nulles » (p. 340) ; chez les Jaunes, « en toutes choses, tendances à la médiocrité » (p. 341) ; tout concourt donc à prouver « l'immense supériorité des Blancs, dans le domaine entier de l'intelligence » (p. 342). Et Gobineau de confondre ses adversaires égalitaristes par cet argument ironique : « Ainsi, le cervelet du Huron contient en germe un esprit tout à fait semblable à celui de l'Anglais et du Français ! » (p. 174). En un mot, « la race blanche possédait originairement le monopole de la beauté, de l'intelligence et de la force » (p. 344).

Race et civilisation

Tout cela est parfaitement banal, et Gobineau ne mérite-rait pas une place à part s'il s'en était tenu à cette énième réitération du lieu commun. L'intérêt de ses spéculations se trouve ailleurs : non dans ses conceptions de la race, mais dans celles qui portent sur ce qu'il appelle la civilisation (dans ses relations, il est vrai, avec la race). Cependant, ici encore, quelques précautions s'imposent. Gobineau emploie le mot de « civilisation » dans un sens nouveau, et qui lui est propre ; cependant, contrairement à ce que pourraient laisser imaginer ses diatribes constantes contre le progrès purement matériel et technologique, il ne rompt jamais entièrement avec le sens qu'a ce mot dans le courant issu de la philosophie des Lumières. Il ne dédaigne pas de se servir de ce thème pour établir la supériorité de la race blanche : les pauvres Hurons, en effet, n'ont découvert « ni l'imprimerie ni la vapeur », n'ont pas fourni « de César ni de Charlemagne », n'ont jamais produit « des Homères ni des Hippocrates » (p. 174). Ailleurs Gobineau évoque de nouveau, et dans le même but, « l'imprimerie », « nos sciences », « nos découvertes », « nos philosophies », « des systèmes politiques, une littérature, des arts, des livres, des statues et des tableaux » (p. 210) : si on laissait provisoirement de côté les chefs militaires (ce qui est en fait essentiel pour Gobineau), on pourrait facilement le prendre pour un défenseur du progrès scientifique, technique et artistique — alors que c'est exactement le contraire qui est vrai...

Regardons donc d'un peu plus près le sens spécifique que prend la notion de civilisation dans son œuvre. Il faudrait pour cela partir des hiérarchies qu'il établit entre les différentes formes de sociétés humaines. Elles sont au nombre de deux, à peu près semblables. Selon la première, les sociétés connaissent trois degrés : la tribu, la peuplade et la nation. La tribu est un groupement humain qui vit en autarcie, en complète indépendance, et aussi en parfaite ignorance des autres groupes à ses côtés. La peuplade résulte du contact violent entre deux tribus : l'une a vaincu l'autre, et l'a réduite à l'esclavage ; la séparation, d'« horizontale » (territoriale), est devenue « verticale » (de classe), mais elle n'est pas moins maintenue : les deux strates sociales ne communiquent pas plus que ne le faisaient les deux tribus dont elles sont issues. Enfin la nation est le résultat de la véritable fusion de tribus auparavant isolées : leurs sols sont réunis, les populations se mélangent. Le trait qui permet de distinguer ces phases de l'évolution humaine est donc le rapport aux autres : l'ignorance est le degré le plus bas, l'interaction le plus élevé (p. 164-166).

La seconde hiérarchie a trait au statut et au rôle de l'idéal dans la vie d'une société. Au degré le plus bas, l'idéal ne parvient pas à se séparer du réel, ou, s'il le fait, à agir sur ce dernier ; la population est donc condamnée à l'immobilité. Au deuxième degré, la population a un idéal, et il lui permet de modifier son état présent. Au troisième degré enfin, cet idéal agit non seulement sur la population au sein de laquelle il est né, mais aussi auprès d'autres peuples ; alors « s'élève sur d'immenses contrées la domination incontestée d'un ensemble d'idées et de faits plus ou moins bien coordonné, en un mot ce qui peut s'appeler une *civilisation* » (p. 220). Voici que la même capacité d'unir des populations originellement séparées fournit la définition même du mot « civilisation ».

Lorsqu'il se voit amené à distinguer et qualifier les différentes formes de civilisation, Gobineau a recours à des critères qui, de nouveau, mettent en valeur le mélange. Il est à remarquer ici que les catégories de Gobineau ne sont pas valorisées en elles-mêmes : elles se présentent plutôt comme les pôles d'un continuum, et le degré supérieur consiste en leur bon équilibre, non en la présence exclusive de l'un ou de l'autre. Ainsi de l'opposition entre stabilité et mobilité, permanence et changement : la définition de la civilisation proposée par Gobineau commence par ces mots : « un état de stabilité relative » (p. 224-225). Les civilisations « orientales » sont trop stables ; mais la nôtre est trop mobile, et l'avantage se transforme facilement en inconvénient : « Notre civilisation, rendue ainsi incapable de prendre une croyance ferme en elle-même, manque donc de cette stabilité qui est un des principaux caractères » de la civilisation. « C'est un avantage que ces civilisations [orientales] ont sur la nôtre. Là, tout le monde est d'accord quant à ce qu'il faut croire en matière politique » (p. 237). Mobilité modérée donc, mais mobilité quand même : pour se garantir un succès durable, il faut être capable d'absorber le nouveau.

L'axe mâle-femelle, autre catégorie analytique de Gobineau, est tout aussi irréductible à une simple gradation. Connaissant les associations habituelles de ces deux termes, Gobineau prend le soin de préciser : les notions ne seront opérantes qu'à condition « de ne comprendre sous ces mots qu'une idée de fécondation réciproque, sans mettre d'un côté un éloge et de l'autre un blâme » (p. 221), « sans corrélation à aucune idée de suprématie d'un de ces foyers à l'autre » (p. 1150). Le masculin, ou principe mâle, c'est la prédominance du matériel, de l'utilitaire, de l'objectif ; le féminin, ou principe femelle, celle du mental, du contemplatif, du subjectif (nous ne sommes pas loin de l'opposition entre *yin* et *yang*, même si les associations diffèrent). La présence exclusive d'un de ces pôles est néfaste ; mais leur égalité parfaite n'est pas non plus souhaitable ; la meilleure solution est la domination de l'un sans que l'autre soit entièrement absent : « C'est seulement chez les races assez abondamment pourvues d'un de ces deux éléments, sans qu'aucun soit jamais complètement dépourvu de l'autre, que l'état social peut parvenir à un degré satisfaisant de culture, et par conséquent de civilisation » (p. 222).

Pour vagues que soient ces évocations (mais les métaphores biologiques sont chargées d'un sens lourd chez Gobineau), on n'en voit pas moins qu'elles possèdent un trait commun, qui permet de les rapprocher des trois degrés de société distingués auparavant : c'est que le mélange est préférable à l'état simple et pur ; la nation comme la civilisation consistent en une absorption de l'hétérogénéité ; la stabilité et la mobilité, le mâle et la femelle doivent être simultanément présents ; et la race blanche elle-même, couronnement comme on sait de l'espèce humaine, est en fait un « juste milieu », elle parvient à éviter les excès des races noire (un peu trop « femelle ») et jaune (trop « mâle ») ; elle est, au moins sur le plan conceptuel, un mélange. Gobineau a bien mis en évidence cette implication de ses raisonnements : la civilisation n'est rien d'autre qu'un heureux mélange. Tous les peuples ne s'y prêtent pas pour autant ; mais c'est à cela qu'on reconnaît les meilleurs d'entre eux : il y a toujours eu « une répulsion secrète pour les croisements », maix ceux qui parviennent à la surmonter « forment ce qui est civilisable dans notre espèce » (p. 167). « Du moment qu'un régime particulier parvient à se faire accepter [par les autres], il y a civilisation naissante » (p. 223). C'est ce qui fait la force de la race blanche : « Les penchants essentiellement civilisateurs de cette race d'élite la poussaient constamment à se mélanger avec les autres peuples » (p. 283). En un mot, si l'on veut résumer l'histoire universelle : « Ainsi mélange, mélange partout, toujours mélange, voilà l'œuvre la plus claire, la plus assurée, la plus durable des grandes sociétés et des puissantes civilisations, celle qui, à coup sûr, leur survit » (p. 1159).

Mélange, certes, mais pas dans n'importe quelles conditions : est véritablement civilisateur le régime qui parvient à « se faire accepter » par les autres, qui impose sa « domination incontestée ». On comprend mieux maintenant pourquoi César et Charlemagne figuraient en bonne place parmi les représentants de la civilisation européenne, aux côtés des savants et des artistes : le trait commun de tous ces personnages est d'avoir su soumettre les autres, dans leur corps ou dans leur esprit. Telle est aussi la dernière grande manifestation de supériorité civilisatrice, d'« œuvre agrégative », l'expansion de la race des Germains : « Nous l'avons vue, presque de nos jours, découvrir l'Amérique, s'y unir aux races indigènes ou les pousser vers le néant ; nous la voyons faire refluer les Slaves chez les dernières tribus de l'Asie centrale, par l'impulsion qu'elle donne à la Russie ; nous la voyons s'abattre au milieu des Hindous, des Chinois ; frapper aux portes du Japon ; s'allier, sur tout le pourtour des côtes africaines, aux naturels de ce grand continent » (p. 1161). Mais cette manière de pousser les autres vers le néant, de les faire refluer plus loin, de s'abattre sur eux ou de frapper à leur porte, est-ce autre chose que la conquête militaire, l'expansion impérialiste des Européens ? Gobineau aime à présenter les choses comme si la puissance militaire devait toujours s'associer à la supériorité spirituelle ; mais des contre-exemples viennent facilement à l'esprit. L'expansion du christianisme n'a pas toujours été accompagnée par l'avancée des armées; inversement, les invasions « barbares » ont souvent été victorieuses, mais peut-on dire pour autant qu'elles aient toujours été porteuses d'une civilisation supérieure? Seulement si un signe d'égalité a été préalablement mis entre civilisation et force. A partir de là, il est vrai, l'affirmation de Gobineau n'est plus qu'une tautologie; il ne dit pas : les plus forts sont les plus civilisés; ni : les plus civilisés sont les plus forts; mais seulement : les plus forts sont les plus forts.

Ainsi, si Gobineau peut parler, tout au long de son livre, de « civilisation », c'est par un abus du terme (abus rendu peu perceptible par l'emploi sporadique du mot dans son sens courant). Ici et là, Gobineau laisse entrevoir que ce n'est pas la civilisation qui l'intéresse; il écrit par exemple : « Il fallait l'intervention d'un agent ethnique d'une puissance considérable, d'un agent qui résultât d'un hymen nouveau de la meilleure variété humaine avec les races déjà civilisées » (p. 1160). Mais si les « meilleurs » doivent épouser les « civilisés », c'est que l'excellence ne réside pas dans la civilisation. Une autre phrase exprime les choses encore plus clairement : Gobineau y affirme la qualité de l'Autriche « non pas suivant la mesure de la civilisation, mais suivant celle de la vitalité, ce dont seulement il s'agit dans ce livre » (p. 1098). Voilà un aveu de poids : le discours de Gobineau devient en effet beaucoup plus compréhensible si l'on se rend compte que l'objet du livre n'est pas formé par les civilisations mais simplement par les sociétés, et que « civilisation » est pour lui synonyme de vitalité. A l'inverse donc de l'universalisme des Lumières, Gobineau renonce à chercher un cadre commun, permettant de situer, les uns par rapport aux autres, les « progrès » accomplis par les différents peuples sur la voie de *la* civilisation; à certains moments, il renonce même à toute valorisation de notre propre société, au nom d'une supériorité spirituelle : « Nous avons, ce me semble, changé les méthodes employées avant nous, pour tourner autour du secret. Nous n'avons pas fait un pas de plus dans ses ténèbres » (p. 290). Malgré sa critique de la modernité,

Gobineau est un relativiste — seule position compatible avec l'éloge de la force.

Ce que Gobineau propose, c'est une théorie de l'histoire sociale ; et son postulat est qu'on doit juger de la qualité d'une société par sa capacité à s'en intégrer d'autres, à soumettre en absorbant. A côté de cette première affirmation vient maintenant une seconde, à savoir que la civilisation est un effet de la race, et d'elle seule. Tous les autres facteurs pouvant l'influencer n'agissent qu'en surface ; en réalité, la qualité d'un peuple est « un fait résultant de la race » (p. 1168). Corrélativement, la hiérarchie des civilisations est rigoureusement parallèle à celle des races. « L'inégalité des races (...) suffit à expliquer tout l'enchaînement des destinées des peuples » (p. 138). C'est ce que Gobineau appelle son « axiome » : « Tant valait le mélange obtenu [mélange de sangs, mélange de races], tant valait la variété humaine produit de ce mélange » (p. 1170). On n'en sera pas surpris si l'on s'aperçoit que la qualité de la race est mesurée à l'aide d'un critère étroitement apparenté à celui qui servait à évaluer les civilisations : c'est, une fois de plus, la force, appelée parfois aussi « énergie » ou « vitalité ». Ainsi, « l'Arian est supérieur aux autres hommes, principalement dans la mesure de son intelligence et de son énergie » (p. 981), et « la race germanique était pourvue de toute l'énergie de la variété ariane » (p. 1161).

Race et histoire

Telle est donc la seconde thèse de Gobineau, celle de la solidarité étroite entre civilisation et race. Or, les races elles aussi évoluent. Elles le font, il est vrai, pour des raisons différentes de celles qu'on met habituellement en avant. Ni les institutions ni le climat n'ont d'effet sur cette évolution (Buffon comme Montesquieu sont récusés ici), pas plus que les conditions géographiques générales (le territoire). Une race historique, c'est-à-dire apparaissant à une époque sur laquelle nous pouvons avoir des informations, est déjà un mélange de sangs ; mais c'est un mélange stable. La modification de la race — nous sommes de nouveau ici dans la tautologie — ne peut venir que d'une modification de ce cocktail, d'un nouveau mélange de sangs. « Les races actuelles ne réussissent à perdre leurs traits principaux qu'à la suite et par la puissance des croisements » (p. 268).

Cette seconde thèse de Gobineau soulève des objections multiples. Dans ses lettres à l'auteur de l'*Essai*, Tocqueville avait déjà indiqué le point faible du raisonnement. Il concerne la nature des preuves : Gobineau tend constamment à expliquer le connu par l'inconnu, les faits de civilisation observables par les mélanges supposés d'antan ; or, « qu'y a-t-il de plus incertain au monde, quoi qu'on fasse, que la question de savoir par l'histoire ou la tradition quand, comment, dans quelles proportions se sont mêlés des hommes qui ne gardent aucune trace visible de leur origine ? » (« Lettres à Gobineau », p. 203). En pratique, Gobineau se trouve constamment amené à construire des « faits » sur la base de son hypothèse : pour chercher des preuves, il postule ce qu'il devait observer, en déclarant suspects tous les documents qui semblent contredire sa thèse. Ainsi en va-t-il de l'affirmation selon laquelle seule la race blanche a su imposer son mode de vie à d'autres : quand il est confronté à un fait contradictoire (telle population noire a soumis telles autres), Gobineau se voit obligé de postuler un contact antérieur avec les Blancs : « Ce ne sont que les résultats lointains d'une antique alliance avec la race blanche » (p. 1156), fait que rien par ailleurs ne vient corroborer. Ainsi, même à supposer que la notion de « mélange de sangs » ait un sens, elle reste inutilisable en tant qu'une explication du passé : à trop vouloir prouver sa thèse, Gobineau l'a rendue proprement « infalsifiable ». Le seul moyen de contourner ces objections serait de mettre de côté toute l'imagerie « sanguine » et physique, même si elle joue clairement un rôle essentiel pour Gobineau, et de constater que non seulement « civilisation » et « race » sont jugées à l'aide du même critère, mais que ce critère s'applique finalement au même objet : la société. La « race » ne détermine la « civilisation » que parce que les deux termes sont devenus, chez Gobineau, des synonymes : il s'agit à chaque fois de la société, considérée dans la perspective de sa « force », de son « énergie » ou de sa « vitalité ».

Mais c'est là que les choses se compliquent. En effet, dans l'optique de la race, le mélange est une dégradation. Plus même : toute dégradation est l'effet d'un mélange de sangs. C'est ce que Gobineau appelle son « affirmation fondamentale ». « Les peuples ne dégénèrent que par suite et en proportion des mélanges qu'ils subissent » (p. 345). Que veut dire, du reste, « dégénérer » (un mot qu'on avait déjà rencontré chez Buffon) ? « Le mot *dégénéré*, s'appliquant à un peuple, doit signifier et signifie que ce peuple n'a plus la valeur intrinsèque qu'autrefois il possédait, parce qu'il n'a plus dans ses veines le même sang, dont les alliages successifs ont graduellement modifié la valeur » (p. 162). Si « dégénéré » veut dire « qui a modifié la composition de son sang », cela ne signifie-t-il pas que tout mélange (nouveau) est une dégénérescence ? C'est bien ce qu'affirme incessamment Gobineau : c'est un « malheur que les mélanges ne s'arrêtent pas » (p. 344), car le mélange « mène les sociétés au néant auquel rien ne peut remédier » (p. 345) ; la vie d'une race est faite d' « une série infinie de mélanges et par conséquent de flétrissures » (p. 1163).

On mesure maintenant le caractère paradoxal de la thèse de Gobineau. « Race » et « civilisation » sont, selon lui, deux entités liées entre elles aussi étroitement que possible ; ce ne sont peut-être que deux aspects d'une seule et même entité, la société. Mais, envisagée comme civilisation, la société est d'autant plus forte qu'elle a pu assimiler d'autres sociétés, différentes d'elles ; alors que, dans l'optique de la race, plus elle est mélangée, et plus elle est faible. Souvenons-nous : ceux qui parviennent à surmonter la répulsion pour les croisements forment ce qui est civilisable dans notre espèce ; mais, pour la race, tout mélange est une flétrissure, une dégénérescence. Il ne s'agit pas là d'une contradiction chez Gobineau, mais plutôt d'un paradoxe tragique qui pèse sur le genre humain. Dès qu'une société est suffisamment forte, elle tend à se soumettre les autres ;

mais dès qu'elle le fait, elle est menacée dans son identité, et elle n'est plus forte. La source du mal est dans la présence du bien, et au fond les peuples n'ont réellement le choix qu'entre les moyens de leur perte : les faibles périssent soumis par les forts, les forts corrompus par les faibles, à travers un contact qui a été la conséquence inévitable de leur force même.

« Un peuple, écrit Gobineau, ne mourrait jamais demeurant éternellement composé des mêmes éléments nationaux » (p. 170) : affirmation à tout jamais invérifiable, mais à laquelle il importe d'ajouter une réciproque : un peuple qui resterait éternellement composé des mêmes éléments, dans une stabilité absolue, ne deviendrait même pas une nation, ni une civilisation ; il ne vivrait même pas : le choix est, si l'on peut dire, entre la mort et la non-vie. Toute preuve de force est une garantie de faiblesse, tout succès un pas vers l'échec : « A mesure que la nation grandit, soit par les armes, soit par les traités, son caractère ethnique s'altère de plus en plus » (p. 168). Or, le caractère ethnique est indissociable de la nation !

On le voit, la philosophie de l'histoire de Gobineau est profondément pessimiste. Les beaux jours de l'humanité sont déjà derrière elle ; les races sont aujourd'hui irrémédiablement mélangées et l'extinction définitive de l'espèce est pour dans quelques milliers d'années seulement. Cette fin du monde prendra, selon Gobineau, la forme d'une entropie généralisée, d'une indistinction universelle, conséquence de l'accélération des contacts et de la multiplication des mélanges. « Le but définitif des fatigues et des souffrances, des plaisirs et des triomphes de notre espèce est d'arriver un jour à la suprême unité » (p. 1162-1163). Une unité à l'opposé de celle des races originelles : au lieu d'être la juxtaposition d'entités homogènes et différentes, le monde sera un magma d'hétérogénéité monotone, « le dernier terme de la médiocrité dans tous les genres, (...) on peut presque dire néant » (p. 1163). Ennemi de l'égalité et défenseur de la différence, partisan des hiérarchies propres à l'Ancien Régime et contempteur de la démocratie moderne, Gobineau croit cependant que l'avènement de ce néant est inéluctable. C'est pour lui une perspective haïssable ; il se contente donc de décrire l'apocalypse qui nous attend.

Si on voulait prendre cette vision de l'histoire pour une hypothèse scientifique, on pourrait lui opposer deux séries d'arguments. D'une part, les faits ne semblent pas aller dans le sens envisagé par Gobineau. Prenons l'exemple des États-Unis d'Amérique, que Gobineau a en horreur : non seulement pays démocratique, mais aussi mélange désespérant de populations. « Quant à la création d'une civilisation supérieure ou au moins différente (...), ce sont là des phénomènes qui ne sont produits que par la présence d'une race relativement pure et jeune. Cette condition n'existe pas en Amérique » (p. 1142). Or, qu'on entende la civilisation au sens courant, ou bien au sens particulier de Gobineau (capacité de domination d'autres peuples), les États-Unis ont fait preuve depuis 1855 d'une « vitalité » supérieure à celle de bien d'autres pays. Les superpuissances d'aujourd'hui sont des États pluriethniques : ce fait ne semble pas les gêner outre mesure. A en croire Gobineau, aussi, la population du globe devrait être en baisse constante (épuisement du principe vital) : « La Chine n'a jamais eu moins d'habitants qu'à présent ; l'Asie centrale était une fourmilière, et on n'y rencontre plus personne » (p. 1164). Personne vraiment ?

D'autre part, il y a quelque chose de fragile dans la forme même du raisonnement de Gobineau. C'est encore Tocqueville qui, le premier, s'en est aperçu. Pour expliquer le présent, Gobineau recourt non seulement à un passé inaccessible, mais aussi à la totalité du futur. « Mais que ces tendances, que ces aptitudes soient invincibles, non seulement c'est ce qui n'a jamais été prouvé, mais c'est ce qui est, de soi, improuvable, car il faudrait avoir à sa disposition, non seulement le passé, mais encore l'avenir » (« Lettres à Gobineau », p. 202). La critique de Tocqueville porte en fait ici sur un certain type de philosophie de l'histoire, dont celle de Gobineau n'est qu'un exemple parmi d'autres : celle qui prévoit l'avenir entier de l'humanité, et qui a besoin de ces prévisions pour établir sa vérité et sa valeur !

Mais, de toute évidence, ce n'est pas ainsi qu'agit le texte de Gobineau : si l'on pouvait prouver qu'il est faux, ce serait (c'est) depuis longtemps chose faite ; en réalité c'est là un texte infalsifiable, plus proche à cet égard du mythe et de la fiction que de la science ; en tant que mythe et vision il a agi puissamment, et pourrait recommencer à le faire. Ses notions sont suffisamment vagues, ses ambitions suffisamment vastes, pour qu'un lecteur bienveillant y trouve le point de départ d'une nouvelle rêverie sur l'histoire et le destin de l'humanité. Le monde périra-t-il d'un surplus de communication et d'échanges, comme le pensent Gobineau, mais aussi, plus près de nous, Segalen ou Lévi-Strauss ? La question semble destinée à rester à tout jamais sans réponse. L'interprétation allemande du livre de Gobineau, au XIXe siècle, et nazie, au XXe, illustre les dangers possibles de cette rêverie. Il est certain que, pour une large part, cette interprétation constitue un contresens : Gobineau pessimiste et fataliste n'aurait pas dû inspirer un activisme politique, se proposant de nettoyer le monde des races inférieures, et son éloge des « Germains » n'est pas vraiment une glorification de l'État prussien ; quant au « racialisme vulgaire », on en trouve autant et plus chez Renan ou chez d'autres contemporains. En somme, Gobineau est victime de son talent littéraire, qui a fait de lui le représentant le plus illustre du racialisme.

Renan

Races linguistiques

On a vu que, tant qu'il pensait à la subdivision de l'humanité en trois races, Renan pratiquait volontiers le racialisme vulgaire. Cependant, lorsqu'il se tourne vers la race supérieure (la blanche) et ses subdivisions, son attitude change. Il a lui-même marqué la présence d'une différence qualitative : ses raisonnements à lui commencent, dit-il, « en mettant à part les races tout à fait inférieures, dont l'immixtion aux grandes races ne ferait qu'empoisonner l'espèce humaine » (« Lettre à Gobineau », p. 204). Dans ses analyses particulières il procède toujours ainsi : pour pouvoir étudier la religion, par exemple, il faut commencer par « mettre à part » plus de la moitié de l'humanité : « Le monde entier, si l'on excepte l'Inde, la Chine, le Japon et les peuples tout à fait sauvages, a adopté les religions sémitiques. Le monde civilisé ne compte que des juifs, des chrétiens ou des musulmans » (« De la part des peuples sémitiques... », p. 328). Les peuples civilisés, on le voit, forment une espèce à part.

Ainsi, une fois qu'il se trouve sur le terrain de la race supérieure, Renan s'engage dans une nouvelle voie. Il part de l'observation qu'il n'existe plus de races pures, à la suite des innombrables mélanges qui ont marqué leur existence passée (le terme de « race » ici ne recouvre évidemment plus les trois grandes races, mais correspond à la population de chacun des États de l'Europe). La race pure est une chimère. Toutes les nations européennes sont le produit du mélange ; on peut même observer (ici Renan rejoint

Michelet, mais aussi, d'une certaine manière, Gobineau) que « les plus nobles pays, l'Angleterre, la France, l'Italie, sont ceux où le sang est le plus mêlé » *(ibid.)*.

Du fait de ce mélange, les races se sont mutuellement neutralisées ; et du coup, à l'heure actuelle, leur action est nulle. C'est ici que Renan se sépare radicalement de Gobineau. La différence n'est pas dans la reconstruction hypothétique du processus historique — l'un et l'autre pensent qu'à l'origine les races étaient pures et qu'à terme le mélange sera total —, mais dans l'appréciation qu'ils portent là-dessus : pour Gobineau, la race, c'est la force ; son dépérissement équivaut donc à la dégénérescence ; pour Renan, comme aussi pour Michelet, la race, c'est le physique, et la diminution de son action est un affranchissement de l'humanité par rapport au déterminisme matériel. « Le fait de la race est immense à l'origine, écrit Renan à Gobineau, mais il va toujours perdant son importance, et quelquefois, comme en France, il arrive à s'effacer complètement. (...) Je conçois pour l'avenir une humanité homogène, où tous les ruisseaux originaires se fondront en un grand fleuve, et où tout souvenir des provenances diverses sera perdu » (p. 204). Bien plus que par le sang, les hommes modernes sont mus « par cette grande force supérieure aux races et destructive des originalités locales, qu'on appelle la civilisation ! » (*Histoire générale*, p. 139) ; cf. « La société berbère », p. 570). C'est là que se situe la grande rupture entre animaux et hommes (hommes blancs, en tous les cas) : ceux-ci échappent au déterminisme biologique. « L'histoire humaine diffère essentiellement de la zoologie. La race n'y est pas tout, comme chez les rongeurs ou les félins » (« Qu'est-ce qu'une nation ? », p. 898).

Ces entités que sont l'Angleterre, la France ou l'Italie, formées par le mélange de races diverses mais aussi par une histoire qui leur est propre, ne sont rien d'autre, pourrait-on croire, que les *nations*. L'erreur commune que décèle Renan chez ses contemporains consiste à attribuer à la race ce qui appartient en propre à la nation. A l'époque moderne, les races n'existent plus ; les nations, si. Et le déterminisme de la race (biologique, matériel) nous rapproche des animaux, alors que celui de la nation (spirituel, historique) est un indice de notre supériorité dans le monde vivant. Il faut donc défendre l'un et combattre l'autre. « Autant le principe des nations est juste et légitime, autant celui du droit primordial des races est étroit et plein de danger pour le véritable progrès » (p. 895).

Telle est la première partie de l'analyse critique à laquelle Renan soumet le concept de race. Mais cette séparation radicale entre race et nation, héritée de Michelet, ne satisfait pas Renan en profondeur. Il va y remédier en soumettant le concept de race à un nouvel examen : cela le conduira, paradoxalement, à réaffirmer sa pertinence ; seulement il ne s'agit plus du même sens du mot. Renan prend bien soin de nous indiquer que le mot a deux sens, et que, refusant l'un, il ne s'intéresse qu'à l'autre. Il y a d'un côté la race physique, de l'autre, la race culturelle, la langue jouant un rôle dominant dans la formation d'une culture. Et il faut bien se garder de confondre les deux. « Les divisions auxquelles on est conduit par la philologie comparée ne coïncident pas avec celles auxquelles conduit l'anthropologie proprement dite » (*l'Origine du langage*, p. 102). « Le mot race est pris par les historiens philologues et par les anthropologistes physiologistes dans deux sens tout à fait différents. (...) Les mots de brachycéphales, de dolichocéphales, n'ont pas de place en histoire ni en philologie » (« Qu'est-ce qu'une nation ? », p. 897). Il s'agit d'une transformation radicale du sens du mot : « La langue se substitua ainsi presque complètement à la race dans la division des groupes de l'humanité, ou plutôt le mot " race " changea de sens. La langue, la religion, les lois, les mœurs firent la race bien plus que le sang » (*Histoire du peuple d'Israël*, p. 32). A la limite, on peut voir, dans cet usage du mot, une simple homonymie : « On ne peut tirer presque aucune conséquence de la science du langage pour la science des races anthropologiques : il y a des races linguistiques, pardonnez-moi cette expression, mais elles n'ont rien à faire avec les races anthropologiques » (« Des services rendus... », p. 1224).

La race sémitique et la race aryenne, qui retiendront pendant de longues années l'attention de Renan, ne sont

donc pas des races physiques, mais des races linguistiques.
« La division des Sémites et des Indo-Européens, par
exemple, a été créée par la philologie et non par la
physiologie » (*l'Origine du langage,* p. 102). « L'individualité de la race sémitique ne nous ayant été révélée que par
l'analyse du langage, analyse singulièrement confirmée, il
est vrai, par l'étude des mœurs, des littératures, des
religions [mais non, remarquons-le, par celle du sang ou
des crânes], cette race étant, en quelque sorte, créée par la
philologie, il n'y a réellement qu'un seul critérium pour
reconnaître les Sémites : c'est le langage » (*Histoire générale,* p. 180). Le judaïsme est une affaire de religion, non
de race, affirme-t-il ailleurs (« Le Judaïsme comme race et
comme religion », p. 925-944). De même pour les subdivisions de ces grandes familles : « Ce qu'on appelle philologi-
quement et historiquement la race germanique est sûrement une famille bien distincte dans l'espèce humaine.
Mais est-là une famille au sens anthropologique ? Non,
assurément ! » (« Qu'est-ce qu'une nation ? », p. 897).
« Les races sont des moules d'éducation morale encore plus
qu'une affaire de sang » (« La société berbère », p. 571).
    La race linguistique n'est pas la race physique. Elle n'est
pas non plus exactement la nation : plusieurs langues
peuvent être parlées au sein d'une même nation, comme en
Suisse, et plusieurs nations peuvent parler la même langue,
comme l'anglais ; néanmoins, elle est beaucoup plus près
de la nation que de l'ancienne « race ». En cherchant à en
définir le contenu avec plus de précision, Renan écrit :
« Au point de vue des sciences historiques, cinq choses
constituent l'apanage essentiel d'une race, et donnent droit
de parler d'elle comme d'une individualité dans l'espèce
humaine. Ces cinq documents, qui prouvent encore qu'une
race vit de son passé, sont une langue à part, une littérature
empreinte d'une physionomie particulière, une religion,
une histoire, une civilisation » (p. 553). On est presque
surpris que Renan ne trouve pas le mot de « culture », qui
le tirerait d'embarras : entièrement séparée de la « race »
physique, se situant sur un terrain proche (historique) et
néanmoins distinct de celui de la « nation » (le culturel ne
se confond pas avec le politique), la « culture » est l'action

commune de la langue, de la littérature, de la religion et
des mœurs.

Mais il se peut que Renan ne veuille justement pas
employer un terme d'où toute trace de rapport avec la race
physique serait effacée. Il se peut qu'il ait au contraire
besoin d'entretenir le rapport souterrain des deux sens du
mot, entre lesquels la rupture n'est pas aussi totale qu'elle
pouvait paraître, ni dans la synchronie ni dans la diachro-
nie. Lorsqu'il écrit, dans *l'Origine du langage* : « La race
qui parle sanscrit [est] une race aristocratique et conquérante, distinguée par sa couleur blanche du teint coloré des
anciens habitants [de l'Inde] » (p. 109-110), on peut
attribuer l'esprit aristocratique et conquérant à la culture ;
mais peut-on en faire autant du teint blanc et du teint
coloré ?

Il en va de même pour l'histoire. C'est la langue qui fait
l'esprit d'une nation, affirme Renan à la suite de Wilhelm
von Humboldt. « L'esprit de chaque peuple et sa langue
sont dans la plus étroite connexité : l'esprit fait la langue, et
la langue à son tour sert de formule et de limite à l'esprit »
(p. 96). Mais l'esprit, produit de la langue, peut-il vraiment
la faire, est-il seul à la faire ? Non, à en croire Renan qui
écrit dans le même passage : « C'est en effet dans la
diversité des races qu'il faut chercher les causes les plus
efficaces de la diversité des idiomes » *(ibid.)*. De deux
choses l'une : ou bien le mot « race » est employé ici dans
son sens « linguistique », et alors cette phrase est une pure
tautologie (la diversité des idiomes provoque la diversité
des idiomes), mais dont on a du mal à croire que Renan ne
l'ait pas remarquée ; ou bien il garde son sens « physique »,
et alors cette phrase affirme l'existence d'une relation
pertinente entre les deux sens du mot, entre les races
(anthropologiques) et les langues. Ou encore, lorsque
Renan rappelle « ce grand axiome que nous avons souvent
proclamé, savoir que les religions valent ce que valent les
races qui les professent » (« L'Islamisme et la science »,
p. 961), il ne doit plus entendre le mot « race » comme il
nous disait le faire, à savoir comme intégrant la « religion »
à côté de la langue et de la littérature.

Au tout début de sa carrière, dans *l'Avenir de la science*,

Renan écrivait : « Tous les procédés grammaticaux proviennent directement de la manière dont chaque race traita la pensée » (p. 943). Si la race est l'origine de la grammaire, c'est que la race n'est pas la grammaire. Et dans son dernier grand ouvrage, l'*Histoire du peuple d'Israël* : « La langue étant pour une race la forme même de la pensée, l'usage d'une même langue, continué durant des siècles, devient, pour la famille qui s'y enferme, un moule, un corset, en quelque sorte » (p. 32). Ce que cette phrase affirme n'est pas seulement un déterminisme linguistique (et culturel) ; c'est aussi une relation entre langue et race, qui témoigne d'abord de la non-coïncidence des deux, et, ensuite, de leur solidarité.

Le traitement auquel Renan soumet le concept de « race » apparaît maintenant comme plus complexe qu'il ne le disait, même si l'on s'en tient à la seule race blanche et à ses subdivisions. Loin de séparer la langue (et la culture) de la « race », Renan, par l'emploi ambigu qu'il fait de ce dernier mot, légitime au contraire la production des « races linguistiques » : œuvre, comme il le dit, de la seule philologie, mais qui n'en sont pas moins « races » (physiques) pour autant. La « race linguistique » est le tourniquet qui lui permet de faire communiquer la « race » et la langue. Loin d'évacuer le concept de « race », l'œuvre de Renan permet qu'il prenne un nouveau départ, puisque c'est avec lui (et quelques-uns de ses contemporains) qu'« aryen » et « sémite » cesseront d'être des termes servant à désigner des familles de langues, pour s'appliquer aux « races », c'est-à-dire aux êtres humains. C'est au même résultat que conduiront, on le verra, les travaux de nombre de ses contemporains et successeurs, tels Hippolyte Taine ou Gustave Le Bon. Gobineau, qui croit que les races sont fondées sur les différences de sang, fait plutôt figure d'exception en cette seconde moitié du XIXᵉ siècle. Mais ce changement dans le sens de la notion n'empêche nullement Renan et Le Bon, on l'a vu, de rester racialistes (le cas de Taine est différent) : ils transposent simplement les préjugés communément attachés à la race sur le plan de la culture.

Et, pour être culturel plutôt que physique, le déterminisme qu'ils professent n'est pas moins inflexible. Membre d'une race, dira Renan, on ne peut jamais échapper à son emprise ; l'éducation ne sert pas à grand-chose. « Tous les progrès de la science moderne amènent au contraire à envisager chaque race comme enfermée dans un type qu'elle peut réaliser ou ne peut pas réaliser, mais dont elle ne sortira pas » (« Le désert et le Soudan », p. 541). Kant et Goethe étaient déjà présents chez les Teutons primitifs ; les Africains, eux, ne pourront jamais atteindre aux sommets de la civilisation. Cette séparation de l'humanité en cultures mutuellement imperméables est bien en accord avec le relativisme de Renan : les valeurs font partie de la culture. Resterait à expliquer par quel miracle la science elle-même en échappe : œuvre des seuls Indo-Européens, elle ne devrait logiquement avoir de valeur que pour eux. Comment une culture particulière peut-elle produire une chose réellement universelle, comme la science ?

Ainsi, les spéculations de Renan sur la différence des cultures ne sont, la plupart du temps, que l'expression directe de ses propres « préjugés ». En réalité, comme presque tous les relativistes, Renan fait, à l'intérieur de sa doctrine, une exception pour lui-même et pour ce qu'il représente. Ce sont seulement les autres qui illustrent la loi générale. Si par exemple un écrivain juif d'aujourd'hui développe une thèse, elle découle des propriétés de la race sémitique. Les opinions d'un M. Salvador sur la religion ne surprennent pas Renan : « Nous sera-t-il permis de le dire ? il y portait un don de race, cette espèce de coup d'œil politique qui a rendu les Sémites seuls capables de grandes combinaisons religieuses » (« L'avenir religieux... », p. 236-237). Réciproquement, si on a la chance de parler l'« indo-européen », on profite de toutes les qualités de cette race. Dans son drame *Caliban*, Renan fait dire à Ariel s'adressant au sauvage apprivoisé : « Prospero t'apprit la langue des Aryas. Avec cette langue divine, la quantité de raison qui en est inséparable entra en toi » (p. 382).

Si, de surcroît, on pratique la langue *française*, c'est un esprit particulier qui se trouve promu, là encore indépendamment des intentions du sujet parlant. « Elle dira des choses assez diverses, mais toujours des choses libérales.

(...) Ce ne sera jamais non plus une langue réactionnaire. (...) Cette langue améliore ; elle est une école ; elle a le naturel, la bonhomie, elle sait rire, elle porte avec elle un aimable scepticisme mêlé de bonté (...). Le fanatisme est impossible en français. (...) Jamais un musulman qui sait le français ne sera un musulman dangereux » (« Conférence faite à l'Alliance pour la propagation de la langue française », p. 1090-1091). Ne croirait-on pas lire un portrait de Renan peint par lui-même ? Dès lors, il n'y a pas à s'étonner que Renan, qui disait pourtant se méfier des illusions du patriotisme, ait fini par recommander l'usage universel du français : pourquoi priver les autres de ce qu'il y a de meilleur au monde ? « La conversation, la propagation de la langue française importent à l'ordre général de la civilisation » (p. 1088).

Science contre religion

Renan a consacré sa vie à la description de la langue, de la religion, de l'histoire « sémitiques », en confrontant toujours cette « race », plus ou moins explicitement, à l'autre grande « race » blanche, indo-européenne ou aryenne, et donc à la famille de langues (et de cultures) qui lui sont propres. C'est dans les portraits comparés des Aryens et des Sémites qu'on peut observer au mieux son usage du concept « race linguistique ».

Certaines présentations de l'opposition pourraient faire croire que Renan a utilisé toutes ses catégories hiérarchiques dans la description des « trois races », et qu'il se contente ici de relever des différences non hiérarchisées. Toutes les oppositions qu'il relève peuvent en effet être ramenées à une seule, celle entre le raisonnement et la foi, la vérité et la révélation, la philosophie (ou la science) et la religion. « La recherche réfléchie, indépendante, sévère, courageuse, philosophique en un mot, de la vérité, semble avoir été le partage de cette race indo-européenne » (*l'Origine du langage*, p. 98 ; cf. *Histoire générale*, p. 145, et l'*Avenir de la science*, p. 955 : la phrase plaît tellement à Renan qu'il la recopie trois fois). Au contraire, pour les Sémites : « C'est par excellence la race des religions, destinée à leur donner naissance et à les propager » (l'*Origine du langage*, p. 97). Cette opposition commande de nombreuses autres, ainsi celle de la multiplicité (aryenne) et de l'unité (sémitique) (cf. *Histoire générale*, p. 146) ; or, ces deux qualités ne sont-elles pas également nécessaires à l'esprit humain ?

Mais l'illusion d'équilibre et d'impartialité — aux uns la religion, aux autres la philosophie — ne peut durer longtemps. La comparaison que fait Renan est toujours aussi une condamnation. Pour commencer, unité et multiplicité ne sont symétriques qu'en apparence : comme on pouvait s'attendre de la part d'un partisan du relativisme, la multiplicité et la diversité sont seules présentées comme souhaitables. L'unité en politique, c'est Rome — qui en est morte ; la diversité, c'est la Grèce, dont l'Europe moderne est l'héritière. « L'uniformité, c'est le despotisme » (« Philosophie de l'histoire contemporaine », p. 37) ; inversement, « la division est la condition de la liberté » (« L'avenir religieux... », p. 241). « Si les nations chrétiennes formaient un monde unitaire, analogue à l'*orbis romanus*, la décadence serait inévitable, puisqu'il n'existerait plus en dehors de ce cercle fermé aucun élément de régénération. Mais le principe de diversité et de vitalité propre qui a créé en Europe un obstacle invincible à toute domination universelle fera le salut du monde moderne » (« M. de Sacy et l'école libérale », p. 53). Il n'y a pas lieu d'hésiter entre deux options si inégalement porteuses d'espoir.

Ou encore, prenons les langues mêmes (base de la race). « La langue aryenne avait une grande supériorité, surtout en ce qui touche la conjugaison du verbe. Ce merveilleux instrument, créé par l'instinct d'hommes primitifs, contenait en germe toute la métaphysique que devaient développer plus tard le génie hindou, le génie grec, le génie allemand. La langue sémitique, au contraire, prit tout d'abord, en ce qui concerne le verbe, un parti défectueux. La plus grande erreur que cette race ait commise (car ce fut la plus irréparable) a été d'adopter pour la manière de traiter le verbe un mécanisme si mesquin que l'expression des temps et des modes a toujours été pour elle imparfaite et embarrassée. Aujourd'hui encore, l'Arabe lutte en vain contre la faute linguistique que commirent ses ancêtres, il y a dix ou quinze mille ans » (*Histoire du peuple d'Israël,* p. 35). On voit que, d'une part, Renan parle de l'imperfection, de l'erreur, du défaut, de l'esprit mesquin même ; d'autre part, qu'il pratique un déterminisme culturel qui n'a rien à envier, pour sa rigidité, au déterminisme biologique de Gobineau : si l'Arabe est aujourd'hui misérable, et l'Allemand prospère, la faute en est à leurs ancêtres d'il y a quinze mille ans, créateurs (?) de leur langue. Dès lors, parler de liberté individuelle, ou, dans une autre perspective, d'égalité entre les peuples, ne peut être que dérisoire, puisque tout dépend de la langue, et que les langues sont inégales.

S'il en va ainsi des langues, la chose est encore plus vraie des cultures mêmes. Les peuples sémitiques sont toujours décrits négativement, c'est-à-dire par ce qui leur manque en comparaison avec les Indo-Européens ; au signe de désapprobation près, on croirait lire la description de l'âge d'or chez Montaigne (sur laquelle on reviendra), pareillement déduite par l'inversion des traits observés, sans aucune tentative pour présenter cette autre société en ses propres termes. « Ainsi la race sémitique se reconnaît presque uniquement à des caractères négatifs : elle n'a ni mythologie, ni épopée, ni science, ni philosophie, ni fiction, ni arts plastiques, ni vie civile ; en tout, absence de complexité, de nuances, sentiments exclusifs de l'unité » (*Histoire générale,* p. 155). « En toute chose, on le voit, la race sémitique nous apparaît comme une race incomplète par sa simplificité même. Elle est, si j'ose dire, à la famille indo-européenne ce que la grisaille est à la peinture, ce que le plain-chant est à la musique moderne » (p. 156). Plus généralement, « l'Orient n'a jamais rien produit d'aussi bon que nous » (« L'avenir religieux... », p. 242).

Avec cet équipement inférieur faut-il s'en étonner, les Sémites ne parviennent à faire qu'une modeste et ponctuelle contribution à l'histoire de la civilisation : à savoir, l'introduction des religions monothéistes. « Du jour où ils ont transmis la Bible hébraïque à la science européenne, (...) ils n'ont plus rien eu d'essentiel à faire » (« L'avenir religieux... », p. 239). Ce moment passé, les Sémites sont destinés à jouer un rôle subordonné, si ce n'est à disparaître. « Une fois cette mission accomplie, la race sémitique déchoit rapidement, et laisse la race aryenne marcher seule à la tête des destinées du genre humain » (*Histoire générale*, p. 587). Dans le présent, tout éloignement par rapport à la culture sémitique est un bienfait. « A l'heure qu'il est, la condition essentielle pour que la civilisation européenne se répande, c'est la destruction de la chose sémitique par excellence » (« De la part des peuples sémitiques... », p. 332-333). « Dans tous les ordres, le progrès pour les peuples indo-européens consistera à s'éloigner de plus en plus de l'esprit sémitique » (p. 333). Et cela est plus particulièrement vrai de l'évolution du christianisme. « Le perfectionnement successif du christianisme doit consister à s'éloigner de plus en plus du judaïsme pour faire prédominer dans son sein le génie de la race indo-européenne » (« L'avenir religieux... », p. 240).

A première vue, les prédictions de Renan ou ses recommandations ne sont rien d'autre qu'une réitération du programme des Lumières : contre les préjugés, pour la raison. « Le judaïsme et le christianisme disparaîtront. L'œuvre juive aura sa fin ; l'œuvre grecque, c'est-à-dire la science, la civilisation rationnelle, expérimentale, sans charlatanisme, sans révélation, fondée sur la raison et la liberté, au contraire, se continuera sans fin, et, si ce globe vient à manquer à ses devoirs, il s'en trouvera d'autres pour pousser à outrance le programme de toute vie : lumière, raison, vérité » (*Histoire du peuple d'Israël,* p. 1517). Ce qui n'est pas dans l'esprit des Lumières, cependant, c'est l'identification d'une population (les Grecs, les Indo-Européens) avec *la* civilisation, et d'une autre, avec *la* superstition. Pour Renan, la victoire de la raison ne signifie finalement rien d'autre que la victoire des Indo-Européens. « La grande race indo-européenne [est] évidemment destinée à s'assimiler toutes les autres » (*Histoire générale*, p. 587), écrit-il, introduisant ici encore la Providence dans l'histoire, et en diminuant d'autant la liberté d'agir des sujets individuels. Il s'attend donc à voir le moment où « la race aryenne sera devenue, après des milliers d'années d'efforts, maîtresse de la planète qu'elle habite » (*l'Origine du langage*, p. 115).

Voici que la supériorité de la race aryenne sur la race sémitique s'exprime en des termes rigoureusement parallèles à ceux qui décrivaient la supériorité de la race blanche sur les autres races — alors qu'il s'agissait, dans un cas, de races physiques, et, dans l'autre, de races linguistiques ! Les Aryens sont aux autres races blanches (c'est-à-dire aux Sémites — juifs ou Arabes) ce que la race blanche est aux deux autres races : le peuple destiné à devenir le maître du monde. Une fois de plus, on s'aperçoit que Renan n'avait pas plaidé pour rien la séparation de la science et de l'éthique : le dogme éthique de l'égalité universelle ou le dogme chrétien de l'unité du genre humain ne doivent pas empêcher la « science » d'établir l'inégalité réelle entre les groupes humains. Seulement, est-ce bien de « races linguistiques » qu'il s'agit ?

La foi en la raison

Il y a une énigme pour le lecteur des ouvrages de Renan : pourquoi a-t-il consacré sa vie à l'étude des Sémites et de la religion (c'est pour lui tout un), qu'il méprise, plutôt qu'à celle des Aryens et de la science, qu'il vénère ? Vers la fin de sa vie, il écrit : « Si je pouvais mener une seconde vie, certainement je la consacrerais à l'histoire grecque, qui est encore plus belle, à certains égards, que l'histoire juive » (« Le Judaïsme comme race et religion », p. 937). Mais ces mots n'expriment pas un regret, et Renan peut écrire aussi, sans se contredire : « Si j'avais à recommencer ma vie, avec le droit d'y faire des ratures, je n'y changerais rien » (*Souvenirs d'enfance et de jeunesse*, p. 901). Ce n'est pas *à la place* de l'histoire juive que Renan voudrait écrire celle des Grecs, c'est *à la suite*, dans une seconde vie — la première lui ayant suffi pour régler la question sémitique. Il y a donc là une grande continuité, puisque le projet se trouve mené à bon terme par la dernière grande œuvre de Renan, l'*Histoire du peuple d'Israël*, et qu'il était déjà annoncé dans sa première, *l'Avenir de la science*, plus de quarante ans plus tôt.

C'est, en effet, dès *l'Avenir de la science* que Renan formule pour la première fois les idées auxquelles il va consacrer sa vie. Il présente d'abord une tâche digne de l'attention générale, un projet impersonnel et noble. « Ce serait certes une œuvre qui aurait quelque importance philosophique que celle où un critique ferait d'après les sources l'histoire des *Origines du christianisme* » (p. 876). Le ton monte quelques pages plus loin : « Le livre le plus important du XIXe siècle devrait avoir pour titre *Histoire critique des origines du christianisme*. Œuvre admirable que j'envie à celui qui la réalisera » — pour devenir soudain beaucoup plus personnel — « et qui sera celle de mon âge mûr » (p. 950). Pourtant, dans ces mêmes pages, Renan ne se prive pas de porter des jugements défavorables sur les œuvres qui constituent ces sources : l'une est « un étrange monument de dépression morale et d'extravagance », les autres sont « des compositions bien insipides » qui dégagent un esprit de médiocrité (p. 874). « Ces livres ne renferment pas une ligne de bon sens, c'est le délire rédigé en style barbare et indéchiffrable » (p. 875), ce sont « des livres profondément insignifiants » (p. 876). Comment se fait-il que la matière la moins brillante puisse conduire au livre le plus important ?

L'explication qu'en donne Renan est la suivante. La perfection de toute chose consiste dans l'équilibre de ses éléments ; mais cet état d'équilibre et de modération les rend également peu perceptibles, et donc peu intelligibles. L'imperfection, au contraire, consiste en la croissance excessive d'un constituant au détriment des autres ; mais, du coup, sa connaissance est aisée. Si l'on veut étudier et comprendre l'humanité, on ne doit pas s'attacher à ce qu'elle a de plus parfait — les Grecs, la science, la raison. « Les œuvres scientifiques ne peuvent donc en aucune façon donner une idée de l'originalité de la nature humaine ni de son caractère propre » (p. 948). En revanche, « les

œuvres les plus insignifiantes sont souvent les plus importantes, en tant que peignant énergiquement un côté des
choses » (p. 874). Telle est la loi de la connaissance : « Il
est plus facile d'étudier les natures diverses dans leurs crises
que dans leur état normal. La régularité de la vie ne laisse
voir qu'une surface et cache dans ses profondeurs les
ressorts intimes ; dans les ébullitions, au contraire, tout
vient à son tour à la surface » (p. 875). Tout comme la
psychologie tire ses plus grandes lumières de l'étude de la
folie, l'histoire trouve son objet par excellence dans la
religion. « Les religions sont ainsi l'expression la plus pure
et la plus complète de la nature humaine » (p. 948).

On sait que, très jeune, Renan rompt avec la religion
chrétienne et choisit la science (et on a vu quel éloge
hyperbolique il faisait de celle-ci). Il se trouvera confirmé
dans ses dispositions le jour où il verra Athènes pour la
première fois : ce lieu qui incarne à ses yeux l'esprit de la
science lui cause la plus forte impression de sa vie, lui
donne le sentiment d'être en contact avec la perfection ; à
côté de cela, tout le reste n'est que barbarie. Mais ce n'est
pas n'importe quelle science qu'il valorise : ni celle de la
nature, ni même celle des Grecs et de la raison ; il choisit
comme objet de sa recherche scientifique précisément la
religion et les Sémites, comme si le déroulement même de
ses enquêtes devait apporter la preuve qu'il avait fait le bon
choix. Son affirmation de la supériorité aryenne par
rapport aux Sémites n'est rien d'autre qu'une transposition
anthropomorphique de la supériorité de la science sur la
religion, qu'il affirme avec un acharnement proche de
l'obsession en réduisant celle-ci à l'état d'objet, en érigeant
celle-là en position de maîtrise, et en répétant ainsi
quotidiennement le geste qui avait décidé de sa destinée.

Mais, si la religion doit être sans cesse immolée (et donc
les Sémites humiliés), la science même de Renan ne semble
pas aussi différente de la religion qu'elle devrait l'être afin
de s'y opposer facilement. Renan vit son rapport à la
science comme d'autres le leur à Dieu : dans la passion
plutôt que par la raison. Il ne manque pas lui-même de
comparer les deux expériences, en décrivant son rapport à
la science comme supérieur sur un plan habituellement

réservé à la pratique religieuse. « J'ai goûté dans mon enfance et dans ma jeunesse les plus pures joies du croyant, et, je le dis du fond de mon âme, ces joies n'étaient rien comparées à celles que j'ai senties dans la pure contemplation du beau et la recherche passionnée du vrai » (p. 982).

Quand Renan parle de son expérience intellectuelle de savant, il ne cesse d'employer des termes religieux. Le projet de son premier livre, *l'Avenir de la science,* c'est d'inculquer « la foi à la raison » (p. 1074). Ce n'est pas la raison contre la foi, les Aryens contre les Sémites — mais la foi *en* la raison, l'expérience religieuse intégrée à la pratique de la science. « La vieille foi est impossible, écrit encore Renan, reste donc la foi par la science, la foi critique » (p. 1083). L'unique résultat de la science, conclut-il, c'est de donner à l'homme, « au nom de la seule autorité légitime qui est la nature humaine tout entière, le symbole que les religions lui donnaient tout fait et qu'il ne peut plus accepter » (p. 746). Tout au long de sa vie, il continuera de se servir de ce type d'images, traduisant aussitôt ses idéaux d'homme laïc en termes sacrés. Évoquant son ami Berthelot, il affirme : « Nous avions (...) la même religion. Cette religion, c'était le culte de la vérité » (« Discours à la conférence " Scientia " », p. 859) ; il dira à un autre moment : « Quand je cherche à me présenter l'unique paire d'amis que nous avons été, je me figure deux prêtres en surplis se donnant le bras » (*Souvenirs,* p. 890). « La résurrection finale se fera par la science », écrit-il au même Berthelot (« Les sciences de la nature et les sciences historiques », p. 650). Mais, à force de dire que la nouvelle religion c'est la vérité, ne risque-t-on pas de faire de la vérité une nouvelle religion ? Le but de la science et de la raison est-il vraiment de conduire à la foi ? A se glisser ainsi dans les souliers de la religion, à se réjouir d'avoir délogé si facilement l'ancien occupant des lieux, la science ne finira-t-elle pas par lui emprunter nombre de ses traits ?

L'idéal de Renan, en effet, n'est pas de voir triompher la raison sur la foi, mais de provoquer leur réconciliation ultime. Il suffit pour cela de débarrasser la religion de son attirail de superstitions. « L'esprit scientifique n'est pas, pour la religion ainsi conçue, un ennemi dont il faille se défier. Il fait partie de la religion même, et sans lui on n'en saurait être un véritable adorateur. (...) J'estime, en suivant une ligne purement scientifique, servir la cause de la vraie religion » (« La chaire d'hébreu au Collège de France », p. 170). Par le moyen de la science, on atteindra les objectifs de la religion. « Le monde amélioré par la science sera le royaume de l'esprit, le règne des fils de Dieu » (« L'instruction supérieure en France », p. 70).

On comprend mieux maintenant pourquoi Renan choisit comme vocation, non la science tout court, mais la science des religions. « Je m'efforçai donc, en quittant Saint-Sulpice, de rester aussi sulpicien que possible. (...) Une seule occupation me parut digne de remplir ma vie ; c'était de poursuivre mes recherches critiques sur le christianisme par les moyens beaucoup plus larges que m'offrait la science laïque » (*Souvenirs,* p. 892). Renan ne cesse de le répéter dans ses *Souvenirs :* en renonçant à la carrière de prêtre, il n'a pas renoncé à la vocation sacerdotale, mais seulement à ses signes extérieurs, devenus désuets. « Pendant longtemps, mon programme fut d'abandonner le moins possible du christianisme et d'en garder tout ce qui peut se pratiquer sans la foi au surnaturel » *(ibid.)* Ce choix correspond à ses inclinations profondes. « J'étais né prêtre *a priori*, comme tant d'autres naissent militaires, magistrats » (p. 798). Mais où est passée la foi de Renan dans les vertus de l'éducation ? Rétrospectivement, il juge son passage à Saint-Sulpice comme l'événement décisif de sa vie, et pense n'avoir jamais trahi l'idéal qu'il y avait conçu. « Tout bien examiné, je n'ai manqué presque en rien à mes promesses de cléricature. (...) J'ai observé mes engagements mieux que beaucoup de prêtres en apparence très réguliers » (p. 901). C'est ainsi que Renan est devenu le grand prêtre de la science.

Ainsi, la religion — que Renan assimile aussi à la morale, et parfois même aux doctrines politiques, tel le socialisme — n'est jamais présentée comme réellement autonome ; même à l'intérieur du domaine qui est le sien, celui de la foi, elle est battue en brèche par la science — laquelle, du coup, acquiert certains traits de la religion et de la morale, et se met à produire les buts de la société humaine et à préconiser les voies qu'il faut suivre pour les atteindre. Ce qui explique peut-être, mieux que ne le faisait Renan lui-même, pourquoi il consacrait ses efforts à ce qu'il disait estimer si peu : la religion, et ses inventeurs, les Sémites. Renan n'en a pas trop de toute sa vie pour se convaincre que la science vaut mieux que la religion, sans s'apercevoir que sa science est devenue religion à son tour. Par là même, il rejoint le grand courant du scientisme, tel qu'on pouvait l'observer chez Saint-Simon et Auguste Comte, auteurs pour lesquels il professe du mépris ; cette doctrine consiste en effet non seulement à nier la liberté humaine et à proclamer le règne sans partage du déterminisme (ce que Renan fait sans vouloir l'admettre), comme à soumettre l'éthique à la science (ce qu'il assume ouvertement), mais aussi à exiger une attitude religieuse à l'égard des résultats scientifiques : elle se transforme en Église. Que la raison devienne l'objet de la foi est l'aboutissement logique de la philosophie scientiste — et, en même temps, le pas qui lui fait définitivement tourner le dos à la science.

Les voies du racialisme

Races historiques

La modification la plus importante qui affecte la notion de race à la fin du XIXe siècle est celle qui la transpose du plan physique au plan culturel ; cette modification se produit sous l'impulsion d'auteurs comme Renan, Taine et Le Bon. On a vu déjà ce qu'il en était des races « linguistiques » de Renan ; tournons-nous maintenant vers la race « historique », commune à Taine et à Le Bon.

La place d'Hippolyte Taine dans l'histoire du racialisme est relativement difficile à situer : son influence est très grande, alors que les textes consacrés explicitement à la question des races se réduisent à quelques pages. De plus, il y a une discordance troublante entre ses exposés programmatiques et sa pratique. Comme son contemporain Renan, Taine oscille en fait entre deux interprétations du mot « race », l'une physique et l'autre culturelle, autorisant ainsi ses disciples à trouver dans ses écrits des arguments en faveur de thèses contradictoires.

Dans ses déclarations de principe, Taine adhère, on l'a vu, à un déterminisme intégral (il n'en va pas de même pour sa pratique). Les facteurs gouvernant le comportement humain se trouvent ramenés, dans l'exposé systématique de l'Introduction à l'*Histoire de la littérature anglaise*, au nombre de trois : la race, le milieu et le moment, soit ce que l'homme apporte en lui-même, ce que lui impose l'environnement extérieur, et puis les résultats de l'interaction de ces deux forces. Le « moment » n'est en effet pas le produit de l'époque dans laquelle on vit, mais celui de la

phase d'une évolution interne, propre à chaque groupe
humain, autrement dit la combinaison des deux facteurs
précédents, mais qui devient à son tour un facteur déterminant. « Avec les forces du dedans et du dehors, il y a
l'œuvre qu'ils ont déjà faite ensemble, et cette œuvre elle-
même contribue à produire celle qui suit » (p. XXVII).
Mais en quoi consiste exactement l'apport intérieur,
appelé « race », et quelles en sont la nature et l'extension ?

Dans la « Philosophie de l'art dans les Pays-Bas », Taine
cherche à distinguer rigoureusement entre race et nation
(ou peuple), mais il le fait à l'aide d'une métaphore qui
laisse une certaine marge de liberté à l'interprétation. « Je
vous montrerai d'abord la graine, écrit-il, c'est-à-dire la
race avec ses qualités fondamentales et indélébiles, telles
qu'elles persistent à travers toutes les circonstances et tous
les climats ; ensuite la plante, c'est-à-dire le peuple lui-
même avec ses qualités originelles, accrues ou limitées, en
tout cas appliquées et transformées par son milieu et son
histoire » (*Philosophie de l'art*, p. 171). Mais que donnent
exactement ces images végétales une fois transposées à
l'espèce humaine ?

Lorsqu'il veut illustrer l'action de la race, dans l'*Histoire
de la littérature anglaise,* Taine recourt à un exemple qui
semble confirmer la distinction précédente. « Une race
comme l'ancien peuple aryen, éparse depuis le Gange
jusqu'aux Hébrides, établie sous tous les climats, échelon-
née à tous les degrés de la civilisation, transformée par
trente siècles de révolutions, manifeste pourtant dans ses
langues, dans ses religions, dans ses littératures et dans ses
philosophies, la communauté de sang et d'esprit qui relie
encore aujourd'hui tous ses rejetons » (p. XXIII). On
relèvera ici que, même si Taine parle « de sang et
d'esprit », son énumération ne contient que des productions spirituelles : les langues et les littératures, les religions et les philosophies ; le dénominateur commun d'activités aussi multiples et diverses peut-il ne pas être assez
pauvre ? Quoi qu'il en soit, la race se présente comme une
entité supranationale.

Cependant les mêmes pages contiennent aussi des affir-

mations tendant à identifier race et nation. Les races, dit
Taine, « varient selon les peuples » (p. XXII) : pourquoi,
alors, avoir deux termes au lieu d'un seul ? Les exemples
qu'il donne ensuite des « instincts régulateurs et des
facultés implantées dans une race » (p. XXVI) concernent la
race germanique, la race hellénique et la race latine — ou
encore l'Espagne, l'Angleterre et la France —, c'est-à-dire
des nations, et non des races. Une autre énumération des
« causes fondamentales » qui régissent le comportement
humain précise : « J'entends les nationalités, les climats et
les tempéraments » (p. XLI), où « nationalités » apparaît, à
nouveau, comme un doublet de « race ». Dans les mêmes
pages, Taine dit vouloir mener à bien la tâche que s'était
fixée Montesquieu : la description de la « psychologie
spéciale de chaque formation spéciale » (p. XL), c'est-à-
dire de l'esprit des nations. Et il faut dire que, en
pratique, les caractéristiques physiques ne tiennent
qu'une faible place dans les analyses de Taine ; ses
races sont donc, contrairement à ce qu'impliquaient ses
propres distinctions, des nations, entendues au sens de
« cultures ».

On retrouve la même ambiguïté dans la description
même de la « race ». La race, c'est l'inné ; mais cet inné
est-il modifiable ? est-il radicalement séparé de l'acquis ?
D'une part, Taine laisse entendre qu'il s'agit d'un élément
fixe. « Il s'en trouve un, le caractère et l'esprit propre à la
race, transmis de génération en génération, les mêmes à
travers les changements de la culture, les diversités de
l'organisation et la variété des produits » (*Essais*, Préface à
la deuxième édition, p. XVIII-XIX). Ce sont là des « causes
universelles et permanentes, présentes à chaque moment et
en chaque cas, partout et toujours agissantes, indestructi-
bles et à la fin infailliblement dominantes » (*Histoire*,
p. XVII). Voilà pour le côté immuable.

Mais, en même temps, Taine affirme le contraire. Les
quatre petites pages, dans l'*Histoire de la littérature
anglaise*, qui décrivent l'entité « race » sont curieusement
consacrées à rechercher l'*origine* de la race — qui n'est rien
d'autre qu'une adaptation au milieu ; le dedans qui devait
s'opposer au-dehors n'est qu'un dehors un peu plus ancien.

« Dès qu'un animal vit, il faut qu'il s'accommode à son milieu ; il respire autrement, il se renouvelle autrement, il est ébranlé autrement, selon que l'air, les aliments, la température sont autres. Un climat et une situation différents amènent chez lui des besoins différents, par suite un système d'actions différentes, par suite encore un système d'habitudes différentes, par suite enfin un système d'aptitudes et d'instincts différents » (p. xxiv). Ce n'est plus la race et le milieu qui s'opposent, mais la longue et la courte durée. « La race a émigré, comme l'ancien peuple aryen, et le changement de climat a altéré chez elle toute l'économie de l'intelligence et toute l'organisation de la société » (p. xxi). Taine recourt alors à une autre comparaison, qui ne maintient plus la différence qualitative entre la graine et la plante : la race est « une sorte de lac et comme un profond réservoir où les autres sources, pendant une multitude de siècles, sont venues entasser leurs propres eaux » (p. xxv). Certaines eaux sortent du lac, d'autres s'y versent ; mais il n'y a pas de différence de nature entre elles.

Lorsqu'il se tourne vers l'étude du « milieu », Taine énumère parmi les facteurs les plus puissants qui agissent sur les hommes : le climat et les éléments géographiques, les circonstances politiques et les conditions sociales ; prises ensemble, ces « situations prolongées », ces « circonstances enveloppantes » produisent « les instincts régulateurs et les facultés implantées dans une race, bref le tour d'esprit d'après lequel aujourd'hui elle pense et elle agit » (p. xxvi). Ce n'est donc plus la race qui fait l'histoire, mais l'histoire qui fait la race (ou l'esprit de la nation) ; et, en modifiant les institutions ou les formes de vie sociale, on peut transformer la race : de telles actions « sont aux nations ce que l'éducation, la profession, la condition, le séjour sont aux individus » (p. xxvii). La possibilité d'un projet éducatif, indiquée ici, est aux antipodes de la pensée racialiste et permet de mesurer toute l'ambivalence de la pensée de Taine (bien qu'il n'y ait pas, à proprement parler, de contradiction et que Taine soit probablement conscient de l'apparente incohérence).

Dans ses livres (*Philosophie de l'art, Essais de critique*),

Taine parle abondamment de « l'esprit des nations ». Le terme de « race » est employé, mais on a souvent l'impression qu'il ne s'agit que d'un synonyme, tantôt de nation, tantôt d'élément essentiel, de faculté maîtresse. Toutefois, à partir de Taine, le mot « race » poursuivra sa carrière avec une vigueur renouvelée.

Dans les transformations que subit la doctrine racialiste entre les mains de Renan et de Taine, ou encore de Le Bon, on peut voir la préfiguration de son évolution actuelle : le terme de « race », déjà inutile à l'époque, sera remplacé par celui de « culture », beaucoup plus approprié ; l'affirmation de la supériorité/infériorité, résidu d'un attachement au cadre universaliste, sera écartée au profit d'un éloge de la différence (une différence en elle-même non valorisée) ; ce qui restera en revanche inchangé sera la rigidité du déterminisme (culturel, et non plus physique) et la discontinuité de l'humanité, divisée en cultures qui ne peuvent et ne doivent jamais communiquer efficacement. L'époque du racialisme classique semble définitivement révolue, à la suite de la condamnation générale qui a frappé la politique juive de l'Allemagne nazie ; on peut donc la circonscrire avec une précision dont l'histoire des idées n'est pas coutumière, entre 1749 (Buffon) et 1945 (Hitler). Le racialisme moderne, qu'il vaudrait mieux appeler « culturalisme », trouve son origine dans les écrits de Renan, de Taine et de Le Bon ; il remplace la race physique par la race linguistique, historique ou psychologique. Il partage certains des traits de son ancêtre, mais pas tous, ce qui a permis d'abandonner le terme compromettant de « race » (et donc la première « proposition » du racialisme classique) ; néanmoins, il peut continuer à jouer le rôle assumé naguère par le racialisme. De nos jours, les comportements racistes n'ont évidemment pas disparu, ni même changé ; mais le discours qui leur sert de légitimation n'est plus le même : plutôt qu'au racialisme, il fait appel à la doctrine nationaliste, ou culturaliste, voire au « droit à la différence ».

Le racialisme comme scientisme

Le racialisme, on l'a vu depuis le début de cette discussion, s'épanouit à l'ombre de la science, car il en emprunte l'esprit déterministe en le portant à l'extrême. Le déterminisme inexorable de la race : voilà le trait partagé par des théories racialistes différentes à d'autres égards, comme celles de Gobineau, de Renan et de Taine. L'individu est impuissant face à la race, sa destinée est décidée par ses ancêtres et les efforts des éducateurs sont vains. De cette certitude « scientifique », le racialiste conclut à un ensemble de préceptes concernant la vie pratique, car la morale doit se soumettre à la science — à moins que celle-ci ne produise une moralité supérieure. Et ces préceptes seront finalement révérés à la manière des dogmes religieux. Une fois de plus, cet ensemble d'idées sera digéré et vulgarisé à l'usage du grand public dans *les Lois psychologiques de l'évolution des peuples* du docteur Gustave Le Bon.

Le Bon n'est pas moins déterministe que Taine ; mais il modifie la hiérarchie des causes, envisagée par ce dernier. Pour Taine, en effet, l'inné (la race) et l'acquis (le milieu) entretiennent un certain équilibre et même, on l'a vu, s'interpénètrent de façon inextricable. Le Bon, plus proche en cela de Gobineau, considère que l'influence du milieu est tout à fait superficielle, et que la race, ou l'hérédité, décide de tout (mais on a vu aussi que Taine pouvait en dire autant à l'occasion). Il y a donc, dans l'argumentation de Le Bon, deux versants : l'un critique, ou négatif, contre les tenants de l'idée d'une modification possible des mentalités ; et l'autre positif, affirmant la pertinence des facteurs héréditaires.

En particulier, Le Bon ne croit pas à l'idée, si répandue depuis le milieu du XVIIIe siècle, selon laquelle on peut agir sur les mœurs d'un peuple en transformant ses institutions. « Tocqueville et d'autres penseurs illustres ont cru trouver dans les institutions des peuples la cause de leur évolution.

Je suis persuadé au contraire (…) que les institutions ont sur l'évolution des civilisations une importance extrêmement faible » (p. 4). C'est là une opinion que Le Bon tient pour scientifiquement établie. « Je crois qu'il n'y a guère que dans l'obtuse cervelle des foules et dans l'étroite pensée de quelques fanatiques que puisse encore persister l'idée que des changements sociaux importants se font à coup de décrets » (p. 71). Ce qui était encore excusable à l'époque d'Helvétius (et de Tocqueville ?) ne l'est plus en son temps à lui : le moment est venu pour se rendre à l'évidence des faits. Helvétius déclarait péremptoirement : « Examinant ce que pouvaient sur nous la nature et l'éducation, je me suis aperçu que l'éducation nous faisait ce que nous sommes » (*De l'esprit,* III, 30, t. II, p. 275-276). Le Bon conteste violemment le projet éducatif, « une des plus funestes illusions que les théoriciens de la raison pure aient jamais enfantée » (*Lois,* p. 32-33), mais il le fait, il faut le remarquer, en s'appuyant sur un déterminisme qui lui vient précisément du matérialisme philosophique du XVIIIᵉ siècle, et donc aussi d'Helvétius, qui n'était pas moins déterministe que Le Bon lui-même, mais qui croyait à la force de l'acquis plutôt qu'à celle de l'inné.

Surtout, l'éducation est impossible dès qu'on franchit les frontières d'un pays. Tout ce que les Européens peuvent donner aux autres, disait Taine, c'est un vernis de civilisation ; Le Bon reprend la même métaphore : « On fait aisément un bachelier ou un avocat d'un nègre ou d'un Japonais ; mais on ne lui donne qu'un simple vernis tout à fait superficiel, sans action sur sa constitution mentale. (…) Ce nègre ou ce Japonais accumulera tous les diplômes possibles sans arriver jamais au niveau d'un Européen ordinaire » (*Lois,* p. 33). C'est que l'éducation n'a pas de prise sur les formes de la pensée ni sur le caractère. « Il est possible de dresser à l'européenne une armée de nègres, de leur apprendre à manier fusils et canons, on n'aura pas pour cela modifié leur infériorité mentale et tout ce qui découle de cette infériorité » (p. 67). Est-ce bien encore de civilisation qu'il s'agit ici ? Oui, à en croire Le Bon, qui poursuit : « Le vernis de civilisation européenne qui recouvre actuellement le Japon ne correspond nullement à l'état mental de la race. C'est un misérable habit d'emprunt que déchireront bientôt de violentes révolutions » *(ibid.)*. Les prophéties de Le Bon ne semblent pas s'être encore réalisées.

Non seulement l'éducation européenne ne produit pas d'effets positifs sur les peuples non européens, mais de plus elle les corrompt, car elle détruit l'ancien sans rien mettre à sa place ; selon l'expression plus tardive des défenseurs du colonialisme, elle laisse ces peuples enfants « au milieu du gué ». « Si, au moyen de l'éducation, on essaye de lui [au peuple primitif] éviter ces étapes, on ne fait que désorganiser sa morale et son intelligence, et le ramener finalement à un niveau inférieur à celui où il était arrivé par lui-même » (p. 65).

A cette conception erronée de l'histoire et de l'action sociale, Le Bon entend en substituer une autre, qu'il partage avec Gobineau : c'est la race qui décide de tout ; seulement, son idée de race est empruntée à Renan et à Taine : il s'agit de traditions culturelles plutôt que de sang. C'est la thèse principale de l'ouvrage de Le Bon, inlassablement répétée, mais, faut-il l'ajouter, jamais étayée. « Il nous sera facile de le prouver par quelques exemples », dit Le Bon (p. 100) : mais les exemples n'ont évidemment jamais rien prouvé ; ils servent, tout au plus, à illustrer et à séduire. Que vaut l'anecdote de Taine sur le petit Philippin retourné à la « sauvagerie » ? Est-il vrai ? Est-il représentatif ? Quelles en sont les circonstances exactes ? Nous ne le savons pas, nous ne pouvons pas le savoir, et l'auteur sait que nous ne le pourrons pas. Les énoncés de Le Bon ne sont incontestables que lorsqu'ils se réduisent à des tautologies vides de sens : « C'est de la constitution mentale des races que découle leur conception du monde et de la vie » (p. 31). Mais à quoi nous avance cette réitération de « constitution mentale » par la « conception du monde » ?

Lorsqu'on affirme aussi fortement les déterminations collectives (l'individu n'est que le représentant de sa race), on ne laisse aucune place à la liberté individuelle — conséquence devant laquelle Le Bon ne recule nullement. L'homme « a vu que ce qu'il appelait liberté n'était que l'ignorance des causes qui l'asservissent et que, dans l'engrenage des nécessités qui les mènent, la condition naturelle de tous les êtres est d'être asservis » (p. 162). On ne saurait être plus clair. La race, c'est-à-dire tous ceux qui nous ont précédés dans notre lignée, décident pour nous : « Infiniment plus nombreux que les vivants, les morts sont aussi infiniment plus puissants qu'eux » (p. 13). Car les morts agissent à travers notre inconscient collectif (racial), et l'inconscient régit l'homme : voilà pourquoi Freud réservera à Le Bon de beaux éloges.

Une fois de plus la science (de Le Bon) rend superflue l'éthique. Elle a mis en évidence, pense-t-il, le « roc inébranlable des inégalités naturelles » (p. 6), elle a « prouvé la vanité des théories égalitaires » (p. 2). Dès lors, il faut fonder là-dessus notre comportement : l'« étude approfondie » de « la constitution psychologique des peuples » devrait devenir « la base de la politique et de l'éducation » (p. 105). Toute autre attitude reviendrait à se soumettre de nouveau à la religion : les « immortels principes » de quatre-vingt-neuf ne sont rien d'autre que « les dernières divinités d'aujourd'hui » (p. 2).

Scientisme et totalitarisme

La lecture que nous faisons aujourd'hui du racialisme est inévitablement orientée par la connaissance que nous avons de sa destinée historique (depuis l'affaire Dreyfus jusqu'à l'apartheid) et plus particulièrement de son influence sur la doctrine nazie, qui a conduit à l'extermination de plusieurs millions d'êtres humains — un des plus grands crimes raciaux de l'histoire de l'humanité. L'auteur de *Mein Kampf* professait en effet des doctrines qui ne se distinguent pas sensiblement de celles de nos racialistes du XIXe siècle, dont on sait par ailleurs qu'il les avait lus. Pour Hitler aussi, la nature est omnipotente et il faut se contenter de se soumettre à ses lois ; or celles-ci nous apprennent que la vie est combat et guerre, et que seuls

survivront les plus aptes, c'est-à-dire les plus forts : comme
chez Gobineau, la civilisation est identifiée à la supériorité
militaire. Cette force provient, à son tour, de la race : toute
l'histoire est là pour le prouver, en bien comme en mal,
affirme Hitler en accord avec Le Bon, tout en entendant la
notion de race au sens de Gobineau, c'est-à-dire comme
une affaire de sang et non de culture. C'est que les races
sont douées de forces inégales, les Aryens étant au
sommet, les Noirs et les juifs, en bas. Si cette dégradation
des Sémites est nouvelle par rapport aux théories dont on a
pris connaissance jusque-là, le portrait des Sémites fait par
Hitler doit néanmoins beaucoup à Renan. C'est sur ces
bases « scientifiques » que Hitler décide de fonder une
politique : empêcher les croisements, comme le voulaient
aussi Le Bon ou Barrès, purifier la race par une sélection
rigoureuse et l'élimination des individus les moins parfaits
(on a vu le projet de l'eugénisme poindre déjà chez
Renan). Ainsi Hitler combine-t-il, de façon caractéristique,
la foi dans les lois inéluctables de la nature, et donc un
certain fatalisme, avec l'activisme le plus vif, puisque
l'État, le parti, le chef doivent lutter sans cesse pour
atteindre cet idéal.

A projeter ainsi l'histoire récente sur l'histoire plus
ancienne, nous avons à la fois raison et tort : raison, parce
qu'on ne peut négliger les conséquences pratiques d'une
idéologie (et même si on peut hésiter sur le rôle exact qu'a
joué celle-ci, on ne saurait douter qu'il a été extrêmement
important) ; tort, parce que Buffon et Gobineau, Renan et
Taine n'ont tout de même jamais envisagé l'extermination
des races inférieures dans des chambres à gaz. Mais le
rapprochement reste légitime : il s'agit moins d'*expliquer*
les horreurs du nazisme par les idées de Hitler, et celles-ci
par les théories racialistes de l'époque antérieure, que
d'*évaluer* ces théories à la lumière de l'idéologie nazie, dont
on connaît par ailleurs l'équivalent en actes. Sans vouloir
imputer aux auteurs du XIXe siècle ce qui allait se passer au
XXe, il faut constater que les implications néfastes de ces
doctrines ne sont pas, non plus, entièrement absentes de
l'esprit des racialistes français. On en trouvera la preuve,
une fois de plus, chez Renan, qui a consacré à ce sujet une

vingtaine de pages frappantes, constituant son troisième *Dialogue philosophique*.

Ce dialogue, dont le principal orateur se nomme Théoctiste, porte sur la nature de l'idéal auquel on devrait aspirer, sur ce que pourrait être la perfection de l'univers. L'univers, et non pas l'humanité : ce premier point est important, et explicitement souligné par Théoctiste : il s'agit d'« assigner en un mot à l'univers un but supérieur à l'humanité » (t. I, p. 602). En d'autres termes, on ne s'interrogera pas sur ce qui rend les êtres humains plus heureux, ou sur ce qui leur convient le mieux, mais, comme plus tard chez Lévi-Strauss, on cherchera à pénétrer des desseins supra- ou trans-humains, afin de tenter de s'y conformer par la suite. Une telle manière de poser le problème écarte d'emblée la réponse alors la plus courante sur la nature de cet idéal, réponse qu'on peut rattacher au courant philosophique et idéologique de l'individualisme ; il est en effet déraisonnable de penser que l'univers entier a pour finalité de contribuer au petit bonheur d'un individu. « Le principe que la société n'existe que pour le bien-être et la liberté des individus qui la composent ne paraît pas conforme aux plans de la nature, plans où l'espèce est seule prise en considération, et où l'individu semble sacrifié » (p. 608). Il faut donc, pour commencer, se débarrasser de « notre individualisme superficiel » (p. 623). Théoctiste donne à ce geste deux espèces de justifications. La première est que la subordination du petit au grand, de l'individuel au général est dans la nature des choses : il suffit de regarder autour de soi pour le constater. « La nation, l'Église, la cité existent plus que l'individu, puisque l'individu se sacrifie pour ces entités, qu'un réalisme grossier regarde comme de pures abstractions » (p. 604). La seconde concerne non plus le fait mais le droit : une telle soumission est non seulement omniprésente, mais juste. « Le sacrifice d'un être vivant à une fin voulue par la nature est légitime » (p. 623), la raison en étant qu'un bien général justifie un mal particulier.

La nation, la cité, ou encore l'État et la royauté, tels qu'ils existent à présent, sont bien des entités transindividuelles auxquelles se plient, ou doivent se plier, les

volontés particulières. Mais il ne s'agit là que d'un état des
choses bien imparfait ; l'idéal exige que nous allions
beaucoup plus loin dans la même voie. Pour y parvenir un
moyen s'impose — présenté au demeurant par Théoctiste
non pas comme moyen mais plutôt comme partie intégrante du but lui-même — à savoir, le règne des meilleurs.
Tous ne peuvent devenir parfaits en même temps ; il faut
donc que ceux qui le sont déjà soient favorisés, et qu'ils
dirigent les autres. « L'essentiel est que la grande culture
s'établisse et se rende maîtresse du monde, en faisant sentir
sa bienfaisante influence aux parties moins cultivées »
(p. 607). « La masse travaille, quelques-uns remplissent
pour elle les hautes fonctions de la vie ; voilà l'humanité »
(p. 624). On peut donc, en passant de la perspective
cosmique à celle des hommes, traduire « la perfection de
l'univers » par « le règne des meilleurs ». « Le but poursuivi par le monde, loin d'être l'aplanissement des som-
mités, doit être au contraire de créer des dieux, des êtres
supérieurs, que le reste des êtres conscients adorera et
servira, heureux de les servir » (p. 609). « En somme, la fin
de l'humanité, c'est de produire de grands hommes »
(p. 610).

Cette équivalence une fois posée, Théoctiste se demande
— en fait un peu hypocritement — quelle serait la forme de
gouvernement qui permettrait de la réaliser ; et il en
envisage trois possibles : le règne de l'un, ou monarchie ; le
règne de quelques-uns, ou oligarchie ; et le règne de tous,
ou démocratie. La solution monarchique se situe un peu à
part, et ne se rapporte pas directement au sujet qui nous
occupe ; l'opposition cruciale est entre oligarchie et démocratie. Or, l'issue de leur rivalité est en fait décidée
d'avance, puisque l'une mais non l'autre se conforme à
l'idéal élitiste de l'humanité ; il est néanmoins intéressant
de relever les critiques adressées par Théoctiste à la
démocratie et les conséquences envisagées de l'oligarchie.

La critique de la solution démocratique est en effet
double. D'une part, l'idéal de la démocratie — l'égalité —
est incompatible avec le but recherché, le règne des
meilleurs ; il y a donc disparité entre fonction et forme.
Mais, à côté de cet argument de droit, vient de nouveau un

argument de fait : s'y efforcerait-on qu'on ne parviendrait jamais au but ; la démocratie, c'est l'impuissance. « Nous ne concevons guère de grande culture régnant sur une portion de l'humanité, sans qu'une autre portion y serve et y participe en sous-ordre » (p. 607). « Un savant est le produit de l'abnégation, du sérieux, des sacrifices de deux ou trois générations ; il représente une immense économie de vie et de force. (...) Il faut un terreau d'où il sorte » (p. 609-610). Il faut choisir entre : atteindre les sommets, ou répartir la pénurie entre tous ; il est illusoire de penser que l'ensemble des êtres humains puissent parvenir à la perfection. « Si l'ignorance des masses est une condition nécessaire pour cela, tant pis » (p. 610). « La raison, la science sont des produits de l'humanité, mais vouloir la raison directement pour le peuple et par le peuple est chimérique » (p. 608). En fait la solution démocratique souffre d'un handicap depuis le début, puisque Théoctiste avait choisi de se placer, non dans l'optique de l'humanisme et de l'individualisme, dont la démocratie est l'expression politique, mais dans celle d'une sorte de naturalisme.

C'est évidemment l'oligarchie qui se présente comme la forme la plus appropriée pour la marche vers l'idéal. Le règne des meilleurs signifie pour Théoctiste le règne des savants. « L'élite des êtres intelligents, maîtresse des plus importants secrets de la réalité, dominerait le monde par les puissants moyens d'action qui seraient en son pouvoir, et y ferait régner le plus de raison possible » (p. 611). C'est à partir de ce moment que le règne d'une élite sur le reste de la population est réellement justifié. « Alors l'idée d'un pouvoir spirituel, c'est-à-dire ayant pour base la supériorité intellectuelle, serait une réalité » (p. 612). C'est pour cette raison que les efforts de tous doivent contribuer à la production de ces êtres-là. La science est donc politiquement marquée, elle est du côté des « tyrans positivistes » (p. 614), et elle s'oppose au règne du suffrage universel. « Le grand œuvre s'accomplira par la science, non par la démocratie » (p. 610). Il faut que la science se rende maîtresse du monde, car les savants incarnent le principe supérieur de l'humanité, à savoir la raison.

Théoctiste, et Renan à travers lui, rêvent à la conjonction finale du savoir et du pouvoir. « La vérité sera un jour la force » (p. 615). Cela ne signifie pas seulement, on l'a vu, que le pouvoir appartiendra aux savants, mais aussi que la science produira la puissance qui lui permettra de régner partout. « La théorie se vérifiera par ses applications. Une théorie d'où sortiront des machines terribles, domptant et subjuguant tout, prouvera sa vérité d'une façon irrécusable » *(ibid)*. Non seulement la vérité donne la force, mais encore la force prouve la vérité : celui qui a gagné ne peut avoir tort. En cela encore, l'oligarchie est préférable à la démocratie : les moyens dont dispose la démocratie pour transformer le monde, à savoir la discussion et la persuasion, s'avèrent bien peu efficaces ; on avance beaucoup plus vite si l'on peut procéder « par acte de foi » (p. 609) : on relèvera qu'ici comme ailleurs, chez Renan, la science renonce à l'un de ses principes pour se rapprocher de la religion.

Quels sont, concrètement, les moyens par lesquels l'élite des savants imposera sa dictature, sur ses concitoyens d'abord, sur le reste du monde ensuite ? On pourra en distinguer trois principaux. Le premier est la terreur. Les anciennes religions ont voulu faire peur à des hommes crédules, en les menaçant des flammes de l'enfer ; mais une fois débarrassés de leur superstition, les hommes n'éprouvent plus de crainte. Le gouvernement de la science peut faire mieux : « Une autorité pourrait bien un jour avoir à sa disposition l'enfer, non un enfer chimérique, de l'existence duquel on n'a pas de preuve, mais un enfer réel » (p. 613). L'existence d'un tel lieu — d'une telle geôle, d'un tel camp — jetterait la véritable frayeur dans les cœurs. « L'être en possession de la science mettrait une terreur illimitée au service de la vérité » (p. 615). C'est là en effet un moyen puissant, et du coup « l'idée même de la révolte disparaîtrait » *(ibid)*. S'il se trouvait néanmoins des individus refusant de se soumettre, ceux-ci seraient purement et simplement éliminés : « Quiconque y résisterait, c'est-à-dire ne reconnaîtrait pas le règne de la science, l'expierait sur-le-champ. (…) Toute méconnaissance de sa force [celle de la raison] sera punie de mort immédiate » (p. 615-616).

Pour l'exécution de ces tâches, le gouvernement scientifique aurait à sa disposition un corps spécial (des janissaires, des tchékistes, des SS), « machines obéissantes, dégagées de répugnances morales et prêtes à toutes les férocités » (p. 614).

Le second moyen d'action sur la société est l'eugénisme, ou amélioration de l'espèce (Théoctiste rejoint sur ce sujet Renan). « Une large application des découvertes de la physiologie et du principe de sélection pourrait amener la création d'une race supérieure, ayant son droit de gouverner, non seulement dans sa science, mais dans la supériorité même de son sang, de son cerveau et de ses nerfs » (p. 616). Force et science se rendent mutuellement service : la science donne la force, mais elle accorde aussi à ceux qui la détiennent, par un retour sur soi, un avantage plus grand encore sur les autres ; par là même, leur règne est mieux assuré. A la place de l'aristocratie actuelle, dont la supériorité est purement fictive, viendra la véritable noblesse des êtres produits par la science, qui seront aussi différents des autres habitants de la terre que l'homme l'est des animaux. Imitant en cela la botanique et la zoologie, la biologie humaine contribuerait à la fabrication d'une espèce plus perfectionnée, en éliminant tous les spécimens défectueux et en favorisant le développement des aspects essentiels de l'organisme. « Il est possible que le moyen de concentrer toute la force nerveuse du cerveau, de la transformer toute en cerveau, si l'on peut dire ainsi, en atrophiant l'autre pôle, soit trouvé un jour » (p. 617) ; une telle transformation serait immédiatement mise au service des « tyrans positivistes ».

Enfin le troisième grand moyen, c'est l'arme suprême. Pour que le règne de la vérité soit garanti, il faut que celle-ci dispose de moyens techniques adéquats. « Un pouvoir spirituel ne sera réellement fort que quand il sera armé, quand il aura en main une force matérielle qui n'appartienne qu'à lui » (p. 612). Or, la création d'une arme assurant la maîtrise est à la portée de la science ; le jour où celle-ci l'aura produite, le monde entier devra se soumettre au pays qui la détient. « Par l'application de plus en plus étendue de la science à l'armement, une domination

universelle deviendra possible, et cette domination sera
assurée en la main de ceux qui disposeront de cet armement » (p. 611). « Le jour, en effet, où quelques privilégiés
de la raison posséderaient le moyen de détruire la planète,
leur souveraineté serait créée ; ces privilégiés régneraient
par la terreur absolue, puisqu'ils auraient en leur main
l'existence de tous » (p. 615). Tous ceux qui contesteraient
alors le droit de la science à régner seraient menacés
d'anéantissement immédiat.

La réalisation de ce rêve, version moderne et macabre de
la République de Platon, n'est pas tout à fait pour demain,
admet Théoctiste. Mais on peut, dès à présent, analyser le
monde en fonction de son avenir probable ou souhaitable,
et y déceler des éléments qui permettent de préciser les
futures réalisations. C'est ainsi que Théoctiste imagine,
pour des raisons semblables à celles qu'avançait Tocqueville à Gobineau, que le règne scientifique s'établira
d'abord en Allemagne. « Le gouvernement du monde par
la raison, s'il doit avoir lieu, paraît mieux approprié au
génie de l'Allemagne, qui montre peu de souci de l'égalité
et même de la dignité des individus, et qui a pour but avant
tout l'augmentation des forces intellectuelles de l'espèce »
(p. 619).

La grande justification de ce projet lui vient de ce qu'il
est, on l'a vu, en accord avec la nature. « La nature, à tous
les degrés, a pour soin unique d'obtenir un résultat
supérieur par le sacrifice d'individualités inférieures »
(p. 623). Elle ne se préoccupe pas des victimes : « La
nature ne s'arrête pas devant de tels soucis ; elle sacrifie des
espèces entières pour que d'autres trouvent les conditions
essentielles de leur vie » (p. 610), elle est donc elle-même
oligarchique et antidémocratique. Or, tout ce qui sert les
desseins de la nature est légitime, et il n'y a aucunement
lieu de prononcer là-dessus des condamnations morales.
De toute façon, si une chose est, cela prouve qu'elle doit
être, et le « désir d'exister » prime sur « notre convenance » et « nos lois » (p. 605). Les lois de la nature, cela
va sans dire, sont découvertes par les savants, qui n'hési-
tent pas cependant à s'en écarter, s'ils jugent les réalisations de la nature par trop timides. « C'est à la science à

prendre l'œuvre au point où la nature l'a laissée » (p. 617). Certaines plantes, certains animaux n'existeraient pas sans l'intervention volontaire des hommes (des savants), ce sont pourtant les plus utiles de tous. La race d'êtres supérieurs qu'aura à produire la science n'est pas dans la nature, elle est même un « être contre nature » *(ibid.)* ; elle n'en est pas moins justifiée par des principes tirés de la « nature » !

Il faut se demander maintenant dans quelle mesure le « rêve » de Théoctiste est une utopie ou une « dystopie » (une utopie négative) ; ou, d'un autre point de vue, dans quelle mesure Renan prend à son compte l'idéal qui s'y formule. Dans la Préface aux *Dialogues,* il prend ses distances — mais seulement en ce sens qu'il ne veut pas endosser personnellement une quelconque idée développée dans son œuvre ; il se refuse tout autant à les condamner. « Chacun de ces personnages représente (...) les côtés successifs d'une pensée libre ; aucun d'eux n'est un pseudonyme que j'aurais choisi » (p. 552). A l'intérieur même des *Dialogues,* il présente la position de Théoctiste comme une exagération — mais exagération parfaitement cohérente — de ce que tout le monde croit ; c'est pourquoi « il s'en échappe parfois des rayons de lumière » (p. 601) ; après l'avoir entendu, un autre protagoniste le compare à Colomb qui entrevoit l'Amérique à une époque où on en ignorait encore l'existence ; du rapprochement des rêves, dit le même, jaillira un jour la vérité. Le texte de Renan est comparable à cet égard au *Dialogue de Machiavel et Montesquieu aux enfers* de P. Joly. Mais le commentaire le plus éclairant de l'attitude de Renan à l'égard de ces idées se trouve dans un autre de ses écrits, non dialogué celui-là, et strictement contemporain des *Dialogues :* il s'agit de « La réforme intellectuelle et morale de la France ». La voie indiquée par Théoctiste est plus ou moins celle que suit, aux yeux de Renan, l'Allemagne contemporaine (d'où la localisation du rêve) ; Renan se demande si elle convient à la France et conclut négativement : étant donné le caractère des habitants du pays et les vicissitudes de son histoire, la voie française devrait être un compromis entre cet idéal et la réalité historique, c'est-à-dire, en l'occurrence, la démocratie. Il faut bien se résigner à maintenir le suffrage universel, mais on pourrait le rendre indirect ; il faut bien renoncer aux guerres en Europe, mais les guerres coloniales sont bienfaisantes ; on doit assurer l'instruction, mais ne pas la confier à l'État, etc. Cette position, Renan l'avait déjà soutenue avant la guerre, dans « La monarchie constitutionnelle en France » ; et, jusqu'à la fin de sa vie, il professera les mêmes options politiques : la seule chose qui le sépare de son ami Berthelot, dira-t-il dans ses *Souvenirs,* est que, à la démocratie, il préfère le règne d'un tyran instruit.

On doit accorder à Renan qu'il parvient à évoquer, en ces quelques pages, bon nombre de problèmes devenus familiers au lecteur du XXᵉ siècle : les États totalitaires, la terreur policière, les armements nucléaires, la politique eugénique des nazis. Nous n'en sommes pas (encore ?) arrivés à la fabrication chimique d'êtres supérieurs (le sujet reste réservé aux ouvrages de science-fiction) ; mais, de manière peut-être plus insidieuse, nous commençons à accepter l'idée de la légitimité des manipulations génétiques et d'autres techniques d'intervention dans le processus de reproduction humaine. Nous ne sommes pas loin de vouloir éliminer les embryons imparfaits ou de choisir le sexe, et même le type d'intelligence, de nos enfants. A une époque où la science est devenue l'incarnation de la plus haute autorité, les rêveries de Théoctiste sont devenues des problèmes bien réels : si la science et la technique se développent sans entrave extérieure, guidées par le seul souci de leur propre avancement et non par celui du bien de l'humanité, ou — pis — si elles sont mises au service de visées politiques et personnelles qui mettent en danger la vie d'une partie de l'humanité, alors les conséquences envisagées par Renan n'ont rien d'invraisemblable, et, même si lui les expose avec sérénité, nous avons raison d'en avoir peur.

Est-ce bien la science qu'il faut tenir pour responsable de ces malheurs futurs ou présents ? Le raisonnement de Théoctiste repose sur une double supposition : que la science elle-même est infaillible ; et que ceux qui la représentent, les savants-rois, les tyrans positivistes, sont des êtres désintéressés, uniquement préoccupés de la poursuite de leur idéal, l'univers harmonieux. C'est pourquoi il prévient ses interlocuteurs : « L'ordre d'idées où je me tiens en ce moment ne se rapporte qu'imparfaitement à la planète Terre » (p. 616), et il précise : « Il est clair que le règne absolu d'une portion de l'humanité sur une autre est odieux si l'on suppose que la partie régnante n'est mue que par l'égoïsme personnel ou l'égoïsme de classe » (p. 614) ; mais il se contente d'affirmer que telle n'est pas son hypothèse.

Ces deux dangers sont en fait bien plus réels que Théoctiste, voire Renan veulent bien le dire. La raciologie de Renan lui-même, qui lui paraît conduire à des faits indubitables, s'est avérée des plus fragiles : du point de vue de la science d'aujourd'hui, elle est à ranger aux côtés de l'astrologie et de l'alchimie ; elle nous renseigne sur son sujet, le savant, bien plus que sur son objet, les populations. Non seulement la science n'est pas toujours parfaite, on a envie de dire qu'au contraire elle ne l'est jamais : il est dans la nature même de la connaissance scientifique qu'aucun de ses résultats ne doit être tenu pour définitif. Quant aux êtres individuels qui incarnent la politique réputée scientifique, on sait qu'ils ont quelque mal à rester au-dessus de tout soupçon : les bureaucrates des pays totalitaires, censés conduire cette politique, pensent bien plus à leurs avantages personnels qu'au bien de l'humanité, ou même de leur patrie.

Mais, à supposer même avec Théoctiste ces deux obstacles levés — en raisonnant donc dans l'abstrait —, la responsabilité de la science ne paraît pas clairement établie. Le « mal » n'a pas attendu la science pour naître : ce qui est propre au xxᵉ siècle n'est pas le surgissement du mal, mais le fait qu'il puisse se servir des techniques scientifiques, depuis les fours crématoires si efficaces jusqu'aux bombes atomiques, en passant par l'organisation de l'État sur les principes du matérialisme historique. En d'autres termes, ce n'est pas la science qui est à blâmer, mais l'usage qui en est fait, et qui finit par en être un détournement complet. C'est non pas la science mais le scientisme qui, ne laissant aucune place à l'exercice de la

volonté et à la liberté, prétend soumettre la politique et
l'éthique à la science; du coup, comme on l'a vu avec
Renan, les énoncés scientifiques acquièrent le statut
d'énoncés de foi, c'est-à-dire le contraire de ce qu'ils
étaient censés être. Il n'est pas vrai que, dans les États
totalitaires, la science dicte la politique et l'éthique (le
croire, c'est se laisser prendre aux arguments de propagande) : c'est encore une politique et une éthique qui
soumettent la science, mais le camouflage scientifique leur
permet de poursuivre des buts qui, autrement, seraient
jugés contraires au bien-être de l'humanité.

Si l'on en doutait encore, il suffirait d'observer le destin
de la vie scientifique dans les pays totalitaires : celle-ci est
soumise aux oukases de l'idéologie et aux arguments
d'autorité; que l'on pense seulement à la tristement célèbre
« affaire Lyssenko ». Afin de progresser, la science a
besoin d'être dégagée de toute entrave (même s'il y a lieu,
dans un deuxième temps, de juger ses résultats d'un point
de vue éthique); elle n'accède au consensus que par des
arguments rationnels et par le dialogue. Or, dans la société
totalitaire, on ne discute pas avec les « autrement pen-
sants », on les prive de leur travail, on les enferme à l'asile,
on les jette en prison ou dans un camp, dans le meilleur des
cas on les exile. Même les énoncés de forme scientifique se
trouvent dotés d'un statut qui est celui des articles de foi;
or, il est illégitime de qualifier de science ce qui n'est qu'un
nouveau dogme, et de rendre la science responsable de
l'avènement du totalitarisme. La preuve ultime n'en est-
elle pas contenue dans ce fait que Staline et Hitler, qui se
sont trouvés à la tête de ces États prétendument soumis aux
exigences de la raison et de la science, étaient des êtres qui
fonctionnaient à la limite de la maladie mentale ?

Le scientisme n'est pas la science. Et, faudrait-il ajouter,
le scientisme n'est pas l'humanisme. Même s'il est vrai
qu'humanisme et scientisme coexistent chez certains philosophes des Lumières, il faut être très myope, ou d'une
parfaite mauvaise foi, pour penser qu'ils se confondent.
Renan l'a d'ailleurs bien vu, puisqu'il commence le rêve de
Théoctiste par un rejet de l'idéal humanitaire, à la place
duquel il met le projet de perfectionner l'univers, de suivre

les desseins de la nature. Ne pas distinguer entre les deux, c'est tenir pour inexistants les débats entre Rousseau et Diderot, entre Tocqueville et Gobineau, et bien d'autres du même genre. C'est le scientisme, et non l'humanisme, qui a contribué à jeter les bases idéologiques du totalitarisme ; ce sont, on l'a vu, les théories racialistes — celles de Gobineau, de Renan, de Le Bon et d'autres — qui ont préparé le délire antisémite de Hitler et conditionné les populations européennes à l'accepter ; ce sont les principes scientistes qui ont justifié une politique inhumaine. Même quand le déterminisme professé par ces théories laisse de côté notre nature biologique, et se limite aux seules formes de société, il n'est pas moins dangereux, comme l'a prouvé l'existence d'un totalitarisme fondé sur les lois de l'histoire (le stalinisme et ses avatars) : à soutenir que les différences entre les êtres sont d'ordre social et non physique, on n'en extermine pas avec moins de résolution. La relation entre scientisme et totalitarisme ne se limite pas à cette justification des actes par des nécessités prétendument scientifiques (biologiques ou historiques) : il faut déjà pratiquer le scientisme, fût-il « sauvage », pour croire à la transparence parfaite de la société, et donc à la possibilité de transformer celle-ci en fonction de son idéal, par le moyen d'une révolution. L'utopisme (dont certaines variantes ont engendré les systèmes totalitaires) présuppose à son tour qu'on partage le point de vue scientiste.

Pour autant, le scientisme ne conduit pas nécessairement au totalitarisme ; mais ce fait le rend plus, et non moins, dangereux. Dans les États démocratiques aussi, en effet, à la suite de l'effondrement du pouvoir spirituel de l'Église, c'est la science qui tend à occuper sa place : les rêves de Comte et de Renan se sont bel et bien réalisés. Les décisions prises par les gouvernements et les assemblées ne peuvent, semble-t-il, trouver de meilleure justification que celle qui leur vient des normes du « progrès scientifique » ou de l'« efficacité technologique ». Nous n'habitons pas encore dans un monde géré à la manière d'un laboratoire, mais la tentation n'est pas loin. Si nous voulons y échapper, il est indispensable de combattre, non seulement les formes les plus voyantes du scientisme, telles qu'on les observe à l'œuvre dans les régimes totalitaires, mais aussi ses formes insidieuses, qui imprègnent la vie démocratique. Et ce combat implique que l'éthique reprenne la place usurpée par l'idéologie scientiste.

3

Nations

La nation
et le nationalisme

Distinctions et définitions

Laissant de côté maintenant les races, ou groupements fondés sur la proximité physique, et revenant au problème des jugements universels et relatifs, on peut rappeler le fait banal que les êtres humains n'existent pas seulement en tant qu'individus : ils appartiennent aussi à des groupes *sociaux* de taille variable. Deux espèces de groupes s'avèrent plus importantes que les autres, dans notre perspective : les entités ethniques et les entités politiques. Nous appartenons tous, d'une part, à des communautés qui pratiquent la même langue, habitent le même territoire, ont une certaine mémoire commune, possèdent les mêmes coutumes (c'est en ce sens que les anthropologues emploient le mot « culture », en en faisant ainsi un synonyme d'« ethnie ») ; et d'autre part à des communautés qui nous assurent des droits et nous imposent des devoirs — dont nous sommes les citoyens —, et qui peuvent entrer en conflit armé les unes avec les autres. D'un côté les cultures, de l'autre les États.

La nation, elle, est une entité *à la fois* politique et culturelle. Alors que les entités culturelles et politiques ont toujours existé, les nations sont une innovation, introduite en Europe à l'époque moderne. Antonin Artaud, une fois n'est pas coutume, a clairement distingué entre deux espèces de nationalisme, fondées sur ces deux aspects de la nation, tout en exprimant un jugement de préférence pour l'une d'entre elles. « Il y a le nationalisme culturel où s'affirme la qualité spécifique d'une nation et des œuvres de cette nation et qui les distingue ; et il y a le nationalisme qu'on peut appeler civique et qui, dans sa forme égoïste, se résout en chauvinisme et se traduit par des luttes douanières et des guerres économiques quand ce n'est pas la guerre totale » (*Messages révolutionnaires,* p. 106). Les nationalismes qui se fondent sur chacun de ces aspects de la nation sont non seulement différents mais, à certains égards au moins, opposés. Le nationalisme culturel, c'est-à-dire l'attachement à sa culture, est une voie qui conduit vers l'universel — en approfondissant la spécificité du particulier dans lequel on vit. Le nationalisme civique, tel que l'évoque Artaud, est un choix préférentiel pour son pays contre les autres pays — un choix, donc, antiuniversaliste.

Montesquieu, pour l'évoquer brièvement avant d'y revenir en détail, a cherché à interpréter la nation en tant qu'entité culturelle. Dans l'immense construction de l'*Esprit des lois,* ce qu'il appelle « l'esprit général » d'une nation joue un rôle essentiel (son analyse occupe, approximativement, la moitié de l'ouvrage). Cet esprit est la résultante de toute une série de facteurs : les formes de gouvernement, les traditions, les mœurs, les conditions géographiques, et ainsi de suite. En seul sens cet esprit de la nation conduit-il à l'universel ? Dans ses *Pensées,* Montesquieu suggère, à propos des religions, une réponse qu'on pourrait également appliquer aux nations. « Dieu est comme ce monarque qui a plusieurs nations sous son empire : elles viennent toutes lui porter le tribut, et chacune lui parle sa langue » (2117). Cet aphorisme met en parallèle trois séries de termes. Dieu est unique et universel, les religions sont multiples et diverses ; il n'y a pourtant pas de contradiction : chaque religion est un chemin différent pour avancer vers le même point. — Les langues sont multiples, or pour celui qui en connaît plus d'une, le même sens peut se révéler à travers chacune d'elles. — Des nations multiples peuvent avoir le même roi, et lui verser toutes des tributs ; matériellement différents, ces tributs s'équivalent aux yeux du monarque (tout comme l'argent traduit la valeur de tous les biens sur une même échelle). — Or la religion, la langue, les institutions politiques sont

autant d'éléments de l'esprit d'une nation (de sa culture) ;
on peut donc raisonnablement supposer que s'y retrouve la
même relation : la culture est comme une langue qui
permet d'accéder à l'universel ; une culture n'est, *a priori*,
ni meilleure ni pire qu'une autre : « Les divers caractères
des nations sont mêlés de vertus et de vices, de bonnes et
de mauvaises qualités » (*Esprit des lois,* XIX, 10). Mais il
faut absolument en avoir une ; sans langue, pas d'accès au
sens.

L'acception civique, ou encore politique, du mot est
toute différente. En première approximation, on peut dire
que ce nationalisme-là procède de la préférence avouée
pour les « siens » au détriment de tous les « autres », ce qui
semble être reconnu, depuis la plus haute antiquité, comme
une caractéristique de tous les groupements humains ; c'est
ce qu'on pourrait appeler leur patriotisme. Hérodote, dans
son *Enquête,* décrit ainsi les Perses : « Parmi les autres
peuples ils estiment d'abord, après eux-mêmes toutefois,
leurs voisins immédiats, puis les voisins de ceux-là, et ainsi
de suite selon la distance qui les en sépare ; les peuples
situés le plus loin de chez eux sont à leurs yeux les moins
estimables : comme ils se jugent le peuple le plus noble à
tout point de vue, le mérite des autres varie pour eux selon
la règle en question, et les nations les plus éloignées leur
semblent les plus viles » (I, 34). Mais à ce prix, qui d'entre
nous n'est pas perse ? Un tel patriotisme ne serait que la
transposition, sur le plan du groupe, de l'égocentrisme
individuel. Et tout comme l'égocentrisme semble être un
trait, sinon universel, tout au moins inévitable pendant une
certaine période du développement (l'enfance), le traitement privilégié des « siens » au détriment des « autres » est
pour le moins le propre de certaines phases de l'histoire des
peuples ; c'est en somme la réaction spontanée, antérieure
à toute éducation ; nous pourrions nous y référer ici comme
à la « règle d'Hérodote ». Mais nous n'avons pas encore
affaire au nationalisme moderne.

Quel jugement porter sur le patriotisme, ainsi entendu ?
On pourrait dire, d'un côté, qu'il n'y a pas un grand orgueil
à tirer d'une attitude somme toute assez égoïste. Il faut
remarquer cependant aussi que, en passant de l'individu au

groupe, l'égoïsme n'a pu rester indemne. La différence entre « se soucier de soi » et « se soucier des siens » est radicale : c'est celle qui sépare l'égoïsme, justement, de son contraire, le sacrifice de soi. La valorisation du groupe a deux faces : elle implique l'oubli de l'entité inférieure (de soi) comme de l'entité supérieure (des autres groupes, de l'humanité). L'attachement au groupe est un acte à la fois de solidarité et d'exclusion.

La vraie école de solidarité se trouve dans des groupes inférieurs en taille à la nation : la famille ou le clan, ensuite le village ou le quartier. C'est là que l'enfant apprend à surmonter son égocentrisme natif. L'exclusion des autres y est toute relative : l'enfant sait que les autres familles existent, et n'imagine pas la vie sans elles ; mais il apprend aussi qu'une fidélité supérieure le lie aux siens : c'est à la fois un droit à recevoir de l'aide, et un devoir de la donner. Il y a donc là l'acquisition des premières notions de morale, et on peut se demander si ce n'est pas aussi la seule forme d'acquisition suffisamment solide, susceptible de durer et de s'accroître. Telle était en tout cas l'opinion d'Auguste Comte, qui jugeait que les affections familiales constituaient « la seule transition réelle des instincts égoïstes aux sympathies universelles » (*Système de politique positive,* t. I, p. 396), et qui pensait que toute autre voie vers la morale s'avérerait tôt ou tard illusoire : « Toute tentative pour diriger l'éducation morale vers l'essor direct de celle-ci, en franchissant ce degré moyen, doit être jugée radicalement chimérique et profondément désastreuse » (t. I, p. 94). L'amour de l'humanité ne vaut pas cher s'il n'est pas d'abord amour de ses proches. Celui-ci n'a donc rien de condamnable, au contraire : il faut qu'il soit présent pour qu'un travail sur soi puisse l'étendre, de proche en proche, à l'ensemble du genre humain, comme le veulent les principes de la morale.

Mais la nation n'est pas un tel groupe spontanément formé. Elle est, avant tout, beaucoup plus grande que la famille ou le quartier, ce qui entraîne deux conséquences. D'une part, elle est trop grande pour qu'on en connaisse tous les membres (les compatriotes), ou même qu'on ait beaucoup d'intérêts en commun avec eux ; d'autre part, elle est suffisamment grande pour donner à l'individu l'illusion de l'infini (et donc pour lui fermer la voie des « sympathies universelles »). Elle n'est ni une vraie école de solidarité (elle exige du reste le renoncement à la fidélité familiale), ni une transition commode vers le respect de l'humanité sous toutes ses formes. C'est pourquoi l'histoire regorge d'exemples où le dévouement familial côtoie la tolérance pour l'étranger, alors que le nationalisme ne conduit jamais à l'universel.

Il est important de distinguer entre les deux sens du mot « nationalisme », car, comme le faisait déjà Artaud, nous serons amenés à porter sur eux des jugements différents. Mais s'agit-il d'une simple homonymie et n'y a-t-il aucune relation significative entre eux ? La relation existe, bien entendu ; mais elle est dans l'objet, non dans le concept qui le saisit. Il se trouve que la nation-comme-culture, ensemble d'individus partageant un certain nombre de caractéristiques, *coïncide* partiellement avec la nation-comme-État, un pays séparé des autres par des frontières politiques. Et, dans les faits, les deux sont fréquemment liés : c'est parce qu'il existe une conscience culturelle nationale que l'idée d'autonomie politique peut frayer son chemin ; réciproquement, l'État (nation) peut permettre à la culture (nation) de s'affirmer et de s'épanouir. Il n'en reste pas moins que les concepts eux-mêmes sont indépendants, et dans une certaine mesure opposés, puisque l'universel est le contraire du particulier. De surcroît, la culture commune n'est pas nécessairement nationale (en général elle est de dimension plus réduite, mais elle peut aussi être transnationale) ; et l'existence d'un État autonome n'est ni suffisante, ni nécessaire à la survie d'une culture particulière. Mais si l'implication entre culture et État n'est pas rigoureuse sur le plan de la simple logique, elle peut devenir impérative dans certaines circonstances historiques.

Il faut maintenant introduire une autre distinction, entre deux sens du mot « nation », tous deux de nature politique. On pourrait appeler l'un « intérieur » et l'autre « extérieur ». Le premier sens est celui qui devait prendre une importance considérable à la veille de la Révolution française et pendant ses premières années. La nation est

un espace de légitimation et s'oppose, en tant que source
de pouvoir, au droit royal ou divin : on agit au nom de la
nation, au lieu de se référer à Dieu ou au roi ; on crie
« Vive la nation ! » au lieu de « Vive le roi ! ». Cet espace
est alors perçu comme celui de l'égalité : non de tous les
habitants, il est vrai, mais de tous les citoyens (ce qui exclut
les femmes et les pauvres) ; on recourt à la « nation » pour
combattre les privilèges sociaux ou les particularismes
régionaux. Tout autre est le deuxième sens, « extérieur »,
du mot « nation » : une nation s'oppose cette fois-ci à une
autre, et non plus au roi, ou à l'aristocratie, ou aux régions ;
les Français sont une nation, les Anglais en sont une autre.

Les deux sens du mot ont, encore une fois, un rapport
entre eux, mais il se limite, de nouveau, à l'identité
(éventuelle) de l'objet. Sous l'Ancien Régime, l'individu
ne s'identifie pas fortement à son pays. Comme le dit
Renan : « Une cession de province n'est alors qu'une
translation de biens immeubles d'un prince à un prince ; les
peuples y restaient le plus souvent indifférents » (« La
réforme intellectuelle et morale de la France », p. 453).
Comment se reconnaître dans tel pays de préférence à tel
autre, s'il suffit d'un mariage royal pour changer de
citoyenneté ? Comment croire que la guerre vous concerne
personnellement alors qu'elle est l'effet du caprice d'un
prince ? En revanche, à partir du moment où la nation, au
sens d'ensemble des citoyens, est devenue le lieu du
pouvoir, chacun de ses membres peut considérer l'État
comme *son* État : c'est par là que s'introduit le nationalisme « extérieur » moderne. Voltaire l'avait bien vu déjà :
« Un républicain, disait-il, est toujours plus attaché à sa
patrie qu'un sujet à la sienne, par la raison qu'on aime
mieux son bien que celui de son maître » (*Pensées sur le
gouvernement*, p. 527). Il n'en reste pas moins que l'intention sous-jacente aux deux concepts est de nouveau différente, voire opposée, puisque la nation « intérieure »
procède de l'idée d'égalité, alors que la nation « extérieure » implique au contraire le choix préférentiel d'un
pays au détriment de tous les autres, donc l'inégalité.

C'est précisément la rencontre de ces divers sens,
intérieur et extérieur, culturel et politique, qui a engendré

la nation et le nationalisme, entités spécifiquement *modernes*. Ils se caractérisent par la fusion de ce que je m'emploie à distinguer ici. La légitimation par la nation, plutôt que par Dieu, a été considérée comme solidaire de la préférence pour son pays, au détriment des principes universels ; l'appartenance culturelle — incontestable, inévitable — est devenue la justification d'une revendication, celle de la coïncidence entre entités culturelles et politiques. Ce qui nous préoccupera ici, toutefois, est moins ce nationalisme moderne dans toute son étendue, que le sentiment patriotique (qui, lui, existe depuis des temps immémoriaux), dans ses manifestations récentes.

Homme ou citoyen

Le patriotisme est-il, dans son rapport aux valeurs, un absolutisme ou un relativisme ? Le patriote, incontestablement, préfère certaines valeurs à d'autres ; mais ce n'est pas au nom d'un système absolu. Un patriote conséquent devrait admettre que chacun ait le droit de préférer les valeurs choisies par son pays. Le patriotisme est un relativisme, mais un relativisme tempéré. Le relativiste radical renonce entièrement à prononcer des jugements de valeur ; le patriote est d'accord avec lui pour répudier toute référence à des critères absolus et universels, mais il introduit un autre fondement aux jugements : on pourrait dire, en paraphrasant Pascal, que, né de ce côté-ci des Pyrénées, il doit une allégeance absolue aux valeurs françaises ; de l'autre, aux valeurs espagnoles. Comme l'a justement remarqué l'un des théoriciens les plus célèbres du nationalisme français, Charles Maurras, il est nécessaire, dans cette perspective, de chercher le Bien ; cependant « ce Bien ne sera point l'absolu, mais celui du peuple français » (« L'avenir du nationalisme français », p. 530). Le patriotisme est en cela parfaitement symétrique et inverse de l'*exotisme,* qui renonce lui aussi à un cadre de référence absolu, mais non pas aux jugements de valeur, puisqu'il favorise, au contraire du patriotisme, ce qui n'appartient *pas* aux pays où l'on est né. Dans l'abstrait, le patriote peut proclamer, comme tout relativiste, l'égalité entre peuples (tout un chacun a le droit de préférer son pays aux autres, comme le voulait le personnage de Diderot méditant sur le *Voyage* de Bougainville, ou encore La Bruyère) ; en pratique, toutefois, le patriote est presque toujours aussi un ethnocentriste : mon jugement relativiste aussitôt prononcé, je l'absolutise ; Français, je déclare la France supérieure à tous les pays, non seulement pour moi, mais aussi pour les autres.

Une valeur nationale peut coïncider avec une valeur à prétention universelle ; dans de nombreux cas le patriotisme ne s'oppose pas à l'universalisme. Il est cependant toujours possible que se présente un cas où les deux entrent en conflit et où l'on doive choisir entre valeurs universelles et valeurs nationales, entre amour pour l'humanité et amour pour la patrie. Une situation de guerre, notamment, multiplie les occasions pour ce genre de conflit. Deux questions se posent alors : est-il possible de réconcilier patriotisme et cosmopolitisme, attachement aux valeurs nationales et amour pour l'humanité ? Et sinon, lequel des deux doit-on préférer ?

Au XVIIIe siècle, la première question reçoit une réponse négative dans les écrits d'Helvétius, de Voltaire et de Rousseau. Helvétius nie l'existence du droit naturel, puisque la justice n'est que ce qui convient le mieux à une communauté (à un État). « Dans tous les siècles et les pays divers, la probité ne peut être que l'habitude des actions utiles à sa nation » (*De l'esprit*, II, 13, t. I, p. 275). La probité universelle est donc une contradiction dans les termes : on ne saurait imaginer une action qui soit identiquement utile à toutes les nations ; la vertu humanitaire, comme tous les autres universaux, « n'est encore qu'une chimère platonicienne » (II, 25, t. I, p. 414). Patriotisme et amour universel sont donc incompatibles : « Il est évident que la passion du patriotisme, une passion si désirable, si vertueuse et si estimable dans un citoyen, est, comme le prouve l'exemple des Grecs et des Romains, absolument exclusive de l'amour universel. Il faudrait (...) que l'intérêt des nations fût soumis à un intérêt plus général, et qu'enfin l'amour de la patrie en s'éteignant dans les cœurs y allumât le feu d'un amour universel : supposition qui ne se réalisera de longtemps » *(ibid.).*

Laquelle de ces deux passions est préférable ? Étant donné que l'une est impossible, la réponse d'Helvétius ne peut faire de doute : il faut savoir sacrifier le sentiment d'humanité, qui n'est qu'une illusion personnelle, à la vertu civique. « Tout devient vertueux et même légitime pour le salut public » (II, 6, t. I, p. 213). Ainsi, dans un vaisseau parti à la dérive, il peut devenir nécessaire de manger l'un des voyageurs pour permettre aux autres de survivre : la chose paraît cruelle, elle n'en est pas moins justifiée. Dans certains pays, les vivres dont dispose la population sont limités ; les jeunes, alors, « font monter les sexagénaires sur des chênes, et font secouer ces chênes par des bras nerveux ; la plupart des vieillards tombent, et sont massacrés dans le moment même de leur chute » (II, 13, t. I, p. 280). Là non plus, rien à redire : les jeunes évitent ainsi à leurs parents les souffrances d'une mort lente, et assurent en même temps la survie du groupe...

Voltaire assume là-dessus une position inverse. Lui aussi pense qu'amour de la patrie et amour de l'humanité sont incompatibles, et cela l'afflige. « Il est triste que pour être bon patriote on soit l'ennemi du reste des hommes. (...) Telle est donc la condition humaine, que souhaiter la grandeur de son pays c'est souhaiter du mal à ses voisins. Celui qui voudrait que sa patrie ne fût jamais ni plus grande, ni plus petite, ni plus riche, ni plus pauvre, serait le citoyen de l'univers » (*Dictionnaire philosophique*, p. 185-186). Mais de ces deux termes, Voltaire estime plus l'universel, même s'il sait que, surtout en vieillissant, l'homme s'attendrit sur sa patrie, et préfère le pain chez lui au biscuit à l'étranger.

Quant à Rousseau, qui a lu et médité le texte d'Helvétius, il mérite qu'on s'y arrête plus longuement. L'opposition s'articule dans ses écrits autour des termes « citoyen » et « homme », ce dernier désignant, de manière parfois ambiguë, tant l'être humain envisagé comme habitant de l'univers, que l'individu particulier. Les voies du citoyen et de l'homme ne coïncident pas, et cela pour des raisons évidentes : le but de leurs efforts n'est pas le même, bonheur du groupe là, de la personne ici. Pour mieux cerner la différence, Rousseau choisit des personnages qui incarnent l'une et l'autre voie, et qui sont également admirables. Dans la « Dernière réponse » jointe au *Discours sur les sciences et les arts,* le rôle du citoyen est joué par Brutus « faisant mourir ses enfants qui avaient conspiré contre l'État » (p. 88) ; l'autre rôle n'est pas attribué, mais lorsque, à un autre moment, Rousseau évoque de nouveau Brutus, il lui oppose l'esprit de la religion chrétienne, en rappelant la condamnation formulée à son endroit par saint Augustin, Père de l'église (*Fragments politiques,* V, p. 506). L'antithèse est développée plus en détail dans l'article « Économie politique » ; les personnages qui en incarnent les rôles sont maintenant Caton et Socrate. Ils sont tous deux exemplaires, mais pour des raisons différentes : le premier ne voit autour de lui que des hommes, il ne fait pas de différence entre ses compatriotes et les autres, il aspire à la vertu et à la sagesse personnelles. Le second, au contraire, ne se préoccupe jamais de lui-même mais seulement de ses concitoyens, et il œuvre en vue du bonheur commun, non du sien propre.

Rousseau revient à cette distinction dans le chapitre du *Contrat social* consacré à la « religion civile ». Cette fois-ci, c'est le citoyen qui n'est pas nommé ; quant à l'homme, ce n'est plus Socrate mais le Christ, et la différence se situe entre « la religion de l'homme et celle du citoyen » (IV, 8, p. 464). Mais la substance des termes demeure la même : l'universalisme d'une de ces deux religions s'oppose au patriotisme de l'autre. Par son universalisme, la religion chrétienne est incompatible avec un projet national : « Loin d'attacher les cœurs des citoyens à l'État, elle les en détache, comme de toutes les choses de la terre » (p. 465). « Comme l'Évangile n'établit point une religion nationale, toute guerre sacrée est impossible parmi les chrétiens » (p. 467).

On ne peut dire que l'un des termes soit ici valorisé au détriment de l'autre ; il y a plutôt deux systèmes de valeurs indépendants, et on ne saurait simplement éliminer l'un d'entre eux. Si l'on renonçait à la citoyenneté, on ne pourrait plus assurer l'application de la loi (l'univers n'est pas un État); si on oubliait l'humanité, suggère Rousseau, on irait à l'encontre de notre sentiment le plus intime qui nous dit, à la vue d'un autre être humain, quel qu'il soit, que nous appartenons à la même espèce. L'universalité de la religion chrétienne a déjà contribué à marquer la différence entre les deux systèmes, à séparer « le système théologique du système politique » (p. 462); il faut dire que cette théologie devenue universelle n'est rien d'autre que l'éthique. Politique et éthique ne sauraient donc être confondues. (Rousseau, il est vrai, emploie souvent les mêmes termes pour désigner des réalités distinctes : il parle de « vertu » ici et là, alors que les vertus *civiques* ne coïncident pas forcément avec les vertus *humanitaires;* comme il parle de « justice » sans préciser si elle s'exerce par rapport aux lois nationales ou aux principes universels — auquel cas il vaudrait mieux l'appeler « équité ».)

Rousseau ne se contente pas d'indiquer la différence entre ces deux voies; il affirme leur radicale incompatibilité. C'est du moins ce qu'il pense à l'époque de l'*Émile :* « Forcé de combattre la nature ou les institutions sociales, il faut opter entre faire un homme ou un citoyen ; car on ne peut faire à la fois l'un et l'autre » (I, p. 248). Le succès du civisme est en proportion inverse de celui de l' « humanisme ». « Les bonnes institutions sociales sont celles qui savent le mieux dénaturer l'homme » (p. 249) : ici le mot « dénaturer » concerne « l'homme naturel » (ou « l'homme ») en tant qu'il s'oppose au citoyen. « Le législateur qui les voudra [ces vertus] toutes deux n'obtiendra ni l'une ni l'autre : cet accord ne s'est jamais vu ; il ne se verra jamais, parce qu'il est contraire à la nature, et qu'on ne peut donner deux objets à la même passion » (*Lettres écrites de la montagne,* I, p. 706). La vision de Rousseau est dramatique : là où d'autres constatent une divergence, lui voit une opposition irréductible.

Ce qui aggrave les choses, c'est que Rousseau est convaincu que cette contradiction, comme du reste toute contradiction, est une source de malheur irréparable (la nostalgie provoquée par la perte de l'unité est présentée

chez lui comme un axiome sans argumentation); c'est
même la principale source du malheur des hommes. « Ce
qui fait la misère humaine est la contradiction (...) entre la
nature et les institutions sociales, entre l'homme et le
citoyen. (...) Donnez-le tout entier à l'État ou laissez-le
tout entier à lui-même, mais si vous partagez son cœur vous
le déchirez » (*Fragments politiques*, VI, p. 510). Êtres
composés, nous ne pouvons atteindre ni l'un ni l'autre
idéal ; à force de servir deux maîtres, nous ne sommes bons
ni pour nous-mêmes ni pour les autres. « Rendez l'homme
un, vous le rendez heureux autant qu'il peut l'être » (*ibid.*).
« Pour être quelque chose, pour être soi-même et toujours
un, il faut agir comme on parle. (...) J'attends qu'on me
montre ce prodige pour savoir s'il est homme ou citoyen,
ou comment il s'y prend pour être à la fois l'un et l'autre »
(*Émile*, I, p. 250).

Quels sont exactement les traits qui découlent de la
position du citoyen ? Celui-ci se définit entièrement à partir
de la notion de patrie ; « l'homme », en revanche, est celui
qui ne veut pas privilégier son peuple au détriment du reste
de l'humanité. L'éducation civique a pour fonction première d'inculquer le patriotisme. « Un enfant en ouvrant
les yeux doit voir la patrie et jusqu'à sa mort ne doit voir
qu'elle » ; un citoyen est un patriote ou n'est rien : « Cet
amour [de la patrie] fait toute son existence ; il ne voit que
la patrie, il ne vit que pour elle ; sitôt qu'il est seul il est
nul : sitôt qu'il n'a plus de patrie, il n'est plus et s'il n'est
pas mort il est pis » (*Considérations sur le gouvernement de
Pologne*, IV, p. 966). Pour la rendre plus efficace, chaque
État doit ajouter, à ce nationalisme civique, une éducation
par le nationalisme culturel ; il doit protéger et encourager
les institutions nationales, les usages traditionnels, les
coutumes, les cérémonies, les jeux, les fêtes, les specta-
cles : autant de formes de la vie sociale qui contribueront à
attacher le citoyen à sa patrie — pour peu qu'elles soient
spécifiques à ce pays-là, et à aucun autre —, en faisant
coïncider le culturel et le politique. Plutôt qu'homme, le
citoyen ainsi formé se sentira polonais, ou français, ou
russe ; et le patriotisme étant devenu sa « passion dominante » (p. 964), toutes ses valeurs seront dérivées des

valeurs nationales : « Il faut en un mot renverser un exécrable proverbe, et faire dire à tout Polonais au fond de son cœur : *Ubi patria, ibi bene* » (p. 963).

La contrepartie de cet amour pour tout ce qui est propre à la patrie est un certain mépris pour ce qui ne lui appartient pas, et notamment pour les étrangers. Tel est l'exemple des cités idéales antiques : le Spartiate fait régner l'égalité chez lui mais devient inique dès qu'il franchit les frontières de sa patrie ; de même, « l'humanité des Romains ne s'étendait pas plus loin que leur domination », et la violence n'était pas prohibée si elle s'exerçait à l'égard des étrangers (*Contrat social,* première version, I, 2, p. 287). Le règne de l'égalité chez soi n'empêche pas d'être esclavagiste ou colonialiste à l'extérieur : telle est la logique du patriotisme. « Tout patriote est dur aux étrangers ; ils ne sont qu'hommes, ils ne sont rien à ses yeux. Cet inconvénient est inévitable, mais il est faible. L'essentiel est d'être bon aux gens avec qui l'on vit » (*Émile,* I, p. 248-249). Si donc les Polonais d'aujourd'hui veulent suivre l'exemple des citoyens anciens, ils doivent manifester leur « répugnance naturelle à se mêler avec l'étranger » (*Pologne,* III, p. 962). Une fois de plus, le raisonnement n'a rien de paradoxal ; il est même, pourrait-on dire, trivial : défendre et exalter sa patrie, cela veut dire la préférer aux autres pays (et à l'humanité). Telle est la logique (et l'éthique) du citoyen : Caton est meilleur citoyen que Socrate. Mais est-ce bien là l'opinion de Rousseau ? En d'autres termes, est-il du côté du patriotisme, ou de celui du « cosmopolitisme » ?

On trouve plusieurs références au cosmopolitisme dans les écrits de Rousseau, et on a parfois cru que son attitude à cet égard avait changé ; il n'en est rien, en réalité. Il se prononce là-dessus pour la première fois dans le *Discours sur l'origine de l'inégalité,* et c'est pour faire l'éloge des « quelques grandes âmes cosmopolites » qui s'élèvent au-dessus des frontières séparant les pays et qui « embrassent tout le genre humain dans leur bienveillance » (II, p. 178). Par la suite, bien que le mot « cosmopolite » ne soit plus employé dans le même sens, Rousseau maintient le même principe : la vertu et la justice sont du côté de l'humanité (mais il serait plus exact de dire : les vertus humanitaires, l'équité).

Qu'en est-il alors des textes dans lesquels Rousseau semble déprécier le cosmopolitisme ? Relisons-les. Il fustige, en effet, « ces prétendus cosmopolites qui, justifiant leur amour pour la patrie par leur amour pour le genre humain, se vantent d'aimer tout le monde pour avoir droit de n'aimer personne » (*Contrat social*, première version, I, 2, p. 287). Mais on voit que sa réprobation porte sur les prétendus cosmopolites, et non sur les vrais : ce contre quoi il se dresse en fait, c'est la dissociation entre dire et faire, caractéristique des « philosophes » (nous dirions : des intellectuels) qui cachent leur égoïsme derrière des déclarations générales (le conservateur Burke, en Angleterre, l'utopiste Comte, en France, seront à cet égard fidèles disciples de Rousseau, tout en croyant le combattre). Rousseau reprendra plus tard la même accusation, mais cette fois-ci le mot « cosmopolite » ne désignera que cette forme-là de l'amour des hommes : « Défiez-vous de ces cosmopolites qui vont chercher au loin dans leurs livres des devoirs qu'ils dédaignent de remplir autour d'eux. Tel philosophe aime les Tartares pour être dispensé d'aimer ses voisins » (*Émile*, I, p. 249). Combien il est plus facile de défendre de nobles causes éloignées que de pratiquer soimême les vertus qu'on professe : l'amour du lointain coûte à l'individu moins cher que l'amour du prochain. Cela ne veut pas dire qu'il ne faille aimer que ses proches ; mais qu'il faut aimer les étrangers comme les siens, et non au lieu d'eux.

En réalité, Rousseau ne renie jamais son attachement aux principes universalistes. Ce qu'il fait, en revanche, c'est de se placer successivement dans chacune des deux optiques, celle du citoyen et celle de l'individu (encore une fois, on peut avoir de l'estime pour les deux rôles), et d'en explorer la logique, pour en décrire les diverses caractéristiques. Lorsqu'il dit, à propos du mépris des étrangers : « cet inconvénient est inévitable mais il est faible », ce n'est pas Rousseau qui parle, mais le citoyen (c'est Helvétius) ; lorsqu'il qualifie (dans le *Contrat social*, première version,

I, 2, p. 287) l'universalisme de « saine idée », c'est l'homme. Il n'y a là aucune contradiction.

Mais Rousseau fait plus : non content de présenter deux systèmes de valeurs également cohérents, entre lesquels on pourrait choisir de façon arbitraire, il s'interroge sur leur hiérarchie interne. Et il aboutit à la conclusion selon laquelle il fallait placer l'homme au-dessus du citoyen. « Trouvons premièrement ce culte et cette morale, ce sera de tous les hommes, et puis quand il faudra des formules nationales, nous en examinerons les fondements, les rapports, les convenances, et après avoir dit ce qui est de l'homme, nous dirons ensuite ce qui est du citoyen » (« Lettre à Beaumont », p. 969). L'homme précède le citoyen : tel est l'ordre des raisons ; ce qui n'empêche pas que l'ordre des faits soit l'inverse : « Nous ne commençons proprement à devenir hommes qu'après avoir été citoyens » (*Contrat social,* première version, I, 2, p. 287). On naît dans un pays particulier ; ce n'est que par un effort de la volonté, par une élévation au-dessus de soi, qu'on devient homme, au sens plein, c'est-à-dire habitant du monde. Rousseau est plus abrupt encore dans un de ses écrits autobiographiques : « En général tout homme de parti, par cela seul ennemi de la vérité, haïra toujours Jean-Jacques. (...) Il n'y a jamais dans ces corps collectifs nul amour désintéressé pour la justice : la nature ne l'a gravé que dans les cœurs des individus » (*Dialogues,* III, p. 965).

Quel est le défaut inhérent au patriotisme ? C'est que, en préférant une partie de l'humanité au reste, le citoyen transgresse le principe fondamental de la morale, celui de l'universalité : sans le dire ouvertement, il admet que les hommes ne sont pas égaux. Du reste, le Spartiate ou le Romain restreint son sens de l'égalité même à l'intérieur de la cité, puisqu'il en exclut les femmes et les esclaves ; en Pologne aussi, Sparte moderne, on évite tout ce qui est efféminé. Or la vraie morale, la vraie justice, la vraie vertu présupposent l'universalité, et donc l'égalité des droits. Et pourtant, pour pouvoir jouir de droits, il faut appartenir à un État, et donc être citoyen : il n'est pas de droits hors d'un espace juridique assuré par l'établissement d'une frontière qui sépare le dedans et le dehors. Les expressions

« droits de l'homme » et « citoyen du monde » renferment donc l'une et l'autre une contradiction interne : pour pouvoir jouir de droits, il faut être non pas homme mais citoyen ; mais — n'en déplaise à Voltaire — seuls les États ont des citoyens, non le monde. Être pour le droit implique que l'on soit du côté du citoyen, et pourtant le meilleur principe de la justice est celui de l'universalité.

L'opposition, à en croire Rousseau, est radicale, irréductible. Pourtant nous sommes tous à la fois hommes et citoyens, ou devrions l'être ; comment faire ? La réponse que Rousseau semble suggérer se déploie en plusieurs temps : il faut d'abord profiter de tous les cas où les deux « passions » vont dans la même direction ; il faut ensuite être lucide sur leur incompatibilité dans tous les autres, plutôt que de se leurrer par de bonnes intentions ; il faut enfin aspirer à modifier les lois de la nation au nom des lois de l'humanité, sans oublier cependant qu'on reste toujours le citoyen d'un État particulier, et qu'on doit se soumettre à ses lois. Rousseau n'a rien d'un révolutionnaire ; la voie qu'il recommande dans l'*Émile* est celle d'un citoyen obéissant mais éventuellement critique ; corrélativement, pour être acceptable, la société n'a pas à ressembler à celle que décrit le *Contrat social ;* il suffit que l'individu puisse y exercer librement son jugement et agir en fonction de lui. Rousseau n'a rien non plus d'un « idéaliste » : il sait parfaitement que seul un compromis peut satisfaire à ces exigences contradictoires ; et il préfère la lucidité à l'euphorie des illusions.

L'évolution des doctrines nationalistes

La réponse de Rousseau revient donc à considérer le conflit comme insoluble, et pourtant inévitable : nous sommes nécessairement hommes *et* citoyens, or il est impossible de réussir dans les deux voies en même temps ; il en résulte une vision dramatique, voire tragique, de la condition humaine. Mais, d'évidence, on peut aussi choisir l'un des termes et ne pas se soucier de l'autre : il existe aussi des patriotes et des cosmopolites heureux.

Du côté des cosmopolites, on trouve d'une part des philosophes, soucieux de dépasser tout égoïsme étroit comme tout déterminisme collectif, où la volonté personnelle n'aurait plus aucune place ; et d'autre part des chrétiens, pour qui l'unité devant Dieu prime sur la différence entre nations. Ainsi Montesquieu, auteur de cette formule célèbre : « Si je savais une chose utile à ma nation qui fût ruineuse à une autre, je ne la proposerais pas à mon prince, parce que je suis homme avant d'être Français, (ou bien) parce que je suis nécessairement homme, et que je ne suis Français que par hasard » (*Pensées*, 10). Dom Ferlus, bénédictin de Saint-Maur, affirme de son côté *(le Patriotisme chrétien)* : « Malheur à une vertu qui serait funeste à l'humanité. Si le patriotisme ne pouvait exister dans un pays que pour en rendre les habitants ennemis des autres peuples, que pour cimenter sa puissance dans des flots de sang, n'en doutons pas, mes frères, il faudrait le bannir de tous les cœurs. » Mais il ne suffit pas d'être chrétien pour renoncer au patriotisme : témoin le père capucin Ives de Paris (*Morales chrétiennes*, p. 419), qui affirme que c'est un devoir « de ne point admettre beaucoup d'étrangers dans un pays, si ce n'est, comme le voulait Platon, en qualité de serviteurs, pour les métiers où les naturels habitants ne veulent pas s'assujettir [voilà qui annonce l'arrivée des travailleurs immigrés employés à enlever nos ordures]. Autrement, on mettrait ses biens en proie, et les bâtards en la place des légitimes ». Est-ce un hasard si un tel passage se réfère à la *République* de Platon plutôt qu'à l'Évangile ?

Ce sont là, après tout, des choix clairs. Cependant, la plupart du temps c'est une attitude différente qui prévaut : celle qui consiste à vouloir satisfaire simultanément aux exigences qui s'imposent à l'homme et au citoyen. Ce sera, en somme, la solution préférée des bonnes âmes, qu'elles soient ou non chrétiennes. On en possède des exemples innombrables. C'est le vœu de Bossuet, par exemple : « Le partage des biens entre les hommes, écrit-il, et la division même des hommes en peuples et en nations ne doit point altérer la société générale du genre humain. » Ou bien encore : « Si l'on est obligé d'aimer tous les hommes et qu'à vrai dire il n'y ait point d'étranger pour le chrétien, à plus forte raison doit-il aimer ses concitoyens » (*Politique tirée des propres paroles de l'Écriture sainte*, I, 6, p. 33). On le voit, Bossuet refuse tout simplement de prendre en considération le conflit latent, il préfère fermer les yeux pour jouir de l'harmonie qui lui est nécessaire, et se contente d'énoncer ce que les hommes *doivent* faire. Mais le feront-ils ? La version laïque de cette attitude se trouve dans l'article « Patriotisme » de l'*Encyclopédie*, rédigé par le chevalier Jaucourt : « Le patriotisme le plus parfait est celui qu'on possède quand on est si bien rempli des droits du genre humain qu'on les respecte vis-à-vis de tous les peuples du monde. » Mais est-ce encore du patriotisme ? De même, Diderot, d'Holbach imagineront une « société générale » dont les pays particuliers seraient les habitants ; cette utopie leur permet d'envisager avec sérénité les relations entre pays différents. Condorcet ne veut même pas concevoir qu'un tel scandale moral, l'opposition entre patriotisme et humanisme, puisse exister dans le monde : « La nature n'a pu vouloir fonder le bonheur d'un peuple sur le malheur de ses voisins, ni opposer l'une à l'autre deux vertus qu'elle inspire également : l'amour de la patrie et celui de l'humanité » (« Discours de réception à l'Académie française », p. 399).

Ceux-là mêmes qui, en 1789, se réclament de Rousseau, vont se montrer insensibles à son enseignement : la Révolution voudrait satisfaire à la fois l'homme et le citoyen. On se refuse à imaginer un conflit entre les deux, quand bien même on s'apercevrait de leur non-identité. Ainsi Sieyès, dans *Qu'est-ce que le tiers état ?*, se réclame facilement de la raison naturelle, ou du droit naturel, alors que son discours part en fait de l'idée de nation. Lorsqu'il distingue les deux, c'est pour les enchaîner dans une suite apparemment sans problèmes : « La nation existe avant tout, elle est l'origine de tout. Sa volonté est toujours légale, elle est la loi elle-même. Avant elle et au-dessus d'elle il n'y a que le droit naturel » (p. 67). Et si les deux n'étaient pas d'accord ?

Cette question ne trouble pas Sieyès. Il est vrai qu'il

pense avant tout au sens « intérieur » du mot « nation » ; mais ses formules permettent aussi une interprétation dans le sens « extérieur ». D'autant plus que la référence au droit naturel n'est pas toujours maintenue : « La volonté nationale (...) n'a besoin que de sa réalité pour être toujours légale, elle est l'origine de toute légalité » (p. 68). Ce que Sieyès veut écarter ici, c'est la légitimation divine, ou royale, ou fondée sur les privilèges ; mais en même temps il affirme le credo nationaliste : la nation a toujours raison ; étant « la source et le maître suprême de tout droit positif », elle ne peut être elle-même jugée. L'indistinction des deux « nations » revient donc à opter aussi pour la nation au détriment de l'humanité, pour le patriotisme et contre le cosmopolitisme.

Que la première Déclaration des droits, rédigée en août 1789, soit celle dite « de l'Homme et du Citoyen » est déjà un paradoxe pour qui a présentes à l'esprit les distinctions établies par Rousseau et les incompatibilités par lui révélées. Les dix-sept articles de la Déclaration n'envisagent jamais un conflit possible entre les droits de l'un et de l'autre. L'article 3 dit, reprenant l'idée de Sieyès : « Le principe de toute souveraineté réside essentiellement dans la Nation » ; mais c'est le sens « intérieur » du mot qui se trouve invoqué ici, comme le laisse deviner la suite de l'article : « Nul corps, nul individu ne peut exercer d'autorité qui n'en émane expressément » (*les Constitutions de la France,* p. 33-34). La constitution elle-même, qui date de septembre 1791, comporte un « Titre VI », consacré aux « Rapports de la Nation française avec les Nations étrangères » ; la question du conflit est au moins évoquée ici, et elle est tranchée dans le sens d'une préférence pour les principes humanitaires. « La Nation française renonce à entreprendre aucune guerre dans la vue de faire des conquêtes, et n'emploiera jamais ses forces contre la liberté d'aucun peuple » (p. 65 ; c'est la reprise d'un décret du 20 mai 1790). En d'autres termes, pour décider si une guerre doit être menée ou non, on ne se demandera pas si elle est utile à la France, mais si elle est juste en elle-même, c'est-à-dire aux yeux de l'humanité.

Entre-temps s'est développée, à la faveur des événements révolutionnaires, une certaine réflexion sur les relations entre la France et le monde. Des clubs d'étrangers favorables à la Révolution se forment, et même un club des patriotes étrangers (!) ; une confédération se met en place, celle des *Amis de la Vérité de toute la terre*. Le 19 juin 1790 se présente à l'Assemblée nationale une délégation d'étrangers, conduite par Anacharsis Cloots, baron allemand installé depuis de nombreuses années en France, qui transmet aux personnes présentes les félicitations enjouées de l'univers. « La trompette qui sonne la résurrection d'un grand peuple a retenti aux quatre coins du monde, et les chants d'allégresse d'un chœur de 25 millions d'hommes libres ont réveillé des peuples ensevelis dans un long esclavage. La sagesse de vos décrets, messieurs, l'union des enfants de France, ce tableau ravissant donne du souci encore aux despotes, et de justes espérances aux nations asservies » (*Procès-verbal de l'Assemblée nationale*, t. XXII, p. 21-22). Le lendemain, au cours d'une réunion en plein air, « M. Danton (...) dit que le patriotisme ne devait avoir d'autres bornes que l'Univers, il proposait de boire à la santé, à la liberté, au bonheur de l'Univers entier » *(ibid.)*. Cloots se donnait le titre d'ambassadeur (ou orateur) du genre humain et datait ses lettres de « Paris, chef-lieu du globe ». Et Durand-Maillane d'écrire en 1791, dans son *Histoire apologétique du Comité ecclésiastique,* que la constitution nouvelle « doit faire le bonheur de la France, et, à son imitation, celui de tous les peuples » (p. 48).

Des formulations semblables, aussi creuses ou naïves qu'elles puissent nous paraître, préparent en réalité une certaine façon d'interpréter les relations entre homme et citoyen, entre cosmopolite et patriote, qu'on retrouvera plus tard chez Michelet : la France et plus particulièrement la Révolution française deviennent une incarnation exemplaire de la voie de l'univers (un peu comme la philosophie s'est incarnée exemplairement en Grèce, au Ve siècle avant notre ère). La libération des Français montre le chemin au reste de l'humanité, et les décrets ou la constitution des Français serviront de modèle à tous les autres pays. Le conflit entre patriotisme et cosmopolitisme ne peut donc exister que pour les ressortissants de pays autres que la France, puisqu'ils doivent, en tant que patriotes, une allégeance à leur propre pays, et, en tant qu'hommes, à la France, incarnation de l'humanité! Les Français, en revanche, peuvent être patriotes avec bonne conscience, car, œuvrant pour la France, ils défendent l'intérêt, non d'un pays particulier, mais de l'univers entier.

On retrouve les mêmes idées jusque dans un projet de Déclaration que présente, le 21 avril 1793, Robespierre, pourtant pas tendre, en général, pour les étrangers : « Les hommes de tous les pays sont frères et les différents peuples doivent s'entraider selon leur pouvoir, comme les citoyens d'un même État [retour de l'analogie fallacieuse, familière aux Encyclopédistes]. Celui qui opprime une seule nation se déclare l'ennemi de toutes » (*les Constitutions*, p. 72). La constitution de juin 1793 postule, en son article 118, que « le Peuple français est l'ami et l'allié naturel des peuples libres » (p. 91), ce qui laisse supposer, corrélativement, que, comme le dit Robespierre, les peuples oppresseurs sont ses ennemis. La France serait donc chargée d'une mission universelle, qui consiste à faire régner la liberté sur le monde entier? Il est vrai qu'à l'article 119 on dit du même peuple : « Il ne s'immisce point dans le gouvernement des autres nations », ce qui revient à exiger de lui simultanément de prendre parti et de rester neutre ; mais c'est peut-être le propre des constitutions que d'autoriser des comportements divers...

A vrai dire, à l'époque même de la Révolution, les comportements ne sont pas exempts d'ambiguïté. Certaines déclarations des révolutionnaires interprètent les principes universalistes de manière interventionniste. Un décret, adopté par la Convention le 19 novembre 1792, accorde « fraternité et secours à tous les peuples qui voudraient recouvrer leur liberté », frayant ainsi la voie aux futures « exportations » de la révolution. Cloots lui-même choisira aussi la politique évoquée par l'article 118 : au nom des droits de l'homme, il voudra faire la guerre à tous les autres pays, jusqu'à la victoire finale des idées de la Révolution. « Notre situation exige le scalpel de Mars ; l'abcès qui nous incommode doit être percé à coups de baïonnettes. » Le résultat devrait être l'instauration d'un État unique, et la soumission de tous aux mêmes lois parfaites (le rêve de Condorcet). « Je propose un nivellement absolu, un renversement total de toutes les barrières qui croisent les intérêts de la famille humaine », écrit Cloots (*la République universelle*, p. 17). « Je défie de me montrer un seul article de notre Déclaration des Droits qui ne soit pas applicable à tous les hommes, à tous les climats » (p. 40). Étranger d'origine, Cloots s'avère souvent plus chauvin que les Français, et son universalisme n'est qu'un autre nom pour sa gallophilie ; quant à la Révolution exportée, elle devient de la dictature.

Les droits de l'homme peuvent donc servir, dans certains cas, de prétexte et d'arme de guerre, un peu comme la religion chrétienne l'a fait pour les croisés. Dans d'autres circonstances, les révolutionnaires se réclament de l'égalité abstraite entre nations, et préfèrent donc l'article 119 au 118 ; telle avait été l'attitude notamment de Danton et de Robespierre. Mais ce qui est peut-être plus significatif, c'est que, pour défendre leur patrie, incarnation de la victoire révolutionnaire, les Français doivent se retourner contre les pays étrangers ; on connaît les violentes diatribes de Robespierre contre les Anglais : « Je n'aime pas les Anglais, moi, parce que ce mot me rappelle l'idée d'un peuple insolent osant faire la guerre au peuple généreux qui a reconquis sa liberté. (...) Je n'espère qu'en nos soldats et la haine profonde qu'ont les Français pour ce peuple » (Discours du 30 janvier 1794, p. 348-349). Du même coup se trouvent mis en accusation tous les étrangers habitant en France : ils seront arrêtés et saisis. Conclusion logique — et absurde —, leurs partisans seront mis en accusation : Cloots lui-même est attaqué par Robespierre, qui lui reproche d'appartenir au « parti étranger » et de préférer l'appellation « citoyen du Monde » à celle de « citoyen Français » (Discours du 12 décembre 1793, p. 248). Et Cloots finira sur l'échafaud.

Ainsi, malgré leur attachement commun aux idées universalistes, et malgré leur désaccord sur la politique concrète à suivre (exporter la révolution ou se concilier les gouvernements voisins), Cloots et Robespierre se rejoignent en fait dans la préférence pour les Français au détriment des autres peuples ; seulement Robespierre pratique cette préférence à domicile, tandis que Cloots veut l'imposer à l'étranger. Pour les deux, donc, le patriotisme l'emporte sur l'universalisme. Ignorer la lucidité de Rousseau se paie, dès ce moment, par l'hypocrisie ou l'inconséquence.

Faisons maintenant un bond en avant de plus de cent ans, transportons-nous à la fin de ce XIXᵉ siècle que prépare la Révolution française. Les dernières années du siècle, marquées par l'affaire Dreyfus, voient la constitution de deux « ligues » : la Ligue des Droits de l'homme, en février 1898 ; la Ligue de la Patrie française, en janvier 1899. Or, faut-il l'ajouter, l'objectif de la seconde ligue est de combattre la première. Voilà que l'homme et le citoyen, les humanitaires et les patriotes se trouvent des deux côtés de la barricade, comme le prédisait Rousseau, et contrairement aux espoirs des républicains du XIXᵉ siècle. Ce ne sont pas eux qui auront bien compris Rousseau, c'est Charles Maurras, qui le déteste, et qui écrit : « Une patrie est un syndicat de familles composé par l'histoire et la géographie, son principe exclut le principe de la liberté des individus, de leur égalité », autrement dit les principes humanitaires (« Mes idées politiques », p. 264).

Dans ces conflits entre patriotes et humanitaires, certains choisiront le camp de « l'homme », et le paieront parfois cher, tel Jaurès (dont la pensée n'est pourtant pas exempte d'ambiguïté sur ce point) ; d'autres préféreront le citoyen : Maurras sera l'un des plus éloquents parmi eux. Critiquant l'amalgame révolutionnaire de l'homme et du citoyen, il écrit : « Il est vrai en doctrine, dans une philosophie très reculée de la vie courante, que la patrie est de nos jours la manifestation la plus complète et la plus cohérente de l'humanité (...), l'on peut et doit dire que l'idée nationale représente le genre humain, la nationalité française ayant d'ailleurs des titres particuliers à le représenter [voici l'étroit terrain d'accord entre Maurras et Robespierre]. Cependant, ce sont là des thèses de cabinet. Si l'on veut, dans cet ordre, une valeur active, il faut procéder autrement et dire : Le sentiment patriotique existe. Le sentiment humanitaire n'existe pas ; il existe si peu qu'il n'est guère conçu qu'en opposition à l'idée nationale : au lieu de la motiver, il la contrarie » (p. 264-265). Maurras a peut-être tort de justifier la supériorité du patriotisme par sa plus grande extension dans le monde (le fait fonde le droit) ; mais il reste encore fidèle à Rousseau (nous devenons hommes alors que nous sommes nés « nationaux »), et il a raison de dénoncer une continuité illusoire.

Depuis, au moins, la Seconde Guerre mondiale, le discours nationaliste est devenu l'apanage des mouvements antirépublicains et antidémocratiques ; la guerre de 1940, déjà, ne permet de réconcilier ces tendances que parce qu'on y combat alors le fascisme allemand (ennemi à double titre) ; les récentes guerres coloniales, au contraire, font ressortir le conflit au grand jour. Lorsque Maurras dit : « Conçu dans sa moelle historique, dans son essence héréditaire, le patriotisme se rapproche de toutes les idées contre lesquelles la démocratie s'éleva de tout temps » (p. 271), il force les choses sans les trahir ; ses héritiers, les mouvements nationalistes d'aujourd'hui, s'opposent à l'ensemble des partis démocratiques. Cela ne signifie évidemment pas un quelconque dépérissement des États-nations ; leur existence est l'effet des structures sociales modernes, et les uns ne disparaîtront qu'avec les autres ; la nation survit aisément au nationalisme. Mais l'existence de l'État-nation n'oblige pas à embrasser une idéologie patriotique. C'est ce qu'on ne veut pas admettre entre la Révolution et la Première Guerre, lorsqu'on essaie par tous les moyens d'établir une continuité entre humanisme et nationalisme, comme nous pourrons l'observer maintenant plus en détail.

Tocqueville

Contre l'esclavage

Les sentiments nationalistes d'Alexis de Tocqueville se font jour essentiellement dans les discours et rapports qu'il rédige, en tant qu'homme d'État, sur la question algérienne. Mais il faut, pour commencer, reprendre les choses d'un peu plus loin. Lors de sa visite en Amérique, Tocqueville a pu observer directement les souffrances des esclaves noirs. Élu député à la Chambre après son retour en France, il fait partie des commissions qui débattent du problème de l'esclavage et préparent son abolition dans les anciennes colonies françaises, telles les Antilles. Dans ses interventions, il se réclame des principes humanitaires légués par la philosophie des Lumières. L'esclavage est refusé et condamné au nom du droit naturel, en l'occurrence le principe d'égalité. « L'homme n'a jamais eu le droit de posséder l'homme, et le fait de la possession a toujours été et est encore illégitime » (« Rapport », p. 54). « Cette odieuse institution (...) est (...) contraire à tous les droits naturels de l'humanité » (« Rapport sur l'Algérie », p. 330). Tocqueville ne se demandera donc jamais s'il faut ou non procéder à l'abolition de l'esclavage, mais seulement dans quelles conditions il convient de l'accomplir.

Le postulat d'égalité entre les êtres humains, indépendamment de toute considération d'origine ou de race, sera explicité dans ce contexte : Tocqueville ne croit pas « à de prétendues différences entre les instincts des diverses races humaines » (« L'émancipation des esclaves », p. 98), et sait que les affirmations à leur sujet sont en fait des justifica

tions inventées après coup par les esclavagistes. La chose
est cependant fort répandue : « Ne dirait-on pas, à voir ce
qui se passe dans le monde, que l'Européen est aux
hommes d'autres races ce que l'homme lui-même est aux
animaux ? » (*De la démocratie en Amérique*, I, II, 10, t. I,
p. 427). Il n'a donc jamais eu de doutes sur le fait que « le
nègre est civilisable », plutôt que d'appartenir à « une
espèce intermédiaire entre l'homme et le singe » (« Intervention », p. 122). De même en Amérique : « Le succès
des Cherokees prouve donc que les Indiens ont la faculté
de se civiliser » (*Démocratie*, I, II, 10, t. I, p. 442) ; si ce
« succès » n'est pas plus général, il y a à cela des explications sociologiques et historiques, qui n'ont aucune inci-
dence sur l'égalité de principe entre les hommes.

Quelle est l'origine de cette conception de l'humanité ?
Elle est incontestablement chrétienne, selon Tocqueville :
« Le christianisme est une religion d'hommes libres »
(« Rapport », p. 45), et c'est une « idée chrétienne que
tous les hommes naissent égaux » (« L'émancipation »,
p. 88). Mais, soit que les chrétiens aient été lassés par la
difficulté du combat, soit qu'ils se soient contentés d'une
égalité devant Dieu, ces principes d'égalité et de liberté
sont tombés en désuétude. Il a donc fallu les ranimer, leur
insuffler un élan nouveau et les rapprocher des préoccupa-
tions terrestres des humains ; c'est la tâche qu'a accompli
la Révolution française. « C'est nous qui avons donné un
sens déterminé et pratique à cette idée chrétienne que tous
les hommes naissent égaux, et qui l'avons appliquée aux
faits de ce monde » (*ibid.*). « C'est nous qui, en détruisant
dans tout le monde le principe des castes, des classes, en
retrouvant, comme on l'a dit, les titres du genre humain qui
étaient perdus, c'est nous qui, en répandant dans tout
l'univers la notion de l'égalité de tous les hommes devant la
loi, comme le christianisme avait créé l'idée de l'égalité de
tous les hommes devant Dieu, je dis que c'est nous qui
sommes les véritables auteurs de l'abolition de l'esclavage » (« Intervention », p. 124-125). Il y a là un mérite
particulier des Français, d'avoir été à l'origine du mouvement, et un devoir : car l'institution de l'esclavage n'est pas
encore abolie, en France pas plus qu'ailleurs.

Telle est la perspective éthique sur la question. Mais l'esclavage n'est pas qu'un problème abstrait qu'on peut soumettre au philosophe, ou un problème individuel pour celui qui en supporte les conséquences ; c'est aussi une institution sociale, dont les implications économiques et politiques s'étendent très loin. Or, élu député et chargé de rapporter devant une commission parlementaire, Tocqueville se pose en homme d'État, et non en philosophe moral. Le mieux, bien sûr, serait que morale, ou soumission aux principes généraux, et politique, ou défense des intérêts particuliers, coïncident, et Tocqueville a l'impression qu'à son époque la chose est possible. Telle avait été sa conviction, déjà, au cours de la visite en Amérique. « Aussi le christianisme n'a-t-il détruit l'esclavage qu'en faisant valoir les droits de l'esclave ; de nos jours on peut l'attaquer au nom du maître : sur ce point l'intérêt et la morale sont d'accord » (*Démocratie*, I, ii, 10, t. I, p. 463). Et, de retour en France, il continue de le penser : « L'humanité et la morale ont souvent réclamé, et quelquefois peut-être avec imprudence, l'abolition de l'esclavage. Aujourd'hui, c'est la nécessité politique qui l'impose » (« Rapport », p. 48). On remarquera ici que les deux points de vue sont bien distingués ; que, de plus, c'est la politique qui évalue la morale, et non l'inverse ; et que, enfin, on peut être abolitionniste avec imprudence, en ignorant les considérations politiques. Faut-il en déduire qu'on peut être antiabolitionniste avec raison ?

Tocqueville n'irait probablement pas jusque-là. Mais il voudrait, tout au moins, que l'application du principe humanitaire se soumette aux contraintes politiques du moment et du lieu. Il ne se lasse pas d'affirmer qu'il ne faut procéder à l'abolition qu'en prenant toutes sortes de précautions, en faisant passer les anciens esclaves par des états intermédiaires entre la soumission et la liberté. De ce fait, quelques entorses au principe d'égalité devant la loi seraient admises : par exemple, il faut interdire « momentanément aux nègres le droit de devenir propriétaires » (« L'émancipation », p. 105) ; la morale est donc encore soumise à la politique. D'autre part, et cela est caractéristique de la position de Tocqueville, il faut veiller à ce que

certains droits octroyés aux anciens esclaves des Antilles ne
nuisent pas à la jouissance d'autres droits, déjà acquis. « Si
les nègres ont droit à devenir libres, il est incontestable que
les colons ont droit à n'être pas ruinés par la liberté des
nègres » *(ibid.)*. Le droit à « n'être pas ruiné » est une
défense de la propriété. Mais si la liberté d'un être humain
est inaliénable et que personne n'a jamais eu le droit de
posséder l'homme, pour reprendre les termes de Tocqueville, peut-on encore affirmer que la richesse des esclavagistes était une propriété légitime ? Être riche est-il un droit
inconditionnel ? « Il est équitable d'accorder aux colons
(...) une indemnité représentant la valeur vénale des
esclaves mis en liberté » *(ibid.*, p. 107). L'État est-il
vraiment obligé, pour abolir l'esclavage, de fournir des
compensations aux anciens propriétaires d'esclaves, autrement dit de faire payer à l'ensemble des citoyens la perte
qu'il fait subir à une partie d'entre eux ?

On assiste ici à un conflit entre deux exigences d'origine
différente. Le droit à la compensation est fondé sur une
considération du bien-être de l'individu : il faut empêcher
que celui-ci ne souffre de l'action de la collectivité ; c'est,
comme le dit aussi Tocqueville, une « garantie ». L'illéga-
lité de l'esclavage découle, elle, d'une considération universelle, à savoir l'égalité des hommes. Malgré la proximité
des termes, « disposer librement de soi » et « disposer de
ses biens quelle qu'en soit l'origine » ne se réfèrent pas au
même principe. C'est ce conflit — parfois seulement
potentiel — que veut éviter Tocqueville, en exigeant
l'intervention de l'État. Ici, ce n'est plus la politique qui
limite la morale, c'est un principe de droit qui en confronte
un autre ; et il faut s'arranger pour que les deux soient
respectés.

Pour éviter que l'abolition de l'esclavage dans les
anciennes colonies françaises n'ait d'effets néfastes (ruine
des propriétaires, baisse du niveau de l'industrie), il faut,
tout en libérant les individus, maintenir les territoires qu'ils
habitent en état de soumission. En d'autres termes, il faut
que le colonialisme remplace l'esclavagisme. « Car la
France travaille à faire des sociétés civilisées et non des
hordes de sauvages » (« Rapport », p. 59). Voici pourquoi

Tocqueville se fera l'un des premiers idéologues français de la colonisation.

Pour les colonies

Tocqueville a parfois cherché à justifier la colonisation au nom du principe humanitaire de l'expansion de la civilisation (à la manière de Condorcet, on le verra). Ainsi, écrivant à un ami anglais, à propos de l'occupation de l'Inde : « Je n'ai (...) jamais douté un instant de votre triomphe, qui est celui du christianisme et de la civilisation » (« Lettre à Lord Hatherton », p. 423). « La ruine des Anglais dans l'Inde, écrit-il à un autre correspondant, n'eût profité à personne, si ce n'est à la barbarie » (« Lettre à Senior », p. 419), tenant apparemment pour quantité négligeable l'intérêt des Indiens en tant que population autonome. Mais il faut ajouter aussitôt que dans aucun des cas qu'il a pu connaître personnellement il ne recourt à cet argument ; plus même, il lui refuse explicitement toute pertinence. Ainsi pour la colonisation des Indiens en Amérique du Nord : « La tyrannie européenne les a rendus plus désordonnés et moins civilisés qu'ils n'étaient déjà. La condition morale et l'état physique de ces peuples n'ont cessé d'empirer en même temps, et ils sont devenus plus barbares à mesure qu'ils étaient plus malheureux » (*Démocratie*, I, ii, 10, t. I, p. 429). Il en ira de même pour les résultats de la conquête coloniale française de l'Algérie : « Nous avons rendu la société musulmane beaucoup plus misérable, plus désordonnée, plus ignorante et plus barbare qu'elle n'était avant de nous connaître » (« Rapport sur l'Algérie », p. 323).

L'argument de civilisation est refusé, tout au moins dans le raisonnement explicite, et pourtant Tocqueville reste un partisan inébranlable de la colonisation en Algérie. Au nom de quoi ? Au nom de l'intérêt de son pays, la France. « La conservation des colonies est nécessaire à la force et à la grandeur de la France » (« L'émancipation », p. 84). La

guerre de conquête n'est jugée que d'un seul point de vue :
« Je ne doute pas que nous ne puissions élever sur la côte
d'Afrique un grand monument à la gloire de notre patrie »
(« Lettre sur l'Algérie », p. 151). Si l'on abandonnait les
colonies, ce serait le signe certain de notre décadence, que
d'autres pays ne manqueraient pas d'exploiter ; si au
contraire on les garde, si on en accroît le nombre, « notre
influence dans les affaires générales du monde serait fort
accrue » (« Travail sur l'Algérie », p. 215). Telle est la
leçon de la conquête anglaise aux Indes : son éclat « rejail-
lit sur toute la nation » (« L'Inde, plan », p. 478).

En règle générale, le sentiment national paraît à Tocqueville d'autant plus précieux qu'il est la seule aspiration qui
transcende les intérêts de l'individu et a quelques chances
de survie en démocratie. Le danger du régime démocratique, Tocqueville ne se lasse pas de l'affirmer, est que
chacun ne s'y préoccupe que de ses propres intérêts, et
qu'on n'aspire plus à aucun idéal collectif ; c'est, écrit-il
dans une lettre à John Stuart Mill, « le goût du bien-être
matériel et la mollesse du cœur », « l'amollissement gra-
duel des mœurs, l'abaissement de l'esprit, la médiocrité des
goûts ». L'unique remède, dans ces circonstances, est de
ranimer l'orgueil national. « Il faut que ceux qui marchent
à la tête d'une telle nation [démocratique] y gardent
toujours une attitude fière s'ils ne veulent laisser tomber
très bas le niveau des mœurs sociales » (« Lettres à
J. S. Mill », p. 335). Il aurait fallu que ces hommes
« vinssent tenir un langage qui relevât et soutînt le cœur de
la nation et cherchassent à la retenir dans ce goût amollis-
sant qui l'entraîne chaque jour vers les jouissances matérielles et les petits plaisirs » (p. 336). Il n'est pas sûr que
l'analyse de Tocqueville soit juste : le nationalisme est-il
l'antidote ou, au contraire, l'émanation de l'individualisme
(ou de la société industrielle) ? La nation est-elle une entité
proche ou éloignée des communautés antérieures ? Mais, à
supposer même qu'il ait raison, on peut se demander si le
remède ne risque pas d'être plus dangereux que la maladie
qu'il est censé guérir. Tocqueville ne semble pas s'inquiéter
à ce sujet.

Il est frappant de voir que Mill, dans sa réponse à la

lettre de Tocqueville, est beaucoup plus conscient que son correspondant du danger nationaliste. « Je me suis souvent rappelé dernièrement la raison que vous avez donnée pour justifier la conduite du parti libéral dans la récente querelle entre l'Angleterre et la France — à savoir que le sentiment d'*orgueil national* est le seul sentiment actuel à participer de l'esprit public et à avoir un effet ennoblissant, et que par conséquent il ne fallait pas le laisser se dégrader. A quel point cela est vrai, c'est ce à quoi chaque jour apporte la pénible évidence (...). Je suis de tout mon cœur d'accord avec vous pour dire qu'il ne faut pas laisser s'abaisser le seul et unique sentiment de caractère public et donc, pour l'instant, désintéressé, qui soit resté en France. (...) Mais, au nom de la France et de la civilisation, la postérité a le droit d'attendre d'hommes comme vous, des esprits les plus nobles et les plus éclairés de notre époque, que vous inculquiez à vos compatriotes, en ce qui concerne la gloire nationale et l'importance nationale, des idées supérieures à celles, basses et viles, qu'ils semblent avoir à présent » (« Lettres à Tocqueville », p. 337).

Ce sur quoi Mill met le doigt, respectueusement mais fermement (c'est une des rares lettres qu'il écrit en anglais : est-ce un hasard ?), c'est le relativisme d'une position purement nationaliste : si l'on se contente d'exalter l'orgueil national, ne soumettant son contenu à aucun examen, on finira par admettre autant d'idéaux que de nations. Mill, lui, ne se prive pas de remarquer combien est pénible une situation où la seule transcendance possible est la transcendance nationale ; il n'oublie pas qu'il faut juger, non seulement au nom de la France, mais aussi de la civilisation ; bref, que certains sentiments nationaux peuvent être dignes de respect, mais pas d'autres ; et il rappelle à Tocqueville qu'il s'attend à le voir agir non seulement en Français, mais aussi en homme éclairé et noble. Mill conclut pour sa part : « Je voudrais qu'on crucifiât le premier homme qui osât dire à la tribune d'un peuple des injures contre un autre peuple » (p. 341). Mais c'est là un point de vue dont l'homme politique Tocqueville ne veut pas entendre parler : « C'est une folie, dit-il dans la suite de la même correspondance, quand on est un homme public, de chercher d'autre salaire que l'estime et la justice de son propre pays » (« Lettres à Mill », p. 343). Barrès aurait pu signer cette phrase.

Mais revenons aux colonies. Lorsqu'il rédige son grand rapport sur l'Algérie pour la Chambre des députés, Tocqueville ne se pose qu'une seule question : « La domination que nous exerçons dans l'ancienne Régence d'Alger est-elle utile à la France ? » (« Rapport », p. 311). Il n'y a pas lieu de se demander si cette domination est conforme aux intérêts de l'humanité, encore moins à ceux de la population algérienne ; seul compte l'intérêt national. La question est du reste purement rhétorique, car Tocqueville considère la réponse positive « comme une vérité démontrée ». C'est que, si l'utilité économique des colonies prête à discussion, leur utilité en tant qu'ingrédient de la force politique relève de la tautologie : la victoire est le signe certain de la force. Or, telle est bien l'utilité qu'a en vue Tocqueville : « Le principal mérite de nos colonies n'est pas dans leurs marchés mais dans la position qu'elles occupent sur le globe » (« L'émancipation », p. 85).

C'est cette position de principe — l'argument nationaliste — qui explique les réactions de Tocqueville devant tel ou tel cas particulier. Pendant son voyage en Algérie, il sera le témoin d'une péroraison qu'il rapporte en ces termes : « Il n'y a, Messieurs, que la force et la terreur qui réussissent avec ces gens-ci. (...) Après avoir tué cinq ou six hommes, j'ai épargné les bestiaux. (...) Un Arabe qu'on soupçonnait m'a été amené. Je l'ai interrogé et ensuite je lui ai fait couper la tête » (« Notes de voyage », p. 216). Tocqueville n'approuve pas de tels comportements. Mais voici le commentaire qu'il en fait : « Et moi, écoutant tristement toutes ces choses, je me demandais quel pouvait être l'avenir d'un pays livré à de pareils hommes et où aboutirait enfin cette cascade de violences et d'injustices, sinon à la révolte des indigènes et à la ruine des Européens ? » (p. 217). La mélancolie de Tocqueville ne lui fait pas quitter un instant son point de vue nationaliste : de tels actes amèneront la ruine des colons, c'est-à-dire des intérêts de la France ; mais, côté « indigènes », il ne voit que la révolte : il n'est pas question, par exemple, de *leur* ruine, voire de leur mort.

Ou à une autre occasion : en 1846, un journal français d'Alger affirme que certaines « races humaines » sont « vouées à la destruction par un décret de la Providence » ; ce qui, appliqué aux Arabes, mène à la conclusion suivante : « L'extinction de cette race coupable est une harmonie. » Voici maintenant le commentaire de Tocqueville : « Je ne veux [pas] qu'on refoule les indigènes, je ne veux surtout pas qu'on les extermine (...), mais je pense que nous fier au bon vouloir des indigènes pour nous maintenir en Afrique, c'est une pure illusion, à laquelle il serait insensé de s'attacher » (« Travail », p. 293-294). En désaccord avec les moyens proposés par le journal algérois, Tocqueville n'en maintient pas moins le projet de l'occupation ; il rejette les deux extrêmes — extermination d'un côté, expression de la libre volonté algérienne de l'autre — pour recommander une position de force tranquille.

Il n'y a donc pas lieu de tenir compte du « bon vouloir des indigènes ». Tocqueville ne pense pas que les Français luttent en Afrique contre la seule mauvaise volonté de quelques chefs : « Nous avons d'abord reconnu que nous n'avions pas en face de nous une véritable armée, mais la population elle-même. (...) Il s'agissait moins de vaincre un gouvernement que de comprimer un peuple » (« Rapport sur l'Algérie », p. 316-317). On pourrait éprouver quelque surprise du peu de cas qu'il fait de cette opposition. En effet, il sait parfaitement que la distinction entre indigènes et étrangers est purement relative : il n'y a pas pour lui de différence entre les « instincts » des races, rappelons-nous. Or, Tocqueville a toujours exprimé la plus grande intransigeance en ce qui concerne une quelconque amputation des droits de l'individu (ses « garanties »), et notamment de sa liberté politique. Il ne cesse d'ailleurs de le rappeler dans le contexte de la colonie : « Nous avons besoin en Afrique autant qu'en France, et plus qu'en France, des garanties essentielles de l'homme qui vit en société ; il n'y a pas de pays où il soit plus nécessaire de fonder la liberté individuelle, le respect de la propriété, la garantie de tous les droits que dans une colonie » (« Lettre sur l'Algérie »,

p. 150). Il ne cesse donc de s'indigner en observant qu'« en Algérie la première de toutes les libertés civiles, la liberté individuelle, n'est pas assurée » (« Travail », p. 263).

Qu'est-ce qui nous a conduits à cette apparence de contradiction ? C'est la référence à l'appartenance nationale, et le rôle hiérarchiquement supérieur qu'elle occupe par rapport à l'appartenance commune à l'humanité. La liberté et l'égalité des individus sont des principes inviolables ; mais il n'en va pas de même des États ou des peuples : la domination des autres, illégitime sur le plan individuel, devient acceptable dès qu'on a affaire à des collectivités. Pourtant, ces collectivités ne sont pas moins composées d'individus ! On aboutira donc, à la faveur de ce détour, à une défense de l'inégalité entre personnes — pour peu que celles-ci appartiennent à des communautés différentes. « Il n'y a ni utilité ni devoir [les considérations politiques précèdent toujours celles de la morale ; mais elles se trouvent ici en accord, à en croire Tocqueville] à laisser à nos sujets musulmans des idées exagérées de leur propre importance, ni de leur persuader que nous sommes obligés de les traiter en toutes circonstances précisément comme s'ils étaient nos concitoyens et nos égaux » (« Rapport sur l'Algérie », p. 324). Les sujets musulmans ne seront donc pas des sujets comme les autres, et il y a une « extrémité de la bienveillance » (p. 321) qu'il faut savoir éviter.

Ainsi, même s'il se réclame du principe de l'égalité devant la loi, Tocqueville recommande que la justice ne soit pas la même pour tous. Pour ce qui concerne les « indigènes », « on peut établir pour eux des conseils de guerre. Ceci est d'un intérêt secondaire (...). Mais ce qui n'est pas secondaire, c'est de donner à l'Européen qu'on invite en Afrique toutes les garanties judiciaires, tant au civil qu'au criminel, qu'il est habitué à regarder comme une nécessité de la vie civilisée » (« Travail », p. 280). La civilisation n'est donc appropriée qu'à ceux qui la possèdent déjà ? De même pour la distribution des terres : « Dans certains endroits, au lieu de réserver aux Européens les terres les plus fertiles, les mieux arrosées, les mieux préparées que possède le domaine, nous les avons

données aux indigènes » (« Rapport sur l'Algérie », p. 321).
Tocqueville s'en indigne, oubliant peut-être qu'avant
de pouvoir les « donner » on les avait, ces terres, prises par
la force des armes — à ces mêmes indigènes. Mais l'égalité
n'est décidément plus de mise : alors que Tocqueville avait
lui-même parcouru l'Amérique pour préparer son étude,
en partageant la vie des « indigènes », c'est un tout autre
type de comportement scientifique qu'il recommande ici :
« On ne peut étudier les peuples barbares que les armes à
la main » (p. 309). On a vu que Renan avait bien entendu
cette leçon.

C'est pourquoi les seules injustices qu'il dénonce, dans
son récit de voyage, sont celles subies par les colons. Un
jour, par exemple, un directeur civil constate l'inanité
d'une décision militaire concernant la population arabe. Il
décide de déposer plainte ; de longues démarches s'ensui-
vent ; la décision n'est révoquée que longtemps après.
« Pendant ce temps un mois s'était passé, un mois pendant
lequel on a administré force coups de bâton aux Arabes.
Ces anecdotes, commente Tocqueville, nous amusaient
mais ne nous apprenaient rien, car que peut devenir le
pauvre fonctionnaire civil en face de l'insolence française
un sabre au cul ? » (« Notes de voyage », p. 204). Le seul
personnage de cette « anecdote » qui suscite la pitié de
Tocqueville est l'employé civil : pas un mot pour les
Arabes battus.

Les États, ou les peuples, ne jouissent donc pas du
traitement réservé aux individus, et les individus, du fait
d'habiter un État, perdent finalement les droits qu'ils
méritaient en tant qu'êtres humains. Tocqueville, qui
dénonçait la possession de l'homme par l'homme, ne voit
aucun inconvénient à ce qu'un État en possède un autre.
« La France possède aujourd'hui (...) des colonies où
200 000 hommes parlent notre langue, ont nos mœurs,
obéissent à nos lois », écrit-il sans sourciller (« L'émancipation », p. 87). S'agit-il d'une simple inconséquence, du
manque d'extension d'un principe (voire d'une contradiction, comme le croient la plupart des commentateurs de
Tocqueville) ou au contraire d'une discontinuité assumée,
pour ainsi dire principielle ?

Pour pouvoir répondre à cette question, il faut d'abord rappeler une distinction classique entre deux sortes de droits de l'individu. Ce sont, d'une part, des droits qu'on pourrait dire positifs, ou substantiels, qui découlent essentiellement du principe d'égalité : tous les citoyens ont droit aux mêmes privilèges (qui du coup cessent d'êtres tels), par exemple au même statut devant la justice, ou au droit de vote. D'autre part, l'individu jouit aussi de droits en quelque sorte négatifs (ou formels), qui consistent en l'établissement d'une frontière au-delà de laquelle la collectivité n'a plus son mot à dire (frontière qui partage donc sa vie en sphère publique et sphère privée) ; ces droits consistent, essentiellement, en un exercice de libertés : liberté de pensée, de confession, de parole, liberté d'éduquer ses enfants comme on l'entend, et ainsi de suite. Les deux groupes de droits ne sont pas contradictoires mais complémentaires ; parfois, cependant, ils entrent en conflit, comme on l'a vu à propos du droit des uns à disposer d'eux-mêmes, et des autres à bénéficier de leur propriété quelle qu'en soit l'origine. L'accent mis sur les droits positifs, étendus à tous les membres du groupe, caractérise le « socialisme », au sens le plus large (ou peut-être devrait-on dire « sociétisme » ?), alors que l'insistance sur les droits négatifs, dont dispose chacun des membres, est propre au courant de pensée libéral.

On peut maintenant reformuler ainsi la question précédente : l'analogie entre individu et État est-elle justifiée, notamment en ce qui concerne les différents droits que possèdent l'un et l'autre ? Si nous voulons croire à la cohérence de la pensée de Tocqueville, nous devons imaginer que sa réponse à cette question eût été négative. Ce qu'il suggère, c'est que les États comme les individus ont des sphères dans lesquelles ils agissent en fonction de leur seul vouloir (des droits négatifs) ; mais, à la différence des individus, les États n'ont pas à se conformer à un code qui leur attribue des droits positifs, pour la simple raison qu'un tel code n'existe pas. En effet, pour que le droit puisse s'exercer, il faut nécessairement qu'il existe un espace social à l'intérieur duquel la collectivité peut imposer l'application de la loi (c'est justement l'État de droit).

Or, contrairement à ce que laissent imaginer les rêveries idylliques des Encyclopédistes, il n'existe pas de « société générale », d'espace social universel, pourvu de « gendarmes » qui assureraient l'application d'une loi planétaire. La seule règle du comportement international est donc la liberté, c'est-à-dire l'absence de règles (la « loi de la jungle ») ; ce qui revient à dire que le seul principe de comportement entre États est le nationalisme. La morale universelle s'arrête au seuil des relations internationales.

Loin d'être en contradiction avec les principes généraux identifiés par Tocqueville dans la sphère de l'individu, le nationalisme serait alors la projection de l'un de ces principes, le libéralisme, sur l'échelle des rapports entre États. Le principe libéral est, pour la vie de l'individu, un correctif indispensable à l'action de la « volonté générale » ; mais, en l'absence d'une telle volonté, il règne seul, et du coup sa signification se transforme. Le libéralisme proclame le droit de l'individu de faire ce qu'il veut à l'intérieur de certaines limites fixées par la collectivité ; le nationalisme en fait autant pour les États, mais en partant du constat que de telles limites n'existent pas. Le libéralisme encourage les individus à profiter de leurs capacités et de leur force ; mais le champ d'action des individus est restreint par ce qui est considéré comme l'intérêt commun du groupe. Le nationalisme est une politique de la force, propre à l'État, une *Machtpolitik* que ne restreint aucune « société des nations » (inexistante ou inefficace), mais seulement la force des voisins.

Tocqueville avait abordé ce problème dans *De la démocratie en Amérique*, en observant que politique intérieure et politique extérieure d'un pays ne pouvaient se réclamer du même principe. On pourrait dire que le but d'une politique intérieure est d'atteindre un haut degré de civilisation, avec tout ce que ce mot implique. Or, l'une de ces implications est le renoncement à la guerre. « Je crois qu'on peut admettre comme règle générale et constante que, chez les peuples civilisés, les passions guerrières deviendront plus rares et moins vives, à mesure que les conditions seront plus égales » (II, iii, 22, t. II, p. 325). La guerre est une politique de force, non de droit, elle est donc contraire à la civilisation. Mais si un État applique, dans sa politique extérieure, le même principe, il devient tout simplement une proie facile pour ses voisins. « Quel que soit le goût que ces nations aient pour la paix, il faut bien qu'elles se tiennent prêtes à repousser la guerre, ou, en d'autres termes, qu'elles aient une armée » *(ibid.)*. Non seulement on ne doit pas étendre les mêmes principes à l'ensemble des actions de l'État, mais il est impératif d'appliquer des principes contraires, faute de quoi les efforts déployés à l'intérieur seraient annulés par la vulnérabilité à l'égard de l'extérieur. « Qu'importe qu'un peuple présente l'image de l'aisance et de la liberté, s'il se voit exposé chaque jour à être ravagé ou conquis ? (...) La force est donc souvent pour les nations une des premières conditions du bonheur et même de l'existence » (I, 1, 8, t. I, p. 238-239).

En défendant les droits des individus (et tout particulièrement leurs droits négatifs à la liberté) en même temps qu'il prône l'expansion coloniale, et donc la soumission des autres pays, Tocqueville reste, au moins en surface, cohérent avec lui-même. Le libéralisme à l'intérieur favorise — dans la sphère soustraite au contrôle social — les forts et les riches ; le libéralisme à l'extérieur, devenu nationalisme, en fait autant. Le libéralisme veut garantir à chacun le libre exercice de ses capacités ; donc les colonisateurs ont le droit de coloniser. Le colonialisme de Tocqueville n'est que le prolongement international de son libéralisme. La seule critique recevable, dans son optique, serait celle qui prouverait que l'expansion coloniale n'est pas utile à la France (ce sera le nerf de l'argumentation de Raymond Aron, à propos de la guerre d'Algérie, cent ans plus tard).

Conviction et responsabilité

La position de Tocqueville a donc sa cohérence ; ce qui ne veut pas dire qu'elle est irréprochable. Si son raisonnement est bien tel qu'on vient de le reconstituer, on peut le critiquer pour son simplisme, sa tendance à gommer des différences pourtant considérables. On peut admettre que la situation internationale d'un pays le contraigne à avoir une armée pour « repousser la guerre » ou pour empêcher d'être conquis ; l'argument n'est plus acceptable dès qu'il s'agit d'une guerre de conquête. Même si l'on souhaite, comme le veut la logique du nationalisme, que notre pays soit fort, on n'est pas obligé de mettre un signe d'égalité entre tous les moyens d'expansion, et de juger pareillement, par exemple, la guerre et le commerce (cette distinction, mise en avant par Montesquieu, amplifiée par Benjamin Constant, est pourtant parfaitement familière à Tocqueville). Dans une situation de guerre, enfin, tous les moyens pour parvenir à la victoire ne sont pas également acceptables. En d'autres mots, même si l'on accepte comme un fait établi l'absence d'une « société des nations » efficace, on peut continuer à recourir à la raison et aux normes rationnelles pour contrôler et restreindre l'usage de la force.

Tocqueville part d'une affirmation qu'il présente comme si elle était un constant de fait : « L'idée de posséder l'Afrique, de maintenir l'Afrique à l'aide et avec l'appui de la population indigène, cette idée qui est le rêve des cœurs nobles et généreux, est une chimère, quant au présent du moins » *(«* Intervention », p. 293). « Il n'y a que la guerre » *(«* Travail », p. 226). La guerre est présentée comme le seul moyen permettant de parvenir aux buts de la France, affirmation susceptible d'être critiquée indépendamment du fait qu'on puisse ne pas être d'accord avec les buts en question. Ce pas étant franchi, un autre s'ensuit : puisqu'on a choisi de se placer dans la seule optique de l'efficacité, on acceptera de faire la guerre quels que soient les moyens mis en œuvre. « Du moment où nous avons admis cette grande *violence* de la conquête, je crois que nous ne devons pas reculer devant les violences de détail qui sont absolument nécessaires pour la consolider », écrit-il au général Lamoricière le 5 avril 1846 (« Lettre à Lamoricière », p. 304). Le maréchal Bugeaud ne devait pas raisonner autrement lorsque, devant la Chambre des députés, il se défendait des reproches qu'on lui adressait sur les moyens par lui employés : « Ces murmures sembleraient me dire que la chambre trouve ce moyen trop barbare. Messieurs, on ne fait pas la guerre avec des sentiments de philanthropie. Quand on veut la fin, il faut vouloir les moyens ; quand il n'y en a pas d'autres que ceux que j'indique, il faut bien les employer. Je préférerai toujours les intérêts français à une absurde philanthropie pour les étrangers qui coupent la tête de nos soldats prisonniers ou blessés » (« Discours », p. 67-68). « Philanthropie » est visiblement ici un synonyme péjoratif d'humanisme : une morale qui ne comprend rien à la politique.

Chez Tocqueville certains de ces « moyens » sont politiques ou sociaux. Ainsi, les Français auraient avantage à faire semblant, au début, qu'ils adoptent les mœurs du pays pour gagner la confiance des habitants et parvenir plus facilement, dans un deuxième temps, à franciser les Arabes. Ou encore, ils devraient chercher à semer la dissension parmi les différents groupes qui occupent le sol de l'Algérie, afin de faciliter leur soumission. Mais d'autres « moyens » relèvent de la pure répression, ainsi des fameuses *razzias*, inaugurées par Bugeaud et Lamoricière, qui consistent à brûler les villages et les récoltes de la population algérienne pour briser toute résistance et obtenir la soumission. Bugeaud en faisait la théorie en ces termes : « C'est peu de traverser les montagnes et de battre une ou deux fois les montagnards ; pour les réduire, il faut attaquer leurs intérêts. On ne peut y parvenir en passant comme un trait ; il faut s'appesantir sur le territoire de chaque tribu ; il faut s'arranger de manière à avoir assez de vivres pour y rester le temps nécessaire pour détruire les villages, couper les arbres fruitiers, brûler ou arracher les récoltes, vider les silos, fouiller les ravins, les roches et les grottes, pour y saisir les femmes, les enfants, les vieillards, les troupeaux et le mobilier ; ce n'est qu'ainsi qu'on peut faire capituler ces fiers montagnards » (« De la stratégie », p. 112). Comme on peut l'imaginer, on ne s'embarrassait pas, dans ces circonstances, de compter les morts « accidentels ».

Cette politique ne fait pas l'unanimité en France ; Tocqueville s'emploiera donc à combattre ses détracteurs. « J'ai souvent entendu en France des hommes que je respecte, mais que je n'approuve pas, trouver mauvais qu'on brûlât les moissons, qu'on vidât les silos et enfin qu'on s'emparât des hommes sans armes, des femmes et des enfants. Ce sont là, suivant moi, des nécessités fâcheuses, mais auxquelles tout peuple qui voudra faire la guerre aux Arabes sera obligé de se soumettre » (« Travail », p. 226-227).

On peut observer les réactions de Tocqueville à l'occasion de telle circonstance particulière. Les troupes de Bugeaud avaient poursuivi les Arabes insoumis, les avaient enfermés dans les grottes de Dahra et les avaient exterminés en les asphyxiant par la fumée. Le colonel Saint-Arnaud, subordonné de Bugeaud, rapporte ainsi une opération de ce genre : « Le même jour, 8, je poussais une reconnaissance sur les grottes ou plutôt cavernes, deux cents mètres de développement, cinq entrées. Nous sommes reçus à coups de fusil (...). Le 9, commencement des travaux de siège, blocus, mines, pétards, sommations, instances, prières de sortir et de se rendre. Réponse : injures, blasphèmes, coups de fusil... feu allumé. (...) Un Arabe sort le 11, engage ses compatriotes à sortir ; ils refusent. Le 12, onze Arabes sortent, les autres tirent des coups de fusil. Alors je fais hermétiquement boucher toutes les issues et je fais un vaste cimetière. La terre couvrira à jamais les cadavres de ces fanatiques. Personne n'est descendu dans les cavernes ; personne... que moi ne sait qu'il y a là-dessous cinq cents brigands qui n'égorgeront plus les Français. Un rapport confidentiel a tout dit au maréchal, simplement, sans poésie terrible ni images » (*Lettres*, t. II, p. 37). Bugeaud a dû apprécier la simplicité de son colonel ; ne s'était-il pas indigné, quelques mois plus tôt, des protestations soulevées en France par l'opération précédente ? Il écrivait à Thiers : « Vous avez vu l'explosion d'injures philanthropiques que la presse et même la tribune des Pairs ont répandu ces jours-ci à l'occasion de l'affaire des *Ouled Riah ;* nous en avons été profondément indignés (...). Bien peu de gens en France savent comprendre les cruelles nécessités de cette guerre inextricable (...). Longtemps encore il [le peuple vaincu] cherchera à secouer le joug ; il le tentera d'autant plus souvent que la répression sera plus philanthropique. Le désastreux événement des grottes évitera bien du sang dans l'avenir (...). Le pays y trouvera de grands avantages ; il y a là de quoi nous consoler des outrages qu'on nous jette à la face » (« Lettre à Thiers », p. 212-213).

Tocqueville ne reprend pas l'argument du moindre coût (qui justifiera, plus tard, l'utilisation de la bombe atomique au Japon) ; mais pour le reste la différence entre Bugeaud et lui n'est qu'une différence de style. Je ne pense pas, dit-il, que « le mérite dominant de M. le maréchal Bugeaud soit précisément d'être un philanthrope : non, je ne crois pas cela ; mais ce que je crois, c'est que M. le maréchal Bugeaud a rendu sur la terre d'Afrique un grand service à son pays » (« Intervention », p. 299). Voici que le massacre est non seulement excusé mais glorifié : ce qui pouvait paraître comme un crime contre l'humanité devient une action louable, du fait qu'elle est accomplie au service de la nation. Tocqueville écrit ailleurs : « Je pense que tous les moyens de désoler les tribus doivent être employés. Je n'excepte que ceux que l'humanité et le droit des nations réprouvent » (« Travail », p. 227) ; mais on se demande ce que pourrait signifier cette dernière restriction, après les exemples de ce qui est permis. Est-ce autre chose qu'une formule de rhétorique ?

Ces prises de position de Tocqueville ne peuvent manquer de susciter quelque étonnement chez le lecteur de *De la démocratie en Amérique*. Son auteur y consacrait en effet un chapitre acerbe à l'histoire des relations entre les colons anglo-saxons et les Indiens. Commentant un rapport officiel au sujet de ceux-ci, il écrivait : « On est étonné de la facilité et de l'aisance avec lesquelles, dès les premiers mots, l'auteur se débarrasse des arguments fondés sur le droit naturel et sur la raison, qu'il nomme des principes abstraits et théoriques » (*Démocratie*, I, II, 10, t. I, p. 453). Mais n'est-ce pas lui qui écartait d'un revers de la main les considérations des hommes respectables, des cœurs nobles et généreux, des philanthropes (considérations que Bugeaud appelait plus crûment « niaiseries sentimentales », p. 213), pour n'admettre que la logique inexorable des « nécessités fâcheuses » ? Il écrit en ironisant : « Les

Américains de cette partie de l'Union voient avec jalousie les terres que possèdent les Indiens » (*Démocratie*, t. I, p. 448) ; mais n'est-ce pas lui qui s'indignera de voir que certaines des meilleures terres aient été « données » aux Arabes ? Le sort désespéré des Indiens l'accable et le révolte ; mais il ne voit pas d'inconvénient à ce qu'on impose ce même destin aux habitants de l'Algérie. Réfléchissant en général sur les mobiles politiques des peuples, il traite sans ménagement « le patriotisme, qui le plus souvent n'est qu'une extension de l'égoïsme individuel » (p. 485) ; devenu homme politique, il érige ce même patriotisme en seul principe conducteur de son comportement. En visite sur le continent américain, il voit dans l'indépendance le but le plus élevé de chaque peuple : « Je n'ai jamais été plus convaincu que le plus grand et le plus irrémédiable malheur pour un peuple, c'est d'être conquis » (« Voyage aux États-Unis », p. 257). De retour en France, il se fait l'apologiste de la conquête des autres.

Il se peut que, là non plus, il ne s'agisse pas d'une incohérence. Les discours que tient Tocqueville ici et là n'ont pas le même statut et, partant, ne se réclament pas des mêmes principes. Le philosophe et le savant se rend en Amérique, un pays étranger ; il l'analyse et le juge au nom de son « éthique de la conviction », éthique en l'occurrence humaniste : un droit « naturel », c'est-à-dire rationnel, fondé sur l'égalité de droit des êtres humains. Le député et l'homme d'État, lui, tient un discours politique : il rédige des rapports, des lettres, des interventions à la Chambre, qui doivent infléchir la ligne politique de l'État ; son cadre de référence est une « éthique de la responsabilité » : il recherche le bien de son pays, non la conformité à des principes abstraits. La politique n'est pas la morale : c'est la leçon qu'on peut tirer de la juxtaposition des divers écrits de Tocqueville. La morale doit être universelle ; la politique ne saurait l'être. L'« éthique de responsabilité », comme on dit depuis Max Weber, est une politique, non une éthique. Or, une politique humanitaire est, en quelque sorte, une contradiction dans les termes. Certes. Mais cela veut-il dire qu'on doive oublier tout de l'une dès que l'on pratique l'autre ? En instaurant un divorce radical entre morale et politique, Tocqueville semble avoir négligé ce que sa lucidité coutumière lui avait pourtant fait sentir, et qu'il formulait sous la forme d'une prédiction (une de plus !) : « Si (...) nous agissions de manière à montrer qu'à nos yeux les anciens habitants de l'Algérie ne sont qu'un obstacle qu'il faut écarter ou fouler aux pieds ; si nous enveloppions leurs populations, non pour les élever dans nos bras vers le bien-être et la lumière, mais pour les y étreindre et les y étouffer, la question de vie ou de mort se poserait entre les deux races. L'Algérie deviendrait, tôt ou tard, croyez-le, un champ clos, une arène murée, où les deux peuples devraient combattre sans merci, et l'un des deux devrait mourir » (« Rapport sur l'Algérie », p. 329). Pas plus que ses contemporains, Tocqueville n'est attentif à cet avertissement ; cent ans plus tard, le combat sans merci éclate.

Michelet

La France et l'univers

Jules Michelet est l'héritier de l'idéal révolutionnaire et humanitaire : toute sa vie il ne cesse de proclamer les principes de la justice, de l'égalité, de la liberté et de l'amour universel. C'est en même temps un partisan affirmé de l'idée nationale. Comment parvient-il à concilier ces exigences contradictoires ?

Michelet semble partir d'un constat : le principe de la nation, loin de dépérir (comme pouvaient l'imaginer certains esprits utopistes à l'époque de la Révolution), est, en ce milieu du XIXe siècle, plus puissant que jamais. « La barrière des nationalités que vous croyez effacée, lance-t-il aux humanitaires-cosmopolites, reste presque entière » (*le Peuple*, p. 74). Elle ne fait même que se renforcer : « Loin que les nationalités s'effacent, je les vois chaque jour se caractériser moralement, et, de collections d'hommes qu'elles étaient, devenir des personnes » (p. 218). Et, plusieurs dizaines d'années plus tard, dans *la France devant l'Europe*, réaction à chaud à la guerre franco-prussienne, Michelet confirme son diagnostic : « Les humanitaires sont fous de croire que les murs, les haies, les barrières qui étaient entre elles [les nations], se sont abaissées. Certains préjugés antiques de ce genre ont disparu. Mais d'autres sont sortis des rivalités modernes. La *personnalité croissante* sépare au contraire de plus en plus, sous certains rapports, et les nations et les individus » (p. 567).

On pourrait croire que Michelet regrette cet état des choses. Il n'en est rien, tout au moins à l'époque du *Peuple*.

La division du monde en nations est une grâce du ciel :
« Le plus puissant moyen de Dieu pour créer et augmenter
l'originalité distinctive, c'est de maintenir le monde harmo-
niquement divisé en ces grands et beaux systèmes qu'on
appelle des nations » (*le Peuple*, p. 219). Lui-même se voit
comme un produit de l'esprit national : « Toute la variété
de nos travaux a germé d'une même racine vivante : le
sentiment de la France et l'idée de la Patrie » (p. 57) ; et il
souligne qu'il trouve son inspiration dans l'amour pour la
patrie : « Ma lumière (...), qui ne me trompera pas, c'est la
France. Le sentiment français, le dévouement du citoyen à
la patrie, est ma mesure pour juger ces hommes et ces
classes » (p. 140). Les valeurs ultimes sont nationales, et
non universelles.

Le Peuple de Michelet est donc dirigé contre tous les
adversaires de la nation. En pratique, ces derniers sont de
deux espèces : ceux qui gardent de l'intérêt pour des
groupements plus petits que la nation (française) ; et ceux
qui préfèrent un pays étranger à leur pays d'origine (ce
sont, en quelque sorte, les ennemis de l'intérieur et les
ennemis de l'extérieur). Contre les premiers — les régionalistes —, Michelet évoque à nouveau les faits, le mouvement inexorable de l'histoire. « Ce qui s'est affaibli bien
certainement, c'est, dans chaque nation, la dissidence
intérieure. Nos provincialités françaises s'effacent rapidement » (p. 217). Il ne répugne pas pour autant à recommander qu'on aide un peu l'histoire dans sa marche
inexorable, en imposant par exemple une instruction
vraiment commune : « La première institution qui peut
faire vivre et durer [notre peuple], c'est de donner *à tous*
(...) cette éducation harmonique qui fonderait la patrie au
cœur même de l'enfant » (p. 230). Quant aux seconds,
Michelet les fustige particulièrement à travers la personne
de quelques écrivains français (il pense à George Sand,
Eugène Sue, Balzac), qui sont durs pour la France et n'ont
d'éloges que pour les étrangers. « Dans ces romans français, quel est l'homme ridicule ? Le Français, toujours le
Français. L'Anglais est l'homme admirable, la Providence
invisible mais présente, qui sauve tout » (p. 225). Et
Michelet de s'interroger sur l'opportunité de quelques

sanctions à prendre. « Il importerait d'examiner si ces livres français qui ont tant de popularité en Europe, tant d'autorité représentent vraiment la France, s'ils n'en ont pas montré certaines faces exceptionnelles, très défavorables, si ces peintures où l'on ne trouve guère que nos vices et nos laideurs, n'ont pas fait à notre pays un tort immense près des nations étrangères » (p. 60).

Mais ces ennemis, ou plutôt rivaux, sont moins coupables que ne l'est la vision du monde opposée au patriotisme : le cosmopolitisme ou humanitarisme. Les philosophes prêchent l'amour universel ; « le paysan seul a gardé la tradition du salut ; un Prussien est pour lui un Prussien, un Anglais est un Anglais. — Son bon sens a eu raison, contre vous tous, humanitaires ! » (p. 74). Quel est l'acte le plus affligeant qu'on puisse accomplir ? « Du Français, tomber au cosmopolite, à l'homme quelconque, et de l'homme au mollusque ! » (p. 142). Quoi qu'il en soit de cette dernière transition, Michelet résume ainsi sa propre démarche dans *le Peuple :* « Une autre religion, le rêve humanitaire de la philosophie qui croit sauver l'individu en détruisant le citoyen, en niant les nations, abjurant la patrie... je l'ai immolé de même. La patrie, ma patrie peut seule sauver le monde » (p. 246).

L'erreur des humanitaires, explique Michelet, est de méconnaître la dimension sociale de l'homme. Michelet assimile donc l'humanisme à l'individualisme. Dès que « la fleur de la nationalité pâlit », « c'est l'égoïsme pur du calculateur sans patrie » (p. 141) ; et « la sécheresse de l'individualisme » (p. 211) conduit au pur souci d'enrichissement (le thème était déjà présent chez Tocqueville) ; Michelet peut alors condamner les « utopies cosmopolites de jouissances matérielles » (p. 223). Or, l'homme est un être social : l'individualisme n'est pas seulement immoral, il est antinaturel. « Pour peu que j'observe [l'homme], à sa naissance même, je le vois déjà sociable. Avant d'avoir les yeux ouverts, il aime la société ; il pleure, dès qu'il est laissé seul... Comment s'en étonnerait-on ? au jour qu'on dit le premier, il quitte une société déjà bien ancienne, et si douce ! » (p. 200). On peut évidemment répliquer à Michelet, comme à tous ceux qui font des assimilations

semblables (l'argumentation de Michelet, admirateur de la
Révolution, ne diffère ici en rien de celle de Bonald,
contre-révolutionnaire), que, d'abord, l'individualisme
n'est pas réductible au matérialisme, au sens de souci
exclusif pour les biens matériels (l'individualiste peut aussi
être ascète) ; et que, ensuite, l'humanisme n'est pas une
forme déguisée de l'individualisme, au sens que prend ici ce
terme : le respect de tous les êtres humains n'équivaut pas
au pur souci de soi. Et, s'il est vrai que l'être humain est
toujours social, il est en revanche faux que la nation soit la
seule forme de communauté possible : il existe des entités
infranationales (comme la famille, la localité, la région) —
et aussi supranationales (un groupe de pays, comme
l'Europe occidentale ou le Maghreb) — qui peuvent tout
aussi bien satisfaire au besoin humain d'appartenance.

On pouvait croire jusque-là que Michelet, conscient du
conflit potentiel entre patriotisme et humanitarisme, avait
simplement choisi le premier terme, sans se donner la peine
de coordonner cette partie de son œuvre avec ses autres
écrits, dans lesquels il plaide pour l'amour universel. Mais
en fait les choses sont plus complexes : c'est à l'intérieur
même de ses écrits « patriotiques » qu'il tente de réintroduire l'humanitarisme ! Dès son premier texte important,
l'*Introduction à l'histoire universelle,* Michelet prépare ce
tour de force en posant l'équivalence de la France et de
l'univers (et donc, potentiellement, l'équivalence d'un
patriotisme *français* comme le sien avec l'humanitarisme) :
« Ce petit livre, dit sa première phrase, pourrait aussi bien
être intitulé *Introduction à l'histoire de la France ;* c'est à la
France qu'il aboutit » (p. 227). La France est destinée à
être « le pilote du vaisseau de l'humanité » *(ibid.)* et elle
conduit le monde moderne « dans la route mystérieuse de
l'avenir » (p. 258).

En quoi consiste cette identité de la France et de
l'univers ? Michelet s'en explique plus longuement dans *le
Peuple.* Depuis la Révolution (et en fait depuis bien plus
longtemps), la France a construit son identité sur les
principes de la liberté, de l'égalité et de la fraternité ; or, ce
sont là les valeurs universelles par excellence. C'est pourquoi ses lois comme ses légendes « ne sont autres que celles

de la raison » (p. 228), car c'est la raison qui nous dit que la devise de la Révolution est la meilleure du monde. Cela avait commencé déjà avec les Gaulois, ajoutera-t-il dans l'*Histoire de France* : une race dont le trait caractéristique est la mobilité, la souplesse, autrement dit la liberté, ou encore la perfectibilité. C'est « la plus sympathique et la plus perfectible des races humaines » (I, 109) : la plus sympathique *parce que* la plus perfectible. Ce que Rousseau considérait comme le trait distinctif de l'espèce humaine — sa capacité à acquérir des connaissances et à s'améliorer — devient ici un trait spécifiquement français. La France incarne l'humanité en ce que celle-ci a de plus humain. Elle est cette contradiction dans les termes : une « patrie universelle » (*Introduction*, p. 229). Donc, Michelet déclare préférer son patriotisme à l'humanitarisme des autres ; mais afin d'établir sa supériorité il s'appuie sur des arguments tirés de la doctrine humanitaire ! A partir de là, on peut voir dans tout trait de la nation française une manifestation de l'universalité, et donc une valeur. Cette identité « fait de l'histoire de France celle de l'humanité » ; elle est en même temps « l'idéal moral du monde » (p. 228) et elle a proclamé « le futur droit commun du monde » (p. 217-218). C'est le pays « qui a le plus confondu son intérêt et sa destinée avec ceux de l'humanité » (p. 229). C'est donc la vocation de la France que de « délivrer le monde » (p. 75), d'« enfanter toute nation à la liberté » (p. 217) : la France est une accoucheuse.

Cette possibilité de vivre simultanément le particulier et l'universel n'est évidemment ouverte qu'aux seuls Français, puisque les autres peuples, en allant dans le sens du patriotisme, ne renforcent pas l'universalisme mais le combattent. Seulement ces autres peuples, pas si bêtes que ça, s'en sont aperçus, et ils ont choisi secrètement la France comme seconde patrie, qu'ils préfèrent souvent à la première. « Le saint de France, quel qu'il soit, est celui de toutes les nations, il est adopté, béni et pleuré du genre humain. Pour tout homme, disait impartialement un philosophe américain, le premier pays, c'est sa patrie, et le second, c'est la France » (p. 228). Les autres peuples « sympathisent avec le génie français, ils deviennent

France ; ils lui décernent au moins par leur muette imitation, le pontificat de la civilisation nouvelle » (*Introduction*, p. 257). C'est pourquoi Michelet se croit à l'abri de tout reproche de partialité : s'il défend la France, ce n'est pas parce que c'est son pays, mais parce qu'il aime le bien et la vérité. « Il n'y a pas là de fanatisme ; c'est l'expression trop abrégée d'un jugement sérieux, fondé sur une longue étude » (*le Peuple*, p. 229).

Il y a un paradoxe évident dans le raisonnement de Michelet. Le mérite de la France est d'avoir défendu le principe de l'égalité. Mais si ce principe est juste, il nous interdit de favoriser un peuple au détriment des autres. Le contenu de l'affirmation contredit le sens même que Michelet veut tirer de son énonciation. Cela ne peut que le conduire à des enchaînements périlleux. « Sans doute, écrit-il, tout grand peuple représente une idée importante au genre humain. Mais que cela, grand Dieu, est bien plus vrai de la France ! » (p. 222). Quand on pense que l'« idée » en question est justement celle de l'égalité, on mesure les risques de l'affirmation : il faut bien que certains soient plus égaux que d'autres ! A supposer même que le bien universel et le programme politique de la France aient coïncidé à un moment donné dans l'histoire, cela ne confère aucun privilège durable à ce pays, puisqu'il peut à tout instant changer de politique (et l'on sait bien qu'il ne s'en est pas privé). Seul l'universalisme peut juger si les passions nationales sont, à telle époque, dignes d'éloge (et à telle autre non). Ou, pour inverser la formule de Michelet (p. 140), c'est le sentiment humanitaire qui sera la mesure pour juger du « dévouement du citoyen à la patrie ».

Il faut aussi préciser que, lorsque Michelet parle de l'univers, il pense en fait à l'Europe occidentale. Non qu'il refuse d'appliquer aux autres peuples les mêmes critères ; mais seules les nations européennes se sont suffisamment approchées de ces idéaux pour en mériter la récompense. Dans *la France devant l'Europe*, il s'écrie : « Grandes nations du travail, qui créez incessamment, serrez-vous en un seul peuple ! Gardez au monde ce foyer qui lui produit tous ses biens. (...) J'appelle les Anglais, les Français, les

Belges, les Hollandais, les Suisses. J'appelle les Allemands [et aussi l'Amérique du Nord : qu'elle soit] vouée au grand intérêt général du progrès humain, étroitement associée à l'Occident civilisé » (p. 507). Hors de l'Occident civilisé, point de salut ; Michelet évoque avec effroi « les grandes masses noires qui se voient à l'horizon » (p. 618), c'est-à-dire, en l'occurrence, les Russes.

Le déterminisme de la liberté

Comment s'expliquer que la France ait accédé à cette place d'honneur ? Michelet a une réponse à cette question, qui se trouve exposée dans l'*Introduction à l'histoire universelle* et mise en pratique dans son *Histoire de France*, en particulier dans ses premiers volumes.

Pour justifier ses affirmations, Michelet se voit amené à échafauder une théorie de l'évolution sociale. Son premier postulat est que le progrès consiste en un affranchissement des déterminismes que la nature fait peser sur les populations humaines, à l'intérieur comme à l'extérieur du corps. « La volonté humaine se roidira contre les influences de race et de climat » (p. 229). Dans un esprit proche du grand courant des Lumières, Michelet conçoit donc l'évolution de l'humanité comme un accroissement de la liberté aux dépens de tout déterminisme biologique ou géographique, d'une part, et, de l'autre, comme une victoire du social, de l'artificiel, du complexe sur une simplicité naturelle présumée. Ce livre, dira-t-il plus tard, présentait « l'histoire universelle comme combat de la liberté, sa victoire incessante sur le monde fatal » (*Histoire de France*, « Préface de 1869 », p. 15).

Par conséquent, un pays est d'autant moins civilisé qu'il est plus proche de son état d'origine, car les déterminations physiques n'ont pas encore pu être neutralisées. Tel est le cas de plusieurs pays européens. « Dans l'Allemagne et dans l'Italie (...), la liberté morale est prévenue, opprimée par les influences locales de races et de climats. L'homme y

porte également dans son aspect le signe de la fatalité »
(*Introduction*, p. 246). L'homme s'y confond avec la terre
et la nature, et il reste seul, donc sauvage. « L'homme de la
terre et de la force (...), enraciné, localisé dans son fief, et,
par là même, dispersé sur le territoire, tend à l'isolement, à
la barbarie » (p. 250). On pourrait presque déduire tout
Barrès de ce programme, par simple inversion de signes.

Les populations non mélangées, ou races pures, se
trouvent donc à un stade plus primitif de leur développement. Telle est la leçon anglaise. « Cet inflexible orgueil de
l'Angleterre y a mis un obstacle éternel à la fusion des races
comme au rapprochement des conditions » (p. 252). Car il
ne suffit pas que les « races » différentes se touchent,
encore faut-il qu'il y ait une véritable fusion. Or, « dans de
telles contrées, il y aura juxtaposition de races diverses,
jamais fusion intime » (p. 247).

Au contraire, le mélange des races équivaut au progrès.
« Le croisement des races, le mélange des civilisations
opposées, est (...) l'auxiliaire le plus puissant de la liberté.
Les fatalités diverses qu'elles apportent dans ce mélange s'y
annulent et s'y neutralisent l'une par l'autre. » Et c'est là
qu'on saisit les raisons de la supériorité française. Car la
France n'est rien d'autre que cet heureux mélange, cette
absence de déterminations physiques, cet état d'éloignement maximal de la simplicité originelle. « Ce qu'il y a de
moins simple, de moins naturel, de plus artificiel, c'est-à-
dire de moins fatal, de plus humain et de plus libre dans le
monde, c'est l'Europe ; de plus européen, c'est ma patrie,
c'est la France » (p. 247). Ce que d'autres croient être une
absence de caractéristiques est en réalité ce qui fait
l'identité de ce pays. « Son génie propre est précisément
dans ce que les étrangers, les provinciaux même, appellent
insignifiance et indifférence, et qu'on doit plutôt nommer
une aptitude, une capacité, une réceptivité universelle. (...)
C'est là la supériorité de la France centrale sur les
provinces, de la France entière sur l'Europe. Cette fusion
intime des races constitue l'identité de notre nation, sa
personnalité » (p. 248).

La France n'est pas tout à fait seule dans cette position
exceptionnelle. A deux reprises, dans le passé, une nation a

déjà joué un rôle semblable. Si l'on se place dans l'optique du rapport entre la nation élue et les autres, l'exemple de la Grèce ancienne vient à l'esprit. « Chaque pensée solitaire des nations est révélée par la France. Elle dit le verbe de l'Europe, comme la Grèce a dit celui de l'Asie » (p. 257). Sur le plan religieux, la comparaison s'impose avec la naissance du christianisme. « C'est au point de contact des races, dans la collision de leurs fatalités opposées, dans la soudaine explosion de l'intelligence et de la liberté, que jaillit de l'humanité cet éclair céleste qu'on appelle le Verbe. » La religion de l'homme, révélée par la Révolution, est aux Temps modernes ce que la religion chrétienne était à l'Antiquité. « Au point du plus parfait mélange des races orientales, l'éclair brilla sur le Sinaï (...). Au point du plus parfait mélange des races européennes, sous la forme de l'égalité dans la liberté, éclate le verbe social. (...) C'est à la France qu'il appartient et de faire éclater cette révélation nouvelle, et de l'expliquer » (p. 257). On voit ici pourquoi la France pourra être pensée, dorénavant, comme une « religion », pourquoi la Révolution française est une *révélation*. « Il fallut que ce Dieu eût sa seconde époque, qu'il apparût sur la terre en son incarnation de 89 » (*le Peuple*, p. 216-217). « La France est une religion » (p. 227).

Le résultat de cet affranchissement des déterminations primitives est l'éclosion, en France, de ce que Michelet appelle le « génie social ». Sur le plan intérieur, ce génie équivaut à la « liberté dans l'égalité », qui constitue l'idéal de Michelet. Dans les relations entre pays, ce même génie se manifeste « avec ses trois caractères en apparence contradictoires, l'acceptation facile des idées étrangères, l'ardent prosélytisme qui lui fait répandre les siennes au dehors, la puissance d'organisation qui résume et codifie les unes et les autres » (*Introduction*, p. 249). Le discours de Michelet quitte ici l'apologie et devient une description pertinente des particularités culturelles françaises : Les Français ne *sont* peut-être pas le peuple le plus universel de la terre, mais il est certain qu'ils se *pensent* comme tels, « Le Français veut surtout imprimer sa personnalité aux vaincus, non comme sienne, mais comme type du bon et du beau ;

c'est sa croyance naïve. Il croit, lui, qu'il ne peut rien faire de plus profitable au monde que de lui donner ses idées, ses mœurs et ses modes. Il y convertira les autres peuples l'épée à la main, et après le combat, moitié fatuité, moitié sympathie, il leur exposera tout ce qu'ils gagnent à devenir français » (p. 249). Il est assez remarquable de voir ici Michelet qualifier de « croyance naïve » et de « fatuité » les mêmes projections du particulier sur le général qu'il pratique habituellement lui-même.

C'est sur les principes ainsi établis que Michelet commencera, quelques années plus tard (en 1833), à bâtir sa monumentale *Histoire de France*. Il explique lui-même dans la « Préface » (de 1869) qu'un des motifs essentiels de son entreprise était de combattre la conception de l'histoire qu'illustrait alors l'œuvre d'Augustin Thierry, lequel voulait justement expliquer l'histoire de France par la persistance (et le conflit) de deux races, les Francs et les Gaulois, qui s'étaient réincarnées postérieurement en deux classes, les aristocrates et les paysans (cette hypothèse avait déjà cours au XVIIIᵉ siècle). Michelet a décidé de travailler « contre ceux qui poursuivent cet élément de race et l'exagèrent aux temps modernes » (p. 13) ; à l'opposé de Thierry, il affirme que les races, influentes à l'origine, se sont neutralisées à la suite de leurs mélanges. Or, toute diminution du déterminisme matériel est une victoire pour l'homme, et un signe de sa supériorité. « Plus cette race s'est isolée, plus elle a conservé son originalité primitive, et plus elle a tombé et déchu. Rester original, se préserver de l'influence étrangère, repousser les idées des autres, c'est demeurer incomplet et faible. (...) Malheur à l'individualité obstinée qui veut être à soi seule, et refuse d'entrer dans la communauté du monde » (I, 4, p. 188). La supériorité de la nation sur le clan familial primitif, c'est précisément cette capacité à intégrer les étrangers.

Si l'on formule les exigences qu'on pourrait adresser à la nation idéale, on ne peut manquer de constater, pense Michelet, que c'est la France qui les satisfait mieux que tout autre pays. « Nul doute que notre patrie ne doive beaucoup à l'influence étrangère. Toutes les races du monde ont contribué pour doter cette Pandore » (p. 180). « Races sur races, peuples sur peuples » (p. 182). Michelet gardera par la suite la conviction que les Français sont un peuple élu, mais il ne maintiendra pas toujours sa préférence pour l'esprit sur la matière et pour la liberté sur le déterminisme. Sa sympathie pour le peuple l'amène d'abord à interrompre l'Histoire de France et à s'engager dans celle de la Révolution ; à la suite de quoi il reniera, dans *le Peuple*, bien de ses engagements antérieurs. Il y proclame en effet un attachement à de tout autres valeurs. L'artificiel, l'intellectuel, le civilisé, qui attiraient ses faveurs auparavant, cadrent mal avec l'éloge du peuple instinctif, spontané, irréfléchi — mais combien supérieur aux philosophes de salon. Le déterminisme géographique, dont le rôle auparavant était bien modeste, sert maintenant à expliquer les différences entre nations. Enfin, les croisements, naguère source de progrès, ne semblent plus garder l'estime de Michelet, qui croit désormais, comme tout nationaliste conséquent, que « rester soi, c'est une grande force, une chance d'originalité. Si la fortune change, tant mieux ; mais que la nature reste » (p. 165). Du coup, les interactions et les emprunts seront condamnés. « On prend à un peuple voisin telle chose qui chez lui est vivante ; on se l'approprie tant bien que mal, malgré les répugnances d'un organisme qui n'était pas fait pour elle ; mais c'est un corps étranger que vous mettez dans la chair ; c'est une chose inerte et morte, c'est la mort que vous adoptez » (p. 224). Le romantique a pris le dessus sur l'héritier des Lumières.

Mais, au-delà de l'évolution de Michelet et de l'opposition entre les deux textes, un problème subsiste à l'intérieur même de la théorie exposée dans l'*Introduction*. La France est louée dans la mesure où elle s'est éloignée des déterminations physiques originelles. Comme le dit Michelet : « La France n'est point une race comme l'Allemagne ; c'est une nation » (*Introduction*, p. 253). Cela veut dire, nous le savons maintenant, que la liberté et la volonté y ont pris le dessus sur la fatalité des causes naturelles. Le propre de la nation (et la France est la nation par excellence) est de s'être faite par elle-même, par un « travail de soi sur soi », un effort d'auto-engendrement. « La France a fait la France (...). Elle est fille de sa liberté » (*Histoire de*

France, « Préface de 1869 », p. 13). La matière première n'est rien, tout est dans le travail auquel elle est soumise, donc dans l'histoire de la nation. « Le gland primitif est peu de chose en comparaison du chêne gigantesque qui en est sorti. Qu'il s'enorgueillisse, le chêne vivant, qui s'est cultivé, qui s'est fait et se fait lui-même ! » (I, 4, p. 182). En cela la France n'a fait qu'incarner exemplairement le destin de l'humanité : « L'homme est son propre Prométhée » (« Préface », p. 13). Mais si l'émancipation des déterminismes est le trait distinctif des Français, il n'y a plus aucune garantie que ces derniers agissent de telle manière plutôt que de telle autre, puisqu'ils sont, justement, libres — ou, en tout cas, plus libres que les autres. Or, c'est une conséquence que Michelet ne voudrait évidemment pas envisager. Si l'on suivait son argument, on devrait dénier aux Français toute caractéristique commune : la liberté n'en est pas vraiment une, puisque c'est justement l'absence de toute contrainte. Michelet croit, au contraire, au déterminisme décisif de l'appartenance nationale : tous les Français bénéficient des avantages propres à la France. En d'autres termes, même si, dans son contenu, la nation n'est pas identique à la race (celle-ci est une entité biologique, celle-là historique), les deux se confondent quant à leur rôle, celui de déterminer le comportement des individus. Tout comme il voulait prouver la supériorité par l'égalité, Michelet cherche ici à produire un déterminisme à partir de la liberté même.

Le bon et le mauvais nationalisme

Michelet voudrait professer un nationalisme humanitaire et égalitaire, ce qui est une contradiction dans les termes. Sa pratique, pourrait-on supposer, risque de lui faire trahir l'un ou l'autre de ces deux termes, mais lequel ?

L'image que Michelet voudrait donner de la France participe, découvre-t-on, de la plus pure tradition ethnocentrique, qui consiste à se décerner des qualifications superlatives, sans chercher à les justifier. On a vu déjà, et Michelet le répète dans *le Peuple*, que « ce peuple, plus qu'aucun autre, est, dans toute l'excellence et la force du terme, une *vraie société* » (p. 62). « Tachez d'apprendre une fois ce que c'est que *l'unité organique*. Un seul peuple l'a, — la France » (*la France devant l'Europe*, p. 605). Mais c'est aussi une nation exceptionnelle, « puisqu'en pleine nuit, elle voit quand nulle autre ne voit plus » (*le Peuple*, p. 227). A vrai dire, la France est en fait unique en tout. « Qui a une littérature qui domine encore la pensée européenne ? Nous, tout affaiblis que nous sommes. Qui a une armée ? Nous seuls » (p. 74). De même pour l'histoire du pays : « Nul peuple n'en a une semblable. (...) Toute autre histoire est mutilée, la nôtre seule est complète » (p. 228). Et pour les légendes qui, en France seulement, sont de bonne qualité : « Il me serait trop facile de montrer que les autres nations n'ont que des légendes spéciales que le monde n'a pas reçues » (p. 229). Et laquelle est, enfin, la plus magnanime des nations ? Essayons de le deviner. « J'ai lu bien des histoires. Mais je n'ai jamais vu une révolution si vaillante, pourtant si humaine, si généreuse pour l'ennemi barbare [les ennemis sont forcément barbares], si clémente aux trahisons mêmes » (*la France*, p. 494). Aucun sujet n'a donné lieu, plus que l'orgueil national, à une telle profusion d'inepties.

Quant à la représentation des autres nations, elle ne s'écarte pas beaucoup des clichés xénophobes qu'on trouve partout. Les Russes, ce sont des « masses barbares » (p. 496), saisies, faut-il s'en étonner, d'un « emportement barbare » (p. 495), et ce qu'ils font entendre est « un concert de bêtes sauvages » (p. 497) ; bref, la Russie n'est qu'un « monstre » (p. 594). Des Allemands, Michelet disait dans *le Peuple* : « Quant aux livres allemands, qui les lit, sinon l'Allemagne ? » (p. 60) ; après la guerre franco-prussienne, la condescendance intellectuelle persiste, et Michelet d'évoquer « les fumeuses pensées qui remplissent un cerveau du Nord entre le poêle, le tabac et la bière » (*la France*, p. 535) ; mais s'y ajoute la haine : « Cette fidélité absolue [qui caractérise les Allemands] est une vertu de barbares » (p. 540) ; « la barbarie de race, qui dormait, a

éclaté » (p. 576 : on peut entendre ici un écho à l'*Introduction à l'histoire universelle*) ; bref, « c'est l'heure de la bête
sauvage » (p. 577). Il n'y a pas grande différence, en
somme, entre Allemands et Russes. Et qu'on n'aille pas lui
dire que les Français ont fauté en commençant cette
guerre : elle n'était en fait que la réplique à une autre
guerre, commencée, celle-là, par les Allemands...

Les autres nations ne sont guère mieux loties. « Nous ne
sommes pas l'Italie, grâce à Dieu » (*le Peuple*, p. 62).
L'Angleterre est un géant faible et bouffi (p. 74). Les juifs,
peuple sans terre, sont une éternelle menace, semant
partout la terreur grâce à la banque et à l'usure (Michelet
se solidarise ici avec le pamphlet antisémite du fourriériste
Toussenel) : « Les Juifs, quoi qu'on dise, ont une patrie, la
Bourse de Londres ; ils agissent partout, mais leur racine
est au pays d'or » (p. 141). Et si quelques malheurs sont
quand même arrivés à la France, la faute en est sûrement à
ses ministres étrangers (p. 82).

Dans la pratique, le nationalisme de Michelet est donc
beaucoup plus commun que ne le laissait imaginer sa
théorie. Il ne devient lucide à l'égard du nationalisme que
quand il s'agit de celui des autres. Le nationalisme allemand, tel qu'il le décrit, n'est pourtant pas très différent,
dans son projet, du nationalisme français : c'est l'aspiration
à universaliser ses particularismes. « Chaque peuple a de
tels moments. Et alors il ne voit rien. (...) A ces moments,
on voudrait dans l'unité de la patrie embrasser l'unité du
monde. Ainsi l'Italie, l'Allemagne, par Rome ou par le
Saint-Empire, dans leurs rêves, absorbent tout » (*la
France*, p. 517). Mais, s'agissant des autres. Michelet sait
que ce rêve procède d'un aveuglement et conduit à des
conséquences néfastes. « L'ivresse rend souvent très mauvais » (p. 518). Et le produit final de ces nationalismes
exacerbés ne peut être que la haine entre les peuples. « M.
de Bismarck (...) est parti de cette idée qu'entre les deux
nations devait subsister une haine éternelle, et que toute
bonne politique devait se régler là-dessus » (p. 519).

Dans ses rêves à lui, Michelet voulait que l'amour de la
patrie serve de tremplin à l'amour de l'humanité, se
refusant de voir qu'il y a entre les deux, non pas gradation

mais incompatibilité. Dans la réalité de l'histoire, il découvre que le nationalisme conduit à la guerre, à la haine et à la souffrance. Mais se rend-il compte que cet effet désolant est en partie dû à son propre enseignement ? Il ne nous le laisse jamais entrevoir.

Renan et Barrès

Liberté contre déterminisme

La pensée de Renan au sujet de la nation peut paraître à première vue comme la simple adaptation de la philosophie humaniste, telle qu'on pouvait la trouver par exemple chez Rousseau, à la réalité des faits ; mais, comme toujours chez Renan, elle subit chemin faisant une série d'infléchissements qui en modifient profondément le sens.

Renan déclare ne pas croire au déterminisme national intégral. Avant d'avoir lui-même réfléchi sérieusement à la question (avant la guerre de 1871), il s'en tient, il est vrai, à des vues plus traditionnelles. « Les peuples n'ont d'existence qu'en tant qu'ils sont des groupes naturels formés par la communauté approximative de race et de langue, la communauté de l'histoire, la communauté des intérêts » (« Préface » à *Questions contemporaines*, p. 2). C'est donc contre ses propres idées antérieures autant que contre celles de ses contemporains qu'il va se dresser en 1878, dans sa conférence « Des services rendus aux sciences historiques par la philologie ». Il s'y oppose à toute tentative pour réduire le comportement humain aux différentes causes extérieures dont les hommes subissent la pression. « Au-dessus de la langue et de la race, au-dessus même de la géographie, des frontières naturelles, des divisions résultant de la différence des croyances religieuses et des cultes, au-dessus des questions de dynasties, il y a quelque chose que nous plaçons : c'est le respect de l'homme envisagé comme un être moral » (p. 1231). La volonté de l'individu est plus importante que le reste. « L'homme, Messieurs, n'appartient ni à sa langue, ni à sa race ; il appartient à lui-même avant tout, car il est avant tout un être libre et moral » (p. 1232). La volonté est donc un principe qui met en échec le règne de la nécessité.

S'agissant d'un disciple aussi fidèle de la philosophie des Lumières, on ne sera pas surpris de voir qu'il sait reconnaître l'opposition entre homme et citoyen, entre humanisme et patriotisme. « Avec la collection des qualités qui font ce qu'on appelle une grande nation, on composerait l'individu le plus haïssable », dit l'un des personnages de son « drame philosophique », *le Prêtre de Némi* (p. 568) ; et un autre illustre cette idée par l'exemple le plus probant qui soit, celui de la guerre : « En guerre, les vertus réelles deviennent des désavantages. Les vertus qu'on appelle guerrières sont toutes des défauts ou des vices » (p. 575). Dans sa « Lettre à M. Strauss », Renan écrivait déjà : « La guerre est un tissu de péchés, un état contre nature, où l'on recommande de faire comme belle action ce qu'en tout autre temps on commande d'éviter comme vice ou défaut » (p. 447). A la suite de quoi, Renan n'hésite pas à valoriser l'humanisme au détriment du patriotisme. C'est dans la mise en avant de l'idée de l'homme universel qu'il découvre — avec raison — le trait caractéristique de la philosophie moderne. « L'idée de l'humanité est la grande ligne de démarcation entre les anciennes et les nouvelles philosophies » (*l'Avenir de la science*, p. 866).

Il rejette donc avec indignation la fameuse formule de Joseph de Maistre — « Je connais des Français, des Anglais, des Allemands, je ne connais pas d'*hommes* » —, en l'interprétant comme une attaque contre l'idée abstraite d'humanité. « Nous autres nous pensons que le but de la nature est l'homme éclairé, qu'il soit français, anglais, allemand » (p. 1134 ; la formule de De Maistre, sur laquelle on reviendra, est tirée des *Considérations sur la France*, VI, p. 64). Ce qui est commun aux hommes, c'est précisément, par-delà les conditions matérielles divergentes, une même conscience morale. « Tous les hommes portent en eux les mêmes principes de moralité » (p. 999). « En dehors des caractères anthropologiques, il y a la raison, la justice, le vrai, le beau, qui sont les mêmes pour tous » (« Qu'est-ce qu'une nation ? », p. 898). L'orgueil du nationaliste, en revanche, n'est rien d'autre qu'un préjugé ethnocentrique, qu'une erreur d'optique. « Pouvez-vous croire que votre patrie ait une excellence particulière, quand tous les patriotes du monde sont persuadés que leur pays a le même privilège ? Vous appelez cela préjugé, fanatisme chez les autres. Il faut être taupe pour ne pas voir que les autres portent le même jugement sur vous » (*Caliban*, p. 391).

S'il faut choisir, par conséquent, entre l'identité française et l'identité humaine, on ne saurait hésiter. Parlant de lui-même, Renan refuse ce qu'il appelle le « patriotisme exagéré », et reprend à son compte le slogan que devrait refuser, selon Rousseau, tout nationaliste conséquent : « Où je vois le bien, le beau, le vrai, là est ma patrie » (« Lettre à M. Strauss », p. 443). Les raisons de ce choix sont claires : « L'homme est un être raisonnable et moral, avant d'être parqué dans telle ou telle langue, avant d'être un membre de telle ou telle race, un adhérent de telle ou telle culture. Avant la culture française, la culture allemande, la culture italienne, il y a la culture humaine » (« Qu'est-ce qu'une nation ? », p. 900-901). Le nationalisme ne peut avoir qu'une utilité provisoire, lorsqu'il coïncide avec une aspiration supérieure. « Nous n'en appelons au principe des nationalités que quand la nation opprimée est supérieure selon l'esprit à celle qui l'opprime. Les partisans absolus de la nationalité ne peuvent être que des esprits étroits. La perfection humanitaire est le but » (*l'Avenir de la science*, p. 786).

La nation n'a qu'une valeur relative et historique, elle est bonne quand elle est au service de la liberté, mauvaise quand elle favorise la tyrannie ; alors que les principes de la morale sont absolus (Renan est prêt ici à oublier son relativisme). « Les grands intérêts communs (...) sont après tout ceux de la raison et de la civilisation » (« Lettre à M. Strauss », p. 446). Les passions nationalistes ont joué un grand rôle au XIXe siècle, mais c'est là un phénomène passager, et Renan croit déjà déceler les signes avant-coureurs de son déclin. La raison en est l'expansion de cette même philosophie qui met l'homme au centre de l'univers. « La nation vit des sacrifices que lui font les individus ; l'égoïsme toujours croissant trouvera insupportables les exigences d'une entité métaphysique, qui n'est personne en particulier, d'un patriotisme qui implique plus d'un préjugé, plus d'une erreur. Ainsi nous assisterons dans toute l'Europe à l'affaiblissement de l'esprit national, qui, il y a quatre-vingts ans, a fait dans le monde une si puissante apparition » (« Préface » aux *Mélanges d'histoire et de voyages,* p. 314). « L'effroyable dureté des procédés par lesquels les anciens États monarchiques obtenaient les sacrifices de l'individu deviendra impossible dans les États libres (...). Il est devenu trop clair, en effet, que le bonheur de l'individu n'est pas en proportion de la grandeur de la nation à laquelle il appartient » (« Préface » à *l'Avenir de la science,* p. 725). Renan raisonne ici en pur individualiste, pour qui l'entité sociale n'est qu'une entrave ; et il imagine les hommes modernes soumis au seul principe de la jouissance. Il rejoint à cet égard Tocqueville, selon lequel le goût du bien-être individuel s'oppose à l'esprit national ; mais, à la différence de son prédécesseur, il choisit sans remords celui-là au détriment de celui-ci.

La nation comme volonté

Tel est le Renan des idéaux.

Mais voici qu'en 1871 la France subit une cuisante défaite dans la guerre contre la Prusse, et perd les provinces d'Alsace et de Lorraine. Même s'il veut être un savant impartial, Renan demeure français. Il réagit sur le coup par *la Réforme intellectuelle et morale,* où il attribue la responsabilité de la défaite à l'esprit démocratique et individualiste qui règne en France ; mais cela ne règle qu'une partie du problème. Ses réflexions à ce sujet, esquissées une première fois dans ses lettres à Strauss pendant la guerre, reformulées à plusieurs reprises par la suite, trouveront leur expression la plus achevée en 1882, dans sa célèbre conférence « Qu'est-ce qu'une nation ? ». Pour maintenir son attachement aux valeurs des Lumières, et donc au primat de la volonté et de la liberté, sans pour autant trahir son pays dans un moment douloureux, Renan choisit sa voie qui consiste à affirmer qu'on appartient à une nation par le seul effort de sa libre volonté. A partir de là, on peut être tranquillement nationaliste et humanitaire à la fois : l'attachement national est la preuve de la victoire de la volonté — donc de ce qui fait l'unité et l'identité de l'humanité — sur les contraintes matérielles. La nation se résume « par un fait tangible : le consentement, le désir clairement exprimé de continuer la vie commune. L'existence d'une nation est (...) un plébiscite de tous les jours » (« Qu'est-ce qu'une nation ? », p. 904). Que dire des pays étrangers promis par Renan à la colonisation ? Il ne semble pas s'en souvenir dans ce contexte, pas plus que ne le feront ses adeptes, qui ne trouvent rien à redire à l'impérialisme français. Mais nous savons maintenant que, pour Renan, les races sont inégales.

Renan n'est pas le premier, en France, à formuler cette définition de la nation. Les idéologues de la Révolution, pour qui l'homme est une table rase et la volonté omnipotente, l'avaient précédé dans cette voie. Sieyès voyait la nation comme une « association légitime, c'est-à-dire volontaire et libre » (*Qu'est-ce que le tiers état ?*, p. 9), la légitimité ne pouvant provenir selon lui que du libre exercice de la volonté. La nation est donc conçue ici comme une entité politique (et non culturelle), sans pour autant que cette conception se ramène à une nouvelle version du patriotisme, de la préférence pour les siens au détriment des autres. Nous avons quitté, semble-t-il, l'alternative d'Artaud, celle entre nationalisme politique et nationalisme culturel. Mais cette vue correspond-elle à la réalité des choses ? Les nations naissent-elles de l'action concertée de quelques individus ? Sieyès semble le croire, et reproche même aux autres de ne pas voir clair en la matière. Il imagine les êtres humains errant d'abord en solitaires sur la surface de la terre, puis, un jour, décidant de former une nation. « Dans la première [époque], on conçoit un nombre plus ou moins considérable d'individus isolés qui veulent se réunir. Par ce seul fait, ils forment déjà une nation ; ils en ont tous les droits » (p. 5). Passons sur l'image (caricature de Rousseau ?) des hommes originellement asociaux ; mais peut-on dire que n'importe quelle association équivaut à une nation ? Joseph de Maistre avait raison de répliquer : « Une assemblée quelconque d'hommes ne peut constituer une nation » (*Considérations sur la France*, VI, p. 63).

C'est pourtant cette même idée que va reprendre Renan. Comme Michelet, il sépare nation et race — l'une est à l'autre ce que la liberté est au déterminisme — et ne cache pas sa préférence pour la première. Or, on ne peut fonder la nation sur la race (il existe des États pluriraciaux), pas plus d'ailleurs que sur d'autres facteurs physiques ou simplement indépendants de la volonté de l'individu, comme on vient de le voir. « Une nation, proclame Renan, est un principe spirituel » (« Qu'est-ce qu'une nation ? », p. 903). Qu'est-ce à dire ? Ce principe n'est rien d'autre que l'expression de la libre volonté des personnes, leur consentement à vivre ensemble. « Le vœu des nations est, en définitive, le seul critérium légitime, celui auquel il faut toujours en revenir » (p. 905). Si l'on choisit de se fonder sur le passé, on est condamné à une régression à l'infini, qui conduit à l'absurde. « Avec cette philosophie de l'histoire, il n'y aura de légitime dans le monde que le droit des orangs-outans, injustement dépossédés par la perfidie des civilisés » (« Nouvelle lettre à M. Strauss », p. 454). Dès qu'on abandonne le « principe salutaire de l'adhésion libre » (« Préface » à *Discours et Conférences*, p. 720), on se prépare aux pires maux. A partir de là, Renan franchit allégrement un nouveau pas : non seulement chaque individu doit pouvoir élire librement son pays, mais la nation elle-même n'est rien d'autre que le résultat d'une telle libre décision, elle provient du « droit des populations à décider de leur sort » (p. 721). Pour Renan, le droit à l'autodétermination nationale découle du droit de l'individu au libre arbitre.

Ce glissement pose à son tour des problèmes. Si le choix du lieu où j'habite peut en effet être considéré comme une instance de l'exercice de ma liberté, et s'accorde de cette manière avec la philosophie humaniste — Voltaire écrivait, dans les *Annales de l'Empire* : « Tout homme est né avec le droit naturel de se choisir une patrie » —, il ne s'ensuit pas pour autant que la nation soit simplement la réunion de quelques individus ayant émis un vœu semblable ; ni que la légitimité du vœu individuel se perpétue lorsque ce vœu devient collectif. L'individu a (ou devrait avoir) le droit de rester dans le pays où il est né, ou bien d'émigrer ; mais quel sens y a-t-il à dire qu'il a le droit de créer un État ? Les nouvelles nations ne naissent nullement par la multiplication mécanique de plusieurs désirs individuels de choisir librement leur patrie. Elles naissent de l'action d'un groupe culturellement homogène, qui occupe une position subordonnée dans l'État tel qu'il existe, et qui décide de s'emparer de la position dominante. Loin d'être l'unisson miraculeux des libres choix individuels, la nation est une affaire de distribution du pouvoir à l'intérieur d'un État, impliquant parfois le redécoupage de cet état.

Le droit des populations à décider de leur sort, et donc éventuellement à fonder un nouvel État, soulève aussi un autre problème. L'admettre implique en effet qu'on sache délimiter avec une certitude absolue les contours de la « population », ou du « peuple » en question. Or, de deux choses l'une. Ou bien de tels termes sont des synonymes camouflés de « nation », et l'affirmation, un peu tautologique, devient que les nations ont le droit de vivre comme nations. Mais c'est supposer résolu le problème auquel on s'attaquait. La nation est une entité culturelle *et* politique ; tant que l'entité politique – l'État – n'existe pas, il n'y a pas de « nation ». Ou bien les termes sont entendus au sens d'« entité culturelle homogène » ; de telles entités préexistent, évidemment, aux nations. Mais il est absurde de déclarer que chaque groupe culturellement homogène a le *droit* de fonder un nouvel État. La culture, en effet, est une entité à dimensions variables : on parle d'une culture en identifiant un certain nombre de traits communs à certaines personnes, et en tenant pour négligeables les traits divergents ; mais le choix du niveau de généralité n'a rien d'automatique. Les cultures s'emboîtent les unes dans les autres, et parfois aussi se recoupent : il existe une culture occidentale, une culture européenne, une culture latine, une culture française, une culture occitane — et celle-ci connaît aussi ses propres minorités, lesquelles à leur tour se composent de groupes encore plus petits et plus homogènes. Dire que toute culture a le droit de s'autonomiser en État n'a de sens que si l'on a fixé au préalable la taille appropriée des États ; ce seront alors des considérations politiques, et non culturelles, qui en décideront.

Mais ce n'est qu'ainsi que Renan parvient à revendiquer l'Alsace-Lorraine pour la France, sans pour autant renoncer à ses principes : selon tous les autres critères — maintenant répudiés — les Alsaciens et les Lorrains peuvent être plus proches de l'Allemagne ; mais leur volonté est de rester français. De cette manière, on valorise ce que les hommes ont de plus humain ; se fonder sur les déterminismes divers, ou sur l'histoire, revient à privilégier ce qu'ils ont en commun avec les animaux. En somme, selon Renan, on a le choix entre deux conceptions de la nation. Ou bien on la pense à la manière d'une espèce animale, et donc d'une race ; le destin des nations est alors de se livrer des guerres sans merci, « des guerres d'exterminations (...) analogues à celles que les diverses espèces de rongeurs ou de carnassiers se livrent pour la vie » (« Nouvelle lettre à M. Strauss », p. 456). Or, une telle assimilation des hommes aux animaux, dérivée du darwinisme social, n'est pas seulement immorale ; elle est de plus fausse, comme le prouve par exemple le fait que « les espèces animales ne se liguent pas entre elles » (« La guerre entre la France et l'Allemagne », p. 434-435). Ou bien on définit la nation comme le consentement volontaire de ses sujets, et alors un nouvel horizon international s'ouvre, celui, non plus de la guerre, mais de la fédération entre nations proches et complémentaires : Renan rêve déjà des États-Unis d'Europe, pouvant résister aux géants américain et russe ; ce sera en même temps le triomphe de la raison.

Il n'y aurait rien à redire à un tel programme, s'il ne restait pas une simple vue de l'esprit : sans parler des difficultés logiques et éthiques que pose le passage de l'expression de la volonté individuelle à celle de la volonté collective, jamais une nation n'a été créée par la force d'une simple délibération. A la suite de Sieyès, Renan évacue le problème plutôt qu'il ne le résout. Il sait pourtant bien qu'il ne suffit pas d'une décision individuelle pour devenir, du jour au lendemain, français, au sens plein du terme, encore moins pour créer la nation française. Il décide donc d'adjoindre à ce premier critère un second, à savoir, paradoxalement, l'existence d'un passé commun aux membres de la nation — ce passé même que Renan s'employait à présenter jusque-là comme non pertinent. « L'homme, Messieurs, ne s'improvise pas. La nation, comme l'individu, est l'aboutissant d'un long passé d'efforts, de sacrifices et dévouements. Le culte des ancêtres est de tous le plus légitime ; les ancêtres nous ont faits ce que nous sommes. Un passé héroïque, des grands hommes, de la gloire (j'entends de la véritable), voilà le capital social sur lequel on assoit une idée nationale. » Nos jugements eux-mêmes sont déterminés par notre passé : « On aime en proportion des sacrifices qu'on a consentis, des maux qu'on a soufferts. On aime la maison qu'on a bâtie et qu'on transmet » (« Qu'est-ce qu'une nation ? », p. 904). Et lorsqu'il doit se décrire lui-même, Renan ne peut s'empêcher de penser aux ancêtres qui parlent à travers lui : « Ils vécurent là treize cents ans d'une vie obscure, faisant des économies de pensées et de sensations, dont le capital accumulé m'est échu. Je sens que je pense pour eux et qu'ils vivent en moi » (*Souvenirs d'enfance et de jeunesse*, p. 767).

Mais la cohabitation de ces deux « critères » fait évidemment problème. Si l'homme ne s'improvise pas, s'il est déterminé par son passé, si ce sont les ancêtres qui s'expriment à travers lui, peut-on encore parler de son entrée dans la nation comme d'une adhésion libre, d'un exercice de la volonté ? Si les ancêtres nous ont faits ce que nous sommes, peut-on encore tenir l'individu pour responsable de ses actes, peut-on lui adresser des exigences morales ? Et si j'aime la maison non parce qu'elle est bonne, mais parce qu'elle est mienne, puis-je encore prétendre que le patriotisme est soumis à l'universalisme ? Voici que, à la suite des ajustements nécessaires de la doctrine, Renan rejoint la position scientiste qu'il défendait par ailleurs, en ne laissant plus de place à la liberté de l'individu ni à l'éthique. Le

critère politique (la libre volonté) échappe aux dangers du
patriotisme ; mais le critère culturel (le passé commun) est
au contraire interprété de manière égocentrique, un peu à la
manière du personnage de Diderot : ma maison est la
meilleure de toutes. Cela n'empêche pas Renan de présenter les deux « critères » de la nation comme étant harmo-
nieusement unis. Une nation, écrit-il, est constituée « par le
sentiment qu'on a fait ensemble de grandes choses dans le
passé et qu'on a la volonté d'en faire encore dans l'avenir »
(« Des services rendus... », p. 1232). Or, le passé est
déterminisme et l'avenir liberté : peut-on prétendre qu'il
s'agisse là d'une seule et même chose ? Lequel des deux
devrait l'emporter en cas de conflit ? On sent que Renan
voudrait privilégier, comme il le dit lui-même, les vivants au
détriment des morts (à la différence, on le verra, de Barrès) ;
mais son « réalisme » l'empêche de trouver une cohérence.

Il y a pourtant une certaine vérité dans chacune des
affirmations de Renan : le passé commun est pertinent au
débat, tout comme l'est la volonté d'avenir. Où se situe
exactement la faille du raisonnement ? Si contradiction il y
a alors que chaque « critère » est en lui-même justifié, c'est
que Renan, qui a évité de réduire le nationalisme « civique » au patriotisme, ne parvient pas à démêler un autre
aspect de la nation : il ne distingue pas ses deux ingrédients, le politique et le culturel, et interprète le « culturel » de manière patriotique.

Nation politique, nation culturelle

On pouvait déjà observer une confusion semblable chez
Michelet. Tout en s'attachant essentiellement, on l'a vu, au
sens politique du mot « nation », Michelet formulait un
certain nombre de remarques qui ne pouvaient s'appliquer
qu'à la nation entendue comme culture. La nation, disait-il,
a besoin de se reconnaître dans un certain cadre géographique, dans quelques rivières, dans quelques collines. Il
pensait que ses prédécesseurs n'avaient pas pris ce facteur

suffisamment en considération. Le sol, écrit-il dans l'*Histoire de France,* « n'est pas seulement le théâtre de l'action. Par la nourriture, le climat, etc., il y influe de cent manières. Tel le nid, tel l'oiseau. Telle la patrie, tel l'homme » (« Préface de 1869 », p. 13). Ou encore : « Telle terre, telle race » (I, 4, p. 187). De même, la nation doit se référer à un passé qui lui soit propre ; car ce lieu et ce passé deviennent un trait commun à tous les habitants, et constituent leur identité nationale. Il ne faut pas entendre ces formules en un sens trop déterministe ; il suffit de se dire que la nation a besoin « de se circonscrire, de couper quelque chose à soi dans l'espace et dans le temps, de mordre une pièce qui soit sienne, au sein de l'indifférente et dissolvante nature qui voudrait toujours confondre » (*le Peuple,* p. 219). L'esprit se limitera pour s'approfondir. La nation est une « éducation vivante », elle nous apprend une voie particulière pour nous rapporter au monde : il en faut toujours une, un peu comme la pensée a toujours besoin d'une langue (voici la tradition de Montesquieu).

Ainsi, alors que l'amour de la nation au sens politique ne peut aboutir qu'exceptionnellement à l'amour de l'humanité, la connaissance du particulier conduit bien à celle de l'universel ; ou plutôt, il n'est pas d'autre accès fécond à l'universel que celui qui passe par le particulier. « Plus l'homme avance, plus il entre dans le génie de sa patrie, mieux il concourt à l'harmonie du globe » (p. 219-220). Le monde, à son tour, ne peut exister que grâce à la pluralité des cultures qui le constituent, il s'immobiliserait s'il n'y avait plus le frottement produit par la diversité. « Si, par impossible, les diversités cessaient, si l'unité était venue, toute nation chantant même note, le concert serait fini (...). Le monde, monotone et barbare, pourrait alors mourir, sans laisser même un regret » (p. 220). Michelet s'oppose ici aux universalistes scientistes (la tradition de Condorcet), sans retomber pour autant dans l'exaltation patriotique.

On trouve chez Renan, grand lecteur de Michelet, une variation sur ces pensées. Ce n'est plus à la nation en tant qu'entité politique, mais à la nation comme culture, qu'il se réfère lorsqu'il écrit : « Chaque nation, avec ses temples, ses dieux, sa poésie, ses traditions héroïques, ses croyances fantastiques, ses lois et ses institutions, représente une unité, une façon de prendre la vie, un ton dans l'humanité, une faculté dans la grande âme » (*l'Avenir de la science*, p. 868). Et, comme Michelet, il pense que l'absence de différence signifie la mort : « L'uniformité serait maintenant l'extinction de l'humanité » (p. 1053). Il reprend du reste la métaphore même du concert : « Par leurs facultés diverses, souvent opposées, les nations servent à l'œuvre commune de la civilisation ; toutes apportent une note à ce grand concert de l'humanité, qui, en somme, est la plus haute réalité idéale que nous atteignions » (« Qu'est-ce qu'une nation ? », p. 905).

Lorsque Renan dit que la nation est une affaire de volonté, il se place sur le terrain politique. Et il a raison, à condition de s'en tenir aux individus et de ne pas étendre la formule aux groupes : rien ne m'empêche, en effet, dans l'abstrait, de quitter mon pays d'origine et d'en adopter un autre ; on ne me demandera pas pour cela d'avoir grandi dans les mêmes lieux, ni de partager les souvenirs de mes nouveaux concitoyens. Mais la nationalité qui s'acquiert sur le plan politique par la force d'un simple décret demande, sur le plan culturel, de longues années d'apprentissage. Dans l'optique de la nation comme culture, il est en effet nécessaire d'avoir un passé en commun, ou plutôt un savoir commun sur ce passé (ce qui veut dire aussi des oublis communs, comme le relève Renan) — comme du reste sur ce lieu ; une culture s'apprend comme une langue. Dire, comme le fait Renan, qu'il y a une « culture humaine » *avant* la culture française ou allemande, c'est jouer sur le double sens du mot « culture », descriptif et prescriptif, anthropologique et éducatif : la culture (au sens, familier à Renan, d'ensemble de traits et de comportements) est toujours particulière, même si certaines caractéristiques communes à toute l'espèce rendent celle-ci apte aux acquisitions culturelles.

Mais nous connaissons à présent la pensée de Renan sur les cultures (ou « races linguistiques », ou « races historiques »), et combien, en particulier, l'appartenance à une culture entrave le libre exercice de la volonté. Le même geste se répète ici et là : dans sa théorie des races, Renan partait aussi, on se souvient, de l'opposition radicale entre race (physique) et nation, puis, comme pris de remords, il introduisait le concept médiateur de « race linguistique », c'est-à-dire, à peu près, de culture. Ce que Renan nous donne d'une main (la liberté — dans la nation), il nous le retire aussitôt de l'autre (le déterminisme — dans la culture) : tel est l'effet produit par l'amalgame entre culture et politique.

Un disciple tendancieux

Il serait bon de dire ici quelques mots d'un des porte-parole les plus célèbres du nationalisme, Maurice Barrès, qui s'est identifié, pendant une partie de sa vie au moins, à cette passion. « Pour ma part, une seule chose m'intéresse, c'est la doctrine nationaliste », écrit-il dans *Scènes et Doctrines du nationalisme* (t. I, p. 71). Le nationalisme de Barrès compte toutefois par l'influence qu'il a exercée beaucoup plus que par l'originalité de ses idées : il est, en effet, un disciple à la fois docile et tendancieux de Renan et surtout de Taine.

Comme Michelet et Renan, Barrès sait que les races n'existent plus, que la France est une nation. « Nous ne sommes point une race mais une nation » (t. I, p. 20). Mais à la différence de ses prédécesseurs, il regrette cet état de choses. « Hélas ! il n'y a point de race française, mais un peuple français, une nation française » (t. I, p. 85). Qu'est-ce qu'une nation ? se demandait Renan en 1882, et il répondait : un culte des ancêtres et « la volonté de continuer à faire valoir l'héritage qu'on a reçu indivis » (« Qu'est-ce qu'une nation ? », p. 903-904). Qu'est-ce qu'une nation ? se demande Barrès, et il répond, en disciple fidèle (mais sans mettre des guillemets) : « Une nation, c'est la possession en commun d'un antique cimetière et la volonté de continuer à faire valoir cet héritage indivis » (*Scènes*, t. I, p. 114). Cependant, à la différence de Renan, Barrès mettra tout le poids de son affirmation sur le versant déterministe de la formule, c'est-à-dire sur le passé commun.

La formule favorite de Barrès est : ce qui importe pour une nation, ce sont la Terre et les Morts. Ou, en langage non métaphorique : « Tout ce que nous sommes naît des conditions historiques et géographiques de notre pays » (t. I, p. 132). Cette double détermination vient de Taine, qui avait insisté sur le rôle de la race et du milieu ; Taine qui, écrit Barrès, « a recherché les caractères de la maison nationale que la nature et l'histoire nous ont construite » (t. I, p. 84). La nature et l'histoire, voilà encore une traduction de la Terre et les Morts. En pratique, Barrès n'accordera qu'une faible attention à l'influence du milieu géographique, et se concentrera sur le rôle déterminant du passé. Ce déterminisme historique sera perçu à son tour comme à la fois naturel et culturel : il agit aussi bien à travers le sang qui coule dans nos veines, que par l'éducation reçue dans notre « première jeunesse où nous sommes aussi malléables que de la cire molle » (t. I, p. 45) ; ce qui amène Barrès à déclarer : « Avec une chaire d'enseignement et un cimetière, on a l'essentiel d'une patrie (t. I, p. 118). « Une même langue, des légendes communes, voilà ce qui constitue les nationalités », affirme aussi Barrès (t. II, p. 203) : or la langue comme les légendes s'apprennent dans l'enfance. Mais, bien sûr, la nature est plus forte que la culture, et on ne peut changer de nationalité à sa guise : « Quand je me ferais naturaliser Chinois en me conformant scrupuleusement aux prescriptions de la légalité chinoise, je ne cesserais pas d'élaborer des idées françaises et de les associer en Français » (t. I, p. 43-44). Barrès manie donc constamment la métaphore du sang, et ses « nations » ne diffèrent guère des « races » de ses contemporains.

Ce que Barrès a emprunté à Taine n'est pas seulement la subdivision entre la Terre et les Morts ; c'est le principe déterministe lui-même. « Ce sens historique, ce haut sentiment naturaliste, cette acceptation d'un déterminisme, voilà ce que nous entendons par nationalisme » (t. II,

p. 52). Le sentiment nationaliste consiste donc à dire qu'un individu est entièrement déterminé dans ses actes par la nation à laquelle il appartient ; d'où, une fois de plus, la fréquente comparaison avec le monde végétal, et la métaphore d'enracinement-déracinement répétée à satiété : le sol détermine la plante, la nation détermine l'individu, une plante déracinée meurt, un individu sans patrie se fane. « J'ai besoin qu'on garde à mon arbre la culture qui lui permit de me porter si haut, moi faible petite feuille » (t. I, p. 132). Mais n'y a-t-il vraiment aucune différence entre l'homme et le platane ? A en juger par ses interprétations du comportement des individus, Barrès penche pour une réponse négative à cette question. « Que Dreyfus est capable de trahir, je le conclus de sa race » (t. I, p. 161). « Qu'est-ce que M. Émile Zola ? Je le regarde à ses racines : cet homme n'est pas un Français » (t. I, p. 43). « Une opposition ne peut compter sur Gallieni. C'est un Italien, un calculateur » (t. II, p. 111).

L'être individuel est entièrement régi par des facteurs qui lui sont extérieurs. A travers les vivants, ce sont les morts qui agissent. Barrès reprend ce thème à Renan, et, au-delà de lui, à tous ceux qui, en France, croient à la primauté du social sur l'individuel, qu'ils soient « progressistes » comme Comte, ou conservateurs comme de Maistre. « Il n'y a même pas de liberté de penser. Je ne puis vivre que selon mes morts » (t. I, p. 12). La notion même d'individu prend sa source dans un aveuglement : « De plus en plus dégoûté des individus, je penche à croire que nous sommes des automates » (t. I, p. 118).

Les forces collectives dominent l'individu. La collectivité par excellence, c'est la nation, mais elle n'est pas la seule, c'est pourquoi Barrès, à la différence de Michelet, accueille volontiers le régionalisme, comme une application de son principe nationaliste à une plus petite échelle. « Au sentiment national ne craignez pas de surajouter le sentiment local. (...) On n'aimera jamais tant son pays que si l'on prend contact avec lui, si l'on appartient à une région, à une ville, à une association » (t. I, p. 79). Et si la nation et la région entraient en conflit ? Barrès ne se pose pas la question, et postule leur nécessaire harmonie. « La natio-

nalité française est faite des nationalités provinciales » (t. I,
p. 80). Il va même jusqu'à inventer une notion paradoxale,
le centralisme décentralisé : « Nous multiplierons sur la
face du territoire les points de centralisation » *(ibid.)*. La
logique n'est peut-être pas sauve, mais Barrès tient à
s'assurer de l'appui des régionalistes, comme lui détermi-
nistes et conservateurs ; il choisit d'ignorer le conflit, bien
identifié par Michelet, entre la nation et tous les groupes de
taille inférieure : familles, corporations, régions.

Il s'ensuit chez Barrès une critique constante de l'individualisme : conception de l'homme qui est fausse dans un
premier temps, nuisible dans un deuxième, car entravant le
cours naturel de l'histoire. « Notre mal profond, c'est
d'être divisés (...) par mille imaginations individuelles.
Nous sommes émiettés » (t. I, p. 85). Le remède, c'est
évidemment un renforcement du lien social, c'est « substituer au présent désordre individualiste une organisation du
travail *sociale* » (t. II, p. 159). Là encore, Barrès prolonge
— peut-être sans le savoir — la tradition des penseurs
français du social. Il se déclare volontiers *socialiste* (mais,
comme on l'a vu à propos de Tocqueville, *sociétiste* serait
plus approprié : il s'agit de la priorité du groupe sur
l'individu) ; socialisme et nationalisme sont donc parfois
synonymes pour Barrès : « Sur l'union de l'idée socialiste
et de l'idée nationaliste, je ne crains jamais d'insister »
(t. II, p. 53). Ce « sociétisme », qui exige une protection
du groupe national, s'oppose au « libéralisme absolu »,
fondé sur le « laissez-faire » et le « laissez-passer » (t. II,
p. 158).

Les intellectuels sont, aux yeux de Barrès, l'incarnation
de l'idéologie individualiste. En règle générale, ce sont des
êtres coupés de la vie, qui raisonnent en logiciens sur une
matière relevant des vicissitudes de l'histoire plutôt que des
lois de la raison (ceci est encore un écho des attaques de
Taine contre l'esprit classique et le jacobinisme). Mais ce
sont aussi, plus spécifiquement, des êtres qui croient à la
liberté de l'individu. Barrès, lui, pousse son déterminisme
jusqu'à penser qu'il faut écarter l'idée même d'un idéal
distinct du réel et qui pourrait servir d'aiguillon au désir de
changer ce réel. « Nous sommes décidés à prendre notre

point de départ sur ce qui est et non pas sur notre idéal de tête » (t. I, p. 87). Il ne semble pas s'apercevoir de la contradiction inhérente à son programme : puisque tout ce qui est doit être, il est illogique de combattre les révolutionnaires, les volontaristes, les activistes ; ceux-ci n'existent pas moins que les fatalistes. Qui dit « programme » et « action politique » (or Barrès est un homme politique qui rédige des programmes) accepte déjà la possibilité de modifier le monde en vue d'un idéal.

A force de pratiquer le déterminisme, Barrès aboutit donc au pur conservatisme : tout changement est néfaste. « Notre caractère national (et voilà qui m'importe fort) se maintiendra d'autant mieux que les conditions où nous vivrons demeureront pareilles aux conditions qui formèrent nos ascendants » (t. I, p. 129). Il suffit à Barrès de constater qu'une chose est, pour conclure aussitôt qu'elle doit être : telle est la logique du conservatisme. Ainsi, l'un de ses grands arguments en faveur des nations est précisément leur importance actuelle. L'Antiquité et le Moyen Age ont été cosmopolites, la modernité est nationaliste, cela prouve qu'elle doit le rester : « L'évolution se fait le long des siècles vers le nationalisme » (t. II, p. 173). Il n'est que de regarder autour de soi pour s'apercevoir que, partout en Europe, le nationalisme se renforce. « Le nationalisme est la loi qui domine l'organisation des peuples modernes, et à cette heure vous voyez que dans l'Europe entière on étudie des mesures de protection nationale » (t. II, p. 204). Quel meilleur argument trouver pour exiger que cette protection se renforce encore un peu plus ? Barrès joue en fait ici sur les deux sens de « nationalisme ». Il est vrai que le nationalisme, en tant qu'aspiration à fusionner l'entité culturelle et l'entité politique, est un phénomène spécifiquement moderne. Cela ne justifie nullement la doctrine qui veut que « nous » soyons privilégiés, et les « autres » maltraités.

Barrès s'oppose donc à tous les réformateurs, sans parler des révolutionnaires. Cela l'amène à rejeter non seulement l'activisme « de gauche », celui de Jaurès et des socialistes, mais aussi, significativement, celui de « droite », incarné par Maurras et l'Action française. Apostrophant Jaurès, il s'écriera : « Vous préféreriez que les faits de l'hérédité n'existassent pas, que le sang des hommes et le sol du pays n'agissent point, que les espèces s'accordassent et que les frontières disparussent. Que valent vos préférences contre des nécessités ? » (t. II, p. 174). Barrès ne discute même pas de la valeur de l'idéal jaurésien : c'est un idéal, et cela suffit pour le discréditer. Mais sa réplique à Maurras n'est pas, au fond, très différente : lorsque celui-ci lui propose de venir militer en faveur d'une restauration de la monarchie en France, Barrès répond que les royalistes y sont peu nombreux, qu'on n'y trouve pas d'aristocratie véritable, que la Révolution et la république sont des faits accomplis. Plutôt que de modifier le réel au nom d'un idéal, il faut adapter l'idéal au réel — c'est-à-dire le faire disparaître. « Ne pouvant faire que ce qui vous paraît raisonnable soit accepté de tous, pourquoi ne tâchez-vous pas que ce que la majorité accepte devienne raisonnable ? » (« Lettre à Maurras », p. 135). Au fond, suggère Barrès, Maurras est incohérent : il veut imposer le conservatisme par la révolution, alors que chez Jaurès règne une continuité entre moyens et buts ; mais tous deux se rejoignent dans le volontarisme, l'activisme, l'artificialisme, violemment rejetés par Barrès.

Tous les traits du nationalisme de Barrès sont empruntés à d'autres idéologues de son siècle : il hérite son déterminisme de Taine, son « sociétisme » de Comte ou de De Maistre, son conservatisme encore de Taine et de De Maistre ; les formulations de Renan ne sont jamais, elles non plus, tout à fait oubliées. Mais la combinaison est nouvelle, et il devient ainsi le premier porte-parole important du nationalisme conservateur — sans pour autant qu'il condamne la Révolution ou qu'il milite pour le rétablissement de la monarchie, comme le fera son contemporain Charles Maurras, à la tête de l'Action française.

Péguy

Justice et guerre

Dans les années qui précèdent immédiatement la Première Guerre mondiale, Charles Péguy cherche à fonder
son nationalisme, et plus particulièrement la revendication
des provinces d'Alsace et de Lorraine, sur la doctrine des
droits de l'homme. Comment la chose est-elle possible ?
Voilà la question qu'on a envie de se poser quand on sait
que Péguy a formulé, à l'adresse des textes qu'il lit,
l'exigence suivante : « Ce que je demande aux doctrines,
aux systèmes, aux partis, avant tout c'est d'être constants,
c'est de se tenir avec soi-même » (*l'Argent suite,* p. 137-
138). Une première réponse sera : par l'action conjointe
d'un principe éthique et d'une analyse de l'histoire du
monde (ou plutôt une hypothèse sur la nature des affaires
humaines).

Le principe éthique dont part Péguy se montre le mieux à
l'œuvre dans sa condamnation du pacifisme. Le pacifisme,
ou l'élévation de la paix au-dessus de toute autre valeur,
affirme-t-il, est contraire à un système de pensée fondé sur
la justice : la défense de la paix n'est rien d'autre qu'un
attachement exclusif à la sauvegarde de la vie. « C'est un
système fort connu, et que l'on a toujours nommé le
système de la paix à tout prix. C'est une échelle des valeurs
où l'honneur est moins cher que la vie » (p. 143). Péguy
développe donc une opposition entre deux « systèmes »,
qu'il appelle le système *paix* et le système *Droits de
l'homme.* « L'idée de la paix à tout prix (...), l'idée centrale
du pacifisme (...) c'est que la paix est un absolu, (...) que

mieux vaut une paix dans l'injustice qu'une guerre pour la justice. C'est diamétralement le contraire du système des droits de l'homme où mieux vaut une guerre pour la justice qu'une paix dans l'injustice » (p. 150). Il est donc abusif de revendiquer la paix au nom des droits de l'homme. « C'est une folie que de vouloir rattacher à la République, et à la Révolution, et aux droits de l'homme le pacifisme. Rien n'est plus contraire » (p. 145).

Péguy a tendance à confondre sous un même nom plusieurs réalités. D'une part, il emploie les expressions « droits de l'homme » et « honneur » comme si elles étaient synonymes, alors que la première ne prend son sens qu'à la Révolution, et que la seconde évoque avant tout le système de valeurs de l'Ancien Régime. D'autre part, il feint de croire que « la paix à tout prix » est une expression univoque, alors qu'on pourrait y distinguer au moins deux sens, l'un équivalent à la formule « Mieux vaut rouge que mort », et l'autre à « Tu ne tueras point » (la répugnance à mourir et la répugnance à tuer, dans les termes de Simone Weil). En effet, ce n'est pas la même chose que de déclarer sacrée ma propre vie ou celle d'autrui ; de refuser de *subir* la mort ou de la *donner*. Évidemment, Péguy fait comme s'il n'existait que la première interprétation, celle où on cède tout plutôt que de risquer sa vie ; il n'envisage jamais la seconde, qui correspond pourtant bien à la philosophie du pacifisme, et selon laquelle je peux mettre en danger ma vie au nom d'une cause idéale (il arrive que les militants pacifistes se font tuer, comme on sait), mais je renonce à servir cette cause en donnant la mort.

Les récriminations de Péguy ne sont donc justifiées que si l'on confond, d'un côté, honneur et droits de l'homme, et que l'on assimile, de l'autre, « Tu ne tueras point » à « Mieux vaut rouge que mort ». « L'ordre (je dis l'ordre matériel) a un prix infini dans le système *paix*. Et c'est le droit qui a un prix infini dans le système *Droits de l'homme* » (p. 152). Mais, même dans ce cas, d'une affirmation juste Péguy tire aussitôt des conséquences extrêmes. De ce que la paix ne soit pas la valeur suprême, il semble déduire que la guerre, son contraire, l'est ; il confond donc les contraires et les contradictoires, en postulant que tout ce qui n'est pas paix est guerre. Plus exactement, il établit un signe d'équivalence entre guerre et justice, considérant qu'une préférence pour la justice conduit inéluctablement à la guerre (puisqu'on tentera d'imposer cette justice). « Il faut être ce que l'on appelle un niais quand on veut être poli et ce que l'on appelle un imbécile quand on n'a pas la même préoccupation pour croire que l'on peut présenter et vouloir introduire un droit quelconque, un point de droit sur la surface de la terre sans qu'aussitôt il en naisse, il en vienne en même temps, en cela même, par cela même, indivisiblement, un point de guerre » (p. 146). « Le droit ne fait pas la paix, il fait la guerre. Et il n'est pas souvent fait par la guerre, mais il est encore moins souvent fait par la vie » (p. 164).

La Déclaration des droits de l'homme, plus particulièrement, n'est rien d'autre qu'une charte de préparation à la guerre : Péguy est en cela un disciple fidèle d'Anacharsis Cloots. « Quelle folie que de vouloir lier à la Déclaration des droits de l'homme une Déclaration de paix. Comme si une déclaration de justice n'était pas en elle-même et instantanément une Déclaration de guerre » (p. 147). « Il y a dans la Déclaration des droits de l'homme (...) de quoi faire la guerre à tout le monde pendant la durée de tout le monde » (p. 149).

Mais est-il vrai que toute revendication est une guerre ? Autrement dit, n'existe-t-il pas une voie entre la paix à tout prix et la guerre à tout prix ? N'y a-t-il aucun autre moyen que la guerre pour tenter d'atteindre un idéal ? Péguy déclare en effet que « le temporel est essentiellement militaire » (p. 92), que tout le reste s'y réduit : il perçoit « l'argent même comme une puissance militaire » (p. 93). C'est évidemment faire bon marché de toutes les nuances qui peuvent exister entre les différentes formes d'action en vue d'atteindre un objectif, et notamment entre le commerce et la guerre (on l'a vu déjà à propos de Tocqueville) : la fin seule compte, selon Péguy, pour établir l'identité d'une action, les moyens sont sans pertinence. On pourrait objecter que ce qui est en dehors du « système paix » s'appelle la lutte, et que toute lutte n'est pas une guerre, ni tout changement une violence ; l'exemple de

Gandhi (même si Péguy ne le connaissait pas) vient facilement à l'esprit et empêche de pratiquer cet amalgame : Gandhi refusait de mettre en danger la vie d'autrui mais n'hésitait pas à risquer la sienne. On pourrait évoquer dans ce même contexte la lutte des femmes (des « suffragettes ») pour obtenir le droit au vote, à l'époque même de Péguy : lutte, incontestablement, mais qui n'a coûté la vie à personne. Que la cause soit juste est une chose ; que tous les moyens pour y parvenir se vaillent en est une autre : ce sont là des banalités, mais Péguy semble les oublier. L'humanité n'a connu, dans son histoire, que trop de nobles causes, compromises par les moyens mis en œuvre pour s'assurer leur victoire.

Péguy évoque le problème des moyens et de la fin dans sa polémique contre Pressensé, pacifiste et président de la Ligue des droits de l'homme. Pressensé est pour la justice, à condition que cela n'entraîne pas la guerre. Ou, selon la présentation incisive mais évidemment tendancieuse de Péguy : « Pressensé est pour le droit contre la force quand la force n'est pas forte » (p. 143) ; autrement dit, il a peur des méchants et abandonne ses principes dès qu'il se trouve en face de plus fort que lui. Mais c'est là une schématisation outrancière du problème. D'abord, on ne peut ignorer toute différence entre guerres offensives et défensives, comme le veut Péguy, mais aussi le pacifisme intégral avec lequel, paradoxalement, il partage ce présupposé. (Les socialistes, eux, qui sont la cible de ses discours, maintiennent la distinction, même si leur pratique n'est pas toujours à la hauteur de la théorie.) Les guerres offensives sont condamnables dans leur principe. Qu'on déclare juste la cause pour laquelle on s'engage ne signifie pas grand-chose : les intérêts particuliers pèsent trop lourd ici pour qu'on puisse s'attendre à une parfaite clairvoyance. La plupart des guerres coloniales conduites par les pays européens ont eu, aux yeux de leurs initiateurs, une justification supérieure : propager la religion chrétienne, naturellement la meilleure de toutes ; répandre la civilisation occidentale, censée être *la* civilisation tout court. Il en va de même des révolutions exportées : la cause supposée juste de la Révolution française légitime-t-elle les guerres napoléoniennes ? Celle de la révolution russe, l'expansionnisme soviétique ?

On pourrait affirmer sans crainte de se tromper qu'aucune entreprise humaine ne produit plus de victimes que celle qui consiste à vouloir imposer le bien aux autres. A supposer même la sincérité des personnes agissantes et la supériorité réelle de leur cause, la guerre a en général pour résultat, non pas d'imposer cette cause, mais de l'annuler : la fraternité est certainement supérieure à l'esclavage, mais est-ce encore de la fraternité que d'exterminer maîtres et esclaves ? Pour libérer, il faut être prêt à tuer, suggère Péguy ; mais on n'aura pas conduit une population au bien si, pour le faire, il a d'abord fallu la mettre à mort : les cadavres jouissent médiocrement de la liberté. Si, pour « libérer » l'Alsace-Lorraine (à supposer donc qu'elle soit soumise, et que la domination française y fasse advenir le règne de la liberté), il faut sacrifier la vie de la majorité des habitants de ces provinces, alors il vaut mieux ne pas faire la guerre. La guerre offensive est l'exemple même d'un comportement où la nature des moyens annule les buts, quand bien même ces derniers seraient élevés.

De plus, la guerre de défense elle-même n'est pas simple, non parce que la défense n'est pas légitime — elle l'est, et constitue, en principe, un devoir de chaque citoyen comme de chaque citoyenne (une fois, donc, que les femmes ont réussi à se faire reconnaître comme citoyennes) —, mais parce que l'extension de la notion de « défense » n'est pas facile à tracer. L'histoire récente fournit ici de nombreux cas de figure, qui sont autant de cas de conscience. Le débarquement américain en France, à la fin de la Seconde Guerre mondiale, est après tout une violation de l'intégrité territoriale d'un pays étranger ; si nous le justifions, c'est au nom d'un principe autre que la légitime défense. S'opposer à l'envahisseur allemand pendant cette guerre, était-ce la même chose que d'attaquer, plusieurs années après, le gouvernement que celui-ci avait mis en place ? Pendant combien de temps après la défaite peut-on encore parler de légitime défense ? Les Allemands, obligés de quitter à la fin de la Seconde Guerre telle ou telle région de l'Est, pourraient-ils se réclamer de ce principe aujourd'hui s'ils engageaient les combats ? Ou les Palestiniens, expulsés d'un territoire devenu Israël ? Autant de questions auxquelles on ne peut répondre en se référant au seul principe de la défense, mais qui exigent qu'on prenne en considération la nature du régime dans chaque pays, l'existence ou non d'un déplacement de populations, le statut de la population vaincue, la durée de l'occupation.

Toutes ces considérations montrent qu'on ne peut trancher à la manière de Péguy, en déclarant bonnes toutes les guerres menées au nom d'une juste cause, sans tenir compte des éléments qui constituent la situation (pas plus qu'on ne doit, à la manière des pacifistes, condamner uniformément toutes les guerres). Une telle distinction entre guerres offensives et défensives ne suffit pas, à elle seule, à prévenir les erreurs de jugement (l'échec des socialistes face à la Première Guerre mondiale en fournirait la preuve, s'il en était besoin) ; mais sans elle les risques sont encore plus grands. On en vient ici à la seconde prémisse de la doctrine nationaliste de Péguy, qui n'est plus seulement un précepte éthique (supériorité de la justice sur la vie) mais aussi une hypothèse sur la condition humaine ; cette prémisse relève donc du domaine du vrai ou du faux en même temps que de celui du bien et du mal. On pourrait décomposer le raisonnement de Péguy en trois propositions, qu'il présente dans une relation d'implication rigoureuse : 1. Les biens spirituels sont ce qu'il y a de plus précieux au monde. 2. Or, le spirituel ne peut s'imposer sans que s'impose aussi le temporel. 3. Et le temporel est essentiellement militaire. Cependant, on peut interroger la justesse de chacune de ces affirmations.

Commençons par la dernière. La vérité de la vie, c'est la guerre, dit en substance Péguy ; et il n'est évidemment pas le seul à le penser. « C'est le soldat qui mesure le berceau temporel » (p. 93). Mais il n'apporte aucun argument en faveur de son affirmation. Car on ne peut considérer comme un argument sérieux celui qu'il met en avant dans *Notre Patrie,* à savoir que le peuple aime tout ce qui est militaire : non seulement la chose est loin d'être prouvée, mais, le serait-elle, qu'elle n'établirait pas la légitimité de l'exigence (que le peuple soit pour la peine de mort, par exemple, ne rend pas celle-ci plus légitime). Il est certain que les conflits et les guerres ont toujours existé ; mais sont-ils les seuls à donner la mesure du temporel, à en définir l'essence ? Si l'on entend par « politique » la défense des intérêts d'un groupe (y compris d'une nation), on pourrait dire que le conflit est dans la nature même de l'activité politique : le souci dont je témoigne en faveur d'un groupe peut toujours entraîner une action contre les intérêts des autres groupes. Mais la politique n'est pas superposable à la vie humaine. A côté, et parfois à la place de ce souci, l'être humain est engagé, d'une part, dans une vie intérieure et intime ; et, d'autre part, dans une vie où il juge les autres non en fonction de leur appartenance au même groupe, mais à la faveur de l'appartenance commune des deux à l'humanité. Là gît le principe de la vie morale. Or, la vie intime et la vie morale ne sont pas moins réelles que la vie politique.

Le spirituel, poursuit Péguy, ne peut s'imposer sans le temporel. « L'armature militaire est le berceau temporel où les mœurs et les lois et les arts et la religion même et le langage et la race peuvent ensuite, mais ensuite seulement, se coucher pour grandir » (*L'Argent suite*, p. 92). « C'est le soldat qui mesure la quantité de terre temporelle qui est *la même* que la terre spirituelle et la terre intellectuelle » (p. 93). « Le temporel garde constamment, et commande constamment le spirituel. Le spirituel est constamment couché dans le lit de camp du temporel » (p. 101). Les métaphores de Péguy sont calquées sur le contenu de ses affirmations. Il peut bien sûr aligner quelques exemples — mais on en imagine facilement d'autres qui iraient en sens inverse ; lui-même en évoque un — la religion judaïque —, mais c'est pour l'écarter aussitôt (« c'est un peuple qui est toujours et en tout une exception », p. 98). Le pape est-il vraiment impuissant depuis qu'il n'a plus de divisions militaires à sa disposition ? Les découvertes intellectuelles ont-elles eu besoin de l'aide des armées pour se répandre ? Nous sommes loin de Bossuet, selon qui « des mains levées vers le ciel enfoncent plus de bataillons que des mains armées de javelots ».

Mais même s'il était vrai que le spirituel ne peut

s'imposer sans le temporel, et que le temporel est essentiellement militaire, la question resterait ouverte : si le prix à payer pour promouvoir le spirituel est une guerre, le jeu vaut-il encore la chandelle ? Doit-on être prêt à sacrifier tout pour favoriser l'accomplissement de la spiritualité ? Une page immortelle justifie-t-elle Verdun ? Péguy dit : « C'est le soldat français et c'est le canon de 75 et c'est la force temporelle qui ont jalonné, qui ont mesuré, qui mesurent à chaque instant la quantité de terre où on parle français » (p. 101). Admettons. Il est certain que les écrivains français sont frustrés de ne s'adresser qu'à quarante millions de francophones, au lieu de quatre-vingts millions. Mais, d'abord, ces âmes gagnées pour la francophonie sont autant d'esprits perdus pour une autre phonie, et il n'y a donc là, pour l'humanité, aucun gain (mais Péguy s'en soucie-t-il ?). Et puis, est-il vraiment indispensable, pour accéder à la spiritualité, d'entendre la langue française et de lire les écrivains français ? Dieu, qui parle à Péguy, ne pratique-t-il pas toutes les langues ? Enfin les lois et les arts et la religion méritent-ils qu'on leur immole des êtres humains ? Comme le disait Las Casas, au milieu du XVIᵉ siècle, « ce serait un grand désordre et un péché mortel que de jeter un enfant dans le puits pour le baptiser et sauver son âme, si alors il mourait ». Le droit à la vie ne se place peut-être pas au sommet des valeurs spirituelles ; mais peut-on en conclure que n'importe quel acquis spirituel mérite qu'on lui sacrifie des vies humaines ? On peut du reste douter de l'attachement de Péguy aux œuvres de l'esprit, puisqu'on lit dans cette lettre à son ami Millerand, qui venait d'être nommé ministre de la Guerre : « Puissions-nous avoir sous vous cette guerre qui depuis 1905 est notre seule pensée ; non pas l'avoir seulement, mais la faire ; je donnerais mes œuvres complètes, passées, présentes, futures et mes quatre membres pour entrer dans Weimar à la tête d'une bonne section. »

Droits des peuples et unité du territoire

Les fondements de l'argumentation de Péguy sont donc bien plus fragiles qu'il ne voudrait nous le faire croire : il évite rarement les pièges de la pensée extrémiste. Or, c'est sur ces bases qu'il va bâtir sa doctrine nationaliste, à laquelle il donnera deux justifications. Prenons l'exemple de l'Alsace-Lorraine. Son rattachement à la France, dit Péguy, est doublement motivé : du point de vue des Alsaciens-Lorrains, par le droit des peuples à l'autodétermination ; du point de vue des Français, par l'exigence de voir la république une et indivisible. Mais ces deux motivations sont-elles, à leur tour, légitimes ? Et se tiennent-elles entre elles de cette façon constante que Péguy demandait aux systèmes des autres ?

Du droit des peuples à l'autodétermination, Péguy affirme qu'il se trouve fondé dans les droits de l'homme. « S'il y a un système où le droit des peuples à disposer d'eux-mêmes soit un absolu ; et un primat ; et une donnée ; immédiate, c'est bien le système de la Déclaration des droits de l'homme » (p. 123) ; donc on ne peut décemment être à la fois président de la Ligue des droits de l'homme et renoncer à l'Alsace-Lorraine, ce qui est le cas de son adversaire Pressensé. C'est en somme le même argument que chez Renan : la volonté est inaliénable, la liberté de décision est un droit naturel de l'être humain, et l'autodétermination n'en est que l'extension sur le plan de la nation. Mais cette extension, on l'a vu, fait problème. Les droits de l'homme sont des droits des individus. Que signifie le droit d'un peuple ? Doit-on imaginer les peuples existant à l'avance, attendant patiemment leur indépendance ? Tout groupe culturel aurait-il le droit à l'autodétermination ? A ce prix, chaque village pourrait vouloir faire sécession, voire — pourquoi pas — chaque famille.

D'un autre côté, comment parvient-on à connaître la volonté d'un peuple ? A supposer que ce soit celle de la majorité, la minorité aura à s'incliner ; ce faisant, ses membres, loin d'exercer librement leur volonté, seront amenés à y renoncer. En pratique, l'exigence d'autodétermination n'est jamais celle d'un peuple (il est rare que la majorité d'une population se passionne pour des causes aussi abstraites), mais seulement celle d'un groupe politique qui joue un rôle subordonné dans le pays tel qu'il existe et souhaite accéder à un autre rôle, dominant. Le vrai problème, ici, est celui de la protection des droits de l'individu, ou des individus, s'ils se trouvent appartenir à une minorité dominée. Sa solution n'est pas l'État-nation, mais l'État de droit, qui empêche que l'individu soit pénalisé simplement parce que sa culture est différente. Toute identification de l'État avec un groupe culturel particulier signifie en clair l'oppression des autres groupes (des « minorités »). La définition du « peuple » par la seule volonté soulève aussi, on l'a vu, des difficultés redoutables. On peut se demander si un tel appel au « droit des peuples » peut être autre chose que de la démagogie. C'est en tout cas ce qu'en pensait Tocqueville : « La volonté nationale est un des mots dont les intrigants de tous les temps et les despotes de tous les âges ont le plus largement abusé » (*De la démocratie en Amérique,* I, I, 4, t. I, p. 117).

La Déclaration des droits de l'homme ne parle pas des droits des peuples. Ce qui est dans l'esprit de la Déclaration, c'est l'exigence d'un bon équilibre entre justice et liberté, c'est-à-dire l'application de certains principes universels, non l'étiquette « France » ou « Allemagne » qu'on attachera à ce programme. Mais en se référant constamment à « l'homme et le citoyen », comme si leur convergence allait de soi, la Déclaration aide déjà à entretenir la confusion. Or, l'intérêt de la nation ne coïncide ni avec celui de l'humanité ni avec celui de l'individu. Péguy a raison de dénoncer l'incohérence de ces humanitaires qui, à son époque, justifient leur adhésion à la cause de certains peuples par le principe d'autodétermination, mais refusent de l'appliquer à tous, et notamment aux « peuples » alsacien et lorrain. Mais il a tort d'exiger la généralisation de ce principe d'autodétermination au nom d'une application plus complète de la Déclaration des droits de l'homme. Si l'humanitaire soutient une cause, ce sera au nom de la justice et de la liberté, comme on disait naguère, non parce que toute association d'individus a le *droit* de fonder un État, comme le voulait Sieyès. Ni « l'Algérie française », ni « l'Algérie algérienne », mais l'Algérie démocratique : voilà un programme auquel pourrait souscrire un défenseur des droits de l'homme.

Que les droits de l'individu risquent d'être lésés par le droit de la communauté est une réalité qui n'échappe pas à Péguy. Mais cela ne le gêne nullement ; au contraire. Son admiration pour Robespierre et le Comité de salut public est motivée par la sévérité avec laquelle ceux-ci ont su réprimer, en situation de danger, les voix discordantes et le « parti étranger » (le pauvre Cloots). « Malheur au parti qui ne réduit pas les ennemis de l'intérieur » (p. 116). « En temps de guerre il n'y a plus qu'une politique, et c'est la politique de la Convention Nationale » (p. 127), c'est-à-dire l'exécution des traîtres. « En temps de guerre, il n'y a qu'un régime, et c'est le régime jacobin. (...) En temps de guerre, il n'y a plus que l'État. Et c'est *Vive la Nation* » (p. 131). Voilà qui est bien observé. Mais est-ce que cela relève encore des droits de l'homme ? La patrie y trouve son compte ; mais non l'humanité. Péguy a donc tort d'enchaîner, dans un seul souffle : « C'est dans le système des droits de l'homme (et en ceci je le fais totalement mien), le droit des peuples à disposer d'eux-mêmes... » (p. 152-153). Péguy n'accueille les droits de l'homme qu'en leur attribuant un sens contraire au leur.

Il ajoute alors un argument qu'on avait vu chez Bugeaud : « Rien n'est meurtrier comme la faiblesse et la lâcheté. Rien n'est humain comme la fermeté. C'est Richelieu qui est humain littéralement et c'est Robespierre qui est humain » (p. 129). Mais un tel argument évoque plus l'omnipotence du monarque de droit divin, qui dispose de la vie de ses sujets en vue de desseins supérieurs, que la volonté librement exercée des sujets individuels, dans laquelle on s'accorde à voir, depuis les Lumières, le trait distinctif de l'humanité. Si je dois défendre mon pays, je le fais en tant que citoyen, non en tant qu'homme : je renonce à exercer ma volonté personnelle pour que puisse s'accomplir la volonté collective. La conduite de la guerre n'a rien à voir avec les principes humanitaires, même si ces derniers me font juger que telle guerre est juste, telle autre non.

La revendication du droit des peuples à disposer d'eux-mêmes était invoquée lorsque Péguy adoptait le point de vue des habitants de l'Alsace-Lorraine. Si l'on se place dans l'optique de la France, l'argumentation est différente : c'est l'exigence d'unité du territoire qui occupe le premier plan. « *La République est une et indivisible*, voilà ce qui est sorti de la Déclaration des droits de l'homme et du citoyen », rappelle Péguy (p. 145), et il a raison : cette formule figure dans une déclaration de septembre 1792, mise en tête de la Constitution de 1793. Mais tout ce qui se trouve dans ces déclarations et ces constitutions est-il dérivé d'une pensée des droits de l'homme ? On peut en douter. Du reste, la constitution précédente, celle de 1791, disait, en son Article premier : « Le Royaume est un et indivisible » (*Constitutions*, p. 37), et on sent bien que la différence entre les deux propositions n'est pas décisive. Péguy lui-même le constate : « Rien n'est aussi monarchique, et aussi royal, et aussi ancienne France que cette formule » (*l'Argent suite*, p. 145). Mais alors, pourquoi évoquer l'esprit des déclarations des droits ?

Cette continuité entre l'Ancien Régime et le nouveau, chère à Péguy (elle fait le thème du volume intitulé *l'Argent*), est fondée sur des valeurs autres qu'humanitaires : le culte du travail, la dignité, l'honneur, l'honnêteté, l'héroïsme, le courage ; ces valeurs ne sont pas atteintes par la coupure que représente la Révolution ; ici encore, Péguy est proche de Michelet, qui voyait une continuité entre Jeanne d'Arc et Robespierre. « Celui qui ne rend pas une place peut être tant républicain qu'il voudra et tant laïque qu'il voudra. (...) Il n'en sera pas moins petit-cousin de Jeanne d'Arc. Et celui qui rend une place ne sera jamais qu'un salaud, quand même il serait marguillier de sa paroisse. (Et quand même il aurait toutes les vertus. Ce que l'on demande à l'homme de guerre, ce n'est pas des vertus) » (p. 135). Péguy est maintenant d'accord avec Renan sur le fait que les deux sont incompa-

tibles, mais, à la différence de son aîné, il choisit la guerre
contre la vertu.

L'exigence de défendre à tout prix la république (ou la
monarchie) « une et indivisible » soulève aussi un autre
problème, cette fois-ci de cohérence. Ce principe est-il
vraiment compatible avec celui de l'autodétermination des
peuples ? Seulement si le désir des Alsaciens-Lorrains est
effectivement de rester rattachés à la France. S'ils s'avi-
saient, au contraire, de vouloir acquérir l'autonomie et de
fonder un nouvel État, s'ajoutant dès lors aux séparatistes
basques, bretons ou corses, les deux principes seraient en
contradiction, et Péguy aurait à choisir (il préférerait sans
doute la raison d'État à l'exercice de la libre volonté). Le
maintien de l'intégrité de l'État à tout prix implique la
soumission de la volonté des individus aux intérêts d'une
entité supérieure et abstraite. Si la Déclaration des droits
proclamait simultanément l'axiome de l'unité du territoire
(ce qu'elle fait) et celui de l'autodétermination (ce qu'elle
ne fait pas clairement), elle serait en contradiction avec
elle-même ; par ailleurs, les deux sont étrangers, pour ne
pas dire contraires, au principe des droits de l'homme.

Héroïsme et pitié

Péguy voudrait croire qu'il a surmonté l'antinomie de
l'humanisme et du patriotisme. « Notre socialisme, écrit-il
en évoquant ses débuts, n'était nullement antifrançais,
nullement antipatriote, nullement *anti*national. (...) Loin
d'affaiblir, ou d'atténuer, loin d'effacer la nation, au
contraire il l'exaltait, il l'assainissait » (*Notre jeunesse,*
p. 132). « Non seulement il ne portait aucune atteinte aux
droits légitimes des nations, mais (...) il servait, il sauvait
les intérêts les plus essentiels, les droits les plus légitimes
des peuples » (p. 144). L'« internationalisme » de Péguy ne
nuit certes pas à la nation, il contribue même à en affirmer
les droits ; mais en quoi est-ce encore un internationalisme
et un humanisme ? Cette continuité est-elle autre chose
qu'une pétition de principe ? Si elle ne l'était pas, Péguy

aurait-il eu besoin de recourir à des distinctions sophistes, qu'on s'attendrait plutôt à trouver sous la plume de Lénine ? « L'*internationalisme*, écrit-il, qui était un système d'égalité politique et sociale et de temporelle justice et de mutuelle liberté entre les peuples est devenu entre leurs mains [celles des socialistes comme Jaurès] une sorte de vague cosmopolitisme bourgeois vicieux » (*l'Argent suite*, p. 161). Le cosmopolitisme *est* l'internationalisme ; simplement, Péguy use du premier terme quand il s'aperçoit du conflit avec son nationalisme ; et du second, quand il ne le fait pas.

Péguy est prêt à reconnaître que chaque peuple est dans son droit quand il est nationaliste : c'est l'unique aspect internationaliste de son nationalisme. Ses ennemis sont moins les nationalistes allemands — après tout, ils ne font que leur devoir — que les humanitaires français, traîtres à la cause nationale. « Les Prussiens n'étaient que des soldats, des vainqueurs et des conquérants. Ils ont fait jouer la force, la force de la guerre, de la victoire, de la conquête. Mais je méprise et je hais, mais j'en veux à ces misérables Français qui pour avoir la paix ont vendu deux provinces » (p. 126). Voilà ce qui relève d'un nationalisme conséquent, quoique rare, qui assume la relativité — nationale — des valeurs.

Mais peut-on à la fois professer ce nationalisme-là et croire qu'il existe des peuples élus ? Péguy voudrait accomplir ce tour de force. « Qu'il y ait des peuples tout entiers qui aient un prix, une valeur propre, qui soient marqués pour l'histoire, (...) et que des peuples tout entiers, tant d'autres peuples, l'immense majorité des peuples, la presque totalité soient marqués au contraire pour le silence et l'ombre (...), qu'il y ait (...) des peuples entiers temporellement élus et peut-être plus, c'est certainement peut-être le plus grand mystère de l'événement, le plus poignant problème de l'histoire » (*Notre jeunesse*, p. 3-4). Péguy est prêt à voir qu'il y a problème, mais non à mettre en doute l'idée des peuples élus. Or, parmi ces peuples c'est la France, faut-il s'en étonner, qui occupe la première place : renchérissant sur Michelet, Péguy la voit comme un exemple unique, tant dans l'histoire profane que dans celle du christianisme (et peu lui importe que l'idée même de peuple élu soit profondément étrangère au christianisme). Elle doit aujourd'hui pourvoir « à sa vocation de chrétienté et à sa vocation de liberté. La France n'est pas seulement la fille aînée de l'Église (...) ; elle a aussi dans le laïque une sorte de vocation parallèle singulière, elle est indéniablement une sorte de patronne et de témoin (et souvent une martyre), de la liberté dans le monde » (*l'Argent suite,* p. 166). Mis à part le contenu de l'idéal, qui est la liberté, on voit mal en quoi, parvenu à ce point, le nationalisme de Péguy diffère de n'importe quel nationalisme ethnocentrique et chauvin : dès qu'il renonce à sa cohérence interne, donc au relativisme intégral, ce nationalisme n'a plus rien d'exceptionnel.

L'humanisme érige en principe une certaine liberté de l'individu. En mettant au sommet des valeurs l'intérêt de la nation, Péguy nie cette liberté, et rompt avec les principes humanistes. C'est qu'il croit, non à la liberté individuelle, mais au déterminisme national. « Un homme ne se détermine point par ce qu'il fait et encore moins par ce qu'il dit. Mais au plus profond un être se détermine uniquement par ce qu'il est » (*l'Argent,* 1913, p. 40). Mais qu'est-ce qu'*est* un homme ? « Un homme est de son extraction, un homme est de ce qu'il est. Il n'est pas de ce qu'il fait pour les autres » (p. 41). Or l'homme *fait* par sa volonté, et il *est* par la force de ses origines ; si l'être l'emporte à ce point sur le faire, il reste peu de chose de la libre volonté.

Dans une page célèbre, Péguy s'en prend à la morale kantienne, qui voudrait que la valeur d'une action réside dans la possibilité de l'universaliser. « Le kantisme a les mains pures, *mais il n'a pas de mains* » (*Victor-Marie, comte Hugo,* p. 246). « Combien de nos actions ne pourraient point être érigées, *geschickt,* en loi universelle, pour qui cet *envoi* ne présente même aucun sens ; et ce sont celles auxquelles nous tenons le plus, les seules à qui nous tenions sans doute ; actions de tremblement, actions de fièvre et de frémissement, nullement kantiennes, actions d'une mortelle inquiétude ; nos seules bonnes actions peut-être » (p. 247). Péguy a certainement raison de dire que les principes universalisants de l'éthique ne peuvent rendre compte d'une grande part de notre existence — à laquelle non seulement il ne faut pas renoncer, mais qu'il faut chérir, car c'est celle où nous vivons le plus intensément, dans la fièvre et le frémissement. A quoi bon se soucier d'avoir les mains pures si cela nous conduit à perdre tout contact avec la vie ? Mais peut-on revendiquer de plus, pour ces actions certainement passionnantes, le qualificatif de « bonnes » ? Qu'il y ait, dans la vie, autre chose que l'éthique ne signifie pas qu'il n'y ait plus aucune place pour l'éthique, ni que cette autre chose, quelle qu'elle soit, doive remplacer l'éthique. A moins de changer radicalement le sens des mots — mais on voit mal l'intérêt de l'opération —, l'intensité ne signifie pas la bonté ; on dirait plutôt que la bonté (ou, en d'autres circonstances, la justice) doit servir à contenir, à limiter le principe d'intensité qui, à lui tout seul, ne peut réglementer la vie de la cité.

Dans la grande opposition — pour parler comme Péguy — entre le système vie et le système justice, Péguy choisit finalement, en se contredisant une fois de plus, le système vie, dont l'intensité (le tremblement) occupe le sommet. C'est une échelle de valeurs où le droit vaut moins cher que la vie, où l'héroïsme, la guerre, l'extase n'ont plus à se soucier de ce qui est bien ni de ce qui est juste. L'écriture de Péguy est à l'image de ce choix : passionnée, fébrile, vibrante — contradictoire, partiale, injuste. Dans sa vie comme dans sa mort, il opte pour l'intensité contre la raison. « Le débat n'est pas entre les héros et les saints, écrit-il, le combat est contre les intellectuels, contre ceux qui méprisent également les héros et les saints » (*Notre jeunesse*, p. 32). Cent cinquante ans plus tôt, dans l'*Esprit des lois*, Montesquieu avait déjà rapproché les guerriers et les saints, pour leur opposer, non les intellectuels, mais l'esprit de modération ; et il avait préféré ce dernier. « Les hommes extrêmement heureux et les hommes extrêmement malheureux sont également portés à la dureté ; témoin les moines et les conquérants. Il n'y a que la médiocrité et le mélange de la bonne et de la mauvaise fortune, qui donnent de la douceur et de la pitié » (VI, 9). Le système Péguy est essentiellement le système où la douceur vaut moins que la fièvre.

Conséquences
du nationalisme

Nationalisme contre humanisme

A quel point le nationalisme s'est éloigné des idéaux humanitaires, on peut l'observer, de nouveau, par l'exemple de Maurice Barrès. *Contre les étrangers* est le titre d'une brochure qu'il publie en 1893 (et qu'il reprend dans *Scènes et Doctrines du nationalisme*). Il part d'un constat alarmiste, celui de « la hauteur du flot qui s'apprête à submerger notre race » (t. II, p. 189). Il y a trop d'étrangers en France ; or, pour un nationaliste, la condamnation des étrangers (non des Italiens en Italie mais des Italiens en France) relève de la tautologie. « L'étranger, comme un parasite, nous empoisonne » (t. II, p. 161), puisqu'il nous fait dévier du chemin auquel nous destinait notre propre tradition. Face à cette situation, une double réaction s'impose. Il faut, d'une part, être plus sévère avec les étrangers : Barrès préconise ainsi « l'expulsion de tous les étrangers qui tombent à la charge de l'Assistance publique » (t. II, p. 198) ; ceux qui, toujours en bonne santé, parviennent à rester doivent être empêchés de se faire naturaliser ; ceux, enfin, qui réussissent à le faire ne devraient pas jouir eux-mêmes de droits civiques : seuls leurs descendants y auraient accès. En un mot, « l'idée de patrie implique une inégalité, mais au détriment des étrangers, et non, comme aujourd'hui, au détriment des nationaux » (t. II, p. 193). D'autre part, donc, et c'est la partie positive du programmme, il faut privilégier les autochtones : « La France hospitalière, c'est un beau mot, mais hospitalisons d'abord les nôtres » (t. II, p. 188).

Le point de départ de Barrès, en lui-même, n'a rien de choquant : un État ne peut se permettre de ne pas faire la différence entre ses citoyens et les étrangers, dès l'instant où il impose aux uns mais non aux autres certains devoirs et qu'il leur accorde certains droits. Mais cette distinction administrative n'implique évidemment pas que les étrangers empoisonnent le sang français, ni qu'ils soient des parasites. Impossible, cependant, de demander à Barrès de renoncer à sa xénophobie au nom de principes humanitaires : la xénophobie existe, or tout ce qui est doit être. « Les idées que nous venons d'exposer *contre les étrangers* sont conformes aux sentiments profonds de ce pays » (t. II, p. 205).

La judéophobie de Barrès est encore plus irrationnelle. Les signes physiques des juifs lui paraissent reconnaissables de loin ; leurs traits moraux, à l'opposé de ceux des Français, sont tout simplement abjects. Les juifs sont coupables de ne pas se fondre dans la nation, de rester, en tout pays, des cosmopolites ; ce sont ceux pour qui être étranger n'est plus un état passager mais une essence : non seulement ils ne sont pas chez eux, comme les émigrés italiens ou polonais, mais ils n'ont pas de chez eux ; ce sont des êtres sans patrie — alors qu'on n'est que ce que la patrie fait de vous ; ils ne sont donc rien. (A moins de penser, comme le faisaient Toussenel et Michelet, que leur patrie, c'est la Bourse de Londres). « Les juifs n'ont pas de patrie au sens où nous l'entendons. Pour nous, la patrie, c'est le sol et les ancêtres, c'est la terre de nos morts. Pour eux, c'est l'endroit où ils trouvent leur plus grand intérêt » (t. I, p. 67). S'il en était besoin, Barrès pourrait encore justifier sa judéophobie par la présence de cette « passion » dans la population française ; il rapporte ainsi lui-même une scène se déroulant au tribunal. Voici « Mme de Martel, (…) un modèle parfait d'amabilité et de spontanéité françaises (…). *M. le Président :* Votre profession ? *Réponse :* Antisémite » (t. I, p. 268).

La xénophobie et la judéophobie découlent du nationalisme de Barrès. Il voudrait pourtant démontrer que sa doctrine est également en accord avec les principes humanitaires de 1789. Comment procédera-t-il ? Barrès sait bien que ces principes plaident en faveur de l'universalisme. « Le rôle de la philosophie du dix-huitième siècle et de la Révolution française fut d'asseoir la société sur le droit naturel, c'est-à-dire sur la logique. Les philosophes et les légistes déclarèrent que tous les hommes étaient les mêmes partout, qu'ils avaient des droits en tant qu'hommes : d'où la *Déclaration des droits de l'homme et du citoyen* » (t. II, p. 171). Mais ce principe, que Barrès veut bien admettre, ne préjuge en rien, pense-t-il, de la manière dont les peuples organisent leur vie. Or, l'histoire a démontré que les nationalités (et les nationalismes) se sont épanouies à la suite et sous l'influence de la Révolution. Comment expliquer ce fait ? C'est que la Révolution « a posé le principe du droit des peuples à se gouverner eux-mêmes » (t. II, p. 53). C'est l'argument qu'on a déjà vu plus en détail à propos de Renan et de Péguy, et dont on sait maintenant qu'il repose sur une analogie fallacieuse entre individu et peuple ; mais serait-il vrai, qu'il ne justifierait pas cette interprétation du principe nationaliste dans le sens d'un mépris et d'un refus des autres. Il n'y a pas, entre nationalisme et humanisme, la même implication qu'entre nationalisme et xénophobie...

Le nationalisme partage avec le racisme une attitude hostile à l'égard des autres. Mais les différences entre les deux n'en sont pas moins significatives. Le nationalisme conduit naturellement à la xénophobie (le titre même de la brochure de Barrès, *Contre les étrangers*, et sa reprise dans son livre sur le nationalisme en témoignent clairement). La notion d'étranger, cependant, ne dit rien des caractéristiques physiques de l'individu incriminé : sont étrangers, simplement, tous ceux qui ne sont pas *citoyens*. Le raciste, en revanche, voit l'*homme*, non le citoyen : les Noirs ou les juifs américains appartiennent à la même nation que le membre du Ku-Klux-Klan, mais non à la même « race ». On peut changer de nation, non de race (la première notion est morale, la seconde physique). Le nationaliste se meut sur un seul plan, même s'il change de secteur : il attache des jugements moraux aux différences de statut politique et d'appartenance culturelle. Le raciste, lui, met en relation deux plans, en assimilant le moral au physique. Ces différences conceptuelles sont importantes même si, sur le plan affectif et évaluatif, nationalisme et racisme vont souvent de pair : ce n'est pas parce qu'il est nationaliste (xénophobe) que Barrès cesse d'être raciste (antisémite) ; et il n'est pas le seul dans ce cas, loin de là.

L'exemple de Barrès, le dernier d'une série qui avait commencé avec Sieyès, montre l'incompatibilité principielle du patriotisme et de l'humanisme — alors même que les porte-parole de l'un et de l'autre s'efforcent de nous faire croire le contraire. Sieyès décide arbitrairement que les exigences nationales sont nécessairement en accord avec le droit naturel. Les révolutionnaires se voient obligés d'abandonner leur rhétorique humanitaire dès qu'ils pensent que les intérêts du pays sont en jeu ; le flirt avec le « parti étranger » est de courte durée. Tocqueville ne voit pas d'inconvénients au patriotisme, d'abord parce qu'il le croit contraire à l'égoïsme excessif des individus dans une démocratie ; ensuite parce qu'il transpose aux relations entre collectivités le principe de la liberté individuelle, sans tenir compte, ici, de l'absence d'une « volonté générale » ; ce qui l'amène à contredire la théorie de la *Démocratie en Amérique* par la pratique de ses interventions algériennes. Michelet déclare que la France est l'incarnation pure et simple des valeurs universelles. Renan rejette le patriotisme, mais ne sépare pas les aspects politique et culturel de la nation, et se trouve donc conduit à exiger des membres d'une nation non seulement la volonté d'agir en commun dans l'avenir, mais aussi l'existence d'un passé commun. Péguy, des droits de l'homme, déduit abusivement le droit des peuples à l'autodétermination ; il lui adjoint l'exigence de voir la république « une et indivisible », laquelle contredit le « droit » précédent, mais ne se laisse pas davantage déduire des droits de l'homme. Enfin Barrès, qui confond lui aussi les éléments culturel et politique, met un signe d'équivalence entre le droit à l'autodétermination, déjà problématique, et le patriotisme le plus intolérant, celui qui équivaut au racisme et à la xénophobie. Ayant ainsi passé en revue les idéologues les plus convaincants de la doctrine nationaliste en France, nous pouvons conclure qu'on n'a pas encore trouvé de déduction légitime du patriotisme à partir des principes humanitaires.

Mais ne doit-on pas estimer le patriotisme pour lui-même, indépendamment de toute justification humaniste ? Si l'on accepte d'entendre par patriotisme, non l'intérêt pour sa culture, ni la volonté exprimée de vivre dans un pays et donc de se soumettre à ses lois, mais la préférence pour les siens par rapport aux autres (la « préférence nationale ») ; si l'on accepte, en d'autres termes, de dissocier les différents sens du mot « nation », alors cette estime devient problématique. Car on ne peut oublier que les passions nationalistes se trouvent à l'origine de toutes les guerres menées par la France pendant cette même période : comme le montre l'exemple de Péguy (plutôt que ses affirmations), une déclaration patriotique conduit facilement à une déclaration de guerre. Si l'on étend le champ de l'observation jusqu'à l'Allemagne, on doit constater que le nationalisme est un des principaux ingrédients de l'idéologie qui conduit aussi à la Seconde Guerre mondiale. Mais restons en France. Un siècle de guerres sanglantes s'est passé entre les campagnes de Napoléon et la fin de la Première Guerre mondiale : ces guerres ont eu d'autant plus de facilité à se faire admettre qu'elles se sont présentées parées du prestige de la Révolution française et de l'idéal humanitaire. L'idéologie ne fait peut-être pas les guerres, mais elle permet de les rendre populaires, de les faire accepter par tous.

On devrait ajouter ici que les patriotes « humanitaires » portent une responsabilité particulièrement lourde. Un patriote qui n'est que patriote agit à visage découvert : on sait d'avance à quoi s'en tenir. Un patriote qui s'avance sous couvert de vertus républicaines et de principes humanitaires, dans un pays où ces valeurs sont vénérées, mérite une double condamnation. Dès l'instant où l'amour de la patrie signifie le refus des autres, il devient une source potentielle de conflit. Michelet et Maurras s'opposent dans leurs vues sur le régime politique idéal (république ou monarchie) ; mais leurs nationalismes se valent. Cependant, du point de vue éthique, la différence reparaît : elle provient du degré de lucidité (ou de sincérité) chez les uns et chez les autres ; et cela compte.

Mais, comme le disait Artaud parmi d'autres, ce qui est vrai de l'« amour de la patrie » ne s'applique pas forcément à l'attachement pour une culture nationale. Dans la tradition française, sans oublier Montesquieu ou Taine, on a relativement peu réfléchi au rôle de la culture, sans doute parce que cette tradition aime à se penser comme une incarnation directe (et de ce fait privilégiée) de l'universel ; il aurait pourtant mieux valu que les passions patriotiques fussent employées à la connaissance et à l'enrichissement de cette culture nationale. Si l'esprit de l'individu était vraiment une table rase, cet individu ne serait jamais capable de s'orienter dans l'infinie variété, simultanée et successive, du monde, ni d'aller très loin dans ses efforts de conceptualisation. Heureusement pour lui, il entre, non directement dans le monde, mais dans une culture, c'est-à-dire dans une interprétation du monde, donc dans un ordre ; ainsi, une part immense du travail qui l'attendait se trouve déjà accomplie. La culture est une classification du monde qui nous permet de nous y orienter plus facilement ; c'est la mémoire du passé propre à une communauté, ce qui implique aussi un code de comportement dans le présent, voire un ensemble de stratégies pour l'avenir. Et, tout comme on ne peut apprendre l'amour « universel » qu'en passant par l'amour de ses proches, on ne peut accéder à l'esprit universel que par la connaissance d'une culture particulière : ce qui est vrai de l'affectif l'est aussi du cognitif.

Il est donc clair que celui qui possède plus à fond une culture est avantagé par rapport à celui qui la méconnaît ; et qu'une tradition culturelle plus riche représente un atout pour l'individu. Cela ne veut nullement dire qu'il doive s'y soumettre docilement, ni qu'il ne doive jamais transgresser ses codes ; du reste, le désir même d'échapper aux codes ne peut venir que de la conscience qu'on a de leur existence. L'exemple du poète est ici éloquent. La partie de la culture à laquelle il a affaire, c'est la langue. Or, mieux il connaît toutes les ressources de la langue, et plus il peut s'avancer dans l'accomplissement de sa tâche. Cette plongée dans le particulier pourrait devenir un but en soi (la collecte d'expressions rares, de tournures idiomatiques) ; mais, chez les grands poètes, c'est elle, et elle seule, qui conduit à l'universalité : pour avoir le vocabulaire anglais le plus riche, la connaissance de la langue anglaise la plus fouillée, Shakespeare n'est pas moins un des auteurs les plus universels dans l'histoire de la littérature.

La perte d'une culture est donc un malheur. Barrès a eu tort de parler de « déracinement », projetant l'humain dans le végétal (comme Simone Weil, dans une réflexion cependant infiniment plus généreuse, a eu tort de reprendre le terme) ; mais il est vrai qu'il existe un problème de *déculturation*. Ce n'est pas un phénomène spécifiquement national, puisque, comme on l'a vu, la culture elle-même est souvent infra- ou supra-nationale. Aussi les causes de la déculturation ne sont-elles pas, comme on l'affirme parfois, nécessairement liées à la facilité des communications internationales qui caractérisent le monde moderne. On aurait de toute façon tort de s'imaginer les êtres humains comme originellement monoculturels : géographiquement, les cultures s'emboîtent les unes dans les autres, il est vrai, mais socialement elles se recoupent, et chacun de nous appartient nécessairement à plusieurs sous-ensembles — de par son origine, sa profession, sa classe d'âge... ; la pluralité des cultures ne saurait nous étonner, ni nous dégrader. C'est pourquoi le *projet* d'un État pluri-culturel, dont on nous entretient parfois aujourd'hui, est un peu vain : le pluri-culturalisme n'est ni une panacée, ni du reste une menace, mais simplement la réalité de tous les États existants. Les appartenances culturelles, à la différence de la fidélité exigée par le patriotisme, sont cumulables. Du reste, l'émigré préserve souvent d'autant plus farouchement sa culture qu'il en est éloigné, et le voyageur ne quitte pas forcément ses coutumes parce qu'il a connu celles des autres. Comme le dit Simone Weil, un peintre de valeur qui va au musée en sort avec une originalité accrue ; une culture s'enrichit au contact des autres. La mobilité à l'intérieur même du pays, corrélat de l'industrialisation, contribue fortement en revanche à la destruction des cultures locales. Il y a bien une nouvelle culture, de nouvelles traditions qui se mettent en place dans les cités-dortoirs de banlieue, mais elles sont, à leurs débuts tout au moins, infiniment plus pauvres que ce qu'elles remplacent.

L'*acculturation* est la règle, non l'exception ; on ne naît pas français (en ce sens du mot), on le devient. Et on peut acquérir une culture entre vingt et quarante ans, même si le faire entre zéro et vingt est plus facile. Dans sa nouvelle culture, l'individu peut être aussi à l'aise que dans sa culture d'origine ; ou plus, profitant du double statut de participant et d'observateur. Simplement, cette possibilité est limitée par la durée de la vie humaine : l'apprentissage de la culture est bien plus lent que celui de la langue. On peut acquérir dans une vie deux cultures, peut-être trois — pas davantage. On voit bien la différence entre l'être acculturé, à l'aise dans les deux cultures, et l'être déculturé, qui a oublié sa langue d'origine mais n'a pas appris celle de son pays d'adoption. L'acquisition d'une deuxième culture ne change pas radicalement la situation initiale ; la perte de son unique culture, en revanche, conduit à l'appauvrissement, voire à la disparition de son univers.

On entrevoit ici dans quelles directions pourrait s'engager un « nationalisme culturel ». Mais revenons, un instant encore, au « nationalisme civique ».

Légitimations du colonialisme

Le patriotisme est peut-être, depuis le XIXᵉ siècle, la source des guerres en Europe ; mais est-il aussi la source de cette forme spécifique de conflit que sont les guerres coloniales ? La France, on le sait, s'y distingue tout particulièrement (depuis l'occupation de l'Égypte et la macabre expédition de Leclerc à Haïti jusqu'à la « pacification » du Maroc, en passant par les guerres en Afrique du Nord, en Afrique noire et en Indochine). On peut constater, dans un premier temps, que les promoteurs de la colonisation sont prêts à faire feu de tout bois, et à utiliser l'idéologie qu'ils ont sous la main sans s'embarrasser de scrupules de cohérence. L'œuvre de Paul Leroy-Beaulieu, auteur de *De la colonisation chez les peuples modernes* et grand théoricien de l'expansion française, fournit l'exemple d'une telle accumulation éclectique d'arguments qui, en toute logique, seraient incompatibles (Leroy-Beaulieu tire ses premières inspirations des appels de Renan à la conquête impériale, dans « La Réforme intellectuelle et morale »). Mais observons plutôt ces arguments un par un, chez les partisans de la colonisation qui restent cohérents avec eux-mêmes.

Il faut bien constater, tout d'abord, qu'il existe une idéologie *universaliste* de la colonisation. On peut déjà l'identifier chez des auteurs — antérieurs aux grandes campagnes — qui participent directement de la philosophie des Lumières, tel Condorcet, ou encore l'Idéologue de Gérando. Condorcet est convaincu qu'il y a une échelle unique des civilisations et qu'à son sommet se trouve « l'état de civilisation où sont parvenus les peuples les plus éclairés, les plus libres, les plus affranchis des préjugés, les Français et les Anglo-Américains » ; alors qu'il y a une « distance immense qui sépare ces peuples de la servitude des Indiens, de la barbarie des peuplades africaines, de l'ignorance des sauvages » (*Esquisse d'un tableau historique des progrès de l'esprit humain*, p. 254). Le progrès, pour Condorcet, est une libération graduelle des préjugés, et ce sont ses compatriotes contemporains qui sont allés le plus loin dans cette voie.

Lorsqu'il rédige, en 1800, son mémoire destiné aux voyageurs dans les pays lointains, les *Considérations sur les diverses méthodes à suivre dans l'observation des peuples sauvages,* Joseph-Marie de Gérando exprime à son tour ce que les Idéologues vont retenir de l'héritage des Encyclopédistes. Qu'il existe « des peuples qui appartiennent à des degrés très différents de civilisation ou de barbarie » (p. 128) est pour lui une évidence ; et il se propose de « composer une échelle exacte des divers degrés de civilisation » (p. 131). On y distinguera les peuples proches du commencement de ceux qui tendent vers la perfection ; les critères seront, de nouveau, la rationalité et la sociabilité, donc aussi le développement de la technique : l'ignorance du feu « atteste sans doute le degré le plus éloigné de la civilisation » (p. 162).

De Gérando ne méprise pas les sauvages pour leur manque de civilisation ; mais il est condescendant à leur égard, exactement comme on peut l'être à l'égard de ses propres ancêtres qui sont de la même espèce que nous mais inférieurs. Cette assimilation des sauvages avec les ancêtres (qui est au moins aussi ancienne que Thucydide), acquiert ici une vigueur toute nouvelle. A fréquenter les sauvages, « nous nous trouvons en quelque sorte reportés aux premières époques de notre propre histoire (...). Le voyageur philosophe qui navigue vers les extrémités de la terre, traverse en effet la suite des âges ; il voyage dans le passé ; chaque pas qu'il fait est un siècle qu'il franchit ». C'est bien pourquoi il vaut la peine de s'attacher à l'étude des sauvages : chez eux, nos caractéristiques « doivent ressortir d'une manière beaucoup plus sensible » (p. 131).

Cependant, en hommes des Lumières conséquents, Condorcet et de Gérando croient à la nécessité d'établir l'égalité entre tous ; ils seront donc « volontaristes » et, plus spécifiquement, réformistes et éducateurs, cherchant à exporter la civilisation européenne pour la faire propager dans toutes les contrées du monde. S'adressant aux Noirs, Condorcet proclame : « La nature vous a formés pour avoir le même esprit, la même raison, les mêmes vertus que les Blancs » (« Réflexions sur l'esclavage des nègres », p. 63), et dans l'*Esquisse* il déclare « les hommes de tous les climats, égaux et frères par le vœu de la nature » (VIII, p. 183), ce qui implique la « destruction de l'inégalité entre les nations » (X, p. 252).

Le rêve de Condorcet, on l'a vu, est celui d'une unification progressive de l'univers, d'une uniformisation des lois, d'une homogénéisation de l'humanité. Le moyen pour atteindre cet État universel et homogène est la propagation des lumières. « Occupé à méditer depuis longtemps sur les moyens d'améliorer le sort de l'humanité, je n'ai pu me défendre de croire qu'il n'y en a réellement qu'un seul : c'est d'accélérer le progrès des lumières », écrit Condorcet (« De l'influence de la révolution d'Amérique sur l'Europe », p. 30). Et c'est ainsi que naît le projet colonialiste moderne qui, plus proche des rêves des évangélisateurs que de la pratique des conquistadores du

XVIe siècle, ne vise pas l'occupation et la soumission, mais l'intégration des pays colonisés dans un projet universaliste, et, par là, leur élévation au niveau de la métropole. Ce projet va de pair avec le désir de Condorcet de voir s'établir l'Utopie chez lui ; et les deux procèdent de sa conviction que la structure sociale est transparente, et qu'il est par conséquent facile d'agir dessus : à une cause correspond toujours un effet, et un seul.

C'est la noble mission des nations européennes que d'éliminer la sauvagerie de la face du globe. « La population européenne (...) ne doit-elle pas civiliser ou faire disparaître, même sans conquête, les nations sauvages qui y occupent encore de vastes contrées ? » (*Esquisse*, p. 255-256). Civiliser ou faire disparaître ! Ce projet ne se confond pourtant pas avec l'extermination pratiquée par les conquistadores, ni avec l'institution de l'esclavage, qui a encore ses partisans à l'époque : il s'agit de rapprocher ces populations de la nôtre. L'action sera menée à bien par des colonisateurs, des « hommes industrieux » ; dès lors, les actuels « comptoirs de brigands deviendront des colonies de citoyens qui répandront, dans l'Afrique et dans l'Asie, les principes et l'exemple de liberté, les lumières et la raison de l'Europe ». Ce qui irait, évidemment, dans le sens de l'intérêt et du désir des populations en question, ces « peuples nombreux qui semblent n'attendre que des instructions, pour se civiliser » (p. 257).

Pour de Gérando aussi, c'est procéder par « philanthropie » que de « leur tendre la main pour s'élever à un état plus heureux », ce qui contribuera à « rétablir ainsi les augustes nœuds de la société universelle » (*Considérations*, p. 132). Car il n'est pas pour eux d'autre moyen d'accéder au progrès : « Ce n'est guère qu'avec notre secours qu'ils peuvent se civiliser » (p. 163). Il faut apprendre à ces sauvages les techniques agricoles, ouvrir leur pays au libre commerce, et on ne regrettera pas de voir les « peuples de l'Europe (...) s'étendant à loisir dans de plus belles contrées » (p. 168), puisque de Gérando leur adresse ces paroles : « Vous [colons] n'aspirez qu'au bonheur de tous, qu'à la gloire d'être utiles » (p. 169). Cette colonisation, ici encore, est distinguée des guerres menées par les « avides

conquérants » : elle est l'œuvre des nouveaux « pacifica-
teurs et amis » (p. 169). C'est que les moyens mis en œuvre
sont, eux aussi, tout différents : il ne s'agit plus de détruire
ou de réduire à l'esclavage, mais d'« exercer une douce et
utile influence sur ces peuples abandonnés » (p. 163). De
reste, ils ne peuvent manquer de nous demander, eux-
mêmes, cette intervention. « Témoin (...) de notre supériorité, peut-être nous appellera-t-il au milieu de lui pour lui
enseigner la route qui doit le conduire à l'état où nous
sommes » (p. 163).

Ces paroles ont été écrites avant la grande période du
colonialisme moderne, et il serait un peu trop facile
aujourd'hui d'ironiser sur la naïveté du projet. Pourquoi la
colonisation ne s'est-elle pas déroulée en accord avec la
vision idyllique de Condorcet et de De Gérando ? Parmi
plusieurs raisons, énumérons-en trois. Nos philosophes
ignorent, premièrement, le conflit entre homme et citoyen,
et imaginent que les États conduiront une politique qui sera
dans l'intérêt de l'univers — ce qui est, pour ainsi dire,
exclu par définition. Leur image de l'universel, en
deuxième lieu, est fortement entachée d'ethnocentrisme :
la culture des autres est perçue essentiellement comme un
écart par rapport à la nôtre, non dans sa propre cohérence.
Enfin troisièmement, et en conséquence, chaque culture
est présentée comme l'addition d'un certain nombre de
traits isolés, plutôt que comme une structure : on s'imagine
qu'il est possible de modifier un trait (apporter une
technique agricole) sans que cela change nécessairement
les autres ; ou de confier le pouvoir aux colons pour qu'ils
construisent des routes, sans craindre qu'ils s'en servent
dans d'autres buts. « Portez-leur nos arts et non l'exemple
de nos vices, conseille de Gérando aux futurs colons, nos
sciences et non pas notre scepticisme » (p. 132) ; mais si
l'un était l'envers inévitable de l'autre ? Les faits sociaux,
sans former une totalité parfaitement homogène, sont
corrélés entre eux, et un changement en entraîne d'autres,
imprévus ou indésirables. C'est ainsi que les bonnes
intentions indéniables de Condorcet ou de De Gérando
s'avèrent finalement bien stériles.

A côté de ces justifications « humanistes » de la colonisation, on en trouve bien d'autres. On a vu que le *scientisme* ne devait pas être confondu avec l'humanisme ; or ce sont des arguments de type scientiste que va produire un J.-M. de Lanessan, théoricien et praticien de la colonisation (il sera gouverneur en Indochine, mais en même temps botaniste et professeur à la Faculté de médecine de Paris). Il remonte très loin : jusqu'à la nature humaine. « C'est la curiosité naturelle qui pousse l'homme à franchir les limites de la terre qui le vit naître, pour explorer le reste du monde ; c'est le désir qu'a chaque peuple d'accroître sa sphère d'influence ; c'est enfin la poursuite des jouissances physiques et intellectuelles que procurent les victoires et les conquêtes et tout cet abus de la force où l'homme satisfait son besoin de domination et de gloire » (*Principes de colonisation*, p. 1-2).

Là où il n'est question que de besoins et de désirs naturels, tout jugement de valeur serait, à l'évidence, déplacé. « A toutes les époques, les races humaines se sont poussées et culbutées dans une incessante lutte qui toujours se termine par la destruction des races les plus anciennes et les moins perfectionnées, par le triomphe des plus jeunes et des plus parfaites. Je ne discute pas, je constate une loi de la vie » (*l'Indo-Chine française*, p. 53). Dans ce tableau, influencé autant par les théories racialistes que par le darwinisme social, seuls les mieux adaptés peuvent survivre. Il serait vain de se révolter contre une loi inviolable de la nature : c'est une « fatalité des choses » (*l'Expansion coloniale de la France*, p. XXI), une « manifestation fatale et nécessaire de la vie de ces nations » (p. XXIII).

De ce point de vue, l'histoire de l'humanité se confond avec celle de la colonisation, c'est-à-dire des migrations et des échanges ; la lutte contemporaine pour les nouveaux marchés, pour les réserves de matières premières n'est que l'aboutissement — devenu inoffensif grâce à ses origines dans la nature — de ce premier pas qui a conduit l'être humain à franchir le seuil de sa maison. La race la plus perfectionnée gagnera immanquablement, car on reconnaît la perfection à sa capacité même de gagner des batailles (on a vu le détail de cet argument à propos de Gobineau). « Plus une race est perfectionnée, plus elle tend à se répandre ; plus une race est inférieure, et plus elle reste sédentaire », dit Lanessan (*Principes de colonisation*, p. 6). « Le monde appartiendra un jour à la race qui sera la plus répandue sur sa surface et toute l'histoire de l'humanité témoigne que cette race sera nécessairement la plus perfectionnée de toutes celles que la terre aura nourries » (p. 48).

Cette manière de hiérarchiser les races conduit à un paradoxe, présent lui aussi chez Gobineau (et explicité, on l'a vu, par Lévi-Strauss), qui consiste à valoriser les croisements comme indice de supériorité, tout en les condamnant en tant que menace de décadence. Lanessan espère s'en tirer en distinguant les bons mélanges de sang, avec les races supérieures, nécessaires à « la vitalité de la race » (p. 129), des mauvais, avec les races inférieures ; seuls les premiers sont recommandés, bien sûr. Or tout le monde sait quelle est la race supérieurre. « La race européenne (...), anthropologiquement et sans contestation possible, la plus perfectionnée de toutes les races humaines, s'est déjà répandue sur tous les points du globe sans exception » (p. 16). Mais si c'est la meilleure, tout mélange ne pourra lui être que néfaste ? Gobineau, dans son pessimisme, sera plus cohérent là-dessus. Il reste que la politique de colonisation se trouve ici fondée dans une doctrine scientiste et racialiste, opposée au courant humaniste.

Enfin, aussi surprenant que cela puisse paraître, les thèses des *relativistes* peuvent également être accommodées à la politique de colonisation. Observons Barrès que caractérisent, d'une part, l'éloge du « racinement », du maintien du passé, du conservatisme, et, d'autre part, le soutien à la politique impérialiste des pays coloniaux comme la France, politique qui contribue incontestablement à la grandeur nationale, mais qui en même temps fait des autres des déracinés. « Quelle emprise pouvons-nous prendre sur les nationalités et les civilisations différentes de la nôtre ? » se demande-t-il dans « Une enquête au pays du Levant » (p. 469). « Comment formerons-nous une élite intellectuelle avec qui nous puissions travailler, des Orientaux qui ne soient pas des déracinés, qui continuent d'évaluer dans leur norme, qui restent pénétrés de leurs traditions familiales, et qui forment ainsi un trait d'union entre nous et la masse indigène ? » (p. 470). Voilà bien la quadrature du cercle : comment obtenir de cette élite qu'elle reste dans sa norme d'origine tout en lui inculquant notre norme à nous ? Comment réconcilier le désaveu de tout déracinement avec l'éloge de la conquête coloniale qui le provoque ?

Le nationaliste conséquent, que Barrès parvient souvent à incarner, est relativiste, et donc contre tout déracinement, serait-il en faveur d'une absorption par la France. Mais le nationaliste typique n'est pas conséquent : son ethnocentrisme l'aveugle, et introduit une petite dose d'absolutisme dans son système, qui lui permet d'excepter son propre pays de la relativité générale des valeurs. Mis devant une situation concrète, au cours de son voyage au Liban, Barrès choisira, malgré ces quelques scrupules, la voie du nationalisme conventionnel. Ce qu'il vient y observer et y encourager, ce sont « nos maîtres qui y propagent la civilisation de l'Occident » (p. 102). Or, cette propagation est décrite habituellement en termes de chasse ou de bataille. « Le filet que nous jetons sur la jeunesse alexandrine » (p. 114), « quels régiments divers ! Quelle action variée et coopérante ! » (à propos des écoles religieuses, p. 116). Et il sait fort bien que — à l'inverse de la loi que croit observer Péguy — le spirituel entraîne dans son sillage le temporel. « Je vais dans ce Levant pour y vérifier l'état de notre puissance spirituelle », déclare-t-il en partant (p. 107), mais il ajoute peu après : « Elles [les congrégations religieuses] assurent le prestige de notre esprit, créent une clientèle à notre industrie et fournissent des collaborateurs à nos entreprises » (p. 454). C'est la mission de la France que de coloniser ces pays, en Asie ou en Afrique.

Colonialisme et nationalisme

Le colonialisme se sert donc d'idéologies contradictoires ou incompatibles pour justifier une politique qui reste, dans ses grandes lignes, constante. Mais la question n'est pas réglée pour autant. Il faut introduire ici une distinction. Les tenants des thèses universalistes défendent habituellement un type de colonisation qu'on appelle *assimilation,* et qui consiste à vouloir transformer les « races » indigènes à l'image de la France, en croyant que celle-ci est l'incarnation parfaite des valeurs universelles. Un ennemi de cette politique, Léopold de Saussure, cite l'exemple éloquent d'un dirigeant républicain français : « Paul Bert arrivant au Tonkin, afin d'" atraire ", lui aussi, les Annamites à nos croyances politiques, eut pour premier soin de faire afficher les Droits de l'homme à Hanoï » (*Psychologie de la colonisation française,* p. 8) ; c'est ce que Barrès appelle ironiquement « une lointaine fusée de l'esprit kantien » (*Scènes,* t. II, p. 109). Les relativistes, et donc les nationalistes, dans la mesure où ils sont conséquents avec eux-mêmes, préfèrent un autre type de colonisation, qu'ils appellent l'*association :* c'est la politique pratiquée par Lanessan ou par le général Gallieni, défendue par le même Saussure, et appliquée en grand au Maroc par Lyautey ; elle aboutit au protectorat, forme de colonie où la métropole s'assure du contrôle militaire et économique, mais laisse au pouvoir local et indigène le souci de choisir les institutions les plus appropriées et de gérer les affaires courantes.

Ce qu'il faut dire surtout, c'est que tous ces arguments sont destinés à rassurer l'opinion publique en métropole (quand, par exception, elle s'émeut) ou bien à attirer des investissements. Quant à la pratique des gouvernants de la France qui ont décidé des guerres coloniales, elle obéit en vérité à un seul principe, et c'est encore le principe nationaliste. Qu'on soit par ailleurs républicain et humaniste ne change rien à l'affaire. Anacharsis Cloots, qu'on a vu ardent défenseur des principes universels, modifie son opinion dès qu'il prend en considération les intérêts du pays qu'il a fait sien, la France, et se déclare — par nationalisme — contre l'abolition de l'esclavage : « Une démarche précipitée ruinerait la France, et, en voulant rendre libres 500 000 Noirs, on aurait rendu esclaves 25 millions de Blancs » (*Lettre à un prince d'Allemagne,*

p. 27). Napoléon n'hésite pas à envoyer son corps expéditionnaire contre Toussaint Louverture, chef de la colonie de Saint-Domingue, qui se réclamait pourtant des idées révolutionnaires ; il se place en champion de l'esclavage précédemment aboli. On l'a vu aussi avec Tocqueville et la conquête de l'Algérie : l'humanitaire convaincu doit ranger ses principes au placard s'il veut soutenir la guerre coloniale ; ce que Tocqueville n'hésite pas à faire pendant qu'il est député et ministre, alors qu'il condamnait ces mêmes pratiques tant que, en sociologue et en philosophe, il écrivait *De la démocratie en Amérique.* C'est la fonction ministérielle elle-même qui semble lui dicter le contenu de sa pensée.

On en observera un autre exemple significatif avec Jules Ferry, artisan direct de la conquête de la Tunisie (puisqu'elle s'accomplit alors qu'il est Premier ministre), mais aussi défenseur et promoteur de toute la politique coloniale française, et en même temps républicain convaincu.

Attaqué par les radicaux (Clemenceau) sur la politique coloniale du gouvernement, Jules Ferry met en avant trois arguments pour la légitimer ; l'économique, l'humanitaire et le politique. Mais l'économique et le politique ne sont que deux aspects du même principe nationaliste, selon lequel il faut œuvrer de son mieux pour que le pays auquel on appartient atteigne une plus grande puissance. Ce sont du reste deux aspects étroitement reliés : « Là où est la prédominance politique, là est également la prédominance des produits, la prédominance économique » (« Discours » du 28 juillet 1885, p. 196). Sur le plan économique, le « superflu de capitaux » ou l'« excédent de produits » doivent trouver des débouchés naturels dans les colonies. Sur le plan politique, « la France (...) ne peut pas être seulement un pays libre ; (...) elle doit être aussi un grand pays, exerçant sur les destinées de l'Europe toute l'influence qui lui appartient, (...) elle doit répandre cette influence sur le monde, et partout où elle le peut sa langue, ses mœurs, son drapeau, ses armes, son génie » (p. 220). Les futures guerres trouvent leur justification dans les guerres précédentes, la force semble sécréter d'elle-même le droit. « Un peuple qui représente une force organisée de quinze cent mille baïonnettes, au centre de l'Europe, ne peut se désintéresser des affaires du monde » (« Préface » à *Tonquin et la mère-patrie,* p. 554). « Nous avons beaucoup de droits sur la surface du globe : ce n'est pas en vain que la France est (...) une des plus grandes puissances maritimes du globe » (« Discours », p. 190).

Jules Ferry a une vision du globe terrestre entièrement déterminée par les intérêts de la France. « Regardez la carte du monde, s'écrie-t-il à l'Assemblée nationale, et dites-moi si ces étapes de l'Indochine, de Madagascar, de la Tunisie ne sont pas des étapes nécessaires pour la sécurité de notre navigation ? » (p. 216). C'est ainsi que les pays étrangers se transforment en « étapes » pour les bateaux français, et que les intérêts français se retrouvent un peu partout : « Les affaires égyptiennes, par tant de côtés, sont des affaires vraiment françaises » (p. 215). Jules Ferry accepterait à la rigueur que quelques autres pays européens se joignent à ce club des privilégiés qui décident de la destinée de tous les autres pays du monde ; entre membres règne une sorte de réciprocité : si les Français ont occupé le Tonkin, c'est parce que les Anglais les avaient devancés en Égypte ; si les Anglais ont pris Chypre, les Français peuvent s'emparer de la Tunisie, et ainsi de suite.

Jules Ferry imagine un dessein de la nature, ou de la Providence, qui transforme les peuples en ingrédients d'un empire mondial. « A côté d'un capital naturel aussi considérable [que les minerais], la nature a placé la main-d'œuvre chinoise et annamite, si peu coûteuse, et les richesses d'un sol qui se prête à tout » (« Préface », p. 549). Le processus de colonisation semble être un prolongement des aspirations naturelles des hommes, et le plus grand colonisateur est quelque chose comme un champion sportif. « Un mouvement irrésistible emporte les grandes nations européennes à la conquête des terres nouvelles. C'est comme un immense steeple-chase sur la route de l'inconnu » (p. 555). C'est pourquoi aucune condamnation morale ne doit être portée sur les colonisateurs modernes (à cet égard, Jules Ferry est d'accord avec Lanessan), même s'ils se trouvent amenés à pratiquer les méthodes des anciens conquistadores ; au contraire, les uns comme les autres illustrent ce que la race humaine a fait de mieux ; admirons les « jeunes héros, savants et soldats tout ensemble, qui renouvelèrent de nos jours, en pays annamite, les audaces et les prodiges des Fernand Cortez et des Pizarre » (p. 548).

A côté de l'argument nationaliste apparaît cependant, et cette coexistence n'est pas simple, un argument de type humanitaire. Il y a une continuité certaine entre la politique d'éducation menée par Jules Ferry — une éducation gratuite et obligatoire pour tous, donc une élévation de tous au même niveau culturel — et sa politique de colonisation, qui participe de la même « mission éducatrice et civilisatrice ». Les pays civilisés seront les maîtres des jeunes et incultes pays barbares ; c'est d'un véritable « procédé d'éducation » qu'il s'agit, et le but n'est pas d'exploiter mais de civiliser et d'élever jusqu'à soi les « autres races », de répandre les lumières dont nous avons reçu le dépôt ; tel est le sens du « progrès de l'humanité et de la civilisation » que souhaite Jules Ferry.

Mais l'idéal humanitaire reçoit dans ses écrits une singulière interprétation. D'abord, Jules Ferry semble croire que le devoir de civilisation entraîne un droit d'intervention. « Les races supérieures ont un droit vis-à-vis des races inférieures (...), parce qu'il y a un devoir pour elles. Elles ont le devoir de civiliser les races inférieures » (« Discours », p. 210-211). C'est par ce droit donc que seront justifiées les guerres et l'occupation, alors même que ces actes ne témoignent plus du tout d'une civilisation supérieure : le but (à supposer qu'il ait jamais existé) est entièrement occulté par les moyens, qui ne sont pas seulement distincts de lui, mais le contredisent directement. De plus, le devoir initial semble être acquitté par la seule présence des Français, sans qu'ils aient besoin de faire quoi que ce soit de particulier. « Est-ce que vous pouvez nier, est-ce que quelqu'un peut nier qu'il y a plus de justice, plus d'ordre matériel et moral, plus d'équité, plus de vertus sociales dans l'Afrique du Nord depuis que la France a fait sa conquête ? » (p. 211). Tocqueville se permettait de le nier, même s'il ne mettait jamais en cause la politique coloniale de la France. Mais non Jules Ferry, dont l'humanitarisme est curieusement teinté de racialisme ; pour lui, ce devoir est déjà acquitté, et il n'a donc d'attention que pour les droits qui en découlent : toute résistance doit être immédiatement matée, car autrement « c'est la civilisation tout entière qui est compromise » (p. 185).

Les contradicteurs de Jules Ferry dans le débat parlementaire ne manquent pas de lui signaler l'incohérence de sa position, puisqu'il se trouve amené à justifier, au nom de la civilisation, des actes de barbarie, et qu'il oublie que « proposer et imposer sont choses fort différentes » (p. 210). Il se replie alors sur une autre tactique de défense, qui consiste à opposer politique et morale (on a vu que Tocqueville en faisait autant) : de tels arguments, dit-il, « ce n'est pas de la politique, cela, ni de l'histoire : c'est de la métaphysique politique ». « Je vous défie, s'exclame-t-il, de soutenir jusqu'au bout votre thèse, qui repose sur l'égalité, la liberté, l'indépendance des races inférieures » (p. 209). Il a raison : la politique nationaliste est incompatible avec les arguments humanitaires. Mais pourquoi alors introduire ces derniers dans un débat politique ?

A lire les discours et les écrits de Jules Ferry sur la question coloniale, on ne peut s'empêcher de douter de la sincérité de ses arguments humanitaires et légalistes. A l'écouter, on pourrait imaginer que les Européens ont été appelés par les populations locales des continents lointains, en vue d'un échange matériel et moral profitable aux deux parties ; ayant ensuite rompu les traités formels, les indigènes se seraient placés dans une position d'infraction et méritent d'être punis. « Nous n'avons porté notre expansion territoriale que sur les points où la méconnaissance de nos droits et la violation des traités les plus formels nous faisaient un devoir d'intervenir à main armée » (p. 183). Le croit-il lui-même ? Est-il vraiment dupe de la signification de cette « signature de leurs représentants mise au bas des traités » (p. 189) ? Tout se passe comme s'il s'agissait de jouer une petite comédie, à laquelle personne ne croit, mais qui équivaut à l'achat d'une indulgence auprès du Bon Dieu.

Au terme de ce parcours, le nationalisme apparaît bien

comme le grand responsable idéologique, tant des guerres en Europe, depuis la Révolution jusqu'à la Première Guerre mondiale comprise, que des guerres coloniales de la même période, et au-delà. Même si une guerre a des causes autres qu'idéologiques, on peut attribuer à ces doctrines, sans risque de se tromper, la responsabilité de la mort de millions d'êtres humains et de situations politiques dont, souvent, la solution n'est toujours pas en vue.

4

L'exotique

Du bon usage des autres

Exotisme et primitivisme

Idéalement, l'exotisme est un relativisme au même titre que le nationalisme, mais de façon symétriquement opposée : dans les deux cas, ce qu'on valorise n'est pas un contenu stable, mais un pays et une culture définis exclusivement par leur rapport avec l'observateur. C'est le pays auquel j'appartiens qui détient les valeurs les plus hautes, quelles qu'elles soient, affirme le nationaliste ; non, c'est un pays dont la seule caractéristique pertinente est qu'il ne soit pas le mien, dit celui qui professe l'exotisme. Il s'agit donc dans les deux cas d'un relativisme rattrapé à la dernière minute par un jugement de valeur (nous sommes mieux que les autres ; les autres sont mieux que nous), mais où la définition des entités comparées, « nous » et « les autres », reste, elle, purement relative.

Les attitudes relevant de l'exotisme seraient donc le premier exemple où l'autre est systématiquement préféré au même. Mais la manière dont on se trouve amené, dans l'abstrait, à définir l'exotisme, indique qu'il s'agit ici moins d'une valorisation de l'autre que d'une critique de soi, et moins de la description d'un réel que de la formulation d'un idéal. Personne n'est intrinsèquement autre ; il ne l'est que parce qu'il n'est pas moi ; en disant de lui qu'il est autre, je n'en ai encore rien dit vraiment ; pis, je n'en sais rien et n'en veux rien savoir, puisque toute caractérisation positive m'empêcherait de le maintenir dans cette rubrique purement relative, l'altérité. L'exotisme infirme donc ce qu'on a appelé, en parlant du nationalisme, la « règle d'Hérodote » ; mais il a ses propres lettres de noblesse, puisque le premier « exotiste » célèbre n'est autre qu'Homère. Au chant XIII de l'*Iliade*, Homère évoque en effet les Abioi, alors population la plus éloignée parmi celles que connaissent les Grecs, et les déclare « les plus justes des hommes » ; et au chant IV de l'*Odyssée* il suppose qu'« aux confins de la terre (...) la vie pour les mortels n'est que douceur ». En d'autres termes, et comme l'avait déjà remarqué Strabon au Ier siècle de notre ère, pour Homère le pays le plus éloigné est le meilleur : telle est la « règle d'Homère », inversion exacte de celle d'Hérodote. Ici on chérit le lointain parce qu'il est lointain : il ne viendrait à l'esprit de personne d'idéaliser des voisins bien connus (l'anglophilie des XVIIIe-XIXe siècles n'est pas un exotisme). Les meilleurs candidats au rôle d'idéal exotique sont les peuples et les cultures les plus éloignés et les plus ignorés. Or la méconnaissance des autres, le refus de les voir tels qu'ils sont peuvent difficilement être assimilés à une valorisation. C'est un compliment bien ambigu que de louer l'autre simplement parce qu'il est différent de moi. La connaissance est incompatible avec l'exotisme, mais la méconnaissance est à son tour inconciliable avec l'éloge des autres ; or, c'est précisément ce que l'exotisme voudrait être, un éloge dans la méconnaissance. Tel est son paradoxe constitutif.

Les descriptions classiques de l'âge d'or et, si l'on peut dire, des terres d'or, sont donc obtenues principalement par l'inversion de traits qu'on observe chez nous — et à un degré bien moindre par l'observation des autres. Rappelons-nous le fameux portrait des « cannibales », laissé par Montaigne. « C'est une nation, diroy je à Platon, en laquelle il n'y a aucune espece de trafique ; nulle cognoissance de lettres ; nulle science de nombres ; nul nom de magistrat, ny de superiorité politique ; nul usage de service, de richesse ou de pauvreté ; nuls contrats ; nulles successions ; nuls partages ; nulles occupations qu'oysives ; nul respect de parenté que commun ; nuls vestements ; nulle agriculture ; nul metal ; nul usage de vin ou de bled. Les paroles mesmes qui signifient le mensonge, la trahison, la dissimulation, l'avarice, l'envie, la détraction [= la médisance], le pardon, inouïes » (*Essais*, I, 31, p. 204). Ses habitants sont, dira-t-il ailleurs, des gens « sans lettres, sans loy, sans roy, sans religion quelconque » (II, 12, p. 471). Nous apprenons donc bien ce que ces « cannibales » ne sont pas, ce dont ils manquent ; mais comment sont-ils, positivement ? Ce que nous en dit Montaigne est bien pauvre, pour quelqu'un qui se targue d'avoir constitué son portrait des « cannibales » à partir des récits de témoins oculaires. D'où vient cette énumération de traits dont ils sont dépourvus, puisqu'elle ne peut évidemment pas s'originer dans l'observation ? Ne serait-ce de notre société à nous ? Montaigne suit en fait ici un topos rhétorique : l'évocation de l'âge d'or est traditionnellement faite en termes négatifs, précisément parce qu'elle n'est que l'envers d'une description de notre propre âge.

Mais il faut tout de suite dire qu'un exotisme pur est aussi rare qu'un nationalisme conséquent. En pratique, la préférence exotique se double presque toujours d'une attirance pour certains contenus au détriment d'autres ; le relativisme ne sert souvent que d'entrée en la matière. Ces contenus sont habituellement choisis le long d'un axe qui oppose la simplicité à la complexité, la nature à l'art, l'origine au progrès, la sauvagerie à la socialité, la spontanéité aux lumières. Il y a donc, en théorie, deux espèces symétriques d'exotisme, selon que le peuple ou la culture valorisés sont considérés comme plus simples ou plus complexes que nous, plus naturels ou plus artificiels, etc. En pratique, cependant, les choses se passent un peu différemment : en gros jusqu'à la fin du XVIIIe siècle, les auteurs appartenant à l'Europe de l'Ouest se considèrent comme porteurs d'une culture plus complexe et plus artificielle que toutes les autres ; s'ils valorisent les autres, ce ne peut être qu'en tant qu'incarnation du pôle opposé. La Chine peut, il est vrai, constituer une exception à cette règle ; mais c'est un cas isolé. En d'autres termes, jusqu'à une époque assez récente l'exotisme est secondé nécessairement par un primitivisme (au sens culturel et non nécessairement chronologique du mot). Depuis le XIXe siècle, la forme opposée s'est renforcée : d'abord parce qu'on valorise davantage, depuis ce qu'on a appelé la « renaissance orientale », certaines anciennes traditions extra-

européennes (arabe, indienne, chinoise, japonaise, etc.),
ensuite parce que, plus récemment, l'Europe de l'Ouest a
commencé à se considérer comme « en retard » par rapport
à d'autres métropoles, New York, Hong Kong ou Tokyo
(un exotisme des gratte-ciel et de l'électronique, donc). Il
reste que l'exotisme primitiviste est l'une des formes les
plus caractéristiques de l'exotisme européen, responsable
de la figure du « bon sauvage » et de ses multiples avatars.

L'interprétation primitiviste de l'exotisme est aussi
ancienne que l'histoire elle-même ; mais elle reçoit une
formidable impulsion à partir des grands voyages de
découverte du XVIe siècle, puisque, en particulier avec la
découverte de l'Amérique par les Européens, on dispose
d'un immense territoire sur lequel projeter les images
toujours disponibles d'un âge d'or révolu chez nous. En
effet, il s'opère presque immédiatement une identification
entre les mœurs des « sauvages » qu'on y observe et celles
de nos propres ancêtres ; l'exotisme se fond donc avec un
primitivisme qui est aussi bien chronologique. Or, il semble
bien que toutes les cultures (à l'exception partielle de la
culture européenne moderne) aient voulu valoriser leur
propre passé, en y voyant un moment de plénitude et
d'harmonie ; le présent est toujours vécu comme une chute.
L'idéalisation des sauvages est lancée dès les premières
relations de voyage. Plus exactement, les deux premiers
auteurs célèbres de relations, Christophe Colomb et Amerigo Vespucci, présentent deux formes bien distinctes et, en
quelque sorte, complémentaires de primitivisme. Colomb,
à tant d'égards un esprit médiéval, ne valorise pas particulièrement les sauvages, mais croit qu'il va découvrir,
quelque part dans le continent sud-américain, le Paradis
terrestre lui-même. Amerigo, beaucoup plus homme de la
Renaissance, ne prête plus foi à ces superstitions, mais, du
coup, il dépeint la vie des Indiens, dans ce même continent
sud-américain, comme proche de celle qui devait se dérou-
ler au paradis. Cette image joue un rôle décisif dans la
fameuse lettre d'Amerigo de 1503, intitulée *Mundus
Novus*, et destinée à devenir, grâce à ses qualités littéraires,
le best-seller de la littérature de voyage au XVIe siècle.

La description que fait Amerigo des mœurs des Indiens

mérite d'être citée, tant elle annonce avec précision les futurs portraits des bons sauvages. « Ils n'ont de vêtements ni de laine, ni de lin, ni de coton, car ils n'en ont aucun besoin ; et il n'y a chez eux aucun patrimoine, tous les biens sont communs à tous. Ils vivent sans roi ni gouverneur, et chacun est à lui-même son propre maître. Ils ont autant d'épouses qu'il leur plaît, et le fils vit avec la mère, le frère avec la sœur, le cousin avec la cousine, et chaque homme avec la première femme venue. Ils rompent leurs mariages aussi souvent qu'ils veulent, et n'observent à cet égard aucune loi. Ils n'ont ni temples, ni religion, et ne sont pas des idolâtres. Que puis-je dire de plus ? Ils vivent selon la nature. »

La société des sauvages, d'après Amerigo, se caractérise par cinq traits : pas de vêtements ; pas de propriété privée ; pas de hiérarchie ni de subordination ; pas d'interdits sexuels ; pas de religion ; le tout se trouvant résumé dans cette formule : « vivre selon la nature ». Il faut ajouter que ces sauvages sont gratifiés de qualités physiques exceptionnelles : les hommes mesurent deux mètres et demi, et ils vivent souvent jusqu'à cent cinquante ans. On sait que le portrait fait par Montaigne des « cannibales » s'inspire largement de cette description. Montaigne n'affirme pas l'absence de religion, mais tous les autres traits s'y retrouvent ; il se contente d'ajouter l'oisiveté et l'absence de défauts moraux, ainsi que celle de lettres et de sciences. Avant Montaigne, Thomas More avait déjà trouvé dans cette description d'Amerigo (parmi d'autres sources, bien entendu) l'inspiration pour son influente *Utopie :* il en avait conçu l'idée après avoir rencontré à Anvers, en 1515, un compagnon de voyage d'Amerigo, et c'est à ce personnage qu'il attribue, dans son livre, le récit relatif à l'île Utopie. Les utopies, en effet, ne s'opposent qu'en apparence aux rêveries primitivistes : bien que les unes regardent vers l'avenir et les autres vers le passé, leur contenu est en grande partie commun ; la célèbre formule de Saint-Simon — « L'âge d'or du genre humain n'est point derrière nous, il est au-devant » (*De la réorganisation de la société européenne.* « Conclusion », p. 328) — l'indique à sa manière, puisqu'elle se contente de relever l'inversion temporelle.

Et puisqu'on a décidé que le passé des nôtres se retrouvait dans le présent des autres, on associera régulièrement projets utopistes et images exotiques, depuis *l'Utopie* de More et *la Cité du Soleil* de Campanella (située dans l'océan Indien) jusqu'à nos jours. Le bon sauvage est non seulement notre passé mais aussi notre avenir. A leur tour, Thomas More et Montaigne influenceront d'innombrables autres auteurs.

En France, le premier à mettre la matière exotique sous les yeux des lettrés sera, en 1557, André Thevet avec ses *Singularitez de la France antarctique*. Thevet, on le sait aujourd'hui, n'est que partiellement responsable du récit qui se trouve dans son livre : il est vrai qu'il avait participé à l'expédition de Villegagnon qui avait conduit les Français dans la baie de Rio de Janeiro, mais, étant tombé malade, il était revenu peu après en France. Les matériaux qui constituent son récit proviennent plutôt — mais cela ne fait qu'en accroître la valeur — des « truchements », ou interprètes, qui connaissent bien mieux que lui la vie des Indiens. Le rôle de Thevet n'est pas plus important à l'autre bout de l'opération : ce n'est pas lui qui rédige le livre, c'est un homme de plume qui n'a jamais quitté les rivages français, mais qui connaît bien, en revanche, la tradition humaniste : là aussi, le manque d'originalité rend l'ouvrage d'autant plus significatif. Et le livre de Thevet contient, à côté d'un récit de son voyage, une assez longue description des mœurs des Indiens du Brésil, cannibales exemplaires, qui va servir de point de départ aux rêveries exotiques de ses contemporains.

Il est intéressant de voir que le récit de Thevet lui-même ne participe pas du mythe du bon sauvage : précisément parce qu'il est fondé sur des témoignages authentiques, il n'idéalise pas mais mêle éloges et blâmes. Qu'à cela ne tienne : les contemporains ont besoin d'un pays et d'un peuple sur lesquels ils puissent projeter leurs rêveries d'un âge d'or ; le récit de Thevet, lu à la lumière d'Amerigo, leur en fournira les éléments indispensables. Les poètes de la Pléiade se distinguent ici tout particulièrement : Jodelle rédige une ode qui figure dans les *Singularitez* mêmes, et qui décrit les cannibales comme moins barbares que nous ;

Ronsard écrit un « Discours contre Fortune », dans lequel on retrouve l'image lancée par Amerigo, mêlée à des souvenirs de la littérature latine :

... ton Amérique, où le peuple incognu
Erre innocemment tout farouche et tout nu
D'habis tout aussi nu que de malice,
Qui ne cognoist les noms de vertu, ny de vice
. . . .
Qui de coutres trenchans la terre n'importune,
Laquelle comme l'air à chacun est commune
Et comme l'eau d'un fleuve, est commun tout leur bien
Sans procez engendrer de ce mot Tien, et Mien (p. 159).

L'image du bon sauvage sera complétée et développée dans les écrits en prose de Jean de Léry et de Montaigne. L'*Histoire d'un voyage faict en la terre de Bresil* de Léry n'est pas un éloge inconditionnel ; mais Léry préfère les cannibales aux mauvais chrétiens qu'il voit autour de lui. La position de Montaigne, qui connaît les livres de Thevet et de Léry ainsi que d'autres sources espagnoles, portugaises et italiennes, n'est pas très différente. D'un côté, il se sert de l'image des cannibales pour critiquer notre propre société, et il est donc amené à l'idéaliser. « Il me semble que ce que nous voyons par experience en ces nations là, surpasse non seulement toutes les peintures dequoy la poësie a embelly l'age doré et toutes ses inventions à feindre d'une heureuse condition d'hommes, mais encore la conception et le desir mesme de la philosophie » (I, 31, p. 204). L'âge d'or était peut-être un mythe, ces peuples-là sont une réalité, et ils sont mieux que tout ce qu'on a pu imaginer. L'explication de ce jugement est simple : à l'origine, l'homme était naturel ; au cours de son histoire, il est devenu de plus en plus artificiel. Or, « ce n'est pas raison que l'art gaigne le point d'honneur sur nostre grande et puissante mere nature » (p. 203) ; donc, les premiers siècles ont été « les meilleurs et les plus heureux » (II, 37, p. 745). Les sauvages actuels sont semblables aux hommes des premiers âges, et du coup sont plus proches que nous de la nature. « Ils jouyssent encore de cette uberté [= abondance] naturelle (...). Ils sont encore en cet heureux point, de ne desirer qu'autant que leurs necessitez naturelles leur ordonnent » (I, 31, p. 208). Ils nous sont donc supérieurs : voilà comment se construit le mythe du bon sauvage.

Mais, d'un autre côté, Montaigne ne se départit pas de sa préférence pour les civilisations grecque et romaine (pas plus que Léry ne cessait de préférer les valeurs chrétiennes) ; il n'estime donc les cannibales que dans la mesure où ceux-ci ressemblent aux Grecs et aux Romains. C'est pour cette raison qu'il peut louer leur bravoure guerrière, leur déférence à l'égard des femmes ou leur poésie toute « anacréontique ». Quand il pense que la ressemblance n'est pas suffisante, Montaigne devient partisan de la colonisation — mais à condition qu'elle soit réalisée par les nobles Grecs et Romains, plutôt que par ses barbares compatriotes (ou par les Espagnols, les Portugais, etc.). Ainsi Montaigne participe-t-il à la promotion du bon sauvage, tout en prenant ses distances, dans la mesure où son idéal n'est pas simplement primitiviste.

Le bon sauvage

L'image du bon sauvage jouera un rôle important entre le xvie et le xviiie siècle, sans être pour autant la seule image des populations lointaines, ni même l'image dominante. Elle sera présente, en particulier, dans les relations de voyage, qui sont alors un genre littéraire très en vogue. On peut se demander si, à une époque où les voyages sont coûteux et dangereux, il n'y a pas une pente naturelle qui entraîne les voyageurs à louer ce qu'ils ont vu : comment justifier, sinon, les risques, les fatigues, les dépenses ? Cette bienveillance « naturelle » du voyageur d'alors s'accompagne probablement d'un esprit critique à l'égard de son propre pays, qui précède et prépare le voyage ; car, si l'on est parfaitement satisfait de tout ce qu'on voit autour de soi, pourquoi partir ? Réciproquement, si l'on est mécontent de sa vie, et qu'on veuille la changer, on se résigne à agir sur ce qui se laisse modifier le plus facilement : l'espace où l'on se trouve (il suffit de partir) ; le voyage dans le temps, en effet, ne nous est pas encore accessible ; quant à la modification de la vie chez nous, elle exige de longs efforts et beaucoup de patience... Pour celui qui rêve à changer de vie, à changer la vie, le voyage est le moyen le plus simple.

On ne s'étonnera donc pas de trouver l'image du bon sauvage et sa contrepartie obligée, la critique de notre propre société, abondamment présentes dans les relations de voyage. Un tel choix a quelque chose d'automatique ; à preuve le fait que, pour les voyageurs français, tous les « sauvages » se ressemblent : peu importe qu'ils habitent l'Amérique ou l'Asie, qu'ils viennent de l'océan Indien ou du Pacifique : ce qui compte, en effet, c'est qu'ils s'opposent à la France. L'exemple le plus pur de « bon sauvage » se trouve peut-être dans un ouvrage paru au début du XVIIIe siècle, et qui est aussi un récit de voyage : celui du baron Lahontan, publié pour la première fois en 1703. Les trois volumes de ce livre portent respectivement les titres de *Nouveaux Voyages,* de *Mémoires de l'Amérique septentrionale* et de *Dialogues curieux entre l'Auteur et un Sauvage.*

L'existence même de trois titres est significative. Ces divers volumes se réfèrent, en effet, au même voyage, et contiennent, en gros, la même matière concernant les Hurons. La différence n'est pas dans l'objet évoqué, mais dans l'attitude qu'adopte l'auteur à son égard. Le premier volume est formé par une série de lettres, constituant le récit du voyage lui-même ; nous sommes ici au plus près des impressions immédiates du voyageur. Le deuxième volume, bien que de nouveau présenté comme une lettre, ressemble plutôt à un traité systématique, où des chapitres séparés sont consacrés à la flore, la faune, l'architecture de cette partie du monde, puis aux croyances des sauvages, à leurs amours, leurs maladies, leurs guerres, etc. ; à la fin figure un petit lexique de leur langue. On s'éloigne donc déjà un peu ici de l'expérience personnelle. Enfin le troisième volume change encore de genre : non plus récit ni traité, mais dialogue philosophique entre un sauvage avisé, du nom d'Adario, qui a visité naguère la France, et Lahontan lui-même. C'est donc toujours la même matière « ethnographique » qui se trouve mise à contribution, mais elle joue de moins en moins important, n'étant plus qu'un argument parmi d'autres en vue de l'établissement de certaines thèses. L'usage fait par Lahontan des trois genres illustre bien les exigences de l'exotisme primitiviste : si l'on souhaite idéaliser une société, il ne faut pas la décrire de trop près ; inversement, une description tant soit peu détaillée se prête mal à l'idéalisation. Lahontan a besoin de laisser de côté certains détails de sa propre description initiale, pour pouvoir faire des Hurons de vrais bons sauvages.

Le livre de Lahontan connaît un succès immédiat ; il suscite, outre les réimpressions, une nouvelle édition (en 1705), sensiblement différente de la première dans sa partie philosophique (qui affirme ainsi plus encore son autonomie par rapport à la matière ethnographique) ; on pense que les changements sont dus à un certain Gueudeville. L'ouvrage restera bien connu tout au long du XVIIIᵉ siècle, et Chateaubriand témoignera de sa notoriété en lui empruntant maint détail pour son épopée américaine. Prises une à une, les idées de Lahontan ne sont pas d'une grande originalité : on les trouve, dispersées, dans bien d'autres récits du XVIᵉ et du XVIIᵉ siècle ; son livre a toutefois le mérite de les mettre ensemble et de les pousser, si l'on peut dire, jusqu'au bout.

Le cadre idéologique général dans lequel se place Lahontan est égalitariste et universaliste. « Les hommes étant pétris du même limon, il ne doit point y avoir de distinction, ni de subordination entre eux », affirme-t-il dans les *Mémoires* (p. 96), et Gueudeville de renchérir : « La nature ne connaît point de distinction, ni de prééminence dans la fabrique des individus d'une même espèce, aussi sommes-nous tous égaux » (p. 257). Le même Gueudeville justifie la publication du livre par la pure utilité de la connaissance des autres. « Nous aimons à savoir ce que produit et ce que fait la nature au-delà d'un vaste espace qui sépare un pays d'avec le nôtre ; nous aimons à connaître le tour d'esprit, la religion, les lois, les mœurs, les usages d'un nombre d'hommes à qui nous ne croyons point du tout ressembler, et que le grand éloignement nous permet à peine de regarder comme des individus de notre espèce » (« Préface », p. 85-86).

En réalité, cependant, la connaissance recule à l'arrière-plan dès que Lahontan décide de faire des Hurons un idéal pour nous ; et une autre remarque de Gueudeville rend bien mieux compte de la composition réelle des *Dialogues* ainsi que d'une bonne partie des *Mémoires*. Le Huron Adario dit à son interlocuteur : « Vous êtes nos vrais antipodes pour les mœurs, et je ne puis pas examiner notre innocence sans réfléchir sur votre corruption » (p. 258). Il serait plus juste de dire : la vie innocente, attribuée aux Hurons, n'est rien d'autre que l'inversion symétrique, l'antipode parfait de ce qui est une peinture relativement réaliste, celle de la « corruption » européenne. Le portrait des Hurons dans les *Dialogues* ne nous apprend pour ainsi dire rien sur le présent des autres, et beaucoup sur l'avenir (souhaitable) de notre société à nous ; l'exotisme de Lahontan n'est qu'un masque pour son utopisme.

Et pourtant les *Dialogues* méritent attention : on y découvre, non certes un portrait des autres, mais un condensé des thèmes et motifs qu'on attachera habituellement à l'image des bons sauvages. Cette image se compose chez Lahontan de trois traits irréductibles l'un à l'autre : un principe égalitariste, un principe minimaliste, un principe naturaliste.

L'égalitarisme de Lahontan, qui est son credo explicite et la principale justification de sa préférence pour les Hurons, a deux facettes : l'une économique, l'autre politique. Côté économique, cela revient, dans la plus pure tradition des utopistes, à condamner la propriété privée. Lahontan déclare dès sa préface : « Il faut être aveugle pour ne pas voir que la propriété des biens (je ne dis pas celle des femmes) est la seule source de tous les désordres qui troublent la société des Européens » (p. 82) ; on ne sera pas étonné, dès lors, de voir que ce qui caractérise les Hurons, leurs antipodes, c'est qu'ils « n'ont ni *tien* ni *mien* » (p. 81). La formule, dont Lahontan n'est évidemment pas l'inventeur, revient sans cesse ; la suppression de la propriété

privée est le remède radical de tous nos maux. « Alors
j'espérerai, dit Adario, que l'égalité de biens pourra venir
peu à peu, et qu'à la fin vous détesterez cet intérêt qui
cause tous les maux qu'on vit en Europe ; ainsi n'ayant ni
tien ni *mien,* vous vivrez avec la même félicité des Hurons »
(p. 198).

L'égalité économique est étroitement associée, dans
l'esprit de Lahontan, à l'égalité politique : l'absence de
toute hiérarchie, de toute subordination est, à l'en croire,
un autre trait caractéristique des sociétés sauvages (une
telle affirmation permet de mesurer la distance entre la
réalité de ces sociétés et le portrait qu'en brosse Lahontan ;
mais il en va évidemment de même pour le reste du
portrait). « Ces sortes de gens ne connaissent point la
subordination militaire non plus que la civile » (p. 145).
Les deux égalités sont solidaires, et Lahontan décrit les
sauvages comme « n'ayant ni *tien* ni *mien,* ni supériorité ni
subordination, et vivant dans une espèce d'égalité
conforme aux sentiments de la nature » (p. 117). Le
résultat de cette seconde égalité est la liberté, entendue
comme une absence de toute soumission et, finalement, de
toute règle : les Hurons de Lahontan vivent dans une
société anarchique. « Je suis maître de mon corps, je
dispose de moi-même, je fais ce que je veux, je suis le
premier et le dernier de ma nation ; je ne crains personne et
ne dépends uniquement que du grand esprit », dit Adario
(p. 184-185) ; et Lahontan lui-même voudrait se faire
sauvage « afin de n'être plus exposé à fléchir le genou »
(p. 83). Le moyen suggéré par Lahontan pour amener la
France à ressembler à cet idéal n'est rien de moins que le
soulèvement populaire : l'esprit de la Révolution de 1789
est curieusement présent dans ces pages.

Le deuxième principe régissant la vie des bons sauvages
est un certain minimalisme, qui peut de nouveau être
économique ou social. Sur le plan économique, les Hurons
se contentent d'une production de subsistance, tout à
l'opposé du goût du luxe des Européens, qui les conduit à
se dépenser en efforts inutiles. Les Sauvages se limitent à
ce qui est nécessaire ; en conséquence, ils peuvent mener
une vie oisive. « Les Sauvages sont des gens sans souci »

(p. 103). En France, « il faut toujours avoir quelque chose à souhaiter pour être heureux ; un homme qui saurait se borner serait Huron » (p. 205). Il en va de même sur le plan culturel : ils se passent des arts et des sciences parce qu'ils n'en voient pas la nécessité ; ils ne font pas d'études, ce qui ne les empêche pas d'avoir des conversations profondes ; ils ignorent l'écriture : elle « ne nous servirait à rien » (p. 212).

Enfin le troisième grand principe auquel obéit le comportement des Hurons, c'est la conformité à la nature. Cette exigence, qui fondait déjà la préférence pour l'égalité et la liberté, se trouve dans tous les domaines. Le « naturel » est parfois ce qui est raisonnable, en accord avec la « lumière naturelle ». Ainsi des lois : les Hurons n'en ont pas d'écrites, car ils se conforment au seul droit naturel, découlant de la raison universelle. « Observer les lois, c'est donc observer les choses justes et raisonnables » (p. 183) ; cela permet de se passer de lois positives : j'espère, dit Adario, « que vous pourriez un jour vivre sans lois, comme nous faisons » (p. 196). Il en va de même pour la religion, autre sujet qui passionne Lahontan : il faut remplacer la religion chrétienne par la religion naturelle, c'est-à-dire conforme à la raison, et qui se trouve être celle des Hurons. « Ils soutiennent que l'homme ne doit jamais se dépouiller des privilèges de la raison, puisque c'est la plus noble faculté dont Dieu l'ait enrichi » (p. 108) ; or, pour eux, « la foi des chrétiens est contraire à la raison » (p. 110). Non pas que tout soit erreur, dans l'Évangile : on y trouve même d'excellents préceptes ; mais, ne l'oublions pas, on peut les découvrir également dans d'autres religions, et puis ils sont mêlés dans la doctrine chrétienne à beaucoup de superstitions inutiles.

Mais à côté de cette interprétation rationaliste de la nature il en est une autre, plus proprement « naturaliste » (c'est-à-dire biologique) : est naturel le comportement spontané, non soumis à des règles quelconques érigées par la société ; est naturel ce qui trouve ses origines dans les seules caractéristiques physiques de l'espèce. C'est pour cette raison qu'Adario condamne la civilité : « La civilité ne se réduit-elle pas à la bienséance et à l'affabilité ?

Qu'est-ce que la bienséance? N'est-ce pas une gêne
perpétuelle et une affectation fatigante (...)? Pourquoi
donc aimer ce qui embarrasse? (...) Pourquoi mentir à tout
propos et dire le contraire de ce qu'on pense? » (p. 207-
208).

L'exemple le plus important de comportement naturel
concerne la sexualité. Ici encore, il faut se conformer aux
instincts et ne pas chercher à les entraver par des lois. Les
rencontres des amants sont fort simples. Le jeune homme
rend visite, au début de la nuit, à la jeune fille de son choix,
une grande allumette à la main ; si la jeune fille l'accepte,
elle souffle l'allumette, sinon elle se cache sous ses couver-
tures, et il se retire. Ces réunions se font et se défont sans
autre règle que l'attirance mutuelle. « Il est permis à
l'homme et à la femme de se séparer quand il leur plaît »
(p. 120). La fidélité est facultative ; la jalousie est, en
revanche, inconnue. Le mariage des Européens est à leurs
yeux une aberration : au nom de quoi imposer une fidélité
contre nature, et qui, de plus, s'applique aux femmes mais
non aux hommes? L'absence d'habits, qui caractérise tous
les bons sauvages, trouve ici une justification supplémentaire (elle pouvait être motivée aussi par le mépris du
superflu, ou par l'absence de marques hiérarchiques de
distinction, ou par le refus des bienséances). L'ensemble de
ces attitudes conduit Lahontan à conclure : « L'on peut
dire qu'ils s'abandonnent tout à fait à leur tempérament et
que leur société est toute machinale » (p. 98), et son
Adario de confirmer : « Nous vivons simplement sous les
lois de l'instinct et de la conduite innocente que la nature
sage nous a imprimée dès le berceau » (p. 188). La nature-
instinct et -tempérament ne se confond évidemment pas
avec la nature-raison.

Si l'on choisit une vie en accord avec ces principes, on
pourra atteindre la perfection des Hurons, qui s'étend aussi
bien au physique qu'au moral. Les sauvages sont en effet
dépourvus de la majorité des maladies européennes, et le
peu de maladies qui restent sont combattues par la
transpiration ; ils sont plus robustes et vivent plus vieux que
nous. Mais ils ont aussi une moralité supérieure à la nôtre :
ils sont justes, généreux, désintéressés, solidaires les uns

des autres ; autant de qualités qui font que Lahontan les voit bien engagés sur le chemin du paradis.

Ce portrait du bon sauvage, plus ou moins complet, se retrouvera tout au long du XVIIIe siècle : son expression littéraire la plus réussie est peut-être celle que lui donnera Diderot dans le *Supplément au voyage de Bougainville*, qui porte clairement la trace de l'influence de Lahontan. Le sauvage tahitien est décrit comme étant « innocent et doux » (p. 462) et il est « heureux » ; les civilisés, par contraste, sont « corrompus », « vils » et « malheureux » (p. 466). Le sauvage est généreux ; le civilisé n'est que convoitise, la seule chose qu'il sait donner c'est la mort : « Il te donnait ses fruits, il t'offrait sa femme et sa fille ; il te cédait sa cabane : et tu l'as tué » (p. 470). Les sauvages sont « sains et robustes » (p. 468), leur repas même est « sain et frugal » (p. 475), alors que les civilisés apportent les maladies : « tu as infecté notre sang » (p. 469). A la base de toutes ces différences se trouvent deux modèles économiques opposés : la propriété privée règne ici mais non là. « Ici tout est à tous ; et tu nous a prêché je ne sais quelle distinction du *tien* et du *mien* » (P. 466-467). La propriété est, en effet, limitée au strict minimum à Tahiti, alors que chez les Européens même « la femme devint la propriété de l'homme » (p. 507). Cette opposition se prolonge à son tour en celle entre société de subsistance et société de consommation, ou de luxe, où l'on produit du superflu et consomme pour consommer. « Tout ce qui nous est nécessaire et bon, nous le possédons. Sommes-nous dignes de mépris parce que nous n'avons pas su nous faire des besoins superflus ? » (p. 468). Les Tahitiens de Diderot ressemblent à s'y méprendre aux Hurons de Lahontan, et obéissent comme eux au principe minimaliste. Au-delà de Lahontan, on peut toujours entr'apercevoir l'ombre d'Amerigo, qui sert donc d'inspiration à des utopistes d'esprit différent ; chacun choisit dans le tableau peint par Amerigo les traits qui lui conviennent : Diderot garde la liberté sexuelle qui n'avait aucune place chez un rigoriste comme More.

Il s'ensuit, bien entendu, que se trouve abandonné tout projet de s'emparer des sauvages, serait-ce au nom de leur

propre bien. Non seulement Diderot est hostile à l'esclavage — « Tu n'es ni un dieu ni un démon : qui es-tu donc
pour faire des esclaves ? » (p. 467) — mais toute idée d'une
mission civilisatrice des Européens lui est étrangère :
qu'auraient à apprendre les sauvages de nous, puisqu'ils
sont déjà mieux que nous ? Le message du chef tahitien à
Bougainville peut donc se résumer en deux mots :
« Éloigne-toi » (p. 472). S'il y a des contacts entre les
peuples, ils ne devront se fonder que sur la réciprocité et
l'égalité : « Vous êtes deux enfants de la nature ; quel droit
as-tu sur lui qu'il n'ait pas sur toi ? » (p. 468).

Diderot ne cache pas, à vrai dire, qu'il écrit sur notre
société, et non sur celle des autres. A peine le vieillard
tahitien a-t-il terminé sa harangue que A, l'un des interlocuteurs du dialogue, remarque : « A travers je ne sais pas
quoi d'abrupt et de sauvage, il me semble retrouver des
idées et des tournures européennes » (p. 472) ; et lorsque
se termine l'entretien de l'aumônier et du Tahitien Orou, le
même A remarque que le discours de ce dernier est « un
peu modelé à l'européenne » (p. 503). Du reste, un lecteur
du *Voyage* de Bougainville (et il faut imaginer, même si le
Supplément est resté inédit du vivant de Diderot, que son
lecteur idéal ait lu le récit de Bougainville) ne pouvait pas
ne pas remarquer plusieurs distorsions significatives : le
Supplément présente les Tahitiens comme athées et libres
de toute maladie, alors que le *Voyage* les décrivait plongés
dans la superstition et atteints de syphilis. Ces disparités
indiquent ouvertement que le propos de Diderot n'est pas
de parler avec fidélité des Tahitiens, mais de se servir de
leur cas comme d'une allégorie pour aborder un sujet plus
général : celui de la soumission nécessaire à la nature, dont
on a vu que Diderot était, bien plus que Lahontan, le
partisan et le promoteur. Moins utopiste que lui (il ne rêve
pas de la même manière que lui à une société égalitaire),
Diderot est aussi plus scientiste.

L'homme de la nature

On associe traditionnellement la pensée de Jean-Jacques Rousseau au primitivisme et au culte du bon sauvage. En réalité — et des commentateurs attentifs l'ont montré dès le début du XXe siècle —, Rousseau en est plutôt un des critiques vigilants. C'est lui-même, cependant, qui, par l'usage imprécis qu'il fait de certaines de ses propres notions, est responsable de la confusion chez ses premiers lecteurs et interprètes.

L'image traditionnelle tire le primitivisme de Rousseau de l'opposition entre l'homme de la nature et l'homme civil, et de la préférence de Rousseau pour le premier sur le second. Mais cette image est par trop simpliste, et cela pour plusieurs raisons. Premièrement, l'état de nature (et donc l'homme de la nature, en ce sens du mot) ne correspond pas, pour Rousseau, à une période réelle de l'histoire de l'humanité, plus ou moins éloignée de nous : il s'en est longuement et clairement expliqué, dans la préface et dans le préambule au *Deuxième discours*. Cette notion est une construction de l'esprit, une fiction destinée à nous faciliter la compréhension des faits réels, non un « fait » comparable aux autres. Le but que se fixe Rousseau est de « connaître un état qui n'existe plus, qui n'a peut-être point existé, qui probablement n'existera jamais, et dont il est pourtant nécessaire d'avoir des notions justes pour bien juger de notre état présent » (« Préface », p. 123). Rien de commun entre la déduction à laquelle se livre Rousseau et une science historique. « Il ne faut pas prendre les recherches dans lesquelles on peut entrer sur ce sujet pour des vérités historiques, mais seulement pour des raisonnements hypothétiques et conditionnels ; plus propres à éclairer la nature des choses qu'à montrer la véritable origine, et semblables à ceux que font tous les jours nos physiciens sur la formation du monde » (Préambule », p. 132-133).

On pourrait objecter que ces formules n'expriment pas la

pensée de Rousseau, mais qu'elles sont là pour le protéger des foudres de la censure religieuse, qui ne verrait pas d'un bon œil qu'on réécrive librement l'histoire des origines de l'humanité. Mais, à supposer même que pour Rousseau cet état de nature ait existé autrefois, aucun retour en arrière n'est possible : une fois passé par l'« état de société », l'homme ne peut plus revenir à l'« état de nature ». Rousseau a toujours été catégorique là-dessus. « On n'a jamais vu peuple une fois corrompu revenir à la vertu », écrit-il au début de sa carrière, dans les « Observations » suscitées par une réplique à son *Premier discours* (p. 56) ; et à la fin : « La nature humaine ne rétrograde pas » (*Dialogues*, III, p. 935). Entre le retour à l'état primitif et la perfectibilité, deux idées incompatibles, Rousseau choisit résolument la seconde.

Aucun malentendu n'a pesé aussi longtemps sur la pensée de Rousseau que celui par lequel on lui prête le projet de bannir les arts et les sciences de la cité. Cela ne servirait à rien, affirme au contraire Rousseau dans ses réponses, car le mal est déjà fait ; plus grave même, une telle expulsion ne manquerait pas d'avoir un effet négatif, car on ajouterait la barbarie à la corruption : bien qu'ils soient issus de la dégradation de l'homme, dans l'état actuel des choses les sciences et les arts sont des barrières, contre une dégradation plus grande. De même pour la vie sociale en général. « Quoi donc ? s'exclame-t-il dans la Note IX du *Deuxième discours*, faut-il détruire les sociétés, anéantir le tien et le mien, et retourner vivre dans les forêts avec les ours ? Conséquence à la manière de mes adversaires, que j'aime autant prévenir que de leur laisser la honte de la tirer » (p. 207). On voit donc que Rousseau se démarque explicitement des thèses primitivistes. Une telle solution est inconcevable pour la société en général et inacceptable pour Rousseau lui-même : « Je sens trop en mon particulier combien peu je puis me passer de vivre avec des hommes aussi corrompus que moi » (« Lettre à Philopolis », *Deuxième discours*, p. 235).

Enfin, à cette deuxième raison pour rejeter l'image simpliste qui veut que Rousseau ait fait l'éloge du bon sauvage, s'en ajoute une troisième, qui a trait à l'appréciation qu'il porte sur cet état de nature et sur l'homme de la nature. Il est vrai que Rousseau emploie parfois les deux formules de telle sorte que ses préférences pour cet état semblent acquises. « Le pur état de nature est celui de tous où les hommes seraient le moins méchants, le plus heureux, et en plus grand nombre sur la terre » (« Fragments politiques », II, p. 475). En revanche, dans l'état de société, « chacun trouve son compte dans le malheur d'autrui » (*Deuxième discours,* Note IX, p. 175) : comment pourrait-on avoir de l'indulgence pour une telle situation ?

Mais, à l'intérieur de sa théorie proprement anthropologique, qu'on trouve exposée dans le *Discours sur l'origine de l'inégalité,* la position de Rousseau est plus nuancée. L'histoire idéale de l'humanité comporte ici plus de deux étapes. A l'origine, il y avait bien état de nature ; mais on ne peut appeler cet état admirable, car l'homme y était à peine distinct des bêtes. S'il y a un point de doctrine sur lequel Rousseau n'a jamais varié, c'est bien celui-là ; dans l'état de nature, faute de communication entre les hommes, on ne saurait distinguer entre vertu et vice ; le sentiment de justice y est donc inconnu, et la morale absente. Du coup, l'homme n'y est pas encore tout à fait homme. « Borné au seul instinct physique, il est nul, il est bête » (« Lettre à Beaumont », p. 936). Seule la fréquentation mutuelle développe la raison, et le sens moral qui s'appuie là-dessus. « Ce n'est qu'en devenant sociable qu'il devient un être moral » (*Fragments politiques,* II, p. 477). Le doute n'est pas possible quant au jugement à porter là-dessus : ce passage est « l'instant heureux (...) qui, d'un animal stupide et borné, fit un être intelligent et un homme » (*Contrat social,* I, 8, p. 364).

A l'autre extrême, il y a l'état de société, tel que nous le connaissons maintenant, et qui est également insatisfaisant, bien que pour d'autres raisons. C'est pourquoi Rousseau refuse à ces deux extrémités l'appellation d'« âge d'or ». « Insensible aux stupides hommes des premiers temps, échappée aux hommes éclairés des temps postérieurs, l'heureuse vie de l'âge d'or fut toujours un état étranger à la race humaine, ou pour l'avoir méconnu quand elle en pouvait jouir, ou pour l'avoir perdu quand elle aurait pu le

connaître » (*Contrat social,* première version, I, 2, p. 283).
La vision du monde et de l'histoire que propose Rousseau
est beaucoup plus tragique que celle de ses contemporains
primitivistes : la société corrompt l'homme, mais l'homme
n'est véritablement tel que parce qu'il est entré en société ;
on ne saurait s'extraire de ce paradoxe.

Mais ce jugement lui-même est par trop abrupt. C'est
que, entre l'état de nature (originaire) et l'état de société
(actuel), il en existe un troisième, intermédiaire, où
l'homme n'est plus une bête et n'est pourtant pas encore
l'être misérable qu'il est devenu : c'est, si l'on veut, l'état
sauvage ; c'est en lui que l'humanité a connu sa plus grande
félicité. « Cette période du développement des facultés
humaines, tenant un juste milieu entre l'indolence de l'état
primitif et la pétulante activité de notre amour-propre, dut
être l'époque la plus heureuse, et la plus durable. Plus on y
réfléchit, plus on trouve que cet état était le moins sujet aux
révolutions, le meilleur à l'homme, et qu'il n'en a dû sortir
que par quelque funeste hasard » (*Deuxième discours,* II,
p. 171). Pas plus qu'il ne croit possible le retour à l'état de
nature, Rousseau ne recommande d'aspirer à se retrouver
dans cet état sauvage ; mais, lorsqu'il cherche lui-même par
quoi remplacer l'état de société déplorable dans lequel
nous vivons, il pense de nouveau à un compromis entre état
de nature et état de société, à un idéal modéré, ou mixte,
qui conviendrait le mieux à son disciple : « Émile n'est pas
un sauvage à reléguer dans les déserts, c'est un sauvage fait
pour habiter les villes » (*Émile,* III, p. 483-484). C'est un
fait trop rarement souligné dans les commentaires de
Rousseau : alors qu'il est capable d'explorer, par hypothèse, le pur état de nature, ou le pur état de société,
Rousseau opte pour le « juste milieu » lorsqu'il doit
affirmer son propre idéal. Cet état supérieur (même s'il ne
s'agit pas d'un véritable âge d'or — tout n'est pas parfait
chez les sauvages, loin de là) ne s'identifie pas à l'état de
nature, mais se contente d'en intégrer certains éléments.

On voit maintenant combien est intenable l'idée que
Rousseau serait un adhérent du mythe du bon sauvage. Et
pourtant l'attribution de cette doctrine à Rousseau n'est
pas non plus un pur hasard. Il faut bien constater,

premièrement, que Rousseau met au sommet de sa hiérarchie (même s'il ne veut pas en faire un exemple pour
l'avenir de l'humanité) les peuples sauvages, ceux-là
mêmes qui provoquaient l'admiration d'Amerigo et de
Montaigne, de Lahontan et de Diderot. Deuxièmement,
Rousseau ne s'abstient pas, à l'occasion, de dire que cet
état de nature est tout de même à considérer comme un âge
d'or (contrairement donc à ce qu'il affirme ailleurs). Se
souvenant de ses débuts, et particulièrement du *Premier
discours,* il décrit sa révélation en ces termes : « Une
malheureuse question à l'Académie (...) vint (...) lui
montrer un autre univers, un véritable âge d'or, des
sociétés d'hommes simples, sages, heureux » (*Dialogues,*
II, p. 828-829).

Enfin troisièmement, bien qu'il se refuse à identifier ces
populations sauvages avec l'homme de la nature, Rousseau
se sert néanmoins de leur description dans les récits des
voyageurs comme d'un réservoir d'images où il peut puiser
librement des traits pour son fictif homme de la nature. A
peine la notion est-elle introduite, qu'il commence à
l'enrichir de traits et de notations qui proviennent de ces
mêmes relations qu'il critiquera dans la Note X du
Deuxième discours. « Les relations des voyageurs sont
pleines d'exemples de la force et de la vigueur des hommes
chez les nations barbares et sauvages », écrit-il à la Note VI
(p. 199), et, lorsqu'il cherche à prouver que l'homme
sauvage n'avait pas peur des bêtes, il se réfère aussitôt aux
Nègres et aux Caraïbes (p. 137, note). Faut-il démontrer
que cet homme n'a pas de souci de l'avenir ? « Tel est
encore aujourd'hui le degré de prévoyance du Caraïbe : il
vend le matin son lit de coton, et vient pleurer le soir pour
le racheter, faute d'avoir prévu qu'il en aurait besoin pour
la nuit prochaine » (p. 144). Ce sont les habitants des
Caraïbes qui font le plus souvent les frais de la démonstration, car ils sont « celui de tous les peuples existants qui
jusqu'ici s'est écarté le moins de l'état de nature » (p. 158) ;
c'est pour cette raison aussi que, dans la Note X, Rousseau
recommande tout spécialement leur étude : c'est « le
voyage le plus important de tous et celui qu'il faudrait faire
avec le plus de soin » (p. 214). Mais ailleurs aussi on trouve

des vestiges intacts de l'homme de la nature : ainsi les premières langues ont dû être « telles à peu près qu'en ont aujourd'hui diverses nations sauvages » (p. 167). L'homme de la nature ne s'identifie pas aux peuples sauvages d'aujourd'hui, mais c'est de ceux-ci qu'on remonte à celui-là.

« Gardons-nous de confondre l'homme sauvage avec les hommes que nous avons sous les yeux », nous disait Rousseau en commençant (p. 139). Il n'obéit pourtant pas à sa propre injonction, et la fiction philosophique interfère avec le portrait des hommes d'aujourd'hui. Les sauvages, faut-il l'ajouter, ne trouvent pas leur compte dans ces évocations rapides. Non seulement parce qu'ils ne reçoivent qu'une attention passagère, mais aussi parce que Rousseau, pour les besoins de sa démonstration, assimile régulièrement son homme sauvage aux animaux. « Tel est l'état animal en général, et c'est aussi, selon le rapport des voyageurs, celui de la plupart des peuples sauvages » (p. 140-141). « Les sauvages de l'Amérique [sentaient] les Espagnols à la piste, comme auraient pu le faire les meilleurs chiens » (p. 141). De façon générale, Rousseau attribue constamment à l'homme sauvage les traits que Buffon, dans son *Discours sur la nature des animaux*, tenait pour caractéristiques des animaux : ainsi de leur rapport au temps ou de leur idée du bonheur. Grand défenseur de l'égalité entre les hommes, Rousseau ne pense peut-être pas vraiment que les Caraïbes sont à mi-chemin entre hommes et animaux ; mais, entraîné par l'usage allégorique qu'il fait des données ethnographiques, il le dit.

Nous sommes donc amenés à distinguer entre le programme de Rousseau et la réalisation qu'il en a lui-même donnée, et à préférer largement le premier à la seconde.

Chateaubriand

Pèlerinages en Occident et en Orient

François-René de Chateaubriand est le premier voyageur-écrivain spécifiquement moderne ; il est, pourrait-on dire, l'inventeur du voyage tel qu'il sera pratiqué au XIXᵉ et au XXᵉ siècle ; ses récits de voyage susciteront d'innombrables imitations et influenceront, directement ou indirectement, le genre entier, et, à travers lui, toute la perception européenne des « autres ».

Le voyage est pour lui un objet de réflexion bien délimité. On en trouve la mention, nous rappelle-t-il, aussi loin qu'on puisse remonter dans l'histoire de l'humanité ; lui-même en a éprouvé le besoin, et il est parti ; dans l'une de ses premières œuvres, pourtant, il formule cette mise en garde : « Tout se réduit souvent, pour le voyageur, à échanger dans la terre étrangère des illusions contre des souvenirs » (*les Natchez*, p. 20). Les voyages se sont multipliés à l'époque moderne ; faut-il s'en réjouir ou le déplorer ? « Est-il bon que les communications soient aussi faciles ? Les nations ne conserveraient-elles pas mieux leur caractère en s'ignorant les unes les autres, en gardant une fidélité religieuse aux habitudes et aux traditions de leurs pères ? » (*Voyages*, p. LVII). La réponse de Chateaubriand, à la différence de celles de Gobineau et de Lévi-Strauss, est : non. La meilleure connaissance des autres peut permettre de s'améliorer soi-même. Mais il ne faut pas franchir un pas de plus, et se mettre à rêver, à la manière de Condorcet ou de Cloots, à un État universel, qui effacerait les différences nationales : au contraire, ces différences sont précieuses, et il faut les préserver. « La folie du moment est d'arriver à l'unité des peuples et de ne faire qu'un seul homme de l'espèce entière, soit ; mais en acquérant des facultés générales, toute une série de sentiments privés ne périra-t-elle pas ? (*Mémoires d'outre-tombe*, t. II, p. 965). La connaissance privilégiée de quelques êtres, de quelques pratiques, de quelques lieux est une richesse. Comme en d'autres matières, une certaine mixité, ou modération, est la solution la plus satisfaisante : ni rupture totale avec les autres, ni fusion complète.

Les voyages importants de Chateaubriand lui-même sont au nombre de deux : en 1791 en Amérique, séjour qui donne naissance à un récit de voyage (publié en 1827), à une description dans les *Mémoires d'outre-tombe*, et à un ensemble fictionnel, datant des dernières années du XVIIIe siècle, dont Chateaubriand extrait en 1801 *Atala* et en 1802 *René*, mais qu'il ne publie intégralement, en le révisant, qu'en 1826, sous le titre *les Natchez* ; et en 1806-1807 en Grèce, en Palestine et en Égypte, voyage dont le récit sera publié en 1811 sous le titre *Itinéraire de Paris à Jérusalem*. Chateaubriand lui-même a voulu donner une signification à l'articulation de ces deux déplacements en sens opposé. Le voyage d'Amérique est celui d'un homme jeune et naïf ; le voyage d'Orient se place dans sa maturité. « A l'époque de mon voyage aux États-Unis, j'étais plein d'illusions », pendant celui du Levant, « je ne me berçais plus de chimères » (*Mémoires*, t. I, p. 257). De ces deux termes opposés, Chateaubriand préfère, à l'époque de l'*Itinéraire*, la lucidité : « Dans un âge plus mûr, l'esprit revient à des goûts plus solides : il veut surtout se nourrir des souvenirs et des exemples de l'histoire » (*Itinéraire*, p. 107). Cependant, dans un âge plus mûr encore (la partie correspondante des *Mémoires* est rédigée en 1822 et révisée en 1846, quand Chateaubriand a près de quatre-vingts ans), les préférences s'inversent, et les aventures américaines « se présentent aujourd'hui à ma pensée avec un charme que n'a point à ma mémoire le brillant spectacle du Bosphore » (t. I, p. 257) : la vieillesse rejoint la jeunesse dans le goût pour l'innocence et l'illusion.

Mais il y a aussi une autre articulation, plus significative, des deux voyages. L'Occident (l'Amérique), c'est la nature ; l'Orient, la culture. Il y a bien des êtres humains en Amérique, mais ce sont des sauvages qui vivent dans un état de nature à peine distinct du cycle naturel global ; alors qu'il s'agit, de l'autre côté, d'un monde foncièrement humain. « Les plaines de l'Océan et de la Méditerranée ouvrent des chemins aux nations, et leurs bords sont ou furent habités par des peuples civilisés, nombreux et puissants ; les lacs du Canada ne présentent que la nudité de leurs eaux, laquelle va rejoindre une terre dévêtue : solitudes qui séparent d'autres solitudes » (t. I, p. 244). Les Indiens d'Amérique sont sans histoire, parce qu'ils n'ont pas d'écriture, ne cultivent pas la terre et que leurs monuments disparaissent rapidement dans la forêt : ils sont, de ce fait, éternellement jeunes, mais aussi menacés de disparaître sans laisser de traces. Par contraste, les Grecs et les Hébreux, les Arabes et les Égyptiens sont des peuples qui se confondent avec l'histoire, avec la civilisation, avec l'ensemble des religions, des arts et des sciences.

Le voyage américain est donc un voyage dans la nature, et, dans la mesure où on y rencontre des hommes et des femmes, ceux-ci vivent à l'état de nature. Les choses sont claires pour Chateaubriand avant même qu'il ne parte ; dans la préface d'*Atala,* en 1801, il décrit ainsi son projet : « Je conçus l'idée de faire l'*épopée de l'homme de la nature,* ou de peindre les mœurs des Sauvages » (p. 39). On voit par là, d'abord, que Chateaubriand pense alors en des termes empruntés à Rousseau, même s'il commet l'habituelle erreur d'interprétation, en identifiant l'homme de la nature avec les sauvages contemporains ; et ensuite, qu'il a décidé d'obéir aux injonctions de Rousseau. Celui-ci, en effet, exprimait le regret de ne pas voir les philosophes ses contemporains, les Buffon, les Montesquieu et les Diderot, partir en voyage d'exploration. Les philosophes n'ont pas suivi son conseil, et Rousseau lui-même ne s'est jamais aventuré plus loin que Londres. Mais, quarante ans plus tard, son jeune disciple Chateaubriand entend l'appel et se met en marche ; il part en Amérique chercher « l'homme de la nature ».

A quoi doit ressembler la communauté des hommes de la

nature ? Elle portera les traits familiers des bons sauvages.
Ils ignorent le *tien* et le *mien* : « Les nations sauvages, sous
l'empire des idées primitives, ont un invincible éloignement
pour la propriété particulière, fondement de l'ordre
social » (*Voyages*, p. 239). En conséquence, ils vivent dans
l'égalité des conditions et dans la liberté complète de faire
ce qu'ils veulent. « Pas un seul battement de mon cœur ne
sera comprimé, s'exclame le jeune Chateaubriand à peine
arrivé en Amérique, pas une seule de mes pensées ne sera
enchaînée ; je serai libre comme la nature ; je ne reconnaî-
trai de Souverain que celui qui alluma la flamme des
soleils » (p. 56-57). Il semble aller de soi que ce monde de
la nature est préférable au monde de la société.

Cependant, Chateaubriand a tout juste eu le temps de
déclamer ses convictions dans les forêts voisines de New
York qu'il fait une rencontre surprenante. Au milieu des
bois il aperçoit un hangar ; au milieu du hangar, une
vingtaine de sauvages, « les premiers que j'aie vus de ma
vie », emplumés et barbouillés comme il se doit ; et, au
milieu de ces sauvages, un petit Français, M. Violet, dont
le métier est pour le moins inattendu : il est maître de
danse. Ses disciples iroquois ont déjà bien appris les danses
françaises, et il les appelle « ces messieurs sauvages et ces
dames sauvagesses ». « N'est-ce pas une chose accablante
pour un disciple de Rousseau que cette introduction à la vie
sauvage par un bal que l'ancien marmiton du général
Rochambeau donnait à des Iroquois ? J'avais grande envie
de rire, mais j'étais cruellement humilié » (*Mémoires*, t. I,
p. 225-226).

Au cours de sa première rencontre avec les sauvages,
Chateaubriand découvre donc qu'il y a quelque chose
d'irréaliste dans le projet qu'il croit tenir de Rousseau. Les
Indiens ne semblent pas vraiment mieux que les Français ;
surtout, l'opposition radicale qu'il imaginait est inexistante : il y a des maîtres de danse au milieu de la forêt, et
les Iroquois savent faire la révérence. A la place de
l'opposition hiérarchisée entre l'homme de la nature et
l'homme de la société, Chateaubriand découvre un monde
de croisements.

Ce n'est pas la seule déception qui l'attend en cours de

route. A force d'observer la nature autour de lui, il découvre qu'elle est loin d'être parfaite ; ce qui, croit-il, contredit l'idée de Rousseau (en réalité, pour ce dernier, tout ce qu'on pouvait observer autour de soi relevait de l'état de société, non de nature ; et Rousseau était d'accord pour le condamner). « Je ne suis point comme M. Rousseau, déclare-t-il (dans la préface d'*Atala*), un enthousiaste des Sauvages ; et (...) je ne crois point que la *pure nature* soit la plus belle chose du monde. Je l'ai toujours trouvée fort laide, partout où j'ai eu l'occasion de la voir. » Ce qui compte dans l'homme, poursuit Chateaubriand, n'est pas sa nature, c'est-à-dire son animalité, mais son esprit. « Bien loin d'être d'opinion que l'homme qui pense soit un *animal dépravé*, je crois que c'est la pensée qui fait l'homme » (p. 42). Le contresens sur Rousseau continue, mais peu importe ; ce qui est significatif, c'est que Chateaubriand a renoncé à l'exotisme primitiviste.

Partisan politique d'un mouvement de l'histoire qui s'appelle la Restauration, Chateaubriand prend grand soin de préciser qu'il est absurde de chérir le passé simplement parce que c'est du passé. « Le bon vieux temps a sans doute son mérite ; mais il faut se souvenir qu'un état politique n'est pas meilleur parce qu'il est caduc et routinier ; autrement il faudrait convenir que le despotisme de la Chine et de l'Inde, où rien n'a changé depuis trois mille ans, est ce qu'il y a de plus parfait dans ce monde » (*Voyages*, p. LVII). Ce refus de valoriser le passé comme tel a une raison de fait : les mœurs primitives ne sont pas toujours bonnes, et du reste ne conviendraient pas aux hommes d'aujourd'hui ; et une raison de droit : à rester conservateur, « on ne veut pas voir que l'esprit humain est perfectible » (p. LVIII). Plutôt que de rompre avec Rousseau, Chateaubriand remplace donc une mauvaise interprétation de Rousseau par une autre, meilleure, s'inscrivant ainsi dans le droit fil du programme des Lumières.

Cette liberté même qu'il chérissait tant dans l'état de nature lui apparaît maintenant comme moins désirable qu'une autre forme de liberté, propre à l'état social ; et, lorsqu'il transcrit ses tirades enflammées en faveur de la liberté naturelle (elles datent de 1791), il ne peut s'empê-

cher d'ajouter en note, en 1827 : « Je laisse toutes ces
choses de jeunesse : on voudra bien les pardonner »
(*Voyages*, p. 57). Dans cette distinction, pour laquelle
Chateaubriand semble s'inspirer de Benjamin Constant
(mais aussi directement de Rousseau), la liberté des
sauvages s'oppose à celle des civilisés : « A cette époque de
ma vie [le voyage en Amérique], je connaissais la liberté à
la manière des anciens, la liberté fille des mœurs dans une
société naissante ; mais j'ignorais la liberté fille des
lumières et d'une vieille civilisation, liberté dont la république représentative a prouvé la réalité : Dieu veuille qu'elle
soit durable ! » (*Mémoires*, t. I, p. 216).

Il s'ensuit évidemment que le projet de Chateaubriand
sera modifié. Son éloge inconditionnel et *a priori* des
peuples sauvages se trouve remplacé par un jugement plus
équilibré. Il reconnaît d'abord que le contraste entre
civilisés et sauvages est loin d'être aussi net qu'il ne le
croyait. « Du seul examen de ces langues, il résulte que des
peuples que nous surnommons *Sauvages* étaient fort
avancés dans cette civilisation qui tient à la combinaison
d'idées » (*Voyages*, p. 176). On peut tirer la même
conclusion des régimes politiques : « On retrouve parmi les
Sauvages le type de tous les gouvernements connus des
peuples civilisés, depuis le despotisme jusqu'à la république » (p. 229). Cette version plus nuancée lui permet de
décrire la rencontre entre Européens et Indiens en des
termes autres que ceux hérités de Rousseau. « L'Indien
n'était pas *sauvage ;* la civilisation européenne n'a point agi
sur le *pur état de nature,* elle a agi sur *la civilisation
américaine commençante* » (p. 267). Il s'ensuit que les
« sauvages » ne constituent pas une entité homogène, mais
une série de populations aux caractéristiques distinctes : il
faut éviter de donner « les mêmes traits à tous les Sauvages
de l'Amérique septentrionale » (p. 117). Les sauvages,
comme tous les autres hommes, ont des vices *et* des vertus.

Enfin, le livre que projette Chateaubriand ne peut plus
être décrit comme une « épopée de l'homme de la
nature ». Ce dont nous disposons, *les Natchez* complétés
par *Atala* et *René,* ouvrage ambitieux et imparfait, remanié
puis abandonné, et finalement publié par Chateaubriand

lui-même, est plutôt l'épopée de la *rencontre* entre sauvages et civilisés, entre les Natchez et les Français, à
l'intérieur de laquelle on retrouve, représenté, le conflit
vécu par Chateaubriand lui-même entre ses idées d'avant et
celles d'après son départ pour l'Amérique.

Sauvagerie et civilisation

Le projet initial des *Natchez* est d'illustrer l'opposition
entre état de nature et état de société, en choisissant, pour
les incarner, un représentant extrême de chacun des deux :
la tribu des Natchez en Amérique, la cour de Louis XIV en
France. Le but de cette confrontation est clair. « Les
choses de la société et de la nature, présentées dans leur
extrême opposition, te fourniront le moyen de peser, avec
le moins d'erreur possible, le bien et le mal des deux états »
(*les Natchez*, p. 148). L'exploration ethnographique est
donc mise au service d'un examen moral et politique.

C'est Chactas, Indien Natchez, qui incarne dans le livre
la mutation des sentiments de Chateaubriand à l'égard de
la nature et de la société. Au début, Chactas ne doute pas
de la supériorité de la vie sauvage (c'est-à-dire la sienne
propre), pour des raisons qui nous sont familières : au lieu
de la propriété privée, ce sont l'égalité et la liberté qui y
règnent. « Entre les huttes des Iroquois, tu ne trouveras ni
grands, ni petits, ni riches, ni pauvres, partout le repos du
cœur et la liberté de l'homme » (p. 156-157). A cela
s'ajoutent deux avantages. D'abord les sauvages sont
beaux (Atala est « divine ») ; ensuite ils vivent en contact
étroit avec la nature, entendue cette fois-ci au sens de
monde non humain — paysages, végétation, animaux —,
qui est, elle aussi, d'une beauté exceptionnelle. Chateaubriand a laissé des exemples parfaits de descriptions
exotiques, de quoi faire naître la nostalgie dans le cœur de
générations de lecteurs. « La nuit était délicieuse. Le
Génie des airs secouait sa chevelure bleue, embaumée de la
senteur des pins, et l'on respirait la faible odeur d'ambre,

qu'exhalaient les crocodiles couchés sous les tamarins des fleuves. La lune brillait au milieu d'un azur sans tache, et sa lumière gris de perle descendait sur la cime indéterminée des forêts. Aucun bruit ne se faisait entendre, hors je ne sais quelle harmonie lointaine qui régnait dans la profondeur des bois : on eût dit que l'âme de la solitude soupirait dans toute l'étendue du désert » (*Atala*, p. 85).

A cet éloge de la vie sauvage correspond une critique de la vie civilisée. A la suite d'une série de péripéties, le jeune Chactas échoue en France, où il promène un regard étonné et réprobateur sur le monde contemporain, à la manière d'Adario de Lahontan ou des Persans de Montesquieu. Ce qu'il observe autour de lui, ce sont des personnes intéressées, mesquines et intolérantes ; la persécution des protestants le plonge dans une perplexité mêlée d'horreur. De plus, ces personnes sont accablées de soucis et vivent dans la pauvreté. « Je vis l'homme abruti par la misère, au milieu d'une famille affamée, ne jouissant point des avantages de la société, et ayant perdu ceux de la nature » (*les Natchez*, p. 152) : de nouveau, on croirait lire les reproches adressés par Rousseau à la société contemporaine. Les soi-disant savants sont en réalité des ignorants, qui croient que les Indiens se situent à mi-chemin entre l'homme et le singe ; et les arts sont inutiles. « Les arts ne font rien à la félicité de la vie, et c'est là pourtant le seul point où vous paraissez l'emporter sur nous » (p. 156). C'est pourquoi Chactas n'hésite pas à conclure que l'état de nature est préférable à l'état de société, la vertu régnant là et le vice ici ; il rêve de regagner ses forêts, et ne peut s'empêcher de souhaiter le même destin aux plus sympathiques de ses interlocuteurs : « Je finis, dit-il, par inviter mon hôte à se faire Sauvage » (p. 157).

Jusque-là, on aurait pu se croire dans les *Dialogues* de Lahontan. Le récit de Chactas semble n'être qu'une version amplifiée de celui d'Adario, qui s'était également rendu en France, et à la même époque. Mais, justement, le rapprochement des noms fonctionne ici comme un signal d'alarme : dans *les Natchez* même, il y a bien un personnage d'Indien appelé Adario, mais il est tout sauf une incarnation de la sagesse : violent, patriote jusqu'à l'inhu-

manité, il est même l'antithèse du bon Chactas. Loin
d'imiter Lahontan, Chateaubriand fait, du message de son
prédécesseur, une seule des voix à l'intérieur de son livre,
et une voix dont on découvrira peu à peu qu'elle se trompe.

L'apprentissage de la vérité est progressif. C'est ainsi
que, dans l'épisode d'*Atala,* Chactas s'aperçoit de la
cruauté de ses compatriotes au cours d'une séance de
torture à laquelle est soumis le père Aubry. « Les Indiens
furieux lui plongèrent un fer rouge dans la gorge, pour
l'empêcher de parler » (p. 142). De deux choses l'une : ou
bien tout ce qu'on voit chez les sauvages n'est pas
forcément naturel, ou bien la nature n'est pas toujours
bonne. Chactas risque même de poursuivre son apprentissage anthropologique au prix de sa vie : « Ces mêmes
Indiens dont les coutumes sont si touchantes (...) deman-
daient maintenant mon supplice à grands cris » (p. 91).
D'un autre côté, une familiarité accrue avec l'architecture,
la musique, la tragédie françaises lui fait reconnaître leur
grandeur. Enfin l'ignorance n'a pas que du bon : à preuve,
la mort d'Atala, un suicide auquel l'entraînent les préjugés.
Le père Aubry l'explique à la mourante : « Ma fille, tous
vos malheurs viennent de votre ignorance ; c'est votre
éducation sauvage et le manque d'instruction nécessaire
qui vous ont perdue » (p. 122). On croit entendre Condorcet faire l'éloge de l'instruction : même la religion a besoin
de lumières !

Ce que Chactas va surtout apprendre, c'est que le bien et
le mal ne se répartissent pas de manière rigoureuse, l'un
chez les sauvages, l'autre chez les civilisés. Le siècle de
Louis XIV est digne à la fois de critique et d'éloge, tout
comme la société des Natchez. En même temps, à y
regarder de plus près, on découvre des ressemblances sous
les divergences de surface : à mieux entendre les conversations des Français, Chactas y trouve, à sa grande surprise,
des « propos aussi fins que ceux des Hurons » (*les Natchez,*
p. 146). Sans donc renoncer à juger du bien et du mal, on
doit abandonner l'espoir de pouvoir qualifier ainsi des
peuples entiers, ou des cultures. Dans d'autres occasions,
le jugement n'est que le fruit d'une coutume ou d'une
illusion d'optique. Enfin, ce n'est pas parce qu'on est

sensible aux « avantages de la nature » qu'on doit mépriser « la supériorité de l'art » (p. 239) : tout dépend de ce
qu'exigent les circonstances.

Cet apprentissage conduit à reconnaître à tous les êtres
humains la même dignité — « Les infortunes d'un obscur
habitant des bois auraient-elles moins de droits à nos pleurs
que celles des autres hommes ? » (p. 11) — et à constater
qu'ils sont également destinés au bonheur comme à la
misère. « Le bonheur est de tous les peuples et de tous les
climats : le misérable Esquimau, sur son écueil de glace, est
aussi heureux que le monarque européen sur son trône ;
c'est le même instinct qui fait palpiter le cœur des mères et
des amantes dans les neiges du Labrador et sur le duvet des
cygnes de la Seine » (p. 181). C'est pourquoi l'esclave noire
Glazirne protégera l'enfant de Celuta l'Indienne : les
différences de race ou de pays pâlissent devant les traits
communs, découlant de notre appartenance à la même
espèce. Chateaubriand puise ces préceptes universalistes et
égalitaristes dans la tradition chrétienne.

L'universalisme professé par les personnages des *Natchez* n'est pas incompatible avec le patriotisme, à condition
d'entendre ce sentiment, non comme une préférence pour
ses compatriotes sur tous les autres hommes, mais comme
un attachement pour un lieu, pour un paysage, pour des
souvenirs communs, pour la langue des ancêtres. A son
retour au pays des Natchez, Chactas pleure et embrasse la
terre natale ; ce qui ne l'empêche pas de répliquer à
Adario : « Je crois aimer la patrie autant que toi ; mais je
l'aime moins que la vertu » (p. 520). Adario est, au
contraire, du côté du patriotisme aveugle (il prend le parti
de Brutus, non du Christ, aurait dit Rousseau), et on a du
mal à sympathiser avec lui lorsqu'il tue son propre petit-
fils, plutôt que de le laisser vivre parmi les Français.
D'Artaguette et Mila, au contraire, illustrent, l'un pour les
Français, l'autre pour les Indiens, la possibilité de combiner un certain patriotisme (d'Artaguette « brûle de verser
son sang pour la France », p. 25), avec une préférence pour
les valeurs universelles : « La patrie ! et que me fait à moi
la patrie si elle est injuste », s'exclame Mila (p. 411).

Les vertus des individus importent donc plus que les

patries auxquelles ils appartiennent. L'une des grandes leçons apprises par Chactas est précisément cette relative indépendance du comportement de l'invidu par rapport à sa culture. Indiens et Français peuvent connaître le même sort ; inversement, au sein de chacune des deux communautés règne la plus grande diversité. « La Bruyère », rencontré par Chactas au cours d'une réception, lui apprend à percevoir les différences : « Des prélats aussi différents de talents que de principes, des gens de lettres remarquables par le contraste de leur génie, des bureaux de beaux-esprits en guerre... » (p. 145). Les Français ne sont pas mieux que les Natchez, ni l'inverse ; l'adepte de l'exotisme, qui croit que les étrangers sont préférables aux autochtones, se trompe autant que le nationaliste qui pense le contraire ; ce que Chactas découvre, c'est que la liberté fait partie de la définition de l'homme. La bonne opposition n'est pas entre nous et les autres, mais entre vice et vertu.

Le débat éthico-politique atteint son point culminant lors de la rencontre de Chactas avec « Fénelon », que Chateaubriand charge de formuler la morale du livre. « Fénelon » écoute Chactas attentivement, et ne rejette pas toute la plaidoirie de celui-ci en faveur de la vie sauvage. Mais il ne s'emploie pas moins dans sa réponse à affirmer, contre le primitivisme, la thèse universaliste de l'égalité des peuples, qui ne revient cependant pas au renoncement relativiste à porter des jugements. « Les hommes de tous les pays, quand ils ont le cœur pur, se ressemblent, car c'est Dieu alors qui parle en eux, Dieu qui est toujours le même. Le vice seul établit entre nous des différences hideuses : la beauté n'est qu'une ; il y a mille laideurs » (p. 157). De façon caractéristique, Chateaubriand emploie « beauté » à la place de « vertu » : son christianisme a une forte teinte esthétisante.

Mais « Fénelon » ne s'en tient pas là. Précisément parce que l'humanité est une, les jugements de valeur sont possibles ; il compare donc les mérites relatifs de l'état de nature et de l'état de société, et conclut à la supériorité de ce dernier. Ses arguments sont pour une part empruntés à Rousseau (qu'il croit réfuter) : d'abord, le passage à la vie sociale est une conséquence inéluctable de la multiplication des hommes, et il est donc vain de se révolter contre lui ; ensuite, l'homme de la nature est spontanément bon, mais il n'est pas vertueux pour autant : la distinction entre le vice et la vertu est spécifique à l'état social. « Fénelon » ajoute que l'idéal de l'humanité ne doit pas être la nature (ce qui est) mais la perfection (ce qui doit être) : pour cette raison, la pratique des arts est une preuve de supériorité. « Les arts nous rapprochent de la Divinité ; ils nous font entrevoir une perfection au-dessus de la nature, et qui n'existe que dans notre intelligence » (p. 158). Dans l'état de nature règne le droit du plus fort — qu'on ne saurait considérer comme un fondement suffisant de la justice.

Chateaubriand pourra donc déclarer que le but d'*Atala* était de « montrer les avantages de la vie sociale sur la vie sauvage » (« Préface », p. 43). Acquis à cette sagesse nouvelle, Chactas — qui avait déjà été fortement marqué par le message du père Aubry — reconnaît que le christianisme est une religion et une philosophie supérieures, même s'il ne s'y convertit pas aussitôt (il ne le fera que sur son lit de mort) ; mais ce christianisme se limite à l'affirmation de l'unité du genre humain et de la nécessité de distinguer le bien et le mal. On pourrait donc dire que *les Natchez* sont, avant tout, une critique des rêveries exotiques et primitivistes, faite dans l'esprit des Lumières (ce qui montre bien que le mythe du « bon sauvage » est l'envers de cet esprit, plutôt que d'en être une émanation directe).

Et pourtant l'idéal de Chactas, comme celui de Chateaubriand, semble un peu différent : non embrasser sans réserve la vie de société (et sa forme supérieure, la vie chrétienne), mais plutôt tenter une synthèse entre nature et société, entre sauvages et civilisés, en ne retenant que les bons cotés des deux états. Après avoir entendu « Fénelon », Chactas repart néanmoins dans la « nature » (comme du reste le lui a conseillé « Fénelon »), et passe sa vie à défendre les Indiens auprès des Français, et les Français auprès des Indiens ; il caresse le rêve d'unir « la liberté de l'homme policé » à « l'indépendance de l'homme sauvage » (p. 162). Et tout comme Rousseau jugeait que le moment le plus heureux de l'histoire avait été un moment mixte, à égale distance de l'état de nature et de l'état de société, Chactas porte un jugement superlatif sur une population qui occupe précisément une telle position intermédiaire : « De toutes les nations que j'ai visitées, celle-ci m'a paru la plus heureuse : ni misérable comme le pécheur du Labrador, ni cruel comme le chasseur du Canada, ni esclave comme jadis le Natchez, ni corrompu comme l'Européen, le Sioux réunit tout ce qui est désirable chez l'homme sauvage et chez l'homme policé » (p. 191-192). La chose est donc possible !

Le monde des croisements

Arrivé en Amérique, Chateaubriand découvre, à la place de l'opposition simple entre nature et société, un monde mixte. L'Amérique tout entière lui apparaît comme « un curieux mélange de l'état de nature et de l'état civilisé ». Sorti « à quatre pas de la hutte d'un Iroquois », il entend chanter du Paisiello et du Cimarosa. « La flèche d'un nouveau clocher s'élançait du sein d'une vieille forêt » (*Mémoires*, t. I, p. 232) : on voit que Chateaubriand met parfois le signe d'égalité entre les notions de « civilisation » et d'« Europe ».

Mais les résultats les plus visibles de ces mélanges sont négatifs. Les Européens ont pourchassé les Indiens, et tôt ou tard ceux-ci « seront obligés de subir l'exil ou l'extermination » (*Voyages*, p. 264). Ceux qui restent encore sur place perdent chaque jour davantage leur culture, leurs savoirs, leurs traditions. Le commerce européen apporte presque autant de mal que la guerre ; les anciennes formes religieuses dépérissent, et les structures politiques des ancêtres ne sont remplacées par rien. « Nos présents, nos vices, nos armes, ont acheté, corrompu ou tué les personnages dont se composaient ces pouvoirs divers » (p. 271). Et les métis issus du mélange biologique des deux groupes, loin d'en être la synthèse heureuse, comme le souhaitait Chateaubriand, incarnent l'échec de cette rencontre. « Par-

lant la langue de leurs pères [européens] et de leurs mères
[indiennes], ils ont les vices des deux races. Ces bâtards de
la nature civilisée et de la nature sauvage... » (*Mémoires*,
t. I, p. 241).

Force est de constater que la rencontre des deux mondes,
que Chateaubriand aimait à s'imaginer dans des couleurs
idylliques (les peuples de l'Occident et de l'Aurore se
saluant mutuellement du nom d'hommes !), a plutôt fait
ressortir les mauvais côtés des deux groupes. Côté « civilisation », on ne trouve que conquêtes militaires et souci du
gain : toutes les innovations techniques sont mises au
service de ces deux passions. Côté « nature », on a affaire à
la perfidie et à la cupidité, au mensonge et à la dissolution.
Les civilisés méprisent les sauvages, qui les paient de haine
en retour. On ne peut plus que rêver à ce qu'aurait pu
devenir la civilisation indienne si elle avait subi une
meilleure influence, ou si elle avait continué de se développer selon ses propres voies. « Une civilisation d'une nature
différente de la nôtre aurait pu reproduire les hommes de
l'antiquité, ou faire jaillir des lumières inconnues d'une
source encore ignorée » (*Voyages*, p. 268).

Les Natchez se situent à mi-chemin entre ce rêve et le
constat désabusé. Tous les personnages de ce livre sont le
fruit de croisements, mais ces croisements sont plus heureux
que ceux observés par Chateaubriand. Les meilleurs représentants du monde civilisé sont ceux qui ont gardé (ou
acquis) quelque chose de sauvage : ainsi, en Amérique, le
père Aubry, qui convertit les Indiens au christianisme mais
qui fait aussi quelques pas vers eux ; ou, à la cour de
Louis XIV, « La Fontaine » ou « Fénelon », ce dernier
déclarant : « Je suis moi-même un peu sauvage » (*les
Natchez*, p. 155) ; du reste, Chateaubriand explique son
goût pour l'Amérique par le fait qu'il avait reçu lui-même
une « éducation sauvage » (*Voyages*, p. 7).

Ce n'est pas que, dans *les Natchez*, tous les mélanges
soient réussis. Il y a d'abord ceux qui, comme Chépar, le
commandant du fort Rosalie, ne perçoivent simplement
pas la différence des cultures : « L'Amérique sauvage ne
reproduisait à ses yeux que l'Europe civilisée » (*les Natchez*, p. 28). Il y a aussi ceux, plus nombreux, qui

n'empruntent à l'autre que ses défauts. Ainsi, côté indien, Ondouré, chef militaire avide de pouvoir (et jaloux de René), qui, tout en détestant les Blancs, veut leur ressembler, et qui a contracté tous leurs vices. Ou encore, côté européen, Fébriano, hybride déjà monstrueux de chrétien et de musulman, qui imite à son tour les seuls vices d'Ondouré. Chactas stigmatise tous ces Blancs qui « ne cherchent point à nous policer, nous autres Sauvages ; ils trouvent plus aisé de se faire sauvages comme nous » (p. 188).

Mais à côté de ces exemples négatifs, il en est d'autres, qui montrent que le bon mélange est possible. Ce sont d'abord les femmes : Atala, convertie au christianisme ; Celuta, la femme de René ; Mila, une jeune fille amoureuse de lui : toutes ont préservé leur force de caractère originelle, mais lui ont ajouté une ouverture d'esprit, qui leur fait aimer les Blancs, ou les amis des Blancs parmi les Indiens. C'est encore Outougamiz, le frère de Celuta, qui se déclare aussi frère de René, et qui lui reste loyal envers et contre tout. Mais c'est évidemment Chactas lui-même qui est censé incarner la combinaison heureuse des bonnes qualités des deux groupements humains. La préface d'*Atala* le décrit comme « un Sauvage, qu'on suppose né avec du génie, et qui est plus qu'à moitié civilisé » (p. 43). Et dès sa première apparition, dans *les Natchez*, il montre qu'il n'y a pas de séparation étanche entre les deux états : lorsqu'il parle, René entend « l'éloge d'un homme policé prononcé au milieu du désert par un Sauvage » (p. 18). Il admire la France tout en restant critique à l'égard de ses mœurs ; il aime son pays sans s'aveugler sur ses défauts. A son départ de France, « Fénelon » le charge d'une mission particulière — « Devenez parmi vos compatriotes le protecteur des Français » (p. 161) —, et, comme le montre tout l'épisode de l'adoption de René, Chactas s'y dévoue entièrement, au point de se voir reproché par ses compatriotes son « trop grand penchant pour les étrangers » (p. 43) ; c'est qu'il voit dans ce rôle l'image de sa propre destinée, produit du croisement des deux mondes.

Enfin il y a René. Lui aussi est un être double, et il occupe une position symétrique et inverse de celle de

Chactas, comme le lui dit ce dernier : « Je vois en toi l'homme civilisé qui s'est fait sauvage, tu vois en moi l'homme sauvage que le grand Esprit (j'ignore pour quel dessein) a voulu civiliser. Entrés l'un et l'autre dans la carrière de la vie, par les deux bouts opposés, tu es venu te reposer à ma place, et j'ai été m'asseoir à la tienne : ainsi nous avons dû avoir des objets une vue totalement différente » (*Atala*, p. 77). La conclusion de ce discours est un peu surprenante : on aurait pu s'attendre que, ayant chacun parcouru la moitié du chemin, les deux hommes aient, au contraire, des vues assez proches sur toute chose. Mais il y a plus d'une forme de rencontre entre les deux mondes, même pour les personnes de bonne volonté : Chactas est chez lui, pourrait-on dire, en Amérique et en Europe ; René, lui, est étranger partout.

Français qui a choisi de vivre parmi les Indiens, René porte un regard critique sur la société européenne et veut être adopté par les Indiens, qui l'acceptent. « Le frère d'Amélie s'était endormi homme de la société, il se réveillait l'homme de la nature » (*les Natchez*, p. 34). Dans les conflits qui opposeront par la suite les Natchez aux Français, il reste loyal à l'égard de sa nouvelle patrie, et va plaider sa cause auprès du gouverneur français de la Louisiane ; ce faisant il défend, il est vrai, non les Indiens de préférence aux Français, mais les valeurs universelles au détriment des valeurs nationales : « Comme Français je puis vous paraître coupable ; comme homme je suis innocent » (p. 355).

Mais il n'est pas vrai que René se soit réveillé un jour homme de la nature. Non parce que, nous le savons maintenant, l'opposition est loin d'être aussi tranchée qu'elle paraissait au début ; ni parce que, selon Chateaubriand, l'état de société est finalement préférable à l'état de nature ; mais parce que René ne cherche jamais vraiment à effectuer cette transformation. Nous apprenons son histoire dans son récit rétrospectif, qui constitue *René :* ce n'est pas sa condamnation de la vie civilisée qui lui a fait fuir l'Europe, mais la passion impossible qui le liait à sa sœur Amélie. Le conflit Europe-Amérique (ou civilisation-sauvagerie) se trouve en quelque sorte neutralisé par un autre conflit, celui entre vie politique et vie intime, ou extraversion et introversion, dans lequel René se situe entièrement du côté du second terme. « En Europe, en Amérique, la société et la nature m'ont lassé », écrit-il dans sa dernière lettre à Celuta (p. 486). La vie intérieure de René est malheureuse, et comme il a choisi de ne se préoccuper que de sa vie intérieure il promène son malheur partout où il va.

En fin de compte, les Français le rejettent mais les Indiens ne parviennent pas vraiment à l'accueillir, et René leur donne raison : il ne réussira jamais à se faire sauvage, il séjourne parmi eux par la force d'un refus plutôt que par celle d'un choix positif. « Je me trouvai bientôt plus isolé dans ma patrie que je ne l'avais été sur une terre étrangère », constate-t-il (*René,* p. 156). Mais il ne se reconnaît pas davantage dans sa nouvelle patrie, car ce n'est pas de cela qu'il a besoin ; il s'installe donc de façon permanente, et non plus provisoire, dans la condition d'étranger. « Cet homme, étranger sur le globe, cherchait en vain un coin de la terre où il pût reposer sa tête : partout où il s'était montré il avait créé des misères » (*les Natchez*, p. 375). En effet, au lieu d'apporter aux autres la paix et la sérénité, comme Chactas, il amène avec lui la désolation et le chagrin ; c'est qu'il ne sait plus aimer. « Le vide qui s'était formé au fond de son âme ne pouvait plus être comblé » (p. 304).

A sa façon donc, René écarte le choix entre société civilisée et société sauvage — non parce que, comme Chactas, il voit les bons côtés des deux, mais parce qu'il refuse toute appartenance sociale. Son attitude à l'égard de la société, quelle qu'elle soit, est une sorte de politique du pire : plus la société est injuste, plus elle le confirme dans son choix. Au terme du procès qui lui est intenté, il est injustement condamné ; mais ce fait le réjouit, car il prouve à ses yeux que la société est mauvaise non seulement dans ses crimes, mais aussi dans ses lois. « Se sentir innocent et être condamné par la loi était, dans la nature des idées de René, une espèce de triomphe sur l'ordre social » (p. 357). Chactas s'intéresse aux Français quand il est en France ; et, en pays natchez, aux Natchez ; chez les uns comme chez les autres, René ne se préoccupe que de lui-même. « René, vivant en lui-même, et comme hors du monde qui l'environnait, voyait à peine ce qui se passait autour de lui » (p. 322).

René serait ainsi un descendant du sujet égocentrique décrit par Rousseau dans *les Confessions* et les *Rêveries*; mais il est également distinct de son ancêtre, en ce que l'égocentrisme le conduit à une indifférence à l'égard du monde que Rousseau pouvait afficher mais jamais illustrer; René est le premier nihiliste moderne, et il ne profite en rien de sa double appartenance culturelle. Peu importent les raisons qui l'ont conduit à cet état (l'amour interdit); ce qui compte, c'est qu'il est passé au-delà du bien et du mal. C'est pourquoi le père Souël, ayant entendu sa confession, le condamne sévèrement : « Jeune présomptueux qui avez cru que l'homme peut se suffire à lui-même ! La solitude est mauvaise à celui qui n'y vit pas avec Dieu » (*René*, p. 175); et les dernières phrases des *Natchez* le déclarent coupable aux yeux de Dieu. Mais Chateaubriand partage-t-il ces jugements sévères ? S'il veut que nous le fassions, pourquoi donne-t-il à son héros, non seulement son prénom, mais aussi une force d'attraction que rien, dans le récit, ne vient justifier ? Chateaubriand parle, en effet, de son âme « immense », et l'attachement de tous les « bons » de l'histoire — Chactas, Céluta, Outougamiz, Mila — lui est irrévocablement acquis : ne serait-ce pas un moyen de nous indiquer que René mérite un peu plus de sympathie que ne veut lui accorder le père Souël ?

Ethnocentrisme et égocentrisme

Les prises de position universalistes de Chateaubriand ne doivent pas nous faire oublier qu'elles coexistent, dans son discours, avec un projet purement national. L'une des raisons pour lesquelles il est parti en Amérique, c'était le désir de découvrir un passage au nord, entre l'Amérique et les glaces polaires, depuis le Pacifique jusqu'à l'Atlantique ; il en tirerait de la gloire personnelle, bien sûr, mais aussi des bénéfices pour son pays. « En cas de succès, j'aurais eu l'honneur d'imposer des noms français à des régions inconnues, de doter mon pays d'une colonie sur l'océan Pacifique » (*Mémoires*, t. I, p. 222). Préfigurant en cela l'attitude de Tocqueville, Chateaubriand ne voit pas d'incompatibilité entre sa critique des méfaits de la colonisation, telle qu'elle s'est accomplie en Amérique, et la recherche de nouvelles colonies au profit de la France ; il ne voit pas de problème dans l'affirmation simultanée de l'égalité de tous les peuples et du projet de soumission de certains d'entre eux à d'autres. Il ne cesse de regretter l'abandon des territoires français d'outre-mer, en se limitant à constater que leur possession était dans l'intérêt de la France, sans jamais se demander si elle était aussi dans celui des peuples qui les habitent ; mais il est vrai que les Français sont « la nation la plus intelligente, la plus brave, la plus brillante de la terre » (p. 220). Entrepris en vue d'un but purement français, le voyage s'arrêtera pour une raison également française : Chateaubriand apprend un jour la fuite du roi. « J'interrompis brusquement ma course, et je me dis : " Retourne en France " » (p. 257).

Mais, à côté de cet ethnocentrisme somme toute banal, Chateaubriand en manifeste aussi un autre, qui le caractérise davantage ; il concerne son projet artistique même, celui qui aboutit aux *Natchez*, complétés par *Atala* et *René*. Nous savons maintenant, en effet, que Chateaubriand ne va pas en Amérique uniquement pour faire une découverte géographique, mais aussi parce qu'il est animé d'un projet littéraire : écrire l'épopée de l'homme de la nature. Or, il manque de connaissances en la matière : « Il fallait, à l'exemple d'Homère, visiter les peuples que j'allais peindre » (« Préface » d'*Atala*, p. 39). On a vu qu'en Amérique Chateaubriand ne trouve pas exactement les hommes de la nature ; mais il y découvre, cette fois-ci avec certitude, sa vocation poétique. La confrontation de l'Europe et de l'Amérique sert un projet purement personnel : produire de belles œuvres d'art.

En fait, si Chateaubriand observe les Indiens autour de lui, c'est presque malgré sa volonté ou en tout cas sans en avoir l'intention. « Ce n'étaient pas les Américains que j'étais venu voir mais quelque chose de tout à fait différent des hommes que je connaissais, quelque chose plus d'accord avec l'ordre habituel de mes idées » (*Mémoires*, t. I, p. 221). Ce que Chateaubriand veut voir est entièrement déterminé par son identité de Français, non par ce que les Américains sont — ce qui ne l'intéresse qu'à peine. Et en fin de compte les personnages de son livre sont le fruit, non de son observation, mais de son imagination — que le voyage en Amérique a simplement mise en éveil. « Dans le désert de ma première existence, j'ai été obligé d'inventer des personnages pour la décorer : j'ai tiré de ma propre substance des êtres que je ne trouvais pas ailleurs, et que je portais en moi » (p. 236).

Chateaubriand raconte, dans la préface aux *Natchez*, qu'il a emprunté la description des mœurs des Natchez et l'histoire de leur soulèvement à l'*Histoire de la Nouvelle France* du père Charlevoix ; il s'enorgueillit de lui être resté fidèle, et d'avoir seulement, en poète, « ajouté à la vérité » (p. 593). Sa principale source est donc, beaucoup plus que des faits observés en Amérique, un livre lu en France. Quant aux ajouts poétiques, et à leur relation avec la réalité américaine, on en possède un bon exemple rapporté dans les *Mémoires d'outre-tombe* et qui concerne les prototypes d'Atala et de Celuta. Chateaubriand voyage avec un groupe d'Indiens, parmi lesquels il voit deux jeunes femmes métis. La communication entre eux ne va pas très loin : « Je n'entendais pas un mot de ce qu'elles me disaient, elles ne me comprenaient pas » (p. 250). Après coup, Chateaubriand découvre que ces deux filles étaient probablement des prostituées. « Les guides les appelaient sans façon des *filles peintes*, ce qui choquait ma vanité. » C'est à peu près tout ce qu'il en saura : comment ne pas être impressionné, dès lors, par la métamorphose qu'elles ont subie dans son épopée ! « Je ne sais si je leur ai rendu la vie qu'elles me donnèrent, du moins j'ai fait de l'une une vierge et de l'autre une chaste épouse, par expiation » (p. 255). Mais cette sublimation brutale fait que ces personnages nous apprennent beaucoup plus sur Chateaubriand que sur les Indiennes. N'est-ce pas une forme de

violence — réservée exclusivement aux artistes-créateurs —
que de pouvoir modeler ainsi à sa guise et pour ses propres
besoins l'identité des personnes qu'on a rencontrées ?

Lui-même le sait et l'avoue : lors du voyage de retour,
raconte-t-il, « j'amenais avec moi, non des Esquimaux des
régions polaires, mais deux sauvages d'une espèce inconnue : Chactas et Atala » (p. 272). Espèce inconnue en
Amérique, il est vrai, mais non en Europe, où ils appartiennent à la tribu d'Adario (de Lahontan) et d'Orou (de
Diderot), c'est-à-dire la tribu des sauvages allégoriques,
plus ou moins bons, plus ou moins sages, produits des
nécessités idéologiques du moment, et sans rapport particulier avec les Indiens ou Tahitiens réels. Le Chactas de
Chateaubriand est porteur d'un message plus élevé que
l'Adario de Lahontan ; mais l'un est aussi peu indien que
l'autre : les deux sortent tout droit des salons parisiens. Et
il en va de même de l'intrigue dans laquelle Chateaubriand
embarque ses personnages factices : avec ses sombres
conspirations et ses crimes passionnels, elle doit plus aux
romans noirs de Lewis et d'Ann Radcliffe qu'aux relations
humaines observées par Chateaubriand en Amérique.

Le style des *Natchez* mérite une mention à part dans cet
inventaire des ethnocentrismes « esthétiques » de Chateaubriand. Celui-ci nous raconte qu'il avait d'abord produit un
seul manuscrit, incluant l'histoire des Natchez et ce qui
constituerait plus tard le récit de son voyage. Par la suite, il
s'est livré à un double travail : séparer les deux récits,
véridique et fictif ; et faire passer ce dernier du genre
romanesque au genre épique ; mais cette partie du travail
s'est arrêtée à la moitié du volume. Cette forme épique,
Chateaubriand l'emprunte à Homère, dont il nous dit que
c'était à l'époque, avec la Bible, son unique lecture. C'est
pourquoi René est constamment appelé « le frère d'Amélie », et Chactas, parfois, « le Nestor des Natchez » ; c'est
aussi pourquoi le texte est gorgé de comparaisons, « les
unes courtes, les autres longues, à la façon d'Homère »,
comme nous le signale Chateaubriand lui-même. A l'époque de *l'Itinéraire*, il sera toujours d'avis qu'il faut procéder
ainsi : « Malheur à qui ne verrait pas la nature avec les
yeux de Fénelon et d'Homère ! » (*Itinéraire*, p. 58).

Pour faire comme Homère, Chateaubriand imite le style homérique — et le résultat, faut-il l'ajouter, est loin du modèle. Chateaubriand était mieux inspiré lorsqu'il voulait, toujours en imitation d'Homère, partir à la rencontre des peuples qu'il allait décrire ; mais, on l'a vu, cette rencontre n'a servi que très peu à l'écriture des *Natchez*. Homère n'est pas un auteur épique à cause de ses figures de style, mais parce qu'il a donné à son poème un sujet collectif ; c'est en dissolvant le *je* du poète dans la voix anonyme du peuple qu'on fait « comme Homère », non en imitant ses comparaisons ou ses antonomases. Or, Chateaubriand nous fait entendre une seule voix, connaître une seule subjectivité : la sienne. *Les Natchez* sont une épopée ratée.

Chateaubriand s'est peint lui-même à la fois en Chactas et en René. Chactas exprime ses convictions : une philosophie qui fait la synthèse du christianisme et des Lumières. René figure son expérience intérieure : étranger partout, lassé de tout, indifférent aux êtres, en contemplation perpétuelle de lui-même. Or, *les Natchez* sont un livre écrit par René plutôt que par Chactas, par l'introverti plutôt que par l'extraverti : c'est pourquoi le projet d'épopée ne pouvait qu'échouer, alors que les *Mémoires* allaient, quelque temps plus tard, offrir à Chateaubriand une forme appropriée à son projet. L'auteur des *Natchez* ne s'intéresse qu'à lui-même, et n'a aucune curiosité à l'égard des autres : voilà ce qui augure mal de l'écriture d'une épopée ! L'universalisme professé par Chactas-Chateaubriand se trouve bloqué par l'égocentrisme de René-Chateaubriand.

Du voyageur au touriste

Les Natchez sont un texte complexe, où l'universalisme lutte avec l'ethnocentrisme et la description du monde avec celle du moi. Les choses sont relativement plus simples dans l'*Itinéraire de Paris à Jérusalem* : Chactas a disparu, et René règne ici sans partage. Les *Mémoires d'outre-tombe* présentaient le voyage en Orient comme une plongée dans l'histoire et dans la culture, par opposition au voyage en Occident, consacré à la nature. L'*Itinéraire* met en place une articulation un peu différente, car elle comporte trois termes et non plus deux. Les Indiens et les Arabes sont, les uns et les autres, sauvages — mais de manière différente. « En un mot, tout annonce chez l'Américain le sauvage qui n'est point encore parvenu à l'état de civilisation, tout indique chez l'Arabe l'homme civilisé retombé dans l'état sauvage » (*Itinéraire*, p. 268). Le troisième terme, manquant, est Chateaubriand lui-même, le Français, l'Européen, qui porte ce jugement — et qui incarne évidemment la civilisation actuelle. L'*Itinéraire* sera construit sur l'alternance de ces deux modes, également désastreux pour la connaissance des autres, l'ethnocentrisme du Français et l'égocentrisme de l'auteur.

Les pays visités par Chateaubriand ont été civilisés, mais ils sont redevenus barbares. Cela est vrai des Grecs et des Égyptiens, mais plus encore des Arabes en Palestine. « Rien n'annoncerait chez eux le sauvage, s'ils avaient toujours la bouche fermée ; mais aussitôt qu'ils viennent à parler, on entend une langue bruyante et fortement aspirée ; on aperçoit de longues dents éblouissantes de blancheur, comme celles des chacals et des onces » (p. 265). Cette description les rapproche clairement de l'animalité, leur langue même étant faite des seuls bruits et respirations. Nous sommes loin ici des remarques généreuses sur l'intelligence des langues indiennes, et la leçon de « La Bruyère » semble oubliée, qui interdisait de réduire les individus à la culture dont ils proviennent.

Mais le cas le plus grave est celui des Turcs, véritable têtes de Turc, si l'on ose dire, de Chateaubriand, car, comme les Indiens, ils n'ont pas eu de civilisation dans le passé, mais de plus, comme les Arabes, ils ne semblent pas en avoir beaucoup en perspective ; de surcroît, ils tiennent en soumission des peuples comme les Grecs qui, au moins, étaient civilisés autrefois. Les Turcs ont, paraît-il, deux traits caractéristiques, dont l'un suscite la haine de Chateaubriand et l'autre son mépris : ils passent « leurs jours à ravager le monde, ou à dormir sur un tapis, au milieu des

femmes et des parfums » (p. 175). Côté sommeil : ce sont
des incapables, des paresseux, des ignorants, qui ne
pensent qu'aux plaisirs des sens. Côté ravages : ils sont des
conquérants que favorise leur cruauté, qui détruisent tout
sur leur chemin et ne créent rien. « Ce sont des tyrans que
la soif de l'or dévore, et qui versent sans remords le sang
innocent pour la satisfaire » (p. 81). Eux non plus ne se
situent pas haut dans l'échelle d'humanité, aux yeux de
Chateaubriand : « Je ne connais point de bête brute que je
ne préfère à un pareil homme » (p. 176).

La raison profonde de cette régression, chez les uns, de
cette barbarie incurable, chez les autres, c'est la religion
qui domine cette partie du monde : l'islam. Le Coran
n'incite pas les croyants à faire avancer la civilisation, pas
plus qu'il ne leur apprend à cultiver la liberté ; en cela il est
inférieur à la doctrine chrétienne (que Chateaubriand a
tendance à assimiler un peu trop au progressisme et à
l'individualisme modernes). C'est pourquoi la guerre des
chrétiens contre les musulmans — les Croisades — était
justifiée. « Il s'agissait (...) de savoir qui devait l'emporter
sur la terre, ou d'un culte ennemi de la civilisation,
favorable par système à l'ignorance, au despotisme, à
l'esclavage, ou d'un culte qui a fait revivre chez les
modernes le génie de la docte antiquité, et aboli la
servitude » (p. 301). Chateaubriand ne produit pas seulement une image tendancieuse de l'islam ; il passe évidemment sous silence bien des chapitres de l'histoire du
christianisme, et néglige de mentionner qu'à son époque
même l'esclavage est légal dans presque tous les pays
chrétiens — y compris les territoires français !

La civilisation, elle, commence là où s'arrête l'influence
de l'islam — c'est-à-dire à Venise (puisque les Grecs ont
été, mais ne sont plus, civilisés). Partout où il va, Chateaubriand trouve des raisons supplémentaires pour aimer et
estimer son pays, tant ses accomplissements en tous genres
sont supérieurs à ceux des autres. Ce qu'il y a de plus beau
en Égypte, mis à part les pyramides, vestiges d'une
civilisation disparue, ce sont les réalisations des Français,
du temps de la campagne de Napoléon. C'est pourquoi
Chateaubriand tient à rappeler toujours qu'il est français,

et veut vivre, autant que possible, comme en France. Un épisode du voyage en Turquie est particulièrement révélateur. A la suite d'une querelle, Chateaubriand doit se rendre chez le commandant local ; on lui demande de se déchausser et de se désarmer. « Je leur fis dire par le drogman qu'un Français suivait partout les usages de son pays » (p. 195). Un soldat essaie de l'arraisonner ; le voyageur lui donne un coup de fouet, et s'assoit à côté du commandant. « Je lui parlais français. » Dans son discours, il fait l'éloge des Français, en ajoutant que « la gloire de leurs armes était assez répandue dans l'Orient pour qu'on apprît à respecter leurs chapeaux » (p. 196). Mais pourquoi le Français doit-il s'enorgueillir de ce qu'il garde ses usages partout où il va ? Est-ce toujours là une conséquence du programme universaliste ? Ou est-ce, comme le dit ailleurs Chateaubriand, qu' « il y a deux choses qui revivent dans le cœur de l'homme à mesure qu'il avance dans la vie, la patrie et la religion » (p. 112) ?

Les Natchez étaient une critique du mythe du bon sauvage, au nom d'une préférence pour la société et pour la civilisation. L'*Itinéraire*, beaucoup plus intolérant, affiche du mépris, non seulement pour les mœurs sauvages, mais pour tout ce qui ne ressemble pas aux mœurs citadines du narrateur. Ici Chateaubriand déclare : « On ne croit plus à ces sociétés de bergers qui passent leurs jours dans l'innocence, en promenant leur doux loisir au fond des forêts. On sait que ces honnêtes bergers se font la guerre entre eux pour manger les moutons de leurs voisins. Leurs grottes ne sont ni tapissées de vignes, ni embaumées du parfum des fleurs ; on y est étouffé par la fumée, et suffoqué par l'odeur des laitages » (p. 380-381). Tout ce qui restait d'exotisme dans les pages de Chateaubriand se trouve condamné ici : plus d'odeurs, plus de goûts, plus de promiscuité. La grotte dont il se moque ne serait-elle pas celle-là même dont nous entretenait, une dizaine d'années plus tôt, l'auteur d'*Atala* ? « Dans la grotte (...) l'ermite étendit un lit de mousse de cyprès pour Atala. (...) J'allai cueillir une rose de magnolia, et je la déposai humectée des larmes du matin sur la tête d'Atala endormie... » (p. 108).

Il y a, entre la position de Chateaubriand dans *les*

Natchez et celle qu'il adopte dans l'*Itinéraire*, plus qu'une nuance. La vision universaliste est, on l'a vu, toujours menacée d'ethnocentrisme : la pente du moindre effort pour l'universaliste non critique consiste à déclarer que ses propres usages sont *normaux*, et à prendre *sa* culture pour *la* nature. Mais, même s'il y avait des éléments ethnocentriques dans *les Natchez*, le changement de l'un à l'autre livre est brutal ; et le projet universaliste lui-même semble rangé au placard. Comment cela s'explique-t-il ? On peut se demander s'il n'y a pas une corrélation entre cette mutation et une autre, concernant la représentation de l'auteur même dans le récit. Dans *les Natchez*, Chateaubriand se distribuait, comme nous l'avons vu, entre Chactas et René, sans intervenir lui-même à la première personne. Dans l'*Itinéraire*, en revanche, c'est de l'individu Chateaubriand qu'il est question ; et le personnage dont nous prenons connaissance ressemble à bien des égards à René. « La faute en est à mon organisation : je ne sais profiter d'aucune fortune ; je ne m'intéresse à quoi que ce soit de ce qui intéresse les autres. (...) Pasteur ou roi, qu'aurais-je fait de mon sceptre ou de ma houlette ? Je me serais également fatigué de la gloire et du génie, du travail et du loisir, de la prospérité et de l'infortune. Tout me lasse : je remorque avec peine mon ennui avec mes jours, et je vais partout bâillant ma vie » (p. 254). Comme René, Chateaubriand est indifférent au monde et ne s'intéresse qu'à lui-même ; Chactas a purement et simplement disparu. L'universalisme a été tué par l'égocentrisme.

Dans ce livre, déclare d'emblée Chateaubriand, « je parle éternellement de moi » (p. 42). Il est conscient de ce qu'un tel récit de voyage diverge sensiblement de la tradition, et s'en explique dès la première page de sa préface : il y racontera, non ce qu'il a vu, mais ce qu'il a éprouvé, non les autres, mais soi-même. « Je prie donc le lecteur de regarder cet Itinéraire, moins comme un voyage que comme des Mémoires d'une année de ma vie. Je ne marche point sur les traces des Chardin, des Tavernier, des Chandler, des Mungo Park, des Humboldt : je n'ai point la prétention d'avoir connu des peuples chez lesquels je n'ai fait que passer » (p. 41). La réalisation est fidèle au projet :

Chateaubriand décrit, tout au long du livre, une année de sa vie, non la vie des Grecs, des Palestiniens ou des Égyptiens. Un tel récit aspire à être, non pas vrai (par rapport au monde dont il parle), mais sincère (par rapport à celui qui parle) : « J'aurai atteint le but que je me propose, si l'on sent d'un bout à l'autre de cet ouvrage une parfaite sincérité » (p. 42). Et, de façon caractéristique, plutôt que de chercher à emporter des souvenirs, il espère en laisser ; il charge même une de ses connaissances d'inscrire son nom sur les pyramides. Faut-il s'étonner, dans ces conditions, que Chateaubriand ne tire pas grand profit de ses deux voyages ? « Déçu dans mes deux pèlerinages en Occident et en Orient, je n'avais point découvert le passage au pôle, je n'avais point enlevé la gloire des bords du Niagara où je l'étais allé chercher, et je l'avais laissée assise sur les ruines d'Athènes » (*Mémoires*, t. I, p. 258). Mais si l'on recherche la seule gloire, est-ce voyager qu'il faut ?

On sait, par un passage supprimé des *Mémoires d'outre-tombe* (mais préservé par Sainte-Beuve), quelle était la véritable raison du voyage en Orient : Chateaubriand y recherchait « de la gloire pour [s]e faire aimer » (p. 18). Il veut apparaître aux yeux de sa maîtresse auréolé du récit des dangers qu'il aura bravés, des distances qu'il aura parcourues. Les autres n'entrent pas dans ce projet. A vrai dire, il y a plus d'un mobile à son voyage en Orient, comme à celui d'Amérique ; seulement, tous ces mobiles ont trait au seul Chateaubriand. Et, comme dans sa jeunesse il avait besoin de voir les peuples de la nature pour les faire figurer dans son épopée, il veut maintenant écrire une œuvre chrétienne, *les Martyrs,* et il a besoin d'observer ce dont il parle. « J'allais chercher des images, voilà tout » (p. 41). Chateaubriand veut rapporter de son voyage des expressions verbales, comme d'autres en ramènent de jolis cailloux. Mais le verbe ne peut venir que de lui-même : il est donc à l'écoute exclusive de soi.

Chateaubriand a inventé un personnage : à la place de l'ancien voyageur apparaît dans son livre le touriste moderne. Le voyageur avait un préjugé favorable pour les peuples des contrées lointaines, et il cherchait à les décrire

à ses compatriotes. « Mais les années entières sont trop
courtes pour étudier les mœurs des hommes » (p. 41) ; or
l'homme moderne est pressé. Le touriste fera donc un
autre choix : les choses, et non plus les êtres humains,
seront son objet de prédilection : paysages, monuments,
ruines qui « méritent un détour » ou « valent le voyage ».
A Athènes, Chateaubriand bénéficie des conseils d'un
M. Fauvel, qui lui apparaît comme le guide idéal. Pourquoi ? « J'avais obtenu des idées claires sur les monuments,
le ciel, le soleil, les perspectives, la terre, la mer, les
rivières, les bois, les montagnes de l'Attique, je pouvais à
présent corriger mes tableaux, et donner à ma peinture de
ces lieux célèbres les couleurs locales » (p. 160). Il ne
manque qu'une chose dans cette énumération : ce sont les
êtres humains. Mais c'est que Chateaubriand cherche de la
couleur locale pour ses descriptions (comme, après lui, les
touristes collectionneront des images sur la pellicule de
leurs appareils photographiques), non des expériences
intersubjectives. Si par malheur des êtres humains se
présentent, il s'empresse de les fuir : « Naturellement un
peu sauvage, ce n'est pas ce qu'on appelle la société que
j'étais venu chercher en Orient : il me tardait de voir des
chameaux, et d'entendre le cri du cornac » (p. 189). Quel
touriste hésiterait à abandonner les personnes pour aller
voir des chameaux !

Chateaubriand raconte un épisode significatif. Il fait la
connaissance d'un Turc (on ne peut pas tous les éviter). « Il
voulut savoir pourquoi je voyageais, puisque je n'étais ni
marchand ni médecin. Je répondis que je voyageais pour
voir les peuples, et surtout les Grecs qui étaient morts. »
Cette réponse ne manque pas d'ambiguïté : est-ce encore
de *peuples* qu'il s'agit, si les meilleurs représentants en sont
des personnes mortes ? Et du reste comment faire pour *voir*
les morts ? Chateaubriand ne s'aperçoit pas du problème,
mais il n'en va pas de même de son interlocuteur. « Cela le
fit rire : il répliqua que puisque j'étais venu en Turquie
j'aurais dû apprendre le turc. » Ne dirait-on pas qu'il existe
des Turcs dont les seules caractéristiques ne sont pas la
bêtise et la cruauté ? Mais Chateaubriand n'aime guère ce
genre de conseils. Il en avait déjà reçu en Amérique,

lorsqu'il avait exposé ses projets à un certain M. Swift. « Il me conseilla de commencer par m'acclimater, m'invita à apprendre le sioux, l'iroquois et l'esquimau, à vivre au milieu des *coureurs de bois* et des agents de la baie de Hudson. (...) Ces conseils, dont au fond je reconnaissais la justesse, me contrariaient » (*Mémoires*, t. I, p. 224-225). Maintenant, il n'en reconnaît même plus la justesse. « Je trouvai pour lui une meilleure raison à mes voyages, en disant que j'étais un pèlerin de Jérusalem. (...) Ce Turc ne pouvait comprendre que je quittasse ma patrie par un simple motif de curiosité » (*Itinéraire*, p. 87). Ce que ce Turc ne peut comprendre — et après tout il n'est peut-être pas le seul —, c'est que la curiosité pour les seuls objets, et non pour les êtres, puisse motiver un tel voyage. Ce qu'il ne comprend pas, c'est que l'individu humain puisse devenir une entité autosuffisante, qu'un sujet puisse vivre seul, qu'il ait besoin, à la rigueur, de chameaux, mais non d'autres personnes.

Ayant choisi de privilégier les objets au détriment des sujets (de s'ériger en seul sujet), Chateaubriand valorisera systématiquement l'image au détriment du langage et donc, en pratique, la vue de préférence à l'ouïe (on a vu le peu d'estime qu'il portait aux autres sens). Si l'on chérit l'ouïe, on écoutera les paroles d'autres personnes — on sera donc obligé de reconnaître ces autres personnes. La vue, en revanche, n'implique pas qu'on soit regardé en retour : on peut se contenter de contempler les rivières et les montagnes, les châteaux et les églises. Chateaubriand déploie de grands efforts pour obtenir de meilleures vues, et il bâtit toujours ses descriptions comme un spectacle purement visuel. « Si l'on se place avec moi sur la colline de la citadelle, voici ce qu'on verra autour de soi » (p. 100).

Ou alors, s'il faut absolument avoir affaire à des êtres humains, que ce soient au moins des morts. Le passé a beaucoup plus d'attraits que le présent ; il ne risque pas de vous interpeller, comme ces Turcs insolents. Tout site présent évoque en Chateaubriand des souvenirs du passé. Arrivé au Jourdain, il ne voit pas une rivière, mais « une antiquité fameuse » (p. 261), et il cherche à se souvenir des passages de l'Évangile relatifs au lieu ; sorti dans Jérusalem, il ne voit pas une ville vivante, mais le site d'un récit historique ; l'Égypte, qu'il a pourtant sous les yeux, n'est encore que du passé : « berceau des sciences, mère des religions » (p. 372). Tel est le propos explicite de Chateaubriand : « On aime à distinguer dans ces usages quelques traces des mœurs des anciens jours, et à retrouver chez les descendants d'Ismaël des souvenirs d'Abraham et de Jacob » (p. 265).

Évidemment, il y a quelquefois des êtres vivants qui, s'interposant entre les morts et le voyageur, l'empêchent de se concentrer ; il faut alors les écarter au plus vite. « Avant de parler de Carthage, qui est ici le seul objet intéressant, il faut commencer par nous débarrasser de Tunis » (p. 400). Mais c'est sur l'emplacement de l'ancienne Sparte que Chateaubriand vit sa déception la plus pathétique. Il ne trouve que des maisons modernes : « Pas une pauvre petite ruine antique pour se consoler au milieu de tout cela » (p. 94). Déprimé par cette emprise du présent sur le passé, il s'enfuit : « Je descendis précipitamment du château, malgré les cris des guides qui voulaient me montrer des ruines modernes, et me raconter des histoires d'agas, de pachas, de cadis, de vayvodes » (p. 95). Des ruines modernes : a-t-on idée de montrer des vulgarités pareilles ? Et comment s'intéresser aux Turcs vivants quand on sait qu'il y a là des Grecs morts ? Malheureusement, les Grecs vivants ne valent guère mieux, et ils finissent par lui gâcher le voyage : « En vain, dans la Grèce, on veut se livrer aux illusions : la triste vérité vous poursuit. (...) Des femmes et des enfants en haillons, fuyant à l'approche de l'étranger et du janissaire (...) : voilà le spectacle qui vous arrache au charme des souvenirs » (p. 169-170). Le charme du passé a du mal à l'emporter sur la hideur du présent.

Préférer les morts aux vivants et les objets aux sujets : voilà le double héritage légué par Chateaubriand aux touristes modernes. La perception des autres est réduite à la caricature, quand ce n'est pas au néant. L'itinéraire (idéologique, et non plus géographique) de Chateaubriand est comme une illustration de l'ambiguïté des termes « individu » et « individualisme ». L'universalisme de Chateaubriand, tel que l'exposent « Fénelon » et Chactas, implique bien une reconnaissance de l'individu, lequel ne se réduit pas aux caractéristiques du groupe auquel il appartient : il faut apprécier, non les Indiens ou les Français, mais la vertu, qui est de tous les climats et à laquelle chaque individu a accès, serait-ce au prix d'une rupture avec les coutumes de son pays. En ce sens, l'individualisme est la base de l'humanisme, et Chateaubriand un bon disciple de Rousseau. Mais René est également individualiste dans un autre sens du mot, que préparaient du reste d'autres écrits de Rousseau (les textes autobiographiques) : il ne s'intéresse qu'à lui-même, car il est finalement le seul sujet qui compte. Le sujet a franchi donc ici un nouveau degré sur la voie de son autonomie et l'individualisme a dégénéré en égocentrisme : il est une entité, non plus seulement nécessaire, mais aussi suffisante ; les autres ne sont pas seulement distincts du moi, ils sont devenus superflus. « L'homme n'a pas besoin de voyager pour s'agrandir ; il porte avec lui l'immensité », déclare Chateaubriand dans la conclusion de ses *Mémoires d'outre-tombe* (t. II, p. 966).

Le point de départ de Chateaubriand est dans un humanisme qu'il perçoit comme chrétien plutôt que « philosophique » (mais à cet égard le projet des Lumières, comme le rappelait Tocqueville, n'est pas en rupture avec l'esprit chrétien). Son point d'arrivée est une attitude dans laquelle la méconnaissance des autres se dispute la première place avec le mépris *a priori* à leur égard ; ce rejet des autres conviendra bien à la politique impériale qui s'engage en même temps. La voie qui a conduit de l'un à l'autre est une interprétation abusive de l'exigence individualiste. Au début du XIXe siècle, Chateaubriand participe à un processus destiné à durer jusqu'à nos jours : la perversion de quelques principes généreux hérités du siècle précédent, et leur mise au service d'objectifs qui leur sont rigoureusement opposés. Aux figures de cette perversion qui nous sont déjà familières, comme le nationalisme et le scientisme, il faut donc ajouter l'égocentrisme.

Loti

Un collectionneur d'impressions

A la fin du XIXe siècle, en France, l'exotisme a un nom : celui de Pierre Loti. Officier de marine et auteur prolixe, Loti publie, à partir de la fin des années soixante-dix, une multitude d'ouvrages, qui mélangent fiction et récit de voyage, et qui fixent, pour un immense public, les traits de l'évasion en pays lointain. On pourra se faire une idée de cette œuvre en examinant la série constituée par *Aziyadé*, le premier livre de Loti, *Rarahu*, intitulé par la suite *le Mariage de Loti*, et *Madame Chrysanthème*. Ces livres se ressemblent à bien des égards. Ils racontent tous l'aventure qu'un certain Loti, officier de marine, vit avec une femme dans un pays lointain (respectivement Turquie, Tahiti et Japon). Tous les trois prennent la forme d'un journal intime, entrecoupé de lettres reçues ou envoyées. Les deux premiers livres sont originellement publiés de façon anonyme, et Loti n'en est que le personnage principal ; l'écrivain, de son vrai nom Julien Viaud, adopte cependant ce nom comme pseudonyme, et s'en sert pour signer les ouvrages suivants.

A première vue, Loti est un voyageur tout à l'opposé de Chateaubriand-en-René. La plus grande différence consiste en l'intérêt bien plus fort dont témoigne Loti pour chacun de ces pays. Chateaubriand rejetait avec mépris la suggestion d'apprendre la langue des peuples qu'il croisait (l'iroquois ou le turc) ; au bout de quelques mois de séjour dans le pays, Loti parle le turc dans *Aziyadé*, le « tahitien » dans *Rarahu* et même (quoique moins bien) le japonais dans *Madame Chrysanthème*. Chateaubriand refusait de se déchausser ou de se découvrir, comme l'exigeait la coutume locale, et déclarait vouloir se conformer partout aux mœurs françaises. Loti fait tout le contraire : « Suivant l'usage turc, on se déchausse », note-t-il dans *Aziyadé* (p. 68), et, dans *Madame Chrysanthème* : « J'avais laissé mes chaussures en bas, suivant l'usage » (p. 102). Partout il suit les coutumes du pays dans lequel il se trouve. Et autant Chateaubriand était turcophobe, autant Loti est turcophile ; l'écrivain se fera même un des grands défenseurs de la cause turque dans les débats politiques du début du XXe siècle.

Et pourtant, par-dessus cette opposition, qui provient des goûts différents des deux écrivains, il y a aussi une grande ressemblance de structure : Loti est le petit-fils de René. Comme le personnage de Chateaubriand, Loti a subi, dans sa jeunesse, une « catastrophe » affective, et il en est sorti meurtri, ayant perdu « la sensibilité et le sens moral » (*Aziyadé*, p. 50). Il n'aime plus personne, ni les femmes qu'il rencontre, ni les amis qui le chérissent ; son cœur est vide, ou alors plein d'amertume ; il est seul et il voyage, ne pouvant empêcher que les autres l'aiment et qu'ils soient, par conséquent, malheureux. La nature de cette « catastrophe » (sûrement une déception sentimentale) est obscure, mais il ne s'agit pas, en tout cas, d'une passion impossible pour sa sœur : celle-ci existe bien, mais elle fatigue son frère de son affection sentencieuse ; Loti lui écrit des lettres sans passion, et en reçoit d'autres, où on lui demande de se raisonner !

Par ailleurs, Loti ne croit en rien, si ce n'est en son propre plaisir, et donc sa règle de conduite est devenue : n'agir qu'en fonction de sa jouissance. « J'en suis venu à penser que tout ce qui me plaît est bon à faire et qu'il faut toujours épicer de son mieux le repas si fade de la vie » (p. 17). « Il n'y a pas de Dieu, il n'y a pas de morale, rien n'existe de tout ce qu'on nous a enseigné à respecter ; il y a une vie qui passe, à laquelle il est logique de demander le plus de jouissance possible » (p. 51). Dieu est mort et tout est permis : en ces années-là, l'enchaînement semble aller de soi ; Loti embrasse donc l'égocentrisme de René pour

compenser l'absence de transcendance. Lui-même cite
Musset comme son prédécesseur, mais son ami Plumkett,
pour identifier l'origine de cette attitude, remonte plus loin
dans le temps : « On les acceptait au XVIIIe siècle, ces idées
matérialistes, lui écrit-il dans une lettre ; Dieu était un
préjugé, la morale était devenue l'intérêt bien entendu, la
société un vaste champ d'exploitation pour l'homme
habile » (p. 104). Mais ce qui était, pour Diderot, une
source de libération joyeuse, est devenu désormais le
refrain d'une triste complainte. Plumkett lui-même, pendant un temps, opposera à ce programme de vie une foi
humaniste ; mais il se résigne peu après, et rejoint le
cynisme de Loti.

A partir de là, la vie de Loti s'oriente vers un seul but :
constituer une collection de sensations, ou, mieux,
d'impressions, aussi « épicées » que possible ; et les romans
de Pierre Loti deviennent la visite guidée de cette collection d'impressions. C'est là qu'intervient le pays étranger :
il permet le renouvellement indispensable de la sensation et
fournit de l'intérêt — de l'*exotisme* — à l'impression. Loti
s'en explique, notamment, dans *Madame Chrysanthème*.
L'enfance lui apparaît comme une période paradisiaque,
car toute chose bénéficiait alors à la fois de sa fraîcheur et
de la part de mystère qu'elle recelait. « Il me semble que je
n'ai eu des impressions, des sensations qu'en ce temps-là. »
Mais l'enfance ne peut durer éternellement, et en grandis-
sant on ne retrouve plus le charme. « Eh bien, j'ai grandi et
je n'ai rien trouvé sur ma route, de toutes ces choses
vaguement entrevues » (p. 152). Les sensations s'émous-
sent, les impressions ne marquent plus : alors, pour les
ranimer, on part en voyage, même si ce qu'on trouve n'est
souvent qu'une pâle copie de ce dont on avait rêvé.

Dans la dédicace de ce même livre, Loti déclare que ses
« trois principaux personnages sont *Moi*, le *Japon* et l'*Effet*
que ce pays m'a produit » (p. 11). On remarquera d'abord
que Loti ne prétend nullement que *son* Japon est *le* Japon :
il prend bien soin, au contraire, de distinguer entre le pays
et l'effet que ce pays produit sur lui. Ce trait est commun à
tous ses ouvrages : le pays étranger est bien là, qui
provoque l'apparition du livre ; mais il n'entre pas dans le

livre lui-même : on n'a affaire qu'à l'effet, qu'à l'impression, qu'à la réaction subjective. Les livres de Loti ne sont
pas trompeurs, car ils ne prétendent pas dire la vérité du
pays en question ; tout ce qu'ils se proposent de faire est de
décrire avec sincérité l'*effet* produit par le pays sur l'âme du
narrateur. Il est frappant de voir, d'un autre côté, que
« Moi » est le seul sujet humain parmi les « trois principaux
personnages », alors que le livre porte chaque fois en titre
le nom d'un autre personnage. Telle est en effet la logique
du voyage égocentrique, qui reconnaît la dignité de sujet à
une seule personne, à savoir le narrateur lui-même.

L'attitude existentielle qu'est la recherche d'impressions
se traduit, à l'intérieur des livres, par une écriture « impressionniste ». Celle-ci affecte d'abord l'intrigue des livres, en
la réduisant à un strict minimum : dans les premières
pages, Loti arrive dans ce nouveau pays et engage, sans
difficultés démesurées, une vie commune avec la femme
qu'il a choisie ; dans les dernières pages, son bateau repart,
et lui avec — mais non la femme (l'intrigue d'*Aziyadé* est
légèrement différente). L'essentiel de l'histoire se situe
entre ces deux moments, mais il n'est plus lié à cette
intrigue ; il est fait d'une multitude de fragments qui notent
d'infimes incidents de la vie : une rencontre, une visite, une
promenade, un paysage, une coutume ; on est constamment dans la poursuite, dit Loti, de « quelque rêve
indécis » (*Aziyadé*, p. 97). « Mes Mémoires, dit-il encore,
ne se composent que de détails saugrenus ; de minutieuses
notations de couleurs, de formes, de senteurs, de bruits »
(*Madame Chrysanthème*, p. 191). C'est cela, la collection
d'impressions.

Mais comment traduire celles-ci en mots ? Loti rencontre
ici quelques difficultés. L'étrangeté de l'expérience disparaîtrait si on l'exprimait par les mots familiers de la langue
française. Il y a là un paradoxe constitutif de l'exotisme.
« Où trouver en français des mots qui traduisent quelque
chose de cette nuit polynésienne, de ces bruits désolés de la
nature ? » (*Rarahu*, p. 255). « Pour raconter fidèlement ces
soirées, il faudrait un langage plus maniéré que le nôtre »
(*Madame Chrysanthème*, p. 87). Une solution possible
serait l'emploi de mots étrangers : Loti en use abondam-

ment, mais il est conscient de la facilité du procédé. Il se résigne alors à étiqueter la sensation plutôt que de la décrire : dans un « pays exotique » marqué d'une « grâce exotique », il mène une « vie exotique »... Ou, s'il est en Orient (c'est-à-dire en Turquie), tout lui paraît justement... oriental. *Aziyadé* évoque les « parfums de l'Orient », la « nonchalance orientale », le « luxe oriental », le « charme oriental » ou « un mouvement tout oriental » ; Loti en conclut que « l'Orient (...) est resté plus oriental qu'on ne pense » (p. 50), et se demande même s'il ne s'agit pas là d'« une composition fantastique de quelque orientaliste halluciné » (p. 55). Un journaliste contemporain relève, dans la seule *Madame Chrysanthème*, trente-trois « étrange », vingt-deux « bizarre », dix-huit « drôle », à quoi s'ajoutent de nombreux « original », « saugrenu », « pittoresque », « fantastique », « inimaginable », « indicible »...

Enfin, s'il consent à décrire la nature ou les êtres, Loti s'attache avant tout à ce qu'il y a de plus caractéristique dans chaque coin du monde ; en d'autres termes, pour lui, le cliché dit la vérité des choses. Nous sommes loin ici des inventions de Chateaubriand, et pourtant c'est encore le même filon qui est exploité. En Turquie, on respire des « parfums balsamiques » et on est entouré de « sombres regards empreints de fanatisme et d'obscurité ». En Polynésie, on contemple les « minces tiges des cocotiers » sur des plages « toutes blanches de corail » en écoutant « le bruissement monotone et éternel des brisants »...

L'attitude de Loti devant ces pays étrangers est ambiguë. D'une part, il subit leur charme, et y trouve un terme de comparaison lui permettant de critiquer l'artifice et la fausseté européens. En Turquie il rêve de partager la vie des gens du peuple, de vivre au jour le jour, libéré des devoirs conventionnels et des obligations sociales, caractéristiques de l'Occident. A Tahiti, il pense avoir devant les yeux une race primitive, qui vit dans « une oisiveté absolue et une rêverie perpétuelle » (*Rarahu*, p. 47), qui pratique l'hospitalité généreuse propre à l'âge d'or. Loti évoque dans ce contexte Chactas ; mais l'Orou de Diderot et l'Adario de Lahontan ne sont pas loin non plus. Mais, d'autre part, ces rêveries primitivistes ne mettent jamais vraiment en question le choix du narrateur, qui est de retourner, à la fin de son séjour, dans ces pays de haute civilisation dont il est originaire.

C'est dans *Aziyadé* que Loti pousse le plus loin le mouvement d'identification avec les autres. Au début, il est vrai, il a l'impression de participer à un travestissement, de rester, sous son fez et son cafetan, le même officier de marine qu'il avait toujours été ; mais peu à peu ce pays réveille ses sympathies, et il pourra écrire d'Angleterre à un ami turc : « Il me semble par instants que mon costume, c'est le vôtre, et que c'est à présent que je suis déguisé » (p. 218). Il s'installe à Stamboul, adopte le mode de vie turc et y trouve le bonheur ; à ce moment, il renonce même, au moins partiellement, à son égoïsme : il se sent amoureux d'Aziyadé, et finit par s'engager dans l'armée turque ; il périra au cours d'une bataille, à la fin du livre.

Il ressuscite dans *Rarahu,* mais cette fois-ci ne se laisse pas prendre aux charmes du pays ; cette attraction est du reste décrite en termes négatifs. « Tout doucement se tissaient autour de moi ces mille petits fils inexplicables, faits de tous les charmes de l'Océanie, — qui forment à la longue des réseaux dangereux, des voiles sur le passé, la patrie et la famille » (p. 124). A un moment, il éprouve la tentation de s'installer, mais parvient à l'écarter sans trop de mal. Enfin, au Japon, l'expérience s'engage mal et il éprouve de fortes réticences, se mettant lui-même en garde contre tout mouvement de sympathie trop fort. Puis, peu à peu, il s'habitue, reconnaît son injustice initiale et commence à se sentir presque chez soi : « Je perds mes préjugés d'Occident » (*Madame Chrysanthème,* p. 256). Néanmoins, le bilan final est négatif, et il quitte le pays sans regrets : « A l'instant du départ, je ne puis trouver en moi-même qu'un sourire de moquerie légère pour le grouillement de ce petit peuple à révérences, laborieux, industrieux, avide au gain, entaché de mièvrerie constitutionnelle, de pacotille héréditaire et d'incurable singerie... » (p. 299).

Ce n'est pas seulement que l'identification de Loti avec le pays qu'il visite va décroissant ; ce qui empêche en fait cette identification, c'est aussi qu'il a le sentiment d'y mener une existence seconde, ou troisième, entièrement distincte des précédentes et qui n'interfère jamais avec elles. La chose n'étonne pas dans *Madame Chrysanthème*, où Loti indique très clairement que rien de son identité « japonaise » ne quittera la baie de Nagasaki ; mais même dans *Aziyadé* l'identité orientale n'influence pas l'identité occidentale. S'il aime des villes comme Stamboul, c'est parce qu'on y « peut mener de front plusieurs personnalités différentes » (p. 79-80), et il a l'impression, non d'être devenu turc, mais d'avoir ajouté une existence turque à son autre existence. C'est pourquoi, lorsqu'il décide, dans un premier temps, de rentrer chez lui, il peut sans trop de difficultés passer d'une identité à l'autre. « Et c'est fini d'Arif [son nom turc], le personnage a cessé d'exister. Tout ce rêve oriental est achevé, cette étape de mon existence (...) est passée sans retour » (p. 197).

Or un Loti japonais, tahitien, voire turc n'est jamais un Japonais, un Tahitien, un Turc, pas plus que l'effet produit par le pays ne se confond avec le pays lui-même. La véritable identification est impossible, car les différences entre « races » sont insurmontables. Ainsi de Loti et Rarahu : « Entre nous deux, il y avait des abîmes pourtant, de terribles barrières, à jamais fermées ; (...) entre nous qui étions une même chair, restait la différence radicale des races, la divergence des notions premières de toutes choses (...). Nous étions enfants de deux natures bien séparées et bien différentes, et l'union de nos âmes ne pouvait être que passagère, incomplète et tourmentée » (p. 178). De même, il y a une différence profonde entre la race japonaise et celle de Loti, le Japon est « un monde d'idées absolument fermé pour nous », car les Japonais ont des « cervelles tournées à l'envers des nôtres » (*Madame Chrysanthème*, p. 229, 87). La vision qu'a Loti de la communication entre races est semblable à celle de son contemporain Gustave Le Bon : il y a d'une race à l'autre autant de distance que de nous aux animaux (les races sont des espèces) ; il n'y a donc pas d'unité du genre humain. « Je sens mes pensées aussi loin des leurs que des conceptions changeantes d'un oiseau ou des rêveries d'un singe » (p. 266) : bien sûr, ce

sont les Japonais qui ressemblent aux oiseaux et aux singes,
pas nous...

Mais Loti n'éprouve aucun regret devant cette difficulté
de la communication, car c'est précisément de l'incompréhension que naît le charme : l'exotisme n'est rien d'autre
que ce mélange de séduction et d'ignorance, ce renouvellement de la sensation grâce à l'étrangeté. « Elles me
captivent comme des choses jamais vues et incompréhensi-
bles », écrit Loti (p. 228), qui évoque ailleurs en un même
souffle les choses qu'il regrettera : « des coutumes, de la
couleur locale, du charme et de l'étrangeté » (*Rarahu*,
p. 301). C'est pourquoi Loti, comme Le Bon et tant
d'autres, est profondément hostile au mélange entre
cultures, puisque diminue ainsi leur coefficient d'exotisme.
Loti n'a que mépris pour les Japonais qui imitent l'Occident (exactement autant qu'en aurait un nationaliste japonais), et prédit que ce peuple « va bientôt finir dans le
grotesque et la bouffonnerie pitoyable, au contact des
nouveautés d'Occident » (*Madame Chrysanthème*, p. 299).
De même, la race maorie ne peut que s'éteindre au contact
avec notre civilisation, « notre sotte civilisation coloniale » : « la sauvage poésie s'en va, avec les coutumes et
les traditions du passé » (*Rarahu*, p. 7). Pour profiter de
l'expérience exotique, il faut que les peuples restent aussi
éloignés que possible les uns des autres.

Exotisme et érotisme

Les trois livres, *Aziyadé*, *Rarahu* et *Madame Chrysanthème*, racontent une seule histoire, mais celle-ci est
constituée de deux éléments : un Européen visite un pays
non européen ; et un homme a une relation érotique avec
une femme. Loti a inventé cette formule romanesque, dans
laquelle les deux éléments sont à la fois liés par une relation
de nécessité (il faut que la femme soit étrangère pour
provoquer le désir de Loti) et par une relation de ressemblance (le visiteur aime le pays étranger comme l'homme

aime la femme, et inversement). L'invention de Loti consiste à avoir fait coïncider exotisme et érotisme : la femme est exotique, l'étranger est érotique. Tous ses livres, et non seulement *Rarahu*, pourraient être rebaptisés *le Mariage de Loti*. La différence des pays coïncide donc avec la différence des sexes ; ainsi, un personnage entremetteur, fournisseur de jeunes filles aux officiers de la marine française, sera qualifié par Loti d'« agent pour croisement de races » (*Madame Chrysanthème*, p. 18). Du reste, on voit fort peu d'hommes japonais, ou tahitiens, ou turcs : le pays est réduit à ses femmes ; ce qui rend d'autant plus facile de ramener la rencontre avec le pays à une relation strictement individuelle.

Ce rapport dédoublé, de l'homme à la femme et de l'Européen à l'étranger, n'est nullement symétrique, et ne saurait l'être : une expérience vouée à la recherche d'impressions implique, on l'a vu, que le voyageur soit le seul être humain élevé à la dignité de sujet ; la femme n'est que le premier parmi les objets de sa perception. L'homme voyageur est actif : il arrive un jour, il en repart un autre ; entre les deux, nous ne prenons connaissance que de ses expériences et de ses sensations à lui ; la femme comme le pays étranger (et la femme parce qu'étrangère, le pays parce qu'érotisé) se laissent désirer, diriger, quitter ; nous ne voyons à aucun moment le monde à travers leurs yeux. La relation est de domination, non de réciprocité. L'autre est désirable parce que féminin ; mais si l'autre est un objet, c'est que tel est aussi le destin de la femme. L'homme, lui, jouit de la même supériorité par rapport aux femmes que l'Européen par rapport aux autres peuples.

La rencontre de l'homme avec la femme (du sujet avec l'objet) est avant tout une expérience des sens. « Jamais mes sens n'ont connu pareille ivresse », déclare Loti dans *Aziyadé* (p. 31), et il parle dans *Rarahu* des « passions effrénées des enfants sauvages » (p. 263) ; la sensualité n'est pas au rendez-vous au Japon, et c'est pourquoi toute l'histoire concernant Mme Chrysanthème n'est en fait qu'une parodie des deux autres : les mêmes menus événements (les souris dans le grenier) provoquent, de la part de Loti, des réactions si différentes qu'il finit par se dire : « Il

semble vraiment que tout ce que je fais ici soit l'amère
dérision de ce que j'avais fait là-bas » (p. 272).

C'est à cause de ce rôle primordial accordé à l'expérience
sensuelle que la communication verbale est si peu importante. Loti apprend effectivement la langue étrangère ;
mais elle ne sert qu'à faciliter le contact des sens. La
relation avec Aziyadé commence alors que les deux sont
incapables d'échanger la moindre parole ; quand Loti
apprend le turc, Aziyadé semble contente : « Je voudrais
manger les paroles de ta bouche ! » s'exclame-t-elle (p. 77).
Mais lui trouve ce type d'échange superflu : « Aziyadé me
communique ses pensées plus avec ses yeux qu'avec sa
bouche (...). Elle est si forte en pantomime du regard,
qu'elle pourrait parler beaucoup plus rarement encore ou
même s'en dispenser tout à fait » (p. 78-79). La meilleure
femme n'est-ce pas une femme muette ? De même, la
connaissance qu'a Loti de la langue maorie ne rend pas sa
communication avec Rarahu plus fructueuse : « Elle comprenait vaguement qu'il devait y avoir des abîmes dans le
domaine intellectuel, entre Loti et elle-même » (*Rarahu,*
p. 74). Quant à Chrysanthème, Loti ne l'aime qu'endormie : « Quel dommage que cette petite Chrysanthème ne
puisse pas toujours dormir : elle est très décorative (...), et
puis, au moins, elle ne m'ennuie pas » (*Madame Chrysanthème*, p. 103). Il est vrai que le japonais de Loti laisse à
désirer ; mais il estime superflu de pousser ses efforts
linguistiques plus loin. « Qu'est-ce qui peut bien se passer
dans cette petite tête ? Ce que je sais de son langage m'est
encore insuffisant pour le découvrir. D'ailleurs, il y a cent à
parier qu'il ne s'y passe rien du tout » (p. 60-61).

Les expériences vécues par Loti d'une part, par ses
maîtresses de l'autre, sont elles aussi très différentes.
D'abord, c'est lui qui rompt toujours (puisque le bateau
auquel il est affecté doit partir), tandis que la femme reste,
éplorée, chez elle. *Aziyadé* semble à première vue constituer une exception, puisque Loti revient en Turquie (et
même y meurt) ; mais ce retour n'est pas pertinent pour la
relation amoureuse : Aziyadé elle-même est déjà morte ;
elle a été abandonnée, comme le seront ses avatars
ultérieurs. Loti semble aimer Aziyadé plus que les autres,

et pourtant il ne se met jamais à la respecter comme un sujet doté de volonté propre ; elle n'existe pour lui que dans la mesure où elle entre dans son champ de vision. L'épisode avec Seniha en témoigne : Loti aimerait passer la nuit avec cette autre femme séduisante, mais il veut de plus qu'Aziyadé le sache et ne proteste pas. Il n'a pas le moindre doute qu'une telle situation la fasse souffrir, mais n'en continue pas moins à se conduire en fonction de « son bon plaisir » (*Aziyadé*, p. 144). De même, au cours de la séparation finale : il sait qu'il ne doit pas se montrer dans le quartier d'Aziyadé s'il ne veut pas la compromettre ; mais après tout qu'importe ? Ne repart-il pas le lendemain ? Il vient donc la voir, l'époux d'Aziyadé l'apprend et la condamne à l'isolement qui la conduira à sa mort.

Rarahu suppose qu'elle n'est pour Loti « qu'une petite créature curieuse, jouet de passage qui serait vite oublié » (*Rarahu*, p. 75) ; la suite des événements lui donnera raison. Avec Chrysanthème, les choses sont encore les plus claires : elle est explicitement désignée comme une femme-objet, une poupée, un jouet. « Un jouet bizarre et charmant » (p. 32), « je l'ai prise pour me distraire » (p. 61), « ma poupée » (p. 77), « je t'avais prise pour m'amuser » (p. 295). Chrysanthème lui apparaît comme à peine humaine : elle a « presque une expression, presque une pensée » (p. 47). Il se promet, dans une page de son journal, de l'appeler par son nom japonais, Kikou-San, plutôt que par cette traduction un peu dérisoire, « Chrysanthème » ; significativement, la promesse ne sera pas tenue : sa maîtresse est un objet d'amusement plutôt qu'une personne. Il n'y a pas ici l'ombre d'un amour, et Loti ne reste avec Chrysanthème que « faute de mieux » (p. 93). En fait, la relation est explicitement assimilée à la prostitution (mais Rarahu n'en était pas loin) : encore en mer, Loti décide, par ennui et solitude, de se « marier », c'est-à-dire de s'installer avec femme dans une maison, pendant son séjour japonais ; il sait à qui s'adresser, et il obtient donc Chrysanthème, « la petite créature (...) que l'agence Kangourou m'a fournie » (p. 214). Au moment de la transaction, il est presque choqué, mais seulement par l'absence de pudeur chez les parents de Chrysanthème.

« Elles me font presque de la peine : pour des femmes qui en somme viennent vendre une enfant, elles ont un air (...) de grande bonhomie » (p. 46) ; Loti lui-même, cependant, n'éprouve aucune peine à se voir en train d'acheter une enfant.

Si l'on se place en revanche au point de vue de la maîtresse, la relation apparaît toute différente : Loti est tout pour elle ; sans lui, elle se meurt. Aziyadé lui dit : « Tu es mon Dieu, mon frère, mon ami, mon amant ; quand tu seras parti, ce sera fini d'Aziyadé ; ses yeux seront fermés, Aziyadé sera morte » (p. 85). Et la prédiction se réalise : au moment de la séparation, « sa chair est glacée » (p. 196), elle tombe malade aussitôt après et meurt quelques jours plus tard. *Madame Chrysanthème* présente à cet égard un contraste presque comique : alors que Madame Butterfly (le livret de l'opéra de Puccini s'inspire indirectement du roman de Loti) se suicide, Chrysanthème, elle, au départ de son client, n'éprouve pas la moindre peine ; il la surprend même en train de chantonner pendant qu'elle vérifie si les pièces reçues en rétribution sont authentiques. Loti est à la fois déçu (les femmes ne meurent plus de chagrin pour lui) et soulagé : il n'aura pas de poids sur la conscience. « La crainte de la laisser triste avait failli me faire un peu de peine, et j'aime beaucoup mieux que ce mariage finisse en plaisanterie, comme il avait commencé », remarque-t-il (p. 292-293). Mais ce n'est pas en plaisanterie que ce mariage commence et qu'il finit, c'est en transaction commerciale, où le corps de la femme a été loué contre de l'argent comptant.

Le cas de Rarahu est particulièrement pénible. Loti se choisit une jeune fille de la campagne, et s'installe avec elle en ménage à Papeete. Il sait qu'il repartira et que, restée seule, Rarahu ne pourra jamais retourner à sa campagne ; mais cela n'infléchit nullement sa décision. « C'est ainsi que joyeusement elle franchit le pas fatal. Pauvre petite plante sauvage, poussée dans les bois, elle venait de tomber comme bien d'autres dans l'atmosphère malsaine et factice où elle allait languir et se faner » (p. 121-122). Loti sait donc que Rarahu deviendra prostituée professionnelle après son départ et qu'elle finira dans la misère, mais cette

perspective intensifie sa sensation. « Je comprenais qu'elle
était perdue, perdue de corps et d'âme. C'était peut-être
pour moi un charme de plus, le charme de ceux qui vont
mourir » (p. 186). Pour calmer sa propre conscience, il
arrache à Rarahu des promesses, dont il sait qu'elle ne
pourra les tenir. Loti repart ; Rarahu — dont il est la seule
pensée ! — aurait voulu qu'il l'emmène avec lui, mais il n'en
est bien sûr jamais question. Elle devient donc phtisique
(mi-Traviata, mi-Madame Butterfly) ; mais avant de mourir elle a le temps de déchoir. « Tous les matelots du *Sea-
Mew* l'aimaient beaucoup, bien qu'elle fût devenue déchar-
née. Elle, — elle les voulait tous » (p. 308). Rarahu,
devenue alcoolique, dort dans les rues ; elle meurt au bout
de quelques mois.

   Les deux temps de cette relation — l'engouement pour
l'étrangère incompréhensible et son abandon final — traduisent exactement l'ambivalence de l'exotisme de Loti :
l'homme européen est attiré et séduit, mais il retourne
invariablement chez lui ; il gagne ainsi sur les deux
tableaux : il a le bénéfice de l'expérience exotique (une
femme et un pays étrangers) sans jamais remettre véritablement en question sa propre appartenance, ni son
identité.

Le roman colonial

   Loti ne s'est pas contenté d'exploiter la formule exotique ; il a imaginé aussi la situation contraire, celle où l'on se
trouve à l'étranger malgré sa volonté, et où l'on rêve de
retourner chez soi. L'exotisme s'inverse alors en nationalisme, et la xénophilie en xénophobie. La situation coloniale se prête particulièrement bien à ce genre d'intrigue,
car elle motive le séjour du personnage à l'étranger. Loti
s'essaie donc dans ce genre, mais, significativement, il a
abandonné pour l'occasion la première personne du singulier : il ne s'agit plus d'un journal intime mais d'un roman à
la troisième personne, *le Roman d'un spahi,* livre qui

obtient à sa parution, comme les autres, un grand succès, et qui suscitera une abondante postérité.

Jean Peyral, le héros du livre, s'est engagé comme spahi dans l'armée coloniale, au Sénégal, pour une durée de cinq ans. Il y a bien eu un mirage exotique au début, l'attrait de l'inconnu, mais ce mirage est vite dissipé, et Jean rêve maintenant de retourner chez les siens, dans son village des Cévennes ; il souffre de « la nostalgie de son village et de la chaumière de ses vieux parents tant aimés » (p. 25) : un sentiment totalement inconnu de « Loti » dans les trois autres livres. C'est pourquoi là où, pour lui-même, Loti voyait un privilège, il n'aperçoit plus ici qu'une circonstance atténuante, qu'une excuse à des comportements répréhensibles : il faut comprendre, en somme, que dans de telles conditions défavorables les hommes sont capables de tout. Mais ce qu'il y a de pire encore, c'est que ces hommes cessent justement de souffrir, et finissent par aimer leur pays d'exil. Ce pays a ensorcelé Jean, il « le berce et l'endort d'un sommeil lourd et dangereux, hanté par des rêves sinistres » (p. 88). La fascination exercée par l'étranger n'est plus un ravissement, c'est un maléfice (mais il en allait déjà un peu de même pour Tahiti, autre colonie française).

Il y a pourtant ici aussi une femme, ou plutôt une très jeune fille (comme Aziyadé, Rarahu et même Chrysanthème — c'est le type favori de Loti), Fatou-gaye, qui s'est attachée à Jean et qui partage sa couche. Au début Jean l'accepte « faute de mieux » (p. 128), mais avec le temps elle s'embellit, et il éprouve pour elle de la tendresse et de l'attachement. Cependant, comme la femme et l'étranger coïncident toujours, et que l'étranger n'est pas ici estimable, la femme révèle aussi peu à peu sa nature mauvaise. Plutôt que de s'en séparer, Jean prend l'habitude de la fouetter, « pas bien fort au début, puis plus durement par la suite » (p. 129). Une fois la colère de Jean est particulièrement forte : il la frappe jusqu'au sang. Loti nous permet alors de voir la scène à travers les yeux de Fatou (ce qui était impossible dans le cas d'Aziyadé, de Rarahu ou de Chrysanthème). Qu'en pense Fatou ? Elle trouve que sa punition est méritée. « Elle savait bien qu'elle était

méchante » (p. 135). Pis encore, la torture est pour elle
source de plaisir : « L'idée de cette lutte suprême où elle
allait le tenir et l'embrasser, et mourir par lui, ce qui finirait
tout, — cette idée lui plaisait » (p. 136). Le plaisir
masochiste de Fatou exempte donc de toute réprobation le
plaisir sadique de Jean (« sa rage s'excitait en frappant »,
p. 131), et Loti peut terminer la description de cette scène
par une image idyllique : « Un peintre l'eût choisi comme
type accompli de charme noble et de perfection virile »
(p. 143). Fatou est donc une femme mauvaise, menteuse et
perverse ; cependant, comme les autres héroïnes de Loti,
elle aime son homme beaucoup plus qu'il ne l'aime, elle, et
ne peut survivre à la séparation : découvrant le cadavre de
Jean, elle se suicide (plutôt que d'attendre l'arrivée de la
tuberculose).

Mais comment s'expliquer l'emprise de Fatou sur Jean ?
Une fois de plus, la relation entre les sexes est avant tout
une rencontre des sens ; mais cette fois-ci intensifiée à
l'extrême grâce à l'extraordinaire sensualité propre aux
Noirs. « *Anamalis fobil !* hurlement de désir effréné, — de
sève noire surchauffée au soleil et d'hystérie torride...
alléluia d'amour nègre » (p. 62). Fatou possède un charme
sensuel qui entraîne Jean dans des états d'extase qu'il ne
pouvait soupçonner. Du reste, toutes les femmes noires
sont animées de désirs fiévreux, et elles se plongent
voluptueusement dans la prostitution (comme si la prostitution était affaire de sensualité) ; rien ne refrène leur
passion, et même devant les cadavres elles se livrent à « des
attouchements obscènes, des paroles burlesques (...), elles
violaient ces morts avec une bouffonnerie macabre »
(p. 183).

Cette sensualité débridée est la conséquence directe de
l'animalité des Noirs, qui les distingue des autres races
humaines. Il est vrai que les Japonais sont également
décrits par Loti à l'aide de métaphores animales : Chrysanthème a « un air ouistiti », une autre femme est une
« guenon empanachée », à côté d'elles il voit de « vieilles
dames très singesques », et tous les adultes ont « l'air
singe » (*Madame Chrysanthème,* p. 25, 82, 208, 176). Mais
le procédé est encore plus systématique avec les Noirs.

Ceux-ci ont des faces de gorille, des voix de singe, font des
grimaces de ouistiti et des gesticulations de chimpanzé (*le
Roman*, p. 10, 60, 72, 77, 84, 124, 129, 176, 183...). Jean
n'aime pas voir la paume de la main de Fatou, rose et non
noire, « qui lui causait, malgré lui, une vilaine impression
froide de pattes de singe » (p. 91) ; il est troublé par cette
animalité, et le lui dit, en adaptant son langage au sien :
« Toi tout à fait même chose comme singe ! » (p. 92).
Quand elle n'est pas un singe, elle devient chat (Chrysanthème l'était aussi), ou alors chien : Jean « la considérait,
du reste, comme un être inférieur, l'égal à peu près de son
laobé [chien] jaune » ; de son côté, elle a pour lui le
« dévouement de chien pour son maître » (p. 99). En
conséquence Jean (mais aussi Loti) traite Fatou en être
inférieur, en esclave, en chien.

De façon générale, Loti pratique le racialisme vulgaire,
qui était certes répandu à son époque, mais dont on pouvait
imaginer l'absence chez un écrivain « exotique ». *Rarahu*
rapporte la vision d'une « chose horrible » : « un vieux
Chinois tout nu, lavant dans notre eau limpide son vilain
corps jaune » (p. 52) : le jaune est intrinsèquement sale et
laid, et, quand on a un corps aussi vilain, on devrait au
moins avoir la pudeur de ne pas l'exposer aux regards. Mais
au Japon aussi, Loti a le malheur de ne voir que des gens
jaunes et laids ; or, la couleur de la peau influence bien
d'autres traits de la personne : la race jaune a son odeur, et
le Japonais a une « cervelle jaune » (*Madame Chrysanthème*, p. 105). Mais les Noirs sont, une fois de plus, la
« race » par excellence : tout chez eux est déterminé par la
couleur, et ils se comportent tous de la même manière
(noire). Ils ont une « sueur noire » (et abondante), une
« musique noire », un « cœur noir », une « âme noire » (*le
Roman*, p. 45, 83, 96, 99, 135...). Or, les associations du
noir sont négatives : « Chez les hommes, le sang qui
bouillonnait était noir ; chez les plantes, la sève qui montait
était empoisonnée ; les fleurs avaient des parfums dangereux, et les bêtes étaient gonflées de venin » (p. 62).

L'histoire que raconte *le Roman d'un spahi* a bien trait
au contact entre les races. Jean Payral est blanc : « Il était
de pure race blanche » (p. 12) ; il n'aurait pas dû se laisser

séduire par une femme noire. Il s'en rend compte au moment où, pour la première fois, il a des rapports sexuels avec Fatou : « Il lui semblait qu'il allait franchir un seuil fatal, signer avec cette race noire une sorte de pacte funeste » (p. 64) ; mais il ne peut plus reculer. Et ses pires pressentiments se réalisent : ce pacte avec la race impure, autant dire avec le diable, va le conduire à la déchéance. A la fin il parvient à le rompre : « Il avait retrouvé sa dignité d'*homme blanc,* souillé par le contact avec cette chair noire » (p. 142). La mort, cependant, l'empêche de rentrer chez lui : il est donc puni de son aventure imprudente.

Chemin faisant, Loti nous donne quelques aperçus sur la vie coloniale, telle que la mènent les spahis. En traversant un village, ils « embrassent les petites filles », écrit Loti (p. 56) ; mais Jean, qui ne veut pas ressembler à ses camarades sur ce point, traduit cet épisode en langage plus clair : il ne veut pas « violer comme eux des petites filles noires » (p. 60). Ce qu'il veut, lui, c'est se battre, accomplir des exploits militaires (massacrer quelque roi nègre) : « par moments, il en mourait d'envie » (p. 95). A la fin du livre, son projet se réalise : les spahis sont appelés à attaquer les populations hostiles, à « mettre le feu au village, qui brûlerait au clair de lune comme un autodafé de paille » (p. 173-174) ; malheureusement, en chemin, ils tombent dans une embuscade, où, assailli par « trente démons noirs » (p. 176), Jean finit par expirer.

Le Roman d'un spahi est un livre raciste et impérialiste, sexiste et sadique, ce qui n'a pas empêché l'Académie française, quelques années après sa publication, d'honorer Loti en l'élisant, de préférence à Zola ; il sera le plus jeune académicien de son histoire (en 1891, il a quarante et un ans). Avec ce livre, écrit au moment de la grande expansion coloniale française, Loti fixe pour les cent ans à venir (jusqu'aux « SAS » d'aujourd'hui) les grands traits du roman colonial. Est-ce à dire que Loti lui-même est un promoteur conscient du colonialisme ? On peut en douter à la lecture de quelques articles qu'il publie dans *le Figaro* en 1883, dans lesquels il décrit les massacres accomplis par l'armée française en Indochine. Malgré le goût reconnaissable de Loti pour les détails morbides et les scènes de cruauté, la lecture de ces textes reste bouleversante : c'est la description minutieuse de l'extermination préméditée de milliers d'hommes, qui essaient de se protéger des balles françaises avec des nattes d'osier. Les articles provoquent un scandale à l'époque, et Julien Viaud, officier de marine, manque d'avoir de sérieux ennuis. Dans *le Roman d'un spahi* même, Loti ne nous épargne pas les atrocités commises par les Français dans la guerre coloniale.

A y regarder de plus près, Loti ne s'engage dans aucun combat, ni pour ni contre les colonies ; s'il est contre quelqu'un, c'est non les soldats français en Indochine et au Sénégal, mais les politiciens et les fonctionnaires parisiens, qui déclarent ces guerres et envoient les autres se battre, en faisant semblant d'ignorer que toute guerre est faite de cruautés et de souffrances ; Loti veut rappeler ce fait à ses lecteurs, mais il ne porte pas pour autant des jugements sur la politique de la France. S'il n'adhère pas à une philosophie impérialiste, à la manière de Renan ou de Leroy-Beaulieu, il n'est pas non plus, bien entendu, un anticolonialiste. *Le Roman d'un spahi* est un symptôme plutôt qu'un manifeste : comme dans ses autres romans, Loti y traduit l'atmosphère du moment, il parvient à exprimer les sentiments de grand nombre de ses contemporains.

Ce qui est plus révélateur peut-être, c'est que roman exotique et roman colonial puissent coexister si facilement chez le même auteur et au cours des mêmes années, alors que leurs intentions semblent si opposées : l'un glorifie l'étranger, tandis que l'autre le dénigre. Mais la contradiction n'est qu'apparente : une fois que l'auteur s'est déclaré seul sujet à bord et que les autres ont été réduits au rôle d'objets, il est après tout secondaire de savoir si on aime ces objets ou si on les déteste ; l'essentiel c'est qu'ils ne sont pas des êtres humains à part entière.

Segalen

Redéfinition de l'exotisme

Au début du XXᵉ siècle, Victor Segalen réfléchira, plus intensément que personne en France, à l'expérience exotique. Lui-même a vu dans ce thème l'axe autour duquel s'organisait toute son œuvre ; dans une notice destinée à la presse et rédigée en 1916, se référant à lui-même à la troisième personne, il écrit : « L'exotisme entendu comme tel : une esthétique du divers — est d'ailleurs le centre, l'essence, la raison d'être de tous les livres que Victor Segalen ait écrit et, sans doute, qu'il se réserve d'écrire » (*Essai sur l'exotisme*, p. 71). Il est aussi le sujet explicite d'un livre que Segalen a laissé à l'état de projet, *Essai sur l'exotisme*, mais auquel il est constamment revenu, entre 1904 et 1918 ; les notes accumulées en vue de cet ouvrage ont été publiées en revue en 1955 seulement ; puis, sous forme de livre, en 1978. C'est là que se trouve consigné l'essentiel de la pensée de Segalen sur ce thème.

Segalen a décidé de repenser le problème de fond en comble. Est exotique, au sens propre, tout ce qui est extérieur au sujet observant ; or, cette notion a subi un incroyable rétrécissement, et on l'a identifiée à *certains* contenus seulement, extérieurs à *certains* sujets. A l'époque, en France, sous l'influence de Loti et de tous ceux qui lui ont emboîté le pas, on a réduit l'exotisme à un « tropicalisme », ou encore à la description des colonies françaises (vues de la métropole). Il faut donc commencer par un travail prophylactique de dissociation entre la notion générale et ces contenus trop particuliers. « Avant tout, déblayer le terrain. Jeter par-dessus bord tout ce que contient de mésusé et de rance ce mot d'exotisme. Le dépouiller de tous ses oripeaux : le palmier et le chameau ; casque de colonial ; peaux noires et soleil jaune » (p. 22 ; cf. p. 13, 19, 23, 53, 55, 66, 83...). Si Segalen rejette aussi résolument tout ce qui remplit la littérature « exotique » courante, ce n'est pas parce que ce qu'elle décrit n'est pas exotique (pour ses auteurs) ; mais parce que, à force d'être associé à l'exotisme, ce cliché, le chameau et le cocotier, fait écran à l'expérience exotique dans toute son amplitude. Le premier pas, nécessaire, consiste donc à écarter les associations automatiques, les réductions de l'exotisme à *un* type de pays ou de cultures : « Il me faut déblayer le mot " divers " et surtout le mot " exotique " de toutes les notions trop positives dont il a été chargé jusqu'ici » (p. 61).

Ce premier travail négatif permettra d'étendre à l'infini le champ de l'exotisme. D'abord au sens géographique même : les tropiques n'ont nullement le privilège de l'étrangeté, or il y a pour l'instant « peu d'exotisme polaire » (p. 13), remarque ironiquement Segalen. Mais ceci est encore trop évident ; il faut en fait ajouter à cet exotisme dans l'espace un exotisme dans le temps : toute époque passée est exotique pour nous, et, pourquoi pas, toute époque à venir (quoique Segalen soit déçu par les romans d'anticipation contemporains). « L'exotisme dans le temps. En arrière : l'histoire. Fuite du présent méprisable et mesquin. Les ailleurs et les autrefois. L'a-venir » (p. 28). Une autre limitation de la notion veut que le groupe du sujet soit identifié sur le plan culturel et national ; les Européens d'un côté et, de l'autre, les Tahitiens, ou les Indiens, ou les Chinois ; or, on peut se constituer aussi en groupe sur le plan biologique, et non plus social ; les hommes (ce sont toujours eux qui voyagent, observent, écrivent) découvriront alors l'exotisme des femmes, l'étendront « à l'autre sexe » (p. 19), où ils ressentiront une différence non moins forte qu'en allant à l'extrémité opposée du globe. En revanche, il faut écarter d'emblée une illusion, à savoir qu'il existerait un exotisme à fréquenter les fous : « Nous nous retrouvons si bien en eux-mêmes » (p. 26).

Un pas de plus nous conduira à envisager l'exotisme que nous, les êtres humains, éprouvons face à la nature environnante, au monde minéral, végétal et animal. A cela s'ajoutera un exotisme des sens : les expériences visuelles sont profondément étrangères à celles de l'ouïe, lesquelles restent imperméables à celles de l'odorat... Il s'ensuit entre autres un exotisme réciproque entre les différents arts : la peinture est exotique pour le musicien, etc. ; et Segalen se reproche d'avoir, dans sa jeunesse, prêché les synesthésies chères aux symbolistes ; il s'impose maintenant : « M'interdire, pour un temps, toute comparaison entre les différents arts » (p. 40-41). Enfin, à l'intérieur même d'un art, l'emploi d'un style inhabituel peut produire le même effet d'exotisme et de distanciation : c'est un « transfert opéré par la forme » (p. 27).

En étendant ainsi la notion, Segalen aboutit à ce qu'il appelle « l'exotisme universel » (p. 29), à partir duquel se définit « l'exotisme essentiel » : il ne s'agit plus de multiplier les expériences exotiques, mais de les saisir dans leur généralité, afin de donner une nouvelle définition de l'exotisme. Est exotique pour moi tout ce qui est différent de moi. « L'exotisme est tout ce qui est autre » (*Équipée*, p. 513). « La notion de différent, la perception du divers, la connaissance que quelque chose n'est pas soi-même » (*Essai*, p. 23). Dès l'instant où, dans une expérience, on peut distinguer le sujet percevant de l'objet perçu, l'exotisme est né. « L'exotisme essentiel : celui de l'objet pour le sujet » (p. 37). « Exotisme » est donc synonyme d'« altérité ».

En pratique, cependant, on n'a jamais affaire qu'à des exotismes particuliers ; et Segalen lui-même est parti dans les pays déjà privilégiés par l'exotisme traditionnel : Tahiti, la Chine... Mais la ressemblance n'est que de surface ; l'analyse de la notion n'a pas été vaine. Il faut ne pas être dupe de l'exotisme « géographique » et croire qu'il est le seul exemple de la rencontre avec l'autre ; mais, l'ayant compris, on est bien obligé de choisir une forme d'exotisme de préférence aux autres : l'expérience est nécessairement

particulière. Segalen s'en explique au début d'*Équipée* :
« Il n'était pas nécessaire, pour en obtenir le choc [celui de
l'exotisme], de recourir à l'épisode périmé d'un voyage
(...). Certes. Mais l'épisode et la mise en scène du voyage,
mieux que tout autre subterfuge, permettent ce corps à
corps rapide, brutal, impitoyable, et marquent mieux
chacun des coups » (p. 366). Le voyage n'est qu'un
subterfuge, mais c'est le plus approprié de tous ; c'est un
bon moyen, à condition de ne pas y voir aussi un but.

L'essentiel, dans cette expérience, c'est que les termes
n'en admettent qu'une définition relative. Seule la position
permet d'identifier, d'un côté le sujet, de l'autre l'objet ;
mais il faut que cette différence reste pure, vide de tout
contenu. Segalen a donné une forme poétique à son idéal
d'exotisme dans une « stèle », intitulée « Conseils au bon
voyageur » : en six brèves strophes, il évoque l'alternance
de la ville et de la route, de la montagne et de la plaine, du
son et du silence, de la foule et de l'isolement, pour exalter,
non l'un ou l'autre de ces deux termes, mais précisément la
possibilité de passer de l'un à l'autre ; il a renoncé à croire
« à la vertu d'une vertu durable » (*Stèles*, p. 129). Une
version antérieure du même texte est plus explicite encore :
« Ne choisis jamais un extrême ou un autre ; cette qualité-ci
plutôt que celle-là, mais bien l'une et l'autre, à condition
même qu'elles se suivent en des oppositions dont tu sois le
maître. Alors seulement tu pourras te réjouir de la seule
qualité qui ne déçoive pas, l'alternance, et en savourer la
possession certaine » (*Briques et Tuiles*, p. 74-75).

Il s'agit bien d'un précepte. Segalen ne se contente pas
d'observer l'expérience exotique (ou de réunir sous cette
notion une variété d'expériences), il pense aussi que c'est
l'expérience la plus précieuse qu'il nous soit donné de
vivre. Mais pourquoi ? Dans un premier temps, sa réponse
est simple : c'est parce que lui-même, Segalen, en a
l'intime conviction. Mais il cherche aussi des raisons plus
générales qui le poussent à réagir ainsi, et qui pourraient
s'appliquer à d'autres que lui ; et c'est alors la philosophie
contemporaine qui lui permet de les identifier. La différence doit être valorisée, pense-t-il, car elle seule assure
l'intensité de la sensation ; or sentir c'est vivre, ou, pour le

moins, c'est la part essentielle de la vie. « L'exotisme (...) comme la loi fondamentale de l'intensité de la sensation, de l'exaltation du sentir ; donc de vivre » (p. 75). C'est pourquoi aussi l'exotisme engendre l'énergie : « Le divers est source de toute énergie » (p. 79).

On peut se demander si cette explication est aussi satisfaisante qu'elle apparaît aux yeux de Segalen. L'intensité de la sensation croît-elle avec la seule augmentation de la différence entre sujet et objet ? Les surréalistes allaient formuler une règle semblable pour mesurer la qualité des métaphores, d'autant plus réussies selon Breton que les deux termes, le sens propre et le sens figuré, étaient plus éloignés. Mais la distance maximale produit l'incompréhension, non l'apogée du sens. Et l'expérience elle-même exige un juste dosage de familiarité et de surprise pour atteindre la plus grande force : l'étrangeté totale empêche la sensation autant que la familiarité qui la fige en automatisme. Les paysages familiers n'engendrent-ils pas souvent les expériences les plus puissantes ? La seconde partie du raisonnement est tout aussi problématique : peut-on enchaîner sans plus de précaution « sentir donc vivre » (Segalen est assez proche ici de Péguy) ? Dans cette conception animale de l'humanité, il n'y a pas de place pour la pensée, pas plus que pour la joie et la souffrance intérieures. On peut douter que Segalen lui-même eût accepté toutes les implications de ses propres formules.

La même philosophie qui lui a appris que vivre, c'est sentir, lui a donné aussi une autre leçon : c'est que la vie même est la valeur supérieure de la vie. « Je crois inutile de déchoir en réexpliquant ce que d'autres, précurseurs, ont acquis : la valeur de la vie » (p. 76). Le précurseur immédiat de Segalen, ici, est son maître en philosophie, Jules de Gaultier, qui est avant tout un vulgarisateur et promoteur de la pensée nietzschéenne en France ; et le précurseur à peine plus éloigné est Gobineau, avec sa philosophie vitaliste. Or, si la vie est la valeur suprême, et l'exotisme la condition nécessaire à la vie, la conclusion s'impose d'elle-même : rien ne doit contester la suprématie de l'altérité pure, de la différence comme telle. « Une acquisition impérissable : un acquêt de plaisir du divers que

nulle table de valeurs dites humaines ne pourrait amoin-
drir. (...) Au-delà de tout — au-delà du bonheur ou du
satisfait —, au-delà de la justice et de l'ordre... demeure la
certitude que voici : la justification d'une loi posée de
l'exotisme — de ce qui est autre — comme d'une esthétique
du divers » (*Équipée*, p. 512-513). Le plaisir du divers se
soumet toutes les valeurs dérivées de l'idée d'humanité ;
l'exotisme est au-delà de la justice, au-delà du bien et du
mal.

Segalen a raison de parler ici d'une esthétique (c'est aussi
le sous-titre de l'ouvrage projeté), plutôt que d'une éthique : non seulement parce que la catégorie de l'intensité
prime sur celle du juste et de l'injuste, mais aussi parce que
l'esthétique est, étymologiquement, la science de la perception. L'esthétique du divers est même, dans la perspective
de Segalen, un pléonasme : « J'entends (...) par esthétique, l'exercice de ce même sentiment » (du divers) (*Essai*,
p. 67). La beauté peut qualifier l'intensité des actes, non le
degré de leur droiture.

Une théorie, serait-elle celle de l'exotisme essentiel, ne
pourrait avoir plus de prétentions à la vérité qu'une autre —
parce que les théories, selon le relativisme radical de
Nietzsche transmis par J. de Gaultier, ne se rapprochent
pas des faits du monde, mais expriment la volonté de leur
auteur. Au début, Segalen, bon élève et modeste, applique
ce principe à ses propres convictions. « C'est une aptitude
de ma sensibilité, l'aptitude à sentir le divers, que j'érige en
principe esthétique de ma connaissance du monde. Je sais
d'où il vient : de moi-même. Je sais qu'il n'est pas plus vrai
qu'aucun autre ; mais aussi qu'il n'est pas moins vrai »
(p. 30).

Il n'y a jusque-là qu'un trait de caractère individuel, dont
Segalen se contente de prendre acte. « Quand ce livre fut
conçu, je le croyais être simplement une " façon de voir ",
la mienne ; et j'acceptais de dire simplement la sorte sous
laquelle le monde m'apparaissait avec le plus de goût : dans
ses diversités » (p. 75). Mais, les années passant, la
modestie cède la place à une certitude croissante, et du
coup il essaie d'excepter sa doctrine de la loi générale de la
relativité : diverses raisons le conduisent à donner à sa

« théorie de l'exotisme une plus grande généralité » ; il s'est rendu compte que « tous les hommes étaient soumis à la loi d'exotisme » (p. 76). La qualité qu'il revendique désormais pour la théorie de l'exotisme n'est ni la plus grande intensité, ni la plus grande authenticité par rapport à sa propre expérience, mais bien une plus grande vérité : la généralité du phénomène lui prouve qu'il s'agit là d'une loi impersonnelle, qui gouverne le comportement humain. Segalen retrouve donc le paradoxe de tous les relativistes, qui déclarent relatives toutes les vérités sauf la leur, et qui renoncent à toutes les valeurs — pour peu qu'il s'agisse de celles des autres. C'est à ce point précis que l'exotisme de Segalen cesse d'être « pur ».

L'expérience exotique

L'expérience exotique est donnée d'emblée à tous, et en même temps elle échappe à la plupart des individus. La vie de l'enfant commence par une différenciation progressive du sujet et de l'objet ; par conséquent, le monde entier, au début, lui semble exotique. « L'exotisme pour lui naît en même temps que le monde extérieur. (...) Est exotique tout ce que l'enfant veut » (p. 45). Cependant, au fur et à mesure qu'il grandit, la sensation d'exotisme s'émousse, et l'adulte considère comme allant de soi l'existence du monde autour de lui. Chaque nouvel objet peut provoquer son étonnement ponctuel, mais il a acquis désormais l'habitude d'assimiler le nouveau au connu ; la surprise est vite absorbée « par l'adaptation au milieu » (p. 21). Se développe même une carence particulière, cette incapacité de percevoir la nouveauté, qu'on appelle le déjà-vu.

C'est ce processus d'automatisation de la perception qu'il s'agit d'empêcher et d'inverser (la généalogie de l'exotisme selon Segalen n'est donc pas très différente de celle qu'on trouvait chez Loti). Le point de départ de l'expérience exotique est le même que celui de toute perception : l'identification de l'objet ; mais c'est ensuite qu'il faut

bloquer le processus habituel d'assimilation (de l'autre) et
d'accommodation (de soi), et maintenir cet objet comme
différent du sujet, préserver la précieuse altérité de l'autre.
Telle est, selon Segalen, la définition de l'exotisme : « La
réaction vive et curieuse d'une individualité forte contre
une objectivité dont elle perçoit et déguste la différence »
(p. 25). Celui qui sait pratiquer l'exotisme, c'est-à-dire
jouir de la différence entre lui-même et l'objet de sa
perception, est nommé l'*exote :* c'est celui qui « sent toute
la saveur du divers » (p. 29), c'est le voyageur insatiable.
Cette différence n'a pas besoin d'être objectivement très
grande : le vrai exote, tel un collectionneur sachant jouir
d'infimes nuances entre les objets de sa collection, apprécie
le passage du rouge au rougeâtre plus encore que celui du
rouge au vert.

L'expérience commune part de l'étrangeté et se termine
dans la familiarité. L'expérience spécifique de l'exote
commence là où s'arrête l'autre — dans la familiarité —, et
conduit vers l'étrangeté. La bonne perception implique, en
effet, une certaine familiarité (sinon on ne verra pas tout) ;
mais, celle-ci à peine acquise, il faut engager un mouvement en sens inverse, pour maintenir l'extériorité de l'objet
par rapport au sujet. Les autres en face de moi, je dois
« m'en imbiber d'abord, puis m'en extraire, afin de les
laisser dans toute leur saveur *objective* » (p. 36-37). L'objet
reste objet, et le sujet sujet : la rencontre ne les prive ni de
leur liberté ni de leur identité. Il ne faut pas que l'un soit
beaucoup plus fort que l'autre : si le sujet l'est, il absor-
bera l'autre sans que celui-ci laisse des traces ; si c'est
l'objet, c'est le sujet qui risque de s'y noyer, en renonçant à
son propre être. « Ne peuvent sentir la différence que ceux
qui possèdent une individualité forte » (p. 24). Une solide
identité à soi est une condition indispensable à l'expérience
exotique. Une conséquence un peu surprenante de cette
règle est qu'il vaut toujours mieux voyager seul : à deux, on
renonce déjà à une part de soi, pour partager la même
expérience, et on risque ainsi de se rapprocher de l'objet.
« Conclusion d'un voyage avec les deux meilleurs amis de
la terre : " Voyager seul ! " » (*Voyage au pays du réel*,
p. 73).

L'expérience exotique est donc à distinguer soigneusement de l'expérience d'immersion dans une culture étrangère. Celui qui partage la vie des Chinois jusqu'au moindre détail oublie qu'il vit avec des Chinois, et du coup ne les perçoit plus comme tels. Segalen observe un parallèle entre ce rapport à une culture étrangère et celui qu'on a avec la nature. « Il existe une curieuse opposition entre le sentiment de la nature et la vie dans la nature. On ne voit, on ne sent, on ne déguste la nature avec une grande joie esthétique, que lorsqu'on s'en est un peu séparé, différencié » (*Essai*, p. 36). Seuls les citadins jouissent de la nature ; les paysans vivent en osmose avec elle. De même, seuls ceux qui ne se sentent pas chinois peuvent jouir au contact de la société chinoise.

L'existence de deux phases dans l'expérience exotique (s'imbiber, s'extraire) implique que tout objet se compose, du point de vue du sujet, de deux segments : celui qui, au cours de la première phase, s'avère identique au sujet (à la fraction du sujet qui participe à l'expérience) ; et celui dont il découvre, pendant la seconde phase, la différence irréductible. « Le sujet épouse et se confond pour un temps avec l'une des parties de l'objet, et le divers éclate entre lui et l'autre partie. Autrement, pas d'exotisme » (p. 59). Les deux mouvements, cela est essentiel, sont indispensables : sans identification, on ignore l'autre ; sans l'éclat de la différence, on se perd soi-même. Le savant, qui analyse l'objet sans s'y projeter, manque la première partie du processus ; l'amoureux, qui fusionne avec l'autre, rate la seconde ; il faut être exote pour pouvoir réconcilier les deux.

Telles sont les grandes lignes de l'expérience exotique, analysée par Segalen. Mais il ne suffit pas de décrire cette expérience de l'intérieur, à la manière d'un phénoménologue ; il faut aussi la situer dans le cours du monde. Se plaçant dans cette perspective, Segalen découvre deux grands dangers qui menacent les exotes. Le premier découle de la structure même de l'expérience, la nécessité d'une identification initiale : on risque toujours de s'en tenir là et de s'y perdre ; le sujet, alors, « se retrouve face à face avec lui-même » (p. 29). Le second danger provient de la finitude des choses dans l'univers. La tragédie des Terriens, c'est que la Terre est ronde. « Sur une sphère, quitter un point, c'est commencer déjà à *s'en rapprocher!* La sphère est la monotonie » (p. 52). Le premier voyage autour de la Terre n'est pas un triomphe, mais la découverte d'une terrible limitation. « Fort heureusement, Magellan mourut avant le retour. Son pilote, lui, accomplit simplement son métier sans se douter de l'effroyable chose : il n'y avait plus d'extrême lointain » (p. 78). Pour Segalen, on l'a vu, seule la différence intensifie la sensation, par conséquent tout retour au même est fade, marqué par « la saveur répugnante du déjà-vu (*Équipée*, p. 505).

A ces menaces pesant constamment sur le bonheur des exotes, Segalen trouve une série de parades, qui permettent de garder ouverte la possibilité de l'expérience exotique (il est vrai que ces parades ne sont pas toujours compatibles entre elles). Premièrement, même si les déplacements possibles sont en nombre limité et se font toujours dans les mêmes directions, rien ne garantit qu'on puisse se familiariser avec les personnes rencontrées ; au contraire, Segalen croit à l'impénétrabilité ultime des êtres individuels comme des peuples. « Des amants seraient épouvantés si, au plus fort de la volupté partagée — quand la joie se répand, tellement une que les deux êtres proclament leur consubstantialité — ils mesuraient l'infrangible barrière qui sépare les deux amants sentant, et les séparera toujours malgré l'apparente harmonie de leur unique joie » (*Essai*, p. 90). S'il y a une folie des amants à vouloir se confondre, il en va de même des groupes humains : « L'impénétrabilité des races. Qui n'est autre chose que l'extension, aux races, de l'impénétrabilité des individus. La trahison du langage, et les langues » (p. 27). Les langues se trahissent mutuellement, et le langage universel n'existe pas ; l'unité du genre humain est un vain mot. La rencontre parfaite n'est qu'une illusion, mais il faut s'en réjouir au lieu de le déplorer : l'expérience de l'exote est ainsi préservée.

Mais Segalen n'est pas toujours sûr d'avoir raison à ce sujet, et il a donc recours à une seconde parade ; il affirme alors que la différence est une condition indispensable à toute vie et que toute différence effacée est aussitôt compensée, ailleurs, par le surgissement d'une autre ; sinon la vie s'arrêterait. « On peut croire que les différences *fondamentales* n'aboutiront jamais à un tissu réel sans couture et sans rapiècements ; et que la fusion croissante, la chute des barrières, les grands raccourcis d'espace, doivent d'eux-mêmes se compenser quelque part au moyen de cloisons nouvelles, de lacunes imprévues » (p. 67). Ces différences, on l'a vu, n'ont pas besoin d'être grandes : la finesse de la séparation est compensée par un perfectionnement de notre appareil de perception.

De cette seconde parade, Segalen produit plusieurs exemples. L'un concerne un tour que nous joue le processus d'identification : l'Européen qui s'identifie à la Chine perd un exotisme, il est vrai ; mais, comme il est devenu autre qu'il n'était, c'est l'Europe qui lui est maintenant exotique ; le score est finalement nul. « L'exote, du creux de sa motte de terre patriarcale, appelle, désire, subodore des au-delà. Mais, habitant ces au-delà, tout en les enfermant, les embrassant, les savourant, voici la motte, le terroir qui devient tout à coup et puissamment divers. De ce double jeu balancé, une inlassable, une intarissable diversité » (p. 49). Segalen, qui avait visité la case de Gauguin peu après la mort de celui-ci, croyait que le dernier tableau de Gauguin peint à Tahiti avait été un paysan breton sous la neige. Il se trompait en l'occurrence (ce tableau-là avait été peint en France), mais l'exemple illustre bien l'inversion dont il parle : l'artiste redécouvre son propre pays parce qu'il s'en est éloigné.

Un deuxième exemple de différence recréée se trouve dans la loi du bovarysme, ainsi nommée d'après le livre que Jules de Gaultier consacre à ce sujet *(le Bovarysme)*. Emma Bovary se rêve romantique, différente de ce qu'elle est ; en cela elle est, non pas l'exception, mais la vérité de tous les êtres humains : nous sommes tous possédés par des rêves irréalisables. « La loi du bovarysme de Jules de Gaultier : tout être qui se conçoit, se conçoit nécessairement autre qu'il n'est » (p. 23-24). Mais du coup l'altérité est introduite au sein même de l'identité, et il n'y a aucune raison de craindre sa diminution dans l'absolu : j'ai beau réduire les différences entre les autres et moi, celles-ci renaissent au sein du moi lui-même. Cette consolation plaît tant à Segalen, qu'il veut faire de la phrase de Gaultier l'unique citation de son livre, qui l'achèverait : « " Et il se réjouit dans la diversité " (reconquise) » (p. 60).

Ainsi se trouvent conjurés les dangers qui planaient sur le bonheur de l'exote. On pourrait juger ces parades par trop théoriques. Mais Segalen ne se contente pas de bâtir une théorie, il interroge constamment sa propre expérience d'exote, puisque c'est d'elle qu'il part, et constate qu'elle peut être préservée. Il est passé en fait, à cet égard, par plusieurs phases. Dans un premier temps, il est choqué de voir que les voyageurs manquent l'autre, et se contentent de parler d'eux-mêmes, sous prétexte qu'ils rapportent les *impressions* laissées sur eux par le monde. Segalen tente d'inverser cette tendance dans son premier livre, *les Immémoriaux ;* il y fait donc, en quelque sorte, de l'anti-Chateaubriand ou de l'anti-Loti. « Réaction non plus du milieu sur le voyageur mais du voyageur sur le milieu vivant, j'ai tenté de l'exprimer pour la race maorie » (p. 18). Sur un autre mode, il retrouve le même problème dans son second livre, *Stèles,* qui cherche à restituer un monde, et non les impressions produites par celui-ci sur l'âme du voyageur (cette fois-ci, c'est de l'anti-Claudel). « L'attitude (...) ne pourra donc pas être le *je* qui ressent... mais au contraire l'apostrophe du milieu au voyageur, de l'exotique à l'exote qui le pénètre, l'assaille, le réveille et le *trouble.* C'est le *tu* qui dominera » (p. 21).

La réaction à l'omniprésence du *je* est donc une valorisation du *tu.* Mais, à laisser ainsi seul parler l'autre, on s'interdit de nouveau, bien que pour d'autres raisons, l'expérience de l'altérité. Il faut donc dépasser aussi cette deuxième forme d'interaction. Voici comment, dans un cas particulier, celui de la Chine, Segalen décrit la variété de rapports : « Le plus simple est de mépriser et de détester les Chinois, " dans la peau ". Beaucoup de grossiers personnages, militaires et coloniaux, en sont là et n'ont jamais dépassé ce point. Par réaction, d'autres gens sont allés à l'admiration scrupuleuse, à l'affection du Chinois, et du *type chinois*. Ni l'un ni l'autre, mais au-delà... » (*Voyage au pays du réel*, p. 37). Ou dans *Équipée* : « N'être dupe ni du voyage, ni du pays, ni du quotidien pittoresque, ni de soi » (p. 371).

Comment décrire cet au-delà des rapports d'assimilation de l'autre ou de perte en lui ? Comment exprimer cette lucidité tant sur l'autre que sur soi ? Segalen emprunte parfois une autre phrase de J. de Gaultier et parle d'une restitution, non du monde, mais d'une vision du monde — qui ne se confond pourtant pas avec une impression laissée par ce même monde... Quoi qu'il en soit, il semble lui-même avoir réussi cette rencontre du troisième type : passionné par la Chine, il reste en même temps, au dire de ses amis, indifférent à son égard. Et il le confirme lui-même : « A sentir vivement la Chine, je n'ai jamais éprouvé le désir d'être chinois. A sentir violemment l'aurore védique, je n'ai jamais regretté réellement de n'être pas né 3 000 ans plus tôt, et conducteur du troupeau. Départ d'un bon réel, celui qui est, celui que l'on est. Patrie. Époque » (*Essai*, p. 57-58). Pour éprouver l'autre, on n'a pas besoin de cesser d'être soi. Et, nonobstant les difficultés théoriques, l'expérience exotique est une réalité.

On peut en observer un exemple presque anecdotique dans le rôle que réserve Segalen aux citations, à l'intérieur même de son *Essai sur l'exotisme*. En effet, la citation est un segment d'autrui, et l'attitude à son égard est révélatrice de la manière dont on vit l'exotisme. Or, si Segalen n'ignore nullement les écrits de ses prédécesseurs (il les énumère fréquemment), il a décidé de ne pas mettre de citations dans le texte définitif (ou alors une seule, la phrase consolatrice de Jules de Gaultier). La raison en est que, tout en maintenant le texte d'autrui dans une extériorité à soi, la citation en assure une présence forte, trop forte, alors même qu'elle ne rend jamais justice à l'ensemble dont elle est extraite. Comment faire alors ? Recourir à d'autres moyens, et notamment à l'allusion, présence indirecte. « L'allusion littéraire est un jeu d'idées assez délicat, qui cite sous une forme voilée (...). J'aurai souvent recours à l'allusion » (p. 62). Peu importe, en l'occurrence,

si Segalen a raison dans cette incrimination et dans ce
choix ; on voit bien en quoi la pratique qu'il choisit obéit au
principe qu'il professe.

Combats pour l'exotisme

L'expérience exotique a donc de bonnes chances de se
réaliser, comme le prouve le témoignage de Segalen lui-
même. Mais il ne se sent pas rassuré pour autant, d'autant
plus qu'il lui semble vivre à une époque particulièrement
néfaste aux exotes ; il appelle donc à un combat acharné
contre les ennemis de l'exotisme.

Qui sont ces ennemis ? On peut les répartir, sommaire-
ment, en deux catégories. Font partie de la première tous
ceux qui ignorent l'autre, ne pensant en toutes circonstances qu'à eux-mêmes. Au sein de ce vaste ensemble, il
existe plusieurs cas. Un premier est celui des colons, des
commerçants, des entrepreneurs : ce type de personnage
est intéressé, c'est-à-dire qu'il ne s'intéresse qu'à lui-
même ; il « surgit avec le désir du commerce indigène le
plus commercial. Pour lui, le divers n'existe qu'en tant qu'il
lui servira de moyen de gruger » (p. 40). L' « autre », ici,
est celui qui se laisse tromper plus facilement, qui ignore les
rèles d'échange en vigueur dans notre société. Un
deuxième cas est constitué par les écrivains exotiques
antérieurs à Segalen, ces voyageurs imbus d'eux-mêmes,
qui se contentent de rapporter les « impressions » que leur
a laissées le pays visité. Segalen n'a que mépris pour ces
« voyageurs pressés et verbeux » (p. 22) ; il pense en
particulier à Chateaubriand et surtout à Loti, le collectionneur d'impressions. « Les Loti sont mystiquement ivres et
inconscients de leur objet, qu'ils mélangent à eux, et
auquel ils se mélangent éperdument » (p. 39) ; Loti sera
donc classé parmi les « pseudo-exotes », les « proxénètes
de la sensation du divers » (p. 34). Mais Claudel en Chine
n'est guère plus digne d'estime, même s'il est meilleur
poète : malgré son long séjour, il n'a même pas appris la

langue chinoise. Tombent dans la même catégorie tous les vulgarisateurs, ceux qui veulent faciliter l'expérience aux autres, en publiant des guides et des manuels. « La Chine en main » ou « Toute la Chine en trois cents pages » (*Briques et Tuiles*, p. 90).

Un autre cas mérite une mention à part, tant il est omniprésent, et caractéristique de notre époque : c'est celui des touristes. Une véritable plaie, selon Segalen, qui voit les touristes comme des animaux, en « troupeaux errants » (*Essai*, p. 46). Le défaut des touristes est double. D'une part, leur intérêt pour les pays étrangers reste purement superficiel : ils sont pressés, ils cherchent à accumuler des « impressions » plutôt que d'essayer de comprendre l'autre ; ils sont les descendants, non des explorateurs d'autrefois, mais, bien au contraire, des esprits les plus casaniers. « Au milieu des pires vitesses et des pires éloignements, ils retrouvent leurs bas de laine, leurs économies, leurs fauteuils et leurs siestes » (p. 47). D'autre part, ils provoquent des modifications déplorables dans les populations qu'ils visitent, lesquelles se mettent à ressembler à ce qu'elles croient être désiré par les touristes ; autrement dit, ceux-ci, sans le savoir, transforment toutes les contrées à leur image. « Le tourisme diminue vraiment l'exotisme des pays » (p. 48).

La seconde catégorie d'ennemis de l'exotisme est différente, même si elle peut provoquer parfois des résultats semblables : ce ne sont plus ceux qui refusent de percevoir les autres, mais ceux qui, les ayant perçus, et jugés différents de soi, souhaitent les transformer — au nom d'une universalité illusoire qui n'est en fait que la projection de leurs propres coutumes et habitudes (on a reconnu la figure de l'ethnocentrisme). On peut mentionner ici les missionnaires, que Segalen avait appris à haïr à Tahiti ; et les administrateurs coloniaux, qui veulent imposer les usages français aux quatre coins du monde. « La notion même d'une administration centralisée, de lois bonnes à tous et qu'il *doit* appliquer, lui fausse d'emblée tout jugement, le rend sourd aux *disharmonies* (ou harmonies du divers). (p. 40). Ce sont encore tous les auteurs de synthèses faciles, les unificateurs pressés : « Chateaubriand (...),

V. Hugo (...) et G. Sand (...) ne faisaient qu'affadir
l'objet en un mélange où s'évanouissait la diversité merveilleuse ! la diversité savoureuse ! » (p. 37). Ce sont enfin tous
ceux qui, animés par l'amour du progrès technique (et
peut-être aussi par l'appât du gain), rendent les voyages
plus rapides et accessibles au grand nombre, diminuant
ainsi la spécificité de chaque culture. « Du perfectionnement des voyages et des menaces qui en découlent pour la
persistance de la saveur d'exotisme » (p. 27).

Or, c'est cette dernière catégorie d'ennemis de l'exotisme qui paraît particulièrement dangereuse à Segalen, car
elle correspond à un mouvement spécifiquement moderne,
mais universel, d'égalisation et d'homogénéisation. C'est
en observant les événements contemporains, « révolution
turque, révolution chinoise, révolution russe, voire même
la guerre », que Segalen voit « comment les valeurs
diverses tendent à se confondre, à s'unifier, à se dégrader », bref comment « la tension exotique du monde
décroît » (p. 76). En effet, plusieurs pays, jusqu'alors très
différents de l'Occident, subissent des mutations violentes
qui les rapprochent des idéaux européens, lesquels, qui pis
est, valorisent l'égalité au détriment de la hiérarchie ; en
conséquence, l'exotisme décroît tant à l'intérieur de chacun
de ces pays que d'un pays à l'autre. Segalen, qui n'hésitait
pas lui-même à rejeter les valeurs « dites humaines » au
nom de l'intensité et de la vie, ne peut s'empêcher
d'accuser la démocratie d'abolir toute hiérarchie des
valeurs.

Il est frappant de constater que ces opinions de Segalen
le rapprochent du même Loti qu'il méprise : ce dernier ne
comprenait pas autrement les changements survenus en
Turquie. « Un sultan constitutionnel, cela déroute toutes
les idées qu'on m'avait inculquées sur l'espèce. (...) Au
point de vue de son originalité, la Turquie perdra beaucoup
à l'application de ce nouveau système. (...) La Turquie sera
perdue par le régime parlementaire, cela est hors de
doute » (*Aziyadé*, p. 92). Loti est donc résolument hostile,
tout au moins à cette époque, au « vent égalitaire (...) qui
souffle d'Occident » (p. 158). Il est en cela exote, et non
pseudo-exote, car la différence lui apparaît comme une

valeur en soi ; et il n'est pas moins pessimiste que Segalen :
« Il viendra un temps où la terre sera bien ennuyeuse à
habiter, quand on l'aura rendue pareille d'un bout à
l'autre, et qu'on ne pourra même plus essayer de voyager
pour se distraire un peu » (*Madame Chrysanthème*, p. 7).

La menace spécifiquement moderne est donc double :
démocratie (égalisation) à l'intérieur des pays, communication (unification) entre les pays. Le résultat risque d'être
catastrophique. Segalen vient de lire dans des ouvrages de
physique que l'énergie universelle est en diminution constante, que le monde est menacé par l'entropie ; et il perçoit
le dépérissement de l'exotisme comme la perte d'une autre
forme d'énergie, comme l'invasion d'une autre entropie.
« Si l'homogène prévaut dans la réalité profonde, rien
n'empêche de croire à son triomphe à venir dans la réalité
sensible, celle que nous touchons, palpons, étreignons et
dévorons de toutes les dents et de toutes les papilles de nos
sens. Alors peut venir le royaume du tiède ; ce moment de
bouillie visqueuse sans inégalités, sans chutes, sans res-
sauts, figuré d'avance grossièrement par la dégradation du
divers ethnographique » (p. 67). L'entropie est le pire
destin parmi ceux qui nous guettent. Segalen est conscient
de tout ce qu'il doit à Gobineau pour cette imagerie
apocalyptique de l'avenir du monde, puisqu'il note, dans
ces mêmes pages : « La dégradation de l'exotisme. Gobineau : *De l'inégalité* » (p. 88).

Que faire contre l'entropie ? Prier, peut-être ? « Seigneur innommable du monde, donne-moi l'autre ! — Le
div... non, le divers » (p. 77). Mais Segalen n'est pas un
croyant. Il lui semble plus opportun d'alerter les hommes,
de les inciter à lutter contre l'atténuation d'exotisme. « Le
divers décroît. Là est le grand danger terrestre. C'et donc
contre cette déchéance qu'il faut lutter, se battre — mourir
peut-être avec beauté. (...) Remède à la dégradation du
taux d'exotisme : exalter les valeurs exotiques partielles qui
demeurent » (p. 78). Et c'est ce que fera Segalen lui-même
à travers toute son œuvre, tant l'*Essai sur l'exotisme* que ses
textes nés du contact avec Tahiti ou la Chine.

Ce combat doit être mené sur les deux fronts, intérieur et
extérieur. A l'intérieur de chaque pays, l'ennemi est la

tendance à diminuer les inégalités, à rapprocher entre elles
les différentes classes de la population. Dans les vieux
temps, la distance était irréductible entre Dieu et les
hommes, le roi et le peuple, les héros et les humbles. Les
différences se sont maintenues dans certains pays privilégiés jusqu'à l'époque contemporaine. « Il y en avait de
considérables entre le tzar et le moujik — le Fils du ciel et le
peuple, malgré la théorie paternelle, — ou les villes
princières d'Italie furent de beaux outils du divers. » Tout
cela est tombé en décadence depuis l'arrivée de la démocratie. « Le peuple souverain apporte partout avec lui les
mêmes habitudes, les mêmes fonctions » (p. 77). Segalen
est horrifié par la révolution chinoise, qui met la république
à la place du Fils du ciel ; il rêve à un régime politique
dominé par un chef puissant. Il éprouve du reste le même
dégoût devant les mouvements égalitaristes dans les pays
occidentaux : « Condamnation absolue du féminisme,
sorte de monstrueuse inversion sociale » (p. 78).

Sur le front extérieur, il faut empêcher à tout prix que les
peuples se rapprochent. Segalen partage le refus des
croisements avec Gobineau, Loti et Lévi-Strauss ; s'il faut
que les peuples soient en contact, qu'ils se fassent au moins
la guerre. « Voyages mécaniques confrontant les peuples
et, horreur, les mêlant, les mélangeant sans les faire se
battre » (p. 77). La première version de ses « Conseils au
bon voyageur » précisait aussi : « C'est ainsi que (...) tu
parviendras — non point, horreur, à la paix et béatitude
éternelle — mais à la guerre, aux chocs et aux remous pleins
d'ivresse, de l'innombrable diversité » (*Briques et Tuiles*,
p. 75). Segalen est aussi belliqueux que Péguy (évoqué
dans cette même page de son *Essai*), et, comme lui, lorsque
éclate la Première Guerre mondiale, s'empresse de se
rendre au front. Mais même la guerre lui semble décevante
dans le monde moderne : « Exotisme de la guerre en pleine
dégradation » (p. 79).

Existe-t-il un lien nécessaire entre la description élo-
gieuse de l'expérience exotique et la philosophie vitaliste,
d'une part, la valorisation de l'inégalité sociale et de la
guerre, de l'autre ? On peut en douter, ne serait-ce que
parce que ces derniers éléments de la pensée de Segalen ne

s'affirment fortement que vers la fin de sa vie (en particulier dans un texte intitulé « Imago Mundi », et daté de Shanghai, 1917). On peut être friand d'altérité sans réduire les valeurs à l'éloge de la vie, et la vie aux sensations. D'un autre côté, il y a bien un rapport entre l'exotisme de Segalen et ses appels au combat. Son évocation de la rencontre avec l'autre est fouillée et nuancée ; elle reste cependant partielle car elle enregistre le rôle de la différence mais sous-estime celui de l'identité. A partir de là, devenu défenseur de la différence pure, Segalen refuse de concevoir que les individus puissent avoir les mêmes droits, sans cesser d'être différents ; que les peuples puissent rester différents les uns des autres sans pour autant se faire la guerre. Son extrémisme (qui est aussi à son honneur : il reste cohérent avec lui-même, et assume ses convictions jusqu'à leurs ultimes conséquences) le rapproche paradoxalement de Barrès, dont il raillait pourtant l'attachement au seul terroir natal. Barrès n'aime que soi, Segalen n'aime que l'autre, c'est vrai ; mais ils se rejoignent dans une philosophie de la différence, dans un relativisme radical dont seules varient les étiquettes et dans l'horreur devant le rapprochement des peuples.

Voyageurs modernes

Artaud au Mexique

Que deviennent ces figures de l'exotisme à mesure qu'on s'approche du présent ? Observons-les à travers l'exemple d'un poète aussi « révolutionnaire » qu'Antonin Artaud. Artaud se rend au Mexique en 1936, et y reste quelques mois. Il donne plusieurs conférences, écrit des articles dans la presse et s'intéresse plus particulièrement aux rites des Indiens Tarahumaras ; ses écrits mexicains ont été réunis (après sa mort) en deux petits volumes, intitulés *Messages révolutionnaires* et *les Tarahumaras*.

Dans l'esprit d'Artaud, le Mexique s'oppose à la France. A vrai dire, ce ne sont pas leurs cultures nationales qui sont en question : la France n'est que la partie la plus familière de l'Europe occidentale, comme le Mexique l'est du reste du monde. Chacun de ces deux ensembles apparaît à Artaud comme intérieurement homogène. A celui qui objecterait qu'il n'y a pas un mais plusieurs Mexiques (celui des Aztèques, celui des Toltèques, celui des Mayas, celui des Totonaques, etc.), Artaud reprocherait qu'il « ignore ce qu'est la culture, il confond la multiplicité des formes avec la synthèse d'une idée » : non seulement toutes ces cultures sont une seule et même culture, mais de plus cette grande culture mexicaine se confond avec l'ésotérisme musulman, brahmanique et juif : « Qui ne voit que tous ces ésotérismes sont les mêmes, et veulent en esprit dire la même chose » (*Messages révolutionnaires*, p. 34). C'est qu'en effet pour Artaud la culture n'est pas faite des formes observables (coutumes, usages, rites) mais d'une attitude à l'égard de la vie, de la nature et de l'homme ; or, de telles attitudes, il n'en trouve que deux, l'une illustrée par les Français, l'autre par les anciens Mexicains.

Comment les décrire ? Le mot qui revient le plus souvent chez Artaud pour identifier la première d'entre elles est « rationaliste » : la culture européenne est une culture de la raison. D'accord avec les racialistes vulgaires, Artaud parle de « la raison, faculté européenne » (p. 25) ; seul diffère le jugement de valeur qu'il porte là-dessus. Ce rationalisme fondamental entraîne plusieurs conséquences : la séparation du corps et de l'esprit, la croyance au progrès et « les idées démocratiques » (p. 106). L'ennemi (car c'est d'un ennemi qu'il s'agit) est donc une sorte d'amalgame de Descartes et de Condorcet, mais Artaud conspue aussi l'humanisme du XVIe siècle, à la place duquel il appelle de ses vœux un tout autre « humanisme ». La critique qu'il lui adresse est assez semblable à celle qu'on trouvera chez Lévi-Strauss : l'humanisme européen est beaucoup trop étriqué, car il a mis l'homme au centre de l'univers, et a privé ainsi la nature de la place qui lui revient. « L'Humanisme de la Renaissance ne fut pas un agrandissement mais une diminution de l'homme, puisque l'Homme a cessé de s'élever jusqu'à la nature pour ramener la nature à sa taille à lui, et la considération exclusive de l'humain a fait perdre le Naturel » (*les Tarahumaras*, p. 73-74).

A la culture rationaliste de l'Europe s'oppose, en bonne logique, « une culture magique » propre aux Mexicains, et aux autres non-Européens (*Messages*, p. 23). De l'évocation très métaphorique qu'en fait Artaud, on peut conclure qu'elle implique « la destruction de la conscience individuelle » (p. 80) évincée au profit d'une conscience collective ; l'interpénétration de l'âme et du corps ; l'établissement d'une continuité entre les êtres humains et le monde qui les entoure : la terre, les astres ; et la soumission du monde aux lois de l'universelle analogie : « Au moyen de données astrologiques très précises, tirées d'une algèbre transcendante, on peut prévoir les événements et agir sur eux » (p. 108).

Dans ses textes publiés au Mexique, Artaud ironise

parfois sur le public parisien qui, en ce qui concerne le Mexique, vit en « pleine fantasmagorie » (p. 79) ; mais sa propre image de ce pays et de sa culture n'a pas beaucoup plus de contacts avec la réalité. Ses lecteurs mexicains ont dû être quelque peu étonnés d'apprendre que la « structure politique subtile » de leur pays « au fond n'a pas changé depuis l'époque de Moctézuma » (p. 99). Comment Artaud le savait-il ? Il n'a pas eu besoin d'observer les Mexicains contemporains ; il le savait avant même de les voir : « J'ai longuement regardé les Dieux du Mexique dans les Codex, et il m'est apparu que... » (p. 43). Il s'agit donc d'un effort de l'intuition et de l'imagination, d'une re-création poétique — mais pour laquelle Artaud revendique tout de même un rôle cognitif : il procède, dit-il, « en savant, au vrai sens du terme » (p. 69).

On ne peut être surpris par l'attitude d'Artaud, car il met sans cesse lui-même en garde ses lecteurs : il n'est pas venu au Mexique pour y découvrir un monde inconnu. Il sait d'avance ce qu'il est venu y chercher : c'est la négation de la civilisation européenne, le monde animiste auquel il rêve. Il précise même : « Je ne suis allé sur les hauteurs du Mexique que pour me débarrasser de Jésus-Christ, comme je compte un jour aller au Thibet, pour me vider de dieu et de son saint-esprit » (*les Tarahumaras*, p. 59-60). Les différents pays du monde doivent lui permettre — dans ce projet jamais réalisé — de régler ses comptes avec sa propre religion et sa propre culture : si Artaud voyage, ce n'est surtout pas pour connaître le monde.

Ce qu'il est venu chercher au Mexique, c'est tout ce qui y est différent de l'Europe ; c'est pourquoi Artaud rejette le Mexique contemporain, souillé par les contacts avec l'Europe, et n'aspire qu'à retrouver des restes du Mexique ancien, qui ont plus de chances de ressembler à ses rêves. « Je suis venu chercher dans le Mexique moderne la survivance de ces notions ou attendre leur résurrection » (*Messages*, p. 110). Ce primitivisme chronologique le porte vers tout ce qui est vieux, ancien, autochtone et authentique, vers un Mexique d'avant les mélanges (si tant est qu'une telle chose ait jamais existé). « Mes recherches ne pourront se rapporter qu'à la partie de l'âme mexicaine

demeurée pure de toute influence de l'esprit européen »
(p. 105). La vraie culture, en effet, est celle d'avant les
mélanges, c'est celle qui « s'appuie sur la race et sur le
sang » (p. 22), non sur les influences extérieures. Malheureusement, cette couche de l'âme mexicaine s'avère plus
mince qu'il ne l'escomptait : « J'espérais trouver ici une
forme vitale de la culture et je n'ai plus trouvé que le
cadavre de la culture de l'Europe » (p. 130).

L'attitude d'Artaud à l'égard des autres, en l'occurrence
des Mexicains, n'a donc rien d'original. Sur le plan formel,
sa famille d'esprit est celle de tous les « allégoristes » : tous
ceux qui font des autres un usage purement allégorique,
dicté non par l'identité de ces autres et la connaissance
qu'on peut en avoir, mais par un projet idéologique
autonome, conçu en dehors de tout contact avec ce peuple
appelé à servir exclusivement d'exemple et d'illustration.
En cela Artaud est proche des primitivistes du XVIIIᵉ siècle,
de Lahontan à Diderot, qui se préoccupaient finalement
très peu des vrais Hurons et des vrais Tahitiens, mais qui en
avaient besoin comme arguments dans des combats spécifiquement européens et français. Artaud est donc primitiviste, même si le contenu de son primitivisme est assez
particulier. Il méconnaît les Mexicains (au fond ils l'intéressent très peu) ; ce qu'il est venu chercher, ce sont des
éléments de ses thèses à lui. En cela l'écrivain-allégoriste
répète le geste du voyageur-impressionniste, qui ne perçoit
les autres qu'en fonction de ses propres besoins, sans
jamais les hisser à la place du sujet.

Quant aux idées d'Artaud, elles s'inscrivent dans la
tradition romantique, antihumanitaire et antidémocratique ; Barrès aurait pu signer sa phrase sur la race et le sang,
et Gobineau celles sur le caractère indésirable du croisement entre les cultures. Artaud croit à la différence
irréductible des races (la raison est une faculté européenne)
et s'oppose à l'idée d'universalité humaine ; il est contre
tout changement allant dans le sens de l'unification. Si
Antonin Artaud a incontestablement été lui-même un
personnage très peu conventionnel, dans son attitude à
l'égard des autres, il n'y a que le style qui lui appartienne en
propre.

Portraits de voyageurs

Jusqu'à présent, la connaissance intuitive que nous tous avons du monde des voyages et des rencontres nous a servi à interpréter la pensée des écrivains-voyageurs. On pourrait maintenant inverser la perspective, et interroger cette connaissance même à l'aide des catégories mises en lumière par les écrivains de l'exotique. Notre expérience du voyage se laisse-t-elle mieux comprendre grâce aux auteurs du passé ? Chacun trouvera pour lui-même la réponse à cette question ; mais on peut aussi parcourir ensemble une galerie de portraits, non plus ceux de voyageurs individuels, mais, un peu à la manière de Segalen, ceux des principaux voyageurs types. Une galerie de portraits plutôt qu'une typologie : celle-ci suppose en effet que les traits constituant chaque portrait forment système ; or les personnages auxquels on aura affaire ici sont identifiés à partir de caractéristiques qui relèvent de différentes facettes, de différentes phases du voyage. J'en ai retenu dix. Pourquoi dix plutôt que cinq ou quinze ? Au lieu d'être le produit d'un système déductif, ces portraits de voyageurs résultent de l'observation empirique : il se trouve qu'ils reviennent plus souvent que d'autres dans la littérature de voyage et d'évasion, telle qu'elle s'écrit depuis un siècle. Bien entendu, chaque voyageur réel se glisse dans la peau tantôt de l'un, tantôt de l'autre de ces voyageurs un peu abstraits.

Il ne s'agira donc plus ici des jugements portés sur les autres, positifs ou négatifs, de rejet ou d'éloge ; peu importe, dans la perspective présente, si ces voyageurs sont des relativistes ou des universalistes, des racistes ou des nationalistes, des primitivistes ou des exotistes. Ce qui est en jeu, ce sont les formes d'interaction dans lesquelles ils entrent avec les autres au cours de leur voyage. On aura affaire à un rapport non plus de représentation (comment pense-t-on les autres ?) mais de contiguïté et de coexistence (comment vit-on avec les autres ?). Cela implique, évidemment, qu'il y ait eu interaction : les voyageurs qui traver-

sent le pays étranger sans s'y arrêter, ou qui le visitent en
évitant tout contact avec ses habitants, ne peuvent y
figurer.

1. *L'assimilateur.* Cette espèce, répertoriée par Rousseau et Segalen, semble relativement rare à l'époque
contemporaine. C'est qu'elle présuppose un certain esprit
de croisade, un messianisme ; or, les croyances sur lesquelles repose un tel esprit ne sont plus très répandues
parmi nous. L'assimilateur est celui qui veut modifier les
autres pour qu'ils lui ressemblent ; c'est en principe un
universaliste (il croit en l'unité du genre humain), mais il
interprète habituellement la différence des autres en
termes de manque par rapport à son propre idéal. La figure
classique de l'assimilateur est le missionnaire chrétien, qui
veut convertir les autres à sa propre religion ; cette
conversion n'est pas obligatoirement suivie d'une transformation des mœurs non religieuses des convertis (les jésuites
en Chine sont particulièrement accommodants sur ce
point).

Le prosélytisme chrétien coïncide avec la première
grande vague de la colonisation, celle du XVIᵉ siècle ; au
cours de la seconde vague, celle du XIXᵉ siècle, c'est l'idée
de la civilisation européenne, et non plus du christianisme,
qui est exportée ; on en a vu le projet chez Condorcet et la
pratique chez Jules Ferry. Segalen, on s'en souvient, était
tout aussi hostile au missionnaire à Tahiti qu'au fonctionnaire colonial en Indochine ou ailleurs ; il leur reprochait à
la fois de méconnaître les autres, et de vouloir les changer
en les faisant ressembler à soi, l'universalisme des assimila-
teurs étant en général un ethnocentrisme à peine déguisé.
On peut parler aujourd'hui d'une troisième vague de
messianisme, propre au XXᵉ siècle, qui consiste à exporter
la révolution mondiale et à convertir les peuples les plus
divers à telle ou telle version de l'idéologie marxiste ; ce
sont donc des colonies d'un nouveau type. A côté de ces
grandes vagues, il est vrai, il en existe d'innombrables
autres, de dimensions plus réduites, qui aboutissent à
l'assimilation sur le plan local ; ce processus implique la
supériorité physique de l'assimilateur, qui s'appuie sur
l'armée ou la police.

2. *Le profiteur.* Le profiteur habituel n'est ni prêtre, ni soldat, ni idéologue : c'est un homme d'affaires, par exemple commerçant, ou industriel. Son attitude à l'égard des autres consiste à les utiliser à son profit ; il spécule sur leur altérité pour mieux les « gruger », comme le dit Segalen. A la différence de l'assimilateur, le profiteur s'adapte bien à tous les contextes, et n'a pas besoin d'être porté par une idéologie quelconque. Aux indigènes, ignorants de la valeur des objets étrangers, il vend cher et achète bon marché ; il utilise les « autres » en tant que main-d'œuvre au rabais, les exploitant sur place ou les important (parfois clandestinement) chez lui. Des autres il ne sait que ce qui lui est indispensable pour s'en servir : il apprend à leur parler et à les convaincre. L'autre est pris dans un rapport pragmatique, il n'est jamais le but même de la relation. De nos jours, il n'y a presque plus de colons à l'ancienne manière, mais une nouvelle figure a surgi, celle du coopérant. Ce dernier exploite (pas toujours, il va de soi), non plus les autres, mais sa situation exceptionnelle parmi eux ; il ne s'intéresse à eux que dans la mesure où ils lui permettent de jouir de certains privilèges : un meilleur salaire, un travail de niveau supérieur, plus de considération, de domestiques bon marché, le tout dans le climat ensoleillé caractéristique des pays pauvres...

3. *Le touriste.* Le touriste est un visiteur pressé qui préfère les monuments aux êtres humains. Il est pressé, non seulement parce que l'homme moderne l'est en général, mais aussi parce que la visite fait partie de ses vacances, et non de sa vie professionnelle ; ses déplacements à l'étranger sont enfermés à l'intérieur de ses congés payés. La rapidité du voyage est déjà une raison à sa préférence pour l'inanimé par rapport à l'animé : la connaissance des mœurs humaines, disait Chateaubriand, demande du temps. Mais il y a une autre raison à ce choix : l'absence de rencontres avec des sujets différents est beaucoup plus reposante, puisqu'elle ne remet jamais en question notre identité ; il est moins dangereux de voir des chameaux que des hommes. Les monuments sont naturels ou culturels : tout ce qui sort de l'ordinaire dans la nature, depuis les sommets des montagnes jusqu'aux geysers d'eau chaude ; tout ce qui, parmi les productions humaines, est ancien ou alors relève de l'art. Le touriste cherche à accumuler dans son voyage le plus de monuments possibles ; c'est pourquoi il privilégie l'image au langage, l'appareil de photo étant son instrument emblématique, celui qui lui permettra d'objectiver et d'éterniser sa collection de monuments.

Le touriste ne s'intéresse pas beaucoup aux habitants du pays ; mais, à son insu, il les influence, comme l'avait déjà remarqué Segalen. Comme il est prêt à depenser de l'argent, l'autochtone cherchera à lui offrir ce qu'il demande (ou ce que l'un s'imagine que l'autre lui demandera). Ainsi, bien qu'involontairement, le touriste pousse les autochtones à valoriser le « typique » : la production d'objets censés se trouver dans le pays, l'aménagement d'établissements, de sites, de fêtes « indigènes ». Peu à peu les activités locales se trouvent remplacées par la vente de souvenirs (fabriqués au demeurant, pour des raisons de rentabilité, dans des pays tiers) ; ainsi la recherche effrénée de couleur locale conduit-elle, paradoxalement, à l'homogénéisation.

Segalen voue un grand mépris aux touristes, dont il ridiculise le côté « troupeau », ce qui ne surprend pas chez un esprit aussi élitiste ; et depuis son époque le tourisme de masse a fait de grands pas en avant. Mais les faiblesses du tourisme ne proviennent pas de ce qu'il est collectif : on peut aussi « faire le touriste » tout seul. D'un autre côté, le contact initial avec un pays étranger est forcément superficiel : la visite touristique, si elle éveille l'intérêt, peut être la première étape d'une connaissance plus approfondie. La pratique du tourisme n'est pas méprisable en elle-même ; simplement, dans la perspective d'une relation avec les représentants d'une autre culture, elle produit des résultats plutôt pauvres.

4. *L'impressionniste.* L'impressionniste est un touriste très perfectionné : d'abord il a beaucoup plus de temps que le vacancier, ensuite il élargit son horizon aux êtres humains, enfin il rapporte chez lui, non plus de simples clichés photographiques ou verbaux, mais, disons, des

esquisses, peintes ou écrites. Il a toutefois en commun avec
le touriste de rester le seul sujet de l'expérience. Pourquoi
part-il ? Parfois, comme Loti, parce qu'il ne parvient plus à
sentir la vie chez lui, et que le cadre étranger lui permet
d'en retrouver le goût : « Il faut toujours épicer de son
mieux le repas si fade de la vie. » D'autres fois, parce que,
comme le suggère Baudelaire dans « L'invitation au
voyage », il aspire à trouver un cadre approrié à l'expérience qu'il vit, à l'être qu'il a déjà rencontré : « Ne serais-
tu pas encadrée dans ton analogie, et ne pourrais-tu pas te
mirer, pour parler comme les mystiques, dans ta propre
correspondance ? » (p. 303). Je peux décider de me rendre
à Venise parce que je suis mélancolique, ou à Capri parce
que joyeux.

L'expérience recherchée peut être de mille natures
différentes : perception de sons, de goûts, d'images inso-
lites, observations subjectives sur les mœurs des autres, ou
encore rencontres érotiques (à la manière des marins : une
femme dans chaque port ; ou à celle des agences de voyage
spécialisées). Une seule chose réunit ces voyageurs, qui
peuvent par ailleurs être des aventuriers ou des contempla-
tifs : c'est qu'en tout cela ce qui les intéresse vraiment, ce
sont les impressions que ces pays ou ces êtres laissent sur
eux, non les pays ou les êtres eux-mêmes. Ou comme le dit
Michaux dans un de ses récits de voyage : « Une fois pour
toutes, voici : les hommes qui n'aident pas à mon perfectionnement : zéro » (*Ecuador*, p. 98). C'est en cela que
l'attitude impressionniste est en harmonie profonde avec
l'individualisme qui domine notre temps : sans forcément
mépriser les autres (tous ont les mêmes droits), je ne m'y
intéresse que dans la mesure où ils interviennent dans un
projet qui m'est propre.

L'attitude impressionniste a été systématisée pour la
première fois par Loti, qui a eu une abondante postérité ;
des figures aussi diverses que Michaux en Asie ou Barthes
au Japon sont aussi des « impressionnistes » (Barthes a
reconnu sa dette à l'égard de Loti). Mais ils ne l'ont pas
imité servilement : chez eux, l'intrigue amoureuse est
écartée ou tue, la connaissance du pays est plus approfondie et, surtout, le voyageur ne prétend pas qu'en nous

relatant ses propres expériences il nous révèle l'univers; l'auto-ironie de Michaux ou de Barthes est là pour empêcher que l'impressionnisme ne vire au narcissisme, comme cela se produit avec Loti. Du coup, on s'aperçoit que l'attitude impressionniste n'est pas en elle-même négative: l'individu a bien le droit d'avoir ses expériences, et il y a quelque chose d'attachant dans la modestie de l'impressionniste qui admet ne rapporter que des images du pays étranger, comparée à l'arrogance du savant qui prétend en révéler la nature éternelle. Un double danger persiste, néanmoins: l'image des autres risque d'être superficielle, sinon franchement erronée (un risque que Michaux ne parvient pas toujours à éviter); et l'expérience cesse d'être innocente si elle exige l'instrumentalisation de l'autre, et donc autorise sa souffrance.

5. *L'assimilé.* C'est d'abord, le plus souvent, celui qui ne fait que le voyage aller simple: l'immigrant. Il veut connaître les autres, parce qu'il est amené à vivre parmi eux; il veut leur ressembler, parce qu'il souhaite être accepté par eux. Son comportement est donc exactement à l'opposé de celui de l'assimilateur: il va chez les autres, non pour les rendre semblables à soi, mais pour devenir comme eux (pour participer, par exemple, au « rêve américain »). Il est en cela distinct du travailleur migrant, contrepartie du profiteur, qui ne se rend à l'étranger que pour une durée limitée et n'a aucune intention de renoncer à sa culture, bien au contraire. Quand le processus de connaissance et d'identification est suffisamment avancé, l'immigrant devient assimilé: il est « comme » les autres.

Cette attitude possède une variante particulière, où l'assimilation ne s'étend plus à l'ensemble de l'existence mais concerne la seule vie professionnelle: il s'agit alors de l'expert d'un pays étranger. L'expert fait des séjours fréquents, et cherche, dans un premier temps tout au moins, à comprendre ces étrangers comme ils se comprennent eux-mêmes: autant, et de la même manière. Le problème qui surgit alors, que ce spécialiste soit un ethnologue ou un historien, est que sa connaissance risque de devenir la simple reproduction de celle qu'ont d'eux-mêmes les habitants du pays ; or, comme le suggère Segalen, on peut viser plus haut que le remplacement de la domination du *je* par celle du *tu*, de la déformation ethnocentrique par le stéréotype local.

6. *L'exote*. C'est pourquoi, on l'a vu, Segalen revendique une nouvelle attitude — pour laquelle on peut garder le terme par lui forgé. Dans notre existence quotidienne, les automatismes de la vie nous aveuglent : nous prenons pour naturel ce qui n'est que conventionnel, et l'habitude soustrait à la perception une multitude de gestes. L'étranger, lui, n'a pas ce handicap : ne partageant pas nos habitudes, il les perçoit au lieu de les subir ; pour lui nous ne sommes pas naturels, car il procède constamment par comparaison implicite avec son propre pays, ce qui lui donne le privilège de découvrir nos manques, c'est-à-dire ce qui ne se voit pas. Cette lucidité particulière a été relevée depuis longtemps (c'est celle, on y reviendra, des Persans à Paris chez Montesquieu) ; voici la formulation qu'elle trouve chez Michaux : « Comment n'écrirait-on pas sur un pays qui s'est présenté à vous avec l'abondance des choses nouvelles et dans la joie de revivre ? Et comment écrirait-on sur un pays où l'on a vécu trente ans, liés à l'ennui, à la contradiction, aux soucis étroits, aux défaites, au train-train quotidien, et sur lequel on ne sait plus rien ? (...) La connaissance ne progresse pas avec le temps. On passe sur les différences. On s'en arrange. On s'entend. Mais on ne situe plus. (...) Un passant aux yeux naïfs peut parfois mettre le doigt sur le centre » (*Un barbare en Asie*, p. 99, 101).

Mais il ne s'agit pas d'une naïveté complète, d'une ignorance totale, on l'a noté à propos de Lévi-Strauss ; bien plutôt d'un équilibre instable entre surprise et familiarité, entre distanciation et identification. Le bonheur de l'exote est fragile : s'il ne connaît pas assez les autres, il ne les comprend pas encore ; s'il les connaît trop, il ne les voit plus. L'exote ne peut s'installer dans la tranquillité : à peine réalisée, son expérience est déjà émoussée ; aussitôt arrivé il doit se préparer à repartir ; comme le disait Segalen, il doit cultiver la seule alternance. C'est pourquoi peut-être la règle de l'exotisme a été convertie, très

fréquemment, de précepte de vie en procédé artistique :
c'est l'*ostranenie* de Chklovski ou la *Verfremdung* de
Brecht (en français : la distanciation).

7. *L'exilé.* Ce personnage ressemble par certains côtés à
l'immigrant, par d'autres à l'exote. Comme le premier, il
s'installe dans un pays qui n'est pas le sien ; mais, comme le
second, il évite l'assimilation. Cependant, à la différence de
l'exote, il ne recherche pas le renouvellement de son
expérience, l'exacerbation de l'étrangeté ; et, à la différence de l'expert, il ne s'intéresse pas particulièrement au
peuple au sein duquel il vit. Qui est l'exilé ? C'est celui qui
interprète sa vie à l'étranger comme une expérience de
non-appartenance à son milieu, et qui la chérit pour cette
raison même. L'exilé s'intéresse à sa propre vie, voire à son
propre peuple ; mais il s'est aperçu que, pour favoriser cet
intérêt, il valait mieux habiter à l'étranger, là où on
n'« appartient » pas ; il est étranger de façon non plus
provisoire mais définitive. C'est le même sentiment,
mais moins développé, qui pousse certains à habiter
les grandes villes où l'anonymat empêche toute intégration complète, toute absorption dans la communauté.

Il semblerait que le premier grand exilé de la littérature
française ait été Descartes, qui choisit de vivre en Hollande
non, comme on le pense parfois, pour publier librement ce
qui aurait été interdit en France (Descartes n'a pas de
problèmes avec la censure), ni parce qu'il est passionné par
la culture néerlandaise (elle ne l'intéresse pas particulièrement), mais parce que c'est le choix qui convient le mieux à
l'accomplissement de la tâche philosophique et scientifique
qu'il s'est fixée. Être étranger équivaut pour Descartes à
être libre, c'est-à-dire non dépendant : « Me tenant comme
je suis, un pied dans un pays et l'autre en un autre, je
trouve ma condition très heureuse en ce qu'elle est libre »
(*Œuvres*, p. 1305). Premier auteur célèbre à s'exprimer
ainsi, Descartes ne sera pas le dernier ; écoutons le prince
de Ligne, autre grand voyageur : « J'aime mon état
d'étranger partout : Français en Autriche, Autrichien en
France, l'un et l'autre en Russie, c'est le moyen de se plaire
en tous lieux et de n'être dépendant nulle part » (*Lettres*

écrites de Russie, p. 68). Au XXe siècle, les écrivains suivent souvent l'exemple de Descartes, et choisissent l'exil pour produire leur œuvre : Joyce et Beckett fuient l'Irlande, Rilke ne peut écrire qu'en dehors de l'Allemagne ; Garcia Marquez et Günther Grass écrivent à Paris ces romans « nationaux » que sont *Cent Ans de solitude* et *le Tambour...*

L'inconvénient, dans la situation de l'exilé (en ce sens particulier du terme), réside en ce qu'il renonce d'emblée aux fortes relations avec ces autres parmi lesquels il vit. Pour expliquer pourquoi il préfère Amsterdam à tout autre lieu dans le monde, Descartes écrit (à Guez de Balzac) : « Je me vais promener tous les jours parmi la confusion d'un grand peuple, avec autant de liberté et de repos que vous sauriez faire dans vos allées, et je n'y considère pas autrement les hommes que j'y vois, que je ferais les arbres qui se rencontrent en vos forêts, ou les animaux qui y paissent » (*Œuvres,* p. 942). L'exil permet à Rilke d'écrire les *Élégies de Duino ;* mais lui fait-il percevoir les indigènes rencontrés de manière plus intense que les arbres et les bêtes ? Cet exil-là est peut-être une expérience heureuse ; mais ce n'est certainement pas une découverte des autres.

8. *L'allégoriste.* L'allégorie dit une chose, et en fait entendre une autre ; l'allégoriste parle d'un peuple (étranger) pour débattre d'autre chose que de ce peuple — d'un problème qui concerne l'allégoriste lui-même et sa propre culture. Ainsi Lahontan se sert des Hurons pour parler du manque de liberté et d'égalité en France, et ne se soucie guère de leur destin à eux. Diderot en fait autant avec les Tahitiens pour dénoncer nos formes de sexualité, et Artaud met les Mexicains au service de sa propre vision du monde. On voit que la connaissance personnelle ne modifie pas, sur le fond, le comportement de l'allégoriste : Diderot n'est pas allé à Tahiti, Artaud est allé au Mexique, mais ils ont un usage pareillement allégorique des autres. Il se trouve que tous ces auteurs sont, de plus, des primitivistes, et qu'ils font l'éloge du peuple étranger ; mais on trouve aussi bien des allégories négatives, où l'on se sert d'un autre peuple comme d'un épouvantail. Cependant, que le contenu du

jugement soit négatif ou positif importe finalement assez peu : l'essentiel, c'est que les autres soient soumis aux besoins de l'auteur ; en ce sens, l'allégoriste est un profiteur, à ceci près qu'il joue sur le plan symbolique, et non plus matériel.

L'image de l'autre chez l'allégoriste ne vient pas de l'observation, mais de l'inversion de traits qu'il trouve chez lui. On l'a vu pour les projections classiques de l'âge d'or sur des peuples étrangers ; mais on ne procède pas différemment à l'époque moderne. Nizan raconte : « On nous avait accoutumés à penser à l'Orient comme au contraire de l'Occident : alors du moment que la chute et la pourriture de l'Europe étaient des faits absolument simples et clairs et distincts, la renaissance et la floraison de l'Orient n'appartenaient pas moins à l'ordre des évidences » (*Aden Arabie*, p. 69). De même, de nos jours, les tiers-mondistes inconditionnels projettent leur rêve sur des pays mal connus, et inversent les traits de la société qu'ils observent autour d'eux ; ce faisant, ils pratiquent une forme renouvelée de l'allégorisme primitiviste.

9. *Le désabusé*. Le casanier ne quitte jamais son pays, voire sa maison, et ne le regrette pas. Mais il existe aussi des voyageurs, qui ont fait le tour du monde et qui finissent pourtant par rejoindre le casanier dans l'éloge du chez-soi : partis aux antipodes, ils ont découvert que le voyage n'était pas nécessaire, qu'on pouvait apprendre autant et plus en se concentrant sur le familier. Les raisons qu'on donne à cette déception, le chemin dans lequel on s'engage, une fois de retour, peuvent être individuels ou bien collectifs. En Occident, c'est dans la tradition stoïcienne qu'on trouve habituellement des arguments pour renoncer au voyage audehors, et se consacrer à celui du dedans ; c'est dans cet esprit que Chateaubriand déclarait, on se souvient : « L'homme n'a pas besoin de voyager pour s'agrandir ; il porte avec lui l'immensité. » En Orient, la même préférence se fonde dans la philosophie taoïste ou bouddhiste ; et Michaux, après avoir déclaré dans *Ecuador :* « Le voyage ne rend pas tant large que mondain, " au courant ", gobeur de l'intéressant coté, primé (...). On trouve aussi bien sa vérité en regardant quarante-huit heures une

quelconque tapisserie de mur » (p. 120), s'appuie sur la sagesse orientale pour conclure ainsi son *Barbare en Asie* :

> « Et maintenant, dit Bouddha à ses disciples, au moment de mourir :
> " A l'avenir, soyez votre propre lumière, votre propre refuge.
> " Ne cherchez pas d'autre refuge.
> " N'allez en quête de refuge qu'auprès de vous-même.
> . . . .
> " Ne vous occupez pas des façons de penser des autres.
> " Tenez-vous bien dans votre île à vous.
> " Collés à la Contemplation " » (p. 233).

Dès l'instant où l'on a décidé que ce que l'on cherchait, au fond, c'était « sa vérité », sa propre façon de penser, le voyage semble devenir superflu. S'étant aperçu qu'en Orient il s'intéresse à lui-même plus qu'à tout le reste, Chateaubriand décide de ne plus repartir. Mais peut-on se fier à ce conseil, alors qu'il est donné, justement, par un grand voyageur ? Ne faut-il pas partir pour découvrir soi-même la vanité des voyages ? Et ne doit-on pas connaître le non-moi pour comprendre le moi ?

La seconde forme de renoncement au voyage est celle où, aux contrées lointaines, on préfère non pas la quête intérieure mais la fréquentation de ses propres compatriotes. La raison n'en est pas qu'ils soient meilleurs que les étrangers, comme le pense le nationaliste, mais que l'interaction avec les autres peut aller plus loin quand ces autres vous sont familiers. C'est la leçon que rapporte Nizan dans son voyage en Arabie : « Il n'y a qu'une espèce valide de voyages, qui est la marche vers les hommes. (...) On ne sait donner de la joie qu'aux êtres que l'on connaît, et l'amour est la perfection de la connaissance » (*Aden Arabie*, p. 134, 136). C'est là un projet évidemment moins individualiste que celui de Michaux, même si la dernière équation posée par Nizan est discutable.

10. *Le philosophe*. Il n'est pas sûr que le voyage philosophique, différent des autres, ait jamais eu lieu (les philosophes sont des êtres humains comme les autres, et il leur arrive d'être des impressionnistes, ou des allégoristes,

ou des exilés, tel Descartes) ; mais on peut l'imaginer,
comme l'avait déjà fait Rousseau (qui n'est cependant
jamais parti). La formule de Rousseau à propos de ce
voyage était la suivante : observer les différences pour
découvrir les propriétés. Il y aurait donc deux facettes du
voyage philosophique : humilité et orgueil ; et deux mouvements : les leçons à prendre et les leçons à donner.
Observer les différences : c'est un travail d'apprentissage,
de reconnaissance de la diversité humaine. Telle est la
vertu du voyage selon Montaigne : il nous offre le meilleur
moyen de « frotter et limer nostre cervelle contre celle
d'autruy » (*Essais*, I, 26, p. 152) ; et même si, pour
Montaigne comme pour Michaux plus tard, le but est de se
connaître soi-même, le voyage n'en est pas moins indispensable : c'est en explorant le monde qu'on va le plus au fond
de soi. « Ce grand nombre (...) c'est le mirouër où il nous
faut regarder pour nous connoistre de bon biais » (p. 157).
Quoi qu'il en soit du résultat, il y a dans ce mouvement vers
les autres un oubli de soi, qui rapproche pendant quelque
temps le philosophe de l'assimilé.

Mais l'observation des différences n'est pas le but final ;
elle n'est que le moyen pour découvrir les propriétés — des
choses ou des êtres, des situations ou des institutions.
Grâce à sa fréquentation de l'étranger, le philosophe a
découvert les horizons universels (même s'ils ne le sont
jamais définitivement), qui lui permettent, non seulement
d'apprendre, mais aussi de juger. Pourquoi cesserais-je de
dénoncer l'injustice simplement parce qu'elle a lieu en
dehors des frontières de mon pays ? Chateaubriand, qui a
souvent tort, a raison de condamner la tyrannie en Turquie ; et Michaux, de s'indigner de l'humiliation des êtres
humains que provoque le système des castes en Inde, de
dire son horreur devant « le spectacle de l'accumulation de
monstrueuses inégalités, injustices, cruautés, duretés, cor-
ruptions enveloppées de savantes hypocrisies que la ruse
des accapareurs de la religion et des biens de la terre
explique et nomme autrement, bien sûr » (*Un barbare en
Asie*, p. 103). Le philosophe est universaliste — comme
l'était aussi l'assimilateur, à ceci près que, grâce à son
observation attentive des différences, son universalisme

n'est plus un simple ethnocentrisme ; et, habituellement, il se contente de porter des jugements et laisse aux autres le soin d'agir, de réparer les torts et d'améliorer les sorts.

Mais il est temps de quitter notre galerie de portraits.

5

La modération

« Lettres persanes »

Distanciation

J'ai gardé l'exemple de Montesquieu pour la fin, car je crois qu'il contient l'effort le plus abouti, dans la tradition française, pour penser simultanément la diversité des peuples et l'unité du genre humain. Il ne peut être question, dans les pages qui suivent, de présenter une interprétation d'ensemble de la pensée de Montesquieu, ni une analyse de chacun de ses ouvrages ; il faudra se contenter de scruter sa pensée concernant les sujets qui nous ont préoccupés jusqu'ici. A ces problèmes, Montesquieu réfléchit tout au long de sa vie, et le résultat final de cette réflexion se trouve inscrit dans son *magnum opus, De l'esprit des lois*. Mais, avant de s'y engager, on s'attardera un instant dans l'antichambre constituée par sa première œuvre d'importance, les *Lettres persanes*.

Ce livre raconte la visite de deux Persans à Paris. On aurait pu croire que leur vision du monde occidental serait superficielle et partiale. Mais c'est tout le contraire qui se produit : ils sont bien plus lucides sur les réalités des Français que ne le sont les Français eux-mêmes ; grâce à eux, les lecteurs du livre découvrent ce qui leur est tellement familier qu'ils sont incapables de le percevoir. Les descriptions produites par les Persans atteignent leur effet en simulant l'ignorance du nom de la chose — lequel, par son automatisme même, la rendait imperceptible ; et en remplaçant ce nom par un équivalent métaphorique ou métonymique : le prêtre devient « dervis », le chapelet, « de petits grains de bois ». Montesquieu fait donc un

usage conscient et systématique du procédé de distanciation, évoqué à propos de l'« exote ».

Est-ce à dire que les Persans sont un peuple lucide, et les
Français, un peuple aveuglé ? Nullement. Près du milieu du
livre, Rica, l'un des deux Persans, recopie la lettre d'un
Français habitant l'Espagne (l. 78) : voilà un portrait péné-
trant du caractère espagnol, dont le Français se montre
parfaitement capable. Rica, qui a compris le mécanisme,
ajoute dans son commentaire : « Je ne serais pas fâché,
Usbek, de voir une lettre écrite à Madrid, par un Espagnol
qui voyagerait en France ; je crois qu'il vengerait bien sa
nation. » Cet Espagnol serait aussi lucide que les Persans
Rica et Usbek ; c'est qu'ils ont le privilège épistémologique
d'être des étrangers. La « parfaite ignorance des liaisons »
(« Quelques réflexions »), qui caractérise la perception des
étrangers, s'avère être un avantage : les liaisons, les
justifications, les habitudes rendent les choses banales et
les soustraient du coup à l'examen critique. L'étranger, au
contraire, est toujours étonné : « Je passe ma vie à
examiner », dit Usbek en décrivant son expérience pari-
sienne, « tout m'intéresse, tout m'étonne » (l. 48), et il
ajoute : « Étranger que j'étais, je n'avais rien de mieux à
faire que d'étudier cette foule de gens qui y abordaient sans
cesse, et qui me présentaient toujours quelque chose de
nouveau. » L'un des interlocuteurs de Rica peut donc le
décrire ainsi : « Vous qui êtes un étranger, qui voulez
savoir les choses, et les savoir telles qu'elles sont... »
(l. 134).

La condition du savoir réussi est donc la non-appartenance à la société décrite ; autrement dit, on ne peut pas à
la fois vivre dans une société, au sens fort, et la connaître.
La passion de connaissance implique un certain renoncement à la vie, y compris à ses agréments, et Usbek en est
conscient dès le début de son aventure : quitter la Perse
signifie qu'il choisit de connaître le monde plutôt que de le
vivre : « Rica et moi sommes peut-être les premiers, parmi
les Persans, que l'envie de savoir ait fait sortir de leur
pays, et qui aient renoncé aux douceurs d'une vie tranquille, pour aller chercher laborieusement la sagesse »
(l. 1).

Condition nécessaire mais non suffisante : on peut être étranger à un pays sans pour autant parvenir à le connaître. Un Français fait les frais de cette démonstration dans les *Lettres persanes* : Rica rencontre quelqu'un qui, sans avoir jamais été en Perse, peut lui apprendre tout sur son propre pays : « Je lui parlai de la Perse : mais à peine lui eus-je dit quatre mots, qu'il me donna deux démentis, fondés sur l'autorité de messieurs Tavernier et Chardin » (l. 72 ; il est piquant que ces deux auteurs de récits de voyage sont la principale source de Montesquieu lui-même). Encore une fois, ce n'est pas là un trait national : un autre Français, qui n'est pas davantage allé en Perse, en fait pourtant une analyse judicieuse (l. 34), alors que Rhédi, un autre Persan, ne voit à Venise que la difficulté d'y faire ses ablutions (l. 31). Le privilège de l'étranger ne s'exerce que s'il se conjugue avec une véritable « envie de savoir ».

Mais pourquoi Rica a-t-il besoin d'imaginer un Espagnol pour dire la vérité aux Français sur eux-mêmes et pourquoi un Français ne peut-il suffire à la tâche ? Toute l'intrigue des *Lettres persanes* sert à illustrer cette impossibilité. Le même Usbek, qui comprend si profondément le monde occidental, est aveugle pour ce qui concerne ses réalités à lui : son sérail, les relations avec ses femmes. Il imagine que les résistances de Roxane sont dues à une extrême pudeur (l. 26), alors que nous apprendrons à la fin du livre qu'elles traduisent le refus d'Usbek, et l'amour qu'elle éprouve pour un autre homme : « Tu étais étonné de ne point trouver en moi les transports de l'amour : si tu m'avais bien connue, tu y aurais trouvé toute la violence de la haine » (l. 161). Comment se fait-il qu'Usbek réussisse si bien dans l'une des connaissances et échoue si lamentablement dans l'autre ? Comment se fait-il qu'il sache analyser et condamner le despotisme lorsqu'il le voit en dehors de lui, en France ou en Perse, mais qu'il reste un despote exemplaire dans sa vie personnelle, à l'égard de ses femmes ?

Montesquieu semble avoir transposé sur les relations entre sociétés ce que La Rochefoucauld avait établi pour les relations entre individus, à l'intérieur d'une société : on est aveugle sur soi, on ne peut connaître que les autres. Au niveau social, l'amour-propre se trouve relayé par les *préjugés*, définis par Montesquieu dans la Préface à l'*Esprit des lois* comme « ce qui fait qu'on s'ignore soi-même ». Inconscient collectif et non plus individuel, mais pas universel pour autant, le préjugé est la part inconsciente de l'idéologie d'une société. L'appareil de connaissance ne peut saisir parfaitement le sujet car il en fait aussi partie ; la séparation idéale entre savoir et vivre n'est possible que dans des circonstances exceptionnelles, car savoir c'est aussi vivre. La connaissance objective des choses « telles qu'elles sont » est peut-être accessible à l'étranger idéal et désintéressé ; dans la connaissance de soi, comme individu ou comme groupe social, les instruments de connaissance sont contigus à l'objet à connaître et la parfaite lucidité est impossible : l'œil ne peut pas se voir lui-même, disait encore La Rochefoucauld.

Mais est-ce bien ce que veut dire Montesquieu ? Pour l'admettre, il faudrait aussi croire que Rica et Usbek aient réellement existé et rédigé ces lettres, que Montesquieu n'a fait que traduire et adapter... Puisqu'il n'en est rien, et que Montesquieu ne s'en cache pas — « Il y a une chose qui m'a souvent étonné ; c'est de voir ces Persans quelquefois aussi instruits que moi-même des mœurs et des manières de la nation » (« Introduction ») —, son message doit être différent. Ce n'est pas l'étranger Usbek mais bel et bien le Français Montesquieu qui a cette pénétration et cette lucidité sur sa propre société. Il ne l'a atteinte cependant qu'après s'être détaché de soi, en faisant le détour par la Perse. Tout comme son personnage, mais avec une « envie de savoir » plus grande, il a lu Chardin et Tavernier, et c'est cette plongée dans les autres qui l'a rendu lucide sur soi. C'est pourquoi les *Lettres persanes* fourmillent d'informations concernant non seulement les Persans (ou les Français) mais aussi les Russes, les Tartares, les Chinois, les Turcs, les Espagnols ; dans la série de lettres sur les causes de la dépopulation (l. 112 à 122) comme sur le monde des livres (l. 133 à 137) sont pris en considération tous les pays et tous les continents. Comme le dit d'Alembert dans son « Éloge de Montesquieu », en décrivant le travail de préparation pour l'*Esprit des lois* : « D'abord il s'était fait en quelque façon étranger dans son propre pays, afin de le mieux connaître » (p. 82).

La connaissance de soi est possible, mais elle implique au préalable celle des autres ; la méthode comparative est la seule voie qui conduise au but. La Bruyère aspirait à l'universalité en se contentant d'observer et d'analyser son propre milieu, son environnement immédiat : la vie de cour en France. Montesquieu inverse l'ordre : pour connaître sa propre communauté, on doit d'abord connaître le monde entier. C'est l'universel qui devient l'instrument de connaissance du particulier, plutôt que celui-ci ne conduise, de lui-même, au général. A ignorer les autres, finalement on s'ignore ; ainsi les Moscovites. « Séparés des autres nations par les lois du pays, ils ont conservé leurs anciennes coutumes avec d'autant plus d'attachement qu'ils ne croyaient pas qu'il fût possible d'en avoir d'autres » (l. 51). Ou, cas encore plus affligeant, on risque comme Fatmé, la femme d'Usbek, de proclamer : « Mon imagination ne me fournit point d'idée plus ravissante que les charmes enchanteurs de ta personne », tout en livrant ingénument l'explication de son choix : « Quand je t'épousai, mes yeux n'avaient point encore vu le visage d'un homme : tu es le seul encore dont la vue m'ait été permise » (l. 7).

Mais cela ne veut pas dire que Montesquieu soit lucide, au sens absolu, sur sa propre société ; il est simplement moins aveugle que d'autres, grâce à ce détour par le reste du monde, et il a le grand avantage de connaître les limites de son savoir. Dans les *Lettres persanes* il nous indique ces limites d'une façon indirecte. L'édition de 1758, posthume mais préparée par Montesquieu lui-même, comporte une table des matières alphabétique ; on y trouve cette entrée : « Montesquieu (M. de). Se peint dans la personne d'Usbek. » Mais Usbek était l'exemple même de l'être lucide sur les autres et aveuglé sur soi ! Est-ce une manière de nous dire que les *Lettres persanes* elles-mêmes ont leur propre tache aveugle, dont l'auteur connaît l'existence mais non l'emplacement ? Et que le lecteur des *Lettres persanes*, qui croirait posséder la lucidité complète, devait lui aussi s'interroger sur ses propres « préjugés » ? Montesquieu termine ses « Quelques réflexions » (ajoutées aux *Lettres persanes* en 1754, l'année d'avant sa mort) par cette phrase faussement rassurante : « Certainement la nature et le dessein des lettres persanes sont si à découvert, qu'elles ne tromperont jamais que ceux qui voudront se tromper eux-mêmes. » Mais nous savons maintenant que nous voulons tous nous tromper nous-mêmes ! On croit entendre Montesquieu s'esclaffer dans son cercueil.

Relatif et absolu

La qualité de l'observation dépend de la position de l'observateur. Peut-on étendre cette dépendance à des valeurs autres que celles de la connaissance ? Montesquieu serait-il un adhérent du parti relativiste, tel qu'il était représenté dans les déclarations de principe de Montaigne ? Parfois on serait tenté de le croire. En tout cas ce que Montesquieu observe autour de lui est un enracinement du jugement dans les valeurs personnelles, une projection de soi sur le monde : « Il y a en France trois sortes d'état : l'Église, l'épée et la robe. Chacun a un mépris souverain pour les deux autres » (l. 44). « Un philosophe a un mépris souverain pour un homme qui a la tête chargée de faits : et il est, à son tour, regardé comme un visionnaire par celui qui a une bonne mémoire » (l. 145). Les Espagnols croient tous les autres peuples méprisables (l. 78), les Français s'étonnent qu'il y ait des hommes hors de la France (l. 48) et « ils méprisent tout ce qui est étranger » (l. 100). Le chef des eunuques peut écrire à Usbek : « Il n'y a aucune de tes femmes qui ne se juge au-dessus des autres par sa naissance, par sa beauté, par ses richesses, par son esprit, par ton amour » (l. 64) ; mais Usbek lui-même est assez myope pour vanter les mœurs matrimoniales de chez lui et condamner celles des Européens (l. 26). Bref, on ne perçoit « jamais que le ridicule des autres » (l. 52). A observer ainsi l'égocentrisme des hommes, ne doit-on pas conclure qu'on juge toujours et seulement en fonction de soi-même, et qu'il n'existe aucun étalon universel du bien et du mal ?

S'il en va ainsi du domaine éthique, il est encore plus facile de démontrer que, dans le jugement esthétique, chacun érige en idéal ses propres habitudes. Rica observe dans une de ses lettres : « Il me semble, Usbek, que nous ne jugeons jamais des choses que par un retour secret que nous faisons sur nous-mêmes. Je ne suis pas surpris que les Nègres peignent le diable d'une blancheur éblouissante, et leurs dieux noirs comme du charbon (...). On a dit fort bien que, si les triangles faisaient un dieu, ils lui donneraient trois côtés » (l. 59).

Enfin, l'ordre politique varie d'une contrée à l'autre, en fonction des conditions culturelles et naturelles, et il est raisonnable d'exiger que les lois soient conformes aux mœurs du pays. Le seul principe universel est celui de l'adaptation locale et relative, pense Usbek : « J'ai souvent recherché quel était le gouvernement le plus conforme à la raison. Il m'a semblé que le plus parfait est celui qui va à son but à moins de frais ; de sorte que celui qui conduit les hommes de la manière qui convient le plus à leur penchant et à leur inclination, est le plus parfait » (l. 80). La conformité à la raison s'avère être la conformité aux mœurs ; l'universel ne fait que cautionner le relatif ; et le philosophe ne s'interroge pas pour savoir si un but est préférable à l'autre, mais seulement quel est le chemin le plus direct conduisant vers n'importe quel but.

La forme même du livre qu'a écrit Montesquieu semble confirmer cette adhésion à l'idée que seuls existent les points de vue particuliers sur la vérité, non la vérité comme telle. Un recueil de lettres permet, comme le faisait aussi le dialogue chez Renan ou chez Diderot, d'exprimer les positions les plus divergentes, chacune dans la perspective de son auteur. Le ton ironique qui imprègne tant de lettres permet de savoir ce qui est nié mais non ce qui est affirmé ; et la forme fictionnelle même est une manière de s'abstenir de prendre position : toutes les opinions émises appartiennent à des personnages fictifs, non à Montesquieu lui-même, même si certaines d'entre elles paraissent, davantage que d'autres, susciter sa sympathie.

Pour décider si Montesquieu est un pur relativiste, il

faudrait examiner un peu plus en détail le jugement qui se laisse déduire des *Lettres persanes* sur une des institutions humaines ; aucune ne s'y prête mieux que la religion. Tout au long du livre, Montesquieu profite du procédé de distanciation pour ridiculiser telle ou telle pratique de l'Église catholique (puisqu'elle est vue à travers les yeux des observateurs musulmans) : les richesses du pape, le rôle des évêques, l'Inquisition, le célibat des prêtres, l'absence de divorce, l'ennui des ouvrages de théologie. Mais, à côté de cela, il examine aussi le problème posé par la pluralité des religions, qui se croient toutes les meilleures du monde.

La position défendue par Usbek (et peut-être par Montesquieu lui-même) est celle de la tolérance. Les croyants de diverses obédiences sont malheureusement à cet égard comme tous les autres groupes humains : les juifs, les chrétiens, les musulmans se considèrent tous supérieurs aux autres, et prennent ces autres pour des hérétiques. En raison de quoi, il leur arrive de les persécuter : c'est ce qu'illustre la longue histoire des calamités du vertueux guèbre Aphéridon, adorateur de Zoroastre et poursuivi pour cette raison par les musulmans (l. 67). « Pour (...) aimer et (...) observer [une religion], il n'est pas nécessaire de haïr et de persécuter ceux qui ne l'observent pas », estime Usbek (l. 60). Au contraire, un État qui accepterait la pluralité de religions aurait tout à y gagner : « Comme toutes les religions contiennent des préceptes utiles à la société, il est bon qu'elles soient observées avec zèle. Or, qu'y a-t-il de plus capable d'animer ce zèle, que leur multiplicité ? » (l. 85). Et qu'on n'objecte pas que la coprésence de religions diverses risque d'entraîner des guerres religieuses : ce n'est pas elle, c'est « l'esprit d'intolérance » qui est à blâmer pour cette réaction regrettable.

Non seulement on ne doit pas poursuivre les représentants des autres religions, mais on ne doit pas non plus chercher à les convertir. Usbek croit pouvoir établir une distinction rigoureuse entre ceux qui adhèrent à leur religion, et ceux qui cherchent à la répandre. « On s'est aperçu que le zèle pour le progrès de la religion est

différent de l'attachement qu'on doit avoir pour elle »
(l. 60). Il y revient à deux reprises : « Une certaine envie
d'attirer les autres dans nos opinions nous tourmente sans
cesse, et est, pour ainsi dire, attachée à notre profession
[c'est un ecclésiastique qui est cité ici]. Cela est aussi
ridicule que si on voyait les Européens travailler, en faveur
de la nature humaine, à blanchir le visage des Africains »
(l. 61). Dans la lettre 85, l'esprit de prosélytisme est
regardé « comme une éclipse entière de la raison
humaine ». « Il faudrait être fou pour s'en aviser. Celui qui
veut me faire changer de religion, ne le fait sans doute que
parce qu'il ne changerait pas la sienne, quand on voudrait
l'y forcer : il trouve donc étrange que je ne fasse pas une
chose qu'il ne ferait pas lui-même, peut-être, pour l'empire
du monde. »

Cette profession de foi de tolérance repose donc sur deux
arguments. Le premier ne résiste pas à l'examen : à la
différence de la couleur de la peau, on peut changer de
religion ; et même : comment une religion pourrait-elle se
propager si ce n'est par conversion ? Il est peut-être
absurde de juger de la beauté en termes absolus, mais il
n'en va pas de même de la valeur des religions : ce qui est
vrai de l'esthétique ne l'est pas de l'éthique. Le second est
l'argument de réciprocité : ne pas faire à autrui ce qu'on ne
veut pas qu'il vous fasse. C'est là-dessus, aussi, que La
Rochefoucauld fondait la société et la justice. Mais cette
règle, prise à la lettre, ne suffit pas pour empêcher
l'injustice : le juge ne doit pas pardonner à l'assassin parce
qu'il voudrait qu'on agisse de même avec lui, si d'infortune
il se retrouvait sur le banc des accusés (ainsi que le
remarquait Rousseau). Et puis cette considération est
inapplicable si les forces en présence sont de taille dispro-
portionnée : la majorité peut alors persécuter impunément
la minorité. C'est bien ce qui est arrivé, comme le
remarque Usbek, aux protestants en France, aux juifs en
Espagne, aux guèbres en Perse.

Pourtant, à côté de cette attitude de tolérance relativiste
à l'égard des religions, Usbek en adopte également une
autre. Elle consiste, plutôt que de renoncer à toute
comparaison entre les religions, à chercher ce qu'elles ont

en commun, pour en constituer un noyau irréductible ; ce ne peut être, évidemment, qu'un ensemble de principes abstraits, dégagé des cérémonies particulières qui sont propres aux différents cultes. Usbek s'y emploie à plusieurs reprises (l. 35, 93), et formule ainsi ses conclusions : « Dans quelque religion qu'on vive, l'observation des lois, l'amour pour les hommes, la piété envers les parents, sont toujours les premiers actes de la religion » (l. 46). Ces principes-là ne sont plus relatifs ; et si une doctrine n'y adhérait pas, elle ne mériterait pas le nom de religion. Et inversement : on doit obéir à ces principes absolus même s'ils ne sont pas revêtus du prestige de la religion. « S'il y a un Dieu, il faut nécessairement qu'il soit juste. (...) Ainsi, quand il n'y aurait pas de Dieu, nous devrions toujours aimer la justice ; c'est-à-dire faire nos efforts pour ressembler à cet être dont nous avons une si belle idée, et qui, s'il existait, serait nécessairement juste. Libres que nous serions du joug de la religion, nous ne devrions pas l'être de celui de l'équité » (l. 83).

Les religions sont peut-être relatives ; mais l'équité, c'est-à-dire la vraie justice, ne l'est pas. Voilà qui va à l'encontre du relativisme éthique et de la tolérance pure. La position d'Usbek (et *a fortiori* celle de Montesquieu) n'est pas aussi simple qu'elle paraissait à première vue. Les hommes sont ethnocentriques : ils jugent de tout en fonction de leurs habitudes. Un premier remède, immédiat, consisterait à les rendre sensibles à l'existence des autres, à leur apprendre la tolérance élémentaire. Mais il faut ensuite aller plus au fond des choses, et rechercher les principes universels de la justice.

Ces deux temps ne sont pas clairement articulés dans les *Lettres persanes*, et pourtant on ne peut ne pas les distinguer. Il y a, tout au long du livre, à côté de l'appel à la tolérance, cette autre référence, plus obscure, aux valeurs absolues. Usbek croit en « une certaine politesse commune à toutes les nations » (l. 48), comme en l'égalité universelle des hommes (l. 75) ; un droit absolu a existé au moins dans le passé, puisque Usbek peut dire que des causes actuelles « en ont corrompu tous les principes » (l. 94). Il est particulièrement explicite dans la lettre 83 : « La justice est

éternelle, et ne dépend point des conventions humaines » ;
et ailleurs il se réfère encore à « l'équité naturelle »
(l. 129). Un interlocuteur de Rica comprend, lui aussi, la
barbarie dans un sens éthique, et non historique : « Ces
peuples n'étaient point proprement barbares, puisqu'ils
étaient libres : mais ils le sont devenus, depuis que, soumis
pour la plupart à une puissance absolue, ils ont perdu cette
douce liberté, si conforme à la raison, à l'humanité et à la
nature » (l. 136). Et Roxane, se dressant contre Usbek :
« J'ai réformé tes lois sur celles de la nature » (l. 161),
c'est-à-dire celles qui postulent le droit d'être libre.

Liberté et despotisme

La liberté est en effet la valeur le plus fréquemment
revendiquée dans les *Lettres persanes,* et le despotisme le
mal le plus honni. L'analyse de Montesquieu se déploie ici
sur deux plans. Il prend d'une part pour cible le despotisme
politique oriental, celui qui règne en Perse, en Turquie, en
Russie. Le despotisme est d'abord inefficace et il ne rend
personne heureux : ni la population, qui du reste diminue
régulièrement, ni le tyran, qui craint à tout instant pour sa
vie ; en fait la situation despotique provoque le rapprochement involontaire des extrêmes : personne n'est plus
semblable à un esclave que son maître. « Rien ne rapproche plus nos princes à la condition de leurs sujets, que
cet immense pouvoir qu'ils exercent sur eux » (l. 102).
Mais il est aussi condamnable en droit, précisément
parce qu'il bafoue la liberté des hommes, qui est leur bien
inaliénable. Si la liberté individuelle est un droit, le pouvoir
d'un homme sur un autre homme ne peut jamais l'être.
Quelle est la source du pouvoir ? La seule force ; or la force
n'est pas un droit. Montesquieu évoque une anecdote
attribuée aux Anglais : deux princes se battent pour la
succession du trône ; l'un d'eux, ayant vaincu, veut
condamner l'autre pour trahison. « Il n'y a qu'un moment,
dit le prince infortuné, qu'il vient d'être décidé lequel de

nous deux est le traître » (l. 104). Le vainqueur prétend
avoir de son côté non seulement la force, mais aussi le
droit ; non content d'avoir gagné la guerre, il condamne en
plus son adversaire comme un criminel. Mais si la source de
tout pouvoir est la seule force, il n'est pas de pouvoir
légitime. La seule chose qui puisse légitimer un pouvoir,
c'est, paradoxalement, son abandon partiel : la légitimité
peut être acquise *a posteriori* par le fait que son détenteur a
accepté de partager le pouvoir avec d'autres, de s'imposer
des limites. « Tout pouvoir sans bornes ne saurait être
légitime, parce qu'il n'a jamais pu avoir d'origine légitime »
(ibid.).

D'autre part, et de façon encore plus abondante, Montesquieu décrit le despotisme familial, c'est-à-dire l'oppression des femmes. C'est encore l'Orient qui sert ici d'illustration. Les femmes du sérail ne sont pas seulement privées
de leur liberté ; elles sont battues, humiliées, traitées
comme des animaux ; parfois elles risquent de perdre la vie.
De surcroît, toute cette souffrance est en pure perte :
l'infliger ne rend pas Usbek heureux ; il n'éprouve plus de
désir mais seulement de la jalousie ; or, rien ne peut le
protéger contre celle-ci. Tous les efforts d'Usbek et des
eunuques échouent, du reste, car la nature finit toujours
par s'imposer : l'aboutissement logique de la tyrannie est la
mort, et le sérail tout entier sera exterminé.

C'est l'eunuque, figure importante des *Lettres persanes*,
qui incarne le mieux l'absurdité du despotisme. En lui,
l'exercice du pouvoir est privé des bénéfices qui l'accompa-
gnent d'habitude : c'est un être séparé de lui-même (l. 9),
qui ne vit que dans les images et non dans les choses (l. 63) ;
de la relation homme-femme, il a écarté la sexualité : il ne
reste que le rapport de pouvoir. « Il me semble que je
redeviens homme, dans les occasions où je leur commande
encore » (l. 9). L'eunuque ne vit que grâce à l'autorité qu'il
exerce et à l'obéissance qu'il suscite ; il reçoit de son maître
« un pouvoir sans bornes » (l. 148), dont le même maître
avait dit par ailleurs qu'il ne saurait jamais être légitime ; et
il passe sa vie à apprendre « l'art difficile de commander »
(l. 64). Les châtiments sont son unique moyen d'action, et
le principe de son gouvernement, « la crainte et la terreur »

(l. 148). Son idéal : que règne partout un profond silence (l. 64), dernier arrêt avant la mort. S'il peut connaître le plaisir, c'est celui qui est inhérent à l'exercice du pouvoir en tant que tel, sans aucune transitivité : « Le plaisir de me faire obéir me donne une joie secrète », avoue le premier eunuque d'Usbek (l. 9), et Solim, qui le remplace à la fin, parlera aussi de la « joie secrète » qui l'anime à la vue du sang qu'il répand (l. 160). Pourtant, sa condition n'est guère plus enviable que celle des esclaves, car la relation de servitude produit deux êtres asservis : l'esclave devenu eunuque ne fait que « sortir d'une servitude où tu devais toujours obéir, pour entrer dans une servitude où tu devais commander » (l. 15) ; et Usbek lui-même se perçoit, en fin de compte, comme semblable à un vil esclave (l. 156).

Le personnage de l'eunuque dit la vérité de la relation maître-esclave, tyran-peuple soumis. Ni homme ni femme, il est littéralement maître et esclave à la fois ; le sadisme inhérent à la position de maîtrise est la seule joie qui lui est accessible, puisque toute justification extérieure du pouvoir a été écartée. La tyrannie n'est pas seulement cruelle ; elle est aussi stérile, et dégradante pour celui qui l'exerce.

La condamnation portée par Montesquieu sur le despotisme est sans réserve. Il est moins évident, cependant, que Montesquieu croie à la possibilité de la vaincre, autrement dit, qu'il adhère à une conception optimiste de l'histoire.

Le pouvoir procède de la force ; le droit, de la raison. Mais si la force était plus puissante que la raison ? Une lettre de Rica cite les paroles d'un « philosophe très galant » (Fontenelle ?) concernant l'inégalité entre hommes et femmes : « La nature n'a jamais dicté une telle loi. L'empire que nous avons sur elles est une véritable tyrannie ; elles ne nous l'ont laissé prendre que parce qu'elles ont plus de douceur que nous et, par conséquent, plus d'humanité et de raison. Ces avantages, qui devaient sans doute leur donner la supériorité, si nous avions été raisonnables, la leur ont fait perdre, parce que nous ne le sommes point » (l. 38). Et Montesquieu de renchérir dans l'*Esprit des lois :* les femmes ont « plus de douceur et de modération ; ce qui peut faire un bon gouvernement, plutôt que les vertus dures et féroces » (VII, 17). C'est là un paradoxe tragique : plus on a de raison et d'humanité, moins on veut tyranniser les autres ; plus, alors, il leur est facile de nous tyranniser, nous. La supériorité est la cause même de l'infériorité.

Il est peut-être insensé de vouloir convertir les autres à sa propre religion ; mais tout le monde n'est pas sensé ; si on ne le fait pas et que les autres le font, on se trouve en situation de faiblesse, et on finit par se convertir soi-même. A-t-on le droit de renoncer à la protection de la force pour sauvegarder une doctrine que l'on croit supérieure à toutes les autres ? Renoncer à la force n'a de sens que si tous sont d'accord pour le faire ; sinon cela signifie simplement qu'en l'absence de toute police les criminels règnent en maîtres, et que, au-dehors, en l'absence d'une armée, l'agresseur, qui peut être doublé d'un tyran, aura tout loisir de nous soumettre (c'est le paradoxe du pacifisme). Rousseau remarquait : « Le méchant tire avantage de la probité du juste et de sa propre injustice ; il est bien aise que tout le monde soit juste excepté lui » (*Émile*, IV, p. 523). Être raisonnable implique-t-il d'être faible ?

Usbek imagine que les relations entre sociétés pourraient être régies par les mêmes principes de droit que ceux qui s'appliquent à l'intérieur de la société, entre particuliers. « Les magistrats doivent rendre la justice de citoyen à citoyen : chaque peuple la doit rendre lui-même de lui à un autre peuple. Dans cette seconde distribution de justice, on ne peut employer d'autres maximes que dans la première » (l. 95). Et Montesquieu pense de même à l'époque de l'*Esprit des lois :* « Les nations, qui sont à l'égard de tout l'univers ce que les particuliers sont dans un État, se gouvernent comme eux par le droit naturel et par les lois qu'elles se sont faites » (XXI, 21). Usbek imagine aussi que, si une arme suprême venait à être inventée, « le consentement unanime des nations ensevelirait cette découverte » (l. 106). Pourtant, lui-même a déjà perçu combien le parallélisme des deux justices est trompeur, puisque personne n'occupe, dans les relations internationales, la place du magistrat. Si à l'intérieur de la société les différends entre individus sont réglés par le droit public plutôt que par la force, c'est que ces individus ont délégué leur pouvoir judiciaire à une instance supérieure, dont ils admettent les décisions : « Il est nécessaire qu'un tiers débrouille ce que la cupidité des parties cherche à obscurcir » (l. 95). Mais quel tiers jouera ce rôle entre deux pays ? Quel est le pays qui accepterait qu'une instance internationale décide de son sort ? Aucune société n'a eu à « accepter » qu'une autre société existe ailleurs ; et aucune ne semble vouloir se départir de ses armes, surtout si celles-ci peuvent « détruire les peuples et les nations entières » (l. 105) : quelle instance internationale pourrait l'y contraindre, puisqu'elle a l'arme supérieure, et que l'arme c'est la force ? C'est encore Rousseau qui, à cet égard, semble avoir raison contre Montesquieu : « D'homme à homme, nous vivons dans l'état civil et soumis aux lois ; de peuple à peuple, chacun jouit de la liberté naturelle » (« Écrits sur l'abbé de Saint-Pierre », p. 610).

Usbek dit : « Nous sommes entourés d'hommes plus forts que nous ; ils peuvent nous nuire de mille manières différentes ; les trois quarts du temps, ils peuvent le faire impunément. » Voilà un constat terrible. En quoi consiste notre espoir ? « Quel repos pour nous, de savoir qu'il y a, dans le cœur de tous ces hommes, un principe intérieur qui combat en notre faveur, et nous met à couvert de leurs entreprises » (l. 83). Nous savons qu'Usbek croit à l'équité naturelle, déposée dans le cœur de chaque être humain. Mais en est-il vraiment sûr ? S'il l'était, pourquoi évoque-t-il avec autant d'insistance l'éventualité contraire ? « Sans cela nous devrions être dans une frayeur continuelle ; nous passerions devant les hommes comme devant les lions ; et nous ne serions jamais assurés un moment de notre bien, de notre honneur, et de notre vie. » Montesquieu écrivait dans ses *Pensées*, en employant — significativement — le conditionnel : « Étant obligé de vivre avec les hommes, j'aurais été très aise qu'il y eût dans leur cœur un principe intérieur qui me rassurât contre eux » (l. 615). Ou faut-il penser que nous devrions agir *comme si* nous croyions en l'existence d'une justice naturelle, indépendante à l'égard des conventions et des désirs humains ? « Quand elle en dépendrait, ce serait une vérité terrible, qu'il faudrait se dérober à soi-même » (l. 83).

C'est Montesquieu qui fait ainsi voir l'impuissance de la raison, le triomphe de la force. Et ce n'est peut-être pas une bonne manière de garder le secret que de le dire tout haut. Depuis l'époque de Montesquieu, la vérité terrible s'est répandue sur toute la terre.

« De l'esprit des lois »

L'esprit des nations

De l'esprit des lois, publié en 1748, près de trente ans après les *Lettres persanes,* est un ouvrage long et complexe. L'objet en est constitué par les lois des sociétés humaines — de tous les pays et de tous les temps ! Montesquieu observe l'infinie diversité des lois, et se demande quelle en est la raison. Trois forces agissent dans la production des lois : le droit naturel ; la nature du gouvernement ; et les « causes physiques et morales » (comme le climat, les formes du commerce, et bien d'autres). L'*Esprit des lois* semble donc à première vue tenir compte de deux espèces de valeurs : les unes universelles, les autres dépendantes des conditions locales, et donc relatives. Mais quel est exactement le rôle joué par chacune d'elles ? Comment s'opère l'interaction entre données variables et principes constants ?

La diversité des pays et de leurs caractéristiques est le résultat des causes physiques et morales ; c'est une donnée de fait, que Montesquieu est le premier à prendre en considération de façon aussi massive. Mais il ne se contente pas de réunir et de juxtaposer ces caractéristiques ; il affirme de plus qu'elles forment une structure cohérente, désignée ici comme l'« esprit général » d'une nation. L'esprit d'une nation est en même temps le reflet de cette structure dans la mentalité des habitants ; en termes plus modernes, on pourrait parler ici d'une idéologie nationale. Sa première propriété est justement sa cohérence interne. « Tout est extrêmement lié », affirme Montesquieu (XIX,

15), et : « Retranchez une de ces pratiques, et vous
ébranlez l'État » (XIX, 19). « A mesure que, dans chaque
nation, une de ces causes agit avec plus de force, les autres
lui cèdent d'autant » (XIX, 4). Les exemples d'interaction
réglée entre ces divers ingrédients de l'esprit général sont
innombrables. En second lieu, l'esprit général d'une nation
est omniprésent ; il laisse sa trace sur chaque fait particulier, et en est à son tour influencé. Enfin cet esprit ne se
modifie que lentement, et toute tentative pour le changer
avec brutalité peut entraîner des résultats désastreux ; mais
il n'est pas inamovible pour autant.

Cette étude de la société préfigure, non seulement
l'analyse structurale (par l'hypothèse de la cohérence
interne de l'ensemble), mais aussi la science sociologique
elle-même (par la prise en considération de tous ces
facteurs). Dans les *Lettres persanes* déjà, Montesquieu se
montre sensible à un niveau de la vie sociale qu'ignoraient
ses prédécesseurs moralistes : ni à l'homme en général, ni
aux types psychologiques, mais aux groupes sociaux (les
juges, les parlementaires, les religieux, les écrivains, les
savants, les hommes du monde) ; la scène française des
Lettres persanes ne comporte pas un seul nom propre. Dans
l'*Esprit des lois* l'exploration devient systématique ; Montesquieu ne se contente pas de remarquer, à la manière de
Montaigne ou de Pascal, que les coutumes sont nombreuses et diverses ; il entreprend de les étudier, ce qui veut
dire qu'il cherche les raisons de cette diversité et aussi ses
limites ; la typologie remplacera le chaos.

Cette partie particulièrement novatrice de son travail est
en même temps celle qui a le plus mal vieilli : l'érudition de
Montesquieu, immense pour son époque, est devenue
aujourd'hui caduque (mais nous nous mettons à plusieurs
là où il était tout seul). Cependant, c'est de toute évidence
la constitution même de l'objet qui est décisive, et non le
contenu de telle ou telle description des sociétés particulières.

Les caractéristiques d'un pays déterminent ses lois ; mais
il ne s'agit pas là d'un déterminisme rigide. Montesquieu
doit avoir en vue des relations de probabilité, d'interaction
diffuse, de « convenance », comme il dit, plutôt que

d'implication mécanique. Il parle de « plus souvent »,
« plus libre », « plus modéré » ; c'est une affaire de plus ou
moins, non de tout ou rien. « Le gouvernement d'un seul se
trouve plus souvent dans les pays fertiles » (XVIII, 1).
« Les peuples des îles sont plus portés à la liberté que les
peuples du continent » (XVIII, 5). Le despotisme est plus
fréquent dans les pays d'une grande étendue et dans les
climats extrêmes ; les gouvernements modérés prospèrent
sous les climats tempérés, faut-il s'en étonner, et la
république est favorisée par le petit territoire, la monarchie
par le moyen. Mais il ne faut pas trop miser là-dessus : « Si
(...) le despotisme s'établissait à un certain point, il n'y
aurait pas de mœurs ni de climat qui tinssent » (VIII, 8).
Les caractéristiques des pays et leur esprit général ne
fournissent que des conditions favorables ; ce sont les
hommes qui, en dernière analyse, font leurs lois et leur vie.
Il est possible de « vaincre la paresse du climat » (XIV, 7)
même si « l'empire du climat est le premier de tous les
empires » (XIX, 14) : et Montesquieu de déclarer : « Les
mauvais législateurs sont ceux qui ont favorisé les vices du
climat et les bons sont ceux qui s'y sont opposés » (XIV, 5).
Le déterminisme des « causes physiques et morales » ne
prive donc pas les hommes de leur liberté d'agir et ne les
décharge pas de la responsabilité de leurs actes.

La raison de la marge d'indéterminisme ménagée par
Montesquieu dans ses recherches gît dans la diversité
humaine et dans la pluralité même des déterminismes :
chaque cause a des effets multiples, chaque effet peut
provenir de causes nombreuses. « Quoique chaque effet
dépende d'une cause générale, il s'y mêle tant d'autres
causes particulières, que chaque effet a, en quelque sorte,
une cause à part », disait Montesquieu (« Essai sur le
goût », p. 851) ; ou encore : « La plupart des effets (...)
arrivent par des voies si singulières, et dépendent de
raisons si imperceptibles ou si éloignées qu'on ne peut les
prévoir » (selon le compte rendu de son « Traité des
devoirs » perdu, p. 182). Le monde n'est pas irrationnel,
mais il peut être impénétrable ; il est surdéterminé plutôt
qu'indéterminé — mais à la surface cela revient au même.
Ainsi les lois connaissent des exceptions apparentes. C'est

pour cette raison que Montesquieu se situe aux antipodes
de l'utopisme scientiste : il ne croit pas que les lois de la
société puissent devenir parfaitement transparentes, ni
qu'il soit possible de fonder, sur la science qui nous en
apporte la connaissance, une politique.

Mais il y a aussi une autre raison à l'incertitude des lois,
et elle réside dans la possibilité d'agir *contre* elles : dans la
révolte, ou simplement dans la décision délibérée. « Les
êtres particuliers intelligents sont bornés par leur nature, et
par conséquent sujets à l'erreur ; et d'un autre côté, il est de
leur nature qu'ils agissent par eux-mêmes. (...) Comme
être intelligent, il [l'homme] viole sans cesse les lois que
Dieu a établies, et change celles qu'il établit lui-même »
(I, 1). Il importe de remarquer que, même si Montesquieu
ne se sert pas de ces termes, c'est bien de liberté humaine
(au sens philosophique et non politique) qu'il est question
ici ; et que Montesquieu voit cette liberté atteindre son
apogée dans l'espèce humaine ; en d'autres termes, comme
l'affirmera plus tard Rousseau, la liberté est le propre de
l'humanité.

Cette marge de liberté, cependant, ne doit pas être prise
pour le chaos, et le comportement humain déclaré inaccessible à la connaissance : « J'ai d'abord examiné les
hommes, écrit Montesquieu dans sa Préface, et j'ai cru
que, dans cette infinie diversité de lois et de mœurs, ils
n'étaient pas uniquement conduits par leur fantaisie. »
Simplement, le déterminisme multiple qui règne sur le
monde social le rend partiellement opaque et fait que,
même avec les meilleures intentions du monde, le législateur risque toujours d'ignorer certains aspects des choses.
Le seul moyen de se prévenir contre les conséquences
funestes d'un mauvais choix est de ne pas opter pour les
solutions extrêmes, ni pour les principes uniques ; d'admettre l'existence régulière d'exceptions. Il faut échapper aussi
bien au fatalisme (penser qu'on ne peut rien changer au
destin des hommes, que ce n'est donc pas la peine d'agir)
qu'à l'interventionnisme forcené (croire que tout dépend
du législateur — ou du détenteur du pouvoir).

Droit naturel

Ainsi la diversité culturelle, sociale et physique se trouve-t-elle, pour la première fois, prise au sérieux et ouverte à la connaissance ; c'est pour cette raison qu'on s'est plu, de nos jours, à voir en Montesquieu le précurseur ou même le fondateur des sciences sociales modernes, sociologie ou anthropologie. Mais dans le schéma général de son ouvrage ces éléments empiriques semblent contre-balancés par d'autres, d'origine différente : c'est en cela que Montesquieu écrit un livre à la fois d'anthropologie générale et comparée et de philosophie politique ; et qu'il s'oppose, au contraire, à l'aspiration moderne de pratiquer une recherche purement empirique, qui s'abstient de porter tout jugement de valeur ; de ce point de vue, Montesquieu est un « ancien ». C'est sans doute vers le droit naturel que l'on doit se tourner pour trouver ses principes universels.

Le droit naturel occupe, dans l'ouvrage de Montesquieu, infiniment moins de place que les deux autres facteurs déterminant l'esprit des lois ; pour cette raison, certains commentateurs lui attribuent un rôle secondaire, en y voyant les traces d'un héritage dont Montesquieu ne serait pas parvenu à se débarrasser. Mais le droit naturel est, à ses propres yeux, un ingrédient essentiel de sa doctrine, et, dans la *Défense de l'Esprit des lois,* il décrit ainsi son point de départ : « L'auteur a eu en vue d'attaquer le système de Hobbes, système terrible, qui faisant dépendre toutes les vertus et tous les vices de l'établissement des lois que les hommes se sont faites, et voulant prouver que les hommes naissent tous en état de guerre, et que la première loi naturelle est la guerre de tous contre tous, renverse, comme Spinoza, et toute religion, et toute morale » (l'*Esprit des lois,* I). Ce que Montesquieu reproche à Hobbes et à Spinoza — avec qui il partage par ailleurs certaines analyses — est la reconnaissance des seules lois positives ; ce qu'il va chercher, contre eux, est le fondement

universel de la morale et du droit. Souvenons-nous aussi de
la formule des *Lettres persanes* : « La justice est éternelle,
et ne dépend pas des conventions humaines. »

Dans un premier temps, Montesquieu donne au terme de
loi son extension maximale : ce sont tous les rapports entre
tous les êtres. Mais il prend ensuite soin de distinguer entre
plusieurs groupes de lois : les lois artificielles (faites par les
hommes) et les lois naturelles ; et parmi celles-ci, deux
groupes encore, qu'on pourrait désigner comme le « droit
naturel », d'une part, les « lois de la nature », de l'autre.
Cette dernière distinction est d'importance : elle rompt
avec la tradition qui confondait les deux groupes et récuse
d'avance la tentative de Diderot (et de tous les scientistes
qui allaient suivre) pour fonder le droit dans la nature, la
politique et la morale dans les faits. Les « lois de la
nature », qui ne sont au fond que les traits caractéristiques
de l'être humain, se laissent répartir, dans l'énumération de
Montesquieu, en trois groupes : tous les hommes ont un
instinct religieux, un instinct biologique de conservation, et
un instinct social.

Les caractéristiques universelles de notre espèce agissent
sur les individus avec la même force que les autres lois de la
nature agissent sur l'ensemble du monde animé et inanimé.
Le droit naturel est tout autre chose : c'est le fondement du
droit dans les sociétés humaines, un ensemble de principes
qui permet de juger les lois elle-mêmes. Ces principes se
confondent avec la lumière naturelle de la raison (et non
plus avec la nature humaine). « Il y a donc une raison
primitive », s'exclame Montesquieu d'entrée en matière
(I, 1), et il aime citer cette phrase de Cicéron : « La loi est
la raison du grand Jupiter » (*Pensées*, 185). Un exemple
peut illustrer la différence entre ces deux groupes de lois :
l'État est absent de l'état de nature, donc l'existence d'un
État ne découle pas d'une « loi de la nature » ; mais
« l'anarchie est contraire au droit naturel » (*Pensées*,
1848).

Le principal passage consacré par Montesquieu au droit
naturel se trouve au tout début du livre, dans une défense
de principe du droit naturel contre ceux qui, tel Hobbes, ne
connaissent que les lois positives. « Dire qu'il n'y a rien de

juste ni d'injuste que ce qu'ordonnent ou défendent les lois positives, c'est dire qu'avant qu'on eût tracé de cercle, tous les rayons n'étaient pas égaux. » Et Montesquieu d'enchaîner :

« Il faut donc avouer des rapports d'équité antérieurs à la loi positive qui les établit : comme, par exemple, que supposé qu'il y eût des sociétés d'hommes, il serait juste de se conformer à leurs lois ; que, s'il y avait des êtres intelligents qui eussent reçu quelque bienfait d'un autre être, ils devraient en avoir de la reconnaissance ; que, si un être intelligent avait créé un être intelligent, le créé devrait rester dans la dépendance qu'il a eue dès son origine ; qu'un être intelligent, qui a fait du mal à un être intelligent, mérite de recevoir le même mal, et ainsi du reste » (I, 1).

Montesquieu présente cette liste comme une pure illustration de son propos : « par exemple », « et ainsi du reste », et une telle présentation ne peut être fortuite. Néanmoins, sa place stratégique dans le texte nous interdit de la prendre à la légère. Cette énumération inaugurale, venant à la suite de la « supposition » que les sociétés existent, ne doit pas vraiment contenir n'importe quelles lois.

Des quatre lois citées, la première est la loi métalégale : il faut obéir aux lois. Mais seule la forme de cette proposition est universelle, puisque le contenu des lois peut varier d'un pays à l'autre. En fait, une telle proposition est nécessairement sous-entendue aussi par tous ceux qui défendent le seul droit positif (autrement ils n'auraient aucun moyen de le faire). Il n'y a pas, à cet égard, de différence entre Hobbes et Montesquieu, et l'exigence de légalité ne peut, en elle-même, constituer le droit naturel.

La troisième loi est une loi de subordination et de dépendance : les enfants doivent se soumettre aux parents. Cette loi a une contrepartie : les parents sont obligés de protéger leurs enfants. « Nourrir ses enfants est une obligation du droit naturel » (XXVI, 6). A une autre occasion, Montesquieu compare à cette relation celle qui relie les magistrats aux citoyens (*Pensées,* 1935).

Enfin, la deuxième et la quatrième loi sont des variantes d'un même principe : le bien répondra au bien, le mal au

mal. C'est la « lumière naturelle », dit encore Montesquieu, « qui veut que nous fassions à autrui ce que nous
voudrions qu'on nous fît » (X, 3). C'est la loi de la
réciprocité, et c'est elle, par exemple, qui permet à
Montesquieu de condamner l'esclavage : non parce que
celui-ci n'est pas utile, mais parce que ceux qui le défendent
ne voudraient pas le subir eux-mêmes. « Dans ces choses,
voulez-vous savoir si les désirs de chacun sont légitimes,
examinez les désirs de tous » (XV, 9) : voici comment
Montesquieu formule l'impératif moral de Kant.

Mais, si nous nous obstinons à rechercher le contenu du
droit naturel, la confrontation de ces deux « exemples »
nous réserve une nouvelle déception, car, plutôt que d'un
principe universel, il s'agit là d'une observation somme
toute triviale : la société est faite aussi bien de rapports de
réciprocité que de rapports de subordination. De ce qui est,
Montesquieu conclut sur ce qui doit être : certaines lois
doivent consacrer l'égalité, d'autres, la hiérarchie ; les unes
seront aussi légitimes que les autres. De toute façon, si une
chose est aussi légitime que son contraire (l'égalité que
l'inégalité), à elles deux elles englobent la totalité des
relations possibles ; nous ne disposons donc là d'aucun
critère discriminatoire. On ne peut pas se contenter de dire
que l'égalité relève du droit naturel, car l'inégalité s'y
trouve également fondée ; tout ce qu'on peut affirmer c'est
que la société comporte des relations symétriques et
asymétriques, de réciprocité et de subordination. Or, s'il en
est ainsi, on ne peut plus parler de principes universels :
dans le droit naturel de Montesquieu on ne trouve aucune
valeur absolue.

Principes de gouvernement

Il ne nous reste donc qu'à nous tourner vers la troisième
force qui agit sur les lois, la nature et le principe du
gouvernement, pour voir si les normes universelles ne s'y
trouvent pas dissimulées ou si, au contraire, il s'agit, là

encore, d'une prise en considération de la diversité historique et géographique. Les principes de gouvernement
s'articulent, selon Montesquieu, de la manière suivante :

$$\left\{ \begin{array}{l} modération \left\{ \begin{array}{l} vertu \text{ (dans la } démocratie\text{)} \\ honneur \text{ (dans la } monarchie\text{)} \end{array} \right. \\ \\ crainte \text{ (dans le } despotisme\text{)} \end{array} \right.$$

Observons d'abord l'opposition entre démocratie
et monarchie. La « vertu », explique Montesquieu, est
égalitaire et individualiste, alors que l'« honneur » est
hiérarchique et social. On pourrait donc rapprocher cette
opposition de celle qui existe entre relations de réciprocité
(symétriques, égalitaires) et de subordination (asymétriques et inégalitaires), inhérentes à ce que Montesquieu
appelait le « droit naturel » des sociétés. L'une comme
l'autre de ces formes de gouvernement repose sur certaines
caractéristiques « naturelles » de l'homme, et favorise leur
éclosion jusqu'à les rendre prédominantes ; par conséquent, aucune n'est en soi supérieure à l'autre. Il est de la
nature même de la société de comporter des relations
égalitaires et inégalitaires ; les sociétés particulières favori-
sent tantôt l'un et tantôt l'autre groupe. Même si l'individu
Montesquieu peut avoir des préférences pour l'un des
termes sur l'autre, puisqu'il ne vit pas hors du temps et de
l'espace, il ne prononce pas de jugement de valeur absolu.
Ce n'est donc pas ici que nous pouvons trouver le critère
absolu permettant de départager les bons et les mauvais
régimes : « vertu » et « honneur » sont tous deux dignes de
respect.

Il ne nous reste qu'un dernier espoir : c'est de voir si ce
critère ne peut se trouver dans l'opposition entre crainte et
despotisme, d'un côté, modération, de l'autre. « L'inconvénient, dit en effet Montesquieu, n'est pas lorsque l'État
passe d'un gouvernement modéré à un gouvernement
modéré, comme de la république à la monarchie, ou de la
monarchie à la république ; mais quand il tombe et
se précipite du gouvernement modéré au despotisme »
(VIII, 8). La modération, considérée habituellement jusqu'alors comme une vertu de l'individu (c'est un synonyme

de la tempérance), acquiert avec Montesquieu le statut
d'un principe politique. Contrairement à ce qu'affirmeront
Rousseau (dans le *Deuxième discours*) ou Diderot (dans le
Supplément), il y a selon lui une rupture brutale entre les
régimes légitimes et illégitimes, entre monarchie et tyrannie. La condamnation du despotisme est aussi forte ici
qu'elle l'était dans les *Lettres persanes*. « On ne peut parler
sans frémir de ces gouvernements monstrueux » (III, 9).
« Le principe du gouvernement despotique (...) est corrompu par sa nature » (VIII, 10). C'est pour cette raison
que la description des États despotiques est beaucoup
moins fidèle aux données de l'histoire que celle des autres
régimes : il faut que les exemples illustrent le principe, et
Montesquieu n'hésite pas à éliminer tout ce qui contredirait
sa thèse. C'est qu'il ne recherche pas ici la fidélité
empirique, mais la caractérisation d'un type idéal obtenu
par déduction, dont il est important de démontrer les
dangers ; les despotismes particuliers qu'on peut observer
dans le monde n'intéressent Montesquieu qu'en tant qu'il-
lustrations potentielles ; la logique du despotisme lui
importe plus que les interférences concrètes entre le
despotisme et les autres formes de gouvernement.

La principale raison pour laquelle Montesquieu
condamne le despotisme, c'est qu'il s'oppose directement à
la première loi figurant dans le « droit naturel » des
sociétés, à savoir l'exigence du respect des lois, puisqu'il se
définit par l'absence de lois et de règles. « Le gouvernement despotique a pour principe la crainte : mais à des
peuples timides, ignorants, abattus, il ne faut pas beaucoup
de lois » (V, 14). « Dans les États despotiques, il n'y a
point de loi » (VI, 3). Les despotes « n'ont rien qui puisse
régler le cœur de leurs peuples, ni le leur » (V, 11). Au
contraire, la modération se confond avec la légalité. « Un
gouvernement modéré (...) se maintient par ses lois »
(III, 9). « Dans les pays modérés, la loi est partout sage,
elle est partout connue, et les plus petits magistrats peuvent
la suivre » (V, 16).

Le despotisme est un mal parce qu'il exclut la légalité.
Mais puisque les lois varient d'un pays à l'autre, l'existence
de la légalité est un universel vide de contenu. L'observa-

tion de la légalité ne garantit rien : et si la loi était franchement inique (comme par exemple les lois raciales en France sous Vichy) ? Rien n'empêche un gouvernement tyrannique, en effet, de légaliser son injustice, et d'appliquer strictement la loi, quitte à la changer quand cela lui convient. C'est l'objection qu'allait formuler, à la suite de Condorcet, Benjamin Constant : « Les lois pourraient défendre tant de choses qu'il n'y aurait encore point de liberté » (*Principes de politique*, p. 27). Le dernier espace dans lequel nous espérions trouver la clé des jugements politiques s'avérerait-il à son tour vide ? L'ambition de Montesquieu d'articuler principes universels et données variables serait-elle infondée ?

Le sens de la modération

Revenons au point de départ. Par-delà les définitions explicites, Montesquieu semble donner au terme de « modération » un autre sens, qui se révèle dans l'usage même qu'il en fait. « Modération » n'équivaudrait à « légalité » que parce que la légalité s'oppose à d'autres forces. Pouvoir en elle-même, elle peut constituer une limite à tout autre pouvoir. Seule la force arrête la force ; or, la légalité est la force offerte à tous ; elle introduit donc une brèche dans l'unité du pouvoir. Elle n'est pas une valeur en soi, mais seulement en tant qu'elle incarne ce partage des pouvoirs. On peut justifier cette exigence par le fait que la « nation » est nécessairement hétérogène, composée d'individus et de groupes aux intérêts divergents ; en raison de cela l'unité des pouvoirs est toujours un mal (elle contredit la nature des choses) et leur pluralité un bien. Les lois tyranniques, bien que lois, ne participent pas de la modération, car elles ne font que renforcer un seul et même pouvoir ; seules sont modérées les lois qui limitent les autres pouvoirs, c'est- -dire celles qui traduisent dans les institutions l'hétérogénéité de la société. L'unique valeur vraiment absolue pour Montesquieu est celle-ci :

que le pouvoir, lui, ne soit jamais absolu, c'est-à-dire unifié. La modération acquiert donc un sens nouveau, proche de celui de *mixité* (on a vu déjà que cet idéal de mixité, malgré les apparences, n'était pas absent chez Rousseau).

Toute distribution ou répartition des pouvoirs est un bien, puisqu'elle porte atteinte au monopole. Tel est le sens plus général des mots « modération » et « despotisme » : le despotisme est un État à pouvoir unifié ; la modération implique la multiplicité, la coprésence de plusieurs pouvoirs. « Dans le gouvernement despotique, le pouvoir passe *tout entier* dans les mains de celui à qui on le confie » (V, 16 ; je souligne) : c'est ce refus du partage qui est la racine du mal. Au contraire, une monarchie par exemple exige que le monarque délègue une partie de son pouvoir, tout en en retenant une autre ; de plus, le principe même de son gouvernement, l'honneur, impose une limite à sa puissance (III, 10). Le monarque comme le despote sont seuls au sommet de l'État, mais la ressemblance s'arrête aussitôt après : le pouvoir est, là, partagé, et ici monolithique.

La modération-légalité, la simple existence des lois, est la protection minimale contre l'arbitraire de la force. Mais, dans l'optique du fonctionnement concret des États, ce n'est pas une condition suffisante : le pas suivant consiste à établir un véritable *équilibre* des pouvoirs. La liberté politique « n'y est que lorsqu'on n'abuse pas du pouvoir (...). Pour qu'on ne puisse abuser du pouvoir, il faut que, par la disposition des choses, le pouvoir arrête le pouvoir » (XI, 4). La modération-équilibre est la modération au sens fort. « Pour former un gouvernement modéré, il faut combiner les puissances, les régler, les tempérer, les faire agir ; donner, pour ainsi dire, un lest à l'une, pour la mettre en état de résister à une autre » (V, 14). Ce qui conduit Montesquieu à distinguer les différents types de pouvoir dans un État, législatif, exécutif, judiciaire ; c'est la distribution de ces pouvoirs entre différents corps qui garantit le maintien de la liberté : de deux forces en présence, toujours « l'une enchaînera l'autre par sa faculté mutuelle d'empêcher » (XI, 6) et les puissances seront ainsi « balancées » (XI, 18). La légalité assure le droit à la liberté ; la répartition des pouvoirs permet de jouir de ce droit. A l'époque moderne, c'est la pluralité des partis, l'existence d'une majorité et d'une opposition qui assurent cet équilibre — dans des États qu'on appelle, à juste titre, « constitutionnels-pluralistes », ce qui correspond exactement aux deux sens du mot « modération » chez Montesquieu.

Il faut remarquer ici que, si cette interprétation de sa pensée est juste, Montesquieu aurait découvert un principe universel de la vie politique, à certains égards comparables à l'impératif moral de Kant (une action est bonne si elle peut être universalisée), dont on a vu qu'il était déjà présent chez le même Montesquieu (c'est ce qui lui fait préférer l'universel au national), et qui se trouve aussi fortement affirmé par Rousseau : « Moins l'objet de nos soins tient immédiatement à nous-même, moins l'illusion de l'intérêt particulier est à craindre ; plus on généralise cet intérêt, plus il devient équitable, et l'amour du genre humain n'est autre chose en nous que l'amour de la justice » (*Émile*, IV, p. 547). L'équité *est* la généralité. Tout comme ce principe n'identifie pas des actions particulières qui seraient bonnes, mais propose une règle logique qui nous permette, en toute circonstance, de reconnaître le bien et le mal, le principe de Montesquieu ne déclare pas tel régime bon et tel autre mauvais (la variété est trop grande, les conditions particulières jouent un rôle trop important). Il propose une règle générale qui s'applique partout, même si son contenu peut varier.

L'efficacité de ces principes — et leur véritable universalité — leur vient de ce qu'ils sont formels et non substantiels. Leur universalité ne repose pas sur une identité existant dans le monde — auquel cas ils seraient bien fragiles — mais sur l'unité de la faculté pensante de l'homme, et donc sur la définition même de l'humain. Mais là s'arrête la ressemblance entre les deux universaux. Et cela n'est guère surprenant, puisque Rousseau et Kant parlent des individus, et Montesquieu des sociétés. Alors que les premiers complètent l'entité individuelle par le rappel de notre appartenance commune à la même espèce,

le second met en évidence le caractère nécessairement
hétérogène du tout : il est fait à son tour de groupes et
d'individus. Là où Rousseau et Kant doivent mettre en
évidence l'unité, Montesquieu rappelle la diversité. La
surprise, bien sûr, venant de ce que ce soit la diversité
même qui fournisse à la politique ses universaux.

Les moyens dont dispose la modération sont puissants ;
mais le despotisme l'est aussi, et l'issue du combat ne peut
être décidée d'avance. Parfois Montesquieu se montre
optimiste : « Le principe du gouvernement despotique se
corrompt sans cesse », écrit-il. « Les autres gouvernements
périssent parce que des accidents particuliers en violent le
principe : celui-ci périt par son vice intérieur » (VIII, 10).
Mais, si la mort des despotismes est inéluctable, leur naissance ne semble pas l'être moins. D'où vient le despotisme ? De l'intérieur ou de l'extérieur, il s'impose « par un
long abus du pouvoir » ou « par une grande conquête »
(VIII, 8). Mais « c'est une expérience éternelle que tout
homme qui a du pouvoir est porté à en abuser » (XI, 4) ; et
les plus forts ont toujours voulu conquérir les plus faibles.
Qu'est-ce qu'un abus du pouvoir ? Ce n'est pas forcément
la transgression des lois, le renoncement à la légalité (à la
forme minimale de la modération) ; c'est simplement
l'exercice non partagé du pouvoir : l'abus, c'est l'usage
même (on se souvient de la formule des *Lettres persanes* :
« Tout pouvoir sans bornes ne saurait être légitime ») ; ne
pas en abuser, c'est ne pas en user (tout seul, ou toujours,
ou en tout lieu). L'avènement du despotisme n'est pas un
accident ; il est l'aboutissement de ce qui constitue le
propre des hommes selon Hobbes, dont Montesquieu se
montre ici solidaire : la pulsion de pouvoir. S'interrogeant
sur ce paradoxe — tous estiment la liberté, et c'est la chose
la plus rare du monde —, Montesquieu ajoute : « Un gouvernement despotique saute, pour ainsi dire, aux yeux ;
il est uniforme partout : comme il ne faut que des passions
pour l'établir, tout le monde est bon pour cela » (V, 14).

Le despotisme est une traduction, sur le plan social, de
traits caractéristiques de tout être humain : la passion, le
désir du pouvoir, la volonté d'unifier. Il est aussi « naturel » à l'homme que la société elle-même. C'est pourquoi il

faut, sans compter sur la bonté naturelle des hommes, sur ce « principe intérieur » qu'invoquait Usbek, essayer de les doter de bonnes institutions, qui empêcheront ces germes de despotisme de s'épanouir. Le combat pour la liberté doit être sans cesse recommencé.

Uniformité et pluralité

Revenons maintenant aux lois elles-mêmes. Des trois forces qui agissent sur elles, l'esprit des nations est infiniment variable, et cela selon des paramètres multiples ; on ne peut imaginer deux pays ayant même situation géographique, même histoire, mêmes mœurs. Le droit naturel se présente comme universel, mais en réalité l'exigence universelle de se soumettre aux lois change de contenu selon la nature des lois propres à chaque pays, et l'exigence d'égalité se trouve neutralisée par la reconnaissance de relations inégalitaires légitimes. C'est pourquoi les résultats ultimes de cette interaction, les lois, différeront d'un pays à l'autre, et il faut qu'il en soit ainsi : « Le gouvernement le plus conforme à la nature est celui dont la disposition particulière se rapporte mieux à la disposition du peuple pour lequel il est établi. (...) [Les lois] doivent être tellement propres au peuple pour lequel elles sont faites, que c'est un très grand hasard si celles d'une nation peuvent convenir à une autre » (I, 3). Et pourtant ce relativisme, fidèle à certaines déclarations d'Usbek, rencontre une limite, qui provient des principes de gouvernement : la tyrannie est un mal sous tous les climats, et la modération un bien.

L'esprit des lois n'est ni simplement universaliste, ni purement conventionnel. A l'encontre de ceux qui, comme Montaigne, ne connaissant que le tout ou le rien, finissent par embrasser un credo purement relativiste (tout en le contredisant par une pratique absolutiste), de ceux qui décident que si tout n'est pas soumis à des lois rigoureuses, alors rien ne peut l'être, Montesquieu admet d'emblée les deux et cherche à les articuler, à mesurer la force de la détermination et celle de la liberté, le degré de l'universel et celui du relatif.

D'où ses constantes mises en garde contre la confusion de points de vue différents. Ce n'est pas parce que la vertu ou le vice politiques dépendent du contexte dans lequel ils se produisent qu'il n'y a plus moyen de distinguer entre vice et vertu (XIX, 11) ! Lorsqu'il entreprend d'analyser la torture, Montesquieu s'exclame : « Mais j'entends la voix de la nature qui crie contre moi » (VI, 17) ; ou, à propos de l'esclavage, il affirme qu'il est « contraire au principe fondamental de toutes les sociétés » (XV, 2), que « l'esclavage est contre nature » (XV, 7). Réfléchissant sur le destin des Indiens d'Amérique, exterminés par les Espagnols au nom d'un but jugé noble (la conversion à la religion chrétienne), Montesquieu refuse cet argument de « Machiavéliste », et ajoute : « Le crime ne perd rien de sa noirceur par l'utilité qu'on en retire. Il est vrai qu'on juge toujours des actions par le succès ; mais ce jugement est lui-même un abus déplorable dans la Morale » (*Pensées*, 1573). Cependant, quand on parle de lois, il faut voir d'abord dans quel cadre elles s'inscrivent. « Les lois qui paraissent les mêmes n'ont pas toujours le même effet » (XXIX, 6), et inversement : « Les lois qui paraissent contraires dérivent quelquefois du même esprit » (XXIX, 10). Entre elles, les lois « forment un système très lié et très suivi », et « pour juger lesquelles de ces lois sont les plus conformes à la raison, il ne faut pas comparer chacune de ces lois à chacune ; il faut les prendre toutes ensemble, et les comparer toutes ensemble » (XXIX, 11).

La nouvelle articulation entre valeurs absolues et faits particuliers reste incompréhensible pour les contemporains de Montesquieu. Tout au long du XVIIIe siècle, et quelles que soient par ailleurs les convictions politiques de ses critiques (les révolutionnaires se trouveront d'accord à ce sujet avec les conservateurs), on lui reprochera d'avoir abandonné le droit naturel et l'idéal moral, et d'avoir fait la part trop belle aux variations entre les peuples et à l'hétérogénéité à l'intérieur même d'un État (il faudra attendre le XXe siècle pour voir reprocher à Montesquieu son *excès* de moralisme). Helvétius attaque le livre alors qu'il est encore en manuscrit : son auteur ne s'y occupe pas assez des « maximes vraies », il ne fait pas assez voir « l'idée de la perfection » (« Lettre à Montesquieu », p. 305). Rousseau même, si clairvoyant d'habitude, se fourvoie au sujet de Montesquieu, qui, dit-il, « n'eut garde de traiter des principes du droit politique ; il se contenta de traiter du droit positif des gouvernements établis, et rien au monde n'est plus différent que ces deux études » (*Émile*, V, p. 836). Condorcet reste aveugle aux valeurs absolues défendues par Montesquieu : « Comment, dans l'*Esprit des lois*, Montesquieu n'a-t-il jamais parlé de la justice ou de l'injustice des lois qu'il cite, mais seulement des motifs qu'il attribue à ces lois ? Pourquoi n'a-t-il établi aucun principe pour apprendre à distinguer, parmi les lois émanées d'un pouvoir légitime, celles qui sont injustes et celles qui sont conformes à la justice ? » (« Observations », p. 365). Enfin Bonald, venu pourtant d'un horizon politique opposé, puisqu'il est le grand théoricien de la contre-révolution, reprend le même reproche : je combats l'*Esprit des lois*, écrit-il, « parce que son auteur ne cherche que le motif ou l'*esprit* de ce qui est, et non les principes de ce qui doit être » (*Théorie du pouvoir politique et religieux*, t. I, « Préface », p. 12).

Montesquieu reconnaît la diversité des environnements géographiques et culturels, et y voit une raison pour maintenir la diversité des lois : l'esprit de l'individu n'est pas une table rase, il est informé par la culture à laquelle il appartient, et les peuples eux-mêmes se comportent en relation avec leur histoire. Rousseau le suit sur ce point ; mais Helvétius n'a que mépris pour les traditions, pour ce « chaos barbare de lois », imposé par la force et l'ignorance (« Lettre à Saurin », p. 310), et il reproche à Montesquieu de trop « composer avec le préjugé » (« Lettre à Montesquieu », p. 305). Condorcet préfère en revenir à la séparation qui avait cours dans les ouvrages juridiques antérieurs à Montesquieu — celle entre lois fondées dans les principes de justice (le droit naturel) et lois arbitraires sans importance — plutôt que d'admettre que tous les peuples n'aient pas les mêmes lois. « Les lois qui paraissent devoir être différentes selon les différents pays, ou statuent sur des objets qu'il ne faut pas régler par des lois, comme sont la plupart des règlements de commerce, ou bien sont fondées sur des préjugés, des habitudes qu'il faut déraciner ; et un des meilleurs moyens de les détruire est de cesser de les soutenir par des lois » (p. 378). Les lois doivent être fondées dans la seule raison, or la raison est universelle ; donc les lois le seront aussi. On a vu aussi que, de ce postulat, Condorcet tirait la conclusion qui s'imposait, à savoir la nécessité de former un État universel.

Bonald prend également soin de mettre de côté les lois civiles, qui doivent tenir compte de la diversité des régions et des professions ; mais c'est reculer pour mieux sauter : pour tout le reste, les lois découlent avec rigueur de la structure du monde lui-même, lequel est une création divine. « Les lois fondamentales, les lois politiques, les lois civiles, intérieures ou extérieures, sont des rapports qui dérivent *nécessairement de la nature des choses* » (*Théories*, t. I, VI, 3, p. 436). « Les lois Mosaïques sont le commentaire de ce texte divin, et les lois de tous les peuples doivent en être l'application » (t. II, III, 2, p. 105). Les lois morales à leur tour « sont les mêmes dans toutes les sociétés religieuses » (t. II, IV, 1, p. 134).

Il faut remarquer ici que cette position absolutiste rapproche Bonald de Condorcet plutôt que des autres conservateurs, tels Burke en Angleterre ou de Maistre en France, qui restent, eux, fidèles à l'enseignement de Montesquieu. Celui-ci aurait pu signer, en effet, les célèbres phrases de De Maistre critiquant les constitutions issues de la Révolution (et dans lesquelles, du reste, ce dernier mentionne Montesquieu) : « La constitution de 1795, tout comme ses aînées, est faite pour l'*homme*. Or il n'y a point d'*homme* dans le monde. J'ai vu, dans ma vie, des Français, des Italiens, des Russes, etc. ; je sais même, grâce à Montesquieu, qu'*on peut être Persan ;* mais quant à l'*homme*, je déclare ne l'avoir rencontré de ma vie ; s'il existe, c'est bien à mon insu. (...) Une constitution qui est faite pour toutes les nations, n'est faite pour aucune : c'est une pure abstraction, une œuvre scolastique faite pour exercer l'esprit d'après une hypothèse idéale » (*Considéra-*

tions sur la France, VI, p. 64-65). Ces phrases, isolées de leur contexte, sont souvent interprétées à tort comme une déclaration de relativisme général. Mais de Maistre n'est pas moins absolutiste que Bonald pour toute une série de sujets ; simplement, les lois positives font exception à cet égard.

Montesquieu reconnaît une autre diversité, cette fois à l'intérieur de la société : aucune nation n'est parfaitement homogène ; et c'est en tenant compte de cette caractéristique essentielle des sociétés qu'il préconise la séparation et l'équilibre des pouvoirs. Ce faisant, il refuse de penser (comme le veut la tradition qui va d'Aristote à Rousseau) que les intérêts particuliers sont en eux-mêmes un mal pour l'État ; il voit même dans leur défense une garantie contre la tendance de l'État à tout envahir. Cette position ne lui sera pas plus pardonnée que sa reconnaissance de la diversité entre nations. Les corps intermédiaires, dit Helvétius, « sont (...) toujours opposés aux droits naturels de ceux qu'ils oppriment » (p. 306). Rousseau, qu'on a vu apprécier les états intermédiaires et la mixité, condamne toutes les formes d'intérêt particulier et de séparation des pouvoirs dès qu'il se place dans l'optique de l'État (dans le *Contrat social*). Sieyès en fait de même (dans son discours du 2 thermidor, an III). Bonald s'oppose sans réserves à celui qui, « s'éloignant de l'idée simple et vraie de l'*unité* et de l'*indivisibilité du pouvoir*, se perd dans les combinaisons laborieuses de la division et de l'équilibre des *pouvoirs* » (« Préface », p. 8). Il n'y a, et il ne doit y avoir, qu'un seul pouvoir ; la vérité est dans les extrêmes, non au milieu.

Il s'ensuit que le remède proposé par Montesquieu, la modération, sera jugé inapproprié. Condorcet s'exclame : « Ce n'est point par esprit de modération, mais par esprit de justice que les lois criminelles doivent être douces, que les lois civiles doivent tendre à l'égalité, et les lois d'administration au maintien de la liberté et de la propriété » (p. 363). Helvétius expliquait déjà que, si la constitution de l'Angleterre était louable, ce n'était pas à cause de l'équilibre des pouvoirs, mais parce qu'y figuraient quelques lois vraiment bonnes ; et il concluait : « Je crois (...) à la possibilité d'un bon gouvernement, où (...)

on verrait l'intérêt général résulter, sans toutes vos balances, de l'intérêt particulier. Ce serait une machine simple, dont les ressorts, aisés à diriger, n'exigeraient pas ce grand appareil de rouages et de contrepoids » (p. 308). Cette « machine simple » sera en effet construite une quarantaine d'années plus tard : ce sera l'État jacobin, dont l'emblème sera encore une autre machine simple, la guillotine. Helvétius, Condorcet et Bonald savent où est le bien, et ne réfléchissent qu'aux meilleurs moyens pour lui soumettre l'État. Montesquieu sait que le bien existe, mais non où il se trouve ; ce à quoi il s'applique donc, c'est à mettre en place des institutions qui facilitent sa recherche tout en garantissant que, même en cas d'erreur sur la nature du bien, les dégâts ne seront pas trop grands.

Face aux utopistes, Montesquieu fait souvent figure de conservateur : sa première réaction est toujours de vouloir laisser les choses en l'état. Mis à part la tyrannie, aucune injustice ne semble le troubler outre mesure. « Je n'écris point pour censurer ce qui est établi dans quelque pays que ce soit. Chaque nation trouvera ici les raisons de ses maximes », déclare-t-il (« Préface »), et aussi, se souvenant peut-être de Montaigne : « Dans tout ceci je ne justifie pas les usages, mais j'en rends les raisons » (XVI, 4). On peut se demander si Montesquieu nous livre vraiment ici le fond de sa pensée ; une autre formule, qui décrit l'*Esprit des lois* dans les *Pensées,* sonne plus juste : « Ce livre n'étant fait pour aucun État, aucun État ne peut s'en plaindre. Il est fait pour tous les hommes » (193) : impartialité ne signifie pas neutralité. Ce que suggère l'ouvrage tout entier c'est que, pour le moins, les changements de lois s'imposent lorsque les lois ne correspondent plus aux conditions sociales auxquelles elles étaient liées, mais qui ont changé entre-temps. On peut aller au-delà : s'il n'avait pas eu un idéal présent à l'esprit, Montesquieu ne se serait pas donné la peine d'écrire l'*Esprit des lois :* on ne doit pas le prendre trop à la lettre quand il nous assure qu'il renonce à toute « censure ». Son livre lui-même est la réponse à une situation qu'il juge menaçante : l'avènement possible du despotisme en France. Mais, pour rester fidèle à l'esprit de Montesquieu, on devrait ajouter : on ne réagira pas à l'injustice de la même façon selon qu'on vit dans un État modéré ou dans un État despotique. Les États modérés connaissent aussi les lois injustes ; mais on les y combattra par les moyens légaux eux-mêmes, puisqu'ils se trouvent à la disposition des citoyens. Seule l'absence de ces moyens — c'est-à-dire le despotisme — autorise le recours à la force (mais Montesquieu préfère ne pas s'attarder sur ce cas de figure).

Cette recherche constante d'équilibre entre général et particulier justifie l'ambition de Montesquieu de se considérer lui-même comme un modéré, sur le plan de l'épistémologie comme sur celui de l'éthique. Il est convaincu que le mixte, le pluriel conviennent mieux aux sociétés humaines, car telle est la nature même de celles-ci : « Je le dirai toujours, c'est la modération qui gouverne les hommes, et non pas les excès » (XXII, 22). Tel est également le principe qui doit inspirer le législateur : « Je le dis, et il me semble que je n'ai fait cet ouvrage que pour le prouver : l'esprit de modération doit être celui du législateur ; le bien politique, comme le bien moral, se trouve toujours entre deux limites » (XXIX, 1). C'est ce que lui a appris son expérience de la vie, et on se souvient que Montesquieu préfère aussi une certaine médiocrité à l'extrémisme incarné par les guerriers et les saints (VI, 9).

C'est pourquoi il est prêt à admettre qu'il faille modérer l'exigence de liberté même, qui est pourtant son idéal. Comment pourrais-je exiger la liberté extrême, écrit-il, « moi qui crois que l'excès même de la raison n'est pas toujours désirable, et que les hommes s'accommodent presque toujours mieux des milieux que des extrémités ? » (XI, 6). Non, « il y a des cas où il faut mettre, pour un moment, un voile sur la liberté, comme l'on cache les statues des dieux » (XII, 19). Il s'en explique ailleurs : « La liberté même a paru insupportable à des peuples qui n'étaient pas accoutumés à en jouir. C'est ainsi qu'un air pur est quelquefois nuisible à ceux qui ont vécu dans les pays marécageux » (XIX, 2). On remarquera que Montesquieu ne dit pas : il n'y a pas de différence entre tyrannie et liberté, entre l'air pur et l'air des marécages ; mais seulement : dans certaines circonstances, on est insensible à ces différences, il faut donc tempérer les absolus. Sinon, des mesures neutres, ou mêmes bonnes, seront perçues comme nuisibles ou tyranniques, « lorsque ceux qui gouvernent établissent des choses qui choquent la manière de penser d'une nation » (XIX, 3).

Cette position, qui consiste à rejeter la simplicité des systèmes monolithiques, a suscité, par sa difficulté même, le plus grand nombre de réticences. Les contemporains de Montesquieu n'ont pas estimé son livre ; les nôtres ne l'ont pas lu. Du reste, il ne se faisait pas d'illusions quant au jugement de ses lecteurs : « J'ai eu le destin de tous les gens modérés, écrit-il dans une lettre (au marquis de Stainville, du 27 mai 1750), et je me trouve être comme les gens neutres, que le grand Cosme de Medicis comparait à ceux qui habitent le second étage des maisons, et qui sont incommodés par le bruit d'en haut et par la fumée d'en bas. »

Un humanisme
bien tempéré

J'arrête ici la lecture des autres, et je prends à mon tour la parole. Ce n'est pas que je me sois tu jusqu'à présent : tout au long de ce livre, j'ai cherché à débattre des questions soulevées par les autres — avec eux ou contre eux, selon les cas. J'ai voulu savoir, non seulement ce qu'ils affirmaient, mais également si ces affirmations étaient justes ; j'ai donc dû constamment prendre position. Et pourtant mon lecteur a pu éprouver quelque irritation (ou fatigue) devant ma réticence à exposer de manière systématique mes opinions sur les sujets abordés. Je ne pouvais le faire, d'abord, parce que je ne les connaissais pas toutes à l'avance, loin de là : je les ai découvertes en cherchant la vérité, avec et contre mes auteurs ; certes, j'ai fait ce livre, mais, en un autre sens du mot, c'est lui qui m'a fait. Ensuite, parce que je préfère la recherche de la vérité à sa possession, et que je veux faire partager cette préférence à mon lecteur ; je chéris par-dessus tout l'opinion qui se révèle au fur et à mesure du dialogue. Ce livre tout entier est là pour illustrer cette idée. Si, en ce moment, je « prends la parole » unilatéralement, ce n'est pas parce que j'ai changé d'idée à ce sujet ; c'est que j'arrive à la fin d'un parcours (qui a duré plusieurs années), et j'éprouve comme un devoir de dire au lecteur où je me trouve et ce que je pense de mon voyage. Plutôt que de conclusions définitives, il s'agit du terme provisoire de mon enquête, d'un simple état des lieux. D'autres que moi pourront, je l'espère, tirer de ce même parcours des conclusions qui m'échappent à présent.

Revenons donc, en prenant maintenant un peu de distance par rapport à l'histoire de la pensée, aux grandes

questions débattues dans ce livre. *Nous et les autres,* disais-
je : comment peut-on, comment doit-on se comporter à
l'égard de ceux qui n'appartiennent pas à la même communauté que nous ? La première leçon apprise consiste à
renoncer à fonder nos raisonnements sur une distinction
comme celle-là. Les êtres humains l'ont pourtant fait
depuis toujours, en changeant seulement l'objet de leur
éloge. Suivant la « règle d'Hérodote », ils se sont jugés les
meilleurs du monde, et ont estimé les autres mauvais ou
bons selon qu'ils étaient plus ou moins éloignés d'eux.
Inversement, en se servant de la « règle d'Homère », ils
ont trouvé que les peuples les plus éloignés étaient les plus
heureux et les plus admirables, alors qu'ils n'ont vu chez
eux-mêmes que la décadence. Mais il s'agit dans les deux
cas d'un mirage, d'une illusion d'optique : « nous » ne
sommes pas nécessairement bons, les « autres » non plus ;
tout ce qu'on peut dire à ce sujet c'est que l'ouverture aux
autres, le refus de les rejeter sans examen, est chez tout
être humain une qualité. La séparation qui compte, suggérait Chateaubriand, est celle entre les bons et les méchants,
non entre nous et les autres ; les sociétés particulières,
elles, mélangent bien et mal (dans des proportions il est
vrai inégales). A la place du jugement facile, fondé sur la
distinction purement relative entre ceux qui appartiennent
à mon groupe et ceux qui n'en font pas partie, doit advenir
un jugement fondé sur des principes éthiques.

Cette première conclusion soulève à son tour deux
grands problèmes : quelle est la signification de notre
appartenance à une communauté ? et : comment légitimer
nos jugements ?

I. Les êtres humains ne sont pas seulement des individus
appartenant à la même espèce ; ils font également partie de
collectivités spécifiques et diverses, au sein desquelles ils
naissent et agissent. La collectivité la plus puissante aujour-
d'hui est ce qu'on appelle une nation, c'est-à-dire la
coïncidence plus ou moins parfaite (mais jamais totale)
entre un État et une culture. Appartenir à l'humanité n'est
pas la même chose qu'appartenir à une nation — l'homme
n'est pas le citoyen, disait Rousseau —, il y a même entre

les deux un conflit latent, qui peut devenir ouvert le jour où nous sommes obligés de choisir entre les valeurs de l'une et celles de l'autre. L'homme, en ce sens du mot, est jugé à partir de principes éthiques ; le comportement du citoyen relève, lui, d'une perspective politique. On ne peut éliminer aucun de ces deux aspects de la vie humaine, pas plus qu'on ne peut les réduire l'un à l'autre : il vaut mieux rester conscient de cette dualité parfois tragique. En même temps, leur séparation radicale, leur confinement à des sphères qui ne communiquent jamais entre elles peuvent être également désastreux : témoin Tocqueville, qui prône la morale dans ses ouvrages philosophiques et savants, et préconise l'extermination des indigènes dans ses discours politiques. L'éthique n'est pas la politique, mais elle peut élever des barrières que la politique n'aura pas le droit de franchir ; appartenir à l'humanité ne nous dispense pas d'appartenir à une nation et ne peut s'y substituer, mais les sentiments humains doivent pouvoir contenir la raison d'État.

Mais on dit souvent aussi : j'aime mieux mes enfants que ceux de mon voisin ; voilà un sentiment bien naturel dont il n'y a aucune raison de rougir. N'est-il pas tout aussi naturel de préférer mes compatriotes aux étrangers, de leur réserver un traitement de faveur ? N'est-il pas naturel de soumettre l'homme au citoyen, et l'éthique à la politique ? Un tel raisonnement repose sur une double confusion. La première est d'ordre psychologique : elle consiste à transférer, par analogie, les propriétés de la famille à la nation. Or, il y a entre ces deux entités solution de continuité. La famille assure l'interaction immédiate avec d'autres êtres humains ; son principe peut s'étendre, à la limite, à l'ensemble des gens que nous connaissons — mais pas au-delà. La nation est une abstraction, dont on a aussi peu d'expérience immédiate que de l'humanité. La seconde confusion est d'ordre éthique : ce n'est pas parce qu'une chose est, qu'elle doit être. Du reste, l'individu fait très bien la correction par lui-même, et ne confond pas l'amour avec la justice : il aime son enfant plus que celui du voisin, mais quand les deux se trouvent dans sa maison il leur donne des parts de gâteau égales. Et, après tout, la pitié n'est pas moins naturelle que l'égoïsme. C'est le propre de l'être humain que de voir plus loin que son intérêt, et c'est à cause de cela que le sentiment éthique existe ; l'éthique chrétienne comme l'éthique républicaine ne font que systématiser et préciser ce sentiment. La « préférence nationale » n'est pas plus fondée dans les faits que dans les valeurs.

Mais qu'est-ce qu'une nation ? A cette question, de nombreuses réponses ont été données, qu'on peut répartir en deux grands groupes. D'un côté, on construit l'idée de nation selon le modèle de la race : c'est une communauté de « sang », c'est-à-dire une entité biologique, sur laquelle l'individu n'a aucune prise. On naît français, allemand ou russe, et on le reste jusqu'à la fin de sa vie. Ce sont alors les morts qui décident pour les vivants, comme le disaient Barrès et Le Bon, et le présent de l'individu est déterminé par le passé du groupe. Les nations sont des blocs imperméables : la pensée, les jugements, les sentiments, tout est différent d'une nation à l'autre. D'un autre côté, l'appartenance à une nation est pensée selon le modèle du contrat. Quelques individus, disait Sieyès, décident un jour de fonder une nation ; et le tour est joué. Plus sérieusement, on affirme qu'appartenir à une nation, c'est avant tout accomplir un acte de la volonté, souscrire à un engagement de vivre ensemble en adoptant des règles communes, en envisageant donc un avenir commun.

Tout oppose ces deux conceptions, la nation comme race et la nation comme contrat : l'une est physique, l'autre morale, l'une naturelle, l'autre artificielle, l'une est tournée vers le passé, l'autre vers l'avenir, l'une est déterminisme, l'autre liberté. Or, le choix entre elles n'est pas simple : tout un chacun peut éprouver, intuitivement, que l'une comme l'autre contiennent quelque vérité et de nombreux oublis. Mais comment réconcilier deux contraires ? La tentative la plus célèbre pour le faire, celle de Renan, est un échec : on ne peut se contenter d'ajouter, l'un à la suite de l'autre, deux « critères », alors que le second annule le premier.

L'antinomie des deux « nations » peut cependant être surmontée si nous acceptons de penser la nation comme culture. De même que la « race », la culture préexiste à l'individu, et on ne peut changer de culture du jour au lendemain (à la manière dont on change de citoyenneté, par un acte de naturalisation). Mais la culture a aussi des traits communs avec le contrat : elle n'est pas innée mais acquise ; et, même si cette acquisition est lente, elle dépend en fin de compte de la volonté de l'individu et peut relever de l'éducation. En quoi consiste son apprentissage ? En une maîtrise de la langue, avant tout ; en une familiarisation avec l'histoire du pays, avec ses paysages, et avec les mœurs de sa population d'origine, régies par mille codes invisibles (il ne faut évidemment pas identifier la culture avec ce qu'on trouve dans les livres). Un tel apprentissage prend de longues années, et le nombre de cultures que l'on peut connaître à fond est très restreint ; mais on n'a pas besoin d'y être né pour le faire : le sang n'y est pour rien, ni même les gènes. Du reste, tous ceux qui ont la citoyenneté par naissance ne possèdent pas forcément la culture de leur pays : on peut être français de souche et néanmoins ne pas participer à la communauté culturelle.

L'interprétation de la nation comme culture (qui trouve son origine chez Montesquieu) permet de préserver les grains de vérité présents dans la conception de la nation comme contrat ou comme « race » (alors que ces dernières conceptions sont postérieures à Montesquieu). Elle permet en même temps de contourner l'antinomie de l'homme et du citoyen : ici, il n'est de voie vers l'universel que celle qui passe par le particulier, et seul celui qui maîtrise une culture spécifique a des chances d'être entendu par le monde entier. Il faut préciser, toutefois, que la culture n'est pas nécessairement nationale (elle ne l'est même qu'exceptionnellement) : elle est d'abord le propre de la région, ou même d'entités géographiques moindres ; elle peut aussi appartenir à une couche de la population à l'exclusion des autres groupes du même pays ; elle peut enfin inclure un groupe de pays. Une chose est certaine : la maîtrise d'une culture au moins est indispensable à l'épanouissement de tout individu ; l'acculturation est possible, et souvent bénéfique ; la déculturation, elle, est une menace. Pas plus qu'on ne doit rougir d'aimer davantage les siens que les autres, sans que cela conduise à pratiquer l'injustice, on ne doit avoir honte de son attachement pour une langue, un paysage, une coutume : c'est en cela qu'on est humain.

II. Qu'en est-il alors de la légitimité de nos jugements et comment trancher dans le conflit de l'universel et du particulier ? Il serait commode de partir ici d'une certaine opinion, commune de nos jours, qu'on pourrait résumer ainsi. La prétention universaliste s'est révélée, au fil des âges, n'être que le masque dont s'affuble l'ethnocentrisme. A ce titre, l'idéologie universaliste est responsable d'événements qui comptent parmi les plus noirs dans l'histoire européenne récente, à savoir les conquêtes coloniales. Sous prétexte de répandre « la » civilisation (valeur universelle s'il en est), quelques pays de l'Europe occidentale se sont emparés des richesses de tous les autres et ont exploité de nombreux peuples lointains à leur profit. L'universalisme, c'est l'impérialisme. Ce n'est pas, au demeurant, le seul domaine où l'on peut observer les dégâts causés par cette idéologie : à l'intérieur même des États, on a écrasé l'hétérogénéité au nom de ces mêmes idéaux (pseudo)-universels. C'est pourquoi il est temps d'oublier les prétentions universelles, et de reconnaître que tous les jugements sont relatifs : à un temps, à un lieu, à un contexte. Ce relativisme n'a pas besoin de se confondre avec le nihilisme, ni avec le cynisme (le rejet de toute valeur) ; les valeurs sont, ici, reconnues, mais leur extension est limitée. Le bien d'aujourd'hui n'est pas celui d'hier, et chacun est barbare aux yeux de son voisin : sachons tirer les conclusions qui s'imposent à partir de ces évidences.

Ce discours familier, qui comporte des variantes plus spécifiques, contient une série d'approximations, de simplifications et d'inexactitudes, qui peuvent mener, avec les meilleures intentions du monde, à des conclusions inacceptables. Il faut donc, si l'on veut parvenir à un tableau d'ensemble plus satisfaisant (sans pour autant renoncer à la condamnation du colonialisme), démêler une par une ces allégations.

Il est d'abord inadmissible d'affirmer que l'universalisme

est *nécessairement* un ethnocentrisme — tout comme il était inadmissible de représenter les êtres humains comme ne pouvant jamais s'élever au-dessus de leur intérêt personnel. Une telle affirmation ultra-déterministe, impliquant l'impossibilité de distinguer entre ce qui est et ce qui doit être, conduit à l'absurde. Mais il est également faux, sur un plan historique et non plus théorique, que l'impérialisme colonial soit intrinsèquement lié à l'idéologie universaliste. On l'a vu dans les pages qui précèdent : la politique coloniale est prête à faire feu de tout bois, elle se sert indifféremment de toutes les idéologies qui se présentent, de l'universalisme comme du relativisme, du christianisme comme de l'anticléricalisme, du nationalisme comme du racisme ; sur ce plan, les idéologies ne nous livrent pas le mobile des actions, mais des justifications ajoutées *a posteriori,* des discours d'autolégitimation qu'il ne faut pas prendre à la lettre. Si l'idéologie universaliste s'y retrouvait plus souvent que les autres, cela ne témoignerait que d'une seule chose, à savoir que son prestige a été plus grand que celui des autres. L'idéologie comme mobile (et non plus comme camouflage, embellissement ajouté après coup) est, on l'a vu également, différente : il s'agit du nationalisme, responsable par ailleurs des autres guerres conduites à cette même époque, entre les pays européens eux-mêmes.

En deuxième lieu, il n'est pas vrai que la perversion ethnocentriste soit la seule, ni même la plus dangereuse des perversions de l'universalisme. Comme on a pu le constater, le projet universel risque de subir deux espèces de détournement, l'un « subjectif », l'autre « objectif ». Dans l'ethnocentrisme, le sujet identifie, naïvement ou perfidement, ses valeurs à lui avec *les* valeurs, il projette les caractéristiques propres à son groupe sur un instrument destiné à l'universalité. Dans le scientisme, au contraire, on trouve les valeurs en dehors de soi, dans le monde objectif — ou plutôt on confie à la science la tâche de les trouver. La démarche scientiste ne produit pas nécessairement des résultats etnocentriques ; bien au contraire, elle est habituellement mise en œuvre pour contraindre la marche de la société même dans laquelle elle prend place. Or, le

scientisme est, aujourd'hui, plus dangereux que l'ethnocentrisme, ne serait-ce que parce que personne, ou presque,
n'est fier de se dire ethnocentriste (on peut s'imaginer
démasquer un ethnocentriste), alors que se réclamer de la
science revient à s'appuyer sur une des valeurs les plus
sûres qui soient dans notre société. Pour voir que ce danger
n'est pas purement potentiel, il suffit de se souvenir que les
deux régimes les plus meurtriers de l'histoire récente, le
stalinien et l'hitlérien, se sont réclamés l'un et l'autre d'une
idéologie scientifique, se sont justifiés par le recours à une
science (l'histoire ou la biologie).

Troisièmement, le relativisme, qu'on présente comme
une solution miracle à nos problèmes, n'en est pas vraiment
une ; or, à quoi bon éviter Charybde si c'est pour se jeter
dans la gueule de Scylla ? Il n'est pas nécessaire de
s'enfermer dans une alternative aussi stérile : ethnocentrisme *ou* relativisme. Cette dernière doctrine est aussi
indéfendable sur le plan de la cohérence logique que sur
celui des contenus. Le relativiste est inévitablement amené
à se contredire, puisqu'il présente sa doctrine comme une
vérité absolue, et donc par son geste même infirme ce qu'il
est en train d'affirmer. En outre, fait plus grave, le
relativiste conséquent renonce à l'unité de l'espèce
humaine, ce qui est un postulat plus dangereux encore que
l'ethnocentrisme naïf de certains colons. L'absence d'unité
permet l'exclusion, laquelle peut conduire à l'extermination. De surcroît, le relativiste, même modéré, ne peut
dénoncer aucune injustice, aucune violence, pour peu que
celles-ci fassent partie d'une quelconque tradition autre
que la sienne : l'excision pas plus que les sacrifices humains
ne mérite réprobation ; or, on pourrait dire que les camps
de concentration eux-mêmes appartiennent, à un moment
donné de l'histoire russe ou allemande, à la tradition
nationale. La situation n'est guère meilleure avec ces
formes particulières du relativisme que sont le nationalisme
et l'exotisme.

L'opinion commune concernant les jugements universels
et relatifs n'est donc pas satisfaisante. Mais par quoi
devons-nous la remplacer ? Comment pouvons-nous écarter, simultanément, les dangers de l'universalisme perverti

(de l'ethnocentrisme comme du scientisme) et ceux du relativisme ? Nous ne saurons le faire que si nous parvenons à donner un sens nouveau à l'exigence universaliste. Il est possible de défendre un nouvel humanisme, à condition qu'on prenne la précaution d'éviter les pièges dans lesquels tombait parfois la doctrine du même nom, au cours des siècles passés. Il pourrait être utile de parler, à ce propos, et pour bien marquer la différence, d'un *humanisme critique*.

Le premier point sur lequel il faut insister est que cet humanisme ne se présente pas comme une nouvelle hypothèse sur la « nature humaine », encore moins comme un projet d'unification du genre humain à l'intérieur d'un seul État. J'ai été amené à employer, à propos de Lévi-Strauss, l'expression « universalisme de parcours », me référant par là non au contenu fixe d'une théorie de l'homme, mais à la nécessité de postuler un horizon commun aux interlocuteurs d'un débat, si l'on veut que ce dernier serve à quelque chose. Les traits universels, en effet, relèvent non du monde empirique, objet de l'observation, mais de la démarche même de l'esprit humain. C'est pourquoi se trompent aussi bien ceux qui, comme Buffon, érigent les traits d'une culture en norme universelle (ce sont des sauvages car ils se peignent les sourcils en bleu) que ceux qui, comme Montaigne, récusent toute universalité en alignant des exemples contradictoires. Quand Rousseau propose de considérer la pitié comme le fondement naturel des vertus sociales, il n'ignore pas pour autant l'existence d'hommes impitoyables. L'universalité est un instrument d'analyse, un principe régulateur permettant la confrontation féconde des différences, et son contenu ne peut être fixé : elle est toujours sujette à révision.

Ce qui est proprement humain n'est évidemment pas tel ou tel trait de culture. Les êtres humains sont influencés par le contexte dans lequel ils viennent au monde, et ce contexte varie dans le temps et dans l'espace. Ce que chaque être humain a en commun avec tous les autres, c'est la capacité de *refuser* ces déterminations ; en termes plus solennels, on dira que la liberté est le trait distinctif de l'espèce humaine. Il est certain que mon milieu me pousse à reproduire les comportements qu'il valorise ; mais la possibilité de m'en arracher existe aussi, et cela est essentiel. Et qu'on ne me dise pas que, en rejetant une détermination (en refusant de me conformer au goût de mon milieu, par exemple), je tombe nécessairement sous le coup d'une autre (je me soumets aux idées reçues d'un autre milieu) : à supposer même que cela soit vrai, le geste d'arrachement garde tout son sens. C'est ce que voulaient dire Montesquieu, qui voyait la spécificité du genre humain en ce que les hommes n'obéissent pas toujours à leurs lois, et Rousseau, pour qui la *perfectibilité* était la caractéristique première de la condition humaine : non telle ou telle qualité, donc, mais la capacité de les acquérir toutes. La langue française n'est pas universelle, n'en déplaise à Rivarol ; mais l'est l'aptitude d'apprendre les langues.

Si l'on entend l'universalité de cette manière, on interdit tout glissement de l'universalisme vers l'ethnocentrisme ou le scientisme (puisqu'on refuse d'ériger en norme un quelconque contenu), sans pour autant tomber dans le travers du relativisme, qui renonce aux jugements, ou en tout cas aux jugements transculturels. C'est l'universalité elle-même, en effet, qui nous livre l'accès aux valeurs absolues. Ce qui est universel, c'est notre appartenance à la même espèce : c'est peu, mais cela suffit pour fonder nos jugements. Un désir est légitime s'il peut devenir celui de tous, disait Montesquieu ; et Rousseau : un intérêt est d'autant plus équitable qu'il est plus général ; la justice n'est qu'un autre nom donné à cette prise en considération du genre humain tout entier. Ce principe fondateur de l'éthique sera complété par le grand principe politique, aperçu également par Montesquieu : l'unité du genre humain doit être reconnue, mais aussi l'hétérogénéité du corps social. Il devient alors possible de porter des jugements de valeur qui transcendent les frontières du pays où l'on est né : la tyrannie et le totalitarisme sont mauvais en toutes circonstances, comme l'est l'esclavage des hommes ou des femmes. Cela ne signifie pas qu'une culture est déclarée *a priori* supérieure aux autres, unique incarnation de l'universel ; mais qu'on peut comparer les cultures existantes, et trouver plus à louer ici, à blâmer là.

III. Il faut en venir enfin à une autre question, qui a davantage trait à la matière historique examinée dans ce livre. Cette matière, ce sont les contributions apportées en France, depuis deux cent cinquante ans et plus, au débat sur *nous et les autres*. Parmi les idées passées en revue, quelques-unes semblent avoir joué un rôle prépondérant. Celle du racialisme, secondé par son grand frère le scientisme ; Ernest Renan peut servir ici de figure emblématique. Celle du nationalisme « républicain », celui de Michelet, de Tocqueville, de Péguy. Celle de l'égocentrisme, figure majeure de l'exotisme moderne, qu'a inauguré Chateaubriand, et qu'ont suivi Loti et les autres « impressionnistes » (alors que l'exotisme ancien consistait plutôt à faire un usage allégorique des autres). Scientisme, nationalisme, égocentrisme : autant de phénomènes auxquels je donne des appellations et des définitions abstraites, mais qui correspondent à des formations historiques particulières, et qu'aucun système déductif ne m'aurait permis de prévoir (ce qui n'est pas le cas de l'ethnocentrisme). Quelle est la signification de ces trois attitudes (et de quelques autres qui leur sont solidaires) ?

Pour répondre à cette question, je me vois obligé de déborder mon thème, pourtant déjà si large, et de me demander : ces grandes figures de la méconnaissance des autres — car c'est bien de cela qu'il s'agit — ont-elles quelque chose à voir entre elles ? Et quelles relations entretiennent-elles avec les idéologies qui ont dominé la vie publique en France pendant cette même période ?

Le conflit idéologique le plus général, caractéristique de l'époque en question, est celui entre holisme et individualisme, pour parler comme Louis Dumont, c'est-à-dire entre les *communautés* où le tout est en position dominante par rapport à ses éléments, et les *sociétés* où les individus importent plus que l'ensemble auquel ils appartiennent ; ou, pour rester plus concret, entre l'Ancien Régime et la république. Mais ce conflit ne semble pas, à première vue, avoir une pertinence particulière pour ce qui concerne notre sujet. Avant comme après la Révolution, il y a eu des universalistes et des « particularistes », des nationalistes et

des « exotistes ». Le choix d'une attitude à l'égard des
autres ne dépend pas directement de ce qu'on préfère le
holisme à l'individualisme, ou l'inverse. Avant la Révolution, la colonisation se couvre de l'idéal chrétien (tous les
peuples sont égaux, donc la meilleure religion — le
christianisme — convient également à tous) ; après, elle se
poursuit en se parant d'un idéal laïc (la raison est de tous
les climats, mais nous en sommes les représentants les plus
avancés ; nous avons donc, non seulement le droit, mais le
devoir de la répandre partout — et pour cela il faut d'abord
occuper les territoires). Pour les populations colonisées, on
s'en doute, la différence ne devait pas être très sensible. Le
respect des traditions comme celui des hiérarchies s'appa-
rentent davantage à l'esprit holiste qu'à l'individualisme ;
mais les deux survivent aisément, on l'a vu, en terres
démocratiques.

Ni le scientisme, ni le nationalisme, ni l'égocentrisme
exacerbé ne sont des émanations directes de l'Ancien
Régime. Et les représentants de l'idéologie holiste tiennent
une faible place dans les analyses qui précèdent. On a bien
aperçu au passage quelques ennemis de la démocratie,
Gobineau et Taine, Le Bon et Maurras, Segalen et parfois
même Lévi-Strauss (Bonald et de Maistre, les grands
idéologues contre-révolutionnaires, ont été évoqués dans
d'autres contextes) ; mais, d'une part, leur pensée est loin
d'être purement holiste et, d'autre part, sur les sujets qui
relèvent de notre perspective, elle rencontre celle de
démocrates convaincus. Il faut ajouter que, pas plus qu'ils
ne s'expliquent par l'idéologie holiste, le scientisme, le
nationalisme et l'égocentrisme ne proviennent d'un esprit
romantique, qui serait la négation pure et simple de celui
des Lumières et de la Révolution. Sur certains points, le
romantisme s'oppose directement au rationalisme et à
l'universalisme des Lumières ; mais, pour le sujet qui nous
concerne, la filiation est claire entre le « romantisme » de
Chateaubriand, de Michelet et de Renan, et leur fidélité
aux grandes options de la philosophie individualiste, telle
qu'elle s'élabore aux XVIIe et XVIIIe siècles.

D'autres que moi ont déjà fait des constatations semblables ; et ils en ont conclu à la responsabilité directe de

l'idéologie humaniste dans l'avènement des doctrines scientiste, nationaliste et égocentriste — lesquelles à leur tour peuvent être liées, avec une certaine vraisemblance, aux grands massacres (militaires, coloniaux ou totalitaires) qui jalonnent l'histoire des deux derniers siècles. On a pu parler à ce propos d'une certaine « dialectique des Lumières », qui aurait conduit à révéler le vrai visage d'une idéologie qui aime à se présenter sous des oripeaux plus nobles ou plus séduisants. Ce n'est plus d'un ennemi extérieur à la démocratie qu'il s'agirait, mais de l'aboutissement inévitable — « tragique » — du projet démocratique lui-même. Une telle conclusion découle-t-elle des analyses qui précèdent ?

La réponse est, catégoriquement : non. Une fois de plus, la loi du tiers exclu ne s'applique pas ; si le choix qu'on nous présente tient dans la question suivante : nos malheurs sont-ils dus à l'holisme ou à l'individualisme, il faut récuser ce choix même. D'autres réponses sont possibles ; celle à laquelle j'aboutis consiste à dire que scientisme, nationalisme, égocentrisme, bien que non étrangers à l'esprit des Lumières, en représentent un *détournement,* plutôt que la conséquence logique. Le « méchant », dans cette histoire, n'est ni un ennemi extérieur, ni celui qu'on tenait jusque-là pour le héros ; ce sont les aides, les acolytes, les accompagnateurs de ce héros, qu'on a longtemps crus indispensables et qui ne le sont nullement ; qui, au contraire, menacent de détruire l'œuvre de leur maître présumé.

Deux faits, plus particulièrement, m'incitent à penser ainsi. Le premier est le constat d'incompatibilité logique entre les principes humanistes d'un côté, et, de l'autre, les pratiques scientistes, ou nationalistes, ou égocentristes. Le scientisme se veut rationnel ; mais il finit par mettre la science à la place de la religion, la niant du coup dans son essence même : c'est le cas de Saint-Simon, de Comte, de Renan. Quant à Tocqueville, à Michelet ou à Peguy, ils sont obligés de recourir à des arguments acrobatiques pour réconcilier l'humanisme et le patriotisme. Chateaubriand (comme ses successeurs) doit affronter le paradoxe qui découle de ce qu'il affirme simultanément : j'aime tout le genre humain, mais je ne m'intéresse qu'à moi-même.

La seconde raison pour laquelle je ne crois pas que l'humanisme conduise inévitablement à ses propres perversions réside dans la possibilité même (que j'espère avoir illustrée) d'analyser les errements scientistes, nationalistes ou égocentristes à l'aide de concepts et de principes issus de cet humanisme même. Je ne savais pas, en commençant les recherches qui ont conduit à ce livre, que Montesquieu et Rousseau allaient y juger Chateaubriand et Michelet, Renan et Péguy ; mais c'est bien ce qui s'est passé. Montesquieu et Rousseau, en effet (auxquels, si mon enquête avait été internationale, j'aurais pu joindre Kant), incarnent, quand on les prend à leur mieux, la philosophie humaniste qui m'a permis de constater le détournement de son projet au cours du xixᵉ siècle. C'est Rousseau qui affirme que l'éthique ne doit pas être soumise à la science ; que le cosmopolitisme et le patriotisme sont incompatibles, et que le premier est supérieur au second ; qu'on ne peut imaginer un individu asocial. C'est Montesquieu qui trouve, dans la modération, un principe universel de la vie politique, indépendant des conditions objectives propres à chaque pays ; qui montre que l'attention pour les cultures (pour « l'esprit de la nation ») n'implique pas nécessairement un patriotisme aveugle ; qui met en évidence le rôle du groupe social auquel appartient l'individu. Ce sont Montesquieu et Rousseau qui refusent de voir la vie humaine comme régie par un déterminisme sans faille, et qui reconnaissent dans la liberté le trait distinctif de l'humanité. Les idéaux qu'ils mettent en avant nous permettent de comprendre les « détournements » du xixᵉ siècle, et de les condamner. Ces détournements, loin de constituer l'apogée de l'humanisme, en sont la ruine.

Ennemis de la philosophie humaniste, scientisme, nationalisme et égocentrisme ne se présentent pas cependant comme tels, mais comme des conséquences inévitables, des compléments nécessaires de cette même philosophie. Et il est vrai que, historiquement, ils se préparent au cours de ce même siècle des Lumières : le scientisme, dans le matérialisme d'Helvétius et de Diderot, ou dans l'utopisme de Condorcet ; le nationalisme et l'égocentrisme, dans certains énoncés de Rousseau lui-même, isolés de leur contexte et de l'ensemble de son œuvre. De sorte que ces doctrines du détournement ne s'avancent pas à visage découvert, en ennemis déclarés, mais, pourrait-on dire, frauduleusement parées des idéaux de l'humanisme et de la Révolution ; témoin Chateaubriand, Michelet, Renan et tant d'autres. Voilà ce qui explique les erreurs d'interprétation de certains historiens, qui ont pris pour argent comptant ce qui n'était qu'un camouflage habile ou qu'une illusion naïve, et qui ont accablé l'humanisme des forfaits accomplis au nom de ces idéologies du détournement. Pour cette même raison, ces dernières me paraissent autrement plus dangereuses pour le maintien des principes démocratiques que ne le sont les survivances de l'Ancien Régime, les nostalgies anachroniques de la monarchie absolue. On comprendra donc pourquoi je me suis tant attardé sur les premières et si peu sur les secondes.

Est-ce à dire que tout est parfait dans la pensée de Montesquieu et dans celle de Rousseau ? Bien sûr que non. Il leur arrive du reste d'être en désaccord (mais, je pense, moins souvent qu'on ne le croit communément) ; j'ai été donc amené à choisir parfois l'un contre l'autre. D'autres fois, je me suis vu obligé de les contredire, alors même qu'ils pouvaient se trouver d'accord entre eux. Mais surtout, il faut dire avec insistance que leur pratique reste souvent en deçà de leur théorie. On l'a vu à propos de la représentation des peuples lointains. Alors même qu'il avait si bien analysé les pièges de l'ethnocentrisme et les avantages de la distanciation (dans les *Lettres persanes*), Montesquieu donne, dans l'*Esprit des lois,* une image purement conventionnelle, et finalement dégradante, des Indiens et des Africains, des Chinois et des Japonais. Alors même qu'il avait posé les principes de la bonne connaissance des autres (observer les différences pour découvrir les propriétés), Rousseau place les « sauvages » à mi-chemin entre les hommes et les animaux. On peut observer la même disparité entre les condamnations de principe, proférées par Montesquieu et Rousseau à l'égard de l'esclavage, et leur manque d'empressement, pour ne pas dire plus, dans la lutte pour son abolition. Il y a d'autres

exemples — il n'y a pas lieu de se cacher les incohérences
dans le comportement de ces deux hommes.

Il n'en reste pas moins que, si nous sommes aujourd'hui
capables de juger, et parfois sévèrement, Montesquieu et
Rousseau, c'est grâce à un idéal qu'ils ont contribué à
mettre en place. Il ne faut pas se donner le ridicule qui
consiste à regretter que l'idéal se situe au-dessus du réel. Il
est bien plus intéressant de profiter de l'élévation de la
pensée de Montesquieu et de celle de Rousseau, que de se
complaire dans le constat mesquin selon lequel ils n'ont pas
toujours été à la hauteur de leurs principes. Retenons
donc, ici, moins leurs errements que leurs exploits : la
possibilité qu'ils ont entrevue, chacun à sa manière, de
reconnaître les différences entre groupes humains sans
renoncer au cadre universel ; l'idée que, individu et société
étant des entités foncièrement hétérogènes, seules les
solutions mixtes, ou modérées, peuvent leur convenir
durablement (pour ce qui concerne Rousseau, il faut, pour
aboutir à cette conclusion, prendre en considération
l'ensemble de son œuvre, plutôt que d'en isoler arbitrairement une seule partie, le *Contrat social* ou *les Confessions*).

La confrontation de l'humanisme de Montesquieu et de
Rousseau avec le scientisme, le nationalisme et l'égocentrisme, tels qu'ils se déploient au XIXᵉ siècle, m'amène aussi
à un autre constat. Chacune de ces dernières doctrines se
limite à un seul aspect de la vie humaine et élimine ou
néglige les autres. Pour les scientistes, seule compte
l'universalité (l'appartenance de tous à la même espèce) ;
cette identité première implique qu'on impose partout les
mêmes lois, dans le but de constituer un unique État
universel. Les différences culturelles (ou nationales, en ce
sens du mot) sont tenues pour négligeables ; on se conten-
tera, suggérait Comte, d'ajouter un ruban national au
drapeau universel. Les variations individuelles ne méritent
pas plus d'attention. Réciproquement, le nationaliste
récuse aussi bien les références universelles que la tendance des individus à s'autonomiser (témoin Michelet, ou
Tocqueville à certaines heures, ou Barrès). A son tour
l'égocentrisme — René et son innombrable descendance —
ne se préoccupe que de lui-même, et délaisse tant la

perspective universelle que celle des cultures nationales. Les résultats sont, dans chacun des cas, déplorables.

Or, la leçon de Montesquieu et de Rousseau consiste à affirmer la nécessité de ces trois aspects de l'être humain, de ces trois niveaux d'organisation de sa vie ; à mettre en garde contre l'élimination de l'un ou de deux d'entre eux au profit du troisième. Montesquieu sait reconnaître le droit de l'individu à l'autonomie, à la sécurité personnelle, à la liberté privée ; il n'ignore pas pour autant la force de l'appartenance culturelle (l'esprit des nations). Enfin, bien que ses contemporains ne s'en soient pas toujours aperçus, il ne renonce pas non plus à la référence universelle, qui seule permet de fonder les jugements de valeur : la tyrannie est condamnable sous tous les climats, et ce qui est profitable à l'humanité doit être préféré à ce qui est bon pour la patrie. Il en va de même pour Rousseau, qui décrit ainsi les différentes relations dans lesquelles l'homme se trouve impliqué : « Après s'être considéré par ses rapports physiques avec les autres êtres, par ses rapports moraux avec les autres hommes, il lui reste à se considérer par ses rapports civils avec ses concitoyens » (*Émile*, V, p. 833). Vie personnelle, vie sociale et culturelle et vie morale ne doivent ni être supprimées ni se substituer l'une à l'autre ; l'être humain est multiple, et c'est le mutiler que de l'unifier.

Mais il ne suffit pas d'opposer l'humanisme à ses détournements, et de le leur préférer ; encore faut-il s'interroger sur les origines de ceux-ci. Les choses semblent relativement claires pour ce qui concerne l'égocentrisme : c'est une simple hypertrophie du principe d'autonomie individuelle, un excès dans une direction où les premiers pas ont effectivement été accomplis par la philosophie humaniste elle-même : on ne s'est pas contenté de voir en l'individu une entité nécessaire, on en a fait de plus un tout autosuffisant. Or, il n'en va pas de même du nationalisme, du scientisme, du racialisme ni de l'exotisme. Si ces doctrines ont si bien « pris », c'est qu'elles étaient porteuses de valeurs qui ne trouvaient pas d'autre forme d'expression, et dont le manque se faisait sentir. Énumérons-les : le scientisme met la science à la place de la religion ; le nationalisme valorise l'appartenance au groupe social et culturel ; le racialisme affirme la hiérarchie nécessaire des êtres humains ; l'exotisme primitiviste valorise encore la communauté au détriment d'une poussière d'individus atomisés, il privilégie les relations interpersonnelles de préférence à celles qui s'établissent entre les personnes et les choses.

A examiner cette énumération des valeurs qui se trouvent impliquées ou affirmées par les détournements de l'humanisme, on peut tirer deux conclusions. La première, c'est que toutes ces valeurs trouvent leur origine dans l'idéologie holiste. C'est la société holiste, en effet, qui respecte le consensus religieux, la hiérarchie des êtres et des positions, le groupe plutôt que l'individu, le social plutôt que l'économique. Tout se passe comme si la victoire de l'idéologie individualiste, qui est à la base des démocraties modernes, s'accompagnait du refoulement des valeurs holistes, qui cependant n'admettraient pas de se voir traiter ainsi, et resurgiraient dans ces formes plus ou moins monstrueuses que sont le nationalisme, le racisme ou l'utopie totalitaire.

La seconde conclusion découle de la première. L'idéologie holiste comme l'idéologie individualiste ne sont, à certains égards, que des représentations partielles du monde. Elles déclarent primordiales certaines caractéristiques de la vie humaine et leur subordonnent les autres. Cela veut dire qu'il est erroné de voir tout le bien d'un côté et tout le mal de l'autre. Notre attachement actuel aux valeurs issues de l'individualisme (à l'humanisme) ne peut être remis en question. Mais on aurait tout intérêt, comme le suggère déjà Louis Dumont, à *tempérer* cet humanisme par des valeurs et des principes venus d'ailleurs. Cela est possible chaque fois qu'il ne s'agit pas d'incompatibilités radicales, mais de réarticulation entre éléments dominants et dominés. C'est même le seul espoir que nous ayons de maîtriser les forces agissant derrière ces valeurs holistes ; on doit chercher à les apprivoiser, si l'on ne veut pas les voir réapparaître affublées du masque grotesque mais menaçant du racisme ou du totalitarisme.

Il faudrait pour cela trouver des expressions nouvelles

aux valeurs holistes refoulées. Le scientisme n'a pu prospérer que parce qu'il était venu combler le vide laissé par le départ de la religion en tant que guide du comportement ; cette place doit en effet être remplie, mais non par l'idolâtrie de la science ; ce sont les grands principes éthiques, autour desquels se fonde le consensus démocratique, qui doivent exercer un contrôle sur les applications de la science comme sur les débordements de l'idéologie. Le racialisme codifie l'existence de hiérarchies entre les êtres : il ne sert à rien de nier cette existence, ni le besoin que nous en éprouvons ; mais il faut écarter le biologisme naïf, et assumer ouvertement nos propres hiérarchies, qui sont spirituelles, et non physiques : rien ne nous oblige à souscrire au relativisme selon lequel « tout se vaut ». Le nationalisme valorise l'appartenance au groupe : mais il faut être aveugle pour croire que cette appartenance est inutile ou négligeable (même si l'arrachement au groupe peut avoir ses mérites propres) ; ce qu'on peut affirmer, en revanche, c'est qu'un fort sentiment d'appartenance culturelle n'implique en rien un patriotisme civique ; et que les groupes auxquels on appartient sont multiples, tant par leur taille que par leur nature : la famille, le quartier, la ville, la région, le pays, le groupe de pays, d'un côté ; la profession, l'âge, le sexe, le milieu, de l'autre. L'exotisme primitiviste évoque avec nostalgie les lieux et les temps où les individus savaient rester « humains » les uns avec les autres, ou communiquer avec la nature non humaine ; on peut en effet aspirer à ces valeurs, sans pour autant se mettre à la diète du riz complet.

Un humanisme bien tempéré pourrait nous garantir contre les errements d'hier et d'aujourd'hui. Rompons les associations faciles : revendiquer l'égalité de droit de tous les êtres humains n'implique nullement de renoncer à la hiérarchie des valeurs ; chérir l'autonomie et la liberté des individus ne nous oblige pas à répudier toute solidarité ; la reconnaissance d'une morale publique n'entraîne pas inévitablement la régression au temps de l'intolérance religieuse et de l'Inquisition ; ni la recherche d'un contact avec la nature, à celui des cavernes.

Un dernier mot. Montesquieu et Rousseau ont peut-être mieux compris que d'autres les complexités de la vie humaine et formulé un idéal plus noble ; pour autant, ils n'ont pas trouvé une panacée, une solution à tous nos problèmes. C'est qu'ils savaient que, même si l'équité, le sens moral, la capacité de s'élever au-dessus de soi sont le propre de l'homme (contrairement à ce qu'affirment d'autres penseurs, pessimistes ou cyniques), le sont aussi l'égoïsme, le désir du pouvoir, le goût des solutions monolithiques. Les « défauts » de l'individu comme de la société en sont des caractéristiques aussi intrinsèques que leurs plus grandes qualités. C'est donc à tout un chacun qu'il incombe de chercher à faire prévaloir en lui le meilleur sur le pire. Certaines structures sociales (« modérées ») facilitent cette tâche ; d'autres (« tyranniques ») la rendent plus complexe : il faut tout faire pour que les premières l'emportent sur les secondes ; mais aucune ne dispense du travail qui incombe à la personne individuelle, parce que aucune ne conduit automatiquement au bien. La sagesse n'est ni héréditaire ni contagieuse : on y parvient plus ou moins, mais toujours et seulement seul(e), non du fait d'appartenir à un groupe ou à un État. Le meilleur régime du monde n'est jamais que le moins mauvais, et, même si l'on y vit, tout reste encore à faire. Apprendre à vivre avec les autres fait partie de cette sagesse-là.

Bibliographie

La date indiquée est celle de l'édition utilisée ; la date de la première publication figure, s'il y a lieu, entre parenthèses. Sauf indication contraire, le lieu d'édition est Paris.

I. AUTEURS ÉTUDIÉS

Artaud, A. (1896-1948)
Messages révolutionnaires (1936), Gallimard, 1971.
Les Tarahumaras (1936), Gallimard, 1974.

Barrès, M. (1862-1923)
L'Œuvre de Maurice Barrès, Club de l'honnête homme, 20 vol., 1965-1969.
– « Intervention à la Chambre » (1906), t. V.
– « Une enquête au pays du Levant » (1923), t. XI.

AUTRES ÉDITIONS
Scènes et Doctrines du nationalisme (1902), 2 vol., 1925.
« Lettre à Maurras » (1908), in Ch. Maurras, *Enquête sur la monarchie*, 1924.

Bonald, L. de (1754-1840)
Théorie du pouvoir politique et religieux (1796), 1843.

Buffon, G.-L. L. de (1707-1788)
Œuvres complètes, Pourrat Frères, 22 vol., 1833-1834.

AUTRES ÉDITIONS
De l'homme (1749), Maspero, 1971.

Chateaubriand, F.-R. de (1768-1848)
Atala, René (1801, 1802), Garnier-Flammarion, 1964.
Itinéraire de Paris à Jérusalem (1811), Garnier-Flammarion, 1968.

Mémoires d'outre-tombe (1850), Ministère de l'Éducation nationale, 2 vol., 1972.
Les Natchez (1826), 1831.
Voyages (1827), 1829.

Cloots, A. (1755-1794)
« Discours » (1790), *Procès-verbal de l'Assemblée nationale*, t. XXII.
Lettre à un prince d'Allemagne, 1791.
La République universelle, 1792.

Comte, A. (1798-1857)
Système de politique positive, 4 vol., 1848-1854.

Condorcet, M.-J.-A.-N. de (1743-1794)
Œuvres, 12 vol., 1847-1849.
– « De l'influence de la révolution d'Amérique sur l'Europe » (1786), t. VIII.
– « Discours de réception à l'Académie française » (1782), t. I.
– « Fragment de justification » (1793), t. I.
– « Observations de Condorcet sur le vingt-neuvième livre de l'*Esprit des lois* » (1780), t. I.
– « Réflexions sur l'esclavage des nègres » (1781), t. VII.

AUTRES ÉDITIONS
Esquisse d'un tableau historique des progrès de l'esprit humain (1793), Éditions sociales, 1971.

Descartes, R. (1596-1650)
Œuvres et Lettres, Gallimard-Pléiade, 1953.

Diderot, D. (1713-1784)
« Supplément au voyage de Bougainville » (1772), *Œuvres philosophiques*, Garnier, 1964.

Ferry, J. (1832-1893)
Discours et Opinions, 7 vol., 1893-1898.
– « Discours à la Chambre » (1885), t. V.
– « Préface » à *Tonquin et la mère-patrie* (1890), t. V.

Gérando, J.-M. de (1772-1842)
« Considérations sur les diverses méthodes à suivre dans l'observation des peuples sauvages » (1800), in J. Copans, J. Jamin (éd.), *Aux origines de l'anthropologie française*. Le Sycomore, 1978.

Gobineau, J.-A. de (1816-1882)
Essai sur l'inégalité des races humaines (1853-1855), *Œuvres*, t. I, Gallimard-Pléiade, 1983.
« Lettres à Tocqueville », in A. de Tocqueville, *Œuvres complètes*, Gallimard, t. IX, 1959.

Helvétius, Cl.-A. (1715-1771)
Traité de l'esprit (1758), *Œuvres complètes*, t. I et II, 1827.
« Lettre à Montesquieu », « Lettre à Saurin » (1747), in Ch. de Montesquieu, *Œuvres*, t. VIII, 1819.

La Bruyère, J. de (1645-1696)
Œuvres complètes, Gallimard-Pléiade, 1951.
– « Les Caractères, ou les mœurs de ce siècle » (1688).
– « Discours prononcé à l'Académie française » (1694).

Lahontan, L.-A. (1666-1715)
Nouveaux Voyages, Mémoires de l'Amérique septentrionale, Dialogues curieux entre l'Auteur et un Sauvage (1703-1705), 1931.

Lanessan, J.-M. de (1843-1919)
L'Expansion coloniale de la France, 1886.
L'Indo-Chine française, 1889.
Principes de colonisation, 1897.

Le Bon, G. (1841-1931)
Les Lois psychologiques de l'évolution des peuples (1894), 1902.

Lévi-Strauss, Cl. (1908)
Anthropologie structurale, Plon, 1958.
Anthropologie structurale deux, Plon, 1973.
Le Cru et le Cuit, Plon, 1964.
« Entretien », *Le Monde*, le 21 janvier 1979.
L'Homme nu, Plon, 1971.
L'Identité, séminaire dirigé par Cl. L.-S. (1977), PUF, 1983.
« Introduction à l'œuvre de M. Mauss », in M. Mauss, *Sociologie et Anthropologie*, PUF, 1950.
La Pensée sauvage, Plon, 1962.
Le Regard éloigné, Plon, 1983.
Tristes Tropiques (1955), Plon, 1965.

Loti, P. (1850-1923)
Aziyadé (1879), Calmann-Lévy, 1987.
Madame Chrysanthème (1887), 1914.

Le Mariage de Loti (Rarahu) (1880), 1923.
Le Roman d'un spahi (1881), Presses Pocket, 1987.

Maistre, J. de (1753-1821)
Considérations sur la France (1797), Garnier, 1980.

Maurras, Ch. (1868-1952)
Œuvres capitales, Flammarion, 4 vol., 1954.
– « L'avenir du nationalisme français » (1949), t. II.
– « Mes idées politiques » (1937), t. II.

AUTRES ÉDITIONS
Enquête sur la monarchie (1909), 1924.

Michaux, H. (1899-1984)
Ecuador (1929), Gallimard, 1974.
Un barbare en Asie (1933, 1967), Gallimard, 1982.

Michelet, J. (1798-1874)
Œuvres complètes, Flammarion, 1971 s.
– *Histoire de France* (1833-1869), t. IV, 1974.
– *Introduction à l'histoire universelle* (1831), t. II, 1972.

AUTRES ÉDITIONS
La France devant l'Europe (1871), *Œuvres complètes*, t. XXXVII, 1898.
Le Peuple (1846), Flammarion, 1974.

Montaigne, M. de (1533-1592)
Essais (1580-1588), *Œuvres complètes*, Gallimard-Pléiade, 1967.

Montesquieu, Ch. de (1689-1755)
Œuvres complètes, Seuil, 1964.
– *De l'esprit des lois* (1748).
– « Essai sur le goût » (1754).
– *Lettres persanes* (1721).
– *Pensées*.
– « Traité des devoirs » (1725).

AUTRES ÉDITIONS
« Lettres », *Œuvres complètes*, Nagel, 3 vol., t. III, 1955.

Nizan, P. (1905-1940)
Aden Arabie (1932), La Découverte, 1984.

Pascal, B. (1623-1662)
Pensées (1657-1662), Garnier, 1966.

Péguy, Ch. (1873-1914)
L'Argent suite, 1913.
« Lettres à Millerand », in A. Martin, « Péguy et Millerand »,
  Feuillets de l'amitié Charles Péguy, 1979.
Notre Jeunesse, 1910.
Notre Patrie, 1905.
Victor-Marie, comte Hugo, 1910.

Renan, E. (1823-1892)
Œuvres complètes, 10 vol., Calmann-Lévy, 1947-1961.
– *L'Avenir de la science* (1848), t. III.
– « L'Avenir religieux des sociétés modernes » (1860), t. I.
– *Caliban* (1878), t. III.
– « La chaire d'hébreu au Collège de France » (1862), t. I.
– « Conférence faite à l'Alliance pour la propagation de la langue
  française » (1888), t. II.
– « De la part des peuples sémitiques dans l'histoire de la
  civilisation » (1862), t. II.
– « Le désert et le Soudan » (1854), t. II.
– « Dialogues philosophiques » (1871), t. I.
– *Dialogues et Fragments philosophiques* (1876), t. I.
– « Discours à la conférence " Scientia " » (1885), t. I.
– « Discours de réception à l'Académie française » (1879), t. I.
– *Discours et Conférences* (1887), t. I.
– « Discours prononcé au Collège de France » (1884), t. I.
– *Drames philosophiques* (1888), t. III.
– « L'eau de jouvence » (1881), t. III.
– « Examen de conscience philosophique » (1888), t. II.
– « La guerre entre la France et l'Allemagne » (1870), t. I.
– « Histoire de l'instruction publique en Chine » (1847), t. II.
– *Histoire du peuple d'Israël* (1887-1891), t. VI.
– *Histoire générale et Système comparé des langues sémitiques*
  (1855), t. VIII.
– « L'instruction supérieure en France » (1864), t. I.
– « L'Islamisme et la science » (1883), t. I.
– « Le Judaïsme comme race et comme religion » (1883), t. I.
– « Lettre à Gobineau » (du 26 juin 1856), t. X.
– « Lettre à M. Guérault » (1862), t. I.
– « Lettre à M. Strauss » (1870), t. I.
– « M. Cousin » (1858), t. II.
– « M. de Sacy et l'école libérale » (1858), t. II.
– *Mélanges d'histoire et de voyages* (1878), t. II.
– « La métaphysique et son avenir » (1860), t. I.
– « La monarchie constitutionnelle en France » (1869), t. I.

– « Nouvelle lettre à M. Strauss » (1871), t. I.
– *De l'origine du langage* (1848-1858), t. VIII.
– « La part de la famille et de l'État dans l'éducation » (1869), t. I.
– « Philosophie de l'histoire contemporaine » (1859), t. I.
– « Le prêtre de Némi » (1885), t. III.
– « Qu'est-ce qu'une nation ? » (1882), t. I.
– *Questions contemporaines* (1868), t. I.
– « La réforme intellectuelle et morale de la France » (1871), t. I.
– « Les sciences de la nature et les sciences historiques » (1863), t. I.
– « Des services rendus aux sciences historiques par la philologie » (1878), t. VIII.
– « La société berbère » (1873), t. II.
– *Souvenirs d'enfance et de jeunesse* (1883), t. II.

Rousseau, J.-J. (1712-1778)
Œuvres complètes, Gallimard-Pléiade, 4 vol., 1959-1969.
– *Les Confessions* (1770), t. I.
– *Considérations sur le gouvernement de Pologne* (1772), t. III.
– *Du contrat social* (1761), t. III.
– *Du contrat social*, première version (1760), t. III.
– *Dialogues* (1772-1776), t. I.
– *Discours sur les sciences et les arts (Premier discours)* (1749), t. III.
– *Discours sur l'origine de l'inégalité (Deuxième discours)* (1754), t. III.
– « Écrits sur l'abbé de Saint-Pierre » (1756-1757), t. III.
– *Émile* (1761), t. IV.
– « Fragments politiques » (1754-1760), t. III.
– *Julie, ou la Nouvelle Héloïse* (1758), t. II.
– « Lettre à Beaumont » (1762), t. IV.
– *Lettres écrites de la montagne* (1764), t. III.

AUTRES ÉDITIONS

Essai sur l'origine des langues (1755), Bordeaux, Ducros, 1968.
Lettre à d'Alembert (1758), Garnier-Flammarion, 1967.

Sade, D.-A.-F. de (1740-1814)
La Philosophie dans le boudoir (1795), *Œuvres complètes*, J.-J. Pauvert, t. XXV, 1968.

Saint-Simon, H. de (1760-1825)
De la réorganisation de la société européenne (en collaboration

avec Augustin Thierry) (1814), *Œuvres choisies*, 3 vol.,
Bruxelles, t. II, 1859.

Segalen, V. (1878-1919)
Briques et Tuiles (1909), Montpellier, Fata Morgana, 1975.
Équipée (1915), *Stèles* (1912) ; *Stèles, Peintures, Équipée*, Plon,
1970.
Essai sur l'exotisme (1904-1918), Montpellier, Fata Morgana,
1978.
Voyage au pays du réel (1914), Le Nouveau Commerce, 1980.

Sieyès, E. (1748-1836)
Qu'est-ce que le tiers état? (1789), PUF, 1982.
Opinion du 2 thermidor, an III, Convention nationale, an III.

Taine, H. (1828-1893)
Derniers Essais de critique et d'histoire, 1894.
Essais de critique et d'histoire (1866), 1923.
Histoire de la littérature anglaise (1864), 1905.
Les Origines de la France contemporaine, 1876-1896.
« Philosophie de l'art dans les Pays-Bas » (1868), *Philosophie de
l'art*, Fayard, 1985.

Tocqueville, A. de (1805-1859)
Œuvres complètes, Gallimard, 1951 et *sq.*
– « L'émancipation des esclaves » (1843), t. III, vol. 1.
– « L'Inde, plan » (1843), t. III, vol. 1.
– « Intervention » (1846), t. III, vol. 1.
– « Lettre sur l'Algérie » (1837), t. III, vol. 1.
– « Lettres à Gobineau », t. IX.
– « Lettres à J. S. Mill », t. VI, vol. 1.
– « Rapport » (1839), t. III, vol. 1.
– « Rapport sur l'Algérie » (1847), t. III, vol. 1.
– « Travail sur l'Algérie » (1841), t. III, vol. 1.
– « Notes de voyage en Algérie » (1841), t. V, vol. 2.

Œuvres complètes, 9 vol., 1864-1867.
– « Lettre à Lord Hatherton » (du 27 novembre 1857), t. VI.
– « Lettre à Senior » (du 15 novembre 1857), t. VI.
– « Voyage aux États-Unis » (1831), t. VIII.

AUTRES ÉDITIONS
De la démocratie en Amérique (1835-1840), 2 vol. Garnier
Flammarion, 1981

« Lettre à Lamoricière » (du 5 avril 1846), in A. Jardin, *A. de Tocqueville, 1805-1859*, Hachette, 1984.

Voltaire, F.-M. (1694-1778)
Œuvres complètes, 52 vol., 1877-1885.
– *Annales de l'Empire* (1753), t. XIII.
– *Dictionnaire philosophique* (1764), t. XX.
– *Pensées sur le gouvernement* (1752), t. XXIII.
– *Traité de métaphysique* (1734), t. XXII.

AUTRES ÉDITIONS
Essai sur les mœurs (1756-1775), 2 vol., Garnier, 1963.

2. OUVRAGES CITÉS, MENTIONNÉS OU UTILISÉS

Ageron, Ch.-R., *France coloniale ou parti colonial ?*, PUF, 1978.
Alembert, J. d', « Éloge de Montesquieu », in Montesquieu, *Œuvres*, t. VIII, 1819.
Arendt, H., *The Origins of Totalitarianism*, New York, 1958 ; *Les Origines du totalitarisme*, Seuil, 1972.
Aristote, *La Politique*, Vrin, 1982.
Aron, R., *Les Étapes de la pensée sociologique*, Gallimard, 1967.
Atkinson, G., *Les Relations de voyage au XVIIᵉ siècle et l'Évolution des idées*, 1927.
–, *Le Sentiment de la nature et le Retour à la vie simple, 1690-1740*, Minard, 1960.
Aulard, A., *Le Patriotisme français de la Renaissance à la Révolution*, 1921.
Barthes, R., *L'Empire des signes* (1970), Flammarion, 1980.
Barzun, J., *Race, A Study in Superstition* (1937), New York, 1965.
Baudelaire, Ch., « L'invitation au voyage » (1857), *Œuvres complètes*, Gallimard-Pléiade, t. I, 1975.
Bénichou, P., *Le Temps des prophètes*, Gallimard, 1977.
Berlin, I., *Against the Current*, Harmondsworth, 1979.
–, *Four Essays on Liberty*, Oxford, 1969.
Bossuet, J.-B., *Politique tirée des propres paroles de l'Écriture sainte* (1704), Genève, Droz, 1967.
Bouiller, H., *Victor Segalen*, Mercure de France, 1961.
Bugeaud, Th.-R., *Par l'épée et par la charrue : écrits et discours de Bugeaud*, PUF, 1948.
Cahm, E., *Péguy et le Nationalisme français*, Cahiers de l'Amitié Ch. Péguy, 1972.
Chinard, G., *L'Amérique et le Rêve exotique dans la littérature française aux XVIIᵉ et XVIIIᵉ siècles*, 1913.

Constant, B., « De M. Dunoyer et de quelques-uns de ses ouvrages » (1826), De la liberté chez les Modernes, Hachette, 1980.

–, *Principes de politique* (1806), Genève, Droz, 1980.

Les Constitutions de la France, Garnier-Flammarion, 1979.

Derathé, R., « Patriotisme et nationalisme au XVIIIe siècle », *Annales de philosophie politique*, IX (1969).

Duchet, M., *Anthropologie et Histoire au siècle des Lumières*, Flammarion, 1977.

Durand-Maillane, P.-T., *Histoire apologétique du Comité ecclésiastique de l'Assemblée nationale*, 1791.

Dumont, L., *Essais sur l'individualisme*, Seuil, 1983.

Ferry, L., Renaut, A., *Heidegger et les Modernes*, Grasset, 1988.

Dom Ferlus, *Le Patriotisme chrétien*, 1787.

Galard, J., « Descartes et les Pays-Bas », in *La France aux Pays-Bas*, Vianen, Kwadrat, 1985.

Gaultier, J. de, *Le Bovarysme*, 1892.

Gellner, E., *Nations and Nationalism*, Ithaca, N.Y., 1983.

Girardet, R., *L'Idée coloniale en France, 1871-1914* (1972), Hachette, 1986.

–, *Le Nationalisme français. Anthologie* (1966), Seuil, 1983.

Goldschmidt, V., *Anthropologie et Politique. Les principes du système de Rousseau*, Vrin, 1974.

–, « Introduction à Montesquieu », *Écrits*, t. II, Vrin, 1984.

Gouhier, H., *La Jeunesse d'Auguste Comte et la Formation du positivisme*, 3 vol., 1933-1941.

Gusdorf, G., *Les Sciences humaines et la Pensée occidentale*, t. VI, *L'Avènement des sciences humaines au siècle des Lumières*, Payot, 1973.

Hérodote, *L'Enquête*, Gallimard-Pléiade, 1964.

Hitler, A., *Mein Kampf (Mon combat)* (1925-1927), 1934.

Homère, *Iliade, Odyssée*, Gallimard-Pléiade, 1955.

Ives de Paris, *Morales chrétiennes*, 1643.

Kant, E., « Fondements de la métaphysique des mœurs » (1785), *Œuvres philosophiques*, Gallimard-Pléiade, t. II, 1985.

Kohn, H., *The Age of Nationalism*, New York, 1962.

–, *The Idea of Nationalism*, New York, 1944.

La Rochefoucauld, F. de, *Maximes* (1665), Garnier, 1967.

Leroy-Beaulieu, P., *De la colonisation chez les peuples modernes* (1874), 2 vol., 1902.

Léry, J. de, *Histoire d'un voyage faict en la terre de Brésil* (1578), Plasma, 1980.

Prince de Ligne, *Lettres écrites de Russie*, 1782.

Lovejoy, A., « On the so-called primitivism of Rousseau's *Dis-*

course on Inequality » (1923), *Essays on the History of Ideas,* Baltimore, 1948.

Mathiez, A., *La Révolution et les Étrangers,* 1918.

Mill, J. S., « Lettres à Tocqueville », in A. de Tocqueville, *Œuvres complètes,* Gallimard, t. VI, vol. 1, 1954.

Poliakov, L., *Le Mythe aryen* (1971), Bruxelles, Complexe, 1987.

Popper, K., *Conjectures et Réfutations* (1963), Payot, 1985.

Quella-Villéger, A., *Pierre Loti l'incompris,* Presses de la Renaissance, 1986.

Renaut, A., « L'idée fichtéenne de nation », *Cahiers de philosophie politique et juridique,* XIV, 1988.

Richter, M., « Tocqueville on Algeria », *Review of Politics,* XXV (1963).

Robespierre, M. de, *Discours 1793-1794* (*Œuvres,* t. 10), PUF, 1967.

Roger, J., *Les Sciences de la vie dans la pensée française du XVIIIe siècle,* A. Colin, 1963.

Ronsard, P., « Discours contre Fortune » (1559), *Œuvres,* t. VII, Didier, 1970.

Saint-Arnaud, *Lettres du maréchal Saint-Arnaud,* 2 vol., 1855.

Saussure, L. de, *Psychologie de la colonisation française,* 1899.

Seillière, E. de, *Le Comte de Gobineau et l'Aryanisme historique,* 1903.

Shklar, J., *Men and Citizen,* Cambridge, 1969.

–, *Montesquieu,* Oxford, 1987.

Sternhell, Z., *Maurice Barrès et le Nationalisme français* (1972), Bruxelles, Complexe, 1985.

Strauss, L., *Droit naturel et Histoire* (1953), Plon, 1954.

Taguieff, P.-A., *La Force du préjugé. Essai sur le racisme et ses doubles,* La Découverte, 1988.

Thevet, A., *Singularitez de la France antarctique* (1557), La Découverte, 1983.

Vespucci, A., *Mundus Novus* (1503), in E. Charton (éd.), *Voyageurs anciens et modernes,* t. III, 1863.

Weil, S., *L'Enracinement* (1949), Gallimard, 1977.

Index

Cet index ne couvre pas la bibliographie.

Table

Du même auteur

AUX MÊMES ÉDITIONS

L'Homme dépaysé
1995

La Vie commune
1995

Une tragédie française
1994

Face à l'extrême
1991
et « Points Essais », n° 295

Critique de la critique
1984

La Conquête de l'Amérique
1982
et « Points Essais », n° 226

Mikhaïl Bakhtine, Le principe dialogique
suivi de Écrits du Cercle de Bakhtine
1981

Symbolisme et Interprétation
1978

Les Genres du discours
1978
repris dans la collection « Points Essais »,
sous le titre La Notion de littérature et autres essais
« Points Essais », n° 188

Théories du symbole
1977
et « Points Essais », n° 176

Poétique
1973

Dictionnaire encyclopédique des sciences du langage
(avec Oswald Ducrot)
1972

Poétique de la prose
1971
et « Points Essais », n° 120

Introduction à la littérature fantastique
1970
et « Points Essais », n° 73

Théorie de la littérature
Textes des Formalistes russes
1966
et « Points Essais », n° 457

AUX ÉDITIONS ROBERT LAFFONT

Mémoire du mal, tentation du bien.
Enquête sur le siècle
2000

AUX ÉDITIONS ADAM BIRO

Éloge de l'individu
2000

Éloge du quotidien
1993
Seuil, « Points Essais », n° 349

AUX ÉDITIONS GRASSET

Le Jardin imparfait,
La Pensée humaniste en France
1998

Les Morales de l'histoire
1991

AUX ÉDITIONS HACHETTE

Benjamin Constant,
La Passion démocratique
1997

Frêle Bonheur,
Essai sur Rousseau
1985

AUX ÉDITIONS ARLÉA

Les Abus de la mémoire
1995

AUX ÉDITIONS MOUTON

Grammaire du Décameron
1969

AUX ÉDITIONS LAROUSSE

Littérature et Signification
1967

DIRECTION D'OUVRAGES

La Fragilité du bien,
Le Sauvetage des juifs bulgares
Albin Michel, 1999

Guerre et Paix sous l'Occupation
(avec Annick Jacquet)
Arléa, 1996

Mélanges sur l'œuvre de Paul Bénichou
(avec Marc Fumaroli)
Gallimard, 1995

Au nom du peuple,
Témoignages sur lescamps communistes
Éditions de l'Aube, 1992

Récits aztèques de la conquête
(avec Georges Baudot)
Seuil, 1983

GROUPE CPI

Achevé d'imprimer en mai 2001 par
BUSSIÈRE CAMEDAN IMPRIMERIES
à Saint-Amand-Montrond (Cher)
N° d'édition : 18217-3. - N° d'impression : 012431/1.
Dépôt légal : mai 2001.
Imprimé en France